U0556786

北京大学图书馆特藏文献丛刊

芸帙撷珍

民国时期北京大学创办刊物集萃

张丽静 编著

北京大学出版社
PEKING UNIVERSITY PRESS

图书在版编目（CIP）数据

芸帙撷珍：民国时期北京大学创办刊物集萃 / 张丽静编著. 北京：北京大学出版社，2025. 5. -- （北京大学图书馆特藏文献丛刊）. -- ISBN 978-7-301-36155-9

Ⅰ. Z62

中国国家版本馆CIP数据核字第2025VL9922号

书　　名	芸帙撷珍: 民国时期北京大学创办刊物集萃 YUNZHI XIEZHEN: MINGUOSHIQI BEIJINGDAXUE CHUANGBANKANWU JICUI
著作责任者	张丽静　编著
策划统筹	马辛民
责任编辑	卢　旭　魏奕元
标准书号	ISBN 978-7-301-36155-9
出版发行	北京大学出版社
地　　址	北京市海淀区成府路 205 号　100871
网　　址	http://www.pup.cn　新浪微博: @ 北京大学出版社
电子邮箱	编辑部 dj@pup.cn　总编室 zpup@pup.cn
电　　话	邮购部 010-62752015　发行部 010-62750672 编辑部 010-62756449
印 刷 者	北京中科印刷有限公司
经 销 者	新华书店
	787 毫米 ×1092 毫米　16 开本　33.75 印张　273 千字 2025 年 5 月第 1 版　2025 年 5 月第 1 次印刷
定　　价	180.00 元

未经许可，不得以任何方式复制或抄袭本书之部分或全部内容。

版权所有，侵权必究

举报电话：010-62752024　电子邮箱：fd@pup.cn

图书如有印装质量问题，请与出版部联系，电话：010-62756370

北京大学图书馆特藏文献丛刊
编辑委员会

主　　编　陈建龙

执行主编　邹新明

编　　委　郑清文　别立谦　张丽静　常雯岚　吴　冕
　　　　　栾伟平　饶益波

编 纂 者　陈建龙　郑清文　别立谦　邹新明　张丽静
　　　　　常雯岚　吴　冕　栾伟平　饶益波　徐清白
　　　　　孙雅馨　程援探

芸帙撷珍
——民国时期北京大学创办刊物集萃

编　　著　张丽静

撰　　写　张丽静　吴　冕　孙雅馨

前　言

民国时期，大学普遍重视出版工作，把出版视为培养人才、改进教学、提升学术水平的重要一环。北京大学在这方面起到了重要的引领作用。民国时期的北京大学是当之无愧的最高学府，不仅在学术上引领风骚，在思想文化方面也影响深远。特别是受蔡元培校长“思想自由，兼容并包”的办学方针的影响，这一时期的北京大学思想新锐、学术精进、名师辈出、出版活跃。

特别是五四运动前后，从学生、教授及各种社团，到院系和专门研究机构，创办了各种刊物。他们把刊物当作表达革命思想和交换学术想法的媒介。无论是综合性学报，还是专业性学术期刊，都保持了较高的水准，因而闻名国内外。如中国较早的大学校刊《北京大学日刊》、蔡元培先生主持创办的《北京大学月刊》、号称民国时期最好的学术刊物的《国立北京大学国学季刊》、学生创办的《新潮》等，都是具有代表性的经典刊物，传播和引用率非常之高，一直是北大学术及历史研究等领域至关重要的文献。

北京大学图书馆馆藏民国时期刊物万余种，种类繁多、各具特色。本书基于北大图书馆馆藏，以民国时期北京大学创办的刊物为界定标准，经系统、全面地梳理与研究，从中甄选出刊物 103 种。其中既有以时事为主的评论刊物，也有以学术为主的综合性学报和专业学报，还有纪念性、普及性、娱乐性的应时刊物。从刊物内容来看，涉及范围广泛。有报道时政消息、评论社会政治、宣扬革命运动、讨论学术研究的内容，也有记录校园生活、北大校史、纪念活动及文学创作等的内容。就创办者身份而言，类型较为多样。有学生发起创办的刊物，或学生组建社团、编委会编辑的刊物；也有学术团体、研究会、学会等创办出版的刊物；还有院系、教师等组织创办的刊物。民国时期北大创办的刊物，无疑是考察民国时期北大和当时社会的一个重要资料库。湮没在历史尘埃中的往事，往往不得不从故纸堆里去找寻。读史使人明智，借古尚可鉴今。这些刊物或与北大校史有关，或与北大学生有关，又或与学术研究及当时社会生活有关，一直都是研究者所珍视的民国文献。研究这些刊物有助于更好地了解民国思想文化史和学术史、社会史及北大校史。

本书对民国时期北京大学创办刊物的界定标准如下：

（1）时间范围：民国时期，即 1912—1949 年。北大图书馆收藏的最早的北大创办刊物为北大留日学生编译社主办的《学海》，创刊于 1908 年，时为晚清。馆藏北大晚清创办刊物仅此 1 种，现仅存创刊年 2 册，虽十分珍贵，然因未在民国时期，故未收。

（2）编辑者：民国时期刊物创办者的身份亦较为复杂，此书收录的主要对象为创办编辑者的名称中明确有“北京大学”“北大”等字样的机构或团体，包括北大各院系，北大各相关团体和社团、北大校友组织等的刊物；兼及或为北大人组织创办，或与北大各机构、团体及北大人合作共同创办的刊物。这里所说的“北大人”，主要指创办刊物时在校的北大教师和学生。其他因资料缺乏或暂未研究明确的，如只有通讯处设立在北大或只在北大印刷而无法查证编辑者与北大之间关系的，如《佛心丛刊》等，则未收录。

（3）创办：所谓“创办”，即主要着眼于北大参与刊物的创刊，而非接续或存续刊物出版。之所以确定这样的刊物范围，主要是因为创刊刊物本身可以反映出很多重要信息，对于了解刊物创办目的、历史渊源及其内容等都具有很大的价值。如《新青年》，虽与北大有着密切关系，但该刊是由 1915 年 9 月陈独秀在上海创办的《青年杂志》发展而来，1916 年 9 月第二卷第一号起更名为《新青年》，直到在第二卷第六号出版时，陈独秀受蔡元培礼聘，任北大文科学长，才将《新青年》迁至北京出版，故未收录。

（4）刊物类型：民国时期北大创办的刊物类型，仅限于北大图书馆馆藏已编中文民国期刊，其中包括日刊、纪念刊、纪念特刊等，如《北京大学日刊》《北大卅三周年纪念特刊》等，不涉及民国图书、民国报纸和外文期刊。

（5）特殊情况：民国时期，因社会局势的动荡不安，北京大学数次被迫取消或与其他高校合并，校址也几经变迁。尤其在1927年至1929年间，北京地区的高校变化较大，北大也遭到了巨大的冲击。在这一时期，北大被并入京师大学校等，但北大师生复校的愿望与努力一直不变，经过艰苦斗争，北大终于在1929年复校。但1927年至1929年间，因北京地区高校变化带来的巨大影响，此时出版刊物情况也变得相对复杂。这一时期出版的刊物，其创办者身份尚无详实史料确认为北大，故不收录。

此外，1937年卢沟桥事变后，北京大学与清华大学、南开大学南迁长沙，共同组成国立长沙临时大学。1938年，临时大学又西迁昆明，更名为国立西南联合大学。抗日战争胜利后，北京大学于1946年10月在北平复员。这一时期，在昆明的北京大学创办了些刊物，如《北大化讯》《北大通讯》等，但应属西南联大刊物范畴。在1937—1945年的特殊时期，哪些刊物为北大出版物其实存在一定争议，研究者持有不同看法，在已发表的期刊论文和出版的图书中，有研究者明确列出出版地为北平的北京大学在1937—1945年刊物出版情况，但本书认为这一时期位于北平的“北京大学”实为日伪占领区的北京大学，其出版刊物如《北京大学工学院新闻》《北大文学》《农学季刊》《农学月刊》《北京大学农学院气象报告》《国立北京大学医学杂志》《国立北京大学医学院论文集》《国立北京大学法学院社会科学季刊》等，不予收录。

本书依据以上界定标准，经反复研究和资料查证，最终确定103种刊物，形成刊物目录并逐一开展研究。民国时期北大创办的百余种刊物，不仅种类多样、内容丰富，创办者也大都是著名北大人。而且刊物中还藏有大量名家题签、签章或题赠，钤有各类组织、院系收藏或捐赠章以及不同馆藏章。馆藏版本也不乏有名家珍藏或捐赠而来，刊物来源极其丰富，且馆藏原件较多，卷期数也较齐全，弥足珍贵。本书先从整体上介绍刊物的创办及其发展历史，揭示刊物间相互关系，再全面概括刊物的重要内容，揭示其蕴含的学术思想和社会历史价值，最后标注出北大馆藏信息，考证揭示刊物版本、签章等，以揭示刊物的收藏源流。

民国时期北京大学创办的百余种刊物，既有民国的时代印记，也有北大的自身特征。期刊从诞生之日起就肩负着传递信息的任务，不同时期不同类型的期刊，担负着不同的使命，发挥着不同的作用。本书收录的103种刊物，不仅在当年有促进学术研究与发展、交流思想、丰富校园文化、提高教学水平和学生综合素质的作用；同时也记载了中国近代社会变革的信息，记载了民国社会和北大历史，展现了当时社会和革命运动的历史面貌，反映了北大学术研究水平和发展历程，为研究民国思想文化史、学术史、社会史、革命史、北大校史、出版史等提供了重要参考资料。

本书能够顺利出版，得益于各方帮助。首先特别感谢北京大学图书馆领导的大力支持。感谢特藏资源服务中心主任邹新明老师百忙之中审阅书稿。尤其感谢吴冕、孙雅馨为本书的完成付出巨大努力，分担我的工作压力。感谢同事栾伟平、饶益波辨识签章。感谢程援探、覃嘉欣核校文字。还要特别感谢北京大学出版社马辛民主任的大力支持。感谢编辑魏奕元老师、卢旭老师的辛勤付出，为本书的出版费心尽力。

基于北京大学图书馆馆藏，在对民国时期北京大学创办刊物的梳理和研究过程中，因刊物体量庞杂，难免有疏漏和不足之处，敬祈专家学者和图书馆界同仁补充指正，以期更好地为相关学术研究提供强有力的文献支撑。

张丽静

2024年6月28日

编辑体例

一、本书刊物按其创办时间先后顺序依次介绍，创刊时间无具体月日的则排在同年刊物的最后。如创刊时间相同，则按照刊名的汉语拼音首字母顺序排列。

二、每种刊物的介绍包括三部分内容。

（1）刊物简介：介绍刊物创办时间、创办地点、创办单位、创编人员、停刊续刊等创办历程，以及与其他刊物的关系、刊物类型等情况；

（2）刊物内容：从刊物的创刊词、创刊目的、栏目名称、栏目文章分析概括刊物的重要内容及其蕴含的价值；

（3）馆藏信息：包括北京大学图书馆馆藏刊物的索刊号、年卷期，以及刊物的特别版本、收藏章、名人签章、重要注释说明等。

示例如下

23500/J 1937 v.1,no.1；1939 no.2

馆藏索刊号　　　　馆藏年卷期

（刊号中字母 R 表示影印本，其他则为原件。）

1939 年第二期共有 2 册，一册为燕京大学旧藏，系北大史学会赠予燕大，另一册为向达旧藏，系姚从吾所赠，封面有“觉明先生赐正，从吾敬赠，二八,九,十五，昆明”题记；第一期封底钤有“前北大学生存物纪念品 民国三十年清理”章。

馆藏版本、印章说明

三、每种刊物根据自身情况选配封面、封底、创刊词、名人题签、后记、藏书章或选附刊物目录等不同插图。

四、每种刊物封面封底插图选附原则为，如每期无变化，则只选创刊号封面封底，如各期有所不同，则分别展示。

五、每种刊物目录选附原则为，卷期数少的则全部展示，卷期数较多时，只附前几期目录或选附有签章的目录插图。

六、名人题签、藏书章插图，有则选附，较多时按照重要性或独特性选附。

目　录

北京大学日刊

一、刊物简介

北京大学校长蔡元培所主导的公报性质刊物，中国较早的高校校报。1917年11月16日在北京创刊，1921年4—7月、1927年9月—1929年3月停刊未出，至1932年9月10日，共出二千八百八十五期（其中有3个期号重复，实际共有2888期[①]）。1932年9月17日，该刊改名为《北京大学周刊》继续出版。

二、刊物内容

本刊以八开四版为主，铅字印刷，报道北大行政及学术消息，发布上级训令及相关文件，通报新到图书。《北京大学日刊》最开始设立的栏目有命令、法规、校长布告、校长批示、各科通告、公牍、学生通告等，后又增加通信、学生纪事、来函、杂俎、各会布告、古今名言、著述等，中缝刊登广告。刊物主要登载北大的各学科课目、学校设备、规章制度和集会通知等内容。从1918年2月9日第六十八期起，《北京大学日刊》开始由记事公报型向学术类拓展，在第四版和第六版开辟了“文艺”“杂录”两个专栏，后又增加了《北大日刊附张》两版，主要发表国内外学者的演讲、著述、通信等。该刊曾出现因学校放假、罢课罢教而停刊的情况。《北京大学日刊》介绍北大进步师生、进步社会团体的活动，是研究中国思想史和学术史的重要资料。该刊曾公开声明不刊载讨论当前政治和宗教问题的稿件，故并未记载北京大学学生积极参加“五四”爱

① 吴冕．北京大学图书馆藏《北京大学日刊》史料价值述略［M］// 天一阁博物馆．天一阁文丛第20辑．杭州：浙江古籍出版社，2023:115—121.

国示威这件大事。

三、馆藏信息

12220R/J 1917-1932 No.1-2885，为影印本。

馆藏原件除 1922 年 7—10 月、1927 年 4—5 月整月缺失外，其他年份原件基本保存齐全。

北京大學日刊

第二號

中華民國六年十一月十七日　即陰曆十月初三日　星期六

命令

法規

北京大學附設國史編纂處簡章

校長布告

放假限制

理科教務處告白

理科學長告白

注意

紀事

寰球世界語會來片

各科通告

理科研究所第一次報告

图 1.1 《北京大学日刊》1917 年 11 月 17 日第二号封面

中華民國六年十一月十八日 即陰曆十月初四日 星期日

北京大學日刊

第三號

本日刊啓事

命令

法規

國史編纂處徵集股條例

校長布告

本校得華法教育會中法協會公啓如左

知照陝籍嚴生准補津貼

知照陝籍胡生准補津貼

知照陝籍學生應補津貼等有缺即補

文科學長告白

學長批示

各科通告

文科教務處

改訂理科課程案報告

紀事

图 1.2 《北京大学日刊》1917 年 11 月 18 日第三号封面

每周评论

一、刊物简介

1918 年 12 月 22 日创刊于北京，1919 年 8 月底被查封，共出版三十七期，其中最后一期仅有第一版。第一至第二十五期由陈独秀主编，以后各期由胡适主编。由每周评论社出版发行，杂志社位于北京宣武门外骡马市大街米市胡同 79 号。

二、刊物内容

刊物的宗旨是“主张公理，反对强权”。内容以发表时事评述、文学创作和文艺批评为主，设有国外大事述评、国内大事述评、社论、随感录、新文艺、文艺时评、新刊批评、国内劳动状况、读者论坛、通讯、译论等栏目，开设了“对于新旧思潮的舆论”（第十九期）“山东问题”（第二十一至二十三期）“对于北京学生运动的舆论”（第二十二期）等专号，具有鲜明的革命性。主要撰稿者有陈独秀、胡适、李大钊、周作人、高一涵等。自 1919 年 6 月第二十六期起该刊由胡适接手，他改变了刊物的方向，刊登“杜威讲演录”专号，宣扬杜威的实验主义哲学思想。1919 年 7 月，胡适在第三十一期发表《多研究些问题，少谈些“主义”》一文，认为“空谈外来进口的‘主义’，是没有什么用处的”。引发“问题与主义”之争。同年 8 月，李大钊作《再论问题与主义》刊登于《每周评论》第三十五期，表示“我是喜欢谈谈布尔扎维主义的……我们应该研究他，介绍他，把他的实象昭布在人类社会……”[①] 这场争论反映了“五四”以后

① 中国李大钊研究会 . 李大钊全集第三卷［M］. 北京：人民出版社，2013：53.

新文化运动阵营内部马克思主义者与改良主义者在思想上和政治上的分野。

三、馆藏信息

20989R/J 1918-1919 no.1-37，为影印本。

第一号封面钤有“国际政治系图书资料”章。

图 2.1 《每周评论》封面

（星期日）中華民國七年十二月二十二日（第一版）

每週評論

Weekly Review

第一號

北京騾馬市大街米市胡同七十九號

每號銅子三枚外埠大洋三分郵費在內

▲發刊詞

自從德國打了敗仗、「公理戰勝強權」、這句話幾乎成了人人的口頭禪。列位要曉得什麼是公理、什麼是強權呢？簡單說起來、凡合乎平等自由的、就是公理。倚仗自家強力、侵害他人平等自由的、就是強權。德國倚仗着他的學問好、兵力強、專門侵害各國的平等自由、如今他打得大敗、稍微懂得點點公理的協約國居然打勝了。這就叫做「公理戰勝強權」。這「公理戰勝強權」的結果、世界各國的人、都應該明白無論對內對外、強權是靠不住的、公理是萬萬不能不講的了。美國大總統威爾遜屢次的演說、都是光明正大、可算得現在世界上第一個好人。他說的話很多、其中頂要緊的、是兩主義：第一不許各國拿強權來侵害他國的平等自由。第二不許各國政府拿強權來侵害百姓的平等自由。這兩個主義、不正是講公理不講強權嗎？我所以說他是世界上第一個好人。我們發行這每週評論的宗旨、也就是「主張公理、反對強權」八個大字。只希望以後強權不戰勝公理、便是人類萬歲！本報萬歲！（隻眼）

本報簡章列左

一本報定名每週評論

一本報每一星期出版一次定於星期日出版

一定價每號銅子三枚外埠大洋三分郵費在內

一內容略分十二類每號必有五類以上

（一）國外大事述評

（二）國內大事述評

（三）社論

（四）文藝時評

（五）隨感錄

（六）新文藝

（七）國內勞動狀況

（八）通信

（九）評論之評論

（十）讀者言論

（十一）新刊批評

（十二）選論

一本報對於讀者投稿極其歡迎但是一概沒有報酬無論登載與否均不退還原稿

國外大事述評

▲平和會議

據倫敦泰晤士的報告、這次平和會議分為三種會議。第一種會議是英美法意四國的代表會議、專討論將來會議的要點、美總統到巴黎以後、即可開會。大約須在明年正月、第二種會議在三月舉行、所有協商國方面的國家都有代表、大國舉三個乃至五個代表、小國舉二個代表、新解放的小民族各有一個代表。這就是討論戰後平和的會議。第三種會議專討論國際同盟的事情、即德奧諸國也要加入。這個會議所議決、就做為以後國際會議的基礎。討論平和條件的時候、那詳細的條件、例如境界問題河流問題、總要由委員會先有調查預備清楚、纔能在那第二種會議裡討論的。我們中國可以在這會議提出的、就是青島問題了。但是那第一種會議所討論的結果更為重要、因為他們所討論的是平和會議的大綱、以後的會議都是遵着那大綱的。

最近的推測、平和會議可於一月一號開會。

▲德國政狀

關於德奧國內之近狀、近來報道極少、現在德意志政府雖為社會黨人、然德意志之社會黨也各有派別、自開戰後一年、派別更顯、極端派的李普克納希、即反對現政府的一人、組織斯巴達苦司黨、最近荷蘭來電、謂此黨之政綱有六端：

一　凡非勞動者的軍隊全解散

二　組織勞動者的軍隊

三　取消各種士官

四　取消已有之政府以勞兵會代之

五　取消國會及各種議會另選舉一中央議會由中央會議選出行政會議行政會議即受中央會議之監督

六　逾一定以上之公債全取消

看這個政綱、前三條是解散軍隊的正當辦法、至勞兵與中央議會、電報中也未說明、我們無從推測、至取消公債、大約只有資本家受最大之損失。現在的情形是臨時政府主張召集國民立憲會議、軍人不贊成、而穩和派的報紙仍主張召集舊國會、他們的理由是假使現在重新選舉、要多費時日、發生擾亂、全國陷於無政府、受列強的干涉。

▲英國總選舉

英國國會的年限本來是五年、上次的國會應該在一九一六年重選的、因為戰事的關係延遲了、現在舉行總選舉、與向來的選舉大不相同、英國的政黨自從變成聯立內閣以後、已經不是自由與統一兩黨的對立、都是聯立派與非聯立派的對立了、所以這次的選舉非常的特別、還有這次的選舉者比上次加增了一倍、這是女子也得了選舉的緣故。選舉開始前的報告、那選舉候補者的人數如下：

聯立派四七一人內有統一黨人三三二人自由黨人一三一人

非聯立派一〇四七人內有統一黨人七五人自由黨人二五三人勞動黨人三七六人（餘不備舉）

聯立派人雖然少、但是勢力較為團結、現今首相魯意喬治、外相巴爾福、財相邦拿魯都是這一派、他們的政綱由首相發表的是五項：處罰德前皇、使德國賠償、使軍人急速還鄉、優待解散之軍人、改良房屋和社會一般的狀況。非聯立派裏、自由黨和勞動黨占大多數、自由黨的領袖是前首相愛士奎。這次選舉的結果極難推測、因為女子和軍人的態度如何、沒有人知道的、但是愛爾蘭一定是興奮黨（Sinn Feins 極端的愛爾蘭獨立黨）和愛爾蘭獨立黨占多數的。（前者候補者八七人、後者候補者五九人）

十四日倫敦開始選舉、女子來投票的非常之踴躍、地方的女子投票的也極多、但倫敦有一區是女子十男子一的比例、還有一區是女子五一男子二的比例。

國內大事述評

▲和平會議的代表

自從停戰令公布之後、國內的輿論漸漸趨向和平的方面、北方派定代表十人、由國務院加以委任、證書文曰『茲委任朱啟鈐為總代表、吳鼎昌王克敏施愚方樞汪有齡劉恩格李國珍江紹杰徐佛蘇為代表此證』。看他的證書是由國務院發的、由國務院委任的、可知這十個人並不是獨立發揮意見的代表、不過是受國務院指揮的委員罷了、託政府委員去議論國家根本問題、是這回和平會議的根本錯誤。

南方軍政府於本月十六日特開政務會議、擬派代表的事、祇因北方軍隊尚在攻打陝閩鄂三省的護法軍、這個問題不解決、就是北方不肯講和的鐵證、所以尚未正式派遣代表。軍政府所擬定的人物、大概以唐紹儀為總代表、孫洪伊胡漢民章士釗與永山冷遹羅家衡朱汪元等為代表、惟必待各省停戰問題完全解決後、終能發表。

▲和平會議的地點

這次會議的地點、北方主張在南京、南方主張在上海。南方主張在上海的理由有二：（一）避去政治區域、可得公平的解決；（二）選擇交通便利的地方、使人共見共聞、可免意見阻隔。北方主張在南京、亦有兩種理由：（一）解決國內問題、不當在外國租界上討論；（二）南京離上海不遠、又有地居南部交通便利的優點。北方所主張的第一個理由、南方亦已承認、所以主張在上海租界外、或在上海南市、或在龍華護軍使署皆可以、祇因南市龍華皆無相當的房屋、且又不甚便利、所以尚未解決。據最近的推測、恐怕或在南京。

▲和平會議的阻碍　一

秦閩鄂三省的南軍、本是護法軍的支隊、各處轄國軍本部、曾經南方承認、總副司令于右任張鈁也曾受南方正命的、怎能坐看北軍指為土匪、聽他攻擊而不救呢？惟錢能訓近日致西南的電報、尚說軍政府是『庇匪』、說陝閩軍是『公敵』、這樣偏執、到底能算得真心希望和平嗎？

日中國之新聞　界萬惡之原等篇其餘尚有出版界評及『故書新評』多種不及備載總發行所北京漢花園大學出版部每期三角外埠購者可以郵票代洋但加郵費二分

图 2.2 《每周评论》第一号第一版

新潮

一、刊物简介

北京大学新潮社编，1919 年 1 月 1 日创刊，由北京大学青年学生傅斯年、罗家伦、杨振声、顾颉刚等人创办，杂志的英文名为 *The Renaissance*。1918 年末，在蔡元培、陈独秀、胡适等师长的指导和帮助下，受新文化运动影响的青年学生傅斯年、罗家伦等发起成立了学生社团——“新潮社”。“新潮社”最初的组织形式就是一个杂志社，于 1918 年 12 月 3 日在《北京大学日刊》刊登《新潮杂志社启事》，后于 1919 年 1 月 1 日正式创刊《新潮》杂志。该刊积极倡导新文化，提倡伦理革命、文学革命和思想革命，原定一年出两卷，每卷五期，后五四运动爆发，第三卷只出了两期，1922 年 3 月停刊，共计十二期。傅斯年、罗家伦、周作人先后担任主编。

二、刊物内容

《新潮发刊旨趣书》中提到“导引此‘块然独存’之中国同沿于世界文化之流”“兼谈所以因革之方”“鼓动学术上之兴趣”为本刊三项责任，内容多为反封建，提倡民主思想和个性解放。该刊设有“诗”“评坛”“书报介绍”“出版界评”“故书新评”“附录”等栏目，发表康白情、俞平伯等人的诗歌，发表叶绍钧（圣陶）、杨振声、罗家伦等人的小说，并翻译世界著名文学家易卜生、萧伯纳、托尔斯泰等人的文学作品，对文学革命、白话文运动、新文学的倡导起了巨大作用。五四运动后，由于新潮社社员纷纷出国，1922 年 3 月，《新潮》停刊。

1919年1月16日，鲁迅曾在给他的好友许寿裳的书信中对《新潮》杂志给予较高的评价："大学学生二千，大抵暮气甚深，蔡先生来，略与改革，似亦无大效，惟近来出杂志一种曰《新潮》，颇强人意，只是二十人左右之小集合所作，间亦杂教员著作……其内以傅斯年作为上，罗家伦亦不弱，皆学生。"①

三、馆藏信息

48420/J 1919 v.1，no.1-5；1919-1920 v.2，no.1-5；1921-1922 v.3，no.1-2

第一卷第一、三、五号封面钤有"前北大学生存物纪念品　民国三十年清理"章，第一卷第一号封面钤有"北京大学理科研究所"章，第一卷第四号封面有"叶石荪先生"字样及"新潮杂志社"章，第三卷第一号封面钤有"燕京大学图书馆"藏书章。

① 鲁迅. 鲁迅选集第4卷［M］. 朱正，编. 长沙：岳麓书社，2020：113.

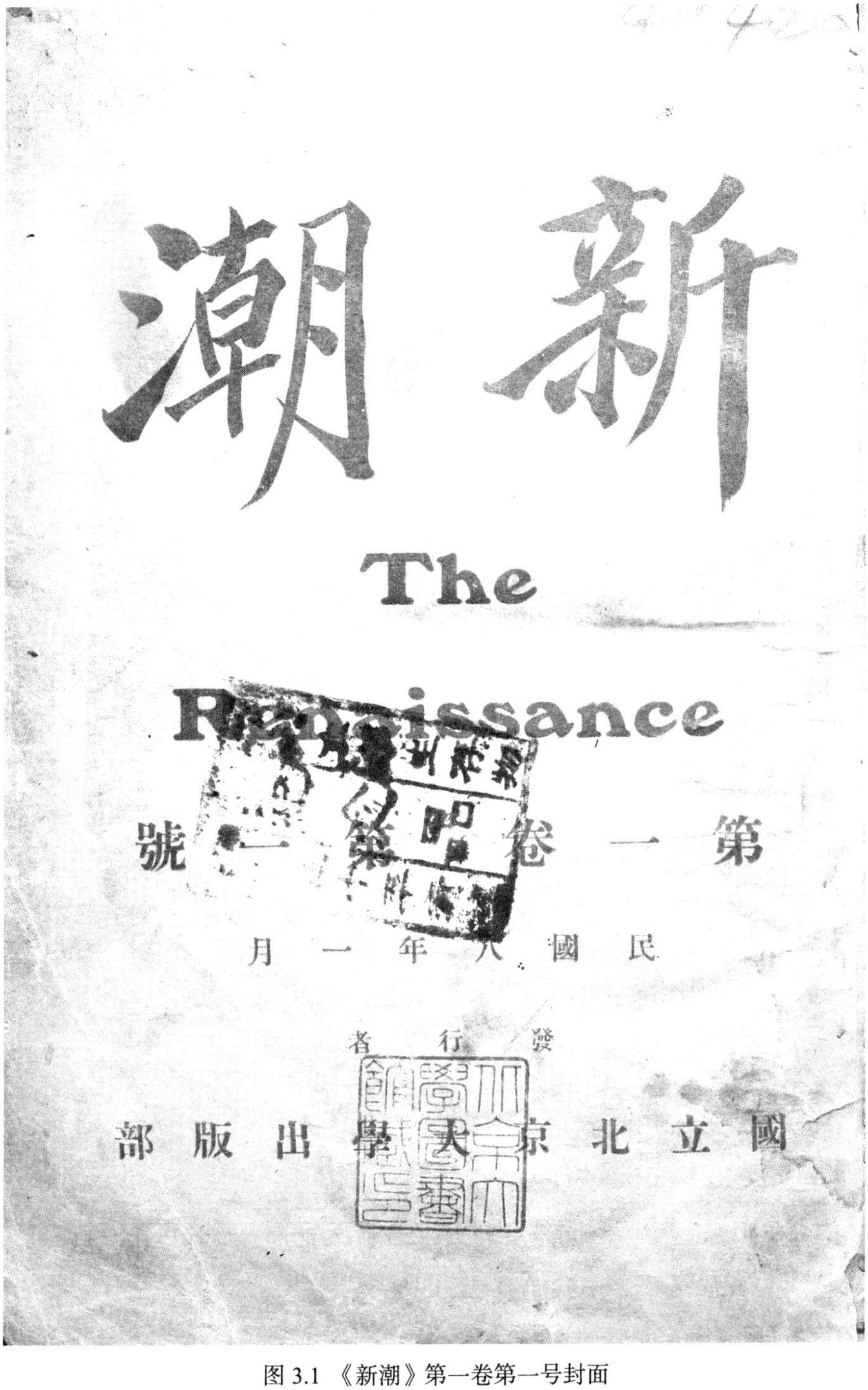

图 3.1 《新潮》第一卷第一号封面

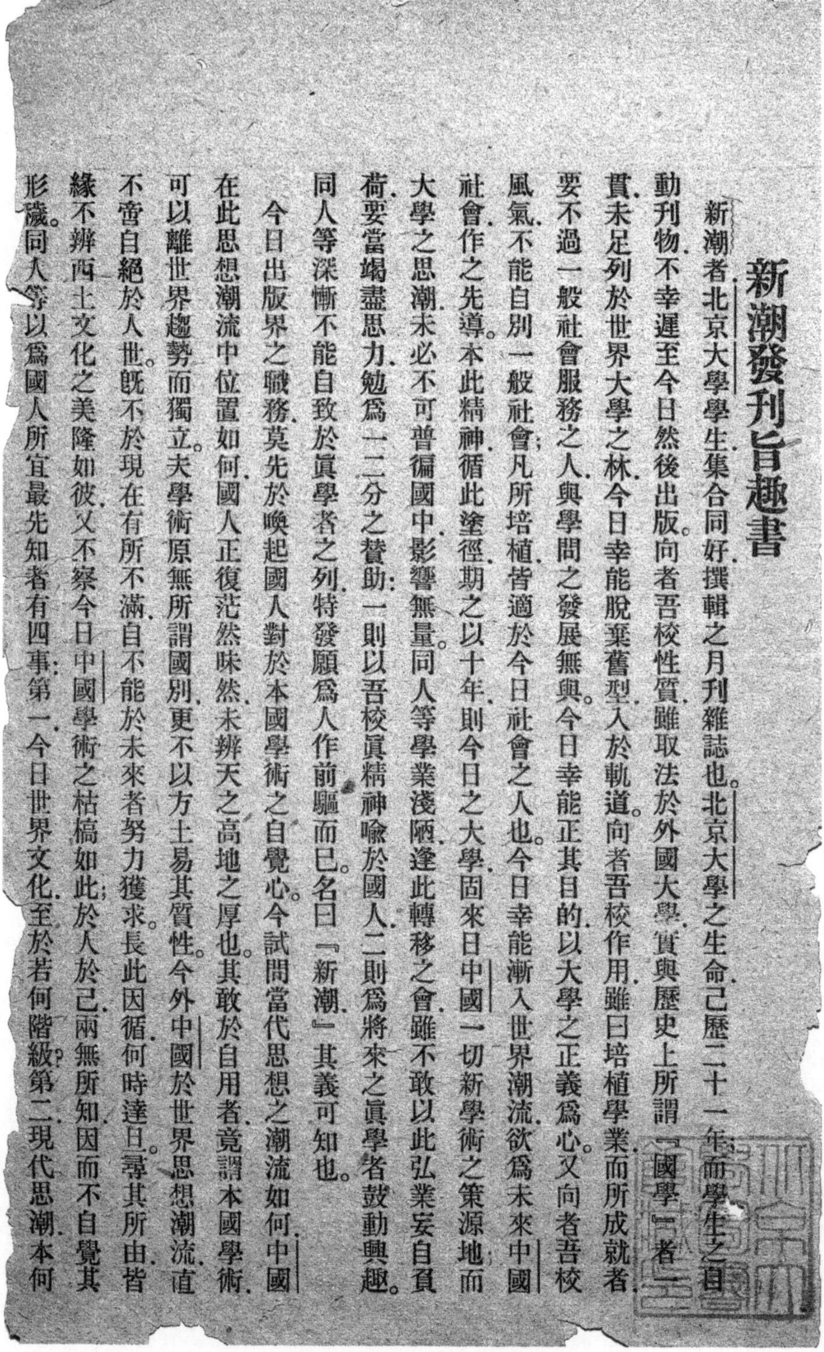

新潮發刊旨趣書

新潮者北京大學學生集合同好撰輯之月刊雜誌也。北京大學之生命已歷二十一年，而學生之自動刊物不幸遲至今日然後出版。向者吾校性質，雖取法於外國大學，實與歷史上所謂「國學」者一貫，未足列於世界大學之林；今日幸能脫棄舊型，入於軌道。向者吾校作用，雖曰培植學業，而所成就者要不過一般社會服務之人，與學問之發展無與；今日幸能正其目的，以大學之正義爲心。又向者吾校風氣，不能自別一般社會；凡所培植，皆適於今日社會之人也；今日幸能漸入世界潮流，欲爲未來中國社會作之先導。本此精神，循此塗徑，期之以十年，則今日之大學固來日中國一切新學術之策源地；而大學之思潮未必不可普偏國中，影響無量。同人等學業淺陋，逢此轉移之會，雖不敢以此弘業妄自負荷，要當竭盡思力，勉爲一二分之贊助：一則以吾校眞精神喻於國人，二則爲將來之眞學者鼓動興趣。同人等深慚不能自致於眞學者之列，特發願爲人作前驅而已。名曰『新潮』，其義可知也。

今日出版界之職務，莫先於喚起國人對於本國學術之自覺心。今試問當代思想之潮流如何，中國在此思想潮流中位置如何，國人正復茫然昧然，未辨天之高地之厚也。其敢於自用者，竟謂本國學術可以離世界趨勢而獨立。夫學術原無所謂國別，更不以方土易其質性。今外中國於世界思想潮流，直不啻自絕於人世。既不於現在有所不滿，自不能於未來者努力獲求。長此因循，何時達旦。尋其所由，皆緣不辨西土文化之美隆如彼，又不察今日中國學術之枯槁如此；於人於己，兩無所知，因而不自覺其形穢。同人等以爲國人所宜最先知者有四事：第一，今日世界文化至於若何階級？第二，現代思潮本何

图 3.2 《新潮》发刊旨趣书

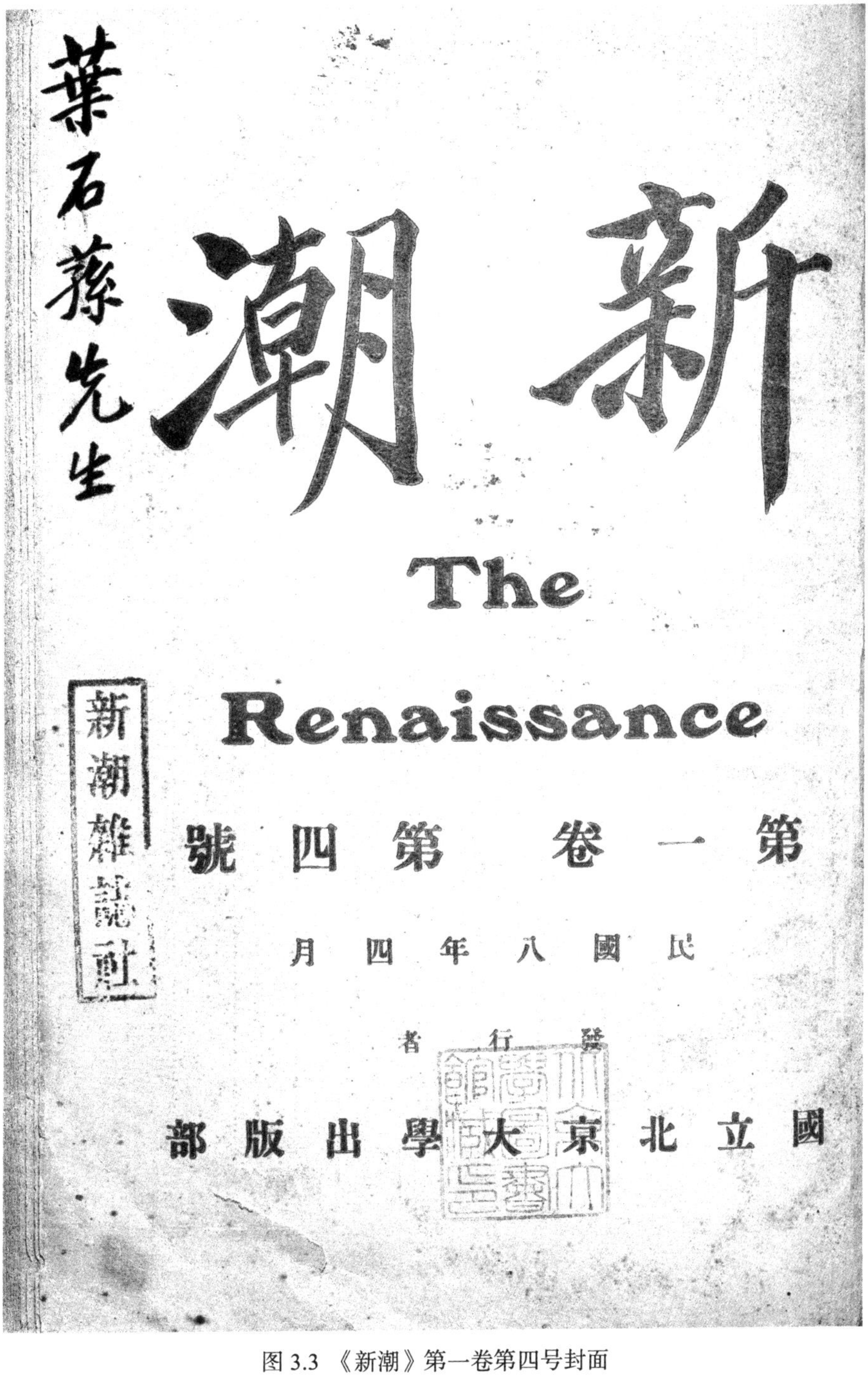

图 3.3 《新潮》第一卷第四号封面

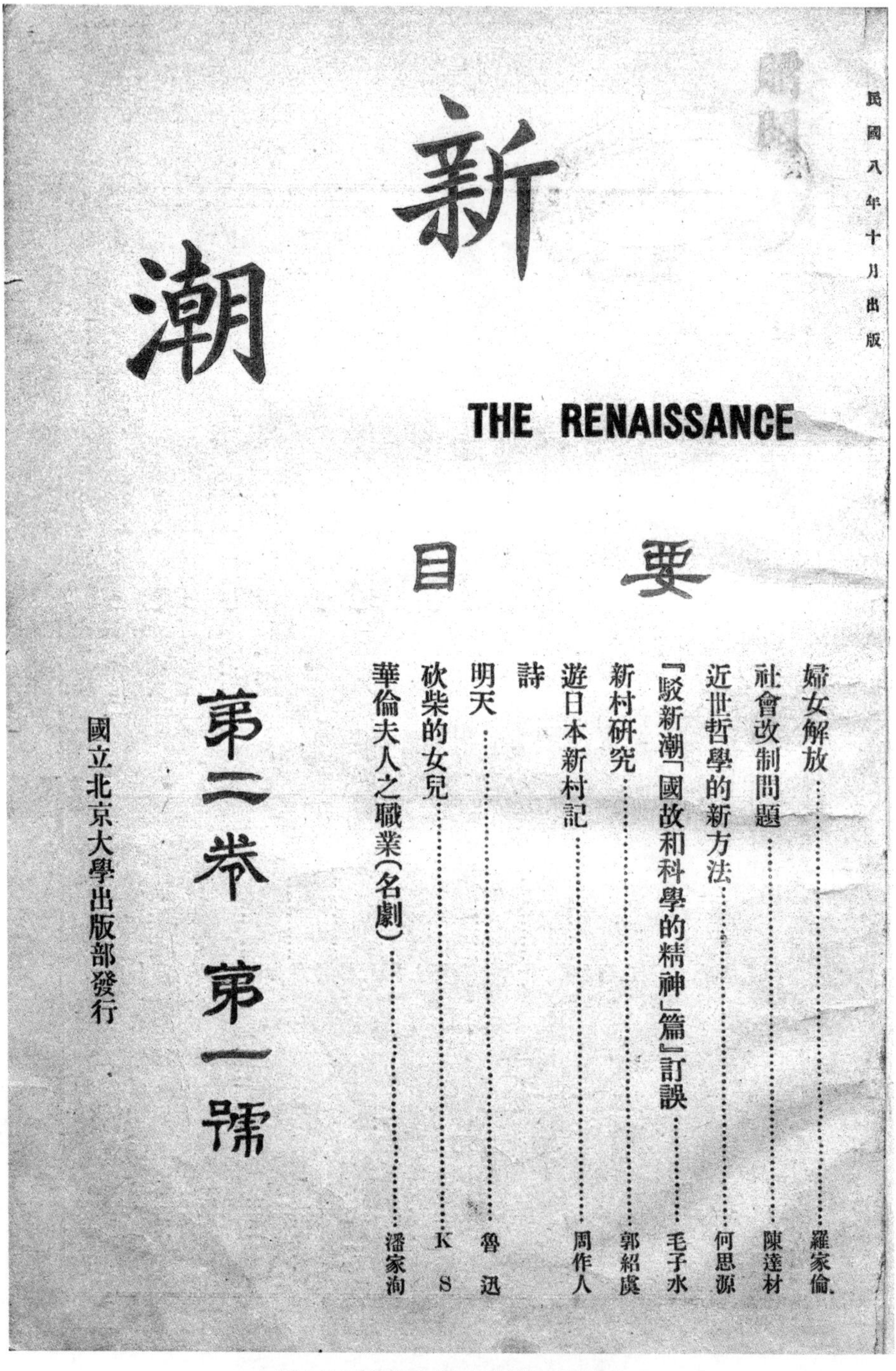
民國八年十月出版

新潮

THE RENAISSANCE

要目

第二卷 第一號

國立北京大學出版部發行

图 3.4 《新潮》第二卷第一号封面

国民

一、刊物简介

国民杂志社所办刊物。1918 年 10 月 20 日，国民杂志社假欧美同学会于北京召开成立大会。[①]蔡元培、邵飘萍等社会人士出席会议，邓中夏、许德珩、黄日葵为杂志社骨干，李大钊为杂志社顾问。1919 年 1 月 10 日《国民》正式发行。

二、刊物内容

1918 年 12 月 19 日《北京大学日刊》上刊载了《国民杂志社启事》，言创刊目的为："同人感于世界潮流变迁之剧，国民智识不足以资为因应，实为国家前途之一危象；爰集同志组织一月刊杂志，名曰《国民》，以增进国民智识为主旨，本研究之所得贡献国民。"其宗旨为："增进国民人格；灌输国民常识；研究学术；提倡国货。"该刊物有"插画""通论""专著""译述""调查""艺林""通讯""记载"等栏目。邓中夏负责编辑《国民》的主打栏目"国内外大事"，仅在 1919 年 2 月到 4 月间出版的三期《国民》中，邓中夏就以"大壑"的笔名发表《内阁问题》《平和问题》《欧洲和议吾国委员之派遣》等多篇文章。李泽彰翻译的《共产党宣言》第一章译文和李大钊撰写的《大亚细亚主义与新亚细亚主义》《再论新亚细亚主义》等文都发表在《国民》杂志上。该刊物提高了知识青年的爱国觉悟，其中起骨干作用的如邓中夏、许德珩、高君宇、黄日

---

① 国民杂志社 . 国民杂志社成立会纪事［J］. 国民，1919（01）.

葵等人都是由李大钊直接教育和培养的进步力量的代表，后来都成为北京共产党早期组织的最初成员。

三、馆藏信息

43085/J 1919 v.1，no.1-4；1919-1921 v.2，no.1-4

第一卷第一、二、四号及第二卷第一至四号封面钤有“前北大学生存物纪念品　民国三十年清理”章，第二卷第一号封面钤有亲历五四运动的北大学生“苏甲荣”章。

图 4.1 《国民》第一卷第一号封面

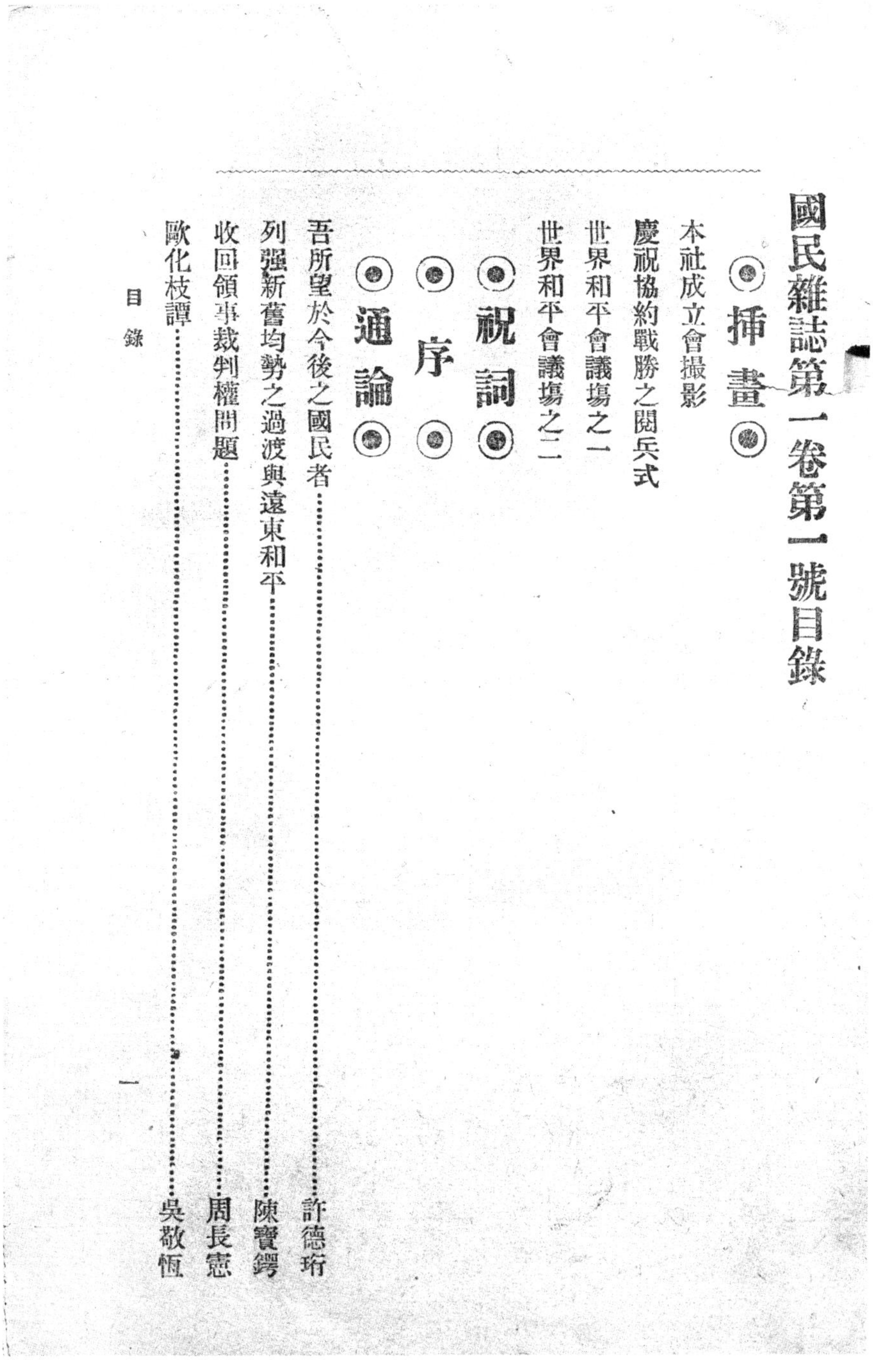

國民雜誌第一卷第一號目錄

图 4.2 《国民》第一卷第一号目录

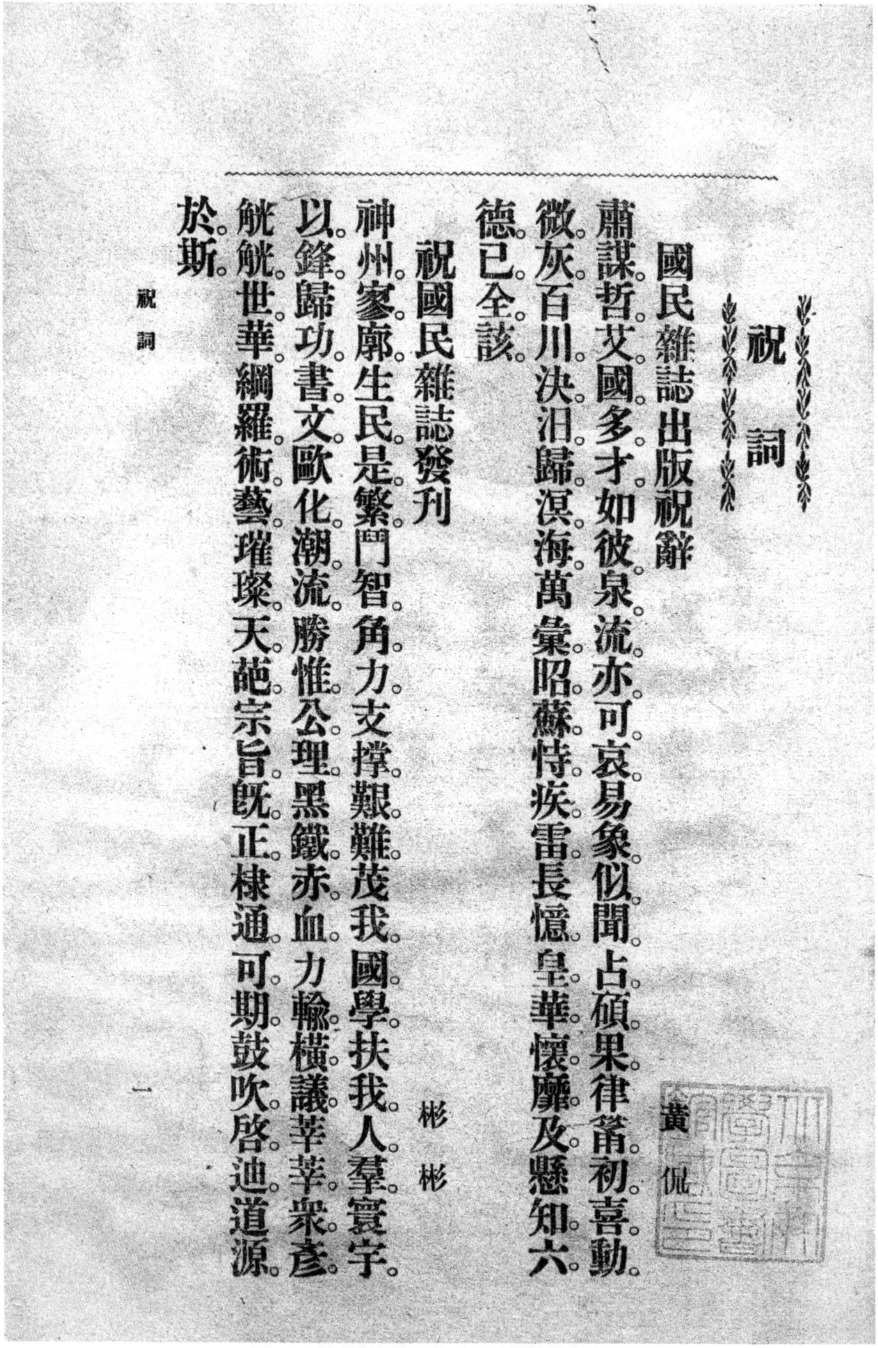
祝詞

國民雜誌出版祝辭　黃侃

肅謀哲艾國多才如彼泉流亦可哀易象似聞占碩果律筩初喜動微灰百川決汩歸溟海萬彙昭蘇恃疾雷長憶皇華懷靡及懸知六德已全該

祝國民雜誌發刊　彬彬

神州寥廓生民是繁鬥智角力支撐艱難茂我國學扶我人羣寰宇以鋒歸功書文歐化潮流勝惟公理黑鐵赤血力輸橫議莘莘衆彥觥觥世華綱羅術藝璀璨天葩宗旨既正棣通可期鼓吹啓迪道源於斯

祝詞　一

图 4.3 《国民》祝词

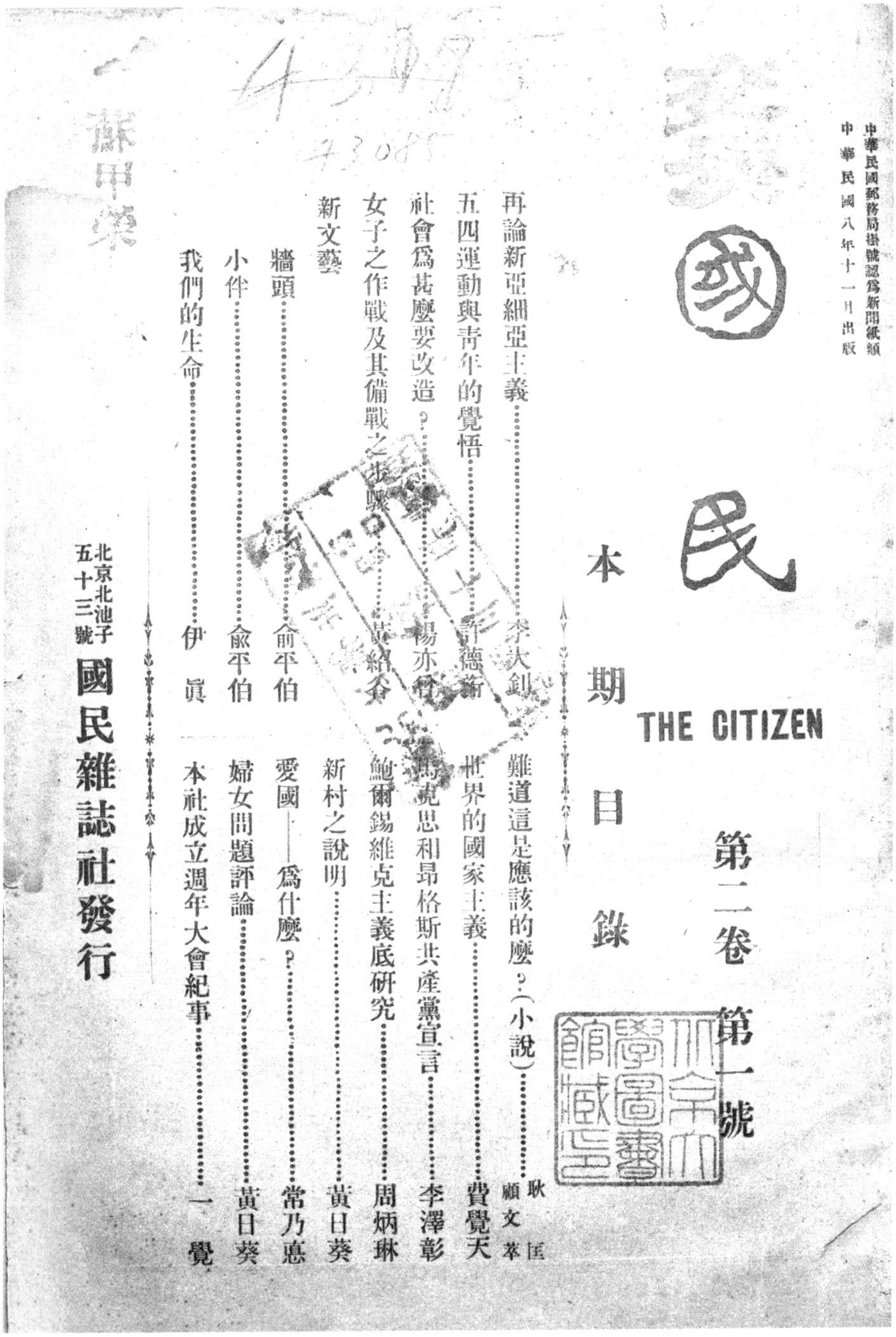

中華民國郵務局掛號認爲新聞紙類
中華民國八年十一月出版

國民

THE CITIZEN

第二卷第一號

本期目錄

北京北池子五十三號
國民雜誌社發行

图 4.4 《国民》第二卷第一号封面

北京大学数理杂志

一、刊物简介

该刊创办于1919年1月，1921年3月停刊，北京大学数理学会主办，为综合性自然科学类杂志，是中国有关物理学和数学方面的早期期刊。北京大学数理学会成立于1918年10月27日，成员很多是数学门及物理门的教授，如冯祖荀、秦汾、何育杰、张大椿等人。理科学术刊物。

二、刊物内容

秦汾在《北京大学数理杂志》创刊号的序中指出："吾校数学物理门诸君，既设数理学会，以为讨论切磋之所，复发行数理杂志，冀以研究之所得，及近日之学理，介绍于社会，意至善也。"杂志分为三股稿件，分别是数学、物理和附录。该刊共发表41篇文章，其中19篇属数学、21篇属物理，另外一篇属天文。主要刊登当代科学家理科方面的研究成果、对研究问题的看法及对数理哲学的探讨等，如《解微分方程之通法》《五次方程式》《天空现蓝色之原理》等。该刊在"世界新闻"一栏中，介绍各科目及历年的物理诺贝尔奖获得者等，还介绍了在1884年成立的意大利数学会以及其在1885年办的会报情况，较早地将外国数学会的情况介绍到国内，并密切关注美国、意大利等西方国家数学方面的研究以及数学方面的期刊。北京大学数理学会及其杂志的出现促进了教育变革，为师生提供了良好的教育媒介，培养了科学发展的后备人才。①

① 李英杰，白欣．发抒心得，交换智识，增进研究数学物理之兴趣——略述《北京大学数理杂志》[J]．出版发行研究，2015(01)：109—111.

三、馆藏信息

12225/J 1919-1920 v.1-2，no.1-2；1921 v.3，no.1

第一卷第一期封面钤有“北京大学数理学会”章，第一卷第二期封面钤有“北京大学理科研究所”章，第二卷封底钤有“前北大学生存物纪念品 民国三十年清理”章，第三卷第一期封面钤有“北大数学学会”章。

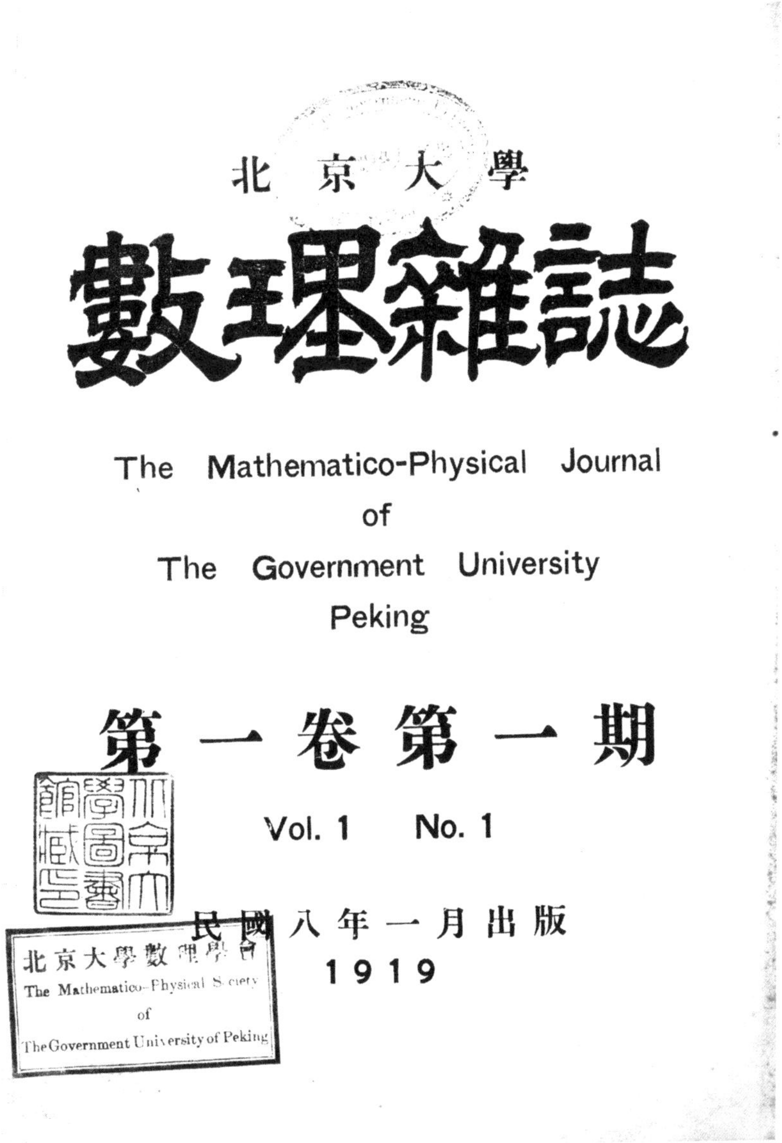

图 5.1 《北京大学数理杂志》第一卷第一期封面

图 5.2 《北京大学数理杂志》第一卷第二期封面

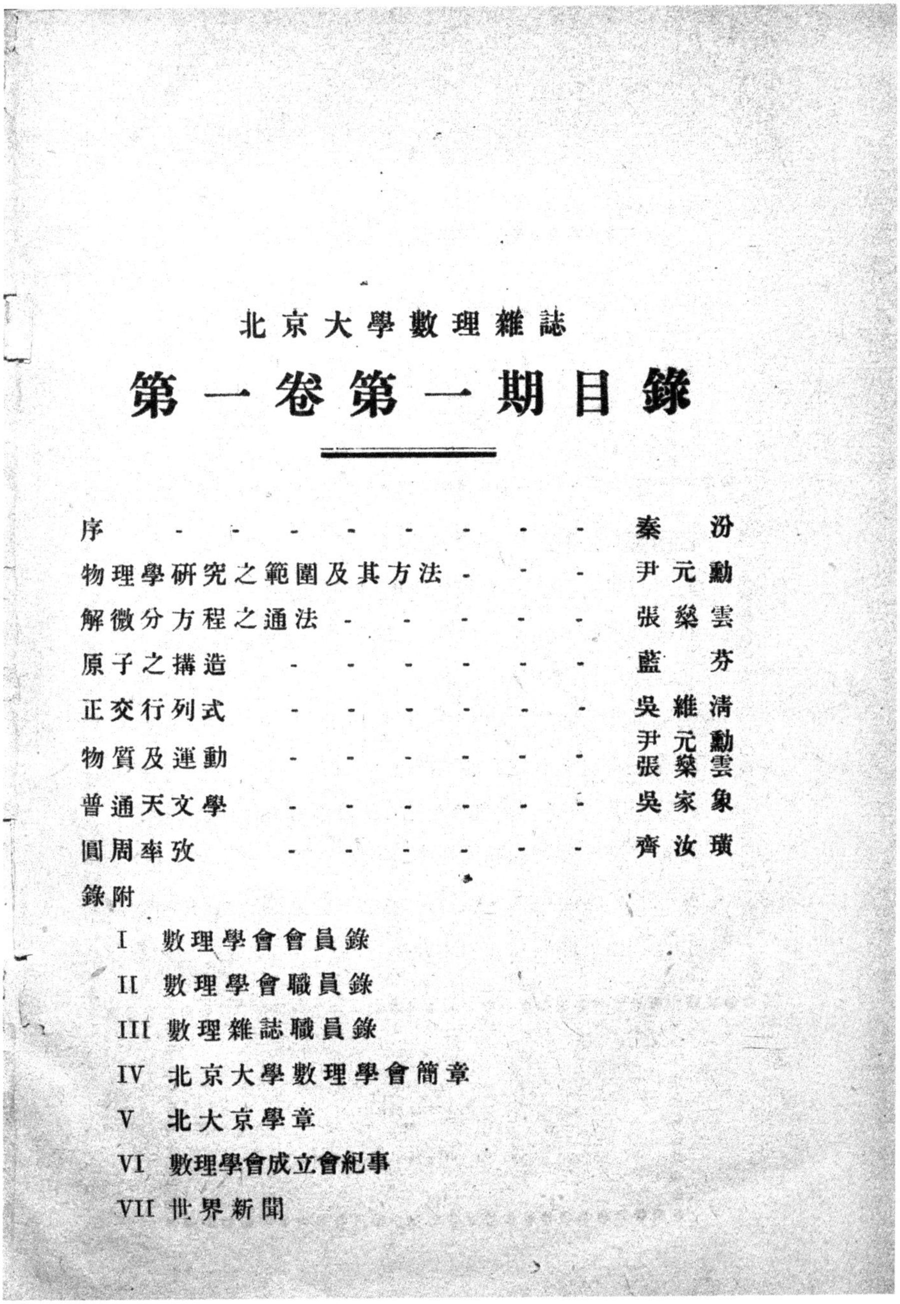

北京大學數理雜誌

第一卷第一期目錄

图 5.3 《北京大学数理杂志》第一卷第一期目录

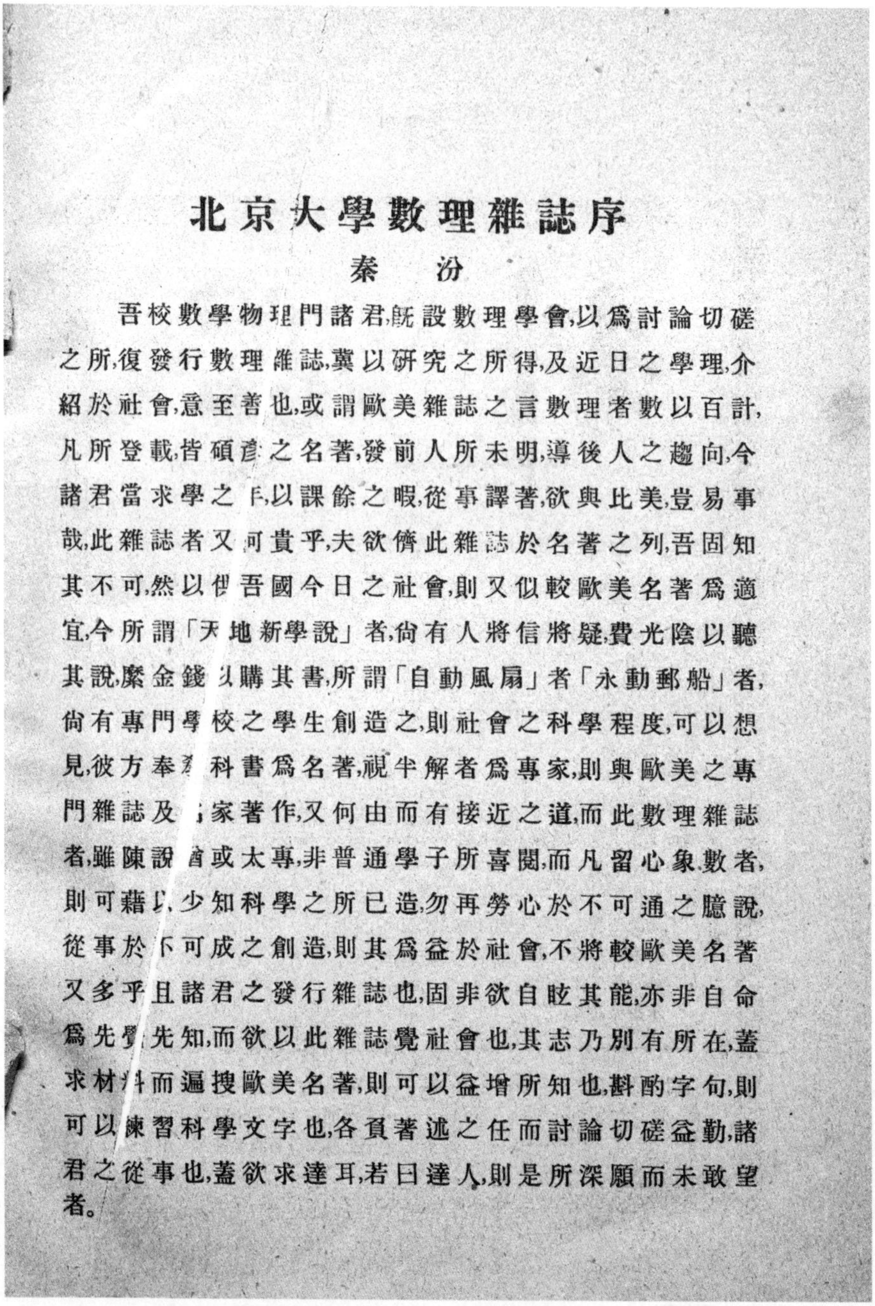

北京大學數理雜誌序

秦汾

吾校數學物理門諸君,既設數理學會,以爲討論切磋之所,復發行數理雜誌,冀以研究之所得,及近日之學理,介紹於社會,意至善也,或謂歐美雜誌之言數理者數以百計,凡所登載,皆碩彥之名著,發前人所未明,導後人之趨向,今諸君當求學之年,以課餘之暇,從事譯著,欲與比美,豈易事哉,此雜誌者又何可貴乎,夫欲儕此雜誌於名著之列,吾固知其不可,然以視吾國今日之社會,則又似較歐美名著爲適宜,今所謂「天地新學說」者,尚有人將信將疑,費光陰以聽其說,糜金錢以購其書,所謂「自動風扇」者「永動郵船」者,尚有專門學校之學生創造之,則社會之科學程度,可以想見,彼方奉教科書爲名著,視半解者爲專家,則與歐美之專門雜誌及名家著作,又何由而有接近之道,而此數理雜誌者,雖陳說[illegible]或太專,非普通學子所喜閱,而凡留心象數者,則可藉以少知科學之所已造,勿再勞心於不可通之臆說,從事於不可成之創造,則其爲益於社會,不將較歐美名著又多乎,且諸君之發行雜誌也,固非欲自眩其能,亦非自命爲先覺先知,而欲以此雜誌覺社會也,其志乃別有所在,蓋求材料而遍搜歐美名著,則可以益增所知也,斟酌字句,則可以練習科學文字也,各負著述之任而討論切磋益勤,諸君之從事也,蓋欲求達耳,若曰達人,則是所深願而未敢望者。

图 5.4 《北京大学数理杂志》序

北京大学月刊

一、刊物简介

《北京大学月刊》创刊于1919年1月，由北京大学月刊编辑部编辑，为文理综合性学术期刊。《北京大学月刊》开篇的“编辑略例”对刊物定位、办刊宗旨、内容排列次序、内容取材等做了明确规定，对刊物的基本定位是“北京大学职员学生共同研究学术，发挥思想，披露心得之机关杂志”。该刊共出版九期，最后一期出版于1922年2月。同年8月，北京大学决定编辑出版自然科学、社会科学、国学、文艺四种季刊，代替《北京大学月刊》。

二、刊物内容

蔡元培在《发刊词》中明确指出办刊的缘由为“日刊篇幅无多，且半为本校通告所占，不能载长篇学说，于是有月刊之计划”。办刊的目的有三点，即：“尽吾校同人力所能尽之责任”；“破学生专己守残之陋见”；“释校外学者之怀疑”。主要刊载本校教授撰写的哲学、经济、法律及数理化等学科的论著，主要撰稿者有蔡元培、陈启修、马寅初、钱玄同、胡适等人，并明确规定取材“以有关学术思想之论文纪载为本体，兼录确有文学价值之著作。至无谓之诗歌小说，及酬应文字，如寿序祭文传状之类，一概不收”①。刊物仅发表少量学生作品，以校内来稿为主，发表过的论文如朱希祖《研究孔子之文艺思想及其影响》、沈兼士《文字学之革新研究（字形部）》、胡适《清代汉学家的科学方法》

① 北京大学月刊编辑部．编辑略例［J］．北京大学月刊，1919（1）．

等，甚至以连载的方式刊载长篇学术著作，如第一卷第四至六号连载李俨著《中国数学源流考略》，这是一部中国人自己撰写的中国数学史的简略通史。《北京大学月刊》是北京大学职员、学生共同研究学术、发挥思想、披露心得的杂志，大量的学术文章促进了近代中国学术的发展进程，是《北京大学学报》的前身[①]，是中国早期学报的代表，为了解北京大学的校史提供了非常重要的史料。

三、馆藏信息

12240/J 1919 v.1，no.1-4；1919-1922 v.1，no.5-9

第一卷第一号封面钤有“燕京大学图书馆藏印”章，封底钤有“北京大学月刊编辑处”章，第一卷第三号一册封面钤有“国立北京大学法科研究所图记”章，另一复本封面钤有“巽平”印。第一卷第六、九号封面钤有“前北大学生存物纪念品　民国三十年清理”章，第一卷第九号封里钤有“敬文书社”章，第一卷第八号封里钤有“文古斋”章。

---

① 许智宏.《北京大学学报》创刊五十周年庆典致辞［J］. 北京大学学报（哲学社会科学版）. 2005（06）：5—13.

图 6.1 《北京大学月刊》第一卷第一号封面

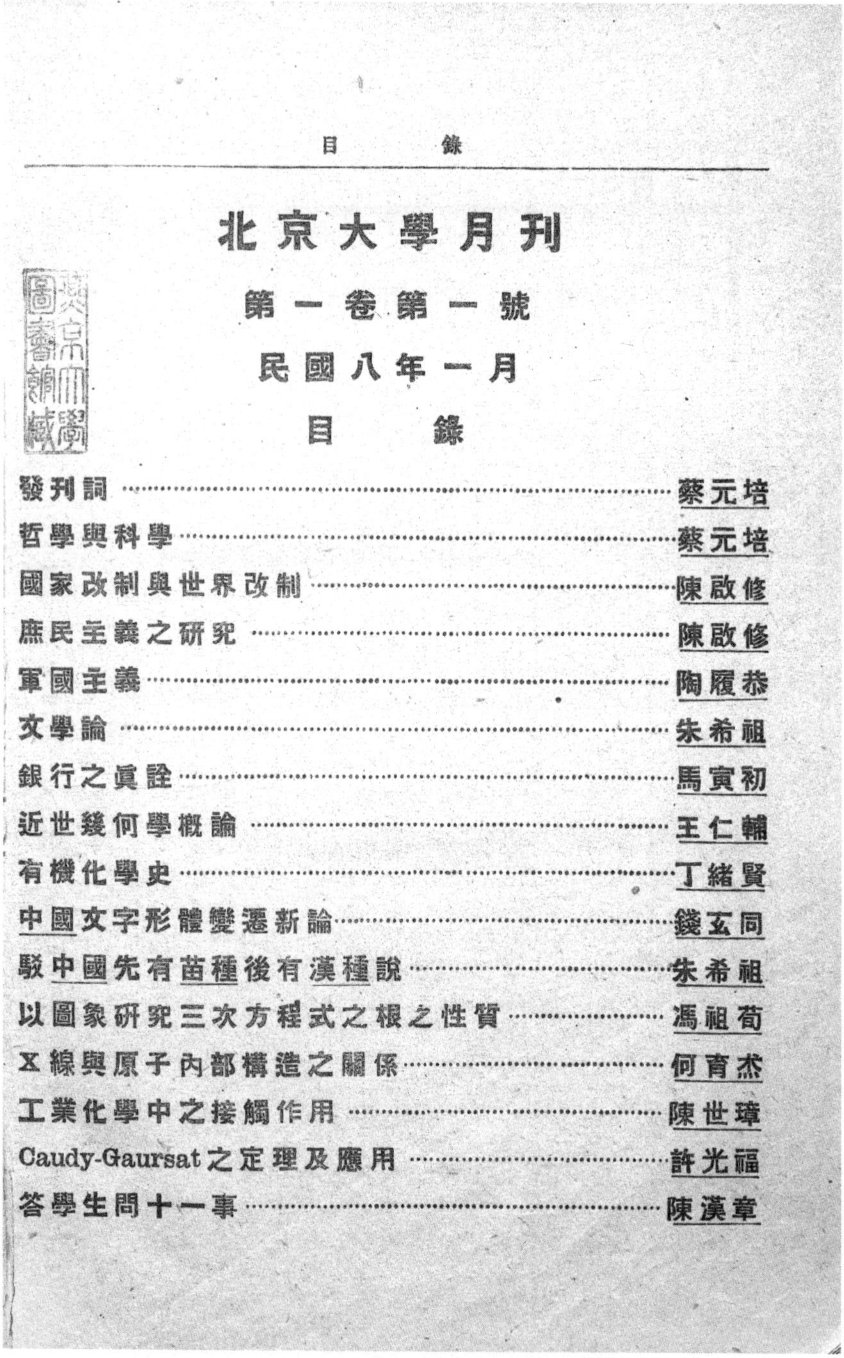

目 錄

北京大學月刊

第一卷第一號

民國八年一月

燕京大學圖書館藏

目 錄

图 6.2 《北京大学月刊》第一卷第一号目录

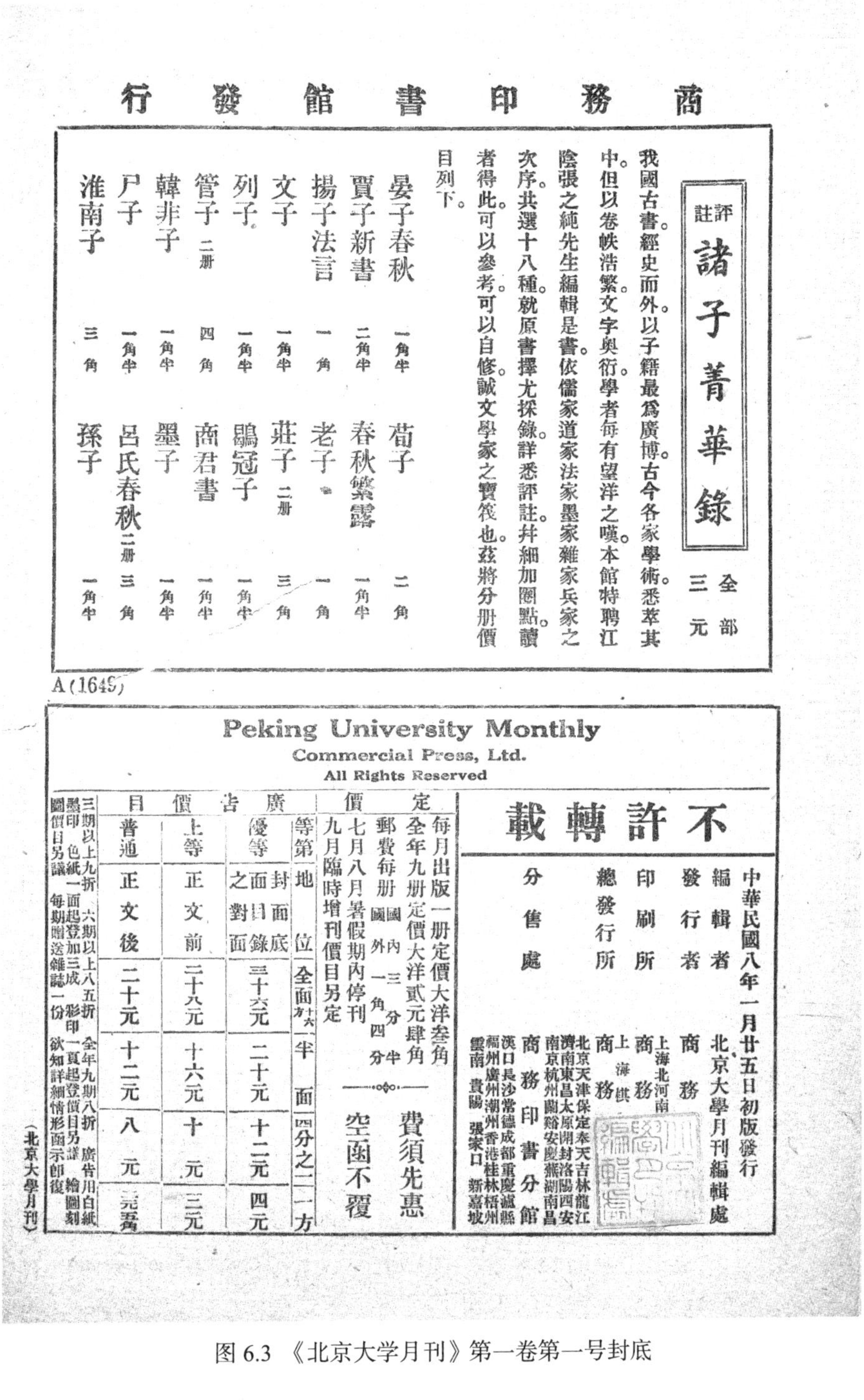
商務印書館發行
評註
諸子菁華錄
全部 三元
我國古書。經史而外。以子籍最爲廣博。古今各家學術。悉萃其中。但以卷帙浩繁。文字奥衍。學者每有望洋之嘆。本館特聘江陰張之純先生編輯是書。依儒家道家法家墨家雜家兵家之次序。共選十八種。就原書擇尤採錄。詳悉評註。并細加圈點。讀者得此。可以參考。可以自修。誠文學家之寶筏也。玆將分册價目列下。
晏子春秋 一角半　荀子 二角
賈子新書 二角半　春秋繁露 一角半
揚子法言 一角　老子 一角
文子 一角半　莊子 二册 三角
列子 一角半　鶡冠子 一角半
管子 二册 四角　商君書 一角半
韓非子 一角半　墨子 一角半
尸子 一角半　呂氏春秋 二册 三角
淮南子 三角　孫子 一角半
A (1649)
Peking University Monthly
Commercial Press, Ltd.
All Rights Reserved
不許轉載
中華民國八年一月廿五日初版發行
編輯者 北京大學月刊編輯處
發行者 商務 上海北河南
印刷所 商務 上海棋
總發行所 商務
分售處 商務印書分館 北京天津保定奉天吉林龍江 濟南東昌太原開封洛陽西安 南京杭州蘭谿安慶蕪湖南昌 漢口長沙常德成都重慶瀘縣 福州廣州潮州香港桂林梧州 雲南貴陽張家口新嘉坡
定價
每月出版一册定價大洋叁角
全年九册定價大洋貳元肆角
郵費每册 國內三分半 國外一角四分
七月八月暑假期內停刊
九月臨時增刊價目另定
費須先惠
空函不覆
廣告價目
等第 地位 全面 方十六 半面 四分之一 一方
優等 封面底面目錄之對面 三十六元 二十元 十二元 四元
上等 正文前 二十八元 十六元 十元 三元
普通 正文後 二十元 十二元 八元 二元五角
三期以上九折 六期以上八五折 全年九期八折 廣告用白紙墨印 色紙一面起登加三成 彩印一頁起登價目另議 繪圖刻圖價目另議 每期贈送雜誌一份 欲知詳細情形函示即復
（北京大學月刊）

图 6.3 《北京大学月刊》第一卷第一号封底

中華郵務局特准掛號認爲新聞紙類

北京大學月刊

第一卷第三號

民國八年三月出版

图 6.4 《北京大学月刊》第一卷第三号封面

国故

一、刊物简介

1919年3月在北京创刊，1919年10月第5期停刊，学术性刊物，又名《国故月刊》。北京大学学生薛祥绥、张煊、罗常培创办，总编辑为刘师培和黄侃，国故月刊社编辑并发行，北京大学出版部出版。该社主张“凡北京大学同学有赞成本月刊宗旨者皆得为本社社员”。[①]

二、刊物内容

该刊以“昌明中国固有之学术为宗旨”，撰稿人有陈玉澍、黄建中、孙延杲、薛祥绥等，刊物栏目分九门：“通论”“专著”“遗著”“艺文”“杂俎”“记事”“外稿选录”“著述提要”“通讯”。内容偏重于对先秦诸子百家典籍的考据论证。许多著名学者的研究成果发表于此，如刘师培《毛诗词例举要》《礼经旧说考略》，马叙伦《说文六书疏证》《列子伪书考》，张煊《墨子经说新解》，宋育仁《春秋经世考》，黄侃《广韵逸字》，章炳麟《太炎漫录》等。常在该刊发表论文的还有：俞士镇、吴承仕、薛祥绥、陈钟凡、朱师辙等。该刊注重“汉学”传统，延续“国粹”派国学，对于传统文化的研究具有重要贡献，曾在新文化运动中就“整理国故”问题与《新潮》杂志展开论争。

---

① 国故月刊社．本社记事录［J］．国故．1919（1）．

三、馆藏信息

42425/J 1919 no.1-4

第一期封底、第三期封面钤有“前北大学生存物纪念品　民国三十年清理”章，第二期封面钤有“燕京大学图书馆”藏书章。

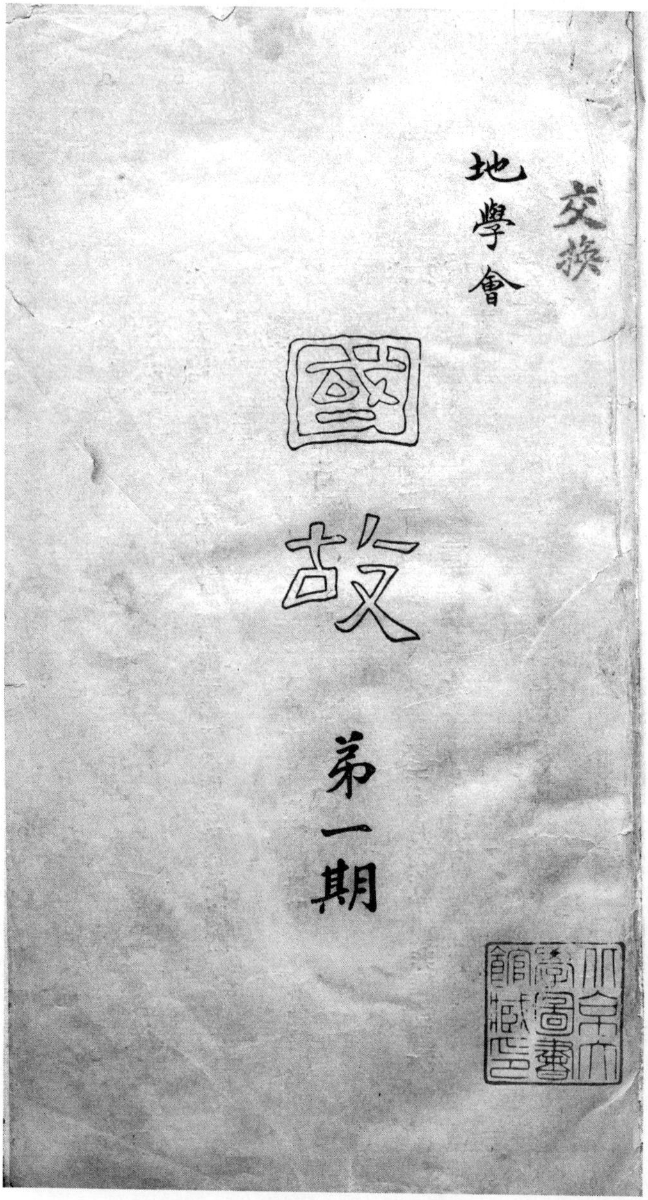

图 7.1 《国故》第一期封面

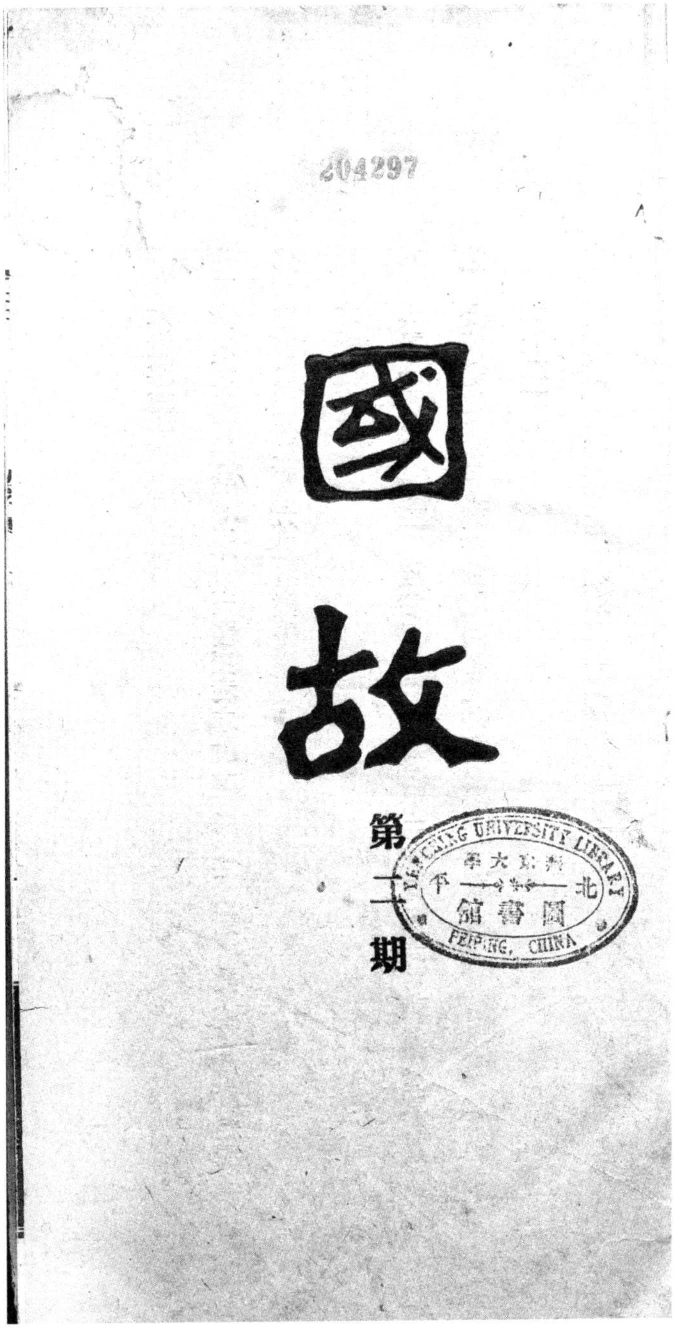

图 7.2 《国故》第二期封面

图 7.3 《国故》第三期封面

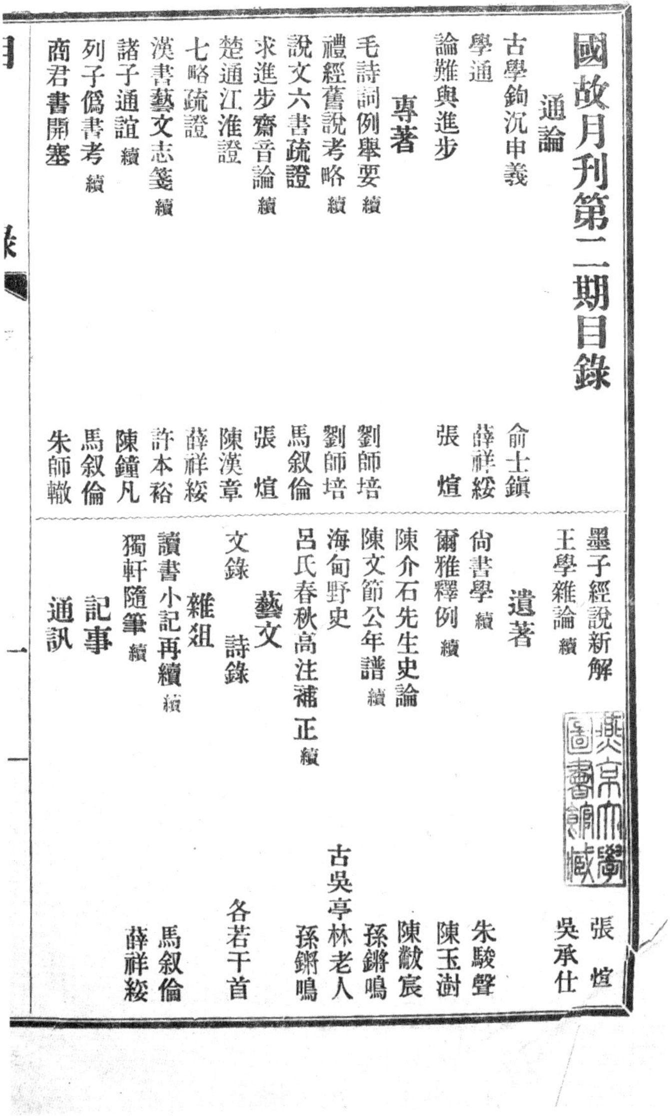
國故月刊第二期目錄

通論

古學鉤沉申義 俞士鎮
學通 薛祥綏
論難與進步 張煊

專著

毛詩詞例舉要 續 劉師培
禮經舊說考略 續 劉師培
說文六書疏證 馬叙倫
求進步齋音論 續 張煊
楚通江淮證 陳漢章
七略疏證 薛祥綏
漢書藝文志箋 續 許本裕
諸子通誼 續 陳鐘凡
列子僞書考 續 馬叙倫
商君書開塞 朱師轍
墨子經說新解 張煊
王學雜論 續 吳承仕

遺著

尙書學 續 朱駿聲
爾雅釋例 續 陳玉澍
陳介石先生史論 陳黻宸
陳文節公年譜 續 孫鏘鳴
海甸野史 古吳亭林老人
呂氏春秋高注補正 續 孫鏘鳴

藝文

文錄 詩錄 各若干首

雜俎

讀書小記再續 續 馬叙倫
獨軒隨筆 續 薛祥綏

記事

通訊

燕京大學圖書館藏

图 7.4 《国故》第二期目录

川局促定会会刊

一、刊物简介

1919 年 8 月 6 日，“四川旅沪各界川局促定会”成立大会在上海嵩山路 55 号召开，康白情介绍北京川局促定会办法。① 该刊 1919 年 9 月 10 日在北京出版，属政治刊物，川局促定会联合会刊，不定期出版，非卖品，大 32 开本，由四川旅京学生川局促定会和四川旅沪各界川局促定会编辑发行，社址设在国立北京大学文科。②

二、刊物内容

该刊创刊宗旨为“谋促定川局，力致和平”，该刊声明中说：“本会刊多是从四川旅京沪的学生一元、两元的金钱集合办的，就是以‘当学生的有限金钱’来办的……皆因瞧着这战机，好像是又要动了；恐怕再受去前两年的滋味，所以宁肯损衣节食来尽些力所能为的事。”③ 刊物主要发表促进川局安定的看法和议论，如与四川局势有关的西藏问题及滇黔问题，还记述四川旅京学生川局促定会和四川旅沪各界川局定会两会会务，报道各地川局促定会会务，选登电文、通讯、函件，登川事短评、附纪国内大事，国际大事与新学说介绍。

---

① 李朝平 .《康白情生平及著作年表简编》补遗［J］. 新文学史料，2013（4）：181—187.
② 王绿萍，程祺 . 四川报刊集览 上 1897—1930［M］. 成都：成都科技大学出版社，1993：86.
③ 四川旅京学生川局促定会 . 川局促定会会刊声明［J］. 川局促定会会刊，1919（1）.

三、馆藏信息

2735/J 1919 no.2

第二期封面钤有“燕京大学图书馆藏”章。

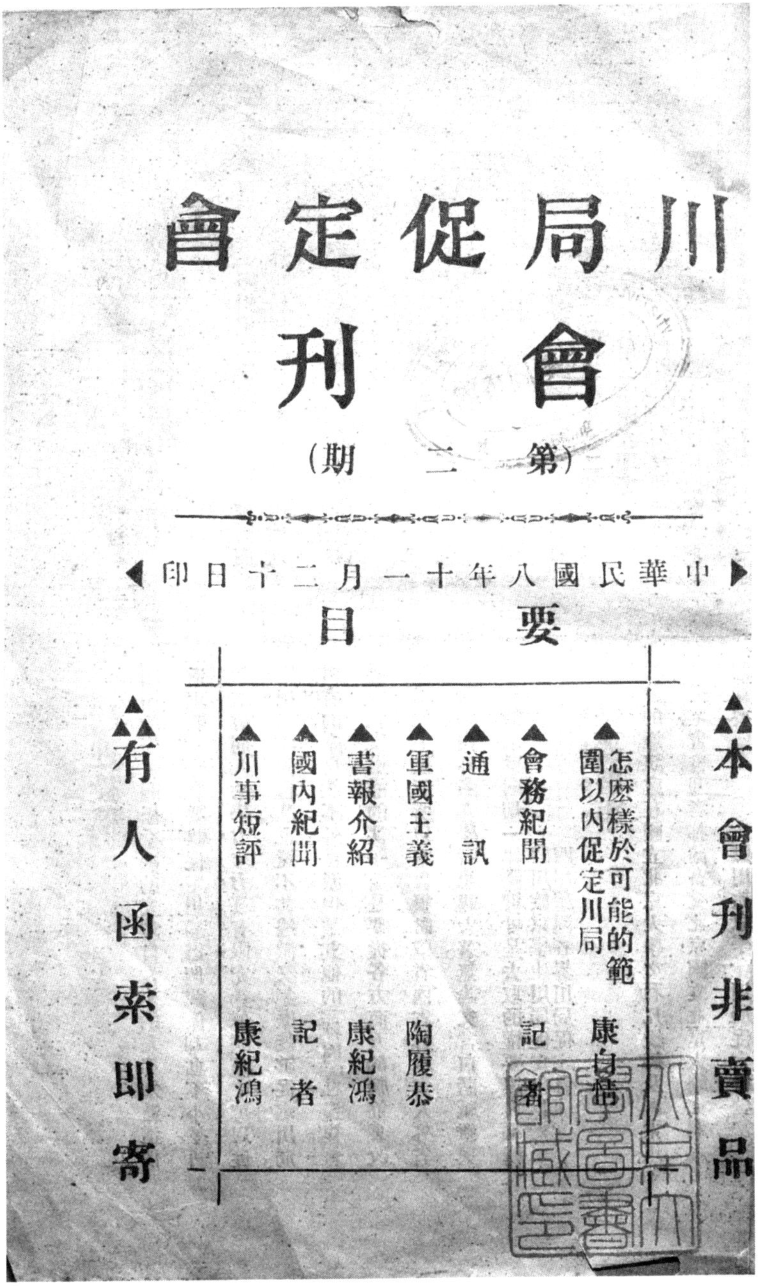

图 8.1 《川局促定会会刊》第二期封面

川局促定會會刊的宗旨及內容

本會刊是從四川旅京學生川局促定會同四川旅滬各界川局促定會裏出來的東西。會刊的宗旨是：

本兩個會的宣言，謀促定川局，力致和平。會刊的內容是：

發表兩會的主張，登載兩會的會員合乎這會的宗旨的議論，紀述兩會的會務事情，並且附記國內大事及新學說。

本會啟事

本會刊第一期蒙鄉人愛讀，已被函索盡了。目前還有索取者，愧無以報盛意。第二期比第一期多印了五百份，喜歡看的函索即寄。

又本會寄送了一百本第二期會刊在成都「桂王橋派報處」，如有就近的可在彼處索取。

歡迎投稿

四川的安危關係全國的安危，自古來的人都知道這個道理；我們今日要謀促定川局，這個關係却也不小了。可是本會同人的學力才力都有限；究竟怎麼樣才可以促定川局，我們自已也還不甚透澈，又怎麼能够促定川局。川省的亂，自然不外黨派；但是其他的「種因」也還複雜；要圖久安肅靜的法子，還是要從各方面人的腦筋裏改造思想上換新。所以本會狠盼望省內省外本省人外省人及海內外名人學者，惠賜大著。無論文言白話，祇雖與本會的宗旨關切，一律歡迎。可是去取的權，要讓與編輯主任。

四川旅京學生川局促定會
四川旅滬各界川局促定會同啟

緊要啟事

本會的通訊處在國立北京大學文科，凡投稿及函索川局促定會會刊者，都請寄交北京國立北京大學文科本會為要。

四川旅京學生川局促定會啟

图 8.2 《川局促定会会刊》刊物宗旨

北京大学学生周刊

一、刊物简介

该刊由北京大学学生会编辑出版，创刊于1920年1月4日，共出版十七期。1920年5月23日因受北洋军阀政府的干涉而停刊。

二、刊物内容

刊物供全体同学共同发表思想，反映北大学生的思想愿望。第一号《我们的旨趣》中提到“我们都是学生，这个周刊是表现我们自由思想的发展，共同生活的精神的出版物”。号召学生发扬“五四”精神。周刊内容以“兼容并包，广纳众流”为贵，“不鼓吹一种主义，不主张一种学说”，创刊的目的“是要创造一个新道德、新教育、新经济、新文学、愉快美满的社会”。刊物讨论一些校内的体制问题，如考试制度、学生自治等；也探讨政治和社会问题，如《学生解放问题》《教员待遇问题》《学校公开问题》《教育独立》等。本刊还出过两期专刊“劳动纪念号”和“教育革命号”。该刊中还保存了一些照片，如《本校开放第一次的女同学》《本校学生会附设的平民学校》，保留了当时北京大学校内的珍贵图像。

三、馆藏信息

12254/J 1920 no.1-17

公歷一九二十年一月四日　每逢星期日出版　第一號

北京大學學生週刊

LA STUDENTARO DE LA ŜTATA PEKIN-UNIVERSITATO

發行所：北京大學學生會•零售銅元三枚•郵寄大洋三分，半年七角，全年一元四角•廣告面議•

我們的旨趣

比方有人問："你們校裏的雜誌，已經不少了，爲什麽還要創辦這個週刊呢"？

我們的答案是；"我們校裏的雜誌，雖然不少，但究竟不出一部分的同學所組織的；所以我們學生會現在創辦這個週刊，作全體同學共同發表思想的機關"。

現在且先把我們的精神，手段目的以很淺白的文字表達出來給讀者諸君知道。

我們以爲世界的文化，是許多方面的思想所構成的：我的主張是這樣，你的主張是那樣，有時或把這樣那樣合起來，更成爲一種新主張。這種新主張在形式上雖然彼此矛盾，在實際上也許兩個都適用。所以我們的思想主張，不必求其一致，也不能求其一致。我們惟有希望他在各方面有盡量發展的機會。我們更盼望我們的同學，都能各把個人特能發展的結果，隨時在本週刊展現出來。

我們的週刊，因爲抱了種種態度，故以能「兼容並包」「廣納衆流」爲貴，不鼓吹一種主義不主張一種學說。

讀者聽了這番話，不免有些懷疑：一"如此你們的週刊，恐怕免不了「西裝革履」與「紅頂花翎」雜處一堂的怪現象罷"！

答道："我們所謂「兼容并包」「廣納衆流」並不是「雜碎」的解釋。我們好歹總有一個共同的標準，一我們相信科學相信真理的科學；我們相信新思潮，相信必然趨勢的新思潮，爲什麽呢？科學是有條理有次序有系統的正確知識；雖然他的假設，不是天經地義，永遠不變，然而他所以隨時變改的緣故，是人智進步的結果，若是我們的行爲，能够跟着他做鄉導去，是再不會錯的。至於新思潮呢，他是許多哲學家科學家革新家給我們達到人生完美幸福的新道路；我們應該堂堂正正的順着他走到進化的路上去。科學的智識和新思潮的趨勢，任憑你有羅馬教皇的權威，威廉二世的戰略，都抵敵不住的。所以我們的思想和言論，無論如何不能違背了這些個標準。

尼采說得好："你不要以所從來爲貴，但當看你做到什麽地步，你不要反顧，但當前望"。我們懷抱了這種態度，所以勇往向前，寧可任「神經過敏」和「鶩新」的譏罵，永不作「時代錯誤」的「國粹」論調，和阻礙文化的調和見解。

自五四運動以來，我們學生最顯著的兩種精神，就是互助和奮鬥。我們相信前者可以把舊日「一盤散沙」的譏誚，完全洗乾凈；後者可以把不正當人道的壓迫，盡行推倒，還我們堂堂的做個人。

我們的目的，從積極方面說，是要創造一個新道德，新教育，新經濟，新文學，愉快美滿的社會。從消極方面說，是不贊成數千年遺傳下來的那些虛僞，束縛，階級，因襲，爭權的道德和制度。

我們因爲想達到我們的目的，所以不能沒有進行的手段。我們的手段是民衆運動——自下而上的運動。我們相信俄國學生界最普通的一句話，並且拿他來做我們的模範。他說："要是你想掃除專制政治的羈絆，你要找平民爲伍，教育他們，使他們信你"。(,'Go, seek the people, live among them, educate

图 9.1 《北京大学学生周刊》第一号封面

公歷一九二十,三月,七日。　　星期日出版　　第十號

北京大學學生週刊

* LA STUDENTARO DE LA S'TATA PEKIN-UNIVERSITATO *

發行所:北京大學學生會。出版股。零售三枚。郵寄三分。半年七角。全年一元四角。外國全年二元。

本校開放第一次的女同學

本校實行開放,男女共學,已見本週刊第九號本校要聞欄內"男女共學的先聲。"

上圖的:

左,查曉園女士——在英文學系一年級旁聽

中,奚湞女士——在英文學系一年級旁聽

右,王蘭女士——在哲學系一年級旁聽

(1)我們爲什麼要反對直接交涉(二)

(2)非暴動論

(3)再評無政府主義

(4)詩——送友人回南;哭龔文凱先生

(5)近事批評

(6)介紹寰球世界語會

(7)一年之回顧(三)

图 9.2 《北京大学学生周刊》第十号封面

公曆一九二十年,三月,二十八日。 星期日出版 第十三號

北京大學學生週刊

* LA STUDENTARO DE LA S'TATA PEKIN-UNIVERSITATO *

發行所:北京大學學生會。出版股。本校三枚。外售三分。半年七角。全年一元四角。外國全年二元。

本校學生會附設的平民學校

本校學生會附設的平民學校,開辦了三個多月,成績很好,現在有三百五十個學生。——男生二百四十人,女生一百一十人。——年齡最大的三十八歲,最小的六歲。程度最高的高小四年及中學一年的程度,最低的不識字。因其程度高下,分作三級十六班,——甲級四班,乙丙兩級各六班。——男女老少共學。

學科除原定六科——國文,修身,歷史,地理,算術,理科。——之外,現在添設英文,樂歌,講演,游戲,………還有縫紉,跳舞,手工,注音字母等科,在籌備中。

每生每年需文具費三圓,預算五百人計,——所有缺額,春假招補。——每年支出約一千五百元。此款出自本校學生會。不夠則向北大職教員及學生方面募捐。但決不乞助外人。

教務處的組織分爲教授會——分文,理,實三部——及教務會。——分文書,雜務,管理三組。——所有職教員皆由本校學生充任。

图 9.3 《北京大学学生周刊》第十三号封面

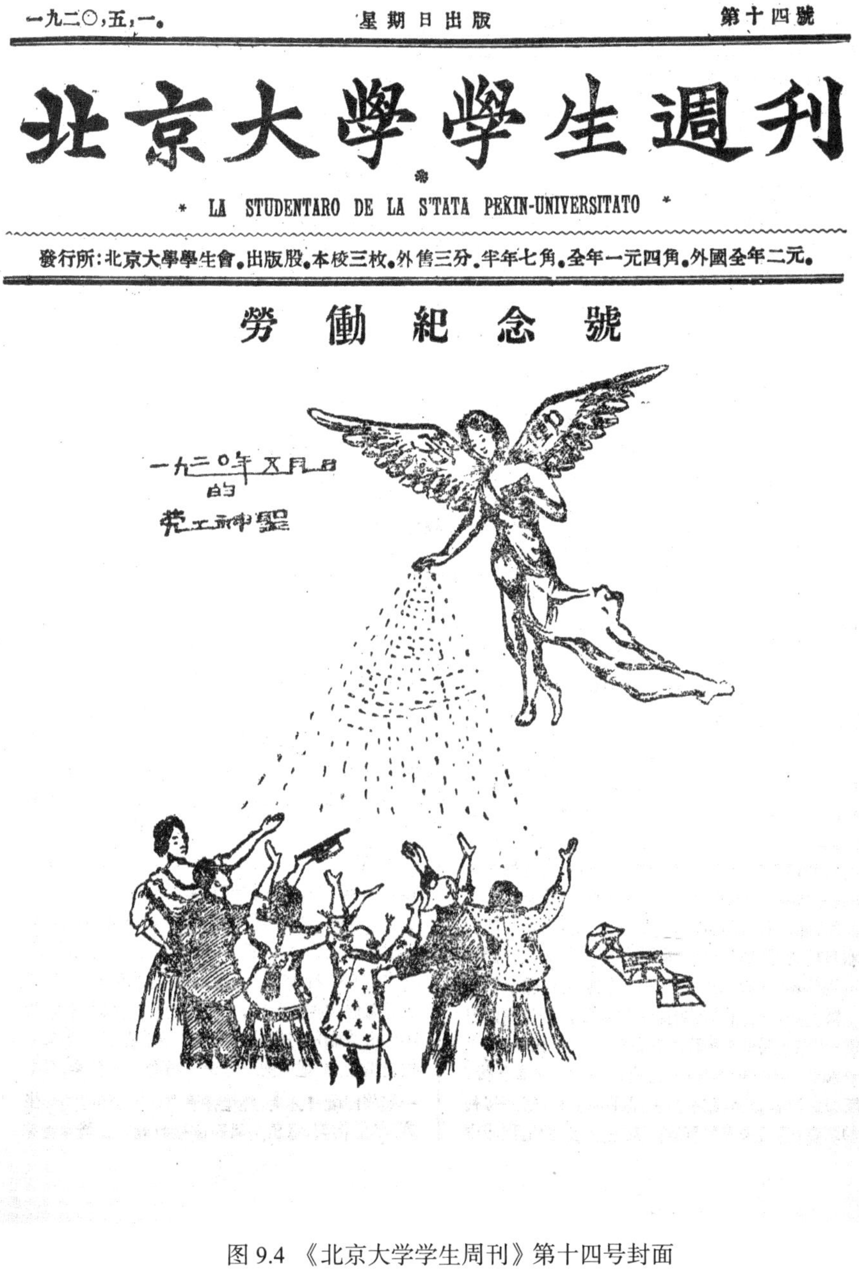
一九二〇，五，一。　星期日出版　第十四號

北京大學學生週刊

* LA STUDENTARO DE LA S'TATA PEKIN-UNIVERSITATO *

發行所：北京大學學生會。出版股。本校三枚。外售三分。半年七角。全年一元四角。外國全年二元。

勞働紀念號

图 9.4 《北京大学学生周刊》第十四号封面

音乐杂志

一、刊物简介

音乐刊物，1920 年 3 月正式刊出，北京大学音乐研究会主编。1920、1921 年发行了两卷二十期。1919 年 1 月 30 日音乐研究会成立，1922 年音乐研究会改组为音乐传习所后，《音乐杂志》停办。1927 年由刘天华组织的国乐改进社也出版了《音乐杂志》（北京 1928），但是其内容大多与中国传统音乐有关，这与原来的杂志有很大不同。[①] 各期封面分别由蔡元培、范源廉、熊希龄等题签。

二、刊物内容

该刊创刊号由北京大学校长蔡元培题签并作发刊词，提倡输入、借鉴西方的乐器、曲谱及西方音乐理论，以促进本国音乐的改进，“使吾国久久沉寂之音乐界，一新壁垒，以参加于世界著作之林”[②]。所刊文章内容涵盖音乐技术理论、国乐研究、音乐心理学、音乐教育、音乐史学、音乐评论等方面，如《音乐在美术上之地位及其价值》《北京大学音乐研究会沿革略》《音乐与诗歌之关系》《美国哈佛大学音乐学的课程（附歌谱）》等；还刊载一些中西曲谱、辞谱、歌词、戏剧、杂评选录、调查记载、民间各种歌调曲谱、特有的古调名曲等，如《玉鹤轩琵琶谱》《唐宋辽之琵琶工尺字谱》《侨工歌》《五节锦》等。刊物重要成员有萧友梅、王露、杨昭恕、陈仲子等。

---

① 康啸 . 北京大学音乐研究会会刊《音乐杂志》考［J］. 人民音乐，2006（10）：46—49.

② 蔡元培 . 发刊词［J］. 音乐杂志，1920（1）.

三、馆藏信息

29705/J 1920 v.1，no.1-10；1921 v.2，no.1-8

第一卷第一、二、四至十、第二卷第一至四号封面钤有“燕京大学图书馆”藏书章，第一卷第四号目录页、第二卷第一号文章中钤有“敬文书社”章，第二卷第三、八号封二钤有“金诚书社”章，第二卷第五号封面钤有“燕京大学理科刊室发行股”章。

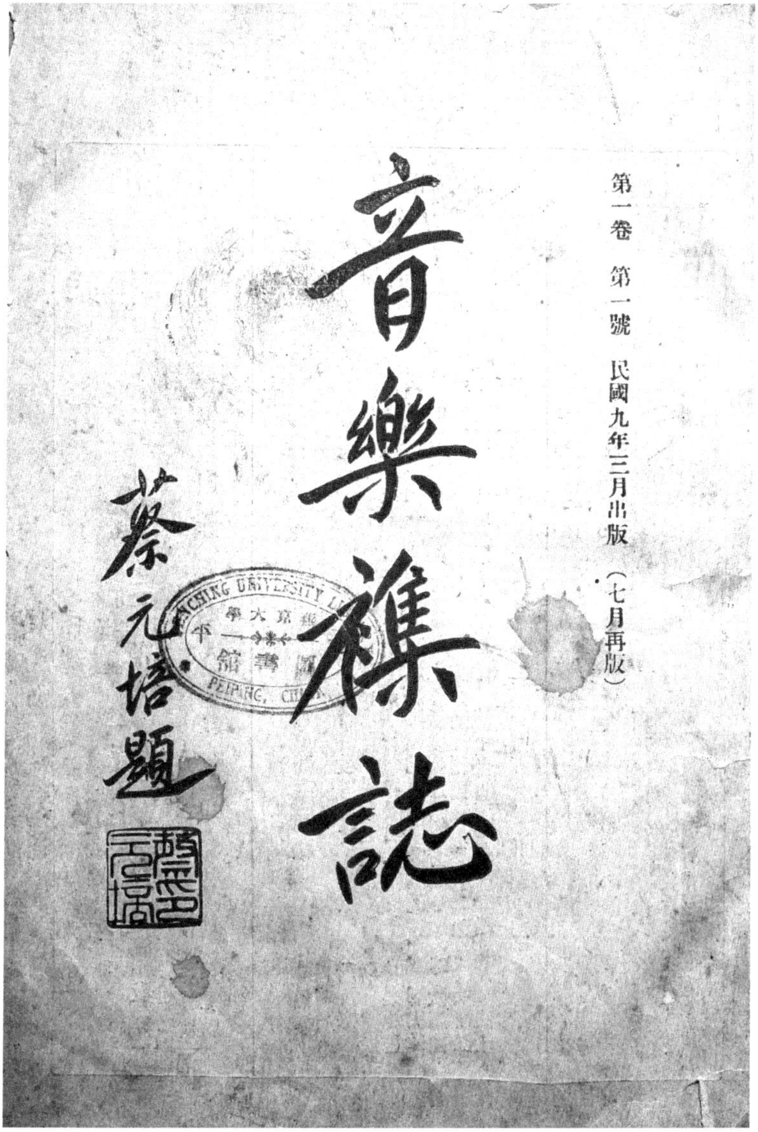

图 10.1 《音乐杂志》第一卷第一号封面

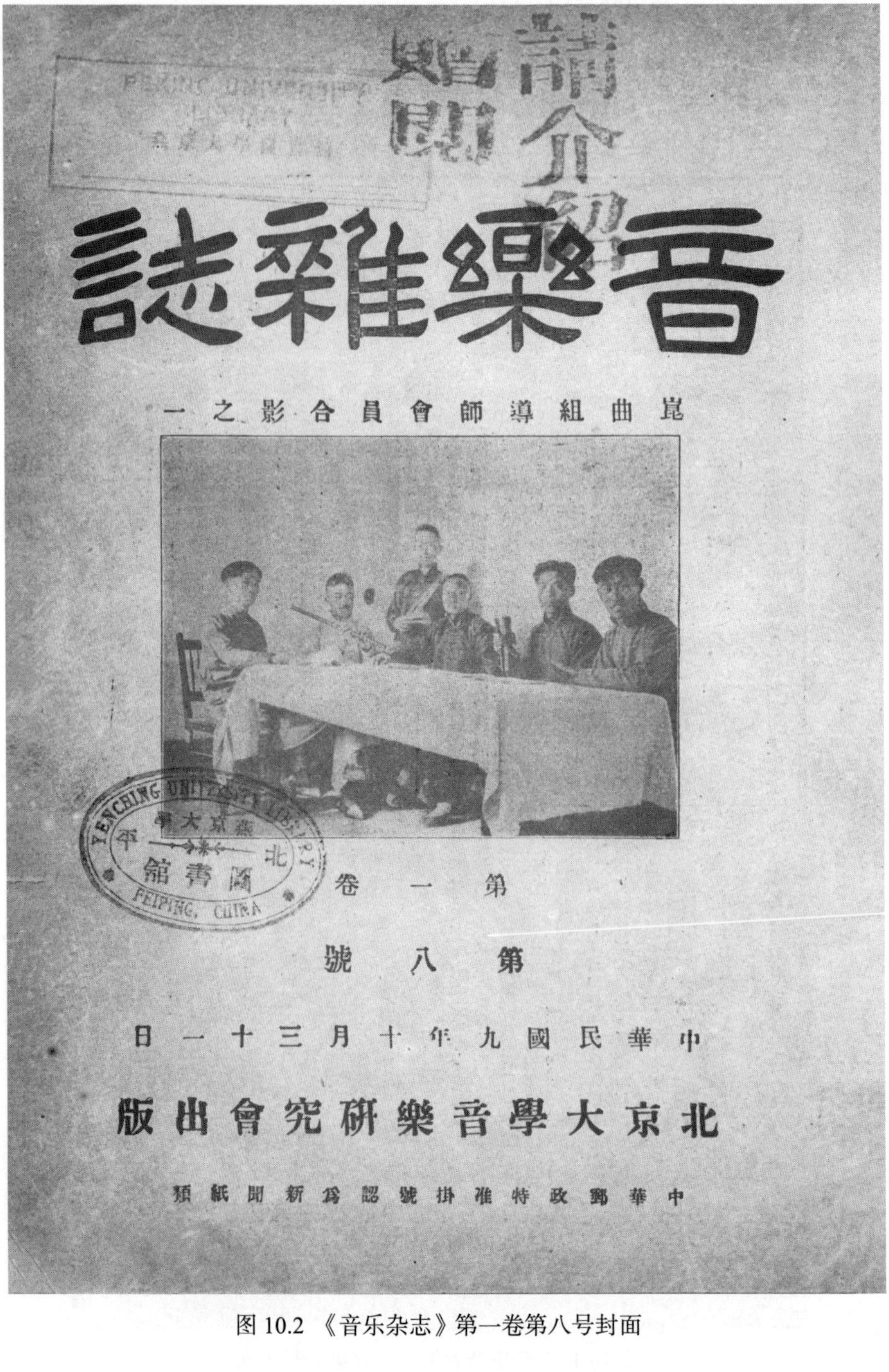

图 10.2 《音乐杂志》第一卷第八号封面

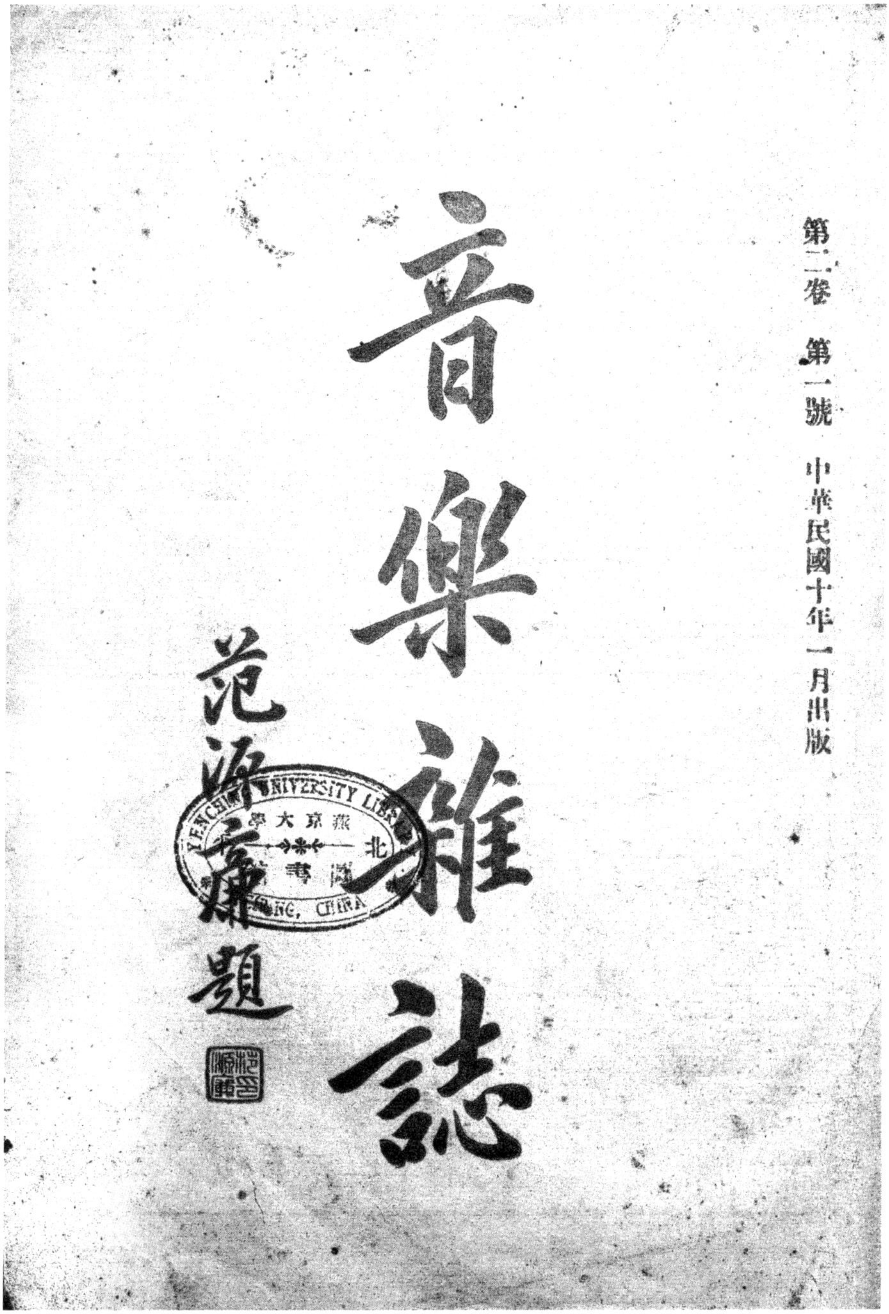

图 10.3 《音乐杂志》第二卷第一号封面

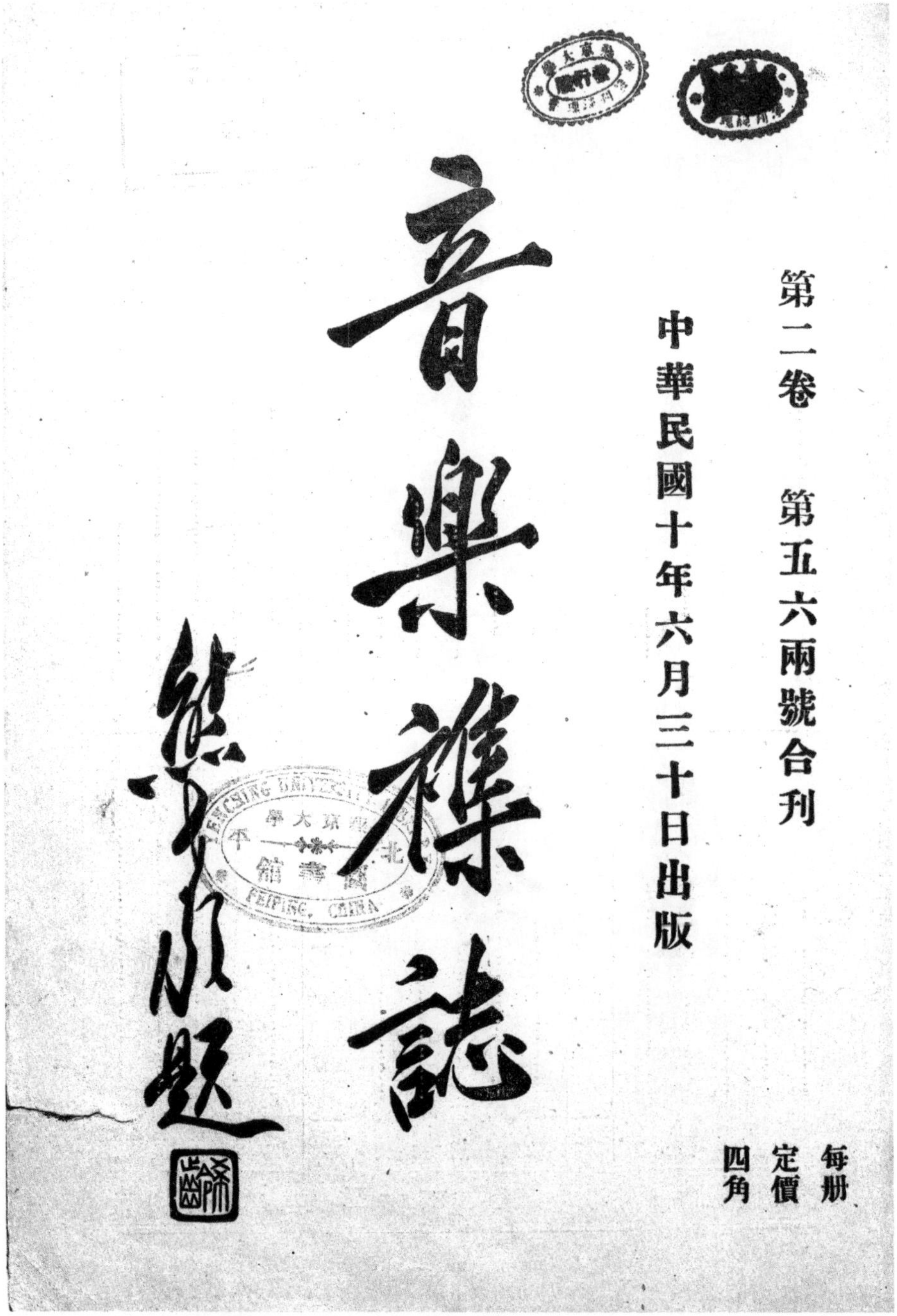

图 10.4 《音乐杂志》第二卷第五、六两号合刊封面

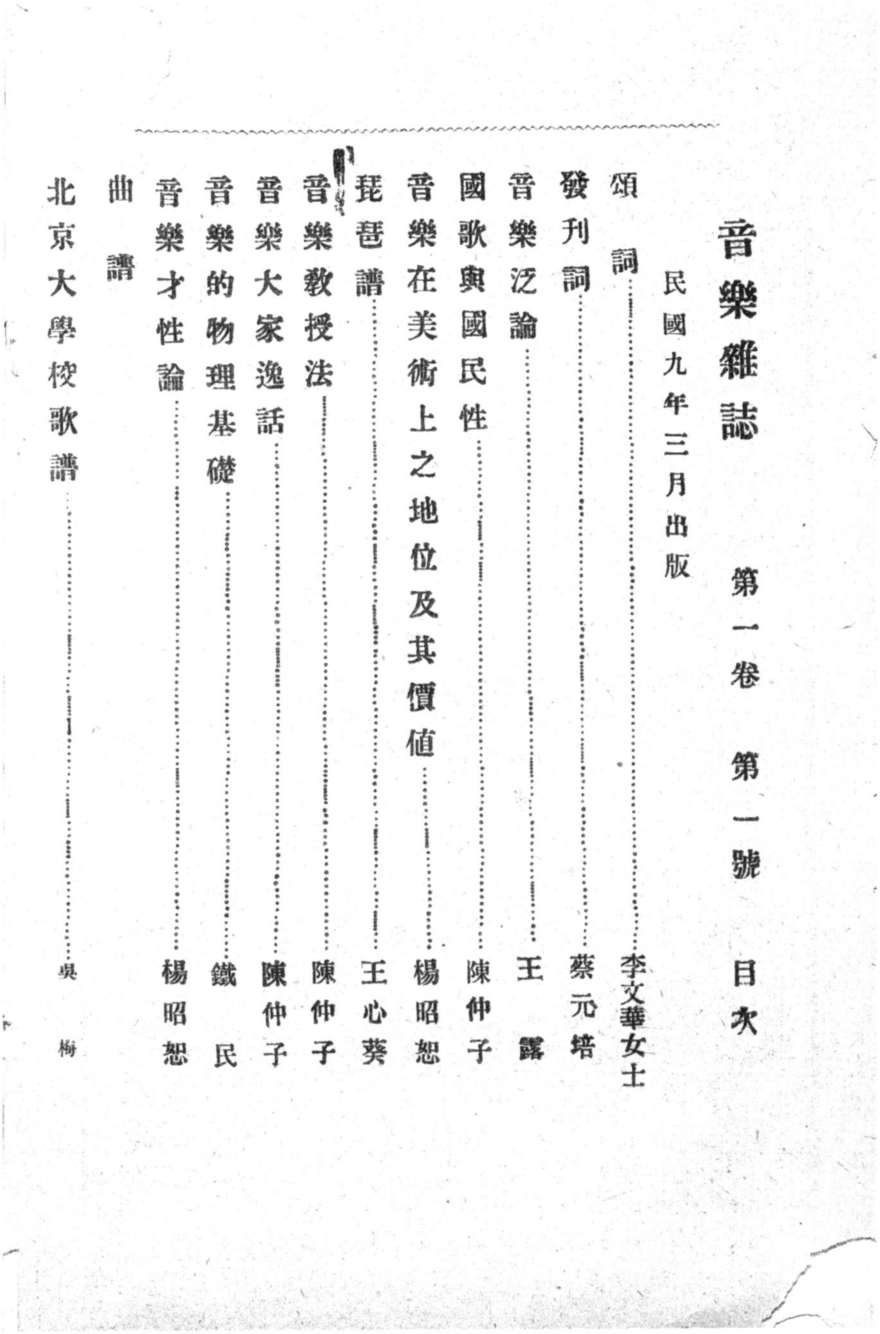

音樂雜誌 第一卷 第一號 目次

民國九年三月出版

图 10.5 《音乐杂志》第一卷第一号目录

八度進行，不過第一個音程不是八度，所以叫他做隱八度平行。譬如例十六 a,b,c,d,e,h,i, 各例都是由三度向八度進行，f,j,k,l,m,o,p, 各例都是由五度向八度進行，g 是由六度向八度進行。

隱八度有單在外聲的(例十六 a, b, c, d, e, f, g, j, k, n, p,)有同時在內，聲外聲的（例十六f, h, i, l, m, o,）有向上的（本例 a 至 i 同 o, p,）有向下的（本例 j 至 m ）.但是隱八度平行不是全不可用，據多數理

例十六

論家研究的結果，大概外聲上行隱八度有一重音不是作半音進行的，（例十六 a, b, c, n,）聲音太硬，不宜用他，所以又定出一個條件來。就是：

图 10.6 《音乐杂志》第二卷第一号第十四页“敬文书社”印章

绘学杂志

一、刊物简介

1920 年 6 月 1 日创刊于北京，半年刊，北京大学绘学杂志社编辑，北京大学画法研究会（1918 年 2 月 22 日成立）主办。杂志社社长为蔡元培，来焕文担任主干，编辑主任为胡锡铨。各期封面分别由蔡元培、周树模等题签。

二、刊物内容

《绘学杂志》以“提倡美育，发扬画法”为办刊宗旨，设置栏目有“图画”“通论”“专论”“画诀”“讲演”“史传”“纪实”“杂俎”“诗词”等，内容丰富，有若干彩页，绘图精致。“图画”栏目刊登山水、花鸟、风景、仕女画等，如《贺履之白云流水图》《吴法鼎北京十刹海风景（油画）》等。“通论”栏目刊登美学、美育方面的学术论著，如蔡元培《美术的起原》、丁肇青《美术片谈》、费仁基《原画》等。“专论”栏目刊登美术领域的具体研究文章，如陈师曾《绘画源于实用说》。“画诀”研究的是中国山水画和图案画，如胡佩衡《图案画略说》。“讲演”刊登演讲记录，如《金拱北讲演录》《蔡校长演说词》等。“史传”介绍了中西不同领域画家的发展历程，如《和兰画师蓝布郎 Rambrandt 之历史》。“纪实”栏目记载北京各大书画展览会参观纪实及感触。“杂俎”栏目中有美学相关的语录或本社成员的随笔，如《汤定之谈话笔记》。“诗词”栏目大多为画作中题词，如《题胡佩衡雁荡十二景》。此外，附录部分记录了画法研究会同学录。

三、馆藏信息

60505/J 1920-1921 no.1-3

第一期封面钤有“燕京大学图书馆藏”章，第三期封底有“佩衡”字样。

图 11.1 《绘学杂志》第一期封面

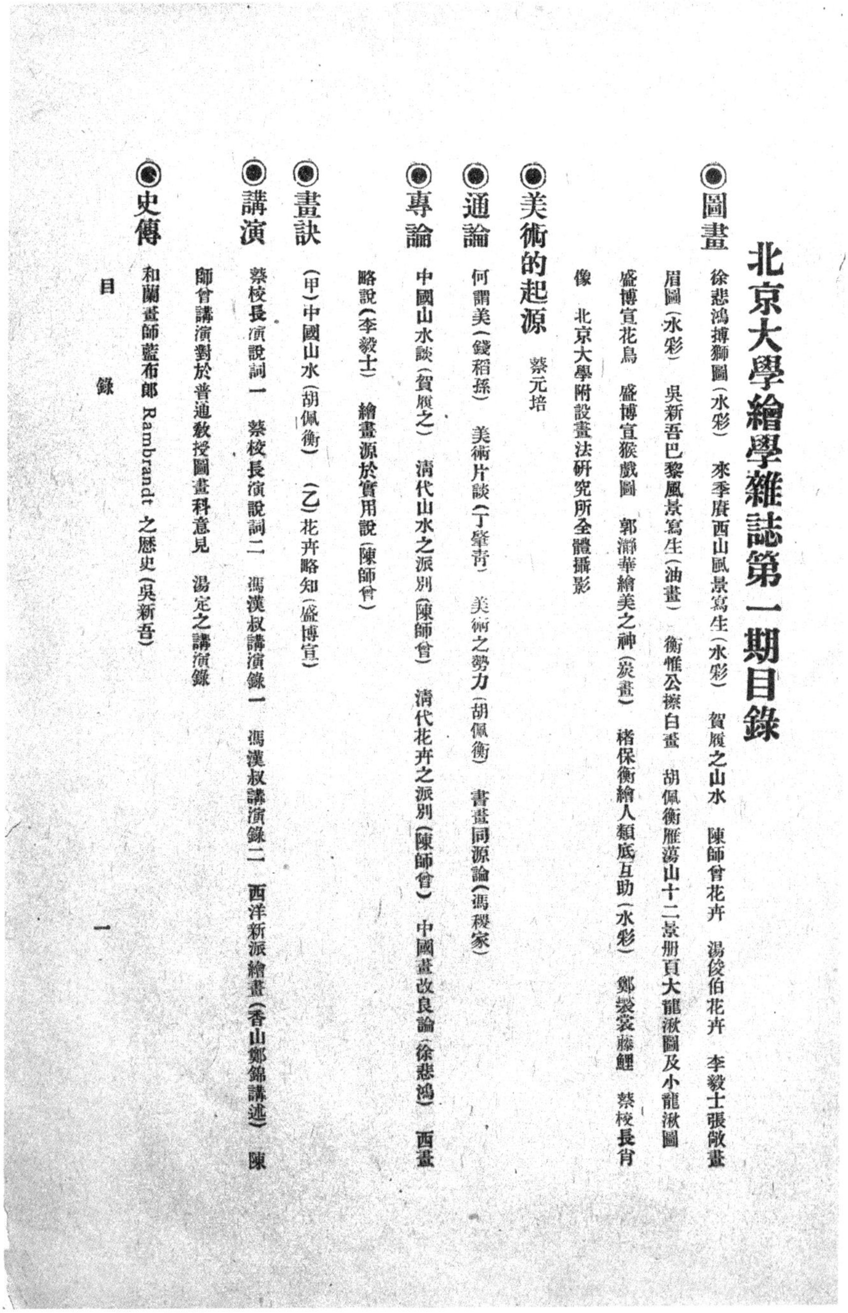

北京大學繪學雜誌第一期目錄

◉圖畫　徐悲鴻搏獅圖（水彩）　來季賡西山風景寫生（水彩）　賀履之山水　陳師曾花卉　湯俊伯花卉　李毅士張敞畫眉圖（水彩）　吳新吾巴黎風景寫生（油畫）　衡惟公擦白畫　胡佩衡雁蕩山十二景册頁大龍湫圖及小龍湫圖　盛博宣花鳥　盛博宣猴戲圖　郭瀞華繪美之神（炭畫）　楮保衡繪人類底互助（水彩）　鄭褧裳藤鯉　蔡校長肖像　北京大學附設畫法研究所全體攝影

◉美術的起源　蔡元培

◉通論　何謂美（錢稻孫）　美術片談（丁肇青）　美術之勢力（胡佩衡）　書畫同源論（馮稷家）

◉專論　中國山水談（賀履之）　清代山水之派別（陳師曾）　清代花卉之派別（陳師曾）　中國畫改良論（徐悲鴻）　西畫略說（李毅士）　繪畫源於實用說（陳師曾）

◉畫訣　（甲）中國山水（胡佩衡）　（乙）花卉略知（盛博宣）

◉講演　蔡校長演說詞一　蔡校長演說詞二　馮漢叔講演錄一　馮漢叔講演錄二　西洋新派繪畫（香山鄭錦講述）　陳師曾講演對於普通教授圖畫科意見　湯定之講演錄

◉史傳　和蘭畫師藍布郎 Rambrandt 之歷史（吳新吾）

目　錄　一

图 11.2 《绘学杂志》第一期目录

图 11.3 《绘学杂志》第二期封面

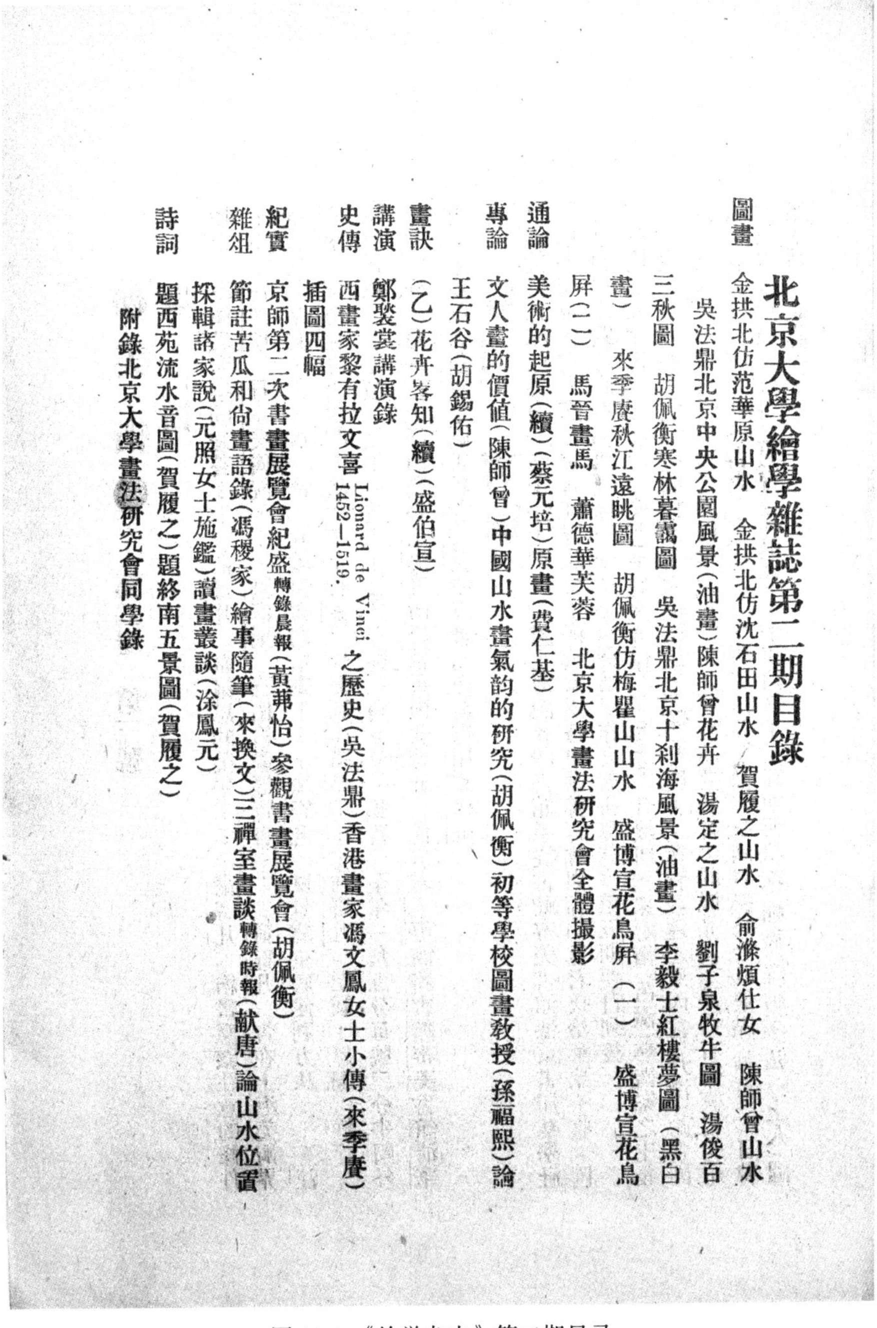

北京大學繪學雜誌第二期目錄

圖畫　金拱北仿范華原山水　金拱北仿沈石田山水　賀履之山水　俞滌煩仕女　陳師曾山水
吳法鼎北京中央公園風景（油畫）陳師曾花卉　湯定之山水　劉子泉牧牛圖　湯俊百
三秋圖　胡佩衡寒林暮靄圖　吳法鼎北京十剎海風景（油畫）　李毅士紅樓夢圖（黑白
畫）　來季賡秋江遠眺圖　胡佩衡仿梅瞿山山水　盛博宣花鳥屏（一）　盛博宣花鳥
屏（二）　馬晉畫馬　蕭德華芙蓉　北京大學畫法研究會全體撮影

通論　美術的起原（續）（蔡元培）原畫（費仁基）

專論　文人畫的價值（陳師曾）中國山水畫氣韵的研究（胡佩衡）初等學校圖畫教授（孫福熙）論
王石谷（胡錫佑）

畫訣　（乙）花卉畧知（續）（盛伯宣）

講演　鄭褧裳講演錄

史傳　西畫家黎有拉文喜 Lionard de Vinci 1452—1519. 之歷史（吳法鼎）香港畫家馮文鳳女士小傳（來季賡）
插圖四幅

紀實　京師第二次書畫展覽會紀盛轉錄晨報（黃茀怡）參觀書畫展覽會（胡佩衡）

雜俎　節註苦瓜和尚畫語錄（馮稷家）繪事隨筆（來換文）三禪室畫談轉錄時報（献唐）論山水位置
採輯諸家說（元照女士施鑑）讀畫叢談（涂鳳元）

詩詞　題西苑流水音圖（賀履之）題終南五景圖（賀履之）

附錄北京大學畫法研究會同學錄

图 11.4 《绘学杂志》第二期目录

图 11.5 《绘学杂志》第三期封面

图 11.6 《绘学杂志》第三期封底

批评

一、刊物简介

刊物于 1920 年 10 月 20 日发行第一号，通信地址为北京大学第一宿舍罗敦伟。罗敦伟（1897—1964），湖南人，早年毕业于北京大学，曾任北平大学、中国大学、朝阳大学教授。该刊为《民国日报》的众多副刊之一，半月刊。

二、刊物内容

《发刊词》中说，真正批评家的方法是“批评的研究，研究的批评”。真正的批评是以“批评的目的定批评的范围，以批评的精神，科学的方法，怀疑的态度，勇猛大无畏地估量、分析、化验，人类社会上种种事物，明是非、定好恶；贤贤，黜不肖！”[①] 该刊主要栏目有近世杂评、诗、评论、讲演、新村讨论、来论、通信等，撰稿人有郑振铎、王统照、李大钊、周作人、黄绍谷、庐隐等。该刊第一号刊载郑振铎《人的批评》、周长宪《批评的精神和新文化运动》，该刊第五号为“新村号”，刊载沈立庐《新村之我见》、罗敦伟《艺术复活与新村》、周作人与黄绍谷《新村的讨论》等文。刊物中缝中有《北京大学日刊大改良广告》《家庭研究社紧要启事》等，关注家庭、婚姻问题及新村运动。

三、馆藏信息

20773/J 1920-1921 no.1-3，5-7

---

① 批评社 . 发刊词［J］. 批评，1920（1）.

第六号封面钤有“燕京大学图书馆藏”章。

图 12.1 《批评》第一号封面

批評

第二號

中華民國九年十一月五日

家族制度底批評（陳顧遠）

受有家庭痛苦的注意

图 12.2 《批评》第二号封面

评论之评论

一、刊物简介

北京大学法科学生主办的杂志，创刊于1920年12月15日，季刊，1921年12月15日终刊。主要负责人是费觉天。该刊宗旨为“创造文化，创造真的、善的、美的社会”。刊物的取名模仿19世纪末到20世纪初在英美舆论界极有影响的杂志 *The Review of Reviews*，创刊宣言中表示要努力做到“评论一切”。刊物同仁多为北大学生，刊物编辑处在北京景山东街北京大学第二院，发行地在上海，杂志启事中说“发行及广告事项，请寄上海四马路泰东图书局”。刊物曾得到马寅初、陶孟和等人的赞助。

二、刊物内容

该刊对马克思主义、无政府主义、基尔特社会主义、工团主义、新村主义、杜威的实验主义以及达尔文学说进行评论，对中国社会的改造问题进行探讨。刊物设有一个很有特点的“时论编目”栏，为各杂志的分类选目，涉及《新青年》《新潮》《少年中国》《太平洋》等。李大钊、高一涵、王世杰、陈启修、程振基等北大教授都曾先后在这份刊物上发表文章[①]，致力于进入“言论”中心。其中文章有李大钊《中国的社会主义与世界的资本主义》（第一卷第二号），高一涵《关于资本主义社会主义的争论的我见》（第一卷第三号）等。1921年该期刊曾展开过“革命的文学”讨论。

① 陈尔杰.五四落潮期青年思想状况的历史侧影——《评论之评论》与“革命的文学”讨论［J］.中国现代文学研究丛刊，2016（11）：152—163.

三、馆藏信息

45485/J 1920-1921 v.1，no.1-4

第一卷第一号封面有“石荪兄，弟祥禔赠”题记，并钤有“前北大学生存物纪念品　民国三十年清理”章，封底钤有“评论之评论社证”章。第一卷第二号封二钤有“敬文书社”章。本刊汇刊第一卷封面钤有“李杜非”章及签名手记，文章首页及封底钤有“杜非”章。

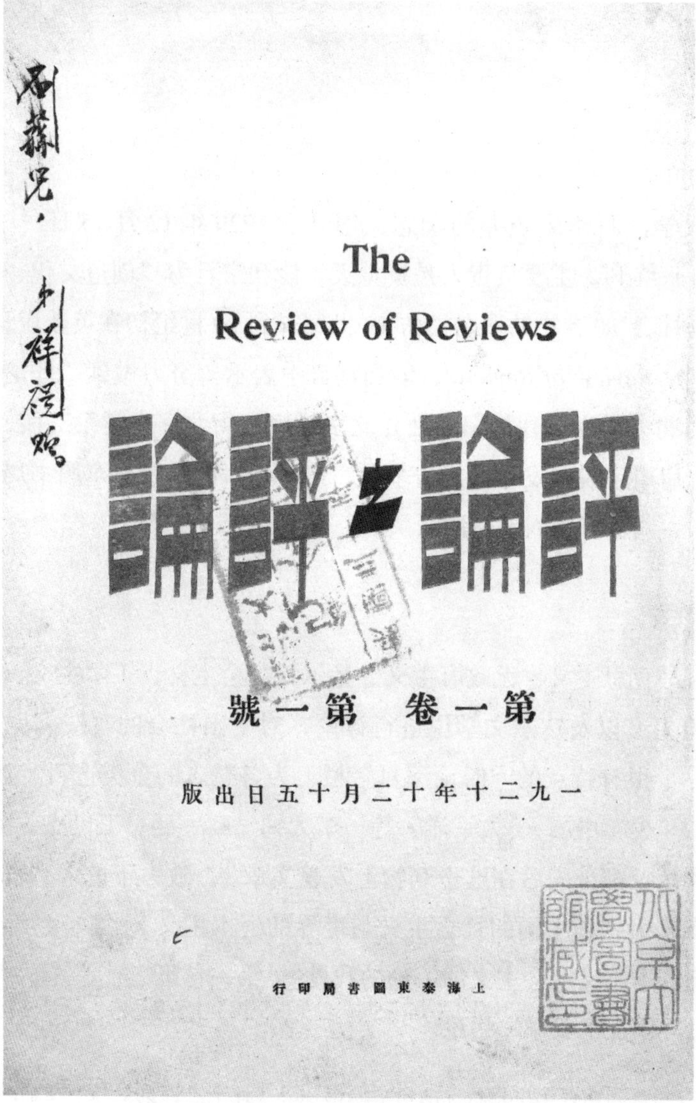

图 13.1 《评论之评论》第一卷第一号封面

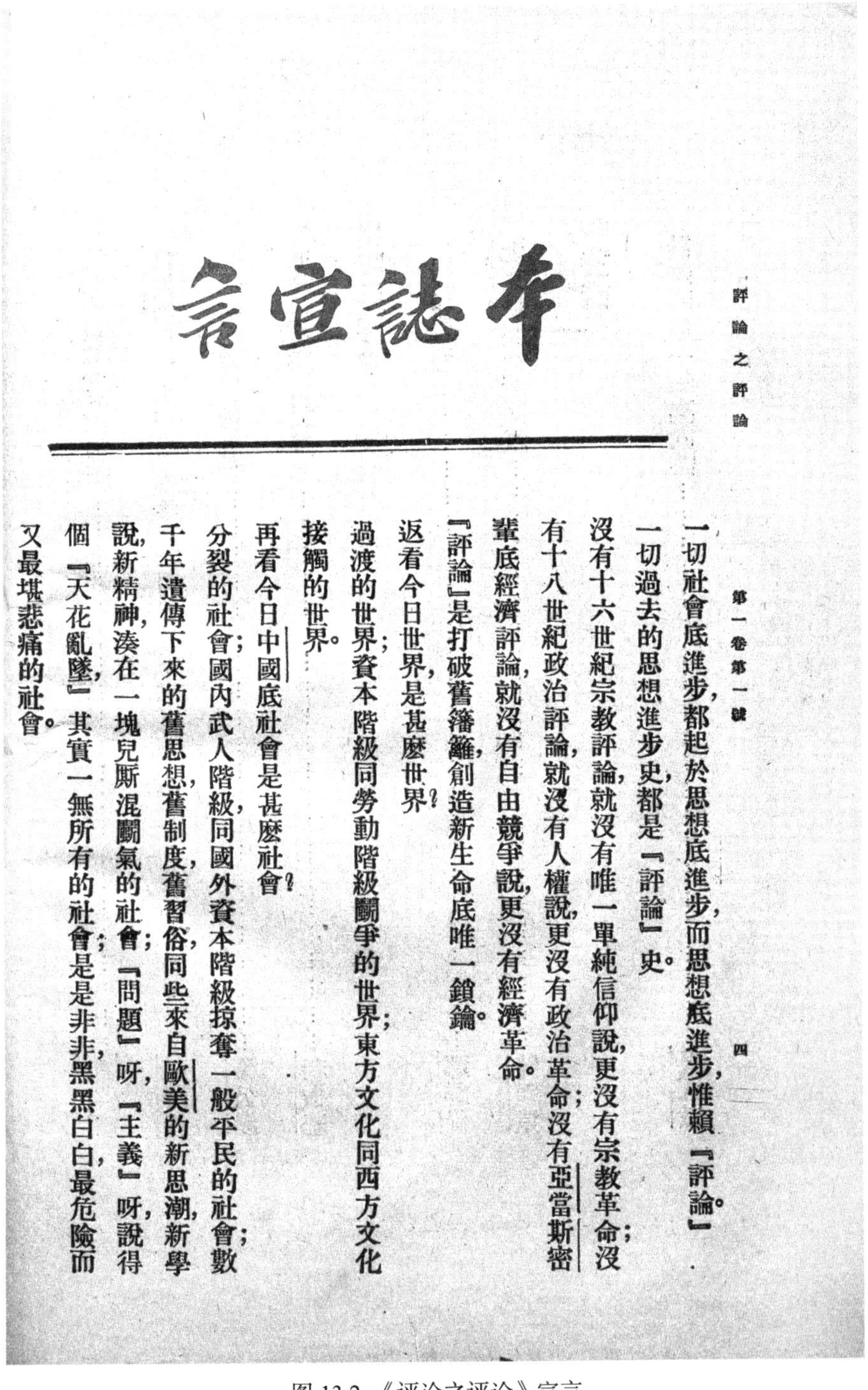

評論之評論　第一卷第一號　四

本誌宣言

一切社會底進步，都起於思想底進步，而思想底進步，惟賴『評論』。

一切過去的思想進步史都是『評論』史。

沒有十六世紀宗教評論就沒有唯一單純信仰說，更沒有宗教革命；沒有十八世紀政治評論就沒有人權說，更沒有政治革命；沒有亞當斯密輩底經濟評論，就沒有自由競爭說，更沒有經濟革命。

『評論』是打破舊籓籬，創造新生命底唯一鎖鑰。

返看今日世界，是甚麼世界？

過渡的世界；資本階級同勞動階級鬬爭的世界；東方文化同西方文化接觸的世界。

再看今日中國底社會是甚麼社會？

分裂的社會；國內武人階級同國外資本階級掠奪一般平民的社會；數千年遺傳下來的舊思想，舊制度，舊習俗，同些來自歐美的新思潮，新學說，新精神，湊在一塊兒，斯混鬬氣的社會；『問題』呀，『主義』呀，說得個『天花亂墜』，其實一無所有的社會；是是非非，黑黑白白，最危險而又最堪悲痛的社會。

图 13.2 《评论之评论》宣言

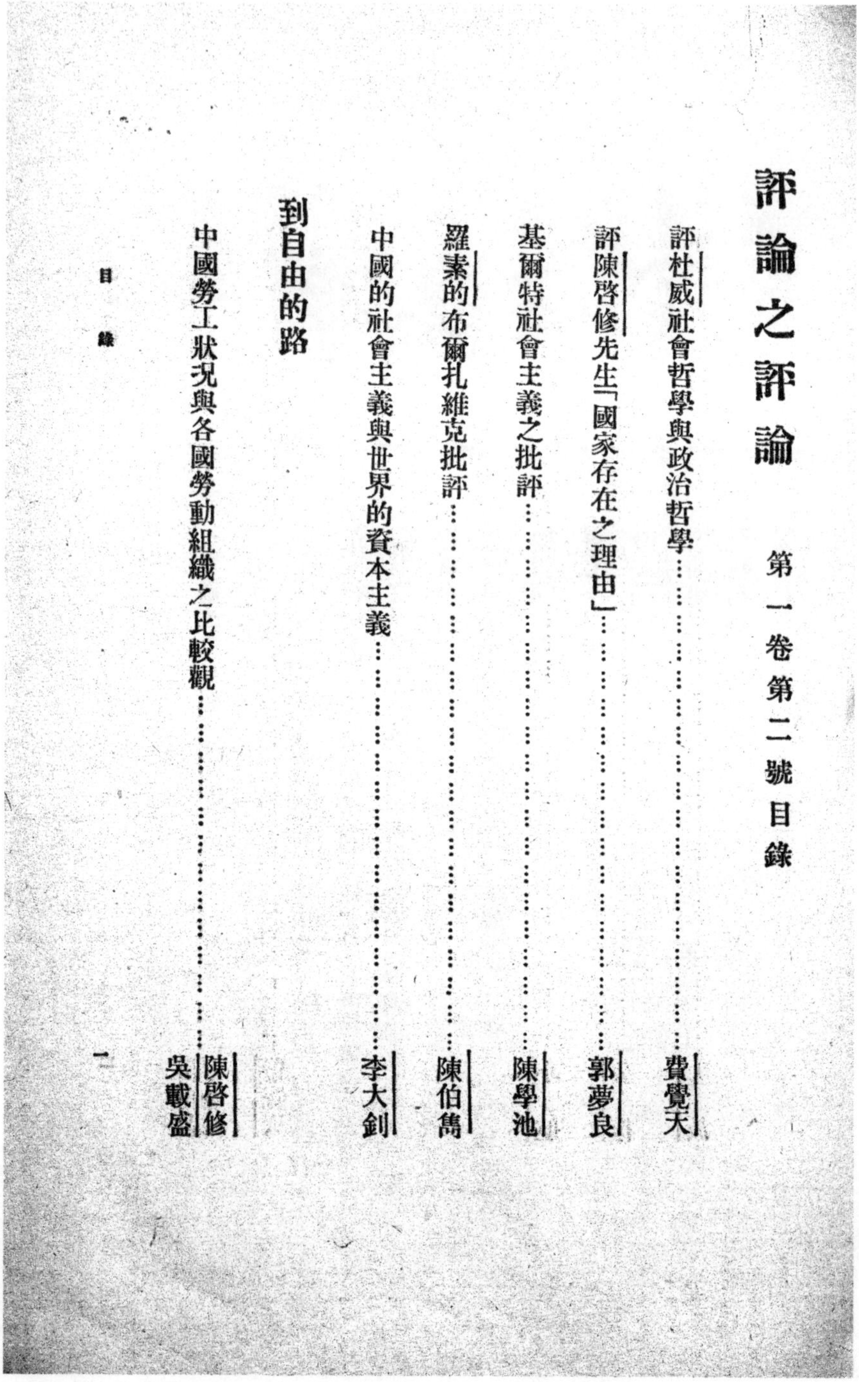
評論之評論 第一卷第二號目錄

目錄 一

图 13.3 《评论之评论》第一卷第二号目录

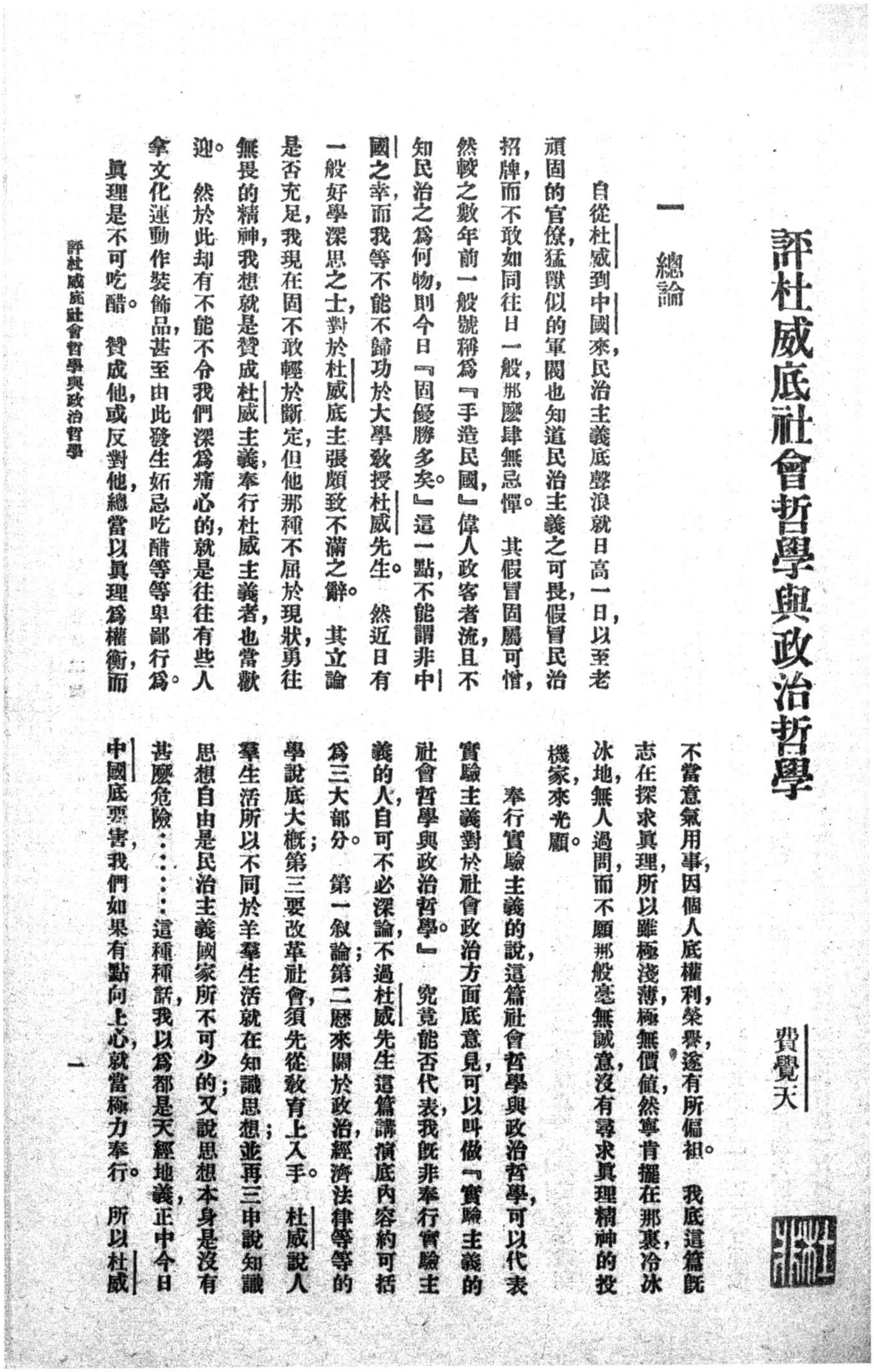

評杜威底社會哲學與政治哲學

費覺天

一 總論

自從杜威到中國來，民治主義底聲浪就日高一日，以至老頑固的官僚，猛獸似的軍閥也知道民治主義之可畏，假冒民治招牌，而不敢如同往日一般，那麼肆無忌憚。其假冒固屬可憎，然較之數年前一般號稱爲『手造民國』偉人政客者流，且不知民治之爲何物，則今日『固優勝多矣。』這一點，不能謂非中國之幸，而我等不能不歸功於大學教授杜威先生。然近日有一般好學深思之士，對於杜威底主張頗致不滿之辭。其立論是否充足，我現在固不敢輕於斷定，但他那種不屈於現狀，勇往無畏的精神，我想就是贊成杜威主義，奉行杜威主義者，也當歡迎。然於此却有不能不令我們深爲痛心的，就是往往有些人拿文化運動作裝飾品，甚至由此發生妬忌吃醋等等卑鄙行爲。眞理是不可吃醋。贊成他，或反對他，總當以眞理爲權衡而不當意氣用事，因個人底權利，榮譽，遂有所偏袒。我底這篇既志在探求眞理，所以雖極淺薄極無價值，然寧肯擺在那裏，冷冰冰地，無人過問，而不願那般毫無誠意沒有尋求眞理精神的投機家，來光顧。

奉行實驗主義的說，這篇社會哲學與政治哲學，可以代表實驗主義對於社會政治方面底意見，可以叫做『實驗主義的社會哲學與政治哲學。』究竟能否代表，我既非奉行實驗主義的人，自可不必深論，不過杜威先生這篇講演底內容約可括爲三大部分。第一敘論第二歷來關於政治，經濟法律等等的學說底大概；第三要改革社會，須先從教育上入手。杜威說人羣生活所以不同於羊羣生活就在知識思想；並再三申說知識思想自由是民治主義國家所不可少的；又說思想本身是沒有甚麼危險……這種種話，我以爲都是天經地義，正中今日中國底要害，我們如果有點向上心，就當極力奉行。所以杜威

評杜威底社會哲學與政治哲學

一

图 13.4 《评论之评论》第一卷第二号第一页“杜非”印

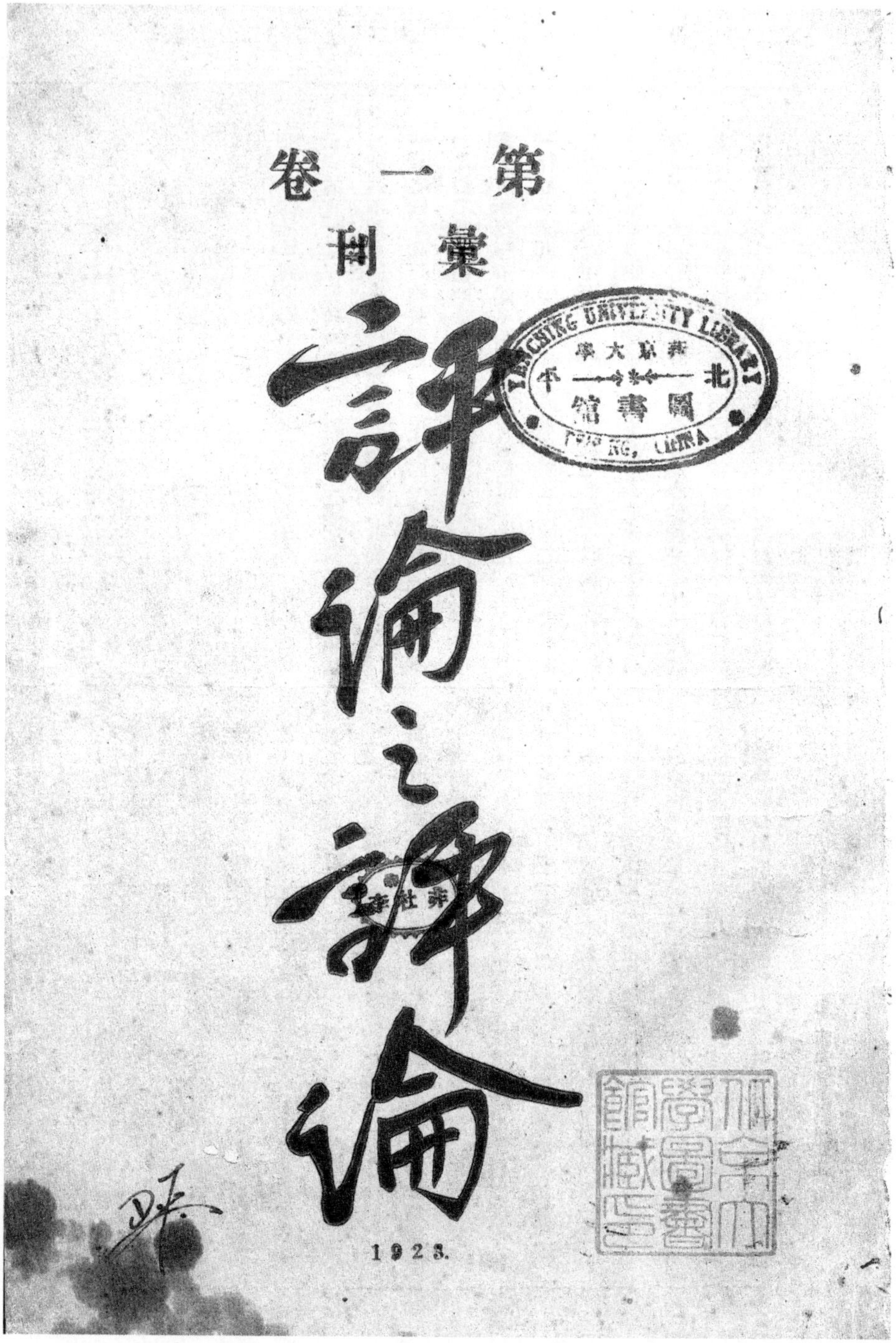

图 13.5 《评论之评论》第一卷汇刊封面

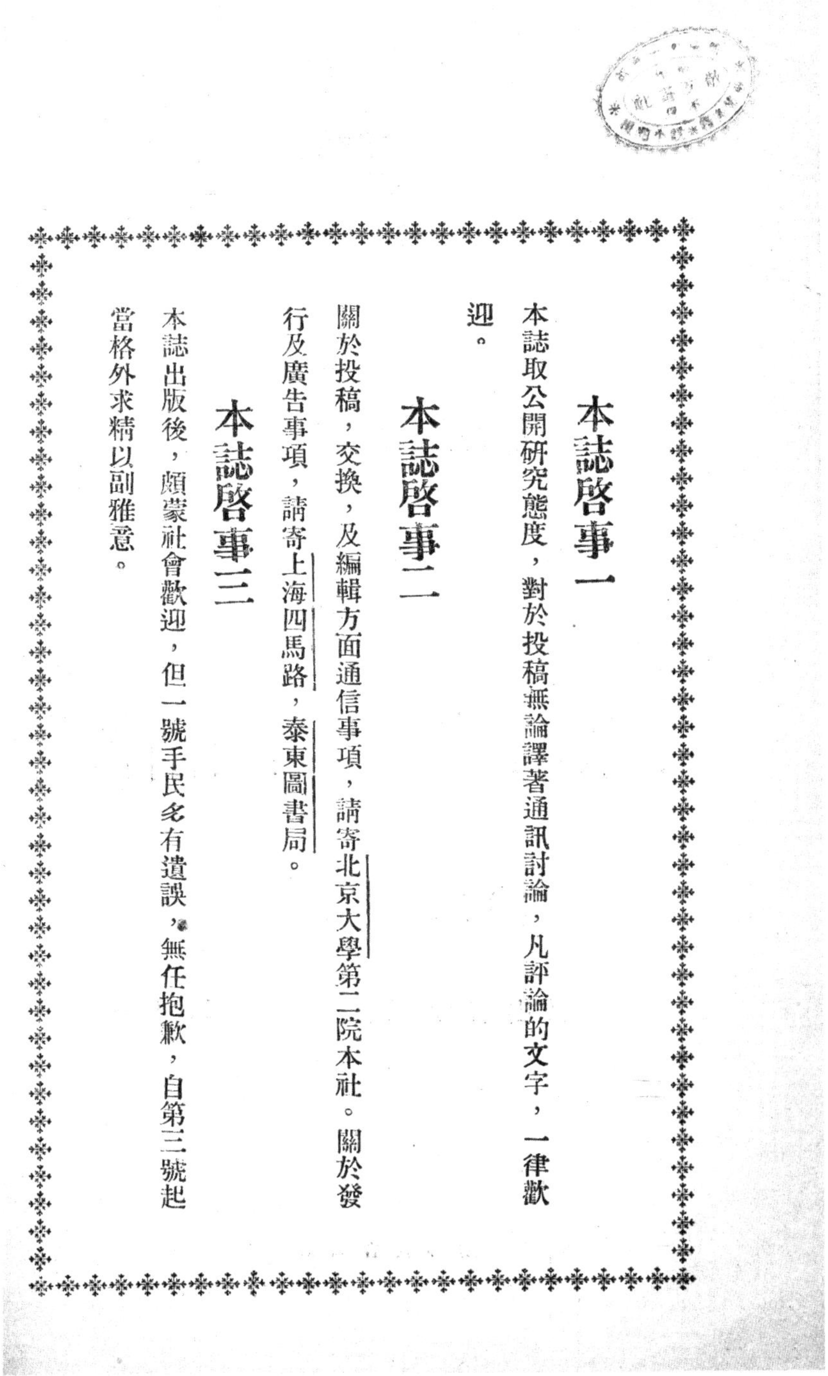

本誌啓事一

本誌取公開研究態度，對於投稿無論譯著通訊討論，凡評論的文字，一律歡迎。

本誌啓事二

關於投稿，交換，及編輯方面通信事項，請寄北京大學第二院本社。關於發行及廣告事項，請寄上海四馬路，泰東圖書局。

本誌啓事三

本誌出版後，頗蒙社會歡迎，但一號手民多有遺誤，無任抱歉，自第三號起當格外求精以副雅意。

图 13.6 《评论之评论》内页“敬文书社”印

国立北京大学地质研究会年刊

一、刊物简介

1921 年 10 月 10 日创刊于北京，地质学刊物，年刊，北大地质研究会会刊，北京大学新知书社印行，后改为《国立北京大学地质学会会刊》。北京大学地质研究会由杨钟健、赵国宾等人发起，于 1920 年 10 月成立。刊物出版周期、停刊日期及原因不详，现北大馆藏两期。

二、刊物内容

刊物有北京大学地质研究会成立纪念照（民国九年国庆日拍摄）。栏目设置方面主要有“演讲录”“研究录”“记事录”“调查录”“附录”“本会特别鸣谢”等。杨钟健撰写《发刊词》，“这本年刊一定要按年发刊一次，不为别的，只为把一年的成绩报告报告”。地质研究会在成立《公启》中说：“我们的志愿，是本共同研究的精神，求地质上的真理”，“就我们学力所可及——关于地质学——提倡地质学，引起社会上对于地质的注意，补足研究地质学团体不完善的地方”。[①]“演讲录”刊载有美国古生物学家和人类学家奥斯朋的《蒙古哺乳类与中国哺乳类之关系》英文原文，并附有中文翻译；“研究录”刊载化石、岩石、铁矿等地质研究的论文，如《岩石之着色》《地形形成之时期》《煤之成因与分类及其产生之时期》等；“调查录”刊载如唐山、山海关、鸡鸣山、获鹿、井陉、阳泉、太原等地的地质旅行报告等。蔡元培曾对地质研究会和该刊做过

① 北大地质研究会 . 北大地质研究会筹备处启事［J］. 北京大学日刊，1920-9-29.

高度评价:“本校有地质研究会，会内并出版杂志，成绩很好。”[①] 该刊刊载的有关地质研究的论著以及调查报告为了解民国时期地质研究情况提供了重要参考资料。

三、馆藏信息

12180/J 1921-1923 no.1-2

第一期封面及目录页钤有“燕京大学图书馆藏”章，第二期封面钤有“国立北京大学社会科学季刊”章。

① 蔡元培 . 北大化学会成立会演说词［J］. 北京大学日刊，1922-11-10.

國立北京大學

地質研究會

年刊

第一期

THE ANNUAL

OF

THE GEOLOGICAL SOCIETY

OF

THE UNIVERSITY PEKING, CHINA

VOL. I

北京大學新知書社印行

中華民國十年國慶日

OCT, 10, 1921.

图 14.1 《国立北京大学地质研究会年刊》第一期封面

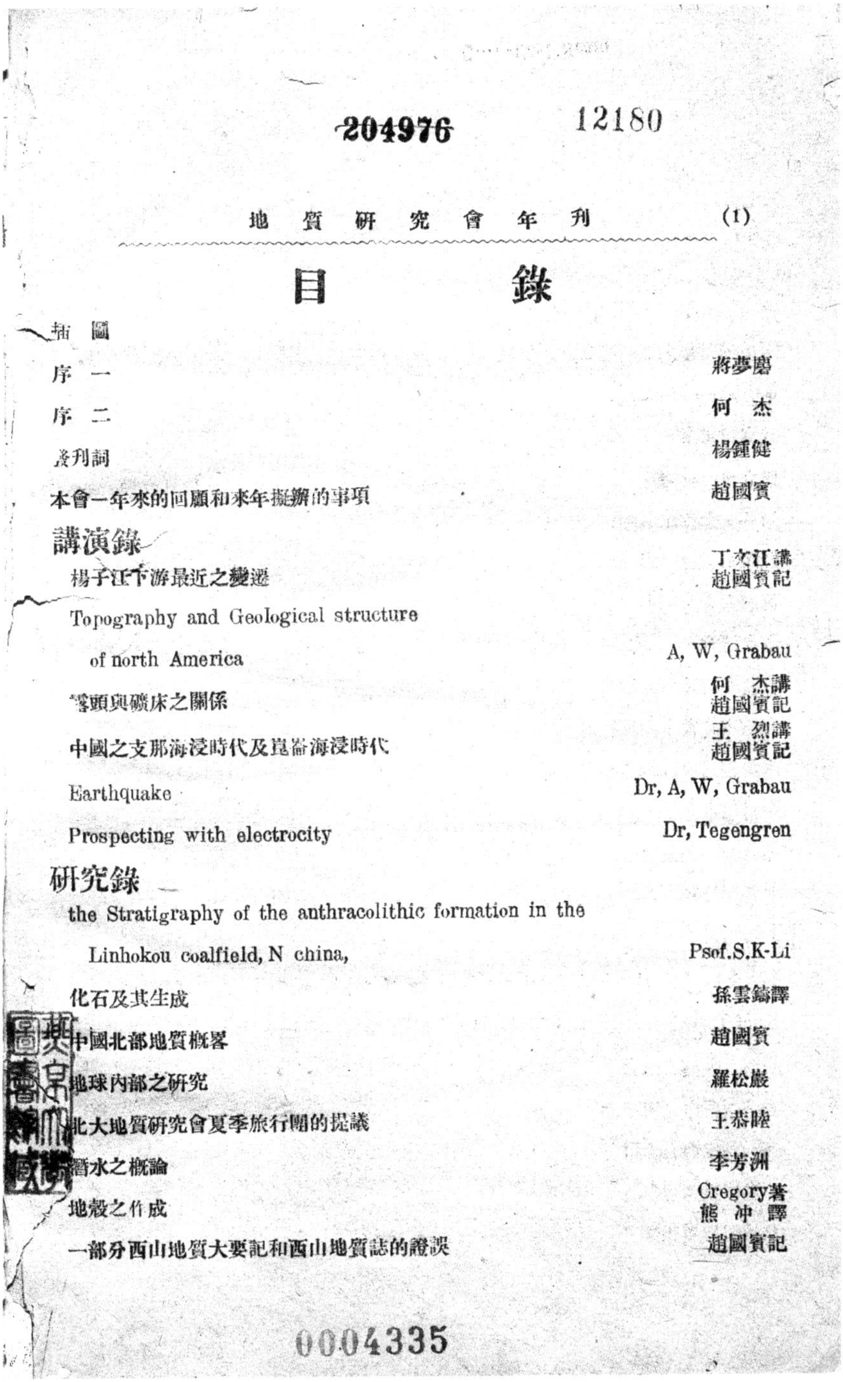
~~204976~~ 12180

地 質 研 究 會 年 刊 (1)

目 錄

0004335

图 14.2 《国立北京大学地质研究会年刊》第一期目录

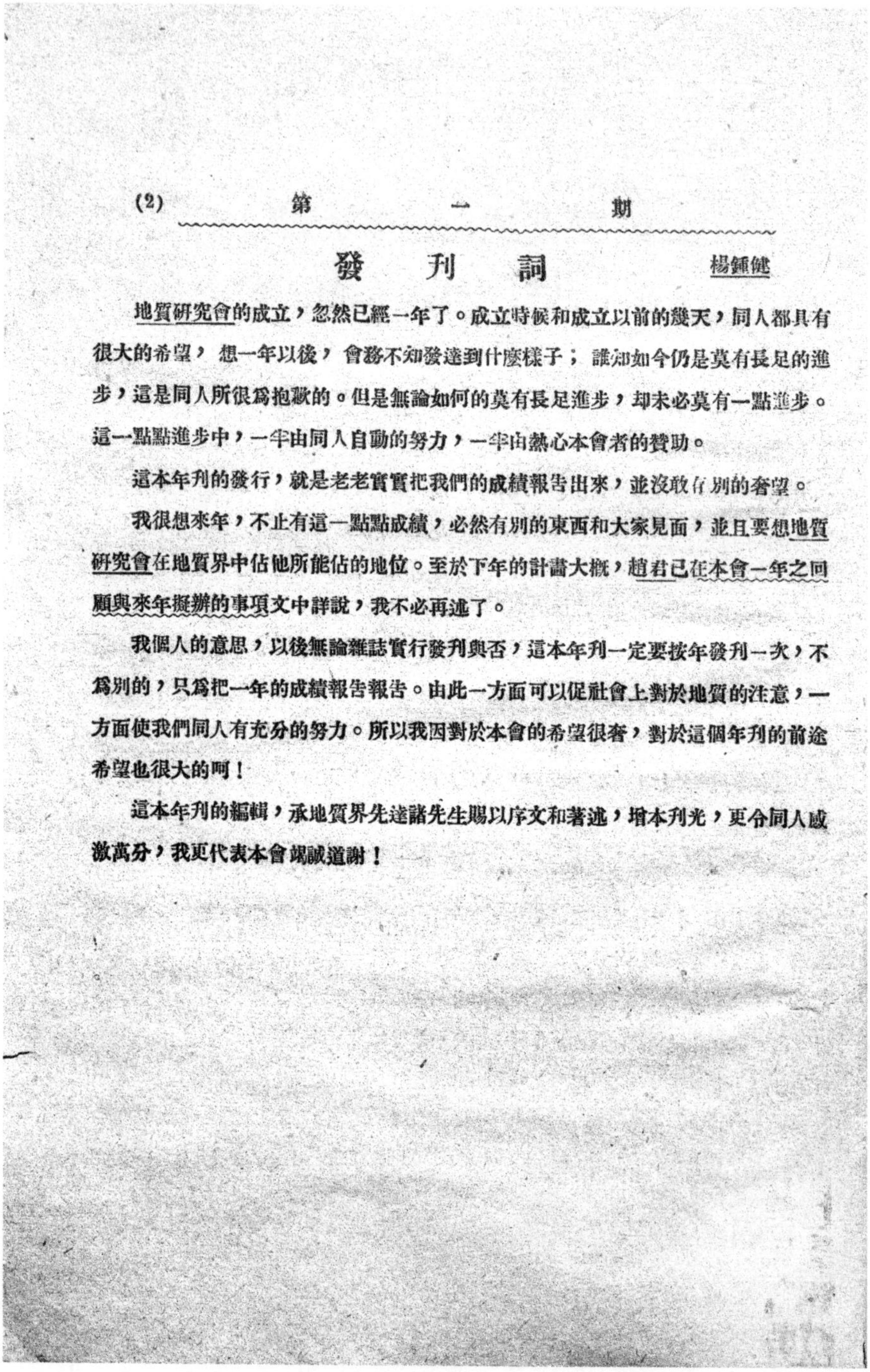

(2) 第 一 期

發 刊 詞

楊鍾健

地質研究會的成立，忽然已經一年了。成立時候和成立以前的幾天，同人都具有很大的希望，想一年以後，會務不知發達到什麼樣子；誰知如今仍是莫有長足的進步，這是同人所很爲抱歉的。但是無論如何的莫有長足進步，却未必莫有一點進步。這一點點進步中，一半由同人自動的努力，一半由熱心本會者的贊助。

這本年刊的發行，就是老老實實把我們的成績報告出來，並沒敢有別的奢望。

我很想來年，不止有這一點點成績，必然有別的東西和大家見面，並且要想地質研究會在地質界中佔他所能佔的地位。至於下年的計畫大概，趙君已在本會一年之回顧與來年擬辦的事項文中詳說，我不必再述了。

我個人的意思，以後無論雜誌實行發刊與否，這本年刊一定要按年發刊一次，不爲別的，只爲把一年的成績報告報告。由此一方面可以促社會上對於地質的注意，一方面使我們同人有充分的努力。所以我因對於本會的希望很奢，對於這個年刊的前途希望也很大的呵！

這本年刊的編輯，承地質界先達諸先生賜以序文和著述，增本刊光，更令同人感激萬分，我更代表本會竭誠道謝！

图 14.3 《国立北京大学地质研究会年刊》发刊词

國立北京大學
地質研究會年刊
第二期

THE ANNUAL

OF

THE GEOLOGICAL SOCIETY

OF

THE NATIONAL UNIVERSITY, PEKING, CHINA

VOL. II

北京大學出版部印行

中華民國十二年十二月

DEC. 1923

图 14.4 《国立北京大学地质研究会年刊》第二期封面

北大生活

一、刊物简介

1921 年 12 月 17 日创刊于北京，北大生活编辑部编辑，北京大学北大生活社发行，北京大学新知书社印刷，北京大学出版部总代理发行，共出版两期，北大馆藏仅存第一期。蔡元培题写刊名。

二、刊物内容

该刊为“写真集”，以大量的图片和较详实的文字记录当时北大的实况。该刊收集资料较详，收录了较多的北大校舍图片，如第一、二、三院和图书馆、出版部、校医室等。又收录了较多的北大教授，及当时来北大讲学的杜威及罗素等人的照片。该刊还保存了一些当年北大发生的重要事件及社团等的图像资料，如马克思学说研究会的珍贵合影就在其中，又如五四运动纪念会和劳动节庆祝会等盛况也有所展现。第一期还集合了北大的“学生事业”（如新知书社、通信图书馆），“群众运动”，“社会教育”，“社会服务”，“体育”等当时各项活动的图片。该刊对北大历史沿革梳理得较为详细，也介绍了当时的北大组织、学科和课程、入学指南，而且也有专门的篇幅来介绍北大图书馆的情况等。该刊由北大教授谭熙鸿作序，以北大学生、马克思学说研究会会员黄日葵所作的《文化之钟》开篇，刊中记录的文字和图片大多来自第一手材料，对研究北大校史极具价值。

三、馆藏信息

339.3/1047e

期刊封面钤有“前北大学生存物纪念品　民国三十年清理”章，题名页钤有“韦琼莹印”。

图 15.1 《北大生活》封面

图 15.2 《北大生活》题名页

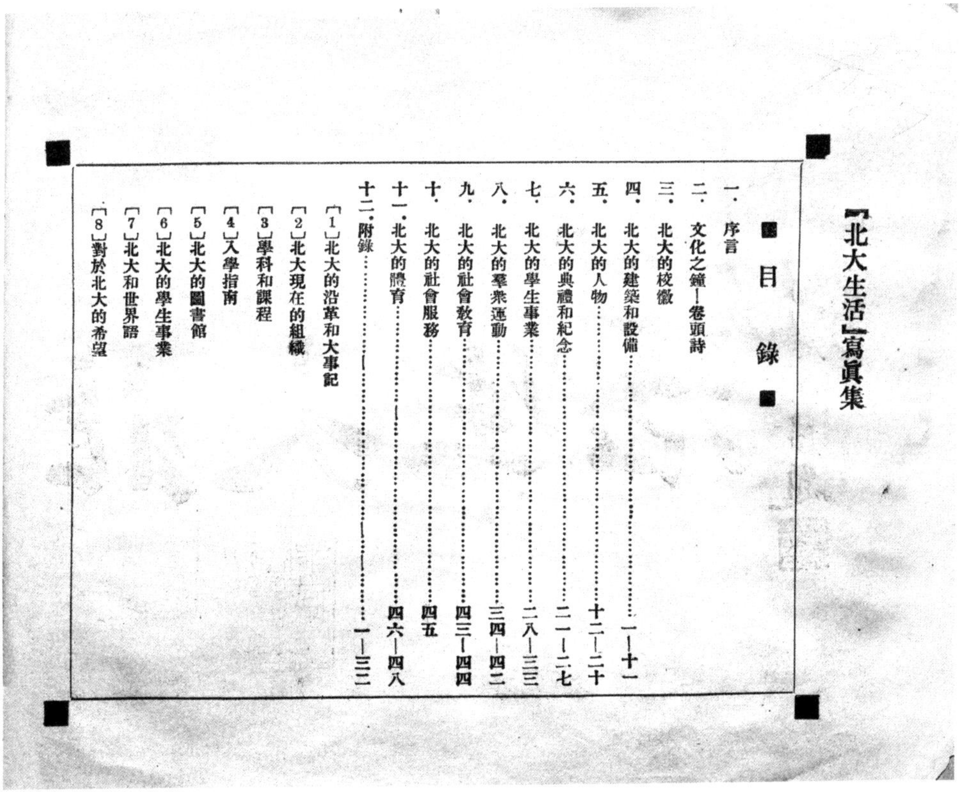

「北大生活」寫眞集

■目　錄■

图 15.3 《北大生活》目录

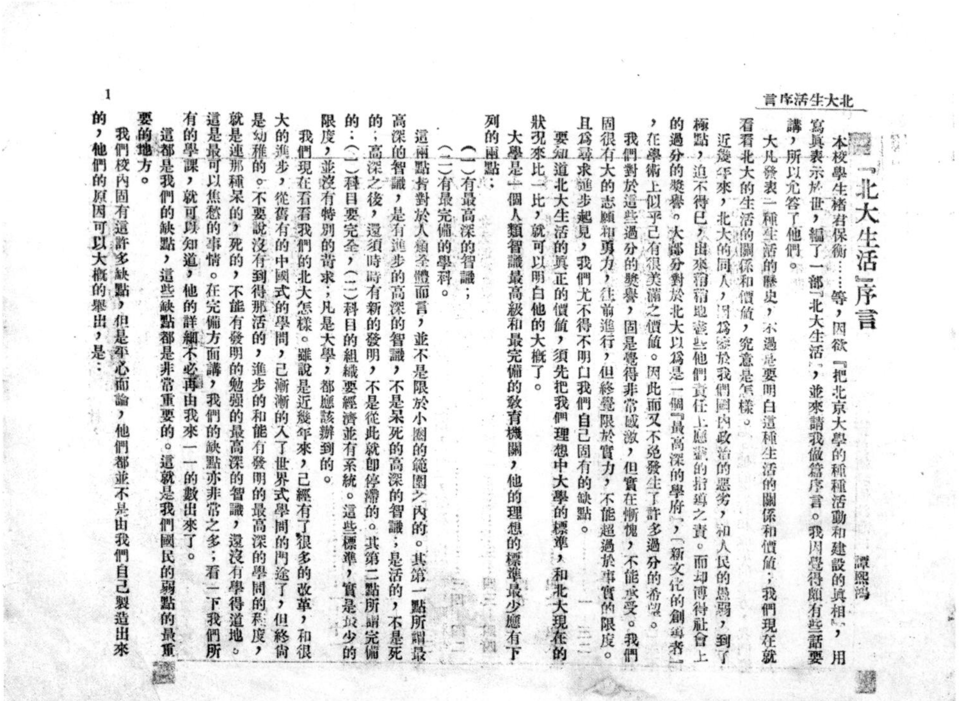

北大生活序言

『北大生活』序言

譚熙鴻

本校學生褚君保衡……等，因欲『把北京大學的種種活動和建設的眞相』，用寫眞表示於世，編了一部『北大生活』，並來請我做篇序言。我因覺得頗有些話要講，所以允答了他們。

大凡發表一種生活的歷史，不過是要明白這種生活的關係和價值；我們現在就看看北大的生活的關係和價值，究意是怎樣。

近幾年來，北大的同人，因爲鑒於我們國內政治的惡劣，和人民的愚弱，到了極點，迫不得已，出來稍稍地盡些他們責任上應盡的指導之責。而卻博得社會上的過分的獎譽。大部分對於北大以爲是一個『最高深的學府』，『新文化的創導者』，在學術上似乎已有很美滿之價值。因此而又不免發生了許多過分的希望。

我們對於這些過分的獎譽，固是覺得非常感激，但實在慚愧，不能承受。我們固很有大的志願和勇力，往前進行，但終覺限於實力，不能超過於事實的限度。且爲尋求進步起見，我們尤不得不明白我們自己固有的缺點。

要知道北大生活的眞正的價值，須先把我們理想中大學的標準，和北大現在的狀況來比一比，就可以明白他的大概了。

大學是一個人類智識最高級和最完備的教育機關，他的理想的標準最少應有下列的兩點：

(一)有最高深的智識；

(二)有最完備的學科。

這兩點皆對於人類全體而言，並不是限於小圈的範圍之內的。其第一點所謂最高深的智識，是有進步的高深的智識，不是呆死的高深的智識；是活的，不是死的；高深之後，還須時時有新的發明，不是從此就即停滯的。其第二點所謂完備的：(一)科目要完全，(二)科目的組織要經濟並有系統。這些標準，實是最少的限度，並沒有特別的苛求；凡是大學，都應該辦到的。

我們現在看看我們的北大怎樣。雖說是近幾年來，已經有了很多的改革，和很大的進步，從舊有的中國式的學問，已漸漸的入了世界式學問的門途了，但終尚是幼稚的。不要說沒有到得那活的，進步的和能有發明的最高深的學問的程度，就是連那種呆的，死的，不能有發明的勉強的最高深的智識，還沒有學得道地。這是最可以焦愁的事情。在完備方面講，我們的缺點亦非常之多；看一下我們所有的學課，就可以知道，他的詳細不必再由我來一一的數出來了。

這都是我們的缺點，這些缺點都是非常重要的。這就是我們國民的弱點的最重要的地方。

我們校內固有這許多缺點，但是平心而論，他們都並不是由我們自己製造出來的，他們的原因可以大概的舉出，是：

1

图 15.4 《北大生活》序言

努力周报

一、刊物简介

1922年5月7日创刊于北京，时政刊物，总发行所为北京后门钟鼓寺八号，1923年10月31日终刊，共出版七十五期，在1922年9月至1924年2月另有增刊《读书杂志》十八期。胡适主编，1922年底至1923年初高一涵等代编，北京努力周报社编辑并发行，该刊是一个发表自由主义言论的政治舆论平台。

二、刊物内容

据胡适题写的“发刊辞”《努力歌》，该刊呼吁“国民要不怕阻力、不怕武力……为中国再造而努力奋斗”。刊物载文涉及政治、经济、社会等诸多方面，设有论著、军事调查、文艺等栏目。主要撰稿人有胡适、丁文江、陶孟和、高一涵、朱希祖等。第二期刊载由蔡元培、胡适、李大钊、罗文幹、陶知行、梁漱溟等人署名的《我们的政治主张》，提出成立“好人政府”的政治目标，对于今后政治的改革有三个基本要求，分别是:“宪政的政府”“公开的政府”“有计划的政治”。该刊还有关于制宪问题的讨论、玄学与科学的讨论以及胡适的中国古典小说考证等。

《努力周报》源于胡适对当时知识分子“高谈主义而不研究问题”的不满。《每周评论》被封后，胡适创立《努力周报》，面对质疑后作《我的歧路》[①] 提

---

① 胡适．我的歧路［J］．努力周报，1922（7）．

到:“我谈政治只是实行我的实验主义，正如我谈白话文也只是实行我的实验主义。……我现在谈政治，也希望在政论界提倡这一种‘注重事实，尊崇证验’的方法。”

三、馆藏信息

21335/J 1922-1924 no.1-75；1922-1923 no.1-18

第一至三十六期封面钤有“木居藏书”“上海通信图书馆”章，第三十七至七十五期只钤有“木居藏书”章，第七十二期刊头钤有“谭克敏”章。

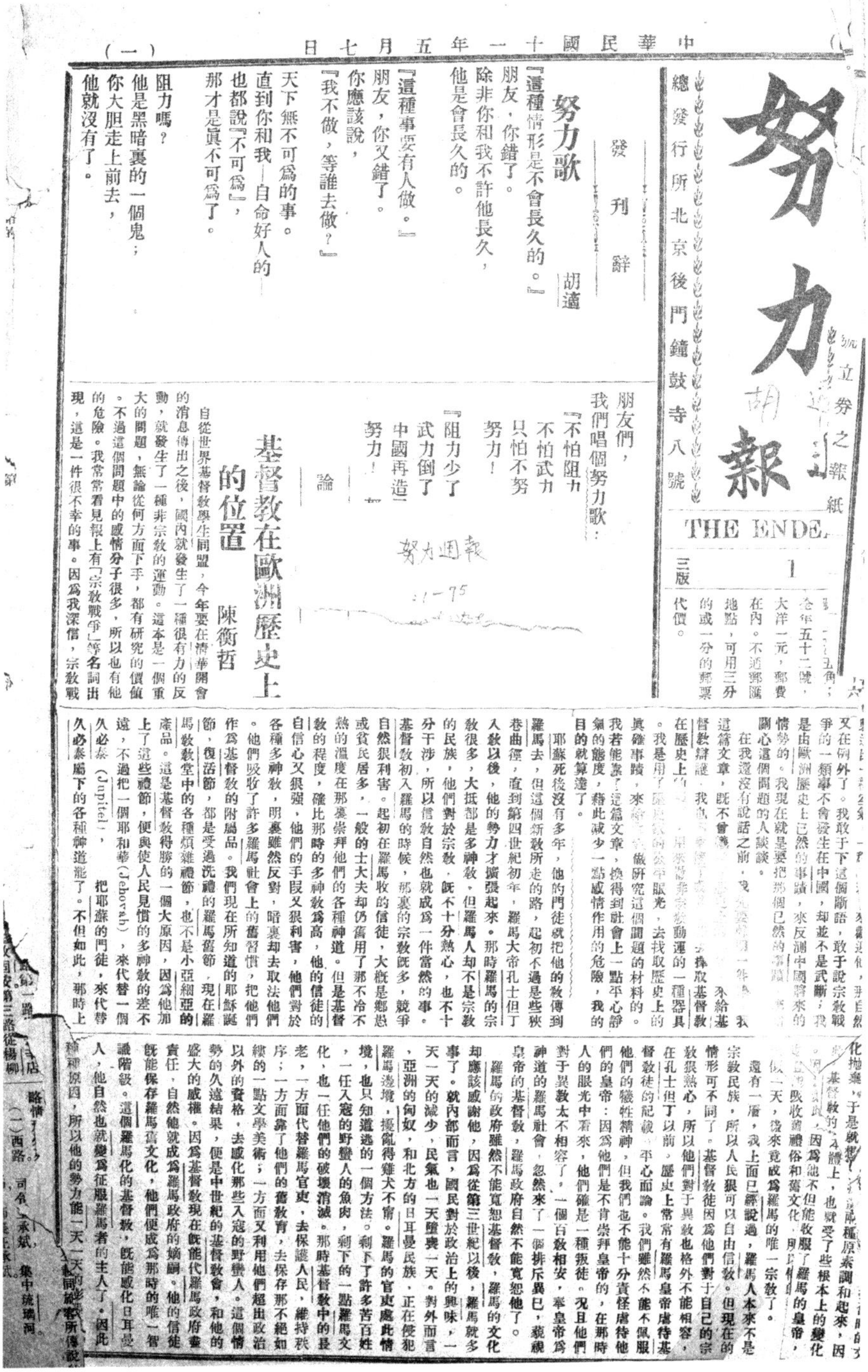

中華民國十一年五月七日 （一）

努力週報

總發行所北京後門鐘鼓寺八號

立券之報紙

THE ENDE

三版 1

……五角；全年五十二號，大洋一元，郵費在內。不通郵匯地點，可用三分的或一分的郵票代價。

發刊辭

努力歌 胡適

『這種情形是不會長久的。』

朋友，你錯了。

除非你和我不許他長久，

他是會長久的。

『這種事要有人做。』

朋友，你又錯了。

你應該說，

『我不做，等誰去做？』

天下無不可爲的事。

直到你和我——自命好人的——

也都說『不可爲』，

那才是眞不可爲了。

阻力嗎？

他是黑暗裏的一個鬼；

你大胆走上前去，

他就沒有了。

朋友們，

我們唱個努力歌：

『不怕阻力

不怕武力

只怕不努

努力！

『阻力少了

武力倒了

中國再造

努力！』

論

基督教在歐洲歷史上的位置 陳衡哲

自從世界基督教學生同盟，今年要在清華開會的消息傳出之後，國內就發生了一種很有力的反動，就發生了一種非宗教的運動。這本是一個重大的問題，無論從何方面下手，都有研究的價值。不過這個問題中的感情分子很多，所以也有他的危險。我常常看見報上有「宗教戰爭」等名詞出現，這是一件很不幸的事。因爲我深信，宗教戰[illegible]又在例外了。我敢于下這個斷語，敢于說宗教戰爭的一類事不會發生在中國，卻並不是武斷；我是由歐洲歷史上已然的事蹟，來反測中國將來的情勢的。我現在就是要把那個已然的事蹟，來[illegible]關心這個問題的人談談。

在我還沒有說話之前，我先要聲明一件事：我這篇文章，既不會[illegible]，[illegible]不給基督教辯護。我[illegible]擇取基督教在歷史上[illegible]，用來[illegible]非宗教運動的一種器具。我是用了[illegible]眼光，去找取歷史上的眞確事蹟，來[illegible]做研究這個問題的材料的。我若能靠了這篇文章，換得到社會上一點平心靜氣的態度，藉此減少一點感情作用的危險，我的目的就算達了。

耶穌死後沒有多年，他的門徒就把他的教傳到羅馬去，但這個新教所走的路，起初不過是些狹巷曲徑，直到第四世紀初年，羅馬大帝孔士但丁入教以後，他的勢力才擴張起來。那時羅馬的宗教很多，大抵都是多神教。但羅馬人卻不是宗教的民族，他們對於宗教，既不十分熱心，也不十分干涉，所以信教自然也就成爲一件當然的事。基督教初入羅馬的時候，那裏的宗教既多，競爭自然狠利害。起初在羅馬收的信徒，大概是鄉愚或貧民居多，一般的士大夫卻仍舊用了那不冷不熱的溫度在那裏崇拜他們的各種神道。但是基督教的程度，確比那時的多神教爲高，他的信徒的自信心又狠強，他們的手段又狠利害，他們對於各種多神教，明裏雖然反對，暗裏卻去取法他們。他們吸收了許多羅馬社會上的舊習慣，把他們作爲基督教的附屬品。我們現在所知道的耶穌誕節，復活節，都是受過洗禮的羅馬舊節，現在羅馬教教堂中的各種煩雜禮節，也不是小亞細亞的產品。這是基督教得勝的一個大原因，因爲他加上了這些禮節，便與使人民見慣的多神教的差不遠，不過把一個耶和華(Jehovah)，來代替一個久必泰(Jupitel)，把耶穌的門徒，來代替久必泰屬下的各種神道罷了。不但如此，那時上[illegible]化拋棄，于是就[illegible]種原素調和起來，因[illegible]基督教的[illegible]體上，也就受了些根本上的變化[illegible]因爲他不但能收服了羅馬的皇帝，[illegible]吸收舊禮俗和舊文化，用以[illegible]假一天，後來竟成爲羅馬的唯一宗教了。

還有一層，我上面已經說過，羅馬人本來不是宗教民族，所以人民狠可以自由信教。但現在的情形可不同了。基督教徒因爲他們對于自己的宗教狠熱心，所以他們對于異教也格外不能相容，在孔士但丁以前，歷史上常有羅馬皇帝虐待基督教徒的記載。平心而論，我們雖然不能不佩服他們的犧牲精神，但我們也不能十分責怪虐待他們的皇帝：因爲他們是不肯崇拜皇帝的，在那時人的眼光中看來，他們確是一種叛徒。況且他們對于異教太不相容了，一個百教相安，奉皇帝爲神道的羅馬社會，忽然來了一個排斥異巳，藐視皇帝的基督教，羅馬政府自然不能寬恕他了。

羅馬的政府雖然不能寬恕基督教，羅馬的文化卻應該感謝他，因爲從第三世紀以後，羅馬就多事了。就內部而言，國民對於政治上的興味，一天一天的減少，民氣也一天墮喪一天。對外而言，亞洲的匈奴，和北方的日耳曼民族，正在侵犯羅馬邊境，擾亂得雞犬不甯。羅馬的官吏處此情境，也只知道逃的一個方法。剩下了許多苦百姓，一任入寇的野蠻人的魚肉，剩下的一點羅馬文化，也一任他們的破壞消滅。那時基督教中的長老，一方面代替羅馬官吏，去保護人民，維持秩序；一方面靠了他們的舊教育，去保存那不絕如縷的一點文學美術；一方面又利用他們超出政治以外的資格，去感化那些入寇的野蠻人。這個情勢的久遠結果，便是中世紀的基督教會，和他的盛大的威權。因爲基督教現在既能代羅馬政府盡責任，自然他就成爲羅馬政府的嫡嗣。他的信徒既能保存羅馬舊文化，他們便成爲那時的唯一智識階級。這個羅馬化的基督教，既能感化日耳曼人，他自然也就變爲征服羅馬者的主人了。因此種種原因，所以他的勢力能一天一天的[illegible]所傳說

图 16.1 《努力周报》第一期封面

（星期日） 中華民國十一年五月二十一日 （一）

中華郵政特准掛號立券之報紙

努力週報

THE ENDEAVOR

3

總發行所北京後門鐘鼓寺八號

每號零售銅元兩枚。郵寄大洋二分。半年二十六號，大洋五角；全年五十二號，大洋一元，郵費在內。不通郵匯地點，可用三分的或一分的郵票代價。

本社特別啟事

本社這幾天收到了無數關於「我們的政治主張」的文章，本期不及發表了，下期另出增刊，專載這一類的討論。

社論

大家起來監督財政 （適）

與其向政府討賬，不如向政府算賬！

我們在「我們的政治主張」裏，對於財政問題，只主張兩點：

（一）澈底的會計公開；

（二）根據國家的收入，統籌國家的支出。

我們自信，這兩條雖然簡單，却是解決現今財政問題的唯一下手方法。近來司法官辭職的呈文裏，也認定財政之不公開與支配之不平均，為最大的病根。這個觀察，我們認為不錯。現在政府並不是絕對的沒有維持政費與教育費的能力；政費與教育費的所以不能維持，只是因為財政不公開，由幾個私人自由分配，自由侵吞，以致正當的用途反沒有錢了。去年北京教育界要求交通部担任北京的教育費，他們的主張也只是要打破國家收入由各部自行支配的制度。但教育界一部分的力量是不濟事的。我們以為現在各機關的人專向「索薪」一方面做工夫，乃是最下下策。我們不是叫化子，我們是國民，我們應該行使我們的職權來監督我們的財政。假如現在司法界的全體，教育界的全體，銀行界的全體，以及各機關的人員有一個公同的組織，提出「會計公開，統籌支配」八個字做一個共同的大運動，進行則一齊進行，罷工則一齊罷工；法庭關門，監獄罷工，銀行罷市，以及各機關同時停止。這樣做去，一定可以達到我們的目的。

要證實我們的主張是不錯的，我請大家仔細研究本年一二兩月份鹽餘一項的收入與支出的實在情形。

△一月份共放鹽餘 三，七六〇，〇〇〇元

由稽核總所支出 一，八七〇，〇〇〇元

由財政部支出 一，八五〇，〇〇〇元

我們再看財政部怎樣支配這一百八十五萬元：

（1）陸軍各項總計 一，〇三四，〇六五元

（2）海軍 四〇〇，〇〇〇元

陸海軍總計 一，四三四，〇六五元

估本月收入總數的百分之七七．五。

（3）其他各項 四一五，九三四元

估本月收入總數的百分之二二．五。

但是這各項之中，有三十四萬四千元是還債的。實在的非軍費的支出，只有哈爾濱特別法庭五萬元，與印鑄局兩千元，共只有五萬[illegible]千元。這一個月一百八十九萬元的收入，行政費只佔了千分之二十八！

但是更可注意的是二月份的收支：

△二月份共放鹽餘 三，六五〇，〇〇〇元

由稽核總所支出 七七〇，〇〇〇元

由財政部支出 二，八八〇，〇〇〇元

這二百八十八萬元的支配是很簡單的：

（1）還債（四項） 四四〇，〇〇〇元

估本月收入總數的百分之一五。

（2）軍費 二，四四〇，〇〇〇元

估本月收入總數的百分之八五。

這二百四十四萬元之中，果作霖一個人拿去了一百五十九萬元！其餘八十五萬是「陸軍各師」與近畿軍警餉。這一個月裏的淨鹽餘差不多有三百萬元，不算少了，然而沒有一個大多用在教育司法行政上！

我們再把這兩個月總起來看：

一二兩月的淨鹽餘有四百七十三萬元。軍費去了三百八十七萬四千元，佔了這兩個月總收入的百分之八十一有零。行政費只佔了百分之一有零。兩個數月之中，司法方面得着五萬元，教育方面不曾得着一個大錢。

所以我們說：現在政府並不是沒有錢。因為財政不公開，故為罪惡的官吏可以自由支配國家的收入，所以我們到了這步田地。現在的對付方法沒有別的，只有大家聯合起來，齊心協力的做到會計公開，統籌支配八個字。如做不到，我們然後一齊罷工，法庭關門，監獄罷工，銀行罷市，以及各機關同時停止！

十一，五，十九。

奉直戰爭的真相

記載 宗淹

我們中國無論甚麼大事，都不容易知道實在情形。遠的事不必說了，奉直的戰事不過是十天前的事；直勝奉敗，自就是大家知道的，但是兩方面兵力的多少，軍隊的分佈以及戰爭的情形，敗潰的結果，可以說是「言人人殊」。與奉天接近的人，總說西路的敗，是張景惠鄒芬通敵；與直系接近的人，則又張大其詞，甚麼「詐敗，詐降，地雷，假砲，」無情無理的，亂談一陣。奉天方面消息，現在自然不通。就是直軍的當局，也沒有把實在的事實宣佈出來。將來若有歷史家要做戰爭史，苦於沒有材料，也就無從着手，豈非奇事！

我在戰爭期內，恰好住在天津。各鐵路上同奉軍裏面都有幾個朋友。逐日探聽，隨時記載，關於奉軍的行動，還可以得其大概。但是對於直軍的情形，則完全不能知道到了。奉軍潰敗下來，遇見敗兵，就給他們談天、又搜集了許多材料。直軍陸續到天津以後，有人介紹了在各路親經戰事的幾個軍官，同他們談談，方才曉得直軍作戰的大略。雖就沒有詳細的官書，正式的報告來供參考，就向各方面比較參合起來，也還可以成有一個有頭緒的記載。雖不敢一定說是信史，然而却都經過一番審查，比尋常報紙上的通信，或者比較可信一點。

（一）兵力。

甲奉天方面：

奉天原在關內有兵，有第一師，十六師，兩師，第五，第六，第七，三混成旅。從四月十日起運兵進關，到開戰的時候止，運了一百八十列車。一月以後，至少運有四十列車。一共總有二百列車。其中輜重糧食有四十列車。開始運輸的時候，一列車不過二三百人，到了將開戰的時候，每列車總在七八百人。平均以四百人一列車計算，新進關的兵，總在六萬四五千人。連本來在關內三萬多人，已經將近十萬。以後熱河的二十八師又來了一旅，所以奉軍至有步兵十萬人。除上邊所說的各師旅以外，有第一至第四，第八第九第六混成旅，騎兵旅一旅，吉林第六，第七兩混成旅。

图 16.2 《努力周报》第三期封面

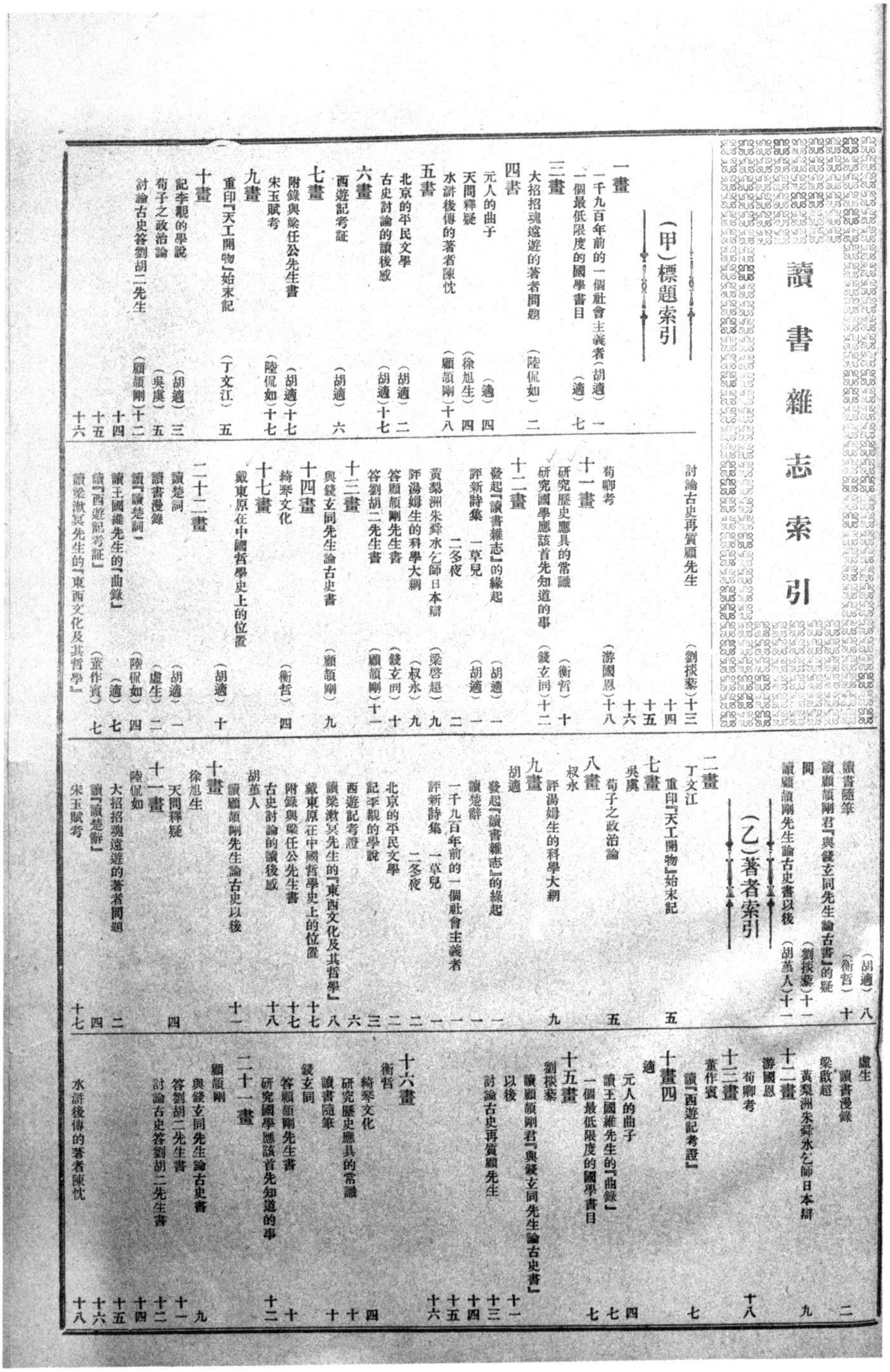

讀書雜志索引

(甲)標題索引

一畫
一千九百年前的一個社會主義者（胡適）一
一個最低限度的國學書目（適）七

三畫
大招招魂遠遊的著者問題（陸侃如）二

四書
元人的曲子（適）四
天問釋疑（徐旭生）四
水滸後傳的著者陳忱（顧頡剛）十八

五書
北京的平民文學（胡適）二
古史討論的讀後感（胡適）十七

六畫
西遊記考証（胡適）六

七畫
附錄與梁任公先生書（胡適）十七
宋玉賦考（陸侃如）十七

九畫
重印『天工開物』始末記（丁文江）五

十畫
記李覯的學說（胡適）三
荀子之政治論（吳虞）五
討論古史答劉胡二先生（顧頡剛）十二 十四 十五 十六
討論古史再質顧先生（劉掞藜）十三 十四 十五 十六
荀卿考（游國恩）十八

十一畫
研究歷史應具的常識（衛哲）十
研究國學應該首先知道的事（錢玄同）十二

十二畫
發起『讀書雜志』的緣起（胡適）一
評新詩集　一草兒（胡適）一
　　　　　二冬夜　二
黃梨洲朱舜水乞師日本辯（梁啓超）九
評湯姆生的科學大綱（叔永）九
答顧頡剛先生書（錢玄同）十
答劉胡二先生書（顧頡剛）十一

十三畫
與錢玄同先生論古史書（顧頡剛）九

十四畫
綺琴文化（衛哲）四

十七畫
戴東原在中國哲學史上的位置（胡適）十

二十二畫
讀楚詞（胡適）一
讀書漫錄（盧生）二
讀『讀楚詞』（陸侃如）四
讀王國維先生的『曲錄』（適）七
讀『西遊記考証』（董作賓）七
讀梁漱冥先生的『東西文化及其哲學』（胡適）八
讀書隨筆（衛哲）十
讀顧頡剛君『與錢玄同先生論古書』的疑問（劉掞藜）十一
讀顧頡剛先生論古史書以後（胡堇人）十一

(乙)著者索引

二畫
丁文江
重印『天工開物』始末記　五

七畫
吳虞
荀子之政治論　五

八畫
叔永
評湯姆生的科學大綱　九

九畫
胡適
發起『讀書雜志』的緣起　一
讀楚辭　一
一千九百年前的一個社會主義者　一
評新詩集　一草兒　一
　　　　　二冬夜　二
北京的平民文學　二
記李覯的學說　三
西遊記考證　六
讀梁漱冥先生的『東西文化及其哲學』　八
戴東原在中國哲學史上的位置　十七
附錄與梁任公先生書　十七
古史討論的讀後感　十八
胡堇人
讀顧頡剛先生論古史以後　十一

十畫
徐旭生
天問釋疑　四

十一畫
陸侃如
大招招魂遠遊的著者問題　二
讀『讀楚辭』　四
宋玉賦考　十七
盧生
讀書漫錄　二
梁啟超
黃梨洲朱舜水乞師日本辯　九

十二畫
游國恩
荀卿考　十八

十三畫
董作賓
讀『西遊記考證』　七

十畫四
適
元人的曲子　四
讀王國維先生的『曲錄』　七
一個最低限度的國學書目　七

十五畫
劉掞藜
讀顧頡剛君『與錢玄同先生論古史書』以後　十一
討論古史再質顧先生　十三 十四 十五 十六

十六畫
衛哲
綺琴文化　四
研究歷史應具的常識　十
讀書隨筆　十
錢玄同
答顧頡剛先生書　十
研究國學應該首先知道的事　十二

二十一畫
顧頡剛
與錢玄同先生論古史書　九
答劉胡二先生書　十一
討論古史答劉胡二先生書　十二 十四 十五 十六
水滸後傳的著者陳忱　十八

图 16.3 《努力周报》增刊《读书杂志》索引

中華民國十二年九月三十日 （第七十二期）

中華郵政特准掛號立券之報紙

努力週報

THE ENDEAVOR

72

總發行所北京後門鼓樓寺八號

評章行嚴的元首寄生論

KC投稿

讀了評所謂「科學與玄學之爭」以後

唐鉞

图 16.4 《努力周报》第七十二期封面

科学常识

一、刊物简介

综合性科学普及月刊，1922 年 6 月 10 日创刊于北京，北京大学科学常识杂志社编辑出版发行。北京大学化学、地质、物理等系学生牟谟、李勋等 10 人发起，化学系教授王星拱为之撰《发刊辞》，并竭力予以协助。其经费筹措采取杂志社会员缴费制度，社员以投稿和缴纳会费二者必备而取得会员资格。[①] 该刊总发行所为北京大学第二院。

二、刊物内容

该刊《发刊辞》述："我们邀集一班有文字兴趣的自然科学学生，用宁缺毋滥的方法，选择自然科学中之可以通俗的材料编成科学常识杂志，来引起社会的兴趣，唤起社会上的注意，要求社会上的帮助，使自然科学在我们中国一日千里底往前进行。这就是我们的唯一的志愿。"北京《晨报》也向读者推荐这份杂志，指出："五四以后，平民教育的重要人人都知道，而且有许多人已经实地去做了。但是他们都是从公民须知方面下手，对于科学常识方面，未免有点不完美的地方。北京大学理科学生有鉴于此，以为要社会进步非人人都做工不可，而工人尤不可没有科学的常识，中国工业不发达就是科学常识不普及的缘故。"[②] 该刊发表内容多为生活中的实用科学知识，如其创刊号有牟谟《科学问答》《生

① 姚远，王睿，姚树峰，等．中国近代科技期刊源流（1792—1949）[M]．济南：山东教育出版社，2008：162.

② 普通人都应看的一种杂志（科学常识）[J]．晨报，1922-5-27.

杏仁中毒的原因》《糖尿及蛋白尿的检验法》，杨重熙《开水壶中的水碱》《夜明表》《灯，炉发生黑烟的原因》《食物何以自行腐败呢？》，叶风虎《救火》，周洪范《热水瓶》等。

三、馆藏信息

32203/J 1922 no.1

第一期封面钤有“前北大学生存物纪念品　民国三十年清理”章。

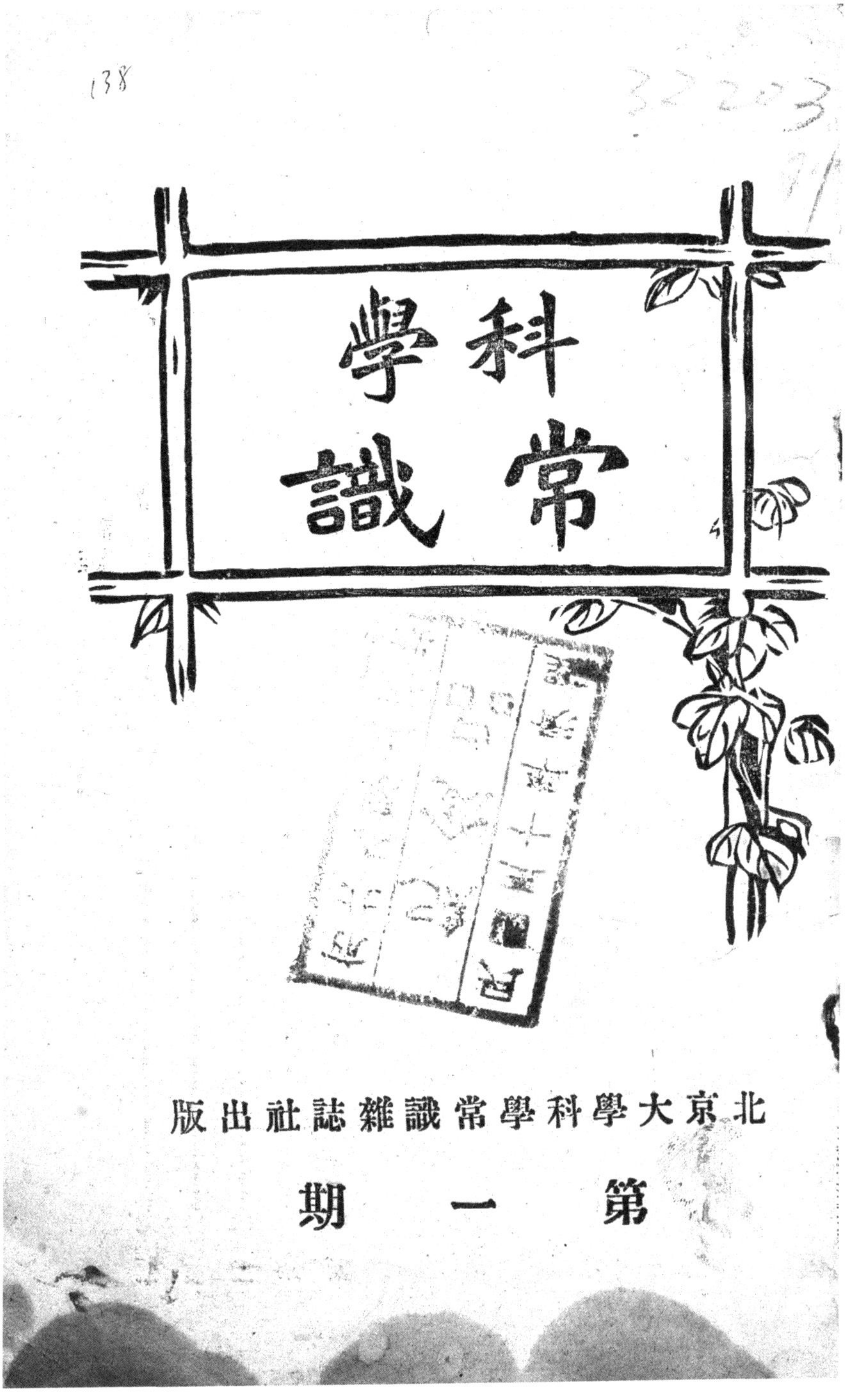

图 17.1 《科学常识》第一期封面

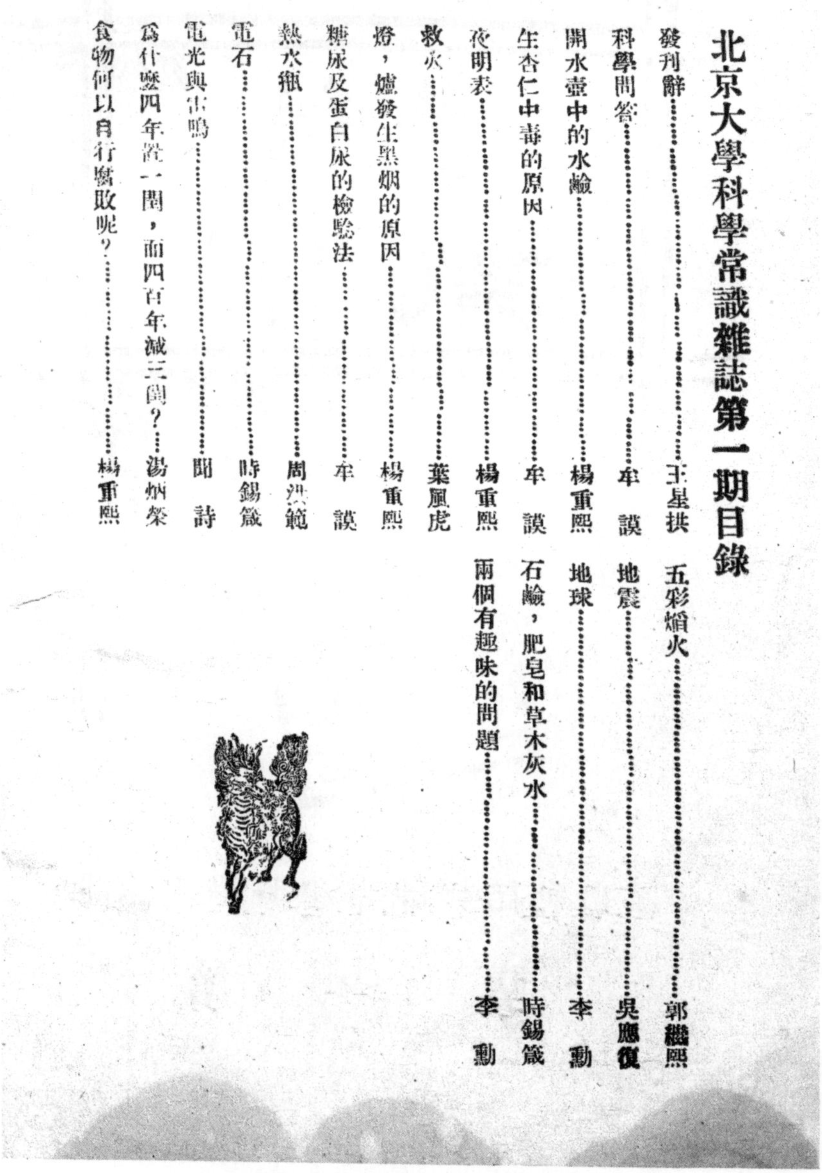

北京大學科學常識雜誌第一期目錄

图 17.2 《科学常识》第一期目录

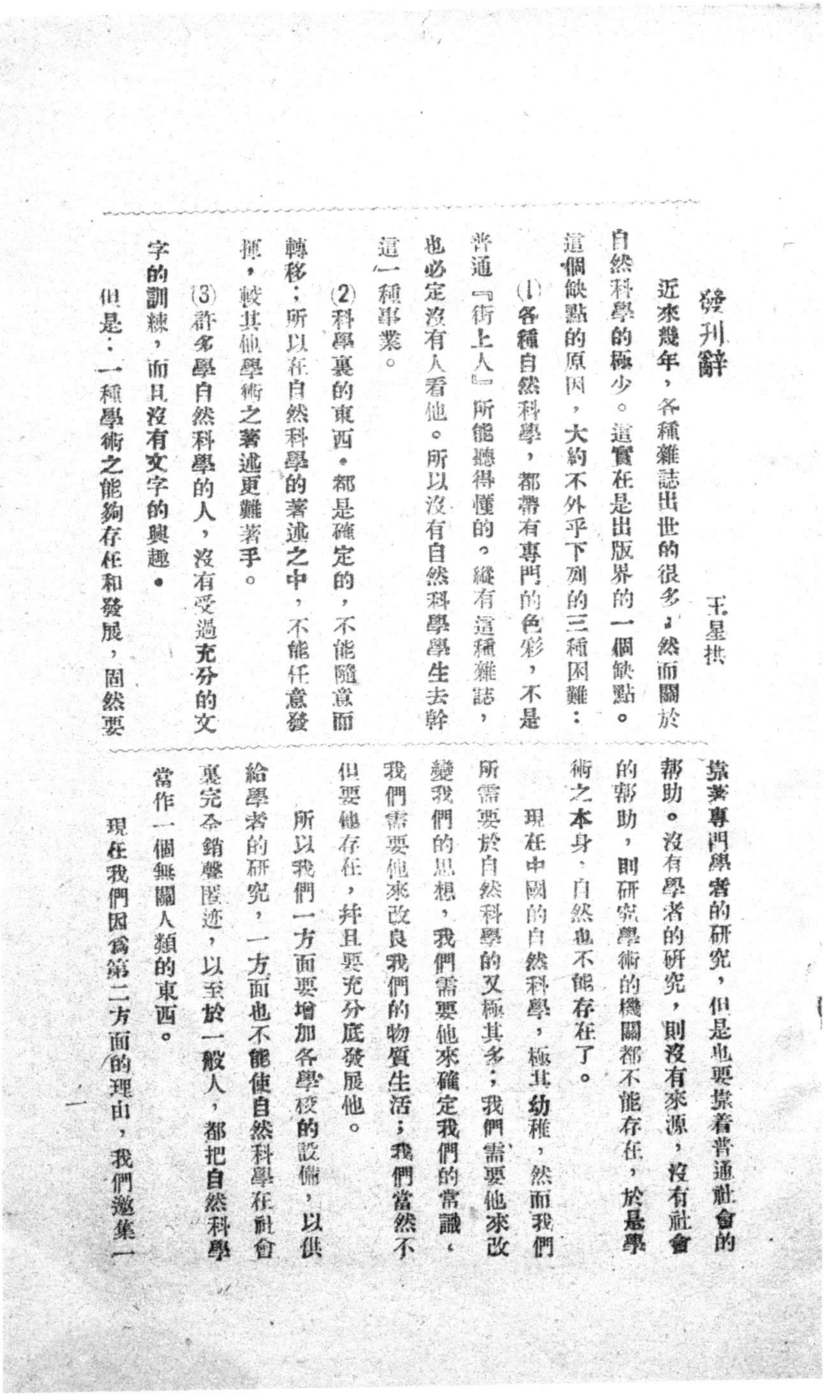

發刊辭

王星拱

近來幾年，各種雜誌出世的很多；然而關於自然科學的極少。這實在是出版界的一個缺點。這個缺點的原因，大約不外乎下列的三種困難：

(1)各種自然科學，都帶有專門的色彩，不是普通「街上人」所能聽得懂的。縱有這種雜誌，也必定沒有人看他。所以沒有自然科學學生去幹這一種事業。

(2)科學裏的東西，都是確定的，不能隨意而轉移；所以在自然科學的著述之中，不能任意發揮，較其他學術之著述更難著手。

(3)許多學自然科學的人，沒有受過充分的文字的訓練，而且沒有文字的興趣。

但是：一種學術之能夠存在和發展，固然要靠著專門學者的研究，但是也要靠着普通社會的幫助。沒有學者的研究，則沒有來源，沒有社會的幫助，則研究學術的機關都不能存在，於是學術之本身，自然也不能存在了。

現在中國的自然科學，極其幼稚，然而我們所需要於自然科學的又極其多；我們需要他來改變我們的思想，我們需要他來確定我們的常識，我們需要他來改良我們的物質生活；我們當然不但要他存在，並且要充分底發展他。

所以我們一方面要增加各學校的設備，以供給學者的研究，一方面也不能使自然科學在社會裏完全銷聲匿迹，以至於一般人，都把自然科學當作一個無關人類的東西。

現在我們因為第二方面的理由，我們遂集一

图 17.3 《科学常识》发刊辞

本刊代派章程如下

〔一〕代派處須繳保證金弍元。

〔二〕代派處須預先報告大概銷數，以便按寄，但至少每期須在十份以上。

〔三〕代售一概按八折計算。

〔四〕寄售已發之書，不能退還；惟第一次試售者，不在此限。缺頁者，可寄回掉換。

〔五〕每一月結算一次。

本刊價目

冊數	價目	郵費
每月一冊	每冊銅元十二枚	半分
半年九冊	預定九扣	二分五
全年十冊	預定八五扣	五分

預定者費須先惠　郵票代費只限半分，一分，三分，三種。

北大科學常識雜誌第一期

民國十一年六月十日出版

編輯者　北大科學常識雜誌社

總發行所　北京大學第二院

代售處　各學校及各書坊

廣告價目

冊數地位	一期	半年	全年
特別（首頁及底封面之內外面）	全頁二元，半頁一元三角，四分之一頁八角。	全頁九元，半頁六元，四分之一頁三元八毛。	全頁十六元，半頁十元，四分之一頁六元五角。
普通（正文前或後）	全頁一元五角，半頁一元，四分之一頁六毛。	全頁六元八角，半頁四元半，四分之一頁三元。	全頁十二元，半頁八元，四分之一頁五元。

繪圖刻板，價目另議。登者每期送閱一份，以便查考。廣告費須先惠後登。

图 17.4 《科学常识》第一期封底

国立北京大学社会科学季刊

一、刊物简介

1922 年 11 月创刊于北京，由北京大学社会科学季刊编辑会负责编辑出版与发行的工作。1922 年 8 月，北京大学决定终止《北京大学月刊》的出版，代之以国学、社会科学、自然科学和文艺四种季刊，此即为率先出版的第一种季刊。该刊的文字稿件大部分来自本校教授及讲师，如顾孟馀、王世杰、朱希祖、陶孟和、周鲠生等。校外研究社会科学的学者也会不定期向该刊投稿。该刊物“年出四册，分别于每年二月、五月、八月、十一月刊行”。[①]

二、刊物内容

该刊设有“论著”“学术书籍之绍介与批评”“特载”等栏目，内容以政治、法律、经济领域的论文为主，也涉及古代史、伦理学、历史地理等学科，并选取当时国外较有代表性的社会科学类文章进行翻译。论著文章如王世杰《公民票决制之比较研究》《财产权性质之新义》，朱希祖《中国史学之起源》，陶孟和《评社会主义运动》，周鲠生《委托治理地之性质》等。在“学术书籍之绍介与批评”一栏中，编者会选取一些近期在国外出版的社会科学类著作，对其进行客观的评价和介绍，如第一卷第一号周鲠生介绍 *British Year Book of International Law*，*1921—1922*。特载一栏大多为法律、历史等学科的原始材料，包括法律条文，古代典章制度以及外国经济理论原文等，如第一卷第二号

---

① 北京大学社会科学季刊编辑会 . 社会科学季刊编辑略例［J］.1924，3（1）.

特载王世杰《法国新近保护美术物与古物之法律》。

三、馆藏信息

24635/J 1922-1923 v.1，no.1-4；1923-1924 v.2，no.1-4；1924-1925 v.3，no.1-4；1926-1929 v.4，no.1-4；1930-1935 v.5，no.1-4；1936 v.6，no.1-3

第一卷第一号、第三卷第一至四号、第六卷第一至三号封面钤有“燕京大学图书馆藏”章，第三卷第二至四号、第四卷第一至二号封面钤有“燕京大学社会学系”章，第一卷第三号封面钤有“何海秋先生赠”“国立北京大学法商学院图书馆藏书章”，第二卷第二号封面钤有“前北大学生存物纪念品　民国三十年清理”“三民学社”章，第二卷封底有胡适亲笔签名，第六卷第一号目录中补写“三十年来中国刑法之辩证法的发展——蔡枢衡”字样。

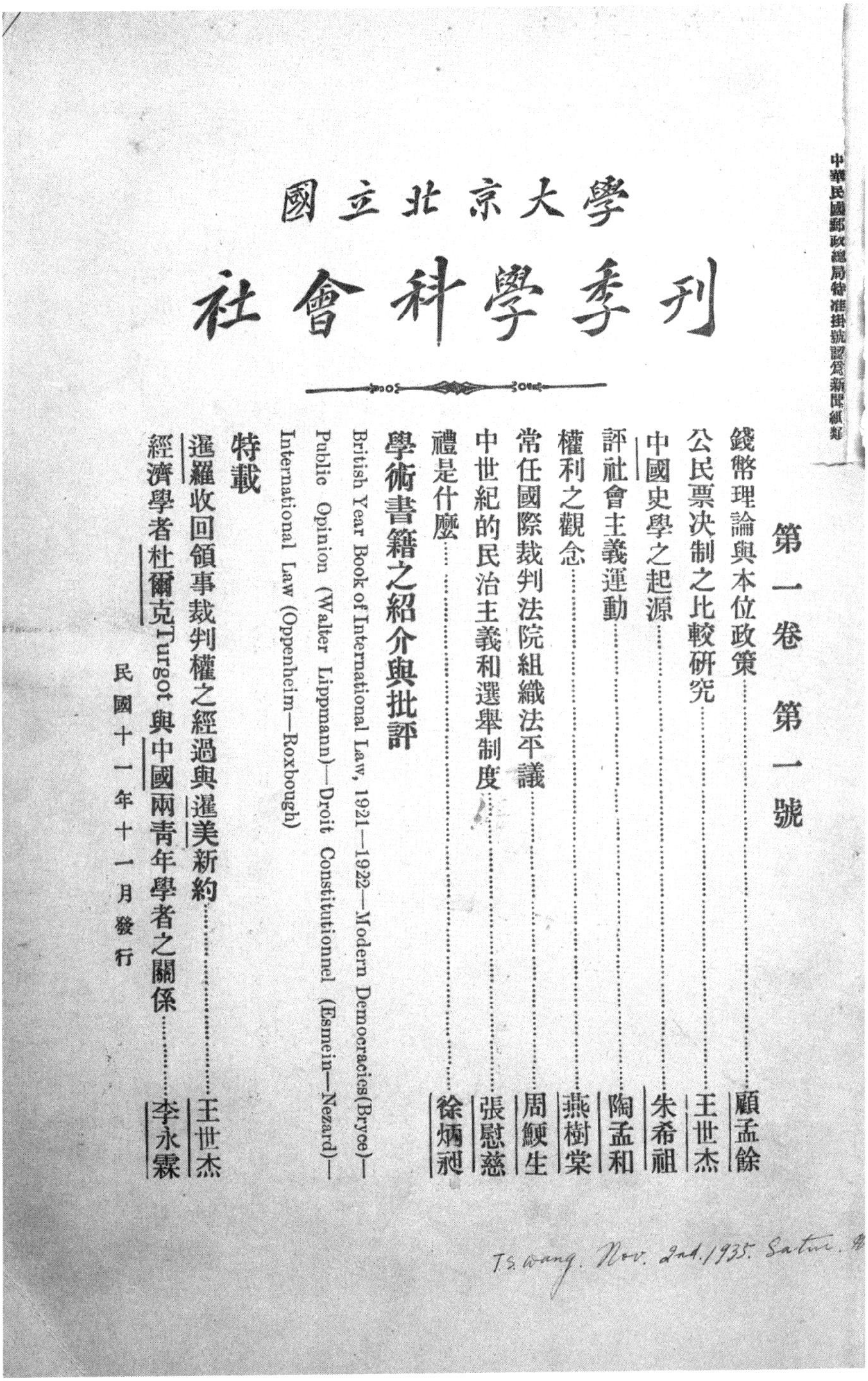
中華民國郵政總局特准掛號認為新聞紙類

國立北京大學

社會科學季刊

第一卷 第一號

民國十一年十一月發行

T.S. wang. Nov. 2nd. 1935.

图 18.1 《国立北京大学社会科学季刊》第一卷第一号封面

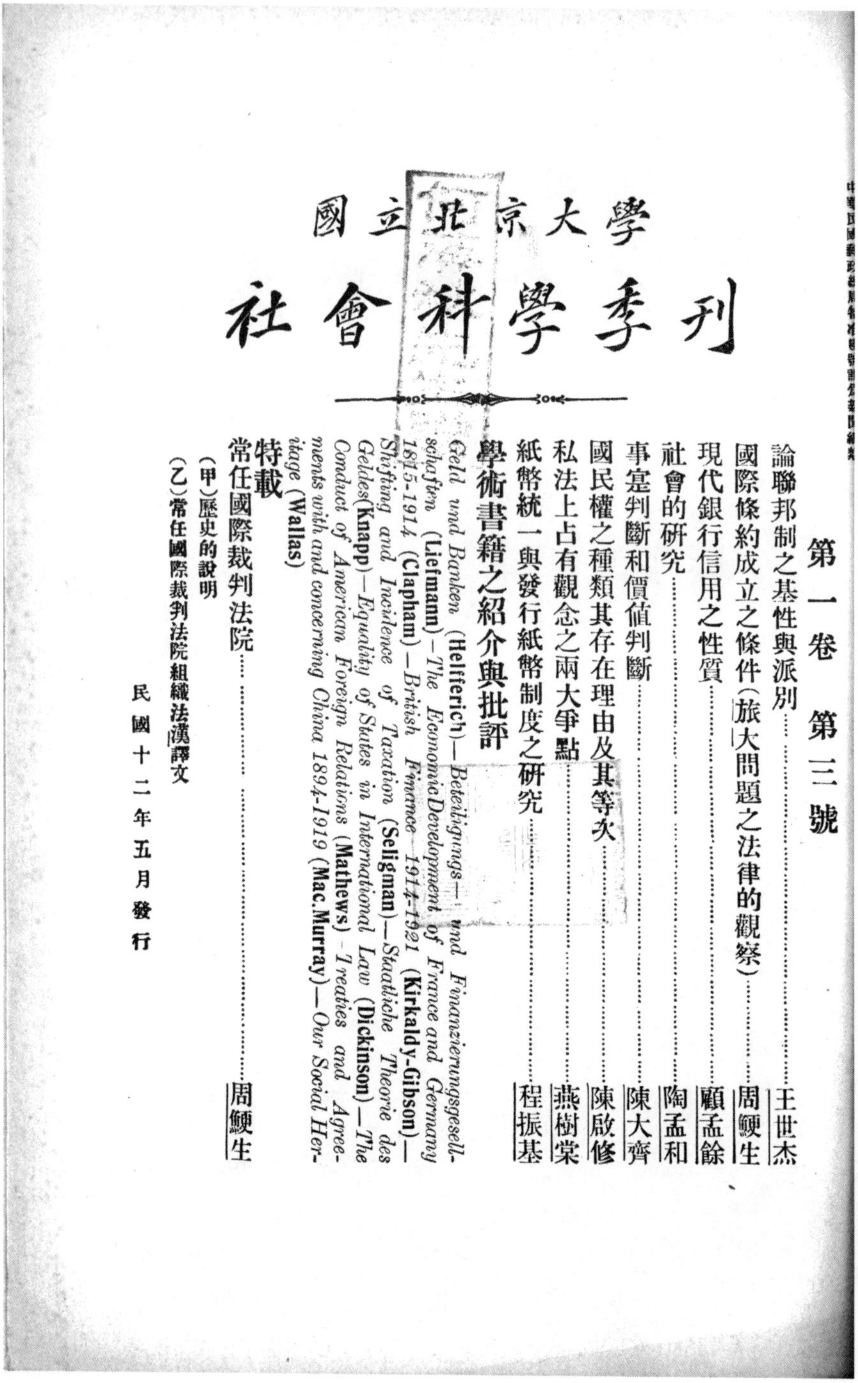

國立北京大學

社會科學季刊

第一卷 第三號

論聯邦制之基性與派別……王世杰

國際條約成立之條件（旅大問題之法律的觀察）……周鯁生

現代銀行信用之性質……顧孟餘

社會的研究……陶孟和

事寔判斷和價值判斷……陳大齊

國民權之種類其存在理由及其等次……陳啟修

私法上占有觀念之兩大爭點……燕樹棠

紙幣統一與發行紙幣制度之研究……程振基

學術書籍之紹介與批評

Geld und Banken (**Helfferich**)—*Beteiligungs- und Finanzierungsgesellschaften* (**Liefmann**)—*The Economic Development of France and Germany 1815-1914* (**Clapham**)—*British Finance 1914-1921* (**Kirkaldy-Gibson**)—*Shifting and Incidence of Taxation* (**Seligman**)—*Staatliche Theorie des Geldes* (**Knapp**)—*Equality of States in International Law* (**Dickinson**)—*The Conduct of American Foreign Relations* (**Mathews**)—*Treaties and Agreements with and concerning China 1894-1919* (**Mac.Murray**)—*Our Social Heritage* (**Wallas**)

特載

常任國際裁判法院……周鯁生

（甲）歷史的說明

（乙）常任國際裁判法院組織法漢譯文

民國十二年五月發行

图 18.2 《国立北京大学社会科学季刊》第一卷第三号封面

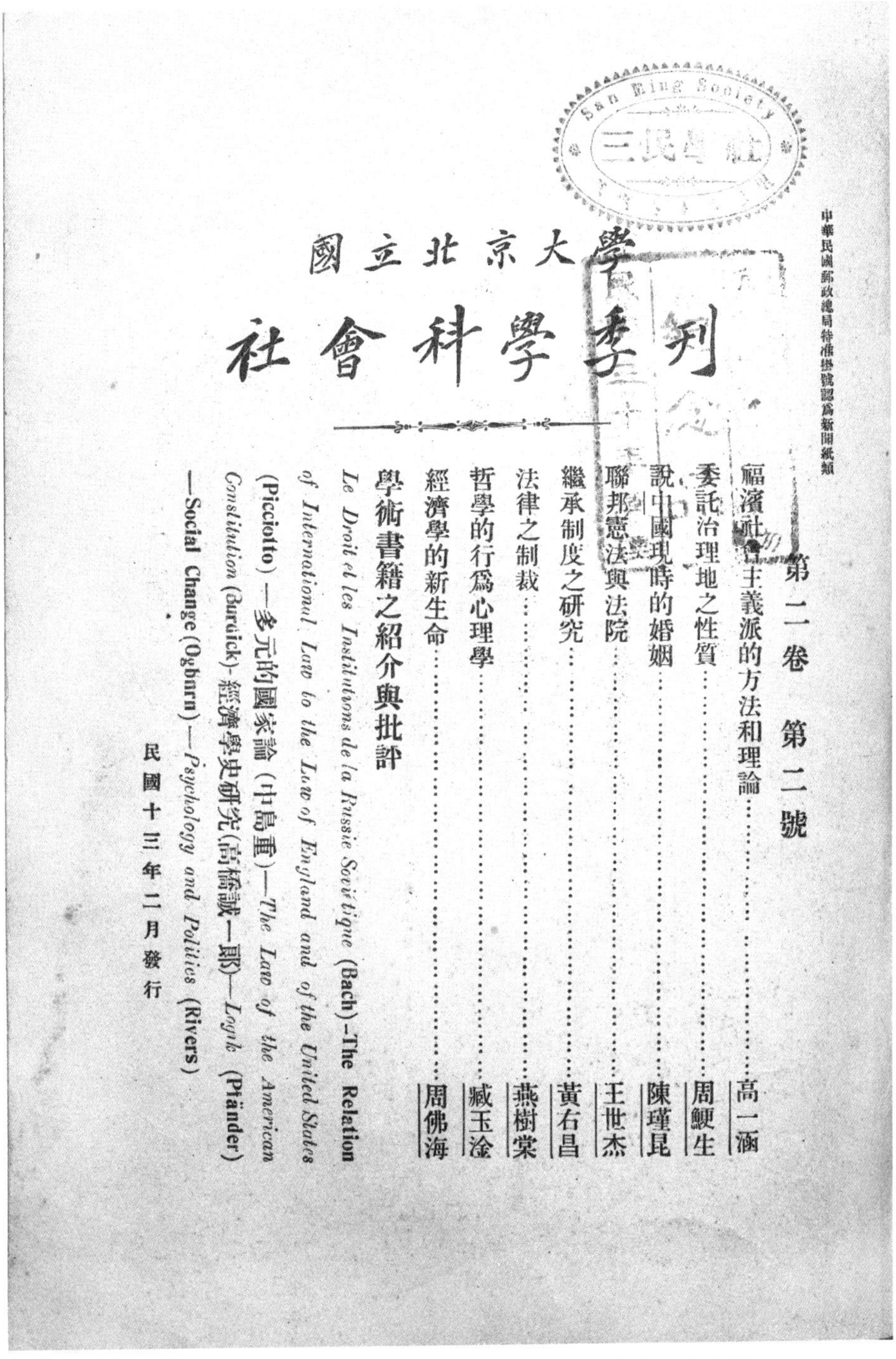

San Ming Society
三民學社

中華民國郵政總局特准掛號認為新聞紙類

國立北京大學

社會科學季刊

第二卷 第二號

民國十三年二月發行

图 18.3 《国立北京大学社会科学季刊》第二卷第二号封面

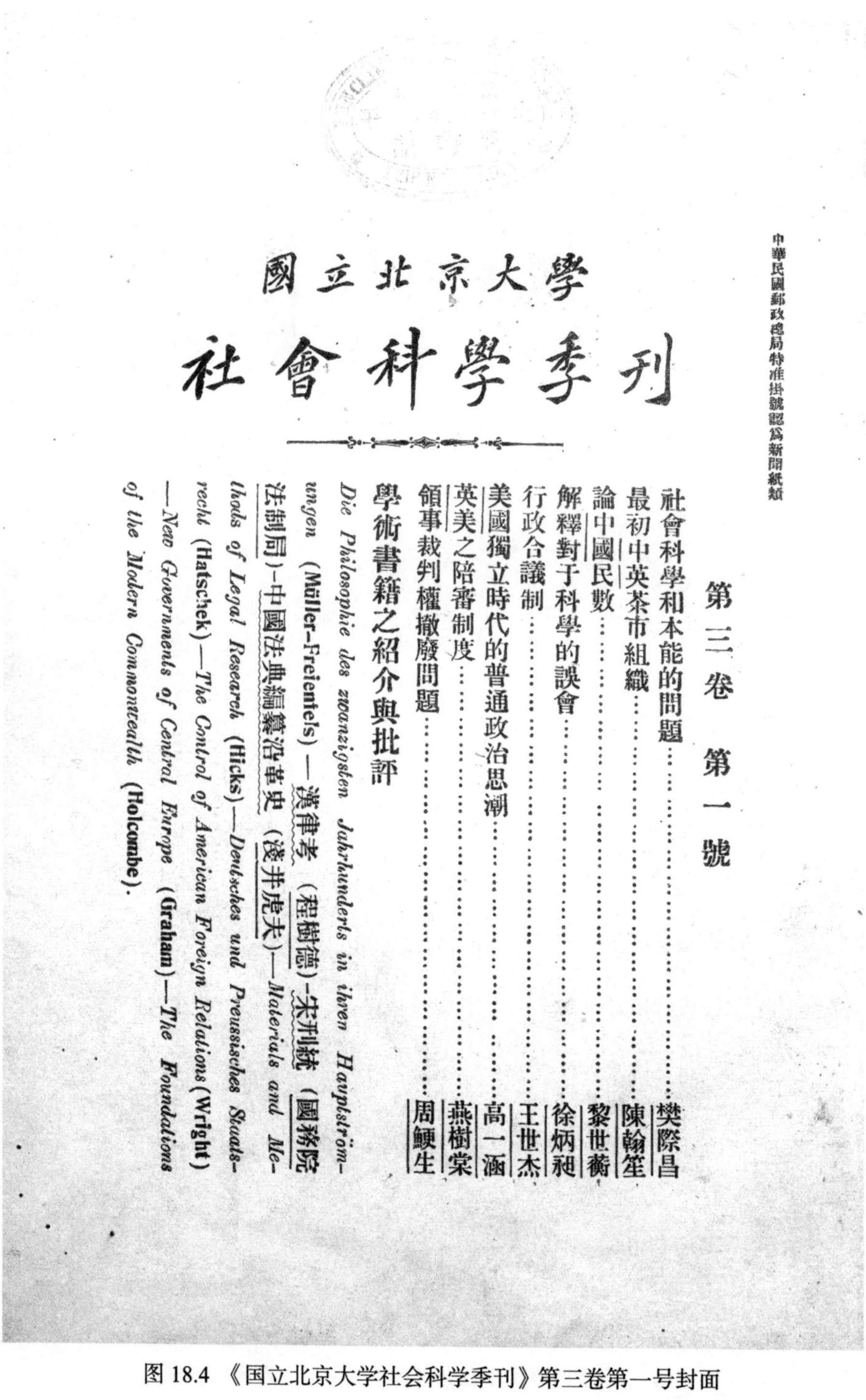
中華民國郵政總局特准掛號認爲新聞紙類

國立北京大學

社會科學季刊

第三卷 第一號

图 18.4 《国立北京大学社会科学季刊》第三卷第一号封面

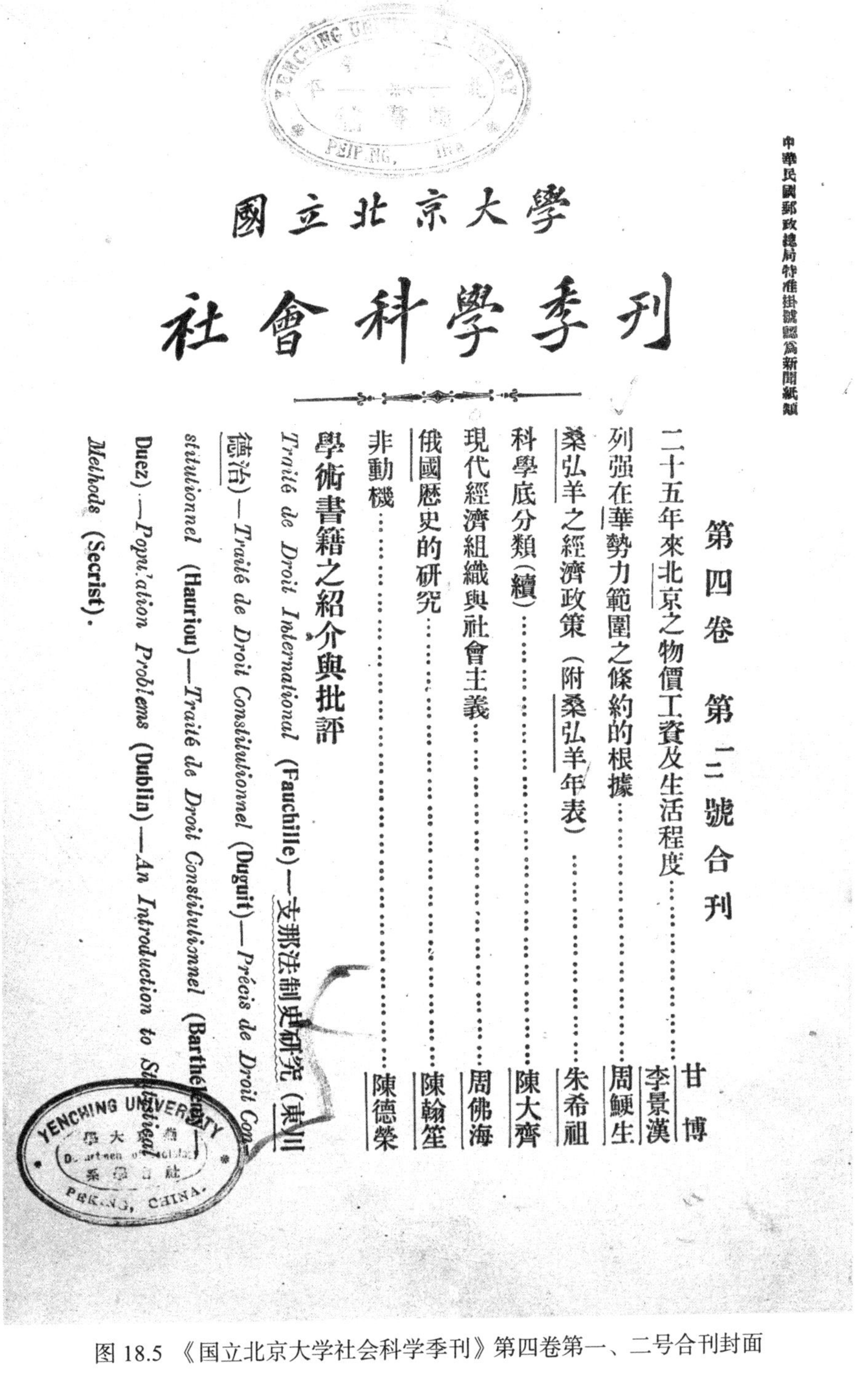

YENCHING UNIVERSITY LIBRARY
PEIPING, CHINA

中華民國郵政總局特准掛號認爲新聞紙類

國立北京大學

社會科學季刊

第四卷 第一二號合刊

YENCHING UNIVERSITY
燕京大學
Department of Sociology
社會學系
PEKING, CHINA.

图 18.5 《国立北京大学社会科学季刊》第四卷第一、二号合刊封面

图 18.6 《国立北京大学社会科学季刊》封底

北大经济学会半月刊

一、刊物简介

1921 年 11 月 30 日，北京大学经济学会成立，该刊为北京大学经济学会主办刊物，1922 年 12 月 17 日创刊于北京，总发行所琉璃厂小沙土园京报馆。刊物为半月刊，每月 1 日和 16 日出版，寒暑假除外，初为四开四版报（如遇纪念节日则四版、八版或十二版不等），从第三十号起改为十六开本杂志，1925 年 5 月 17 日终刊，共出版三十八期。

二、刊物内容

刊物《发刊词》中明确该刊宗旨为“集思广益、博采兼取、欲以谋经济之繁昌，求学术之发展”，内容丰富，设有“论著”“研究”“杂感”“译丛”“讲演录”“调查”等栏目，既有宣传科学社会主义和空想社会主义的内容，也有介绍资产阶级经济学说方面的内容。主要撰稿人有顾孟馀、马寅初、徐兆荪、邵纯熙、李如汉、陈友琴等。其中较为进步的文章如在 1923 年 1 月 16 日第三期李大钊发表的《社会主义下的经济组织》、1924 年 5 月 5 日出版的第二十五期上分别刊发了邵纯熙《马克斯之重要学说》、张荣福《马克斯的国家性质论》和陈汝棠《马克斯对于社会学的贡献》三篇文章。《北大经济学会半月刊》在一些重要纪念日、节日出版过一些纪念刊、专刊及增刊。1923 年 12 月 17 日，《北大经济学会半月刊》一周年纪念日，同时也是北京大学 25 周年纪念日，出版了《北大经济学会半月刊纪念号》增刊。1924 年 5 月 1 日出版了《劳动节纪念号》，1924 年 5 月 5 日的马克思生辰出版了《马克斯纪念号》等，都具有重要的研究价值。

三、馆藏信息

13455/J 1922-1925 no.1-38

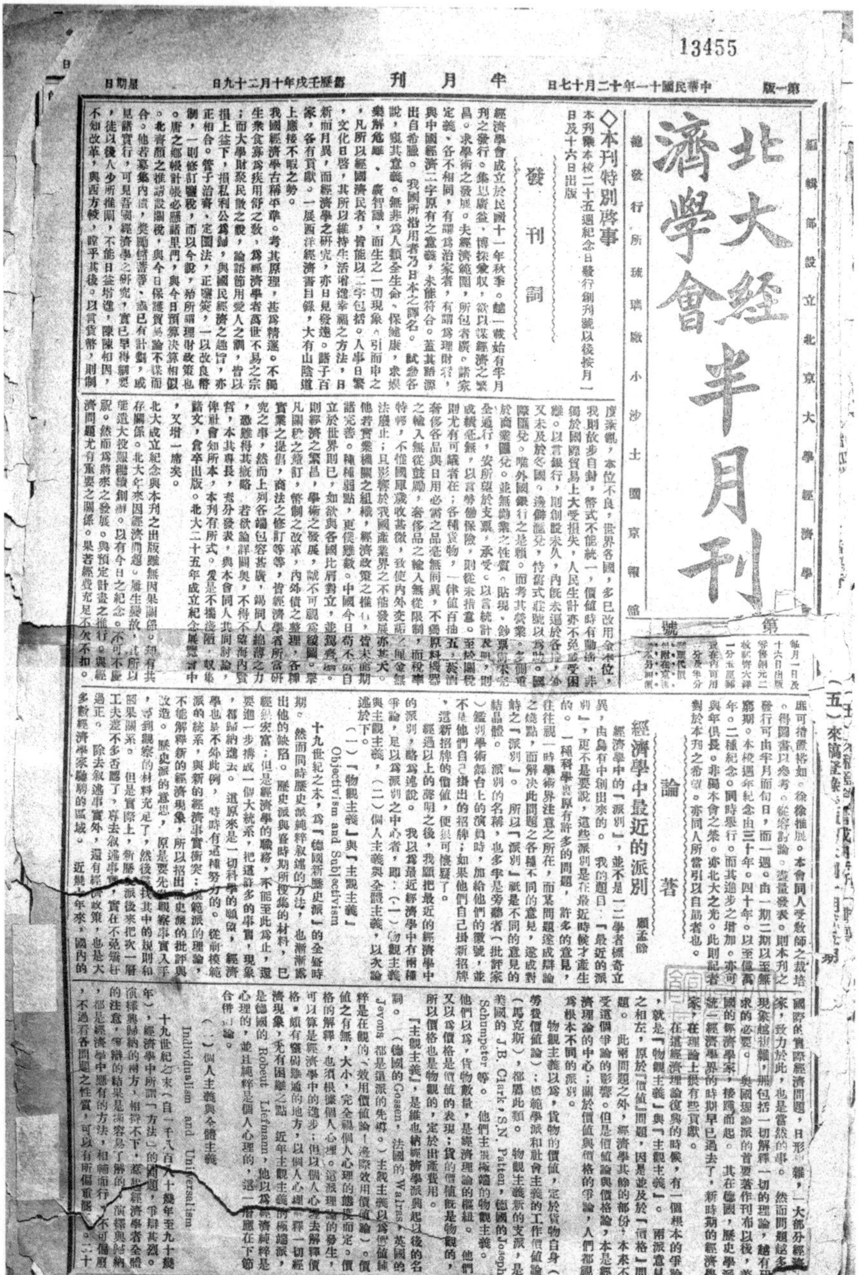
13455

第一版　中華民國十一年十二月十七日　半月刊　舊曆壬戌年十月二十九日　星期日

北大經濟學會半月刊　第一號

發刊詞

論著

經濟學中最近的派別

图 19.1 《北大经济学会半月刊》第一号封面

星期一 中華民國十三年五月五日 半月刊 舊曆甲子年四月初二日 第一版

馬克斯紀念號

北大經濟學會半月刊

第二十九號

馬克斯年譜及其著作

陳友琴

一八一八年五月五日

一八八三年三月十四日

假使我們所崇拜的經濟學大家馬克斯(Karl marx)不死，到今天我們就同他拜一百零六歲的大壽。現在他已死了四十一年，我們只得給他出一個紀念號。在本刊的十五和十六號，我發表過一篇馬克斯小傳，將他的一生，已經略略說過。所以本號我只將他的年譜寫出來，並將他的著作和關於他的著作略介紹一下。

一八一八年五月五日，他的猶太父母，在德意志的一個古鎮叫做特列夫(Treves)生他。

一八三八年，他二十歲，已是成年的人了。他被題見第一次著作『希伯來問題』。(Hebrewquestion)

一八四一年，他二十三歲，在大學畢業，並做了一篇關於伊璧鳩魯(Epicurus)的哲學研究，得了博士學位。

一八四二年，他二十四歲，想在波昂大學當哲學講師。(Lecturer of philosophy of University of Bonn)是年當『萊因報』(Rheinische Zeitung)主筆。大張自由之旗，攻擊普魯士的政治。

一八四三年，他二十五歲，一躍而做萊因報的總編輯。是年三月，政府用強力迫令停版。

同年他和愛妮(Zenny)女士結婚，結婚後同往巴黎。在巴黎和無政府大家蒲魯東(Proudhon)討論經濟上種種問題，往往通夜不睡。

一八四四年，他二十六歲，在巴黎和恩格斯(Engels)認識，遂成一生知己。兩人合辦『進步週刊』。

又和儒格(Ryge)經營德法年報(Deutsch Tranzosische Jahrbuecher)發表兩篇文章，即『黑智兒的法理哲學的批評提要』和『猶太人問題』。

一八四五年，他二十七歲。法國政府普魯士政府的要求，將他和恩格斯驅逐出巴黎。他們遂同往普魯塞爾(Brussels)

一八四七年，他二十九歲，發刊答蒲魯東的『貧困的哲學』的著作叫做『哲學的困』。(La misere de la philosophie)

同年他加入倫敦的『勞動教育協會』。

一八四八年，他三十歲，和恩格斯同起草『共產黨宣言』(Communist manifests)一月印刷，二月二十四日公佈於世。

同年二月革命軍起，他重回德國，和恩格斯哇爾夫發刊『新萊因報』。他在報上發表兩篇重要文章，即『法國的階級戰爭』和『勞金，勞動與資本』。

一八四九年，他三十一歲，再寄居倫敦，過度後半生的光陰，大約有三十四年。那個時期，生活困難，精神和康健都疲憊了。

一八五九年，他四十一歲，發刊他所著的『政治經濟學的批評』。

一八六三年至一八七二年，他四十五歲至五十四歲，從事於『國際工人聯合會』。(I. W. A.)

一八六六年，他四十八歲，達到極端困窮，努力於『資本論』(Das Kapital)的著作。

一八六七年，他四十九歲，資本論第一卷出版，為經濟學史上生一重大的光榮，留下一個不磨的名譽。

一八八一年，他六十三歲，他的夫人愛妮死，他悲痛之餘，仍然努力於資本論第二卷的整理。

一八八三年，他六十五歲，三月十四日，我們所崇拜的大經濟學者就壽終正寢於倫敦。他遺下有子女共四人。

一八八五年，他死後二年，他的好友恩格斯替他繼續整理和出版資本論第二卷。

一八九四年，他死後十一年，恩格斯再替他續刊資本論第三卷。

一九二四年，他死後四十一年，我們北大經濟學會半月刊替他發刊『馬克斯紀念號』，我替他作『馬克斯年譜及其著作』。

(A)年譜算是完了，以下將他的著作陳列：

(一)資本論(Das Kapital)三大卷。

(二)政治經濟學的批評(Zur Kritik der Politischen Oekonomie)

(三)哲學的貧困(La misere de la philosophie)

(四)共產黨宣言(Communist manif ests)

(五)勞金·勞動與資本(wage.lador and Capitla)

(六)價值·價格與利潤(Value, Price and Profit)

以上三種已有中文譯本

(七)自由貿易(Free trade)

(八)革命與反革命(Revolution and Counter Revolution)

列寧畧傳(李春蕃)
列寧著作年表
價目本冊特價大洋一角分售處北大出版

左文諸
單果順

發行所北京東門內中國大學出版部

圖 19.2 《北大经济学会半月刊》(《马克斯纪念号》) 封面

第一版 中華民國十三年五月一日 半月刊 舊曆甲子年三月二十八日 星期四

勞動節紀念號

北大經濟學會半月刊

編輯部兼發行所 北京大學經濟學會

分發行所 琉璃廠小沙土園京報館

第二十四號

◎注意◎ 本紀念號[illegible]大洋一分五厘 長期訂閱不另加價

本刊特別啓事

本刊因本月五日，刊行「馬克斯紀念號」。十六日停刊一次。六月一日，仍照常出版。

這一周

守常

這一周有好幾個紀念日

（一）是『五一』紀念日，這是世界勞動者，爲減少過度的工作時間，向資本階級進攻的紀念日，亦即是被壓迫階級向壓迫階級抗爭自由紀念日，這是個國際的工人的日子，全世界的勞動者，在這一天都要舉行一個壯烈的示威運動。我們中國的勞工階級，在今天應該深深感知這個紀念日的國際的意義，我們中國的全民衆，應該在這個紀念日，加添些民族的意義。

（二）是『五四』紀念日，這是中國全國學生膺懲中國賣國賊的紀念日，是中國全國學生對於帝國主義行總攻擊的紀念日，亦即是被壓迫的民衆，向壓迫的國家抗爭自由的紀念日，這是國民的學生的日子。我們在今天應該把國際帝國主義，侵略我們的痛史，細數從頭把五四運動的精神，牢牢記住，誓要恢復國家的主權，洗淸民族的恥辱。

（三）『五五』紀念日，這是社會主義，經濟學碩宿，亦是社會革命的先驅馬克斯的誕生紀念日。我們在這一天，應該細細的研考馬克斯的唯物史觀，怎樣應用於中國今日的政治經濟情形，詳細一點說，就是依馬克斯的唯物史觀以研究怎樣成了中國今日政治經濟的情狀，我們應該怎樣去作民族獨立的運動，把中國從列强壓迫之下救濟出來。這種研究的答案，自然是『中國今日政治經濟的情形，完全是國際帝國主義侵入的結果，中國全民族應該併力反抗那侵入中國國際帝國主義，作民族獨立的運動，從列强壓迫之下，把中國救濟出來』。倘能循此途轍，以達於民族獨立的境界，那麼馬克斯的學說，眞是拯救中國的導星，他的誕生日，必更值得我們紀念了。

（四）『五七』紀念日，這是日本帝國主義壓迫中國，提出致我死命的二十一條款，威迫袁世凱政府，使之屈服于日本『哀的美敦』之下的國恥紀念日，亦即是帝國主義壓迫我民族的紀念日，這是個國民的恥辱的紀念日。我們在這一天，應該回思過去一切的痛史，以作國民的薪膽，大聲疾呼的向國民喊道『國際帝國主義，是我國民惟一的仇敵』。在民國十三年『五一』紀念日的示威運動中，我的國民的吶喊，是

被壓迫民族及被壓迫階級聯合起來！

反抗國際帝國主義！

恢復中華民族的獨立自由！

不要忘了臨城案的壓迫！

不要忘了列强，因爲海關問題在廣州的示威！

這都是我們最近的民族的痛辱。

五一勞動節我的感想

馬敘倫

我是教育界的一分子，所以我對於五一的感想，自然容易傾向到教育界方面。我現在是北京教育界的一分子，所以我對於五一的感想，也就傾向到北京教育界方面。

我回想到中華民國十年五一的時候，北京教育界正如火如荼的爲教育經費的運動。教育界同人都自認爲精神勞動者，對於世界的勞動節不獨爲旁觀的贊歎，而且要加入勞動團體，歡欣鼓舞的同慶祝此神聖的節日。當時國立北京專門以上八校教職員代表聯席會議定五一爲精神勞動紀念日，每年五月一日開紀念懇親大會一次。那時還有人，贊揚這種決議。都登在半週刊，這是明白的証據。

次年五一便是北京教育界認爲精神勞動的紀念日了，可惜那時我却在南方，沒得來福參與這種紀念節懇親大會。但是我在南方度過這節時候，一面向南方教育界宣傳運動，一面好象在北京參與的情狀，心中有無限的欣躍和希望。

去年五一，我却回京了，又到我從前服務的北京大學來作精神勞働者了。但是那一天我絕對不聽到教育界有什麼慶祝懇親大會的通知書，沒有由郵差送得來。我由來向精神勞働團體裏打聽打聽，是沒有這回事似的。向這團體的分子詢問詢問，好象隔世的事先天裏忘記了。我實在不勝詫異之至。

今年五一又到了，這樣呢！不用說了，還是去年的老樣子。唉！

我想這種紀念的慶祝，方式形式本是不拘定的，或者北京教育界都是牢記在心，都是心心相印都是以最寶貴的心去紀念他了。但是……我想被壓迫的民族，他的許多可紀念的日子，往往被迫得不能有形式的紀念。可是他們的心裡，是較有形式的還十倍百倍的紀念。北京教育界處在軍閥專制的底下，說不得不被壓迫。但是……

我想一個有價值的紀念，一定是羣衆的心理所造成的，也是羣衆的能力所造成的。五一勞働節便是一例。北京教育界的精神勞働紀念日的決議，也是當時羣衆心理和能力所造出來的，可是何以如曇花的一現，竟不能和世界勞働節和合無間，說到這裏，我雖想出一個理由，還是我不忍說。

五一呀：精神勞働紀念日呀你看議決你的本身國立北京專門以上各校教職員代表聯席會議現在是何等景象呀，你看 國立 北京專門以 上各校 是何等景象呀，怪不得 你不能顧你 的頭角在世界了。

列寧著作年表 價目本冊特價大洋一角 分售處北大出版

定價 全年四冊每冊二角全年七角 發行所北京前門內中國大學出版部

图 19.3 《北大经济学会》（《劳动节纪念号》）封面

中華民國十四年一月六日號　半月刊　一

北大經濟學會半月刊

編輯部兼發行所　北京大學經濟學會

分發行所　琉璃廠小沙土園京報館

第三十號

現代租稅之趨勢與中國租稅（續）

周傑人

（二）日本　以千日元為單位（經常收入）

稅項　年別	一九〇九—一〇	一九一六—一七
地租	八五，四八八	七二，五九二
所得稅	二九，七三〇	三三，四三八
營業稅	二三，〇二八	一八，六四五
酒稅	八一，五二九	九一，七一九
糖稅	一七，二〇九	二五，三三九
織物稅	一九，四六二	一一，一四四
關稅	四七，二二九	三二，〇二四
印花稅	二二，七八〇	二八，九九二
烟鹽樟腦專賣收入	五四，二五二	六七，八〇三
雜稅	一六，八四八	二四，〇九一
合計	三九七，五六五	四〇五，〇八九

稅項　年別	一九二〇—二一	一九二二—二三
地租	七三，七二一	七四，一四四
所得稅	一八一，五〇二	二〇三，五七八
營業稅	四三，二七七	六六，八三八
酒稅	一三二，四四五	一八八，八三八
糖稅	三九，二八二	四三，〇八九
織物稅	三九，五三一	四二，六一四
關稅	六六，三二七	七一，七四四
印花稅	六六，〇四七	八三，六五八
烟鹽樟腦專賣收入	八九，五二三	
雜稅		
合計	七三一，六七五	七七四，五〇四（專賣在外）

（三）法國　以千佛郎為單位

稅項　年別	一九〇八
地租	九三，九五五

財政名著出版預告

哥倫比亞大學教授塞里格曼所著租稅歸宿論一書，為世界名著，關於各種租稅影響與結果，討論綦詳，學者推為全球惟一善本。現由北京大學賈祝年君譯竣，教授王建祖先生校閱，並已向上海商務印書館接洽出版矣。特此預告。

目錄

图 19.4 《北大经济学会半月刊》第三十号封面

歌谣

一、刊物简介

1922年12月17日创刊于北京，文学类刊物，周刊，北大歌谣研究会出版，该刊物最初以《北京大学日刊》的附张形式出版，先后由常惠、顾颉刚、魏建功、董作宾等人负责编辑。每月出版四期，学校放假时间内有休刊。1925年6月28日，该刊第一次停刊，其间共出版正刊九十七期，另有增刊一期，停刊后并入《北京大学研究所国学门周刊》。1936年4月北大重新恢复歌谣研究会，遂重新复刊。1937年七七事变爆发，《歌谣》周刊再次停刊。

二、刊物内容

《歌谣》的《本刊启事》中提到："本刊欢迎关于歌谣，谚语和民间风俗的论文，但是因为篇幅有限，投稿要简短精确的才好。"[①]《发刊词》中指出："本会搜集歌谣的目的共有两种，一是学术的，一是文艺的。"[②]《歌谣》通常每期有八个版面，印有发行日期、版次、期号、刊名、出版及发行单位、当期的文章要目等。该刊栏目有"研究""讨论""译述""通讯""转录""歌谣选录""儿歌选录""民歌选录"等，每期所刊的栏目不同。"研究"一栏学术性较强，如第十号周作人《读〈童谣大观〉》；"讨论"一栏则多以商榷性意见为主，如第二十七号何植三《歌谣分类的商榷》；"译述"一栏则主要刊登海外学界对中国

① 北大歌谣研究会 . 本刊启事［J］. 歌谣，1922，1（1）.

② 北大歌谣研究会 . 发刊词［J］. 歌谣，1922，1（1）.

民歌的研究作品，如第十六号家斌译《英国搜集歌谣的运动》；“通信”一栏则主要刊登知名学者与歌谣研究会的通信，具体包括常惠、周作人、顾颉刚等知名专家；“歌谣选录”“儿歌选录”“民歌选录”是每期刊物所占篇幅最大的栏目。

三、馆藏信息

54440/J 1922-1924 v.1，no.1-48；1924-1925 v.1，no.49-97；1936-1937 v.2，no.1-40；1937 v.3，no.1-13

第三卷第六期钤有“燕京大学图书馆”藏章，1923 年纪念增刊封面钤有“前北大学生存物纪念品　民国三十年清理”章、“十三．四．十四．柏坚”题记，封二有“张伯根”字样。

(第一號)　十一年十二月十七日　(第一版)

△北大歌謠研究會出版▽

歌謠

第壹號

△北大日刊課發行▽

※要目※

歌謠週刊緣起
發刊詞
對於投稿諸君進一解
民歌選錄
兒歌選錄
徵集歌謠簡章

本刊啓事

(一)

本刊現在屬於日刊的附張，每逢星期一日隨日刊加增一份，暫不零售。

(二)

本刊歡迎關於歌謠，諺語和民間風俗的論文；但是因爲篇幅有限，投稿要簡短精確的才好。

歌謠週刊緣起

北京大學從事于歌謠的徵集，已經好幾年了。最初是劉半農先生管理這件事情。後來劉先生赴歐留學，便把這件事交給周作人先生，不幸周先生中間病了年餘，「歌謠研究會」裡面又沒有負責料理的人，遂致中斷了些日子。及至今年「研究所國學門」成立以後，便把「歌謠研究會」重新整頓起來，仍請周作人先生主持其事。曾經開了一次會，大家決議發行一種歌謠刊物，其命意在于把已經收到的材料，編成一個有系統的報告，以爲將來做「彙編」和「選錄」的長編，一方面也可藉此引起社會的注意；和投稿者的興趣。現在歌謠週刊第一期定于本校二十五年成立紀念日出版，編輯者爲周作人先生，常惠先生，至于關於聲音和文字的審查，則錢玄同先生和沈兼士與聞其事，深願喜歡研究的人，多多賜教！

北京大學二十五年成立紀念之前一日

沈兼士

發刊詞

本校發起徵集全國近世歌謠，前後已有五年，但是因爲種種事情，不能順遂進行，以致所擬刊行的歌謠彙編和選錄均未能編就，現在乘本年紀念日的機會創刊「歌謠週刊」，作爲徵集和討論的機關，庶幾集思廣益，使這編集歌謠的事業得有完成的日子。

歌謠徵集，發起于民國七年二月，由劉復沈尹默周作人三位教授担任編輯，錢玄同沈兼士二位教授担任考訂方言。從五月末起，在日刊上揭載劉先生所編訂的「歌謠選」，共出一百四十八則。五四運動以後，進行暫時停頓，隨後劉沈二先生都出國留學去了，缺人主持，事務更不能發展。九年的冬天，組織「歌謠研究會」，管理其事，由沈兼士周作人二先生主任。但是十年春天因爲經費問題，閉校數次，周先生又久病，這兩年裏幾乎一點都沒有舉動，所以雖有五年的歲月，成績却很寥寥，這是不得不望大家共力合作，兼程并進，期補救于將來的了。

本會蒐集歌謠的目的共有兩種，一是學術的，一是文藝的。我們相信民俗學的研究在現今的中國確是很重要的一件事業，雖然還沒有學者注意及此，只靠幾個有志未逮的人是做不出什麼來的，但是也不能不各盡一分的力，至少去供給多少材料或引起一點興味。歌謠是民俗學上的一種重要的資料，我們把他輯錄起來，以備專門的研究：這是第一個目的。因此我們希望投稿者不必自己先加甄別，儘量的錄寄，因爲在學術上是無所謂卑猥或粗鄙的。從這學術的資料之中，再由文藝批評的眼光加以選擇，編成一部國民心聲的選集。意大利的衛太爾曾說『根據在這些歌謠之上，根據在人民的真感情之上，一種新的「民族的詩」也許能產生

图 20.1 《歌谣》第一卷第一号封面

（第四九號） 十三年四月六日 （第一版）

北大歌謠研究會出版

歌謠週刊

※第肆拾玖號※

目要

為方言進一解

通訊

論雲南民歌

江蘇山歌

目價

每號售價

銅元二枚

郵寄大洋

一分半

發行處北京大學日刊課

研究

為方言進一解

董作賓

一　方言二字略釋

二　方言誤解之由來

三　今所謂方言的界說

四　方言調查會的職責

我是蓄志研究方言的一人，當方言調查會開成立會的時候，我不幸因事南旋，不得躬逢盛典，暢聆宏論。對於會的命名，原擬『方音』『方言』並列，經過這次大會審議的結果，删掉了『方音』二字，定為今名。前者接到會員毛坤先生的信，他提議把『方言』改為『方音』——原信披露於後——本來我也是偏於主張『方音』的人，我以為『方音』的確可以支配方言。因方音的不同，足以使一個地方的語音遲難就易而製成特別的方言。不過為個人有特別研究的興趣，儘可以偏重在方音一面；為大規模的調查和研究，決不能不用方言的名義。周作人先生提議删掉『方音』二字時，他曾聲明正所以側重方音。況且聲音難以離開語言而獨立；方音不能包括方言而方言却能包括方音。現在我把關於方言的解釋，參照方言調查會紀事同宣言，附以已見，演述在下面或者可以免除今後的誤會。

一

方，廣韵，『四方也』。詩大雅『監觀四方』。易觀卦，『君子以省方觀民設教』；疏『省視萬方』。這些方字都指地方來說，正合現今的用法。

言，說文，『直言曰言，論難曰語』。從這看，普通的說話，都可以叫做言。但又由此引申出兩種義意來：（甲）一句話叫做一言。左傳定四年，『趙簡子曰：夫子語我九言』。論語，『詩三百，一言以蔽之曰：思無邪』。（乙）一個字叫做一言。戰國策，『臣請三言而已矣，曰海大魚』。漢書東方朔傳，『凡臣朔固已誦四十四萬言』。又詩有『五言』『七言』。就這看來，一個言字可以把語句，詞字包括無遺了。

合攏來說：方言，就是一個地方的普通說話，用文字和音標寫出來，能表現出這地方的語句詞字和別地方有不同樣的色彩。方言的本義，明明能包涵着聲音，語句和詞字；決不能僅指詞彙而言的，即此可見。

二

方言二字合用為一個名詞，這大概創自揚雄。我們看了劉歆與揚雄的信所稱：『代語』，『先代絕言』，『異國殊語』，不曾有『方言』字樣。揚雄答書也只說：『輶軒之使所奏言』，『異語』『絕遐異域之語』，並未提到『方言』。及至他的書成功之後，在書名裏才露出『方言』的面目。

图 20.2 《歌谣》第一卷第四十九号封面

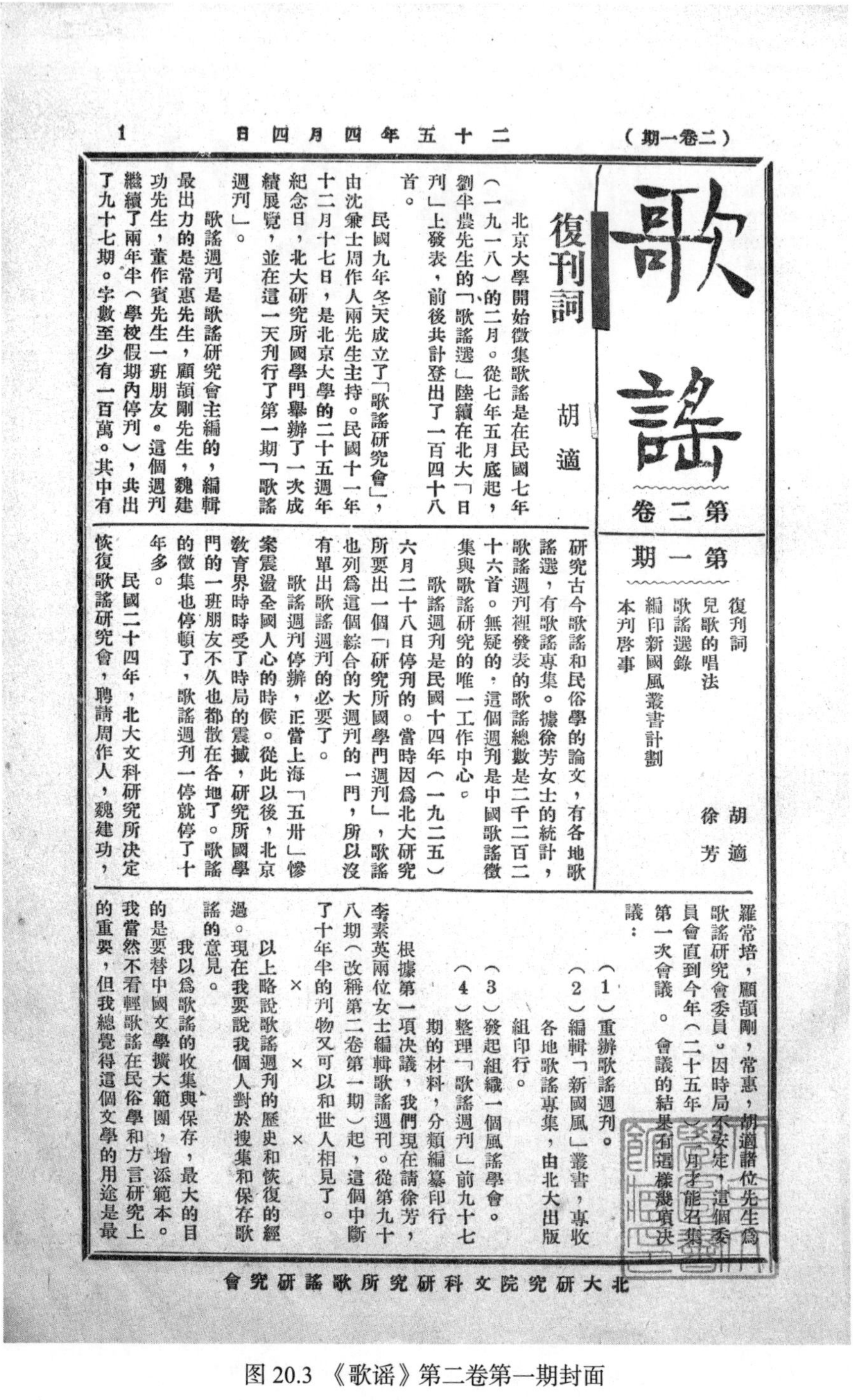

（二卷一期）　二十五年四月四日　1

歌謠

第二卷　第一期

復刊詞

胡適

北京大學開始徵集歌謠是在民國七年（一九一八）的二月。從七年五月底起，劉半農先生的「歌謠選」陸續在北大「日刊」上發表，前後共計登出了一百四十八首。

民國九年冬天成立了「歌謠研究會」，由沈兼士周作人兩先生主持。民國十一年十二月十七日，是北京大學的二十五週年紀念日，北大研究所國學門舉辦了一次成績展覽，並在這一天刊行了第一期「歌謠週刊」。

歌謠週刊是歌謠研究會主編的，編輯最出力的是常惠先生，顧頡剛先生，魏建功先生，董作賓先生一班朋友。這個週刊繼續了兩年半（學校假期內停刊），共出了九十七期。字數至少有一百萬。其中有研究古今歌謠和民俗學的論文，有各地歌謠選，有歌謠專集。據徐芳女士的統計，歌謠週刊裡發表的歌謠總數是二千二百二十六首。無疑的，這個週刊是中國歌謠徵集與歌謠研究的唯一工作中心。

歌謠週刊是民國十四年（一九二五）六月二十八日停刊的。當時因為北大研究所要出一個「研究所國學門週刊」，歌謠也列為這個綜合的大週刊的一門，所以沒有單出歌謠週刊的必要了。

歌謠週刊停辦，正當上海「五卅」慘案震盪全國人心的時候。從此以後，北京教育界時時受了時局的震撼，研究所國學門的一班朋友不久也都散在各地了。歌謠的徵集也停頓了，歌謠週刊一停就停了十年多。

民國二十四年，北大文科研究所決定恢復歌謠研究會，聘請周作人，魏建功，羅常培，顧頡剛，常惠，胡適諸位先生為歌謠研究會委員。因時局不安定，這個委員會直到今年（二十五年）一月才能召集第一次會議。會議的結果有這樣幾項決議：

（1）重辦歌謠週刊。

（2）編輯「新國風」叢書，專收各地歌謠專集，由北大出版組印行。

（3）發起組織一個風謠學會。

（4）整理「歌謠週刊」前九十七期的材料，分類編纂印行。

根據第一項決議，我們現在請徐芳，李素英兩位女士編輯歌謠週刊。從第九十八期（改稱第二卷第一期）起，這個中斷了十年半的刊物又可以和世人相見了。

× × ×

以上略說歌謠週刊的歷史和恢復的經過。現在我要說我個人對於搜集和保存歌謠的意見。

我以為歌謠的收集與保存，最大的目的是要替中國文學擴大範圍，增添範本。我當然不看輕歌謠在民俗學和方言研究上的重要，但我總覺得這個文學的用途是最

北大研究院文科研究所歌謠研究會

图 20.3 《歌谣》第二卷第一期封面

图 20.4 《歌谣》纪念增刊封面

北大广东同乡会年刊

一、刊物介绍

1922年创刊于北京，北大馆藏三期，分别为1924年的第二期、1927年的第三期和1930年的第四期。北大广东同乡会年刊出版委员会编辑并发行，会长为余文燦先生。刊物旨在沟通北大广东同乡之间的消息，研究讨论学术问题，促进广东文化学术的建设。

二、刊物简介

该刊内容丰富，涉及政治、经济、教育、文学、历史、地质、风俗、思想等领域。政治领域如缪培基《国家职权范围论》、陈洪范《主权论概要》、罗文幹《法院编制改良刍议》，地质学领域如北大地质研究会成员何杰《宝石》，风俗领域如张竞生《风俗调查表》、荐侬《礼俗与迷信之研究》。文学相关的作品如第三期不仅有李沧萍、黄优仕、杨晶华等人的近体诗、现代诗，还有黄优仕《陶渊明之为人及作品略述》、吴重翰《阮籍咏怀诗》等论述，较多侧重粤乡友作品及宣传推广。该刊第四期载有《离校同乡录》《在校教职员录》《在校同乡录》与《历年北大粤籍学生统计及最近状况》等统计资料，是研究该时期北大广东学生的人数与变动等情况的重要资料，具有一定的史料价值。该刊刊有同乡会合影、出版委员会合影，专设《热心捐助本期年刊者》彩页栏目，并附姓名及照片，关注粤闻，对广东黄花岗烈士墓进行了彩图摄影刊登《黄花岗七十二烈士碑记》。期刊设置广告索引，对烟草、上海旅馆、粤菜都有相应的宣传。

三、馆藏信息

13310/J 1924 no.2；1927 no.3；1930 no.4

第三期封面、第四期目次页钤有“燕京大学图书馆”藏书章。

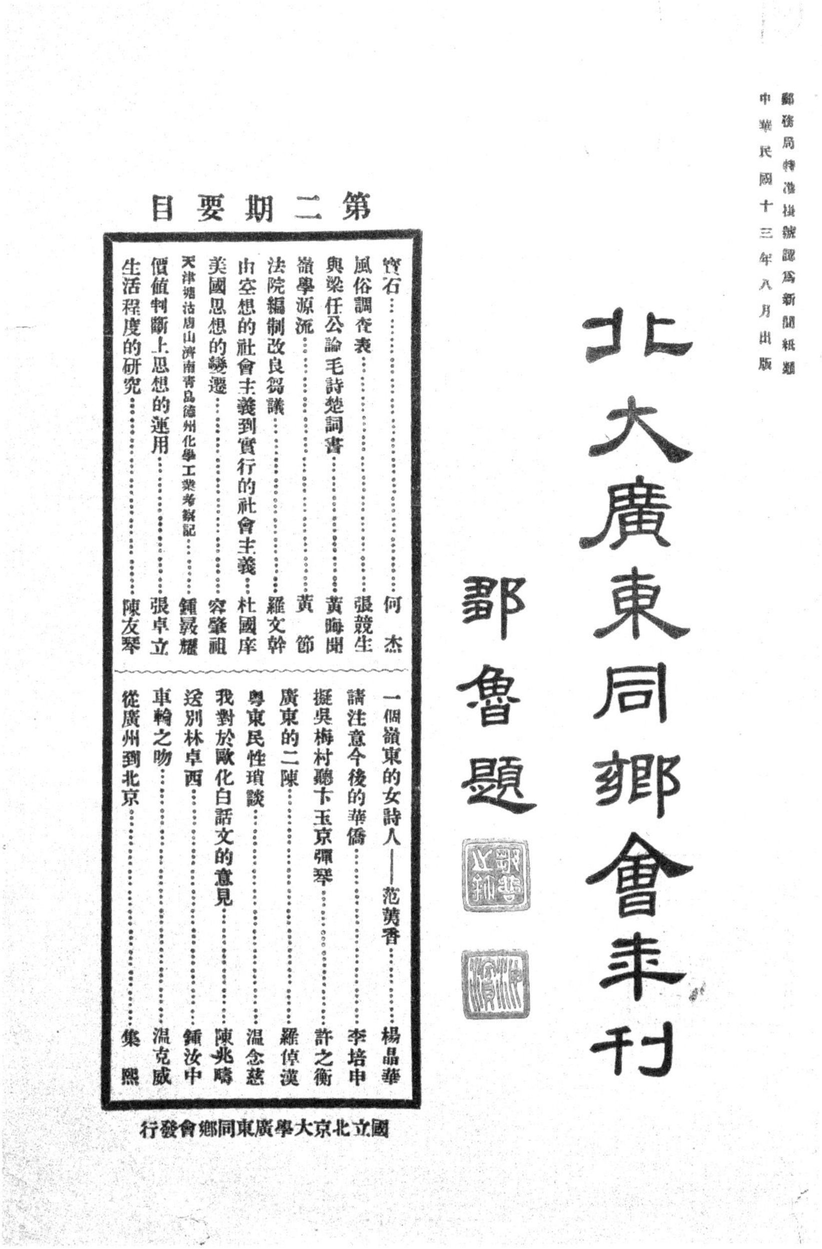

郵務局特準掛號認爲新聞紙類

中華民國十三年八月出版

北大廣東同鄉會年刊

鄧魯題

第二期要目

國立北京大學廣東同鄉會發行

图 21.1 《北大广东同乡会年刊》第二期封面

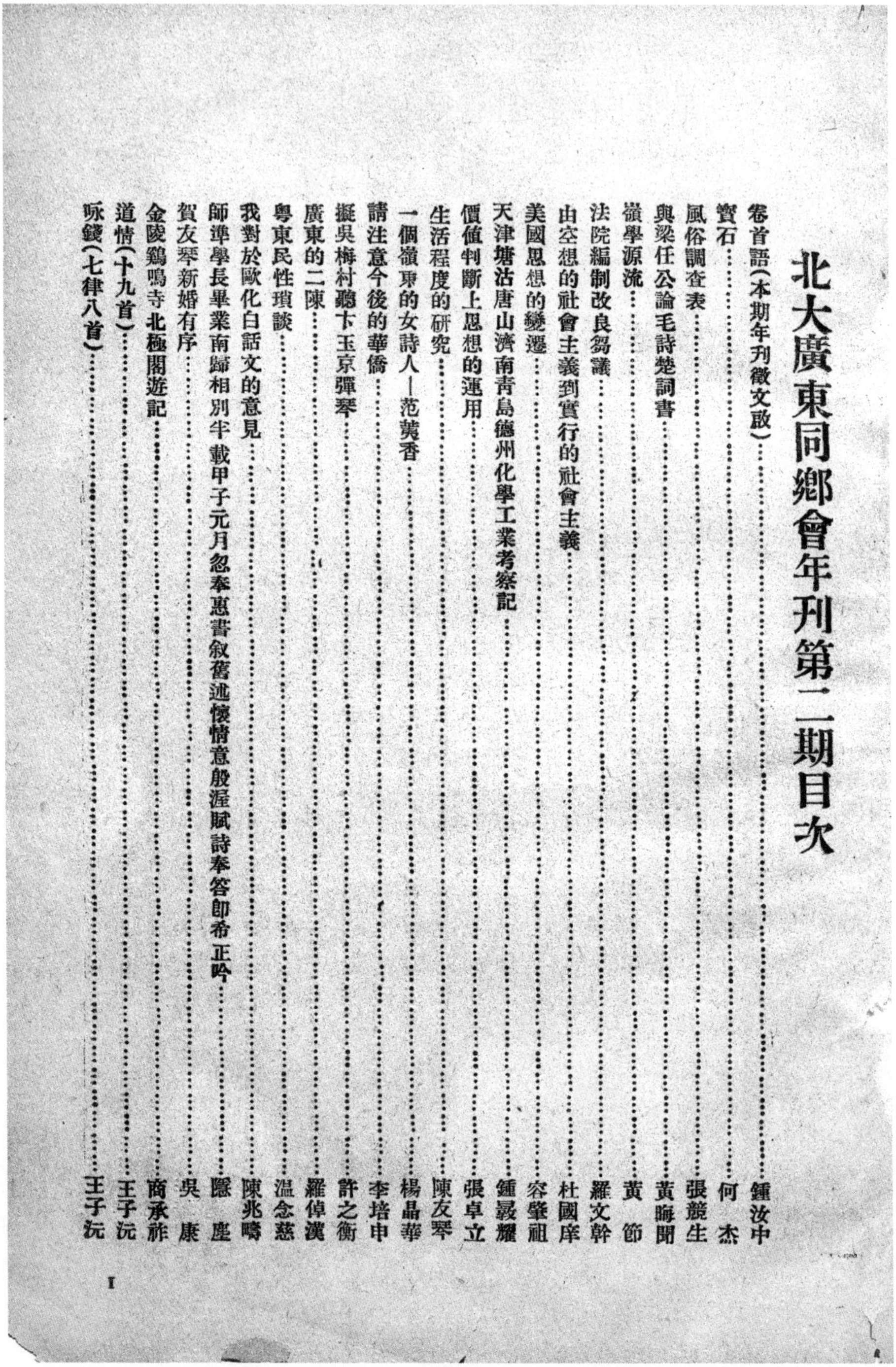

北大廣東同鄉會年刊第二期目次

I

图 21.2 《北大广东同乡会年刊》第二期目录

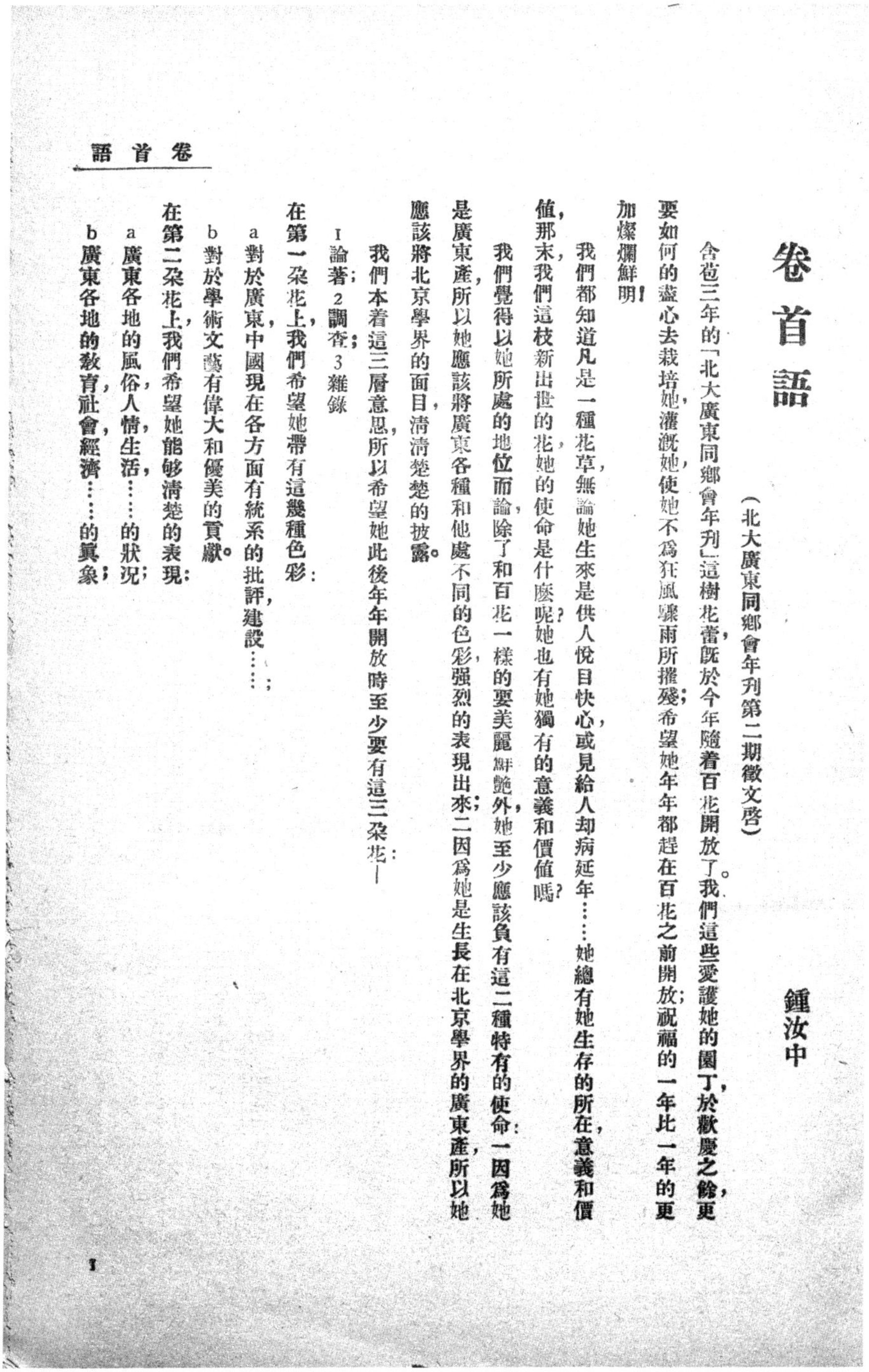

卷首語

（北大廣東同鄉會年刊第二期徵文啓）

鍾汝中

含苞三年的「北大廣東同鄉會年刊」這樹花蕾既於今年隨着百花開放了。我們這些愛護她的園丁，於歡慶之餘，更要如何的盡心去栽培她灌溉她，使她不爲狂風驟雨所摧殘；希望她年年都趕在百花之前開放；祝福的一年比一年的更加燦爛鮮明！

我們都知道凡是一種花草，無論她生來是供人悅目快心，或見給人却病延年……她總有她生存的所在，意義和價值，那末我們這枝新出世的花，她的使命是什麼呢？她也有她獨有的意義和價值嗎？

我們覺得以她所處的地位而論，除了和百花一樣的要美麗鮮艷外，她至少應該負有這二種特有的使命：一因爲她是廣東產，所以她應該將廣東各種和他處不同的色彩，强烈的表現出來；二因爲她是生長在北京學界的廣東產，所以她應該將北京學界的面目，清清楚楚的披露。

我們本着這三層意思，所以希望她此後年年開放時至少要有這三朵花：—

1論著；2調查；3雜錄

在第一朵花上，我們希望她帶有這幾種色彩：

a 對於廣東，中國現在各方面有統系的批評，建設……；

b 對於學術文藝有偉大和優美的貢獻。

在第二朵花上，我們希望她能够清楚的表現：

a 廣東各地的風俗，人情，生活，……的狀況；

b 廣東各地的教育，社會，經濟……的眞象；

卷首語

1

图 21.3 《北大广东同乡会年刊》第二期卷首语

图 21.4 《北大广东同乡会年刊》第三期封面

图 21.5 《北大广东同乡会年刊》第四期封面

图 21.6　北大广东同乡会第八届常年大会合影

国立北京大学国学季刊

一、刊物简介

1923 年 1 月创刊于北京，季刊，学术刊物。北京大学国学季刊编辑委员会编辑出版，北京大学出版部负责发行，地址为北京大学研究所国学门。胡适担任编辑委员会主任，委员有沈兼士、顾孟馀、周作人、朱希祖、李大钊、钱玄同等。该刊由鲁迅设计封面，蔡元培题签，用于第一、二卷。

二、刊物内容

该刊为北京大学决议发行的四种学术季刊之一，主旨为提倡国学，整理国故。胡适撰写《发刊宣言》[①]，指出从明末到民国时期的三百年算是古学的昌明时代，概括其三方面成绩及三层缺点，同时也阐明了他关于中国传统文化的基本态度、研究传统文化的目的、传统文化研究的思路和方法等多个基本问题的思考。文末提出整理国学的三个方向：第一，用历史的眼光来扩大国学研究的范围；第二，用系统的整理来部勒国学研究的资料；第三，用比较的研究来帮助国学的材料的整理与解释。该刊文字部分采用新式标点，横版刊印，中英文目录，部分卷期有三个板块，分别为“图象”“论文”和“附录”，论文为当时知名学者所著，涉及历史、考古、地理、哲学、文学、艺术等学科，如钢和泰《音译梵书与中国古音》、顾颉刚《郑樵著述考》、罗振玉《魏正始石经残字》、王国维《五代监本考》等。《国立北京大学国学季刊》作为北京大学发行的学术刊物，

① 胡适 . 发刊宣言［J］. 国立北京大学国学季刊，1923（1）.

持续时间较长，刊载的内容多为当时知名学者的论著，为研究民国时期国学发展提供了重要材料。

三、馆藏信息

42755/J 1923 v.1，no.1-4；1925-30 v.2，no.1-4；1932 v.3，no.1-4；1934 v.4，no.1-4；1935 v.5，no.1-4；1936 v.6，no.1-2；1946 v.6，no.4；1950-52 v.7，no.1-3

第一、二卷第一号封面钤有“北平中德学会图书馆”藏章，第二卷第二号刊名页有“惠存，锡嘏敬赠一九三〇 . 四月 . 于北大”题记，以及首篇文章页首钤有“锡嘏藏书章”，此人为 1931 年北京大学哲学系毕业生。另一复本第二卷第一号封面钤有“思白”“孙兴诗”章，此人为北京大学史学系学生。第七卷第一、二号封面钤有“燕京大学图书馆”藏书章。

图 22.1 《国立北京大学国学季刊》第一卷第一号封面

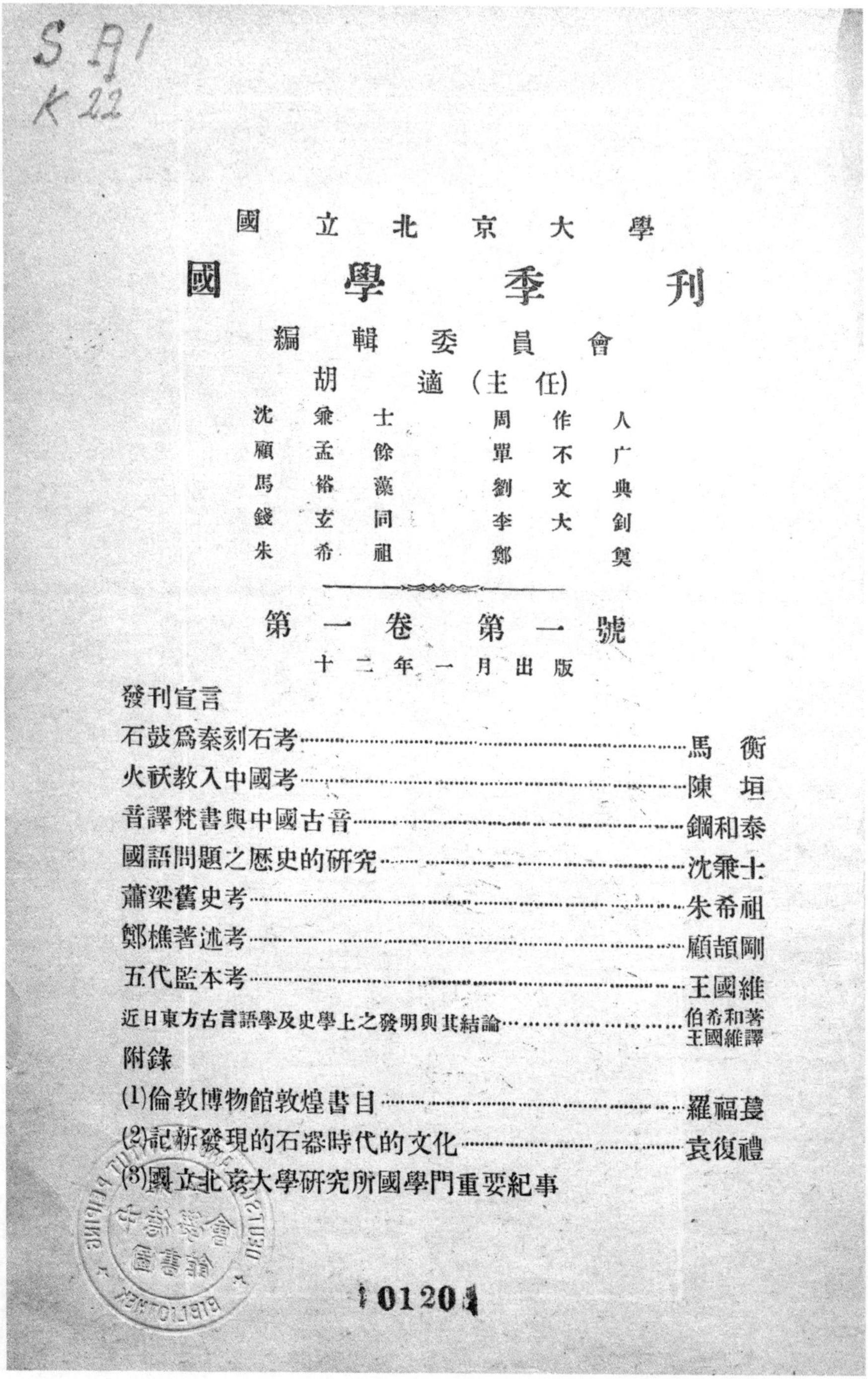
S A1
K 22

國 立 北 京 大 學

國 學 季 刊

編 輯 委 員 會

胡 適（主 任）

沈兼士　周作人
顧孟餘　單不广
馬裕藻　劉文典
錢玄同　李大釗
朱希祖　鄭　奠

第一卷　第一號

十二年一月出版

10120

图 22.2 《国立北京大学国学季刊》第一卷第一号目录

發刊宣言

近年來,古學的大師漸漸死完了,新起的學者還不曾有什麼大成績表現出來。在這个青黃不接的時期,只有三五個老輩在那裏支撑門面。古學界表面上的寂寞,遂使許多人發生無限的悲觀。所以有許多老輩遂說,古學要淪亡了!" "古書不久要無人能讀了!"

在這个悲觀呼聲裡,很自然的發出一種沒氣力的反動的運動來。有些人還以爲西洋學術思想的輸入是古學淪亡的原因;所以他們至今還在那裡抗拒那他們自己也莫名其妙的西洋學術。有些人還以爲孔教可以完全代表中國的古文化;所以他們至今還夢想孔教的復興;甚至於有人竟想鈔襲基督教的制度來光復孔教。有些人還以爲古文古詩的保存就是古學的保存了;所以他們至今還想壓語體文字的提倡與傳播。至於那些靜坐扶乩,逃向迷信裡去自尋安慰的,更不用說了。

在我們看起來,這些反動都只是舊式學者破產的鐵證;這些行爲,不但不能挽救他們所憂慮的國學之淪亡,反可以增加國中少年人對於古學的藐視。如果這些舉動可以代表國學,國學還是淪亡了更好!

我們平心靜氣的觀察這三百年的古學發達史,再觀察眼前國內和國外的學者研究中國學術的現狀,我們不但不抱悲觀,並且還抱無窮的樂觀。我們深信,國學的將來,定能遠勝國學的過去;過去的成績雖然未可厚非,但將來的成績一定還要更好無數倍。

(1)

图 22.3 《国立北京大学国学季刊》发刊宣言

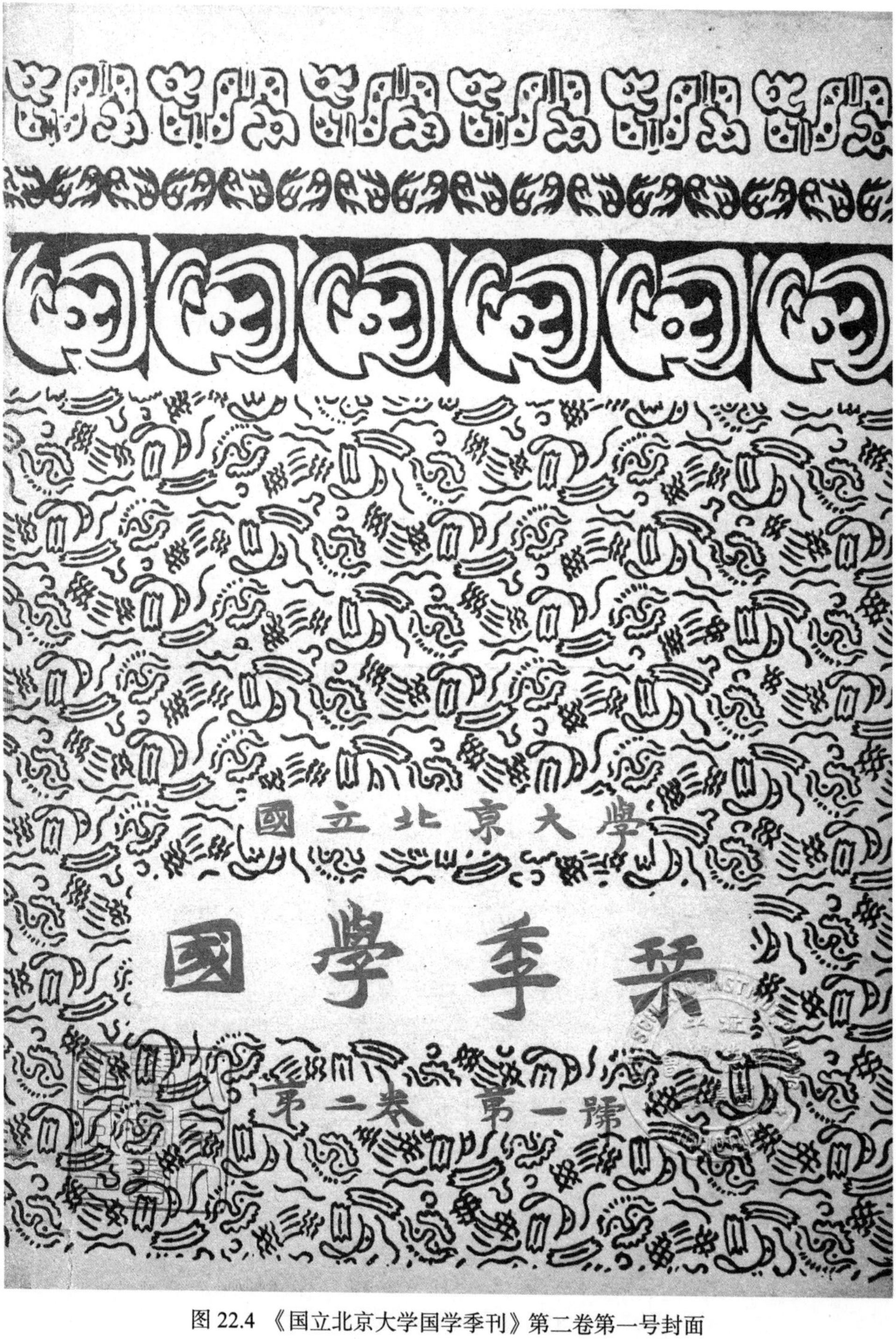

图 22.4 《国立北京大学国学季刊》第二卷第一号封面

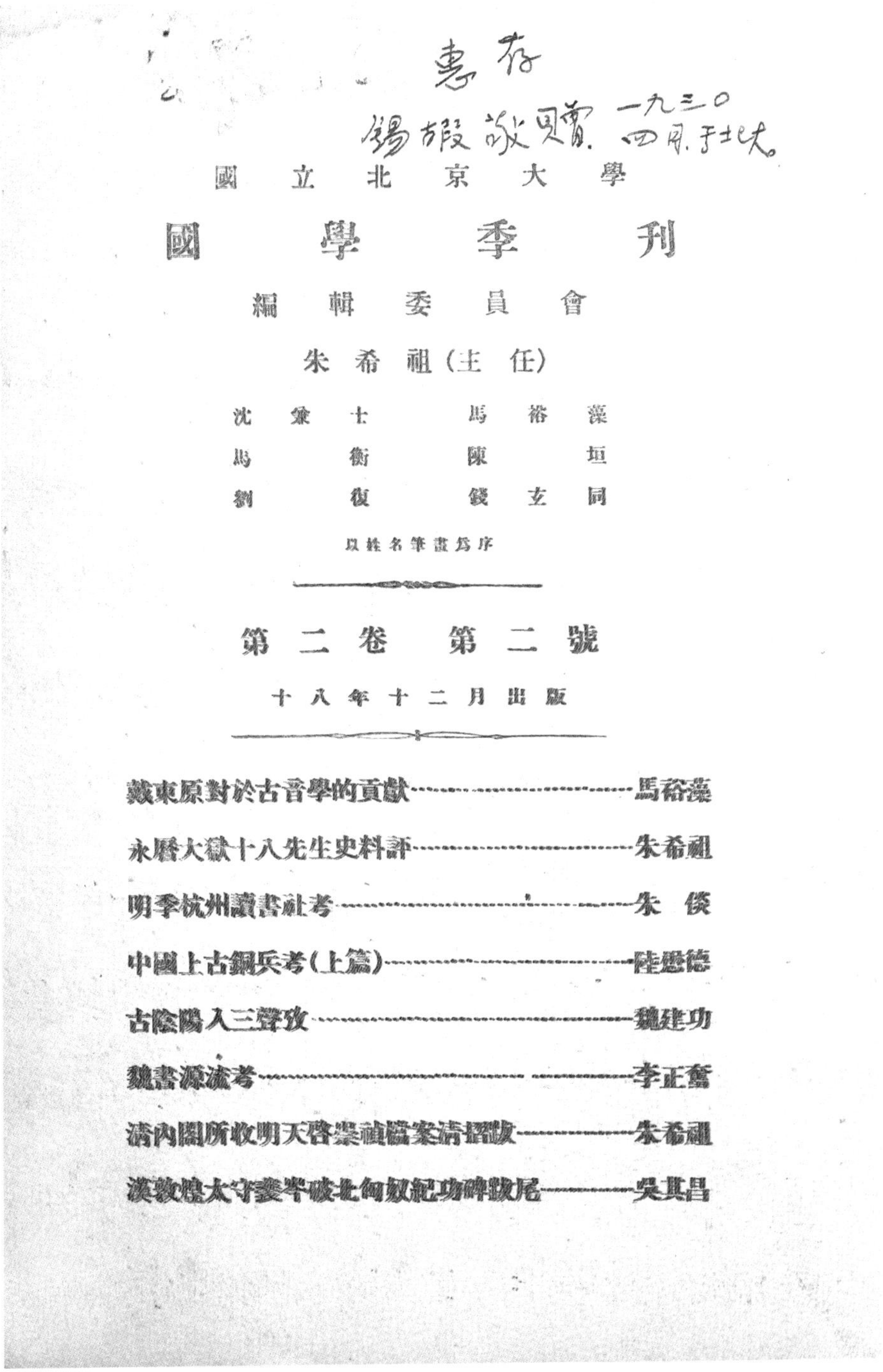

惠存
錫嘏敬贈 一九三〇 四月于北大

國立北京大學

國學季刊

編輯委員會

朱希祖(主任)

沈兼士　馬裕藻
馬衡　陳垣
劉復　錢玄同

以姓名筆畫為序

第二卷　第二號

十八年十二月出版

图 22.5 《国立北京大学国学季刊》第二卷第二号目录

戴東原對於古音學的貢獻

馬 裕 藻

——民國十六年五月在北京大學研究所國學門月講的稿子——

緒 言

古音二字的意義,在清代講聲韻學者的習慣,往往認爲周秦音的專稱(一方對於切韵以降的音稱爲今音,)和現在一般所用的意義微有廣狹不同。吾人現在所稱的古音,當然爲廣義的,凡論今日以前之音者皆可謂之古音學;不過往往沿清代的習慣,有時將這古音的名詞作爲周秦音的專稱。

戴東原的歷史和他對於哲學上的貢獻,已見國學季刊第二卷第一號。此外戴氏對於天文,地理,歷數,樂律,禮制,古音諸

图 22.6 《国立北京大学国学季刊》第二卷第二号首篇文章页

北京大学廿五周年纪念刊

一、刊物简介

纪念特刊。为纪念北京大学成立二十五周年，1923 年 12 月 17 日北京大学特组织出版此刊。

二、刊物内容

该刊总结北大二十五年来在各领域取得的成就，撰稿人有北大教师及校友，如蒋梦麟、胡适、冯至、高宗禹、江绍原、钟汝中等。其中蒋梦麟《北大之精神》、朱务善《北大精神》等文中述“北大精神”，为此刊定调。该刊回顾了北大建校的光荣历史，如关蔚华《北京大学诞生的背景和她应有的使命精神》；谈及北大的变迁，如黄日葵《在中国近代思想史演进中的北大》；表达对未来北大建设的美好愿景，如丁文安《我对于北大将来的希望》；提出对具体科目的教学改革方法，如褚保时《改革本校英语教授方法的商榷》、王师曾《北大体育改革之我见》，显示出当时北大师生的变革精神；还有针对各个学科的研究性文章与改良建议，如萧友梅《音乐传习所对于本校的希望》，江绍原《宗教史的研究》，陈政《近代德意志的大学教育》等。

三、馆藏信息

12172/J 1923

（星期一） 中華民國十二年十二月十七日 （第一版）

北京大學廿五周年紀念刊

共出八張

非賣品

本刊啓事一

本刊此次出版，因時間倉猝，印刷不及，同學惠來稿件，諸多割愛，至深歉仄，尚祈 原諒。

本刊啓事二

此次收到學生事業記載各稿，亦因印刷不及，留待編入二十五週年紀念册。特此聲明。

本刊啓事三

本刊因印刷不及，暫印散張，一俟紀念過後，即行改排成册，以便存閱。特此聲明。

二十五年週紀念册編輯處啓事

本處所編本校念五週年正式紀念册，定於紀念會後從速編定出版。特此預告。

紀念刊目錄

北大之精神

蔣夢麟

本校屢經風潮，至今猶能巍然獨存。決非偶然之事。這幾年來，我們全校一致的奮鬪，已不祇一次了。當在奮鬥的時候，危險萬狀，本校命運有朝不保夕之勢，到底每一次的奮鬪，本校終得勝利，這是什麼緣故呢？

第一本校具有大包度容的精神。俗語說：『宰相肚裏好撐船』這是說一個人能容，才可以做總握萬機的宰相。若是氣度狹窄，容不了各種的人，就不配當這樣的大位。凡歷史上雍容有度的名相，無論經過何種的大難，未有不能巍然獨存的。千百年後，反對者，譏議者的遺骨已經變成灰土；而名相的聲譽猶照耀千古，『時愈久而名愈彰』。個人如此，凡一個機關祇能容一派的人，或一種的思想的，到底必因環境變遷而死。即使苟延殘喘，窄而陋的學術機關，於社會決無甚貢獻。雖不死，猶和死了的一般。

本校自蔡先生長校以來，七八年間這個『容』字，已在本校的肥土之中，根深蒂固了。故本校內各派別均能互相容受。平時於講堂之內，會議席之上，作劇烈的辨駁和爭論，一到患難的時候，便共力合作。這是已屢經試驗的了。

但容量無止境，我們當繼續不斷的向『容』字一方面努力。『宰相肚裏好撐船，本校『肚裏』要好駛飛艇才好；

第二本校具有思想自由的精神。人類有一個弱點，就是對於思想自由發露他是一個小膽鬼。思想少須越出本身日常習慣範圍以外，一般人們恐慌起來，好像不會撐船的人，越了平時習慣的途徑一樣。但這個思想上的小膽鬼，被本校漸漸兒的壓服了。本校是不怕越出人類本身日常習慣範圍以外去運用思想的。雖然我們自己有時還覺得有許多束縛，而一般社會已送了我們一個洪水猛獸的徽號。

本校裏面，各種思想能自由發展，不受一種統一思想所壓迫，故各種思想雖平時互相歧異，到了有某種思想受外部壓迫時，就共同來禦外侮。引外力以排除異己，是本校所不爲的。故本校雖處惡劣政治環境之內，尚能安然無恙。

我們有了這兩種的特點，因此而產生兩種缺點。能容則擇寬而紀律弛。思想自由，則個性發達而羣治弛。故此本校當於相當範圍以內，整飭紀律，發展羣治，以補本校之不足。

祝我們的雙生日

天下事眞有很巧的。我生於辛卯年十一月十七日，恰當公歷一八九〇年十二月十七日，所我去國以年來總用陽歷記生日。北京大學的紀念日大概也是由陰歷推成陽歷的，恰恰也是十二月十七日。我們的生日既是年年同在一日的，所以我每逢着北京大學的紀念日，總覺得比別人格外高興。今年我這位同生日的小兄弟—北京大學—慶祝第二十五週年的紀念，我很想貢獻幾句祝詞。可惜我新從病魔手裡逃出來，日子又太急迫了，一時想不出什麼好祝詞，忽然人急智生，想起民國

图23 《北京大学廿五周年纪念刊》封面

政治生活

一、刊物简介

1924 年 4 月 27 日在北京创刊，周刊。刘仁静、赵世炎、范鸿劼曾先后担任主编。[①]1925 年秋，党成立了以李大钊为首的北方区委，该刊就成为北方区委的机关报，由委执行委员会编印。

二、刊物内容

该刊辟有“评论”“特载”“杂感”等栏目，撰稿人有蔡和森、罗亦农等。刊物以刊登时政评论为主，《发刊辞》中写道：“本刊的使命，便是要领导全国国民向：奋斗反抗的政治生活走！”创刊号发表了蔡和森的文章《外国帝国主义最近进攻之一览》，揭露北洋军阀政府勾结帝国主义，“一面严重吮吸华人血汗，一面企图绝灭华人的民族思想与反抗精神”的行径，以事实说明帝国主义和封建军阀是全国人民的共同敌人，全国人民应团结一致共讨之。在同一期，蔡和森还发表了《何以救济智识劳动者?》，指出“唯一的道路只有打倒压迫中国的外国帝国主义，收回海关及一切主权，使中国实业与文化能自由如量的发展。不然，中国智识劳动者，将有求拉洋车给洋人做马骑之日尚不可得呢！”同时，刊物刊发马列著作的译文、共产国际在华代表人物的文章，如《共产党宣言》原序、季诺维埃夫《上海事变之世界的意义》等，辟专号宣传马列主义，如在第六十五期发布“列宁纪念号”，刊登赵世炎《列宁主义之理论与实际》、朱希祖《列宁主义与马克思主义》等。

① 邓石 . 赵世炎主编的《政治生活》[J] . 新闻与传播研究，1988（2）：137—148.

三、馆藏信息

26520/J 1925 no.56

26520R/J 1924-1926 no.1，5，8，12，14，20-24，28-29，37-38，40，42，44，46-57，59-68，79，为影印本。

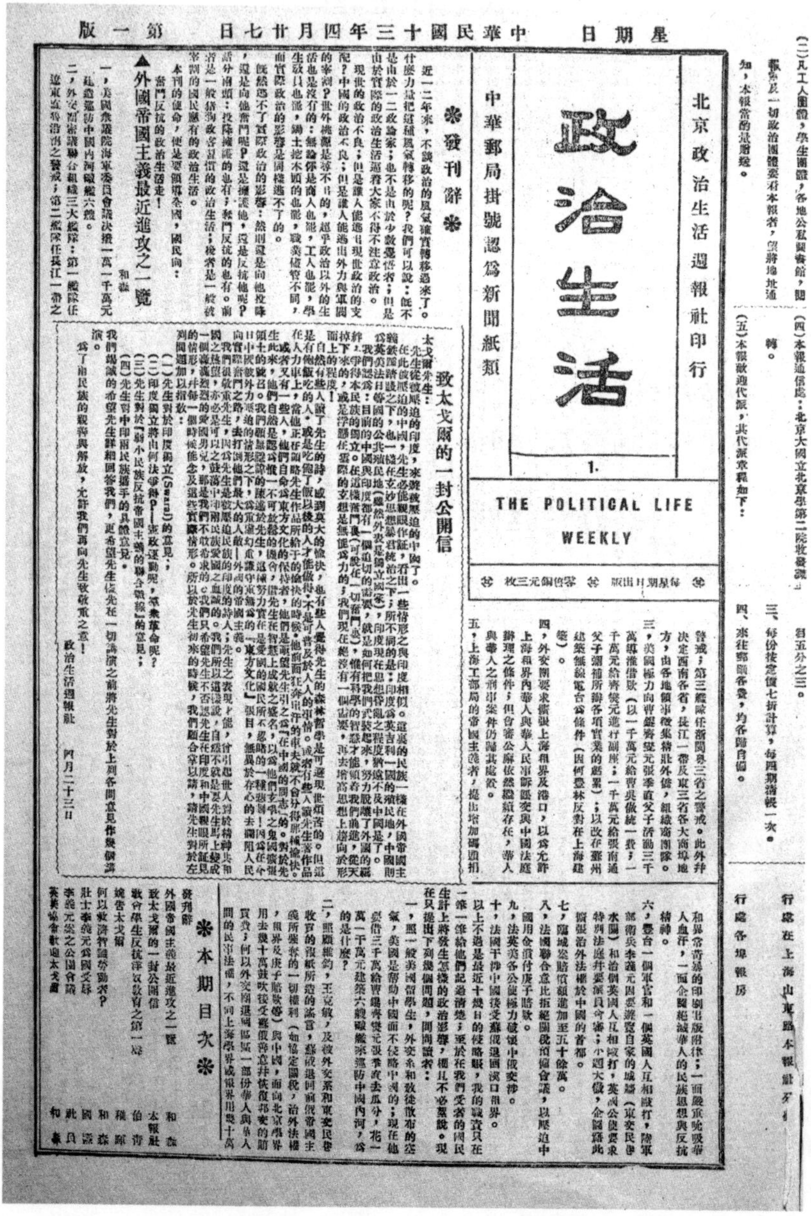

星期日　中華民國十三年四月廿七日　第一版

北京政治生活週報社印行

政治生活

1.

THE POLITICAL LIFE WEEKLY

每星期日出版　每份銅元三枚

中華郵局掛號認為新聞紙類

❀發刊辭❀

致太戈爾的一封公開信

外國帝國主義最近進攻之一覽

❀本期目次❀

圖 24.1 《政治生活》第一期封面

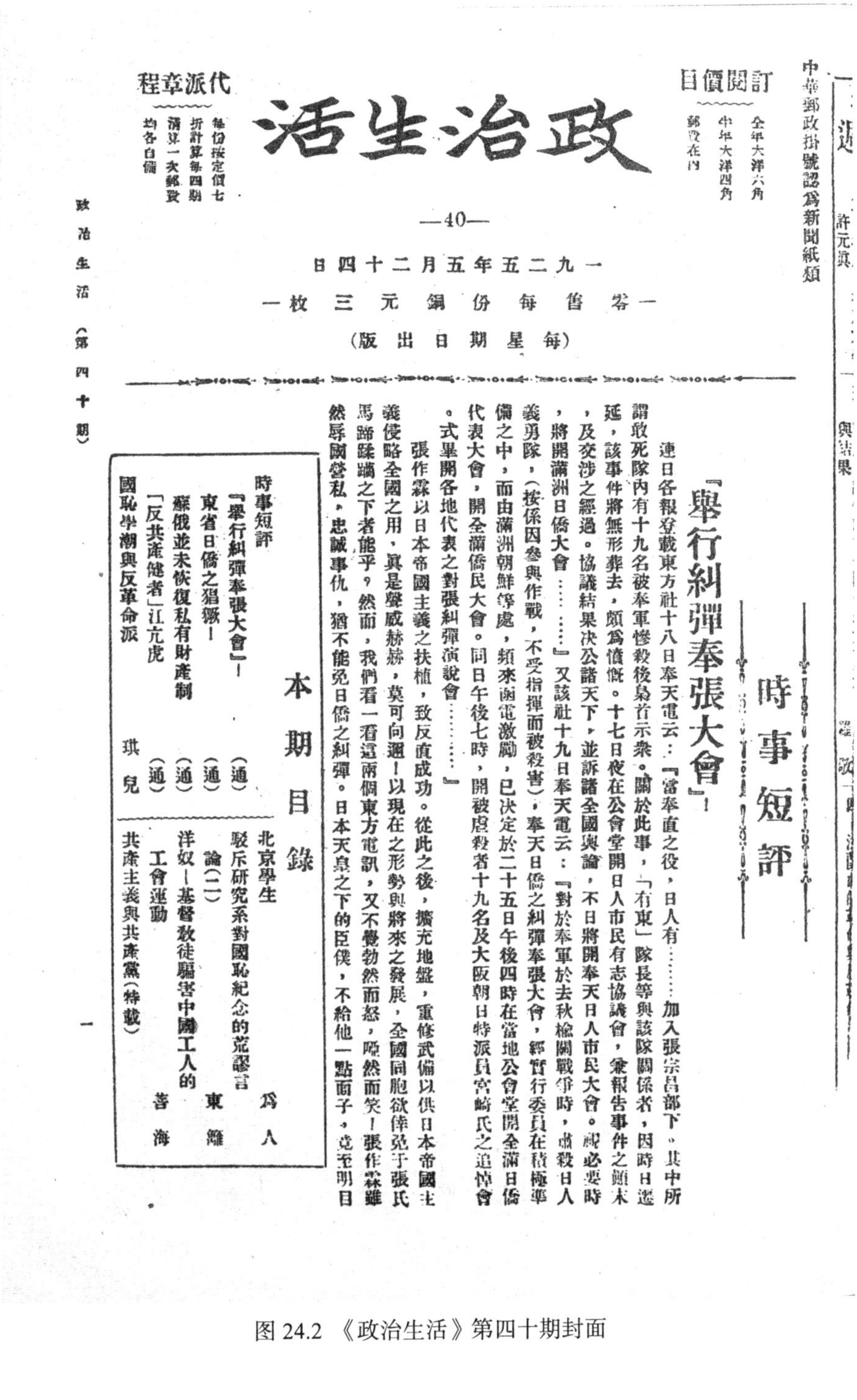

中華郵政掛號認爲新聞紙類

訂閱價目

全年大洋六角
中年大洋四角
郵費在內

政治生活

代派章程

每份按定價七折計算每四期清算一次郵費均各自備

—40—

一九二五年五月二十四日

零售每份銅元三枚

（每星期日出版）

政治生活（第四十期）

時事短評

『舉行糾彈奉張大會』！

連日各報登載東方社十八日奉天電云：『當奉直之役，日人有……加入張宗昌部下。其中所謂敢死隊內有十九名被奉軍慘殺後梟首示衆。關於此事，「有東」隊長等與該隊關係者，因時日遷延，該事件將無形葬去，頗爲憤慨。十七日夜在公會堂開日人市民有志協議會，彙報告事件之顛末，及交涉之經過。協議結果決公諸天下，並訴諸全國輿論，不日將開奉天日人市民大會。視必要時，將開滿洲日僑大會……』又該社十九日奉天電云：『對於奉軍於去秋榆關戰爭時，慘殺日人義勇隊，（按係因參與作戰，不受指揮而被殺害），奉天日僑之糾彈奉張大會，經實行委員在積極準備之中，而由滿洲朝鮮等處，頻來函電激勵，已決定於二十五日午後四時在當地公會堂開全滿日僑代表大會，開全滿僑民大會。同日午後七時，開被虐殺者十九名及大阪朝日特派員宮崎氏之追悼會。式畢開各地代表之對張糾彈演說會……』

張作霖以日本帝國主義之扶植，致反直成功。從此之後，擴充地盤，重修武備以供日本帝國主義侵略全國之用，眞是聲威赫赫，莫可向邇！以現在之形勢與將來之發展，全國同胞欲倖免于張氏馬蹄蹂躪之下者能乎？然而，我們看一看這兩個東方電訊，又不覺勃然而怒，啞然而笑！張作霖雖然辱國營私，忠誠事仇，猶不能免日僑之糾彈。日本天皇之下的臣僕，不給他一點面子，竟至明目

一

本期目錄

图 24.2 《政治生活》第四十期封面

中華郵政掛號認爲新聞紙類

訂閱價目
全年大洋六角
半年大洋四角
郵費在內

政治生活

—56—

一九二五年十一月一日

零售每份銅元三枚

（每星期三出版）

代派章程
每份按定價七折計算每四期清算一次郵費均各自備

吳佩孚及直系軍閥之崛起

中國勞動運動與民衆運動促進一步，軍閥的戰爭，在民衆面前又展開一幕，這是近五年來的中國政治與社會現象。這種現象迫得中國愈成爲革命的中國！

我們已經說過：近來由直系軍閥發難的戰爭，決然的是又一次全國的戰爭之開始。我們又說：這次戰爭與前幾次的戰爭性質不同，結果將以民衆力量的伸漲，爲戰爭勝利後之正的判斷。這兩種論理將是沒有錯誤的。雖然戰爭在最近一星期中，還沒有發展或爲全國的；但同時民衆運動的力量，也尚未奠定基礎，佈置完備。擺在目前的爲大多數民衆所感疑，且急求解決的問題，便是：

吳佩孚及直系軍閥爲甚麼公然崛起？

民衆對於這個問題感疑了。 吳佩孚的聲勢一天一天的浩大了。舊直系的一切勢力都恢復，連一般賄選議員也活動起來。 吳佩孚的宣傳機關，其報紙，其通信社，其舊僕從，在目前所做的政治與宣傳工作，比起應當運用時機，負有領導民衆責任之國民黨，從長江流域乃至北七省看來，要勝過十培。這自然是一個大問題，民衆爲甚麼不因此惑疑呢？

我們有解答這個問題的責任。

吳佩孚及直系軍閥之崛起，是軍閥內部一種不可免的現象，同時亦是吳佩孚及直系軍閥自身必經的階段。對於吳佩孚崛起負直接責任的，並不是章太炎蔣方震等幾個瘋子與政客，亦不是奉天的紅鬍子張作霖，更不是毫無用處的段祺瑞政府，而是吳佩孚及直系軍閥之自身。這話是怎樣說的？原來吳佩孚及直系軍閥並不能無形消滅；在這次反奉戰爭中，吳及直系勢力雖然佔一部份的重要作

本期目錄

政治生活（第五十六期） 一

图 24.3 《政治生活》第五十六期封面

62

一九二五年十二月三十日

目錄

图 24.4 《政治生活》第六十二期封面

造形美术

一、刊物简介

1923年4月，北京大学造形美术研究会成立，蔡元培兼任会长。1924年6月23日《造形美术》创刊，美术刊物，国立北京大学造形美术杂志社编辑，造形美术研究会发行，胡佩衡、郭志云、乌以峰等人任编辑，该刊仅出一期。

二、刊物内容

造形美术研究会以提高国民的美术意识和鉴赏力为宗旨，在本社启事中提及刊印《造形美术》目的有二："（一）发表本社同人的主张，（二）提起国人研究美术的兴趣。……取绝对的开放主义，为美术界公共发表言论之机关。外人来稿，均极欢迎。"该刊以发表美术理论研究为主，设有中国画、西洋画、篆刻等部，栏目有：插图、论著、译述、评坛、讲演录。登有陈衡恪、齐白石、贺履之、林纾、胡佩衡、沈尹默、陈启民等人的书画作品、艺术论著，并刊登译述、演讲及该会简章和会员表，如姚华《中国图谱源流考》，胡佩衡《中国山水画的点苔法》，乌以锋《美术杂话》和陈衡恪《篆刻小识》等。该刊保留了很多民国大师的珍贵书画作品，展现了当时北京大学美术的发展变迁。

三、馆藏信息

44120/J 1924 no.1

第一期封面钤有"燕京大学图书馆藏"章。

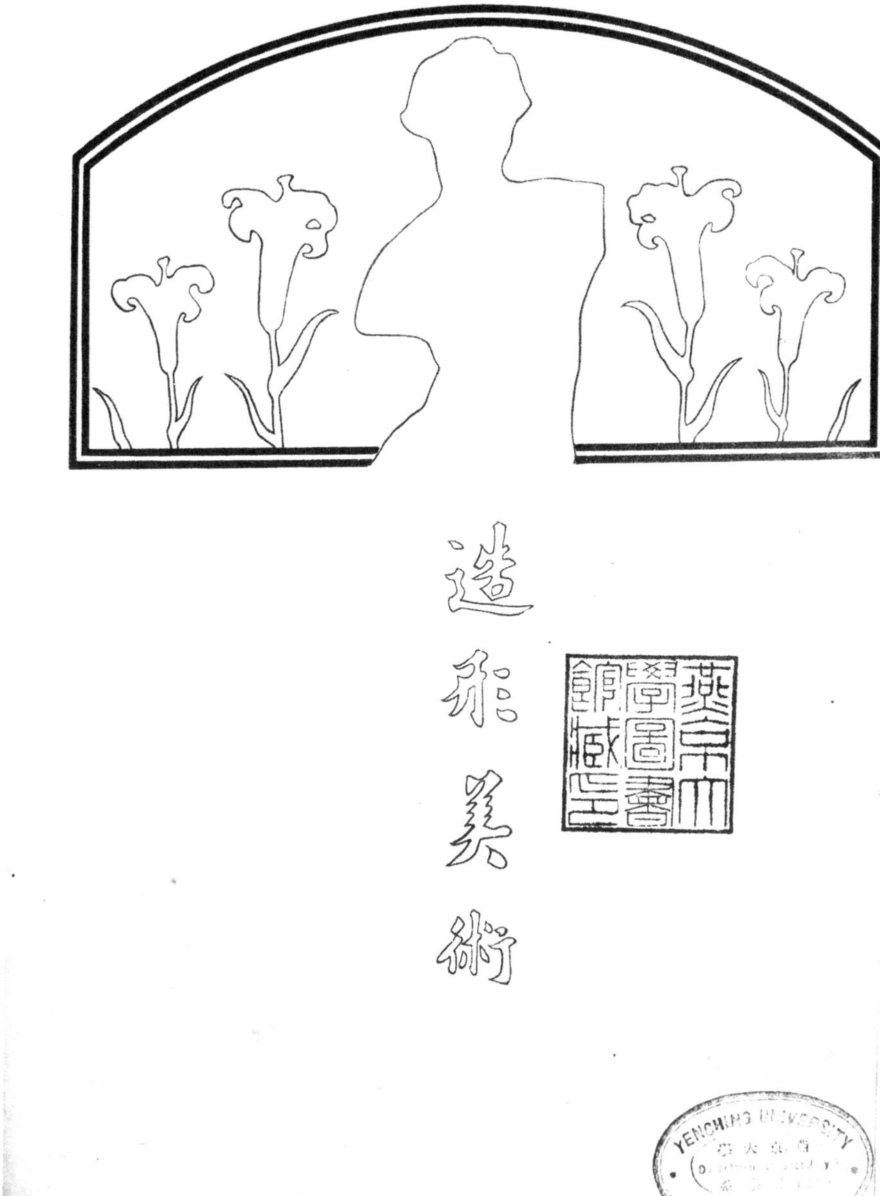

图 25.1 《造形美术》封面

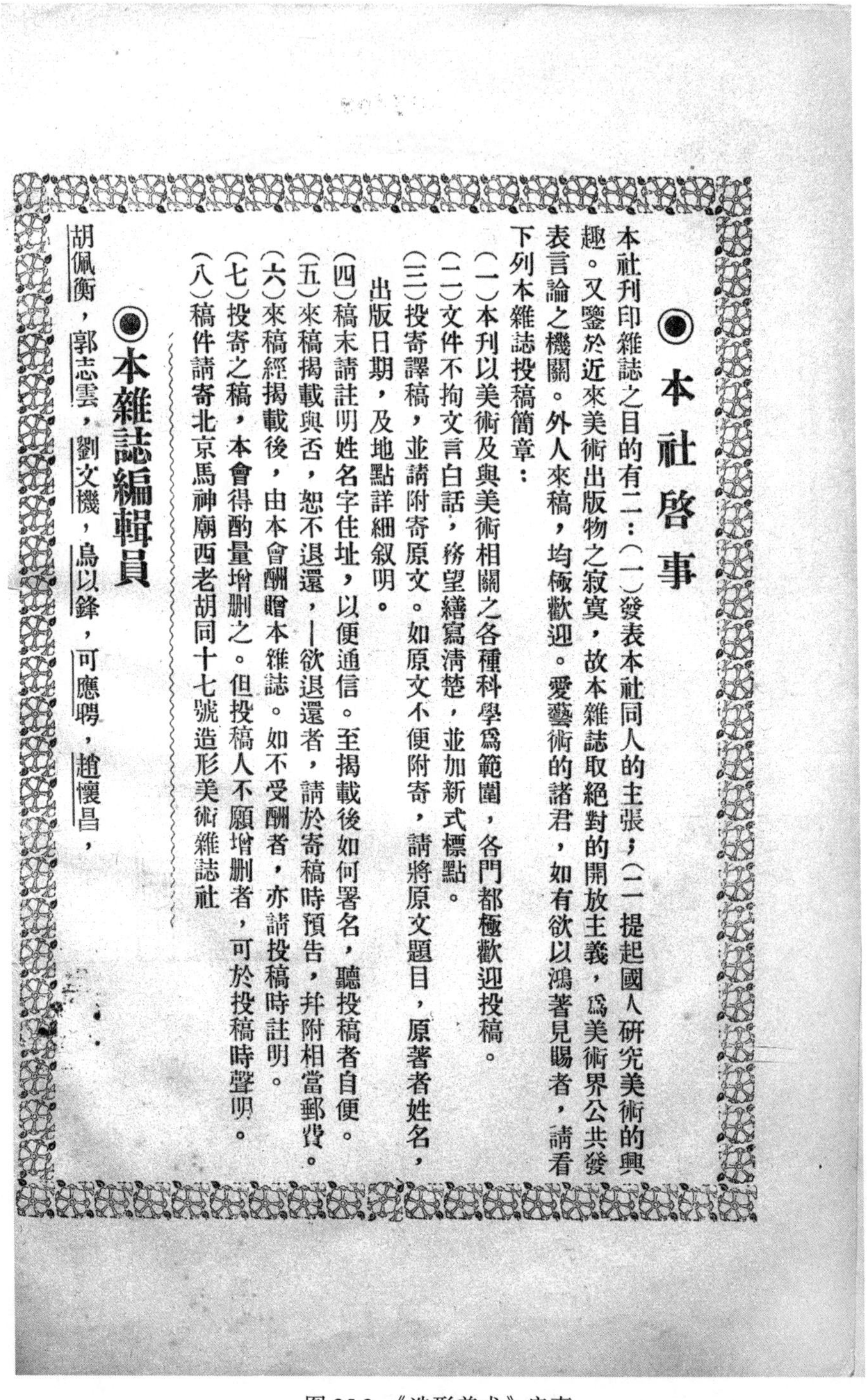

◉本社啓事

本社刊印雜誌之目的有二：(一)發表本社同人的主張；(二)提起國人研究美術的興趣。又鑒於近來美術出版物之寂寞，故本雜誌取絕對的開放主義，爲美術界公共發表言論之機關。外人來稿，均極歡迎。愛藝術的諸君，如有欲以鴻著見賜者，請看下列本雜誌投稿簡章：

(一)本刊以美術及與美術相關之各種科學爲範圍，各門都極歡迎投稿。

(二)文件不拘文言白話，務望繕寫清楚，並加新式標點。

(三)投寄譯稿，並請附寄原文。如原文不便附寄，請將原文題目，原著者姓名，出版日期，及地點詳細叙明。

(四)稿末請註明姓名字住址，以便通信。至揭載後如何署名，聽投稿者自便。

(五)來稿揭載與否，恕不退還，—欲退還者，請於寄稿時預告，并附相當郵費。

(六)來稿經揭載後，由本會酬贈本雜誌。如不受酬者，亦請投稿時註明。

(七)投寄之稿，本會得酌量增删之。但投稿人不願增删者，可於投稿時聲明。

(八)稿件請寄北京馬神廟西老胡同十七號造形美術雜誌社

◉本雜誌編輯員

胡佩衡，郭志雲，劉文機，烏以鋒，可應聘，趙懷昌，

图 25.2 《造形美术》启事

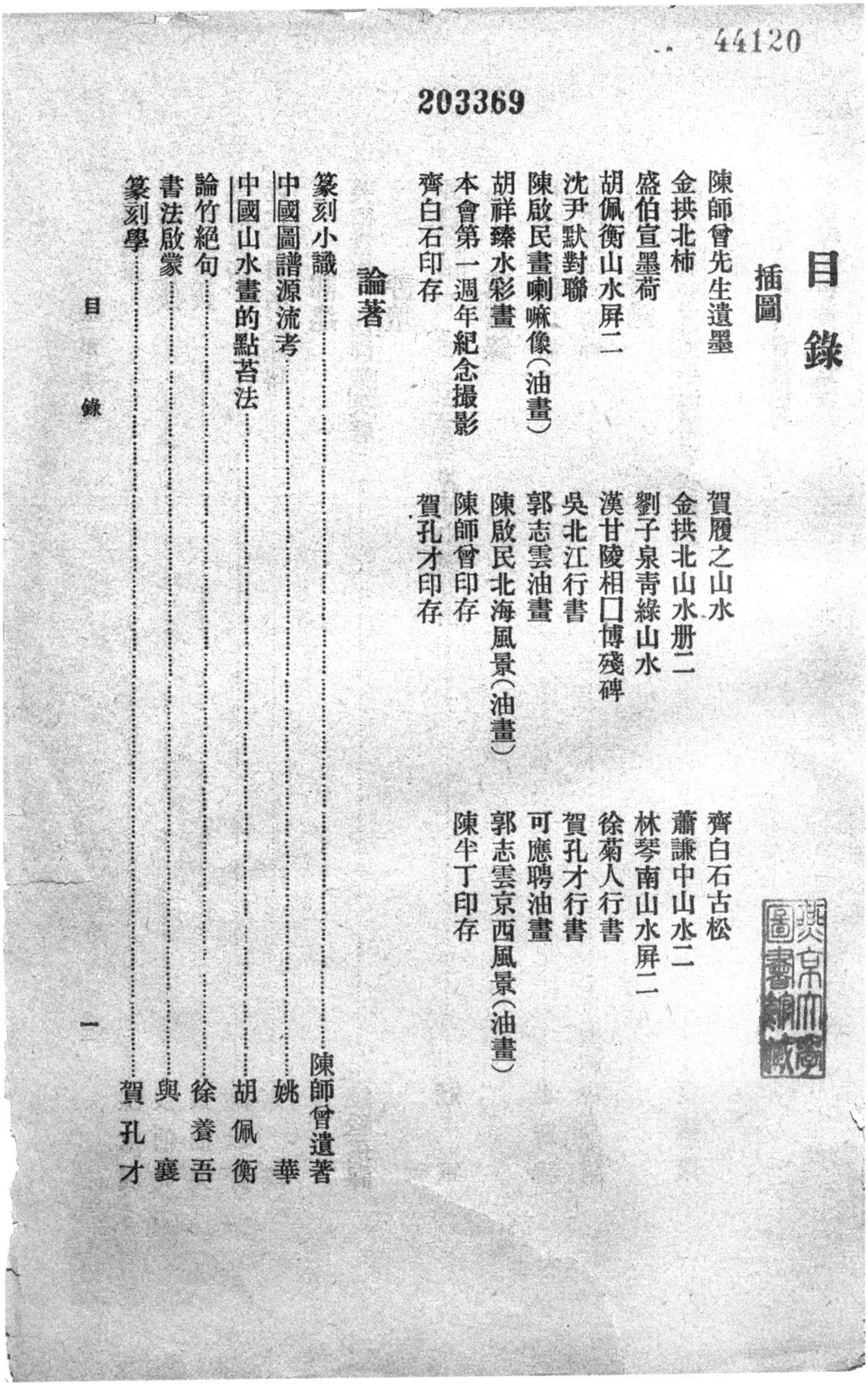
44120
203369
燕京大學圖書館藏

目錄

插圖

論著

图 25.3 《造形美术》目录（1）

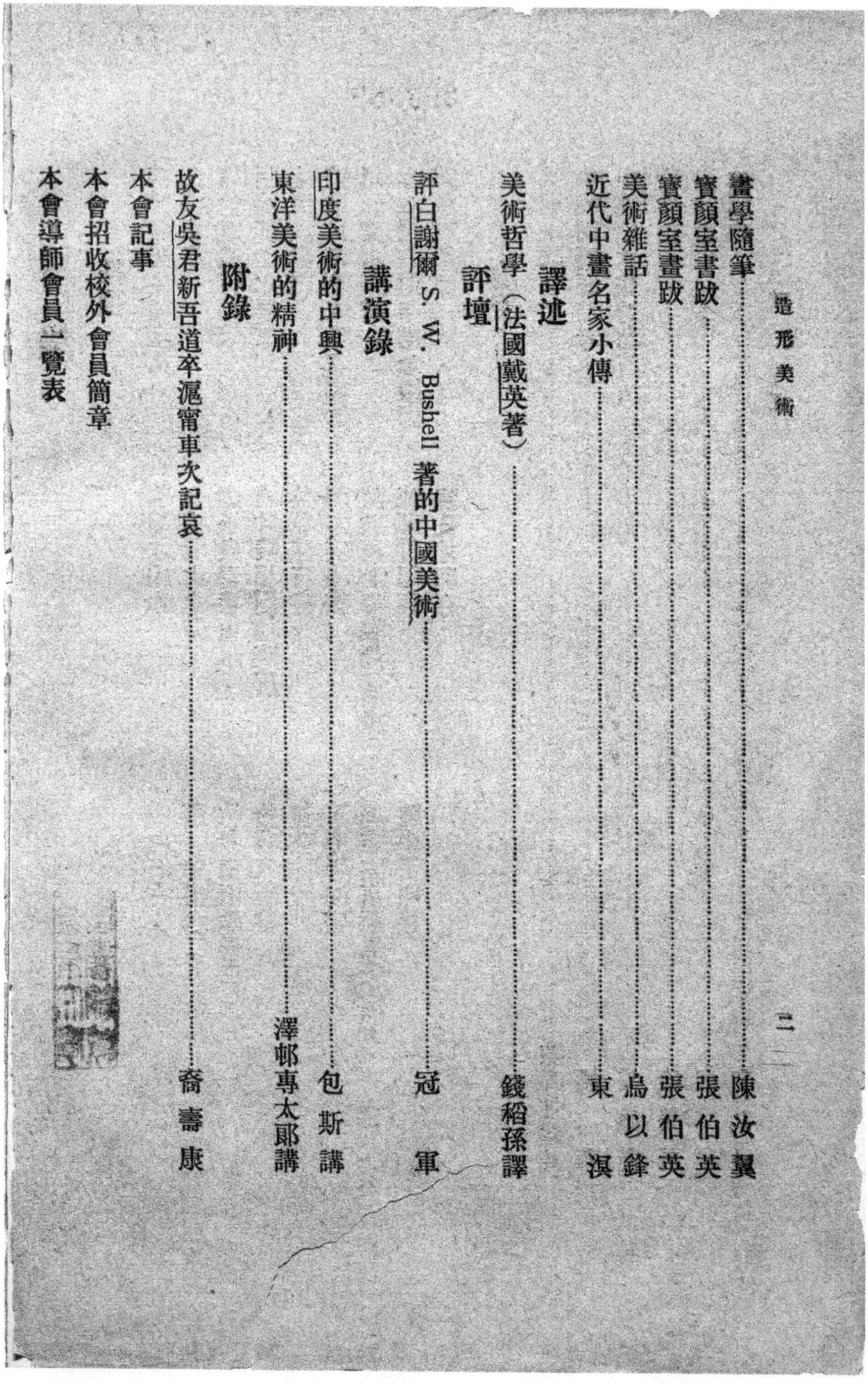

譯述

評壇

講演錄

附錄

图 25.4 《造形美术》目录（2）

语丝

一、刊物简介

1924 年 11 月 17 日创刊于北京，周刊。北京大学新潮社（后期为语丝社）主办。该刊由鲁迅等人发起，先后由孙伏园、周作人任主编，后从北京迁往上海，鲁迅、柔石、李小峰陆续担任主编，至 1930 年 3 月 10 日出版第五卷第五十二期后停刊，京沪两地总计出版二百六十期。

二、刊物内容

该刊主要刊载内容以散文、杂文为主，也刊登小说、诗歌以及学术论文，主要撰稿人有周作人、鲁迅、林语堂、钱玄同等。《语丝》提倡“自由思想，独立判断，和美的生活”，其《发刊辞》曰：“周刊上的文字大抵以简短的感想和批评为主，但也兼采文艺创作以及关于文学美术和一般思想的介绍与研究，在得到学者的援助时也要发表学术上的重要论文。”[①] 尽管《语丝》同人在艺术主张和思想上不完全相同，但他们对于“一切专断与卑劣之反抗则没有差异”，“任意而谈，无所顾忌”，在创作实践中形成了“语丝体”。《语丝》刊载了大量“文明批评”“社会批评”的文章，在文学和思想领域都产生了较大的影响，是二三十年代重要的文艺刊物。

---

①《语丝》编辑部 . 发刊辞［J］. 语丝，1924（1）.

三、馆藏信息

53670/J 1924-1927 no.1-156；1927-1929 v.4，no.1-52；1929-1930 v.5，no.1-52

第二十一、八十一、九十、九十一等期封面钤有“国立北京大学文学院图书室藏书章”，第五卷第四十五、四十六期封面钤有“国立北京大学图书部图书”“典书课第三院阅览室”章，第一百期、第四卷第二十期封三钤有“刘长珍”章。

（第一期） 一九二四年十一月十七日 （第一版）

語絲

第一號

每星期一出版

地址 北大一院新潮社

報費 每份本京銅元四枚外埠連郵費二分半年五角全年一元

廣告費 每方寸每期五角十期以上七折二十期以上對折

發刊辭

我們幾個人發起這個週刊，並沒有什麼野心和奢望。我們只覺得現在中國的生活太是枯燥，思想界太是沉悶，感到一種不愉快，想說幾句話，所以創刊這張小報，作自由發表的地方。我們並不期望這于中國的生活或思想上會有什麼影響，不過姑且發表自己所要說的話，聊以消遣罷了。

我們並沒有什麼主義要宣傳，對于政治經濟問題也沒有什麼興趣，我們所想做的只是想衝破一點中國的生活和思想界的昏濁停滯的空氣。我們個人的思想儘自不同，但對于一切專斷與卑劣之反抗則沒有差異。我們這個週刊的主張是提倡自由思想，獨立判斷，和美的生活。我們的力量弱小，或者不能有什麼著實的表現，但我們總是向著這一方面努力。

這個週刊由我們幾個人担任撰稿，我們所想說的話大抵在這里發表，但國內同志的助力也極歡迎。和我們辯駁的文字，倘若關於學理方面的，我們也願揭載，至于主張上相反的議論則只好請其在別處發表，我們不能代為傳布，雖然極願加以研究和討論。

週刊上的文字大抵以簡短的感想和批評為主，但也兼採文藝創作以及關于文學美術和一般思想的介紹與研究，在得到學者的援助時也要發表學術上的重要論文。

我們唯一的奢望是，同志逐漸加多，文字和經濟的供給逐漸穩固，使週刊成為三日刊，二日刊以至日刊：此外並無什麼弘願。或者力量不給，由週刊而退為兩週刊或四週刊，以至于不刊，也說不定：這也是我們的預料之一。兩者之中到底是那樣呢，此刻有誰能夠知道。現在也大可不必管牠，我們還是來發刊這第一號罷。

生活之藝術

開明

契訶夫書簡集中有一節道，『那時他在愛琿附近旅行，一個中國人到酒店裡喝燒酒，他在未飲之前舉杯向著我和酒店主人及夥計們，說道「請」。這是中國的禮節。他並不像我們那樣的一飲而盡，卻是一口一口的啜，每啜一口，吃一點東西；隨後給我幾個中國銅錢，表示感謝之意。這是一種怪有禮的民族。……』

一口一口的啜，這的確是中國僅存的飲酒的藝術：乾杯者不能知酒味，泥醉者不能知微醺之味。中國人對于飲食還知道一點享用之術，但是一般的生活之藝術却早已失傳了。中國生活的方式現在只是兩個極端，非禁欲即是縱欲，非連酒字都不准說即是浸身在酒槽裡，二者互相反動，各益增長，而其結果則是同樣

本期目錄

图 26.1 《语丝》第一号封面

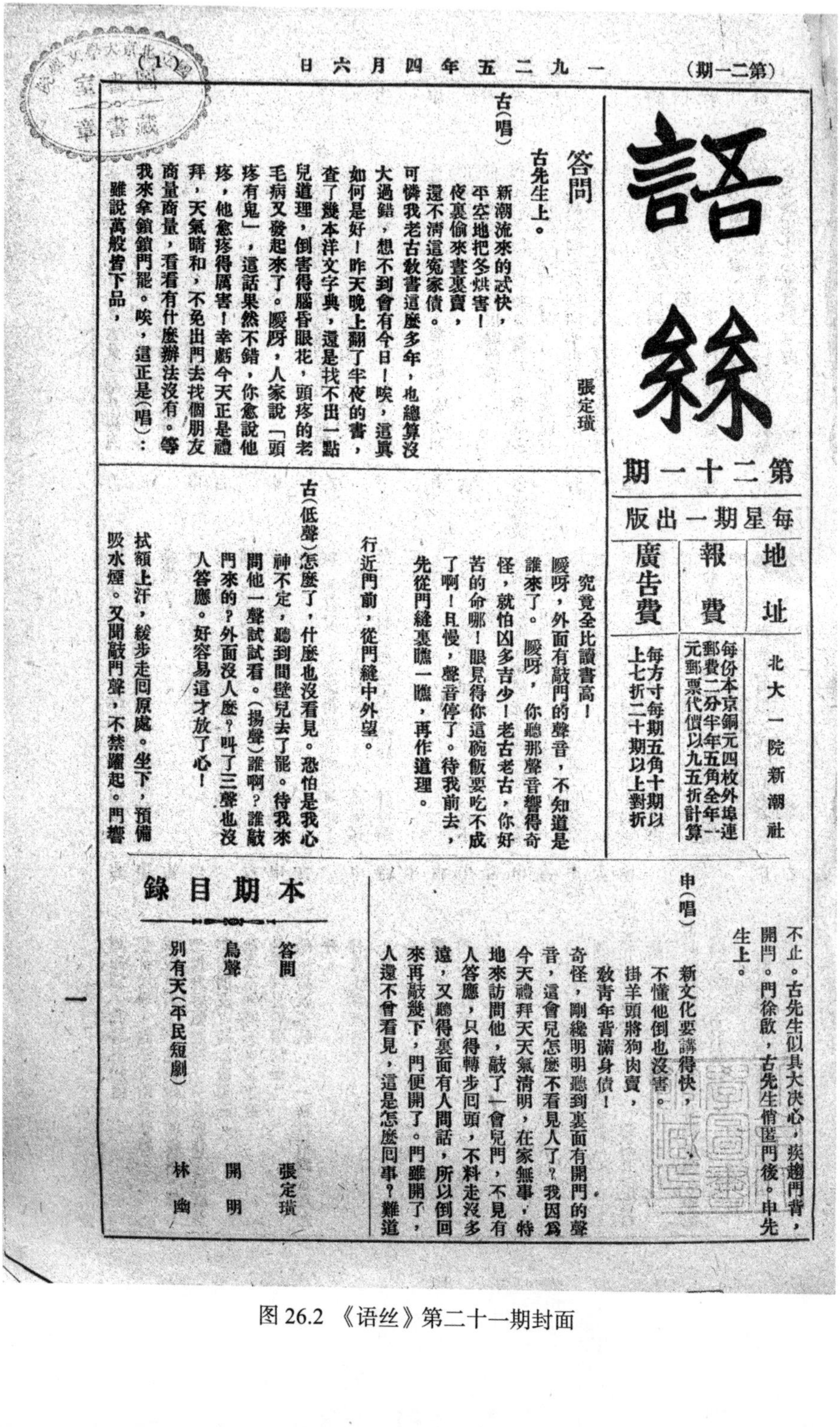
(第二一期)　一九二五年四月六日　(1)

語絲

第二十一期

每星期一出版

地址	報費	廣告費
北大一院新潮社	每份本京銅元四枚外埠連郵費二分半年五角全年一元郵票代價以九五折計算	每方寸每期五角十期以上七折二十期以上對折

答問

張定璜

古先生上。

古(唱)　新潮流來的忒快，
平空地把冬烘害！
夜裏偷來晝裏賣，
還不淸這冤家債。
可憐我老古敎書這麼多年，也總算沒大過錯，想不到會有今日！唉，這眞如何是好！昨天晚上翻了半夜的書，查了幾本洋文字典，還是找不出一點兒道理，倒害得腦昏眼花，頭疼的老毛病又發起來了。嗳呀，人家說「頭疼有鬼」，這話果然不錯，你愈說他疼，他愈疼得厲害！幸虧今天正是禮拜，天氣晴和，不免出門去找個朋友商量商量，看看有什麼辦法沒有。等我來拿鎖鎖門罷。唉，這正是(唱)：
雖說萬般皆下品，
究竟全比讀書高！
嗳呀，外面有敲門的聲音，不知道是誰來了。嗳呀，你聽那聲音響得奇怪，就怕凶多吉少！老古老古，你好苦的命哪！眼見得你這碗飯要吃不成了啊！且慢，聲音停了。待我前去，先從門縫裏瞧一瞧，再作道理。
行近門前，從門縫中外望。
古(低聲)怎麼了，什麼也沒看見。恐怕是我心神不定，聽到間壁兒去了罷。待我來問他一聲試試看。(揚聲)誰啊？誰敲門來的？外面沒人麼？叫了三聲也沒人答應。好容易這才放了心！
拭額上汗，緩步走回原處。坐下，預備吸水煙。又聞敲門聲，不禁躍起。門響不止。古先生似具大決心，疾趨門背，開門。門徐啟，古先生悄匿門後。申先生上。
申(唱)　新文化要講得快，
不懂他倒也沒害。
掛羊頭將狗肉賣，
教青年背滿身債！
奇怪，剛纔明明聽到裏面有開門的聲音，這會兒怎麼不看見人了？我因爲今天禮拜天天氣清明，在家無事，特地來訪問他，敲了一會兒門，不見有人答應，只得轉步回頭，不料走沒多遠，又聽得裏面有人問話，所以倒回來再敲幾下，門便開了。門雖開了，人還不會看見，這是怎麼回事？難道

本期目錄

一

图 26.2 《语丝》第二十一期封面

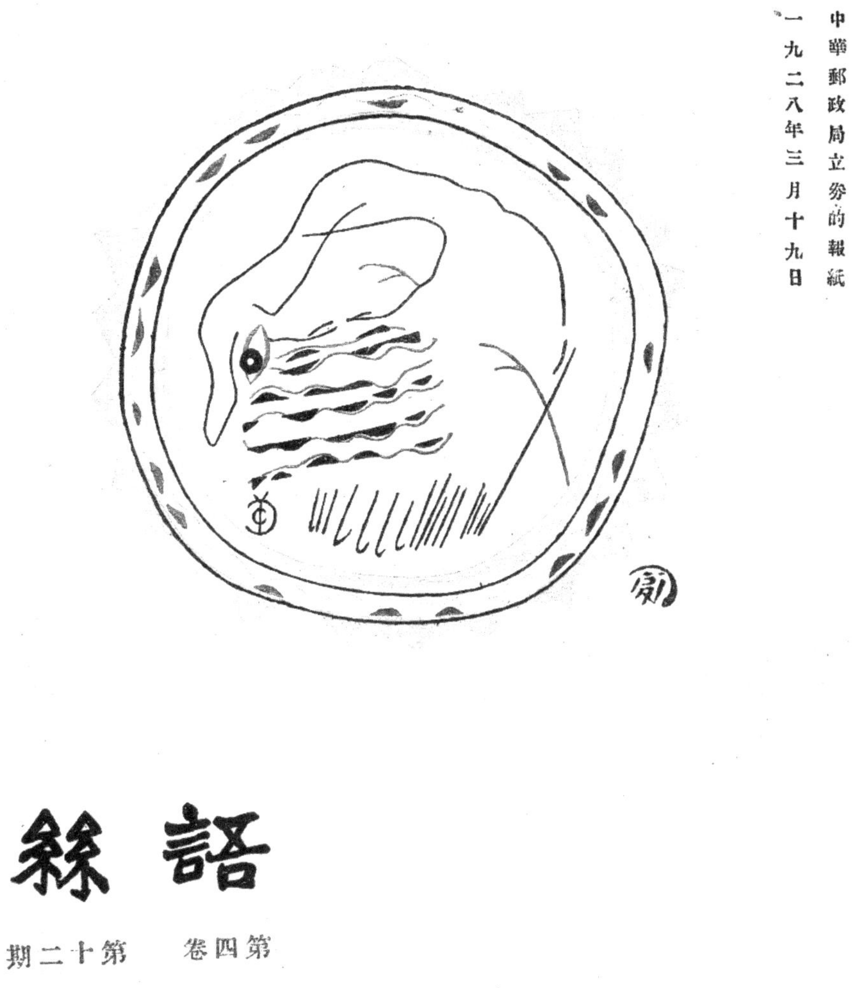

图 26.3 《语丝》第四卷第十二期封面

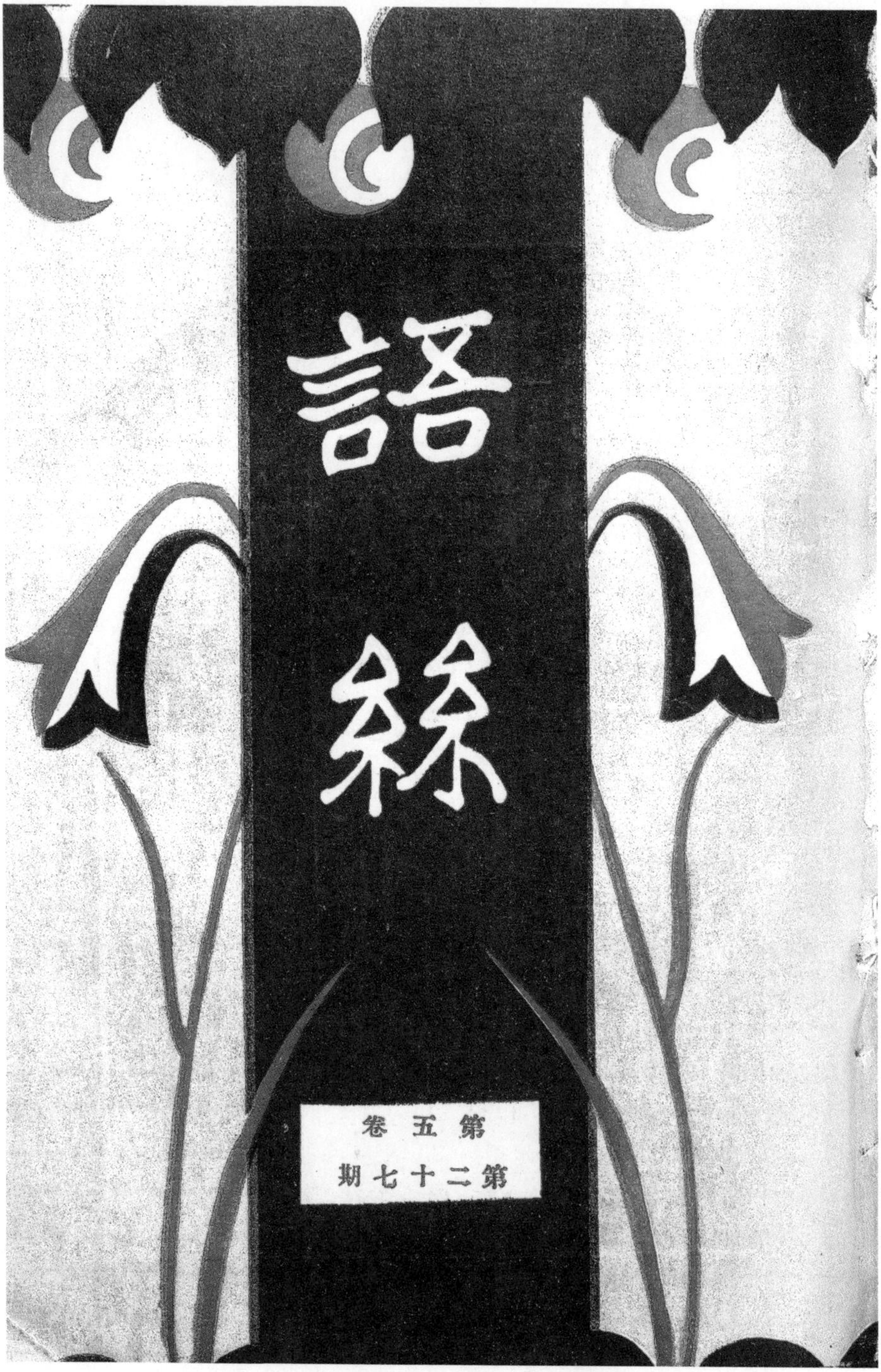

图 26.4 《语丝》第五卷第二十七期封面

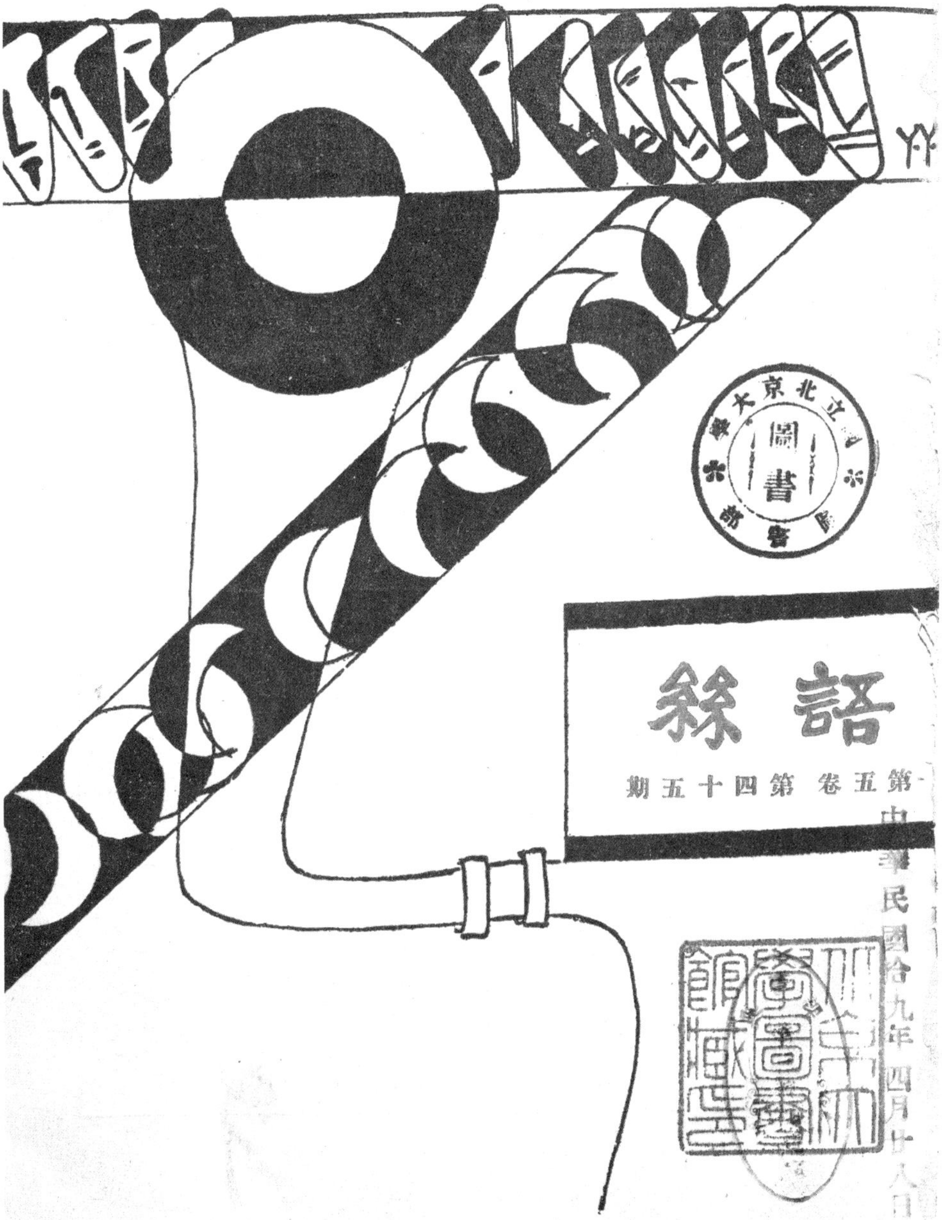

图 26.5 《语丝》第五卷第四十五期封面

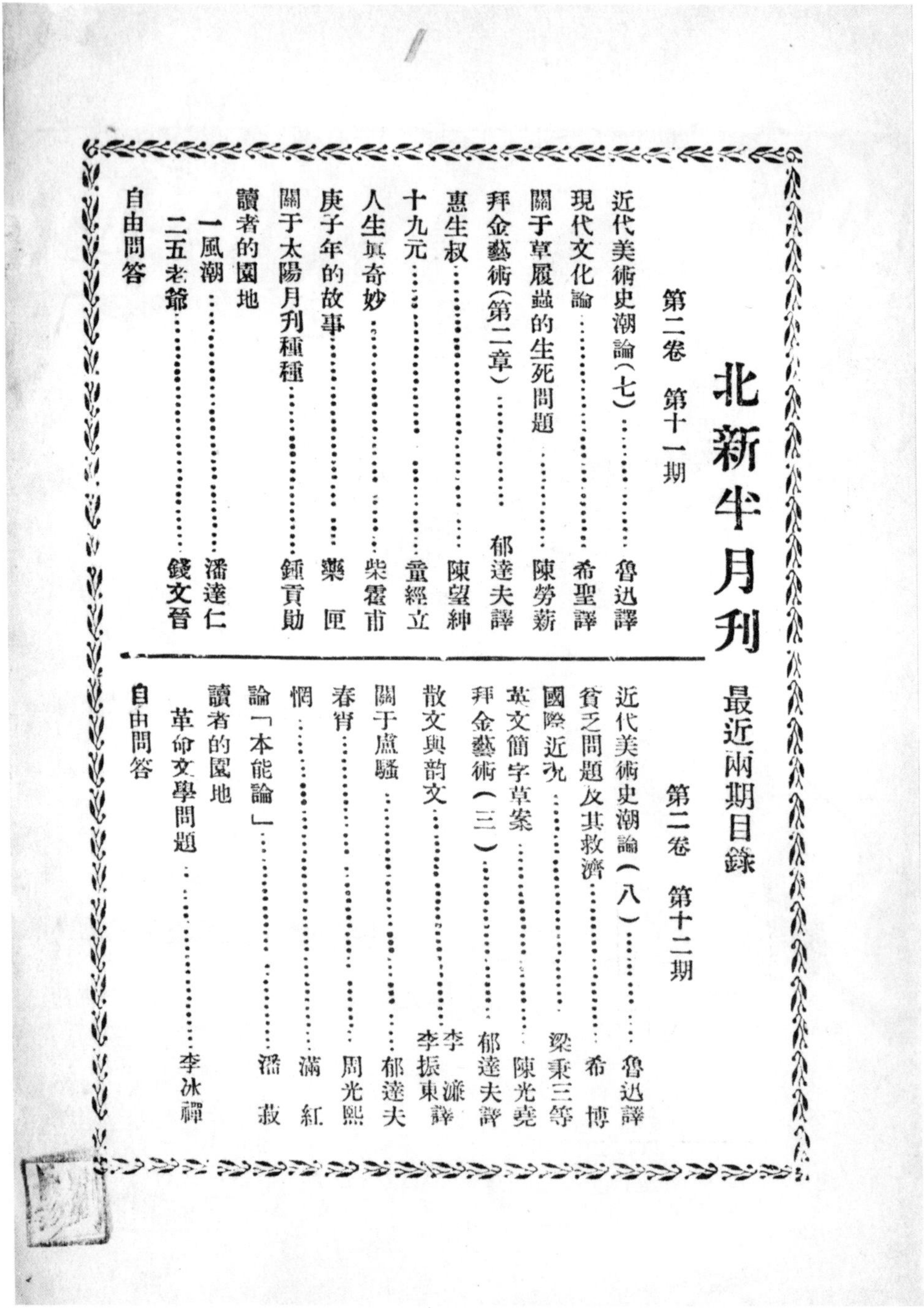

北新半月刊

最近兩期目錄

第二卷 第十一期

第二卷 第十二期

图 26.6 《语丝》内页“刘长珍”印

现代评论

一、刊物简介

1924 年 12 月 13 日在北京创刊，周刊。现代评论社编辑并出版，北大教授主办，1927 年 7 月起迁往上海，1928 年 12 月停刊。

二、刊物内容

《本刊启事》:“本刊内容，包函关于政治，经济，法律，文艺，科学各种文字。本刊的精神是独立的，不主附和；本刊的态度是研究的，不尚攻讦；本刊的言论趋重实际问题，不尚空谈。”[①] 该刊宣称“投稿的人不论社内或社外，有名或无名，文坛的老将或新进的作家，甲派或乙派，都受同样的看待”，[②] 刊载评论、诗歌、小说、剧本、通信等内容，主要撰稿人有胡适、陈源、徐志摩、周鲠生、王世杰、高一涵等多位具有欧美留学背景的北大学者。该刊设立的“时事短评”专栏等，对国际局势和中国情况有较广泛的评论。

三、馆藏信息

38975/J 1924-1925 v.1，no.1-26；1925 v.2，no.27-52；1925-1926 v.3，no.53-78；1926 v.4，no.79-104；1926-1927 v.5，no.105-130；1927 v.6，no.131-156；1927-1928 v.7，no.157-182；1928 v.8，no.183-209；1926-1928 Suppl.no.1-3

---

① 《现代评论》编辑部 . 本刊启事［J］. 现代评论，1924，1（1）.

② 陈西滢 . 闲话［J］. 现代评论，1925，3（53）.

第一、二周年纪念增刊封面钤有“前北大学生存物纪念品　民国三十年清理”章，第一周年纪念增刊封底钤有“北京立券报纸”章，第六卷第一百四十三期钤有“诚质怡印”，此人曾为燕京大学宗教学院教师。

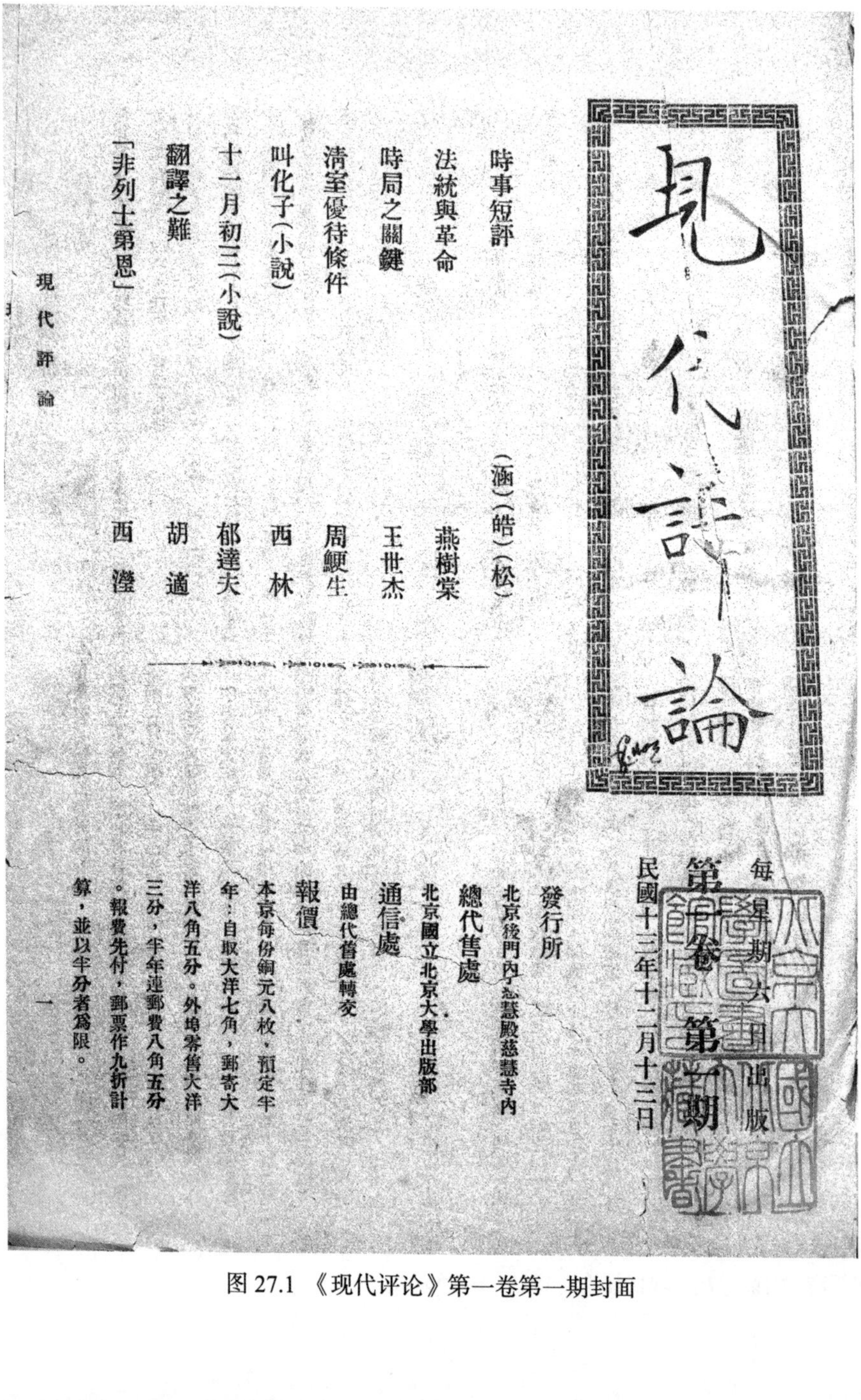

現代評論

每星期六日出版

第一卷第一期

民國十三年十二月十三日

時事短評　（涵）（皓）（松）

法統與革命　燕樹棠

時局之關鍵　王世杰

清室優待條件　周鯁生

叫化子（小說）　西林

十一月初三（小說）　郁達夫

翻譯之難　胡適

「非列士第恩」　西瀅

發行所　北京後門內慈慧殿慈慧寺內

總代售處　北京國立北京大學出版部

通信處　由總代售處轉交

報價　本京每份銅元八枚，預定半年：自取大洋七角，郵寄大洋八角五分。外埠零售大洋三分，半年連郵費八角五分。報費先付，郵票作九折計算，並以半分者爲限。

現代評論　一

图 27.1 《现代评论》第一卷第一期封面

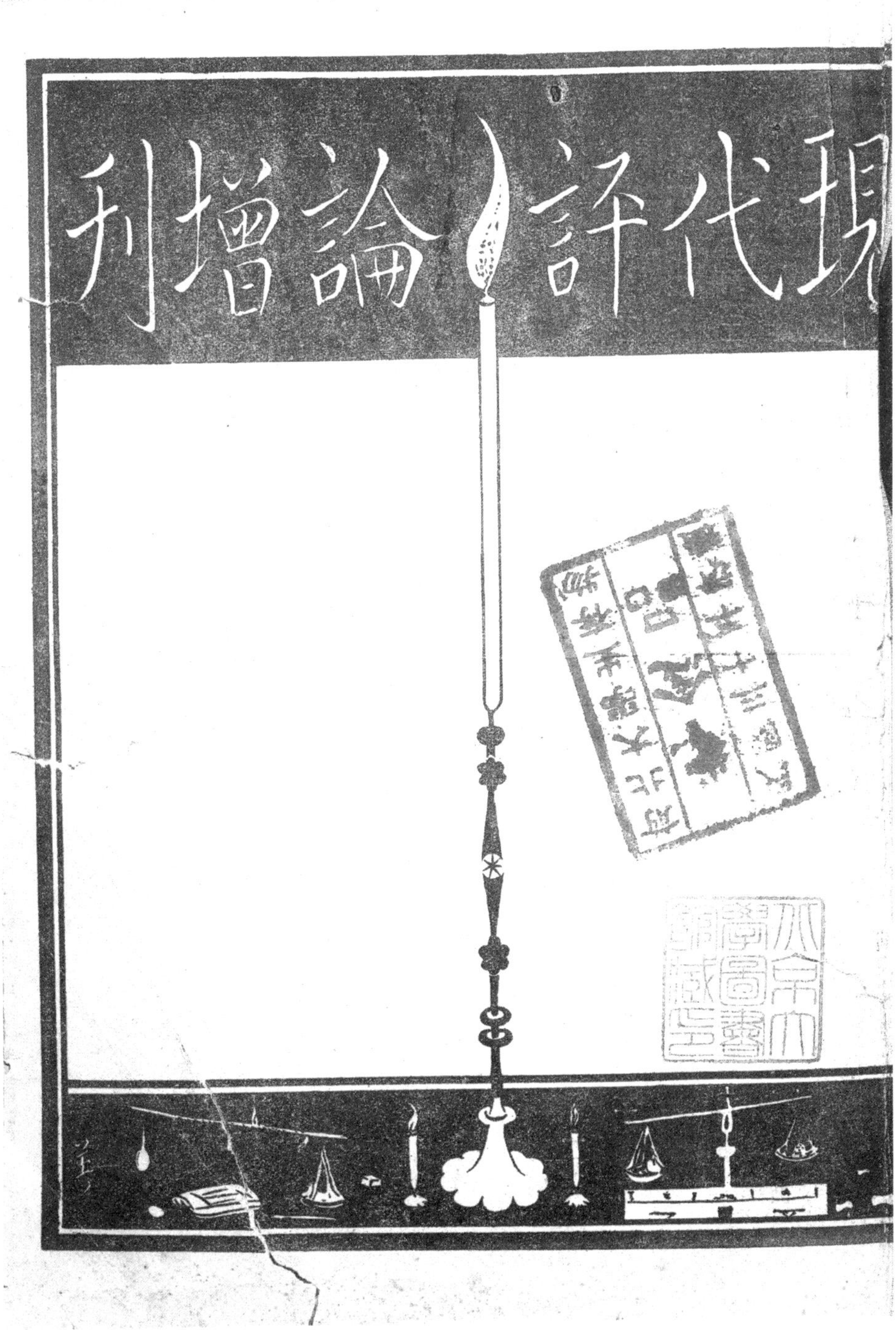

图 27.2 《现代评论》增刊封面

图 27.3 《现代评论》二周年增刊封面

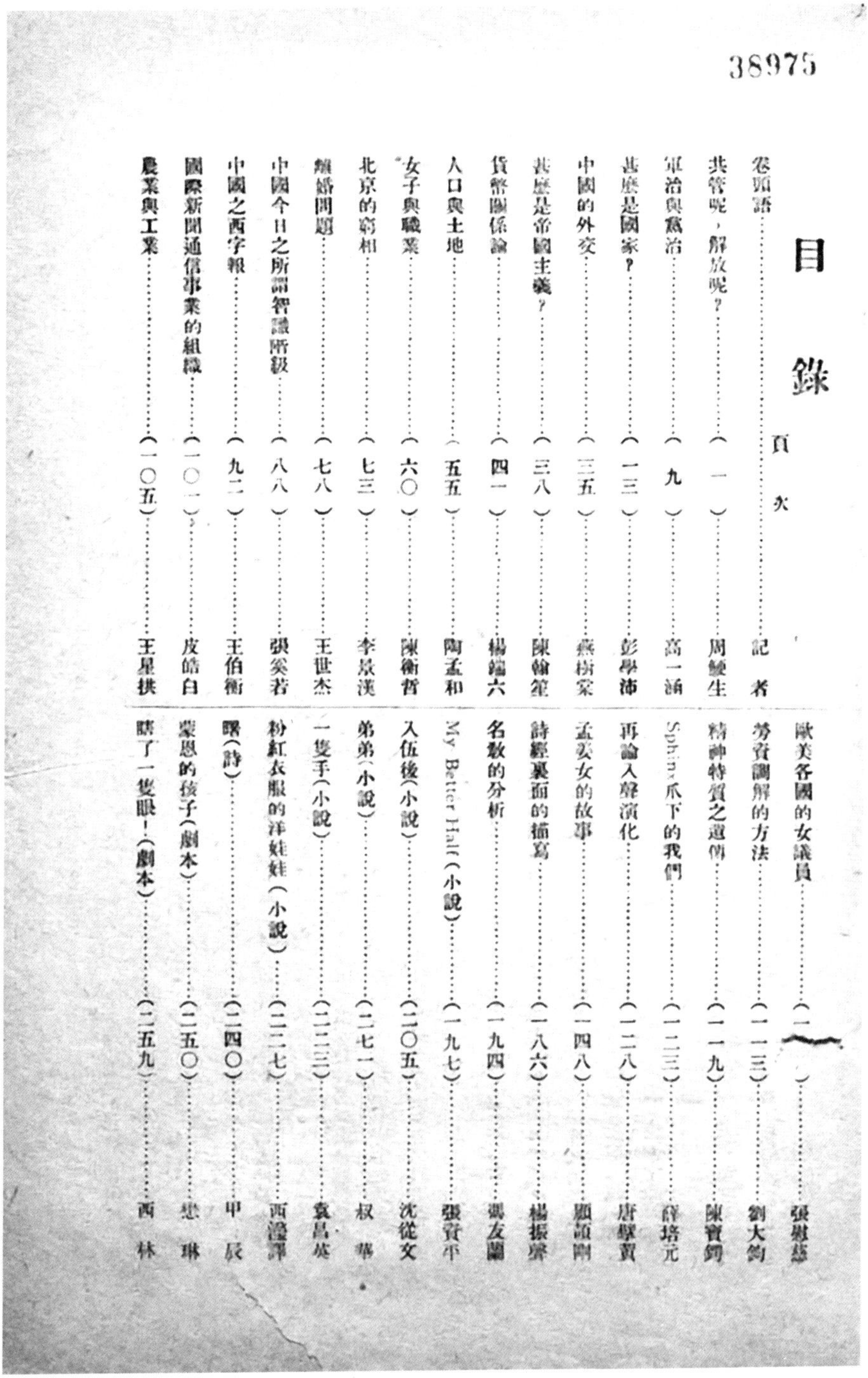

38975

目錄

图 27.4 《现代评论》二周年增刊目录

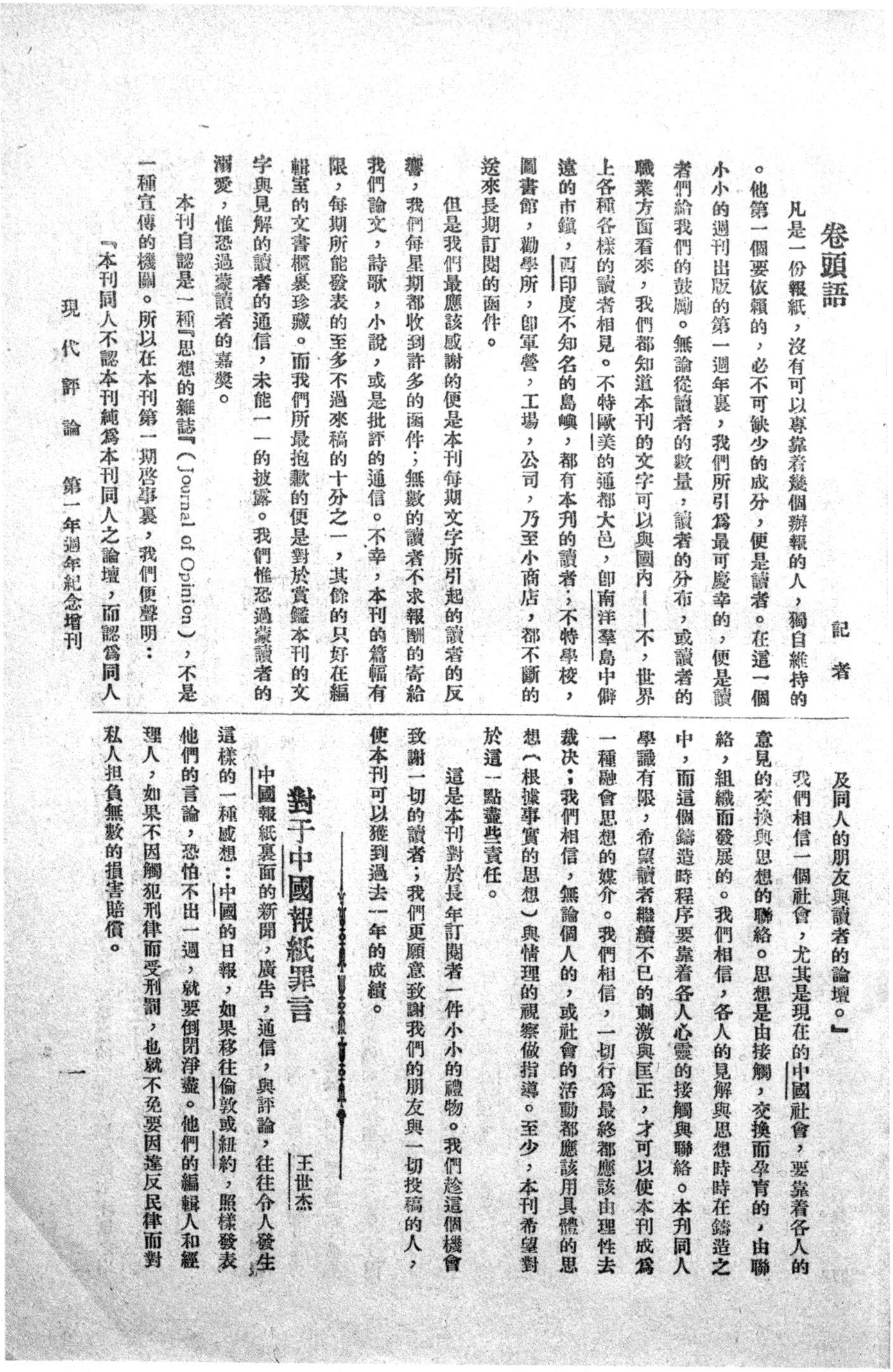

卷頭語

記者

凡是一份報紙，沒有可以專靠着幾個辦報的人，獨自維持的。他第一個要依賴的，必不可缺少的成分，便是讀者。在這一個小小的週刊出版的第一週年裏，我們所引爲最可慶幸的，便是讀者們給我們的鼓勵。無論從讀者的數量，讀者的分布，或讀者的職業方面看來，我們都知道本刊的文字可以與國內——不，世界上各種各樣的讀者相見。不特歐美的通都大邑，即南洋羣島中僻遠的市鎮，西印度不知名的島嶼，都有本刊的讀者；不特學校，圖書館，勸學所，即軍營，工場，公司，乃至小商店，都不斷的送來長期訂閱的函件。

但是我們最應該感謝的便是本刊每期文字所引起的讀者的反響，我們每星期都收到許多的函件；無數的讀者不求報酬的寄給我們論文，詩歌，小說，或是批評的通信。不幸，本刊的篇幅有限，每期所能發表的至多不過來稿的十分之一，其餘的只好在編輯室的文書櫃裏珍藏。而我們所最抱歉的便是對於賞鑑本刊的文字與見解的讀者的通信，未能一一的披露。我們惟恐過蒙讀者的溺愛，惟恐過蒙讀者的嘉獎。

本刊自認是一種『思想的雜誌』（Journal of Opinion），不是一種宣傳的機關。所以在本刊第一期啓事裏，我們便聲明：

『本刊同人不認本刊純爲本刊同人之論壇，而認爲同人及同人的朋友與讀者的論壇。』

我們相信一個社會，尤其是現在的中國社會，要靠着各人的意見的交換與思想的聯絡。思想是由接觸，交換而孕育的，由聯絡，組織而發展的。我們相信，各人的見解與思想時時在鑄造之中，而這個鑄造時程序要靠着各人心靈的接觸與聯絡。本刊同人學識有限，希望讀者繼續不已的刺激與匡正，才可以使本刊成爲一種融會思想的媒介。我們相信，一切行爲最終都應該由理性去裁決；我們相信，無論個人的，或社會的活動都應該用具體的思想（根據事實的思想）與情理的視察做指導。至少，本刊希望對於這一點盡些責任。

這是本刊對於長年訂閱者一件小小的禮物。我們趁這個機會致謝一切的讀者；我們更願意致謝我們的朋友與一切投稿的人，使本刊可以獲到過去一年的成績。

對于中國報紙罪言

王世杰

中國報紙裏面的新聞，廣告，通信，與評論，往往令人發生這樣的一種感想：中國的日報，如果移往倫敦或紐約，照樣發表他們的言論，恐怕不出一週，就要倒閉淨盡。他們的編輯人和經理人，如果不因觸犯刑律而受刑罰，也就不免要因違反民律而對私人担負無數的損害賠償。

現代評論　第一年週年紀念增刊

一

图 27.5 《现代评论》二周年增刊卷头语

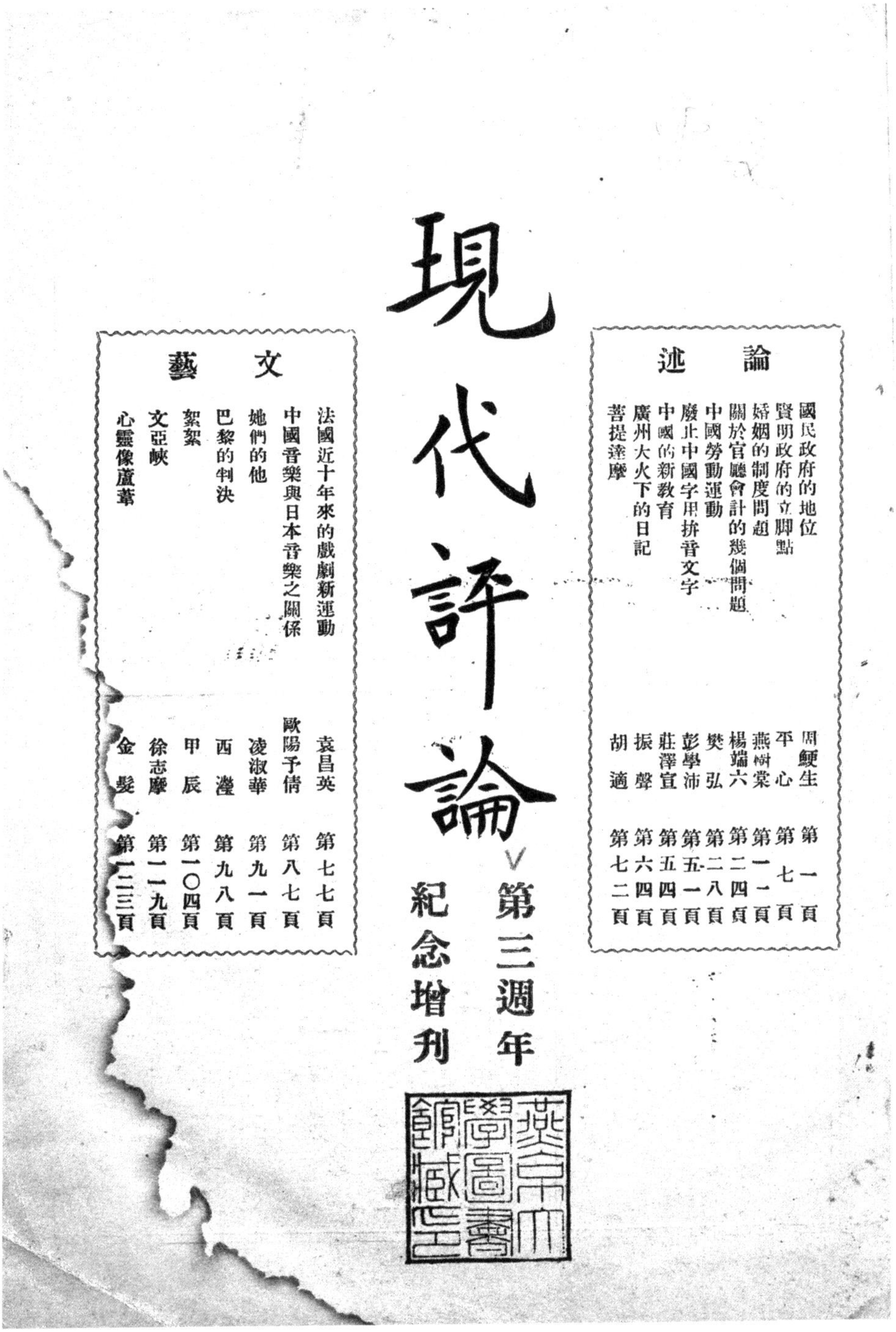

图 27.6 《现代评论》第三周年纪念增刊封面

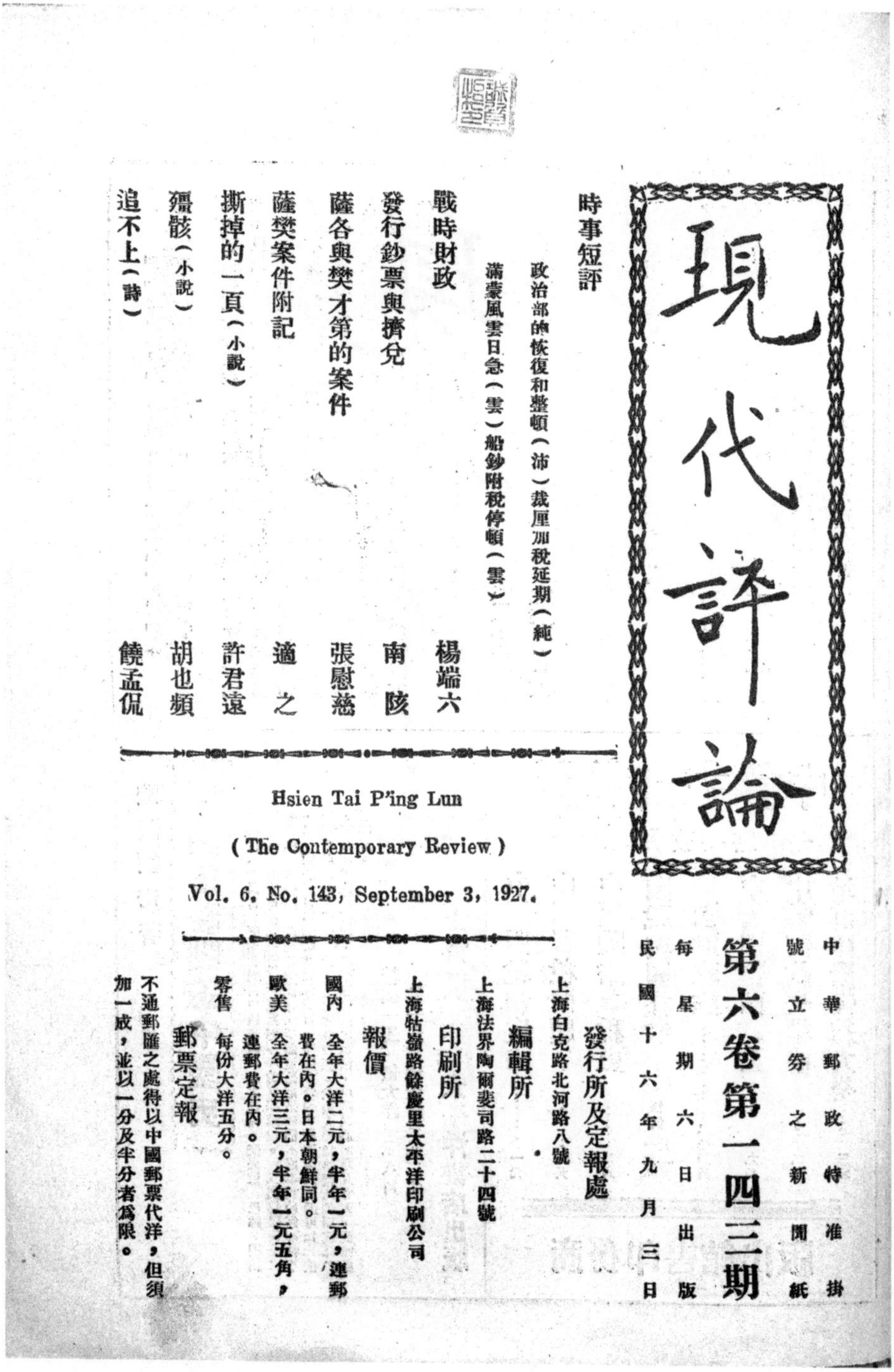

現代評論

中華郵政特准掛號立劵之新聞紙

第六卷第一四三期

每星期六日出版

民國十六年九月三日

時事短評

政治部的恢復和整頓（沛）裁厘加稅延期（純）

滿蒙風雲日急（雲）船鈔附稅停頓（雲）

戰時財政　楊端六

發行鈔票與擠兌　南陔

薩各與樊才第的案件　張慰慈

薩樊案件附記　適之

撕掉的一頁（小說）　許君遠

殭骸（小說）　胡也頻

追不上（詩）　饒孟侃

Hsien Tai P'ing Lun

(The Contemporary Review)

Vol. 6. No. 143, September 3, 1927.

發行所及定報處

上海白克路北河路八號

編輯所

上海法界陶爾斐司路二十四號

印刷所

上海牯嶺路餘慶里太平洋印刷公司

報價

國內　全年大洋二元，半年一元，連郵費在內。日本朝鮮同。

歐美　全年大洋三元，半年一元五角，連郵費在內。

零售　每份大洋五分。

郵票定報

不通郵匯之處得以中國郵票代洋，但須加一成，並以一分及半分者爲限。

图 27.7 《现代评论》第六卷第一百四十三期封面

社会科学

一、刊物简介

1924 年 12 月 27 日创刊，半月刊。爱智学会社会科学部编辑。

二、刊物内容

本刊刊载讨论社会科学的学术文章为主，如苏文德《苏联学界致中国学界的两封信》、李慕韩《我国古代政治史中之都市政治与乡村政治》、王志全《民食与人口》、林嘉骏《北京贫民之分析及致贫原因之推究》等。刊物还发表一些时事性的文章，如曲殿元《三个月的沪案经过》、苏文德《近今的社会民主党》。刊物第六期关注妇女情况，连发若干关于妇女运动、妇女职业的文章，如陈世芬《妇女的职业运动问题》等。该刊关注社会现状，如劳工、妇女权利、贫民问题、学生运动等，现实介入感较强，并提出解决问题的办法，是研究当时社会现状的重要刊物。

三、馆藏信息

24498/J 1925 no.2，6，8-11，13-17

半月刊　二

愛智學會社會科學部編輯

社會科學

國立北京大學第一院本會

半月刊

第二期

每半月發刊一次

零售每份銅子三枚

一九二五年一月十日

經濟改造與政治改造之關係

粟顯運

在中國這樣財政困窮金融紊亂的現狀之下，誰敢說經濟改造不是急切的問題。不過我們現在要討論的是：經濟改造能不能離政治改造而獨立？換句話說，就是政治不改造，經濟是不是有改造之可能。

我們知道；經濟學之成爲一種獨立的社會科學，不過學者之一種抽象的觀察法罷了，其實一國的經濟和政治有非常密切之關係，決沒有政治腐敗到了極點而經濟可以從容改造的。

現在的中國，內則有軍閥的專橫，外則有帝國主義列強的壓迫。他們有形無形的把持操縱了一切政治的機關，爲的是達他們經濟侵略之目的。他們兩種勢力雖然有大小之分，可是掠奪我們人民宰制我們人民的方法，却是如出一轍。十三年來的事實告訴我們：他們的利害與我們人民完全相反，他們在國內的政治勢力一日不鏟除，決沒有自動的甘心情願的容納我們經濟改造的要求之一日。

上面的話，未免說得抽象一點，現在且讓我把具體的事實來證明一下：

（一）加稅　我們知道：中國國內產業幼稚，除少數機器生產外，大多數仍爲手工業者，自然不能和機器生產的先進國的物美價廉的貨品競爭，所以應當採取保護貿易政策，也就是說，海關稅率應由中國自主的訂定，絲毫不容他國之干涉，才是正當的辦法。不幸鴉片戰爭以後，滿清政府屢次敗績，至一八五八年與英國訂立所謂天津條約，爾後各國沿例仿行，遂形成遺害至今的『反保護制』。好容易承洋大人看得起，於華府會議中，允許開關稅特別會議，增加我國的關稅。然而到如今關稅特別會議開了沒有？金佛郎案，不解決，他們是不願意開的，內地釐金不廢除，他們[illegible]假的。孟子說得好：『趙孟之所貴，[illegible]』。俗諺說得好：『弱國無外交』。我們[illegible]大人面前希望他們發慈悲，[illegible]人道了！我們如果改造了我[illegible]我們的國家，那時，自然可以由我們[illegible]定國定關稅，加稅不加稅還成什麼問題！

（二）裁兵　大家都知道：中國政局所以鬧到這個地步，都是由於養兵過多。養兵過多，則軍費浩繁，軍閥不得不爭奪地盤，釀成連年的內亂；養兵過多，則軍閥不得不截留中央稅欵；養兵過多，則軍閥不得不維持害民病商的釐金而不許他廢除，因而外人有所藉口，特別關稅會議不能開成，海關稅率不能改正；養兵過多，則軍閥不得不[illegible]收費移作軍費，釀成工商凋敝教育廢弛的現象；養兵過多，則軍閥不得不濫發鈔票，提撥兌現準備金，使貨幣充斥市廛

九

本期目錄

图 28.1 《社会科学》第二期封面

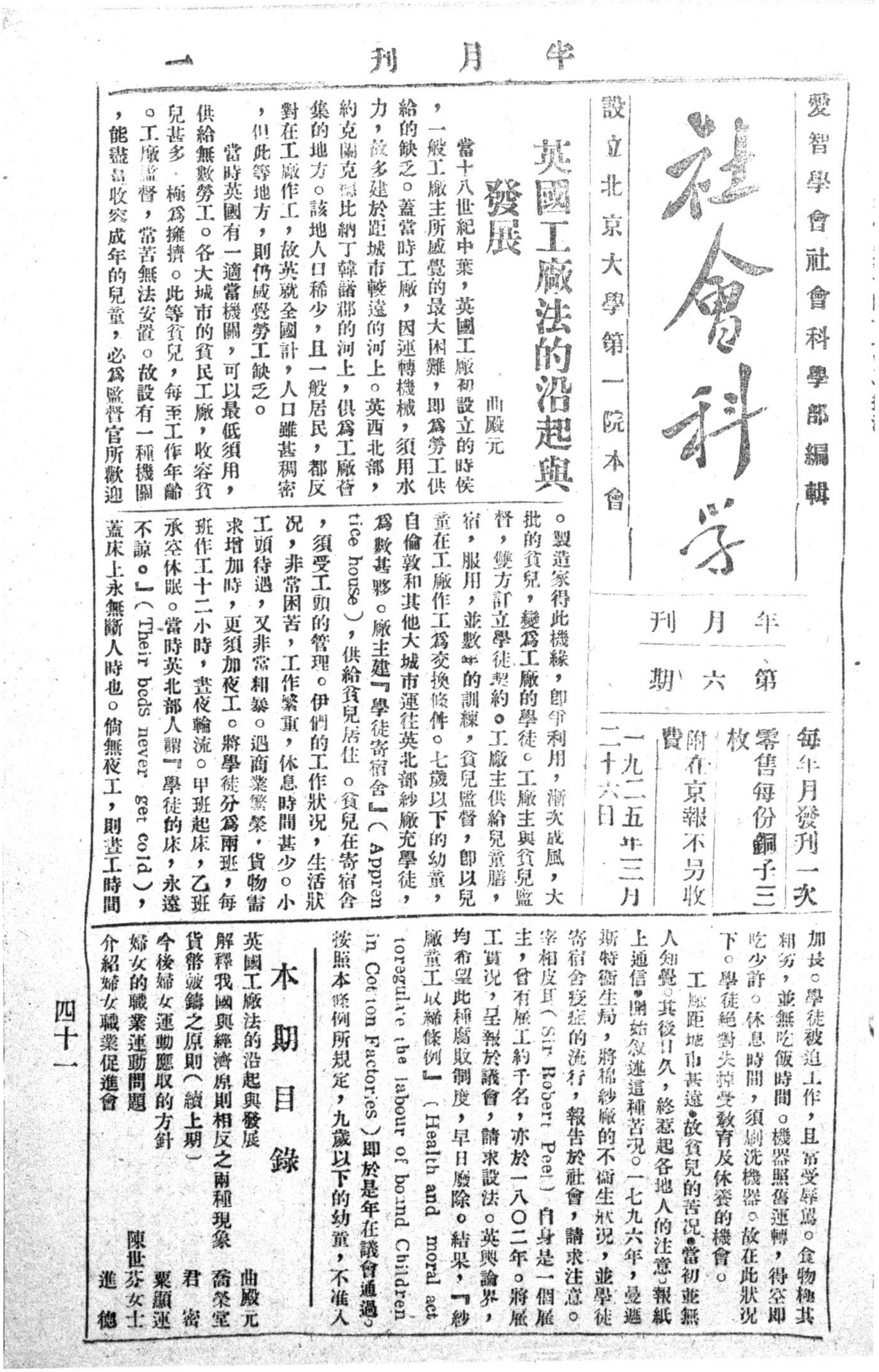
半月刊　一

愛智學會社會科學部編輯

社會科學

設立北京大學第一院本會

半月刊

第六期

每半月發刊一次

零售每份銅子三枚

附在京報不另收費

一九二五年三月二十六日

英國工廠法的沿起與發展

曲殿元

當十八世紀中葉，英國工廠初設立的時候，一般工廠主所感覺的最大困難，即為勞工供給的缺乏。蓋當時工廠，因運轉機械，須用水力，故多建於距城市較遠的河上。英西北部，約克蘭克[illegible]比納丁韓諸郡的河上，俱為工廠薈集的地方。該地人口稀少，且一般居民，都反對在工廠作工，故英就全國計，人口雖甚稠密，但此等地方，則仍感覺勞工缺乏。

當時英國有一適當機關，可以最低須用，供給無數勞工。各大城市的貧民工廠，收容貧兒甚多，極為擁擠。此等貧兒，每至工作年齡，工廠監督，常苦無法安置。故設有一種機關，能盡收容成年的兒童，必為監督官所歡迎。製造家得此機緣，即爭利用，漸次成風，大批的貧兒，變為工廠的學徒。工廠主與貧兒監督，雙方訂立學徒契約。工廠主供給兒童膳宿，服用，並數年的訓練，貧兒監督，即以兒童在工廠作工為交換條件。七歲以下的幼童，自倫敦和其他大城市運往英北部紗廠充學徒，為數甚夥。廠主建『學徒寄宿舍』（Apprentice house），供給貧兒居住。貧兒在寄宿舍，須受工頭的管理。伊們的工作狀況，生活狀況，非常困苦，工作繁重，休息時間甚少。小工頭待遇，又非常粗暴。過商業繁榮，貨物需求增加時，更須加夜工。將學徒分為兩班，每班作工十二小時，晝夜輪流。甲班起床，乙班承空休眠。當時英北部人謂『學徒的床，永遠不諒。』（Their beds never get cold），蓋床上永無斷人時也。倘無夜工，則晝工時間加長。學徒被迫工作，且常受辱罵。食物極其粗劣，並無吃飯時間。機器照舊運轉，得空即吃少許。休息時間，須刷洗機器。故在此狀況下。學徒絕對失掉受教育及休養的機會。

工廠距城市甚遠，故貧兒的苦況，當初並無人知覺。其後日久，終惹起各地人的注意。報紙上通信，開始敘述這種苦況。一七九六年，曼徹斯特衛生局，將棉紗廠的不衛生狀況，並學徒寄宿舍疫症的流行，報告於社會，請求注意。宰相皮耳（Sir Robert Peel）自身是一個廠主，曾有雇工約千名，亦於一八〇二年。將雇工實況，呈報於議會，請求設法。英與論界，均希望此種腐敗制度，早日廢除。結果，『紗廠童工取締條例』（Health and moral act toregulate the labour of bound Children in Cotton Factories）即於是年在議會通過。按照本條例所規定，九歲以下的幼童，不准入

本期目錄

四十一

图 28.2 《社会科学》第六期封面

励进

一、刊物简介

励进社社刊。励进社成立于 1923 年 12 月，该社“本互助精神，以促进品学与改良社会为宗旨”[①]，社员大多是各大学的学生，集聚有志青年。励进社的旨趣为“互助的精神、奋勉的精神、牺牲的精神。”[②] 该刊 1924 年 12 月出版，印刷者是京师第一监狱，主要作者有：星舟、许元书、沧吟、王钟文等人。仅见一期。

二、刊物内容

该刊旨在“集众思，导群言，智者创，巧者述，俾知识之交换，鼓自励之精神”[③]，内容涉及政治、法律、教育、工业、医学等领域。星舟《初晤引言》中写道“我们这个小册子，就是研究旧的学理，并介绍新的思潮，对于同人为交换知识的机关，对于社会也可做一得之愚的贡献，这也是本刊物的内容，多于介绍的文章，少于感情的文章的缘故。”“至于我们用‘励进’命刊物名的意思，就是以为此后的世界，必须一天一天的勉励进取，方不致受天演公例的淘汰。”“总结声明几句话是：（一）以各人研究的心得，为思想上的切磋。（二）做现在感情的融洽，为将来事业上的联络。”代表文章有星舟《我国领事裁判权之沿革及其要求撤废之经过》、沧吟《宪法柔性与刚性之优劣观》、亦仙《科学之起原及其应用》、王钟文《国际联盟与中国》，另载有王钟文的寓言小说《戴

① 沁心 . 励进社的旨趣［J］. 励进，1924（1）.
② 沁心 . 励进社的旨趣［J］. 励进，1924（1）.
③ 许元书 . 发刊词［J］. 励进，1924（1）.

芳德》及他人部分诗作。

三、馆藏信息

59075/J 1924 no.1

第一期封面钤有“前北大学生存物纪念品　民国三十年清理”章。

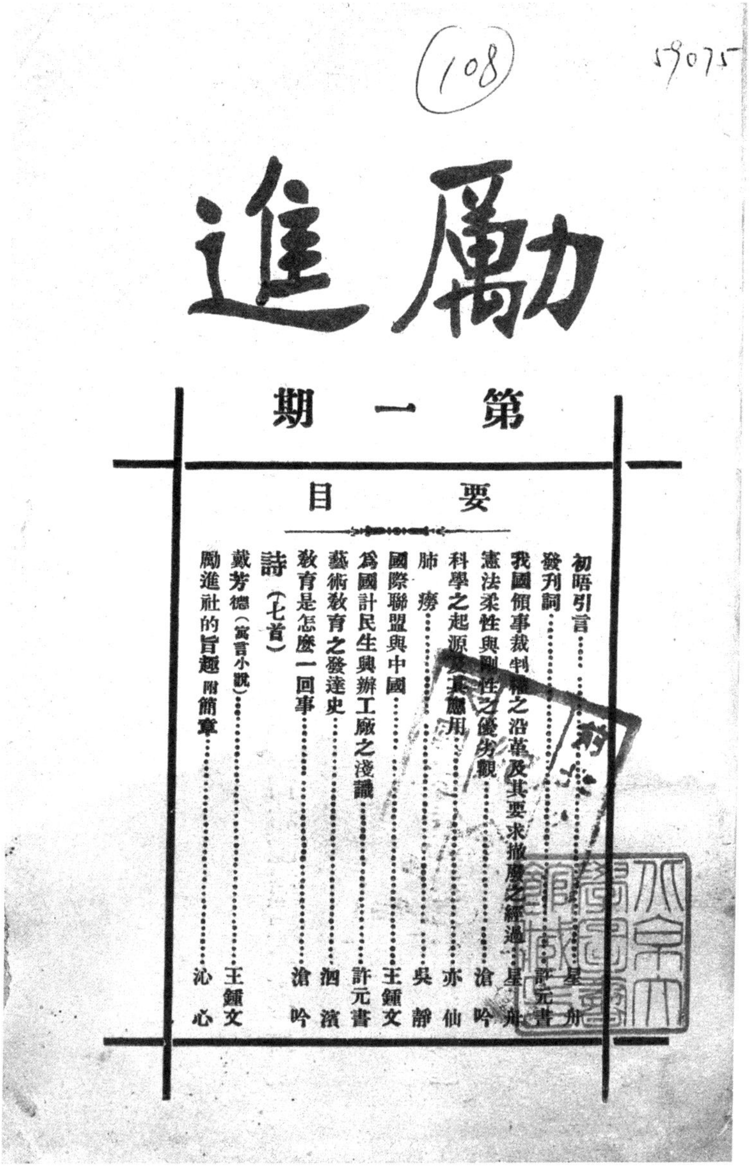

勵進

第一期

要目

初晤引言……星舟
發刊詞……許元書
我國領事裁判權之沿革及其要求撤廢之經過……星舟
憲法柔性與剛性之優劣觀……滄吟
科學之起源及其應用……亦仙
肺癆……吳靜
國際聯盟與中國……王鍾文
爲國計民生興辦工廠之淺識……許元書
藝術教育之發達史……泗濱
敎育是怎麼一回事……滄吟
詩（七首）
戴芳德（寓言小說）……王鍾文
勵進社的旨趣　附簡章……沁心

图 29.1 《励进》封面

59075

勵進第一期目錄

图 29.2 《励进》目录

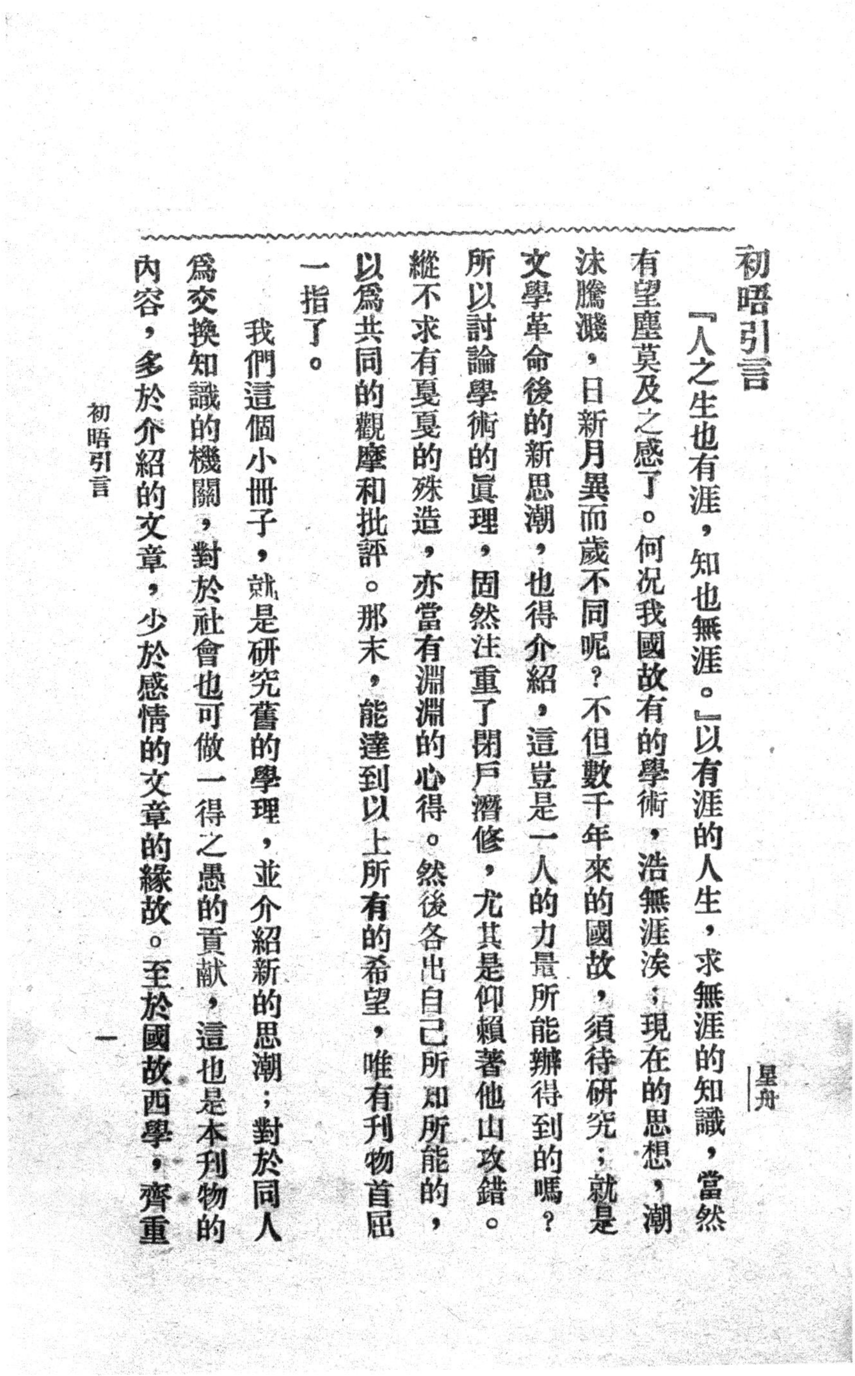

初晤引言

星舟

『人之生也有涯，知也無涯。』以有涯的人生，求無涯的知識，當然有望塵莫及之感了。何況我國故有的學術，浩無涯涘；現在的思想，潮沫騰濺，日新月異而歲不同呢？不但數千年來的國故，須待研究；就是文學革命後的新思潮，也得介紹，這豈是一人的力量所能辦得到的嗎？所以討論學術的眞理，固然注重了閉戶潛修，尤其是仰賴著他山攻錯。縱不求有戛戛的殊造，亦當有淵淵的心得。然後各出自己所知所能的，以爲共同的觀摩和批評。那末，能達到以上所有的希望，唯有刋物首屈一指了。

我們這個小冊子，就是研究舊的學理，並介紹新的思潮；對於同人爲交換知識的機關，對於社會也可做一得之愚的貢獻，這也是本刋物的內容，多於介紹的文章，少於感情的文章的緣故。至於國故西學，齊重

初晤引言 一

图 29.3 《励进》初晤引言

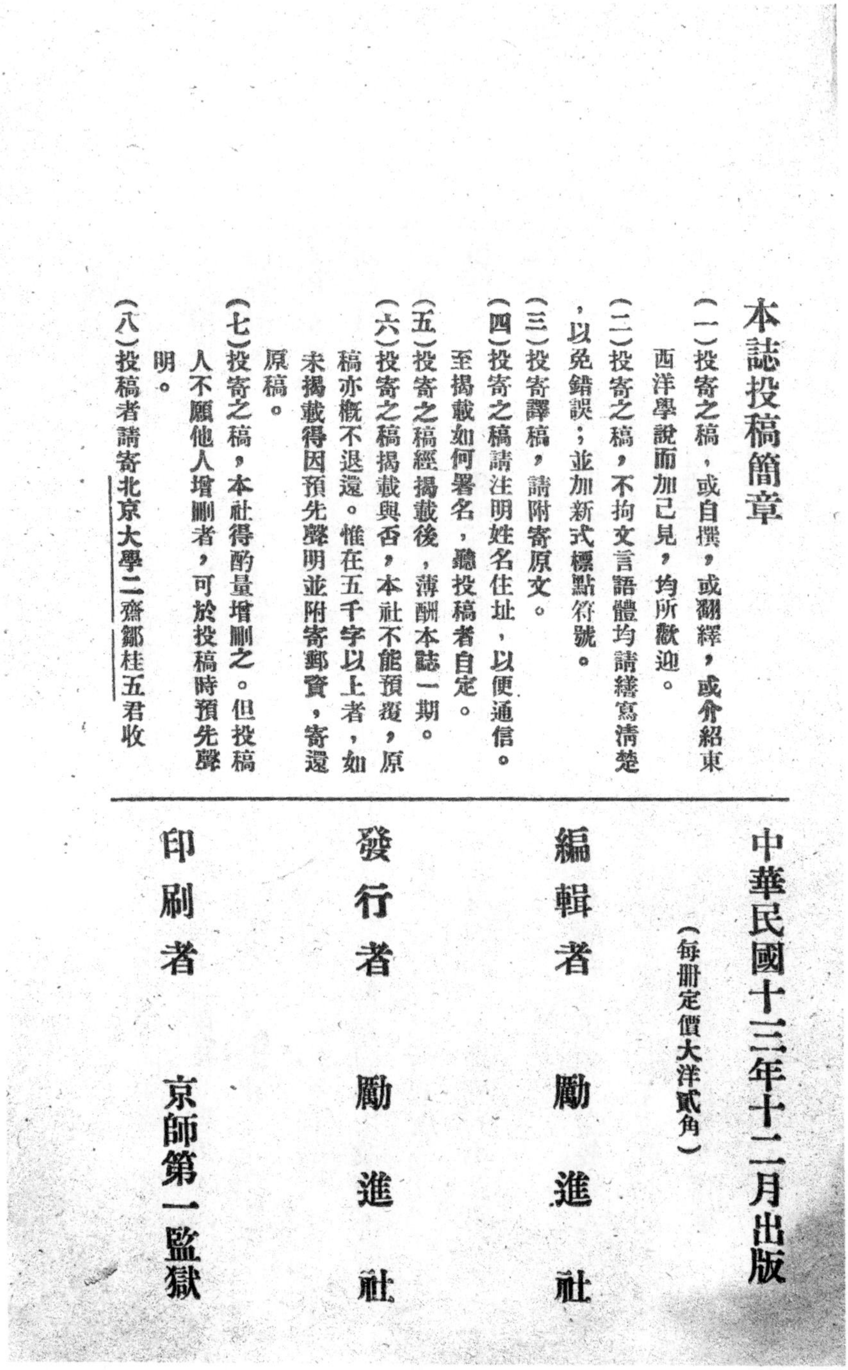

本誌投稿簡章

(一)投寄之稿，或自撰，或翻譯，或介紹東西洋學說而加己見，均所歡迎。

(二)投寄之稿，不拘文言語體均請繕寫清楚，以免錯誤；並加新式標點符號。

(三)投寄譯稿，請附寄原文。

(四)投寄之稿請注明姓名住址，以便通信。至揭載如何署名，聽投稿者自定。

(五)投寄之稿經揭載後，薄酬本誌一期。

(六)投寄之稿揭載與否，本社不能預覆，原稿亦概不退還。惟在五千字以上者，如未揭載得因預先聲明並附寄郵資，寄還原稿。

(七)投寄之稿，本社得酌量增删之。但投稿人不願他人增删者，可於投稿時預先聲明。

(八)投稿者請寄北京大學二齋鄒桂五君收

中華民國十三年十二月出版

(每冊定價大洋貳角)

編輯者 勵進社

發行者 勵進社

印刷者 京師第一監獄

图 29.4 《励进》封底

猛进

一、刊物介绍

1925 年 3 月 6 日在北京大学创刊，每星期五出版，1926 年 3 月 19 日出至第五十三期停刊。通讯处为北京大学第一院猛进社。主要发起人是徐炳昶（旭生）和李宗侗（玄伯）等人。徐炳昶是该刊主编，从第二十七期起，李宗侗接任主编。政论性刊物。

二、刊物内容

该刊宣传革命思想，注重社会、文化及思想的批判。刊物栏目有“时事短评”“本社记事”“通讯”等，撰稿人有萧子昇、李宗侗、徐炳昶、张凤举、谭熙鸿、李书华、徐宝璜、李麟玉、彭齐群、许齐、虚生、张定璜等。载文以时事短评与通讯较多，如《东南教育之结果》《对于刻中山先生全集的提议》等通讯，《人民之意与政府之意》《五四的热狂那里去了！》《德国总统选举的结果》等时事短评；还刊有《法国现代戏曲的派别》《莎士比亚问题之一个解决》《再论红楼梦及其地点》《葛德和德国的文学》等文艺研究作品。鲁迅曾为《猛进》作杂文《通讯》《并非闲话（二）》《十四年的“读经”》《碎话》等，曾言“《猛进》很勇，而论一时的政象的文字太多”[①]。

---

① 鲁迅 . 鲁迅选集第 4 卷［M］. 朱正，编 . 长沙：岳麓书社，2020：138.

三、馆藏信息

44285/J 1925-1926 no.1-47，48，53；spec.no.2-3（沪案特刊）

第一至四十七期合订本封底钤有“前北大学生存物纪念品　民国三十年清理”章。

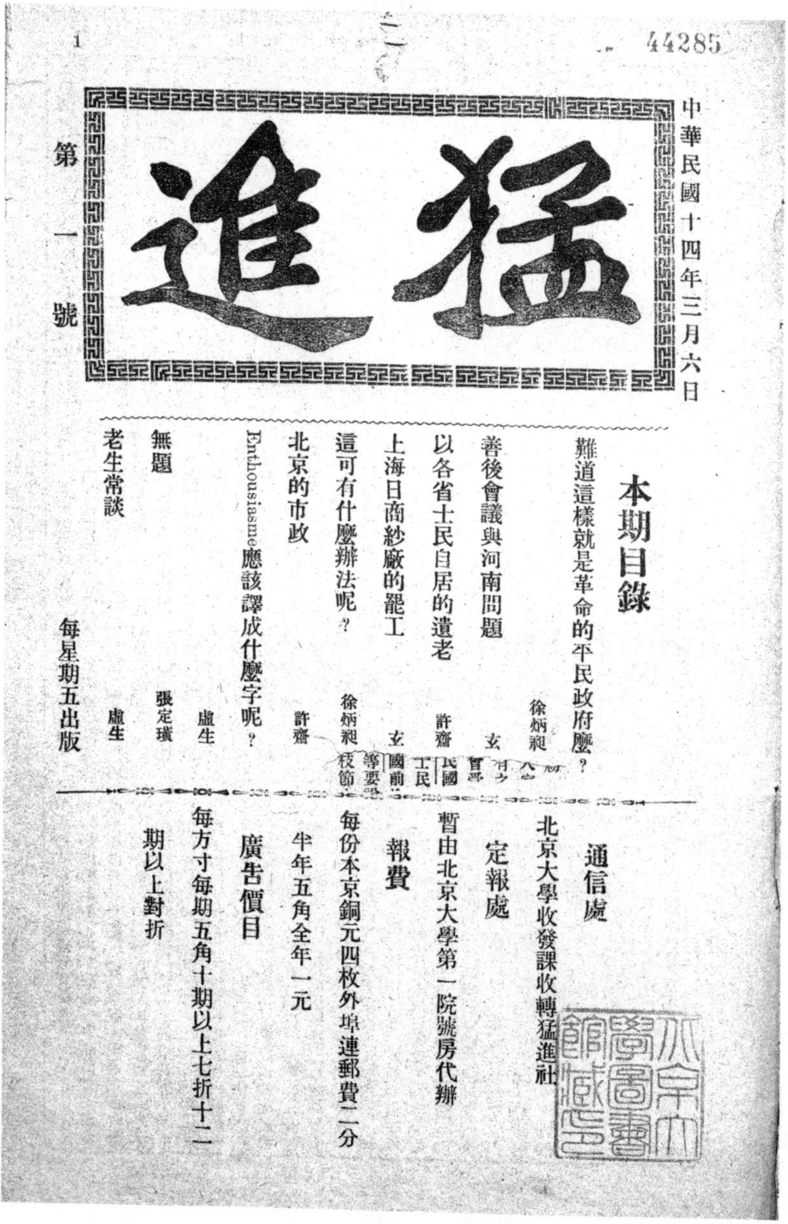
1

44285

猛進

中華民國十四年三月六日

第一號

本期目錄

難道這樣就是革命的平民政府麼？　徐炳昶

善後會議與河南問題　玄

以各省士民自居的遺老　許齋

上海日商紗廠的罷工　玄

這可有什麼辦法呢？　徐炳昶

北京的市政　許齋

Enthousiasme應該譯成什麼字呢？　盧生

無題　張定璜

老生常談　盧生

每星期五出版

通信處　北京大學收發課收轉猛進社

定報處　暫由北京大學第一院號房代辦

報費　每份本京銅元四枚外埠連郵費二分　半年五角全年一元

廣告價目　每方寸每期五角十期以上七折十二期以上對折

图 30.1 《猛进》第一号封面

民國十四年六月二十三日 (第一版)

猛進

滬案特刊 第二號

駁梁丁兩先生「會審」或「會查」的主張

全文見六月十九日晨報時論欄內 仲瑚

在晨報看見梁啟超丁文江兩先生的大作，洋洋數千言，發揮盡致。兩先生對滬案所主張的辦法，大概一致即「會審」或「會查」的機關有組織的必要，而且有迅速組織的必要。此種說法，想來兩先生不能說我是斷章取義未讀全文的了。組織這種機關的命意，在證明事實。組織這種機關的作用，在確定責任之所歸。這種「會審」或「會查」的機關所得來的證據，即用來作為政治上談判之基礎。至於這種機關的組織，梁先生主張「要求組織一個公共機關使用司法的調查程序。」所謂公共機關當然是前幾天梁先生主張的「雙方各派公正大員會同調查事實之真象。」丁先生主張是「政府立刻照會各使提議組織中外會查委員會到上海用公開的方法。……」至於以後交涉仍無結果，或結果不滿意時，梁先生本日論文並無辦法，大概未嘗慮及。丁先生却倒有「那麼我們可主張抵制英貨為最後的犧牲。」此種說話，大概可以說是兩文中辦法上最扼要之話，也是梁先生自謂「稍為近於理性的幾句話，」想來也不能說我未讀全文斷章取義的了。唱高調，不負責任，為丁先生所痛罵，區區極端贊成。但與論界素負盛名及社會上略有聞知的人，對於國家大事有所主張，發為言論，公諸民眾，想來也不能不

本期目錄

號北新書局。

图 30.2 《猛进》第二号封面

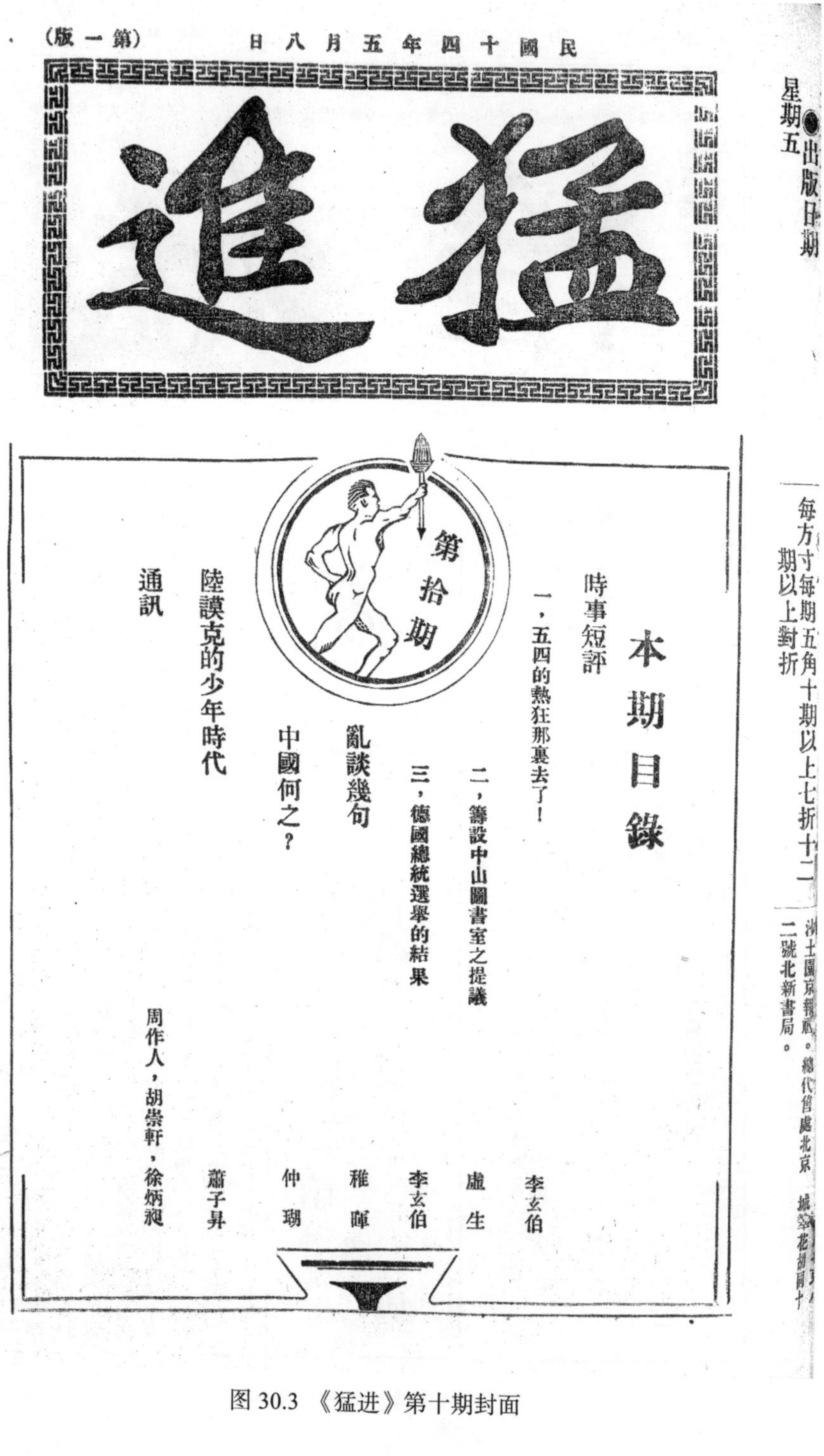
民國十四年五月八日 （第一版）

猛進

●出版日期
星期五

每方寸每期五角十期以上七折十二
期以上對折

沙土園京報館。總代售處北京城箔花胡同十
二號北新書局。

第拾期

本期目錄

時事短評
一，五四的熱狂那裏去了！ 李玄伯
二，籌設中山圖書室之提議 虛生
三，德國總統選舉的結果 李玄伯
亂談幾句 稚暉
中國何之？ 仲瑚
陸謨克的少年時代 蕭子昇
通訊 周作人，胡崇軒，徐炳昶

图 30.3 《猛进》第十期封面

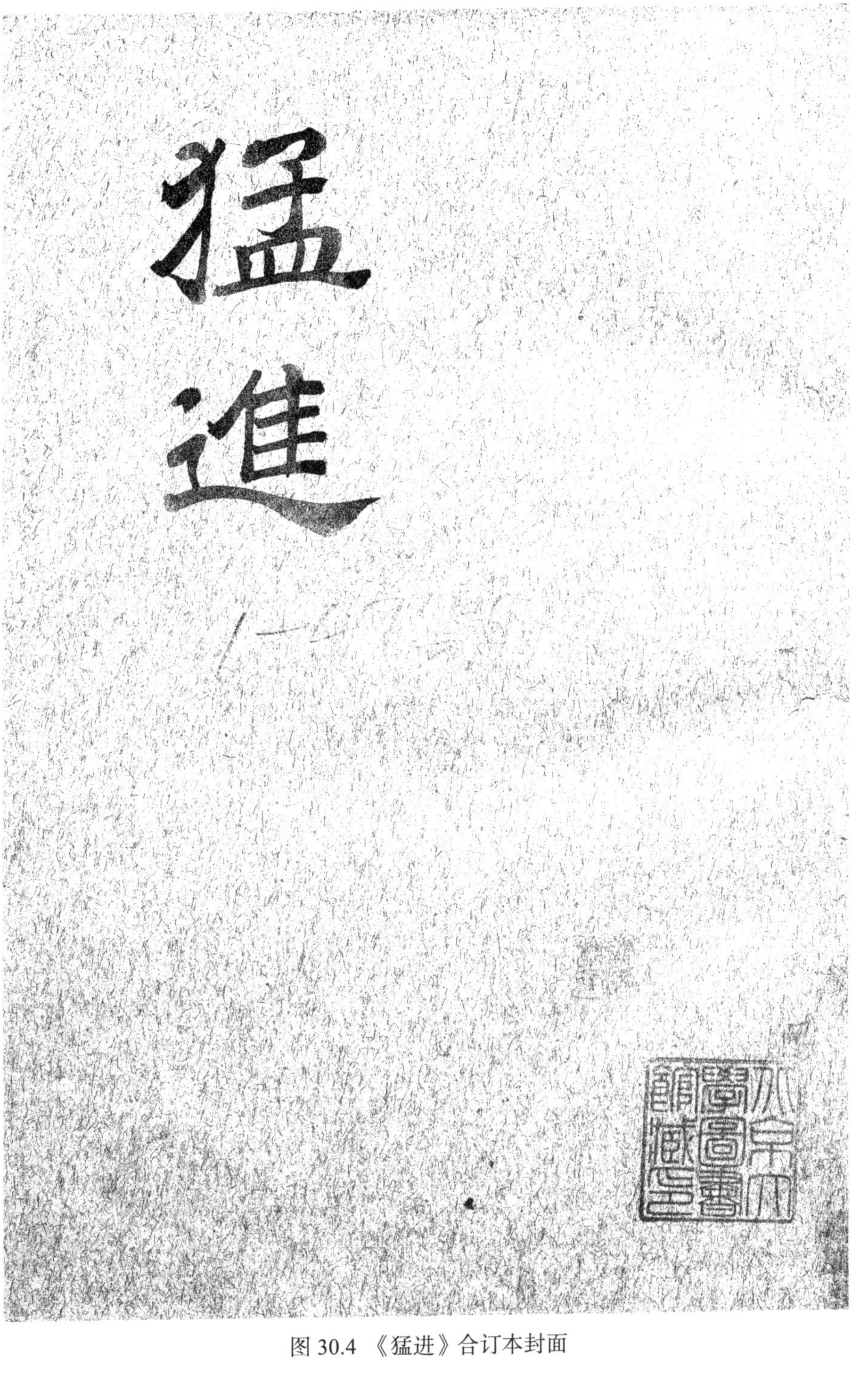

图 30.4 《猛进》合订本封面

北京大学研究所国学门周刊

一、刊物介绍

1925 年 10 月 14 日创刊于北京，国学研究刊物。该刊由北京大学研究所国学门编辑，北京大学第三院国学门发行，1926 年 10 月起改为月刊。北京大学研究所国学门成立于 1922 年 1 月，主任是沈兼士，委员包括胡适、李大钊、鲁迅、周作人、钱玄同、朱希祖、蒋梦麟、陈垣等知名学者。此周刊是对国学门下的《歌谣》周刊扩张改组后的成果，“包括国学门之编辑室，歌谣研究会，方言调查会，风俗调查会，考古学会，明清史料整理会所有的材料组合而成。其命意在于将这些材料编成一个略有系统的报告，以供学者之讨论，借以引起同人之兴趣及社会之注意。其组织虽于本校国学季刊不同，却是表里相需并行不悖的”[①]。

二、刊物内容

该刊是国学类研究专刊。主要刊载关于中国古代歌谣、方言、风俗、考古及明清史料等方面的研究文章及译述，还报道学术消息。内容有：目录及校勘、文字言语及训诂（附音律）、考古学、历史与学术史、风俗及传说、歌谣及唱曲、杂类、学术界消息，设置的栏目有“学术界消息”，刊登如《风俗调查会征求旧本烧饼歌》《唐写本说文将归日人》《达古斋赠本学门端氏所藏砖石拓本目》等。该刊也开设专题，如“孟姜女故事的研究”（共连载近二十期）“梁山伯祝

① 北京大学研究所国学门 . 缘起［J］，北京大学研究所国学门周刊，1925（1）.

英台的故事”等。该刊还收录了较多来自中国各地的民间歌谣，如“歌曲”“歌谣合订本”，以及对这些民间文学的相关研究，并从中可获得北大歌谣研究会的活动信息。

三、馆藏信息

12210/J 1925 v.1，no.1-12；1926 v.2，no.13-24

第一至二十四期封面钤有“燕京大学图书馆”藏书章，第二卷索引页及第十八、二十至二十四期封面钤有“北京大学图书馆复本书”章，第二卷二十至二十四期封面钤有“北京大学研究所国学门藏书室”章。

北京大學研究所國學門週刊

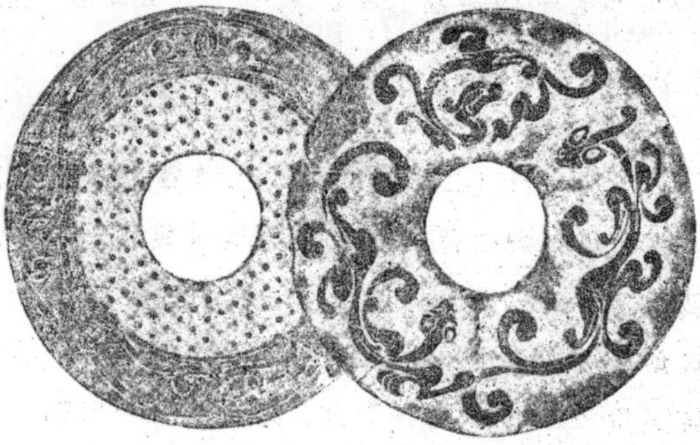

第　一　期

一九二五年十月十四日

图 31.1 《北京大学研究所国学门周刊》第一期封面

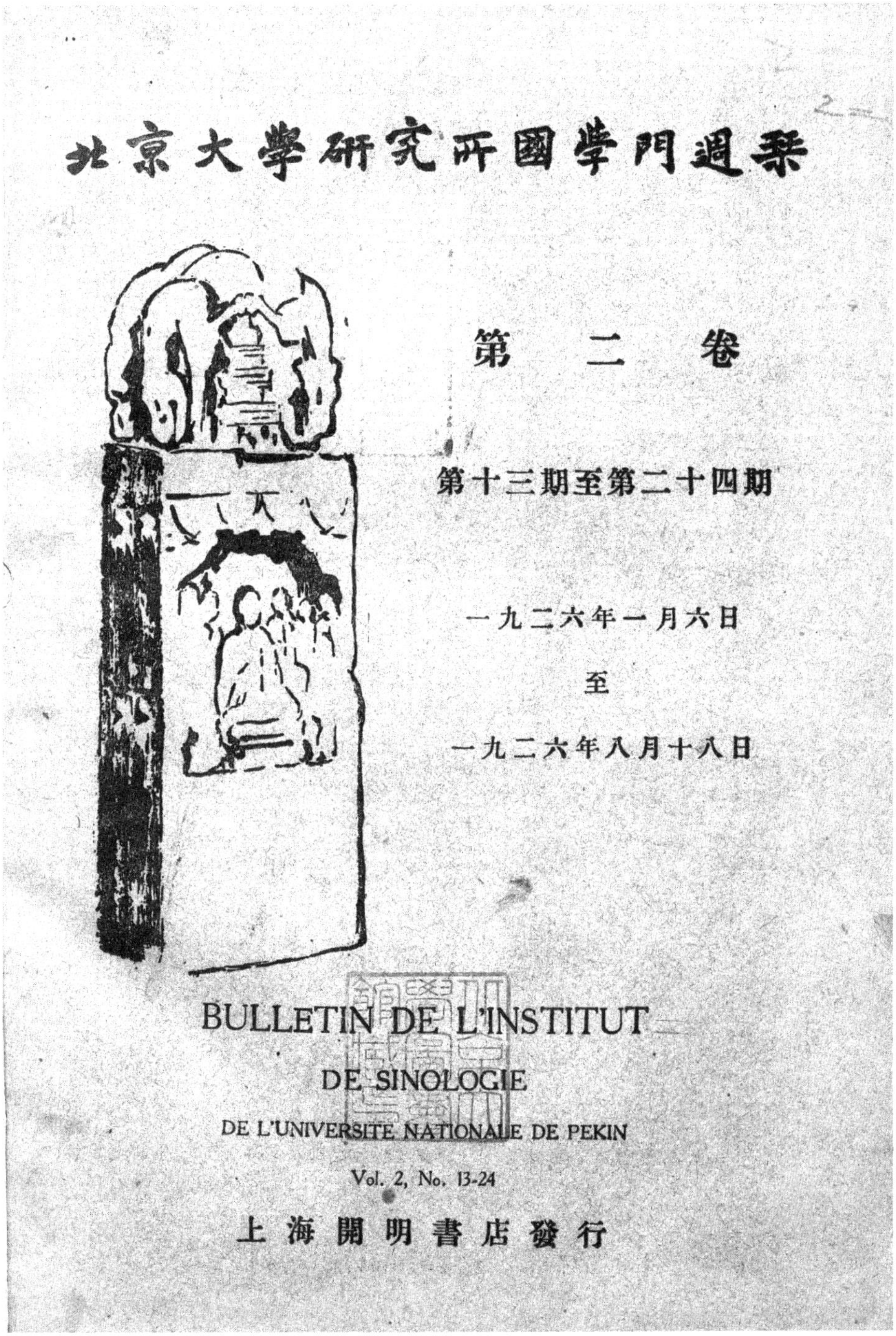

图 31.2 《北京大学研究所国学门周刊》第二卷第十三期至第二十四期封面

北京大學研究所國學門週刊

第二卷 第十三期

一九二六年一月六日

※中華郵務局特准掛號立券認爲新聞紙類※

图 31.3 《北京大学研究所国学门周刊》第二卷第十三期封面

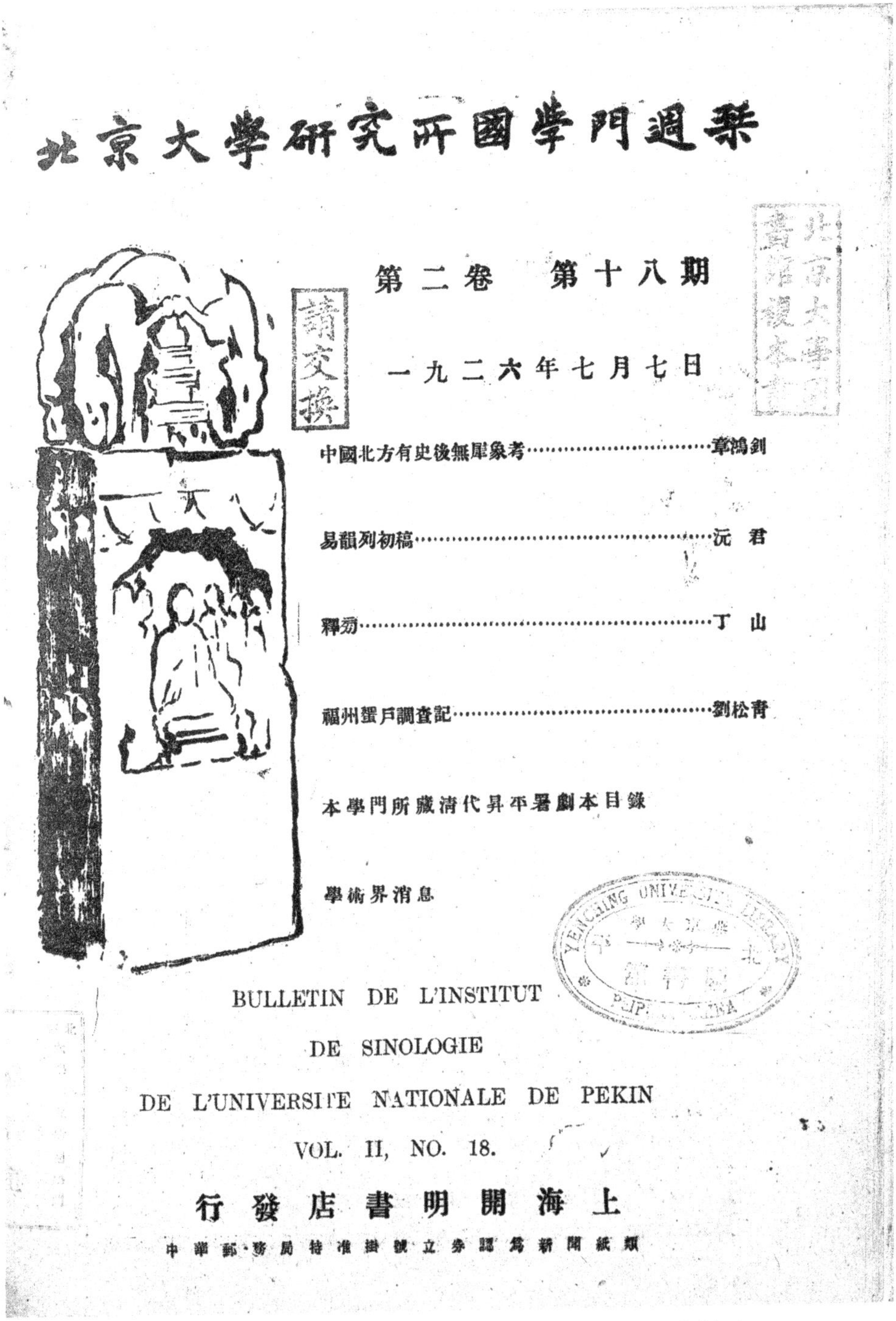

北京大學研究所國學門週刊

第二卷 第十八期

一九二六年七月七日

請交換

北京大學圖書館複本書

YENCHING UNIVERSITY LIBRARY

PEIPING CHINA

BULLETIN DE L'INSTITUT

DE SINOLOGIE

DE L'UNIVERSITE NATIONALE DE PEKIN

VOL. II, NO. 18.

上海開明書店發行

中華郵務局特准掛號立券認爲新聞紙類

图 31.4 《北京大学研究所国学门周刊》第二卷第十八期封面

新教育评论

一、刊物简介

1925年12月4日创刊于北京，周刊。北京大学教育系、中华教育改进社等主办，新教育评论社发行，常任编辑有陶行知（此时尚名“陶知行”）、高仁山等，前身为《新教育》杂志。

二、刊物内容

《本刊之使命》曰：“现在国内各界对于教育的关系，教育界对于国家的需要，都缺少充分的了解。不但如此，即教育界本身，也是隔阂很深，并无充分联络的机会。”[①] 该刊认为中国教育“所可惜的就是缺少充分沟通的机会”，因此“愿意大家借这个机会把个各干各的的教育界渐渐地化为一个通力合作的教育界。倘使本刊出现之后教育界多得一个有机体的联络，使他各部分的生命汇通起来产生一个更圆满，更和谐的新生命，我们也就心满意足了”。[②] 该刊主要登载教育方面的相关文章，对国内外教育思想、政策、制度等进行介绍与批评，设有“教育时评”专栏，讨论如“教育界应有之根本觉悟”“内蒙革命与教育”“时局变化中之义务教育”等内容，并特辟师范生及中小学教员通信问答栏。本刊更注意研究实际问题，及时评论当时发生的教育现象。

---

① 陶知行．本刊之使命［J］．新教育评论，1925，1（1）．
② 陶知行．本刊之使命［J］．新教育评论，1925，1（1）．

三、馆藏信息

48970/J 1925-26 v.1，no.1-26；1926 v.2，no.1-26；1926-27 v.3，no.1-26；1927-28 v.4，no.1-22

第一卷第一、四、六、八至十、十二、十七、十九、二十、二十五等期封底钤有“北京立券报纸”章，封面钤有“燕京大学图书馆”藏书章。

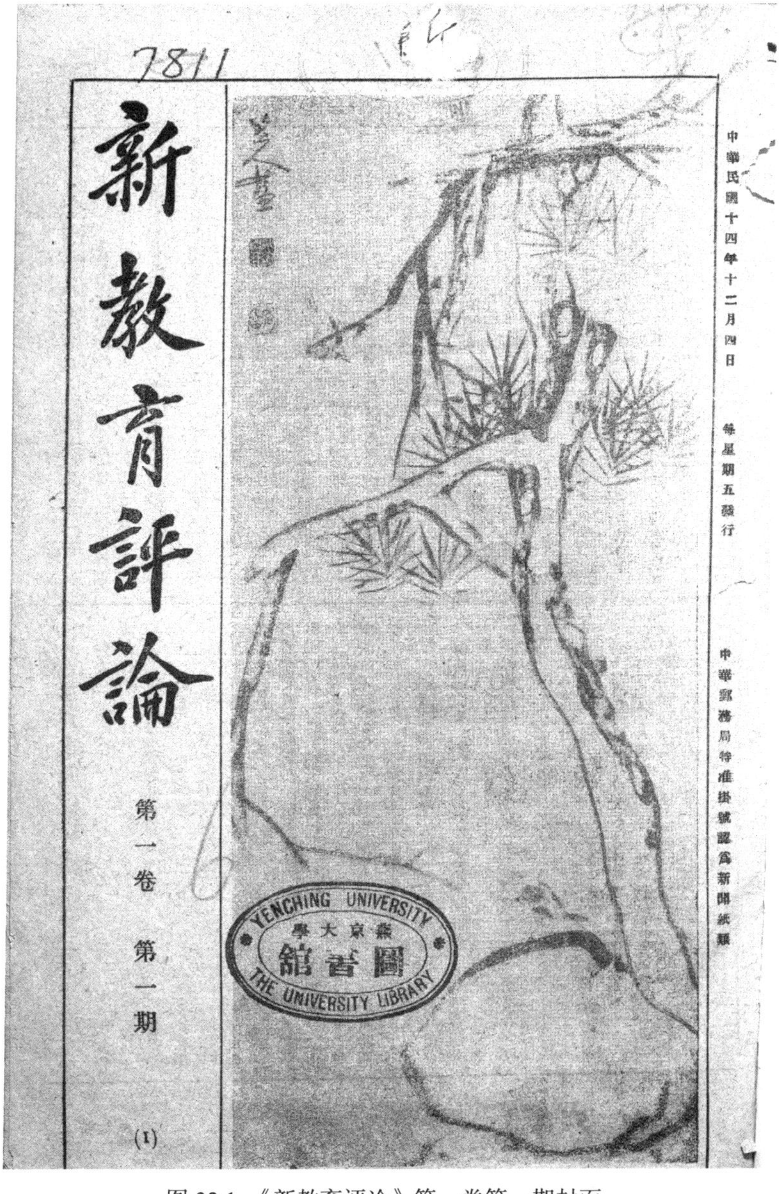

图 32.1 《新教育评论》第一卷第一期封面

图 32.2 《新教育评论》第二卷第一期封面

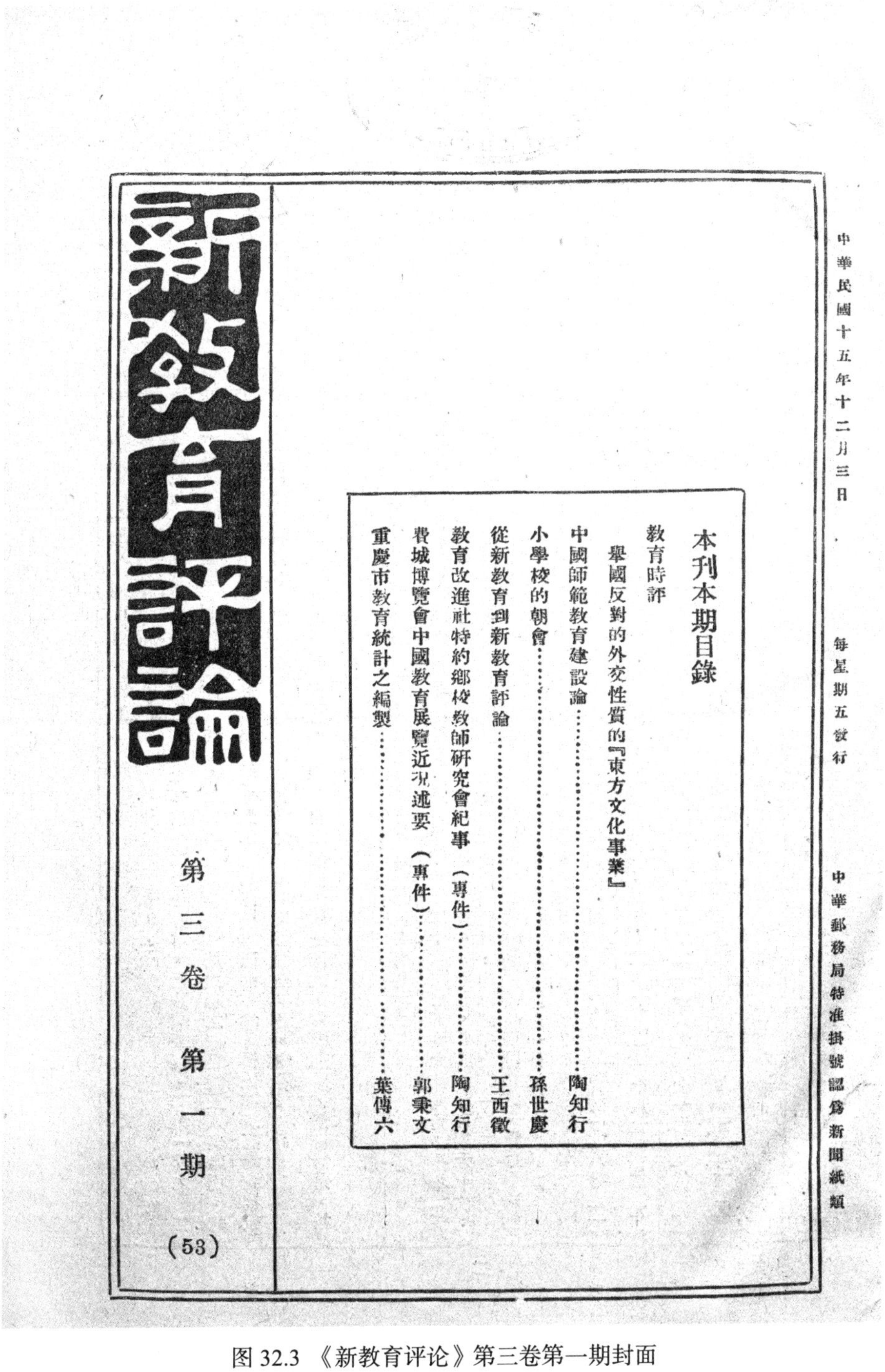

中華民國十五年十二月三日

每星期五發行

中華郵務局特准掛號認爲新聞紙類

新教育評論

第三卷第一期

(53)

本刊本期目錄

图 32.3 《新教育评论》第三卷第一期封面

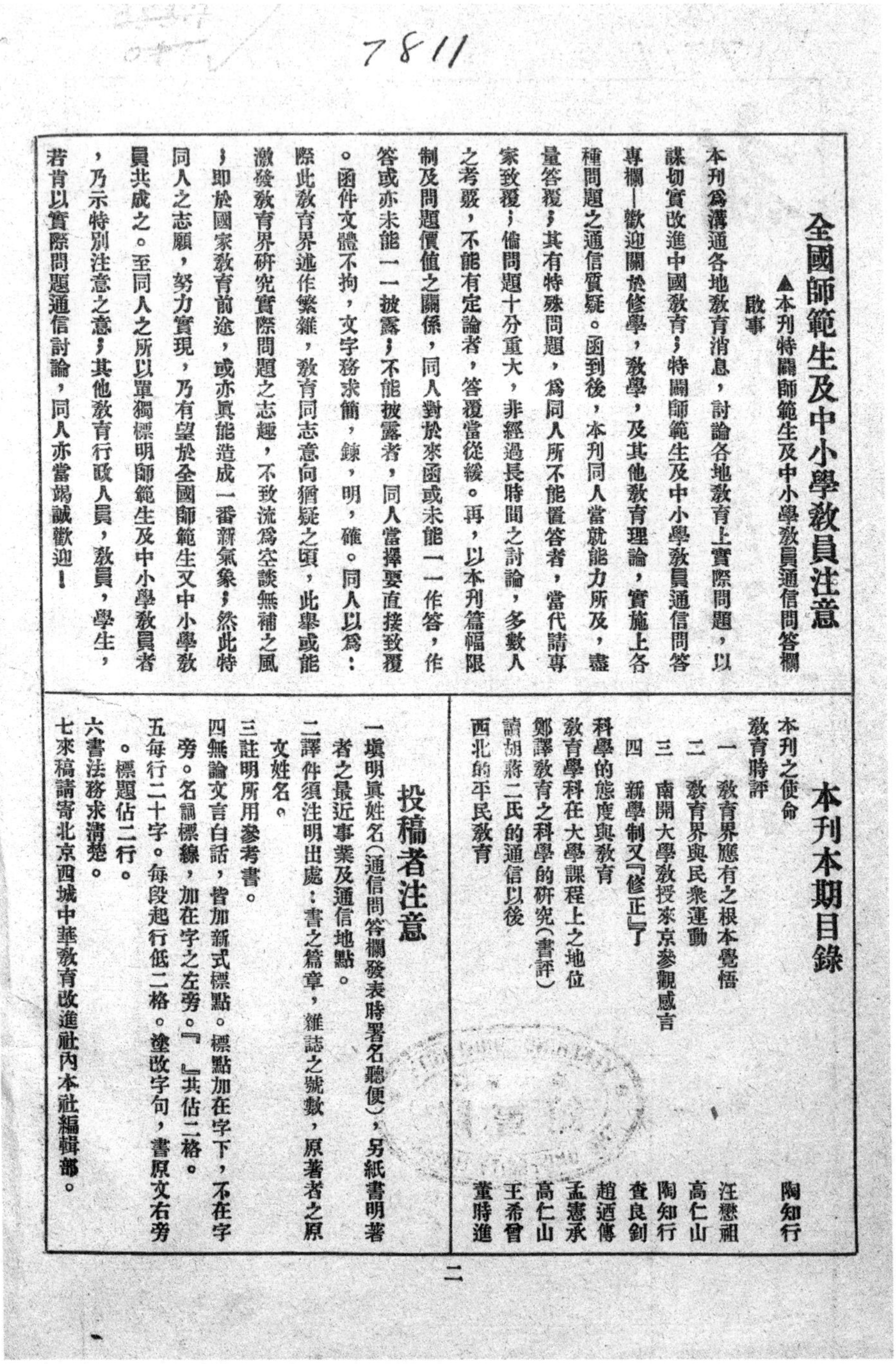

7811

全國師範生及中小學教員注意

▲本刊特闢師範生及中小學教員通信問答欄
啟事

本刊爲溝通各地教育消息，討論各地教育上實際問題，以謀切實改進中國教育；特闢師範生及中小學教員通信問答專欄——歡迎關於修學，教學，及其他教育理論，實施上各種問題之通信質疑。函到後，本刊同人當就能力所及，盡量答覆；其有特殊問題，爲同人所不能置答者，當代請專家致覆；倘問題十分重大，非經過長時間之討論，多數人之考覈，不能有定論者，答覆當從緩。再，以本刊篇幅限制及問題價值之關係，同人對於來函或未能一一作答，作答或亦未能一一披露；不能披露者，同人當擇要直接致覆。函件文體不拘，文字務求簡，鍊，明，確。同人以爲：際此教育界述作繁雜，教育同志意向猶疑之頃，此舉或能激發教育界研究實際問題之志趣，不致流爲空談無補之風；即於國家教育前途，或亦眞能造成一番新氣象；然此特同人之志願，努力實現，乃有望於全國師範生又中小學教員共成之。至同人之所以單獨標明師範生及中小學教員者，乃示特別注意之意；其他教育行政人員，教員，學生，若肯以實際問題通信討論，同人亦當竭誠歡迎！

本刊本期目錄

投稿者注意

一塡明眞姓名（通信問答欄發表時署名聽便），另紙書明著者之最近事業及通信地點。
二譯件須注明出處：書之篇章，雜誌之號數，原著者之原文姓名。
三註明所用參考書。
四無論文言白話，皆加新式標點。標點加在字下，不在字旁。名詞標線，加在字之左旁。『　』共佔二格。
五每行二十字。每段起行低二格。塗改字句，書原文右旁。標題佔二行。
六書法務求清楚。
七來稿請寄北京西城中華教育改進社內本社編輯部。

二

图 32.4 《新教育评论》第一卷第一期目录

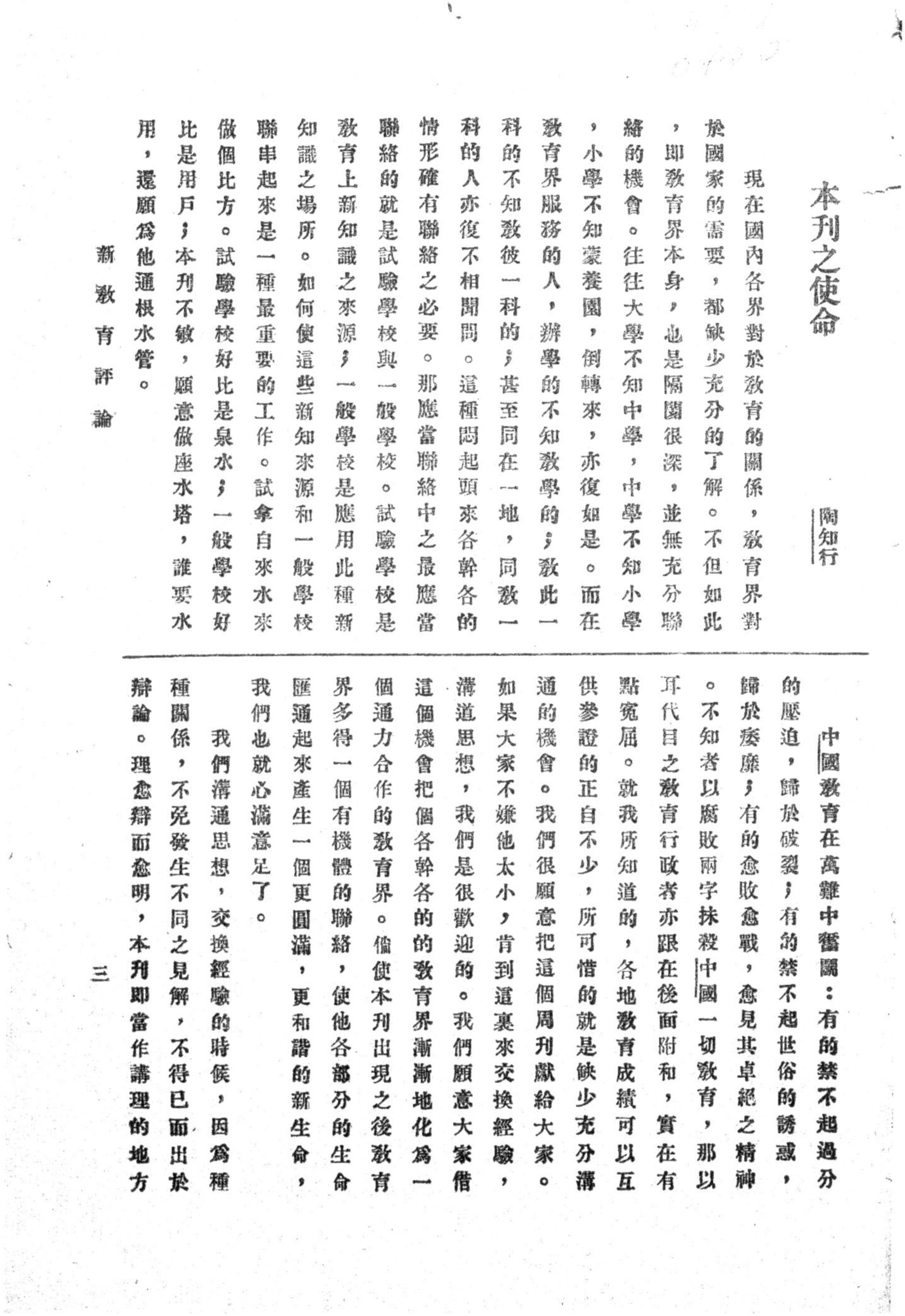

本刊之使命

陶知行

現在國內各界對於教育的關係，教育界對於國家的需要，都缺少充分的了解。不但如此，即教育界本身，也是隔閡很深，並無充分聯絡的機會。往往大學不知中學，中學不知小學，小學不知蒙養園，倒轉來，亦復如是。而在教育界服務的人，辦學的不知教學的；教此一科的不知教彼一科的；甚至同在一地，同教一科的人亦復不相聞問。這種閉起頭來各幹各的情形確有聯絡之必要。那應當聯絡中之最應當聯絡的就是試驗學校與一般學校。試驗學校是教育上新知識之來源；一般學校是應用此種新知識之場所。如何使這些新知來源和一般學校聯串起來是一種最重要的工作。試拿自來水來做個比方。試驗學校好比是泉水；一般學校好比是用戶；本刊不敏，願意做座水塔，誰要水用，還願為他通根水管。

新教育評論

中國教育在萬難中奮鬥：有的禁不起過分的壓迫，歸於破裂；有的禁不起世俗的誘惑，歸於委靡；有的愈敗愈戰，愈見其卓絕之精神。不知者以腐敗兩字抹殺中國一切教育，那以耳代目之教育行政者亦跟在後面附和，實在有點冤屈。就我所知道的，各地教育成績可以互供參證的正自不少，所可惜的就是缺少充分溝通的機會。我們很願意把這個周刊獻給大家。如果大家不嫌他太小，肯到這裏來交換經驗，溝道思想，我們是很歡迎的。我們願意大家借這個機會把個各幹各的的教育界漸漸地化為一個通力合作的教育界。倘使本刊出現之後教育界多得一個有機體的聯絡，使他各部分的生命匯通起來產生一個更圓滿，更和諧的新生命，我們也就心滿意足了。

我們溝通思想，交換經驗的時候，因為種種關係，不免發生不同之見解，不得已而出於辯論。理愈辯而愈明，本刊即當作講理的地方

三

图 32.5 《新教育评论》第一卷第一期《本刊之使命》

本刊關於庚款問題徵文啟事（請注意繳稿展期）

庚款問題，材料繁多，本刊雖逐期登載，然以篇幅限制，仍難詳盡。今為使應徵者得充分搜集參考資料起見，特將繳稿期限展延半月，即希鑒察。（見應徵者注意（三））

題目

（一）各國庚欵用途之分別計畫（例如用某國退欵興辦某種事業）及最適當之管理方法。

（二）庚欵應提倡之教育文化事業及一項事業之進行計畫與預算。

（三）庚欵分配，各省區教育會聯合會及中華教育文化基金董事會俱各規定原則，試比較其異同得失，以定取舍之方針。

（四）庚欵宜直接用於興辦教育文化事業；抑先用以興辦生利之事業再以其淨利興辦教育文化？生利事業究以何種為最相宜？試根據事實擬定具體計畫。

酬金

第一名二〇〇元；第二名一〇〇元；第三名五〇元；第四名至第十名二〇元。

應徵者注意

（一）本刊自第二期起陸續發表關於各國賠欵之重要事實，以供參考。

（二）四題任作一題。但立論務須根據事實，力求公允。

（三）限民國十五年二月十五日（原定一月三十一日）前交稿。

（四）文體不拘，文字務求簡明切要。

（五）酬金於評判結果發表時照送。

（六）塡明眞姓名及通信地點。

平民教育適用 **平民千字課本** 全四冊每冊實價三分

形式

1. 全書四冊每冊二十四課
2. 選用生字約一千零
3. 全用正確明白的國語文
4. 前二冊楷書後二冊鉛字
5. 前二冊每六課附練習二三頁
6. 圖畫明晰紙張潔白

內容

1. 前二冊多采韻文如歌謠諺語謎語……等兼用應用的文學最淺的信札
2. 後二冊一方注重文學一方注重知識道德兼應用的信札帳簿發票等
3. 文字由淺入深每課生字力求勻稱
4. 材料都現代平民生活的無謂的貴族的故事談話等一概不用

中華書局發行

金城銀行

總分行 辦事處地點 天津 北京 上海 漢口 鄭州

通匯地點 （國內外各都會）商埠均有代理機關

股本 總額 壹千萬元 收足 陸百萬元

公積共計 壹百叁拾萬元

辦理銀行一切業務兼收各種儲蓄存欵

心理雜誌 中華心理學會編輯 中華書局印刷發行

內容分普通心理，實驗心理，兒童心理，青年心理，社會心理，變態心理，教育心理，職業心理，心理測驗，心理學史，各種心理書報儀器之介紹，各處心理試驗結果之報告。現已出至三卷四號。每號十萬言。每冊三角。

二四

图 32.6 《新教育评论》第一卷第一期封底

北大学生会周刊

一、刊物介绍

1920 年 1 月 4 日，北京大学学生会曾出版过一种《北京大学学生周刊》，作为“全体同学共同发表思想的机关（刊）”，后来也收外稿。后因北洋军阀政府干涉，1920 年 5 月 23 日，该刊出至第十七期后声明暂行停刊。[①]1925 年 12 月 17 日，北大学生会重新出版《北大学生会周刊》，北大学生会宣传股编辑，该刊计划在本校二十七周年纪念时重新复刊，但仅出一期纪念特刊。

二、刊物内容

该刊主要讨论政治和社会问题，其《发刊辞》说：“《北大学生会周刊》，是我们北大三千余同学发表言论的公共机关，也是代表我们北大三千余同学公意的所在。——因此，它的任务与使命，都狠重大。”“现在本刊于本校廿七周年纪念的时候，重新复活，这当然有狠大的意义。”刊载文章如蒋梦麟《愿听青年的觉悟声》、顾孟馀《本校二十七周纪念》、陈启修《北京大学在国民革命时代的任务》等，鲁迅作《我观北大》一文，后收入《华盖集》，总结北大精神时说：“第一，北大是常为新的，改进的运动的先锋，要使中国向着好的，往上的道路走。……第二，北大是常与黑暗势力抗战的，即使只有自己。”[②]

① 薛绥之，韩立群．鲁迅生平史料汇编第 3 辑［M］．天津：天津人民出版社，1983：663.

② 鲁迅．鲁迅全集第 3 卷［M］．鲁迅先生纪念委员会编．广州：花城出版社，2021：84.

三、馆藏信息

13375/J 1925 Dec

中華民國十四年十二月十七日(星期四)出版

北大學生會週刊

北大學生會宣傳股編輯

本校二十七週年紀念特刊

創刊號

本期零售銅元十枚

目錄

北大學生會週刊 一

图 33.1 《北大学生会周刊》封面

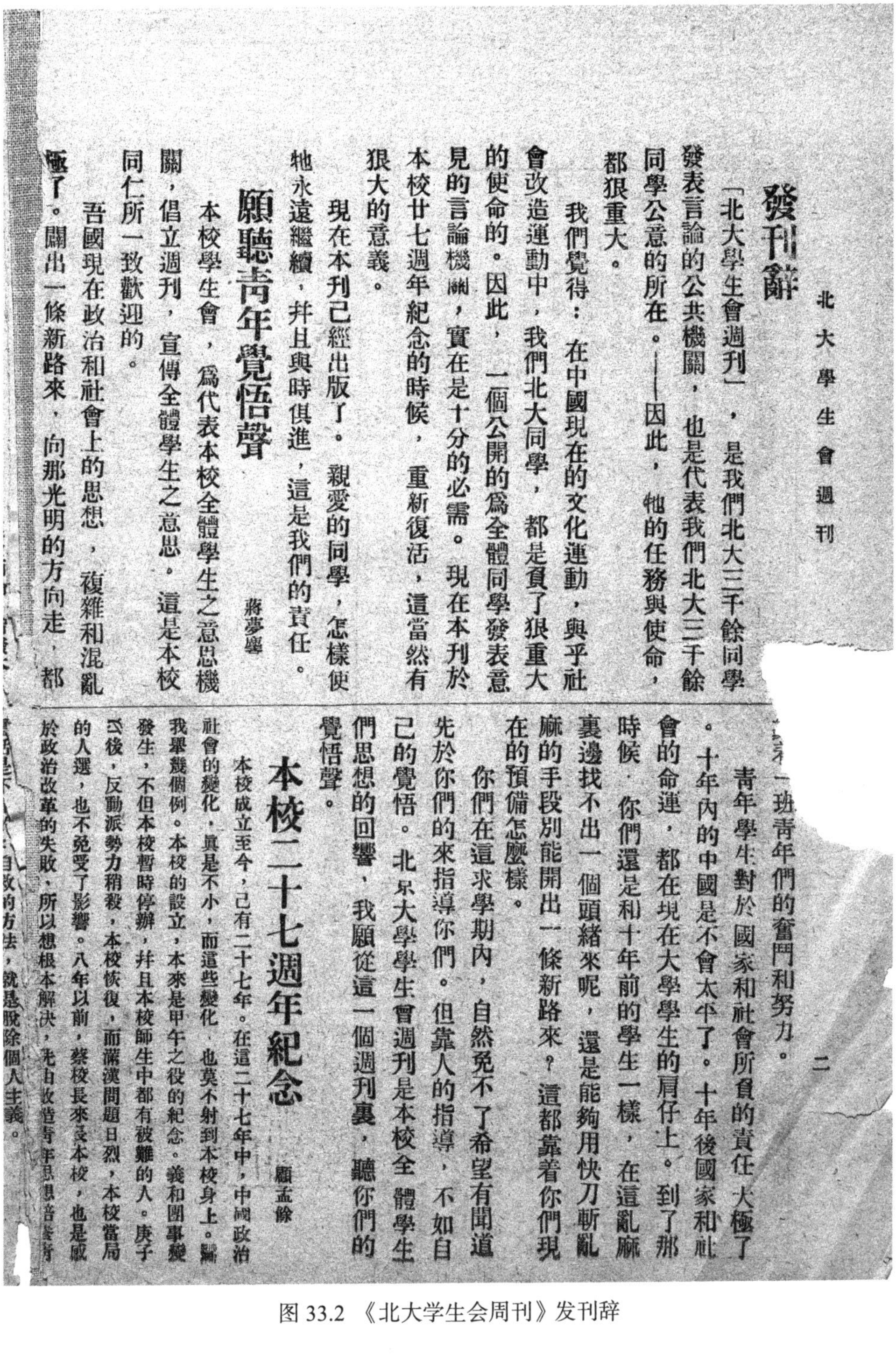

北大學生會週刊

發刊辭

「北大學生會週刊」，是我們北大三千餘同學發表言論的公共機關，也是代表我們北大三千餘同學公意的所在。——因此，牠的任務與使命，都狠重大。

我們覺得：在中國現在的文化運動，與乎社會改造運動中，我們北大同學，都是負了狠重大的使命的。因此，一個公開的爲全體同學發表意見的言論機關，實在是十分的必需。現在本刊於本校廿七週年紀念的時候，重新復活，這當然有狠大的意義。

現在本刊已經出版了。親愛的同學，怎樣使牠永遠繼續，并且與時俱進，這是我們的責任。

願聽青年覺悟聲

蔣夢麐

本校學生會，爲代表本校全體學生之意思機關，倡立週刊，宣傳全體學生之意思。這是本校同仁所一致歡迎的。

吾國現在政治和社會上的思想，複雜和混亂極了。闢出一條新路來，向那光明的方向走，都

家一班青年們的奮鬥和努力。

二

青年學生對於國家和社會所負的責任，大極了。十年內的中國是不會太平了。十年後國家和社會的命運，都在現在大學學生的肩仔上。到了那時候，你們還是和十年前的學生一樣，在這亂麻裏邊找不出一個頭緒來呢，還是能夠用快刀斬亂麻的手段別能開出一條新路來？這都靠着你們現在的預備怎麼樣。

你們在這求學期內，自然免不了希望有聞道先於你們的來指導你們。但靠人的指導，不如自己的覺悟。北京大學學生會週刊是本校全體學生們思想的回響，我願從這一個週刊裏，聽你們的覺悟聲。

本校二十七週年紀念

顧孟餘

本校成立至今，已有二十七年。在這二十七年中，中國政治社會的變化，眞是不小，而這些變化，也莫不射到本校身上。讓我舉幾個例。本校的設立，本來是甲午之役的紀念。義和團事變發生，不但本校暫時停辦，并且本校師生中都有被難的人。庚子以後，反動派勢力稍殺，本校恢復，而滿漢問題日烈，本校當局的人選，也不免受了影響。八年以前，蔡校長來長本校，也是感於政治改革的失敗，所以想根本解決，先由改造青年思想着手

自改的方法，就是脫除個人主義。

图 33.2 《北大学生会周刊》发刊辞

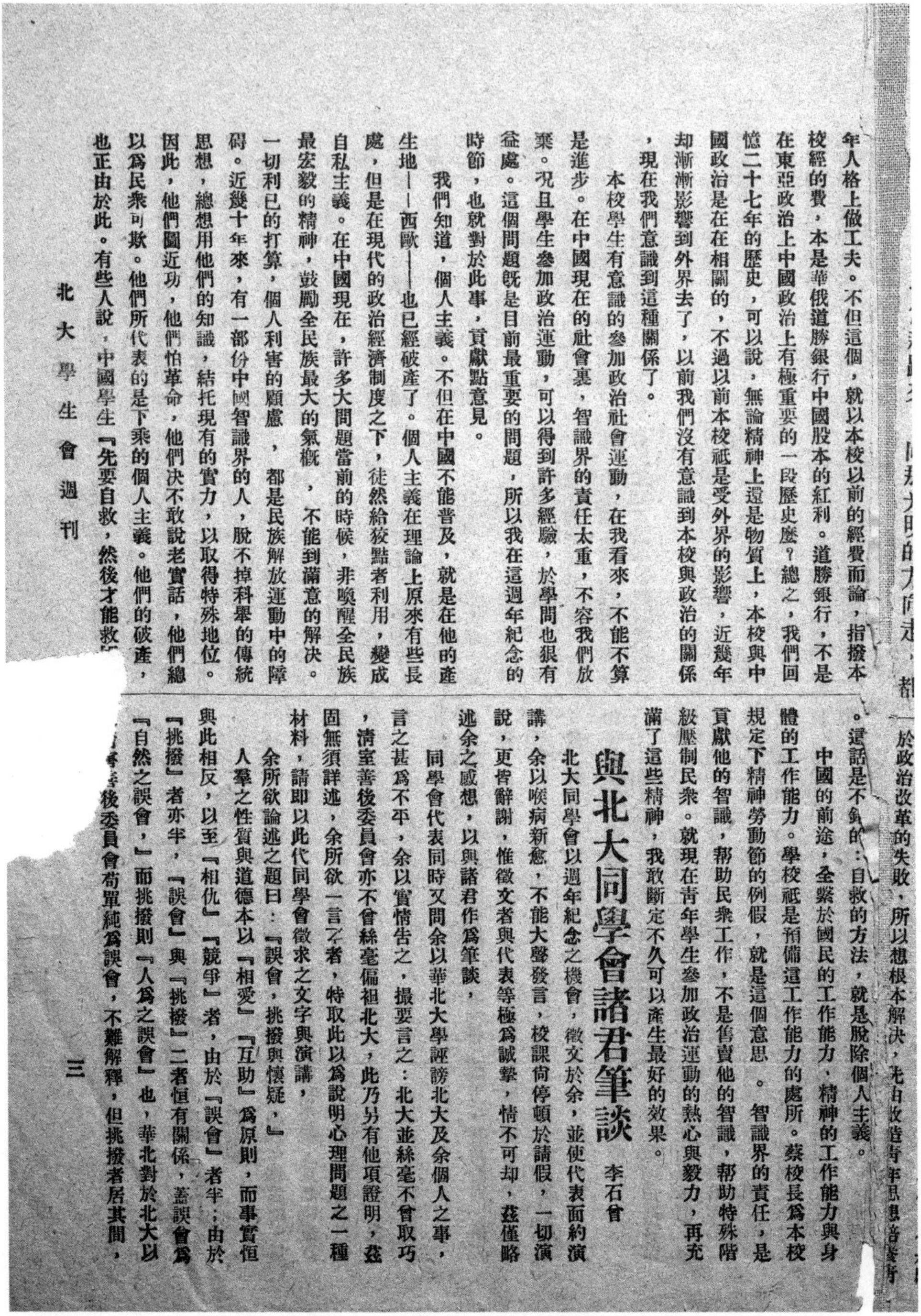

……於政治改革的失敗，所以想根本解決，先由改造青年思想着手

年人格上做工夫。不但這個，就以本校以前的經費而論，指撥本校經的費，本是華俄道勝銀行中國股本的紅利。道勝銀行，不是在東亞政治上中國政治上有極重要的一段歷史麼？總之，我們回憶二十七年的歷史，可以說，無論精神上還是物質上，本校與中國政治是在在相關的，不過以前本校祇是受外界的影響，近幾年却漸漸影響到外界去了，以前我們沒有意識到本校與政治的關係，現在我們意識到這種關係了。

本校學生有意識的參加政治社會運動，在我看來，不能不算是進步。在中國現在的社會裏，智識界的責任太重，不容我們放棄。況且學生參加政治運動，可以得到許多經驗，於學問也很有益處。這個問題既是目前最重要的問題，所以我在這週年紀念的時節，也就對於此事，貢獻點意見。

我們知道，個人主義。不但在中國不能普及，就是在他的產生地——西歐——也已經破產了。個人主義在理論上原來有些長處，但是在現代的政治經濟制度之下，徒然給狡黠者利用，變成自私主義。在中國現在，許多大問題當前的時候，非喚醒全民族最宏毅的精神，鼓勵全民族最大的氣概，不能到滿意的解決。一切利已的打算，個人利害的顧慮，都是民族解放運動中的障碍。近幾十年來，有一部份中國智識界的人，脫不掉科舉的傳統思想，總想用他們的知識，結托現有的實力，以取得特殊地位。因此，他們圖近功，他們怕革命，他們決不敢說老實話，他們總以爲民衆可欺。他們所代表的是下乘的個人主義。他們的破產，也正由於此。有些人說，中國學生『先要自救，然後才能救國』。這話是不錯的：自救的方法，就是脫除個人主義。

中國的前途，全繫於國民的工作能力，精神的工作能力與身體的工作能力。學校祇是預備這工作能力的處所。蔡校長爲本校規定下精神勞動節的例假，就是這個意思。智識界的責任，是貢獻他的智識，幫助民衆工作，不是售賣他的智識，幫助特殊階級壓制民衆。就現在青年學生參加政治運動的熱心與毅力，再充滿了這些精神，我敢斷定不久可以產生最好的效果。

與北大同學會諸君筆談

李石曾

北大同學會以週年紀念之機會，徵文於余，並使代表面約演講，余以喉病新愈，不能大聲發言，校課尙停頓於請假，一切演說，更皆辭謝，惟徵文者與代表等極爲誠摯，情不可却，玆僅略述余之感想，以與諸君作爲筆談，

同學會代表同時又問余以華北大學誣謗北大及余個人之事，言之甚爲不平，余以實情告之，撮要言之：北大並絲毫不曾取巧，淸室善後委員會亦不曾絲毫偏袒北大，此乃另有他項證明，玆固無須詳述，余所欲一言之者，特取此以爲說明心理問題之一種材料，請即以此代同學會徵求之文字與演講，

余所欲論述之題曰：『誤會，挑撥與懷疑，』

人羣之性質與道德本以『相愛』『互助』爲原則，而事實恒與此相反，以至『相仇』『競爭』者，由於『誤會』者半；由於『挑撥』者亦半，『誤會』與『挑撥』二者恒有關係，蓋誤會爲『自然之誤會，』而挑撥則『人爲之誤會』也，華北對於北大以……善後委員會苟單純爲誤會，不難解釋，但挑撥者居其間，

北大學生會週刊　　三

图 33.3 《北大学生会周刊》第三页

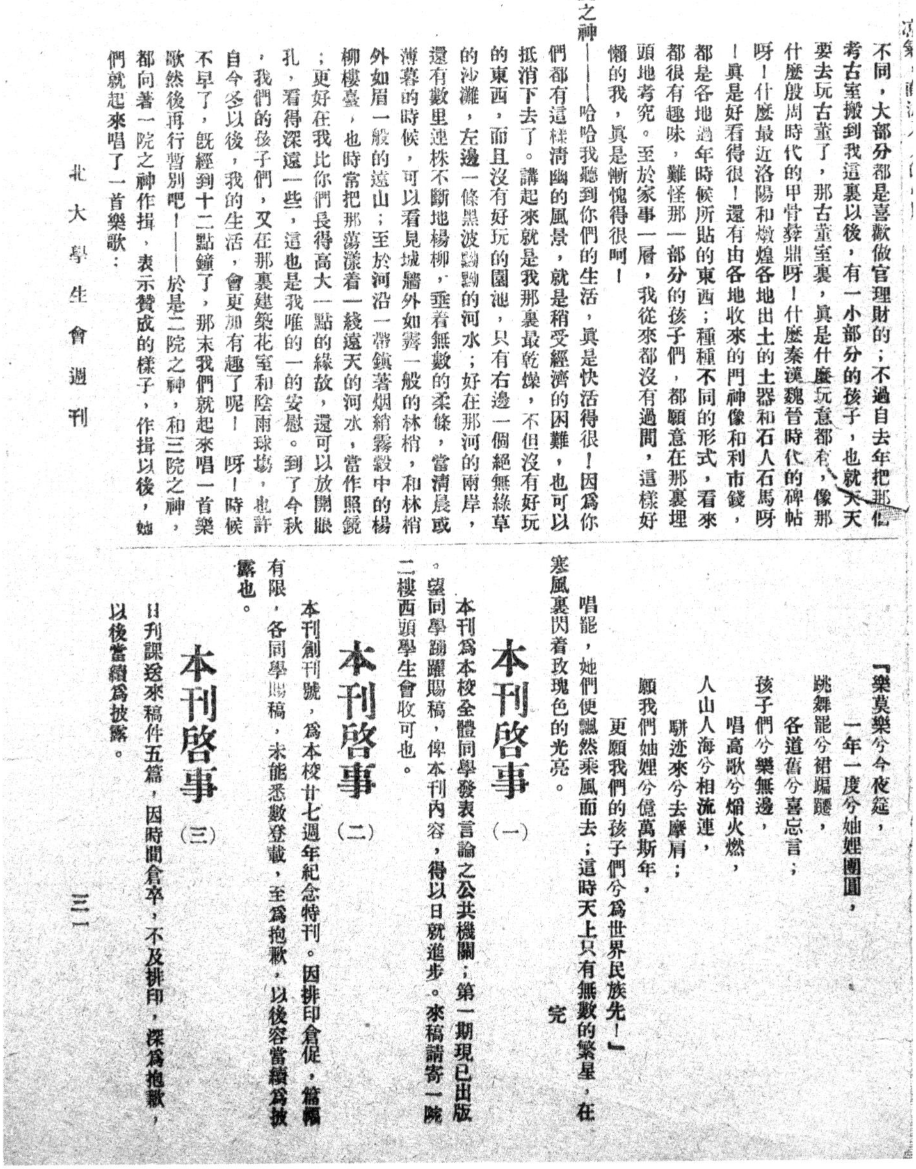

不同，大部分都是喜歡做官理財的；不過自去年把那個考古室搬到我這裏以後，有一小部分的孩子，也就天天要去玩古董了，那古董室裏，眞是什麼玩意都有，像那什麼殷周時代的甲骨彝鼎呀！什麼秦漢魏晉時代的碑帖呀！什麼最近洛陽和燉煌各地出土的土器和石人石馬呀！眞是好看得很！還有由各地收來的門神像和利市錢，都是各地過年時候所貼的東西；種種不同的形式，看來都很有趣味，難怪那一部分的孩子們，都願意在那裏埋頭地考究。至於家事一層，我從來都沒有過問，這樣好懶的我，眞是慚愧得很呵！

一院之神——哈哈我聽到你們的生活，眞是快活得很！因為你們都有這樣清幽的風景，就是稍受經濟的困難，也可以抵消下去了。講起來就是我那裏最乾燥，不但沒有好玩的東西，而且沒有好玩的園池，只有右邊一個絕無綠草的沙灘，左邊一條黑波黝黝的河水；好在那河的兩岸，還有數里連株不斷地楊柳，垂着無數的柔條，當清晨或薄暮的時候，可以看見城牆外如霧一般的林梢，和林梢外如眉一般的遠山；至於河沿一帶鎮著烟綃霧縠中的楊柳樓臺，也時常把那蕩漾着一綫遠天的河水，當作照鏡；更好在我比你們長得高大一點的緣故，還可以放開眼孔，看得深遠一些，這也是我唯一的安慰。到了今秋，我們的孩子們，又在那裏建築花室和陰雨球場，也許自今冬以後，我的生活，會更加有趣了呢！呀！時候不早了，既經到十二點鐘了，那末我們就起來唱一首樂歌然後再行暫別吧！——於是二院之神，和三院之神，都向著一院之神作揖，表示贊成的樣子，作揖以後，她們就起來唱了一首樂歌：

『樂莫樂兮今夜筵，
一年一度兮妯娌團圓，
跳舞罷兮裙蹁躚，
各道舊兮喜忘言；
孩子們兮樂無邊，
唱高歌兮焰火燃，
人山人海兮相流連，
駢迹來兮去摩肩；
願我們妯娌兮億萬斯年，
更願我們的孩子們兮為世界民族先！』

唱罷，她們便飄然乘風而去；這時天上只有無數的繁星，在寒風裏閃着玫瑰色的光亮。

完

本刊啓事（一）

本刊為本校全體同學發表言論之公共機關；第一期現已出版。望同學踴躍賜稿，俾本刊內容，得以日就進步。來稿請寄一院二樓西頭學生會收可也。

本刊啓事（二）

本刊創刊號，為本校廿七週年紀念特刊。因排印倉促，篇幅有限，各同學賜稿，未能悉數登載，至為抱歉，以後容當續為披露也。

本刊啓事（三）

日刊課送來稿件五篇，因時間倉卒，不及排印，深為抱歉，以後當續為披露。

北大學生會週刊　三一

图 33.4 《北大学生会周刊》封底

国民周报

一、刊物介绍

1925 年创刊，北京大学国民周报社办。北京大学图书馆藏为 1925 年 3 月 1 日出版的第十期，刊物英文名为 *The People Weekly*。通信处为北京大学收发课。

二、刊物内容

本刊关注时事，较多为当时社会事件的政论评论，北大馆藏的第十期目录中一共有六篇文章，分别为：

《溥仪出逃与日本之阴谋》（飞黄）

《国人对于上海日纱厂罢工事件何以噤若寒蝉？》（丁文安）

《我真不知段执政是何居心？》（子坚）

《溥仪先生！》（吴稚晖）

《胡适博士试好了没有？》（尧钦）

特载《反对优待清室大同盟通电》

三、馆藏信息

43420/J 1925 no.10

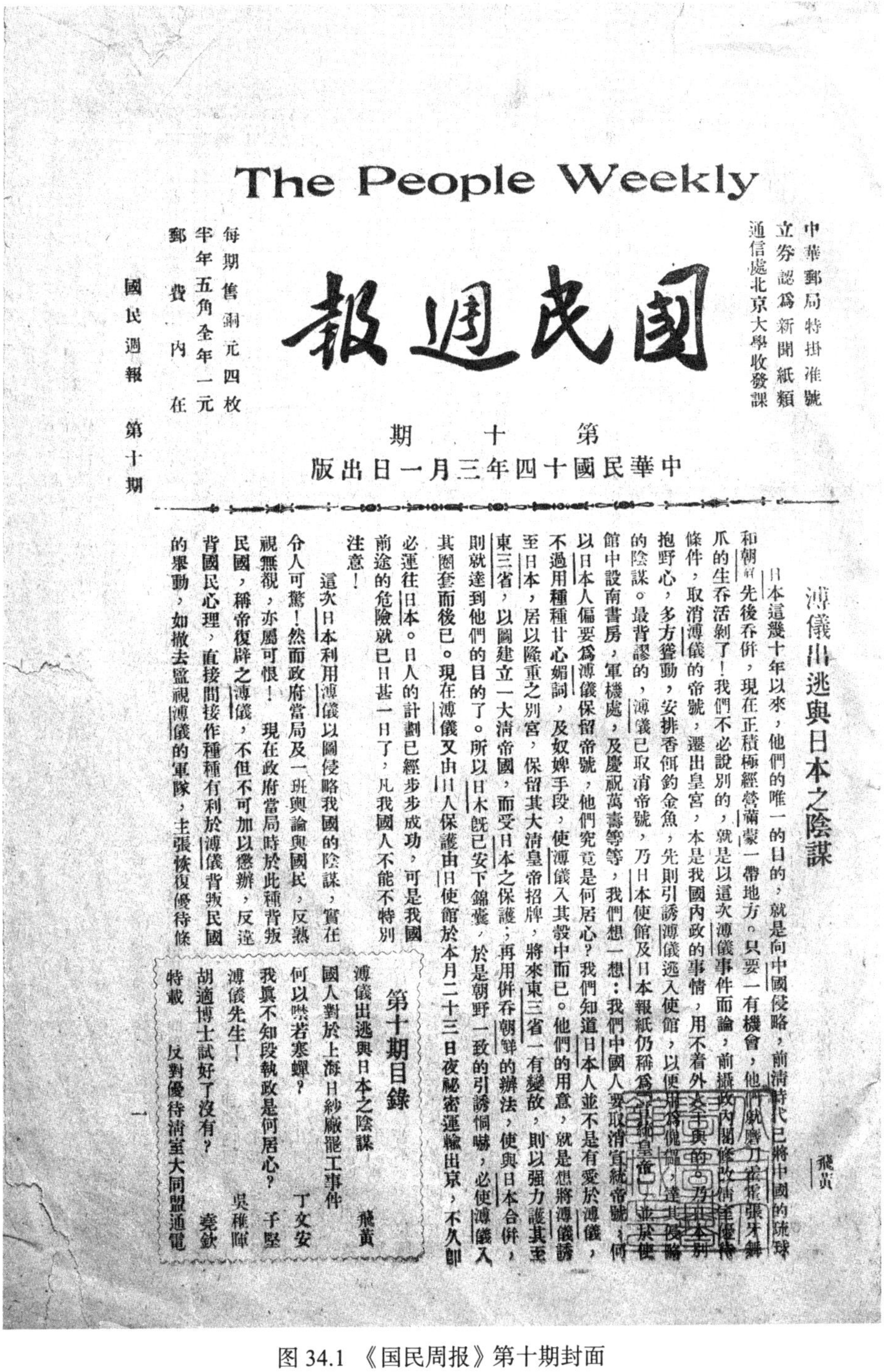

The People Weekly

中華郵局特掛准號立劵認爲新聞紙類
通信處北京大學收發課

國民週報

每期售銅元四枚
半年五角全年一元
郵費在內

第十期
中華民國十四年三月一日出版

國民週報 第十期

溥儀出逃與日本之陰謀

飛黃

日本這幾十年以來，他們的唯一的目的，就是向中國侵略，前清時代已將中國的琉球和朝鮮先後吞併，現在正積極經營滿蒙一帶地方。只要一有機會，他們就磨刀霍霍張牙舞爪的生吞活剝了！我們不必說別的，就是以這次溥儀事件而論，前攝政內閣修改優待條件，取消溥儀的帝號，遷出皇宮，本是我國內政的事情，用不着外人干與的。乃日本別抱野心，多方聳動，安排香餌釣金魚，先則引誘溥儀逃入使館，以便挾持傀儡，達其侵略的陰謀。最背謬的，溥儀已取消帝號，乃日本使館及日本報紙仍稱爲宣統皇帝，並於使館中設南書房，軍機處，及慶祝萬壽等等，我們想一想：我們中國人要取消宣統帝號，何以日本人偏要爲溥儀保留帝號，他們究竟是何居心？我們知道日本人並不是有愛於溥儀，不過用種種甘心媚詞，及奴婢手段，使溥儀入其彀中而已。他們的用意，就是想將溥儀誘至日本，居以隆重之別宮，保留其大清皇帝招牌，將來東三省一有變故，則以強力護其至東三省，以圖建立一大清帝國，而受日本之保護；再用併吞朝鮮的辦法，使與日本合併，則就達到他們的目的了。所以日本既已安下錦囊，於是朝野一致的引誘恫嚇，必使溥儀入其圈套而後已。現在溥儀又由日人保護由日使館於本月二十三日夜秘密運輸出京，不久即必運往日本。日人的計劃已經步步成功，可是我國前途的危險就已日甚一日了，凡我國人不能不特別注意！

這次日本利用溥儀以圖侵略我國的陰謀，實在令人可驚！然而政府當局及一班輿論與國民，反熟視無覩，亦屬可恨！ 現在政府當局時於此種背叛民國，稱帝復辟之溥儀，不但不可加以懲辦，反違背國民心理，直接間接作種種有利於溥儀背叛民國的舉動，如撤去監視溥儀的軍隊，主張恢復優待條

第十期目錄

溥儀出逃與日本之陰謀 飛黃
國人對於上海日紗廠罷工事件何以噤若寒蟬？ 丁文安
我眞不知段執政是何居心？ 子堅
溥儀先生！ 吳稚暉
胡適博士試好了沒有？ 堯欽
特載 反對優待清室大同盟通電

一

图 34.1 《国民周报》第十期封面

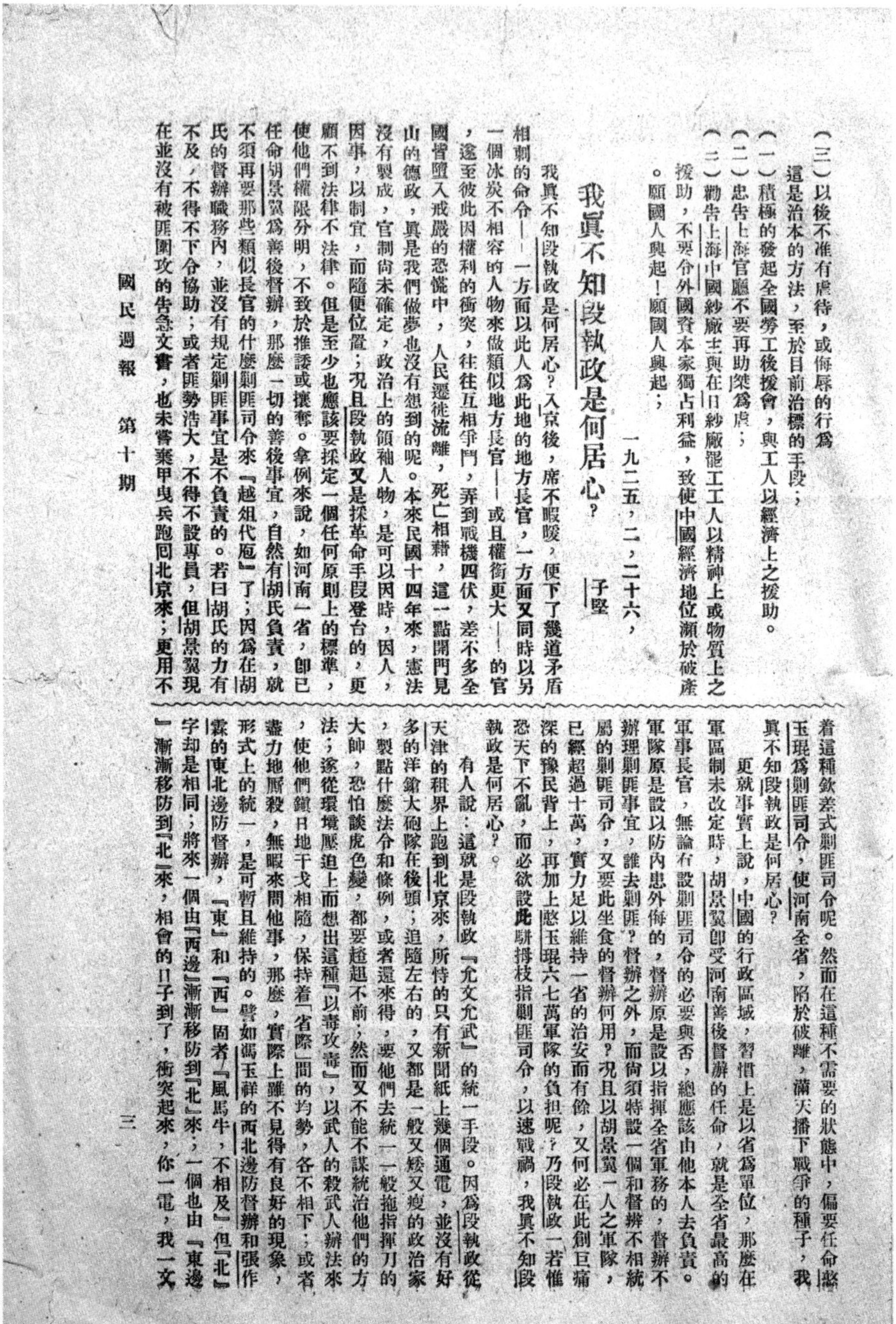

（三）以後不准有虐待，或侮辱的行爲

這是治本的方法，至於目前治標的手段；

（一）積極的發起全國勞工後援會，與工人以經濟上之援助。

（二）忠告上海官廳不要再助桀爲虐；

（三）勸告上海中國紗廠主與在日紗廠罷工工人以精神上或物質上之援助，不要令外國資本家獨占利益，致使中國經濟地位瀕於破產。願國人興起！願國人興起；

一九二五，二，二十六，

我眞不知段執政是何居心？

子堅

我眞不知段執政是何居心？入京後，席不暇煖，便下了幾道矛盾相剋的命令——一方面以此人爲此地的地方長官，一方面又同時以另一個冰炭不相容的人物來做類似地方長官——或且權衡更大——的官，遂至彼此因權利的衝突，往往互相爭鬥，弄到戰機四伏，差不多全國皆墮入戒嚴的恐慌中，人民遷徙流離，死亡相藉，這一點開門見山的德政，眞是我們做夢也沒有想到的呢。本來民國十四年來，憲法沒有製成，官制尚未確定，政治上的領袖人物，是可以因時，因人，因事，以制宜，而隨便位置；況且段執政又是採革命手段登台的，更顧不到法律不法律。但是至少也應該要採定一個任何原則上的標準，使他們權限分明，不致於推諉或攘奪。拿例來說，如河南一省，即已任命胡景翼爲善後督辦，那麼一切的善後事宜，自然有胡氏負責，就不須再要那些類似長官的什麼剿匪司令來『越俎代庖』了；因爲在胡氏的督辦職務內，並沒有規定剿匪事宜是不負責的。若曰胡氏的力有不及，不得不下令協助；或者匪勢浩大，不得不設專員，但胡景翼現在並沒有被匪圍攻的告急文書，也未嘗棄甲曳兵跑回北京來；更用不着這種欽差式剿匪司令呢。然而在這種不需要的狀態中，偏要任命憨玉琨爲剿匪司令，使河南全省，陷於破離，滿天播下戰爭的種子，我眞不知段執政是何居心？

更就事實上說，中國的行政區域，習慣上是以省爲單位，那麼在軍區制未改定時，胡景翼即受河南善後督辦的任命，就是全省最高的軍事長官，無論有設剿匪司令的必要與否，總應該由他本人去負責。軍隊原是設以防內患外侮的，督辦原是設以指揮全省軍務的，督辦不辦理剿匪事宜，誰去剿匪？督辦之外，而尚須特設一個和督辦不相統屬的剿匪司令，又要此坐食的督辦何用？況且以胡景翼一人之軍隊，已經超過十萬，實力足以維持一省的治安而有餘，又何必在此創巨痛深的豫民背上，再加上憨玉琨六七萬軍隊的負担呢？乃段執政一若惟恐天下不亂，而必欲設此駢拇枝指剿匪司令，以速戰禍，我眞不知段執政是何居心？。

有人說：這就是段執政『允文允武』的統一手段。因爲段執政從天津的租界上跑到北京來，所恃的只有新聞紙上幾個通電，並沒有好多的洋鎗大砲隊在後頭；追隨左右的，又都是一般又矮又瘦的政治家，製點什麼法令和條例，或者還來得，要他們去統一一般掩指揮刀的大帥，恐怕談虎色變，都要趦趄不前；然而又不能不謀統治他們的方法；遂從環境壓迫上而想出這種『以毒攻毒』，以武人的殺武人辦法來，使他們鎮日地干戈相隨，保持着「省際」間的均勢，各不相下；或者盡力地厮殺，無暇來問他事，那麼，實際上雖不見得有良好的現象，形式上的統一，是可暫且維持的。譬如馮玉祥的西北邊防督辦和張作霖的東北邊防督辦，『東』和『西』固者『風馬牛，不相及』但『北』字却是相同；將來一個由『西邊』漸漸移防到『北』來；一個也由『東邊』漸漸移防到『北』來，相會的日子到了，衝突起來，你一電，我一文

國民週報 第十期

三

图 34.2 《国民周报》第三页

北大化学会年刊

一、刊物介绍

1926 年 6 月创刊于北京，年刊，化学专业刊物。又名《化学会年刊》，北大化学会编辑股编辑，地点在北京大学第二院北大化学会。北大化学会成立于 1922 年 11 月，成员有陈世璋、俞同奎、杨公庶、赵廷炳等人。该刊“本刊启事”中议决“定每年一月一日出版一次”。北大馆藏仅见第一期。

二、刊物内容

该刊《发刊辞》介绍其宗旨为：“介绍新知；叙述旧理；建议国内化学事业之创设或扩充；报告国内外化学工业之现状。”[①] 刊物有“计划书”“调查录”“讲演录”“译述”“论著”等栏目。主要撰稿人包括丁绪贤、杨公庶、沈思社、李淑、李毅等。刊文内容如论著《植物染料》《读过一些定性分析之后》《植物同化作用之化学变化及其产物》，译述《蛋白质在化学上最近之进步》，计划书《创设副产焦炭煤气煤膏工厂意见书》，调查录《北大煤气厂记略》等。第一期还有《今夏落成的北大煤气厂内部总图》手绘图，王守则绘。此外，本刊还附有化学名著介绍、北大化学会的组织以及成员介绍和该刊启事等信息。

三、馆藏信息

13400/J 1926 no.1

---

① 北大化学会编辑股 . 发刊辞［J］. 北大化学会年刊，1926（1）.

北大

化學會年栞

第一期

THE ANNUAL

OF

THE CHEMICAL SOCIETY

OF

THE PEKING NATIONAL UNIVERSITY

VOL. I.

北京大學圖書館藏

中華民國十五年出版

图 35.1 《北大化学会年刊》第一期封面

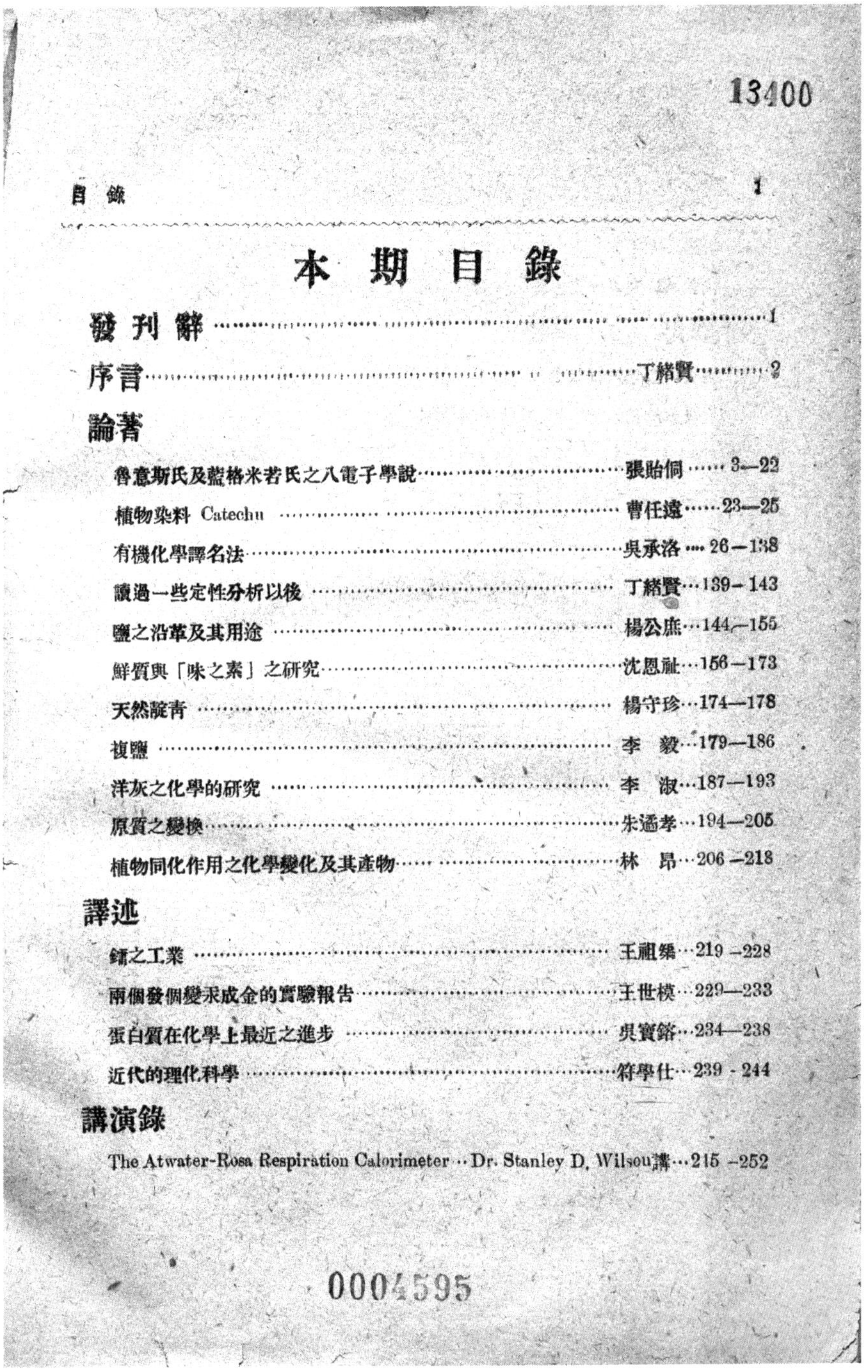

13400

目錄 1

本期目錄

0004595

图 35.2 《北大化学会年刊》第一期目录

發刊辭

泰西科學，昌盛已久，化學一科，亦粲然卓立。海內工化學者，或畢生研求，筆諸專書，或相聚究討，發行刊物，今日所稱道之物質文明，胥賴於此。吾國自“中學爲體，西學爲用”之言倡，對於化學一科，即承重視；顧時至今日，邃然而有深造，卓然而有獨創者，尙不多覯；即就刊物而言，關於文學政治等，觸目皆是，而化學則寥若晨星，此非特爲治化學者，愧少貢獻，即習化學者，亦鮮借鑑。同人等爰創本刊，其企圖爲：(1)介紹新知；(2)敘述舊理；(3)建議國內化學事業之創設或擴充；(4)報告國內外化學工業之現狀。惟同人等志奢力微，萬望海內高明，有以教之。

图 35.3 《北大化学会年刊》发刊辞

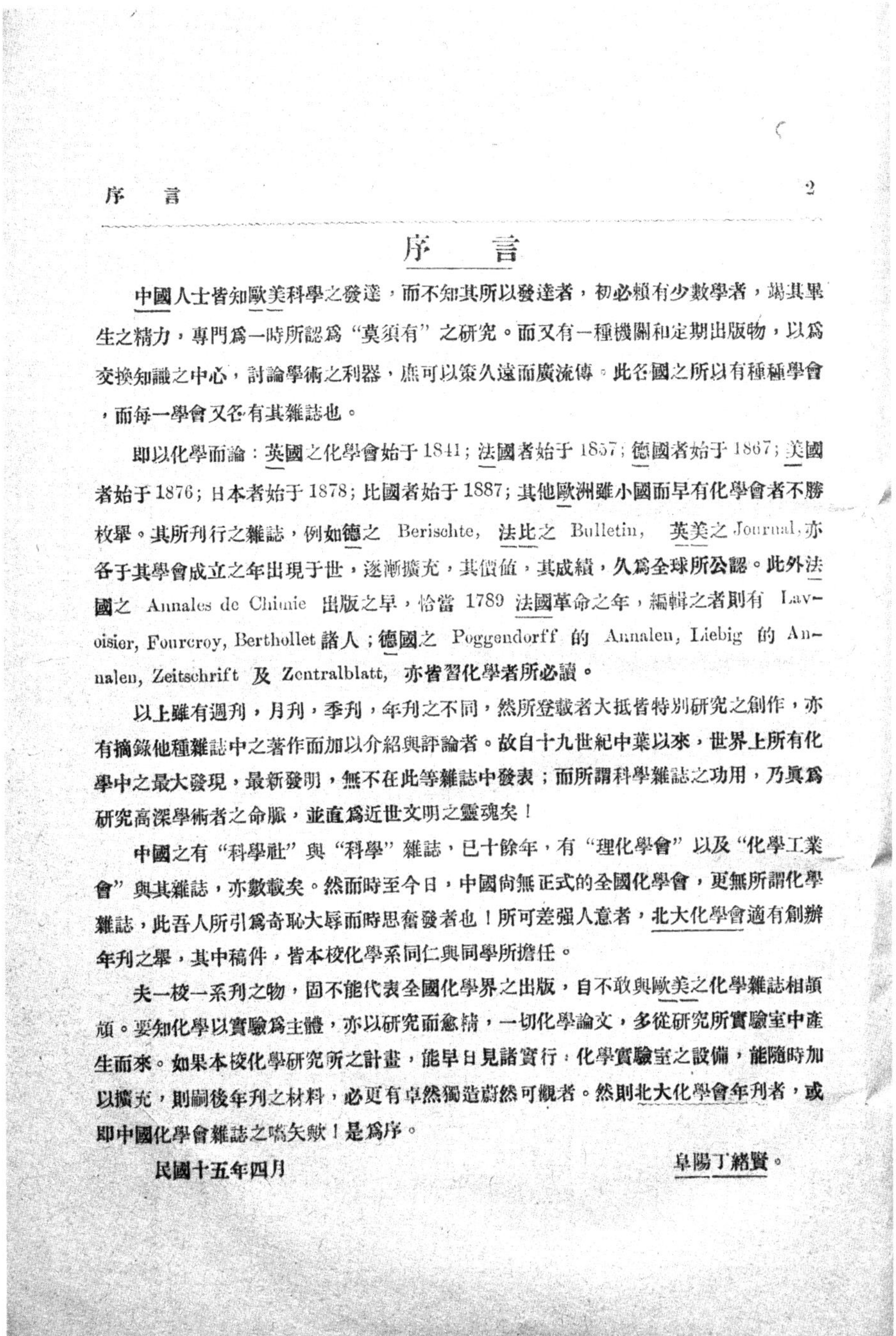

图 35.4 《北大化学会年刊》序言

北京大学研究所国学门月刊

一、刊物介绍

1926年10月20日创刊于北京，国学研究类杂志，月刊，继承自《北京大学研究所国学门周刊》。该刊由国立北京大学研究所国学门编辑，开明书店发行，发售处为国立北京大学研究所国学门发行处，地址为北京东安门北河沿国立北京大学第三院。1927年11月20日停刊，共出版八期，第七、八期为合刊。

二、刊物内容

该刊主要刊载关于中国古代歌谣、方言、风俗、考古及明清史料等方面的研究文章及译述，并报道相关学术消息。第一期为“考古学专号”，开设栏目有“宗教美术（一）壁画”“宗教美术（二）造象碑及经幢”“古代器物”“专载”“插图”等，刊载如《保定莲花池六幢考》《乐浪遗迹出土之漆器铭文考》等考古学相关论述，插图中有考古出土文物照片若干。该刊有较多歌谣相关的论述，如《吴歌与山东歌谣之转变》《论近世歌谣》等，并收录相关民间歌谣选如《浙江嵊县歌谣》《江苏谣歌选》《云南歌谣选》《广东歌谣选》等。该刊还刊载论述文章如郑宾于《论三百篇后的风诗问题》、大任《许真君故事的起原和概略》、陆侃如等译高本汉《论左传之真伪及其性质》等。同时，该刊延续《北京大学研究所国学门周刊》的内容，如第三期的《陆安传说》即为续周刊第二十期，《梁山伯祝英台的故事》即为续周刊第八期等。

三、馆藏信息

12210.1/J 1926-1927 no.1-8

第二至八号正文首页钤有“国立北京大学文科研究所”章。

图 36.1 《北京大学研究所国学门月刊》第一号封面

12200

北京大學研究所國學門月刊

第一卷　第一號

考古學專號

甲　宗教美術(一)　壁畫

乙　宗教美術(二)　造象碑及經幢

丙　古代器物

丁　古代語音

專　載

插　圖

0004345

图 36.2 《北京大学研究所国学门月刊》第一卷第一号目录

北京大學研究所國學門月刊

第一卷 第二號

图 36.3 《北京大学研究所国学门月刊》第一卷第二号目录

公孫龍考

鄭賓于

據史記漢志呂覽淮南……等書所載，以及古今學者所說，則公孫龍似已有兩個：其一是名家的公孫龍；其二便是孔仲尼的弟子。

以公孫龍爲名家的，便說他是趙人，與孔穿平原君等同時；以公孫龍爲孔子弟子的，便說他是衞人，或魏人，楚人，與冉有子貢等弟子同時。

所以史記孟子荀卿列傳既已敘說了公孫龍，而仲尼弟子列傳又列着他底名字，漢書古今人表便也照樣地把他記錄了。因此，後世的學者都必要咬斷鐵釘地說公孫龍是兩個人。

歷史上遺留下來的書籍關于公孫龍事蹟的記載很少，縱有，亦不過止于寥寥數語而已，並沒有詳細地敘述。然則時至今日，我們要來討論公孫龍究竟是一人或二人的問題豈不是一件不可能的事嗎？

但是，細核呂氏春秋等書所記的結果，不禁使我對于"公孫龍是仲尼弟子"之說懷疑起來。其唯一的理由是：

諸書所載公孫龍的事蹟學術都是名家底人物，然毫沒有與仲尼弟子有相關的記載。假如果然七十子中實有公孫龍其人者，仲尼爲什麼絕口不道？卽謂雖然論語中也不盡有七十子之名，而同時的記載爲甚麼也從不之及？

今且將諸家說及公孫龍之學術與其時地商訂之于左：

(1)謂公孫龍爲言"堅白同異"之辯者：

呂氏春秋淫辭云：孔穿公孫龍相與論於平原君所，深而辯，至於藏三牙(或云牙當作耳)，公孫龍言藏之三牙甚辨，孔穿不應；少選，辭而出。明日，孔穿朝，平原君謂孔穿曰："昔者，公孫龍之言甚辯，"孔穿曰："然，幾能令藏三牙矣；雖然，難！願得有問於君：謂藏三牙甚難，而實非也；謂藏兩牙甚易，

(351)

图 36.4 《北京大学研究所国学门月刊》第四号（351）页"国立北京大学文科研究所"章

新生

一、刊物介绍

1926年12月17日在北京出版第一期，北京大学新生社社刊，周刊。1927年6月停办，共出版二十期。人文社科综合性刊物。通信处为北京大学第一院。据该刊启事，“本刊出版的缘由，在革新社会，建设新中国。对于现有的思想、道德、制度的根据，认为有重新审慎考虑的必要。内容：包涵政治，经济，法律，科学，哲学，文学各种文字。态度：是公开的，独立的，研究的。凡对本刊表同情和反对的，无论通信论著，俱所欢迎”[①]。

二、刊物内容

刊物主编及主要撰稿人有黄秩庸、萧家霖、许寿裳、周作人以及以干、基、博、作、豆等字作为笔名的其他北大新生社社员，设有“小说”“通信”“时事短评”“译诗”等栏目，涉及政治、经济、法律、科学、文化、哲学等各领域。政论文章如胡适《思想革命》(胡适之先生在英演讲)《世界大战的导火线》《清党运动后国民党的危机》等；短评如《日本童工的待遇》《英国的提案》“Nationalism”等；文学方面如《人境庐集外诗》《牧羊女的寻求》《中国文字底世界化和我们今后应有之工作》，译作如小泉八云《关于西洋女人的事》等。刊物第二期刊载《为什么要提倡国语罗马字?》，第八期是《国语罗马字运动特刊》，体现了当时国语罗马字运动进入一个新阶段。

---

① 北京大学新生社．本刊启事［J］．新生，1926（2）．

三、馆藏信息

50025/J 1926-1927 v.1，no.1-10，12-14，16-20

第十六期封面钤有“北京中华教育改进社教育图书馆”章，第十二至二十期封面钤有“燕京大學图书馆藏”章。

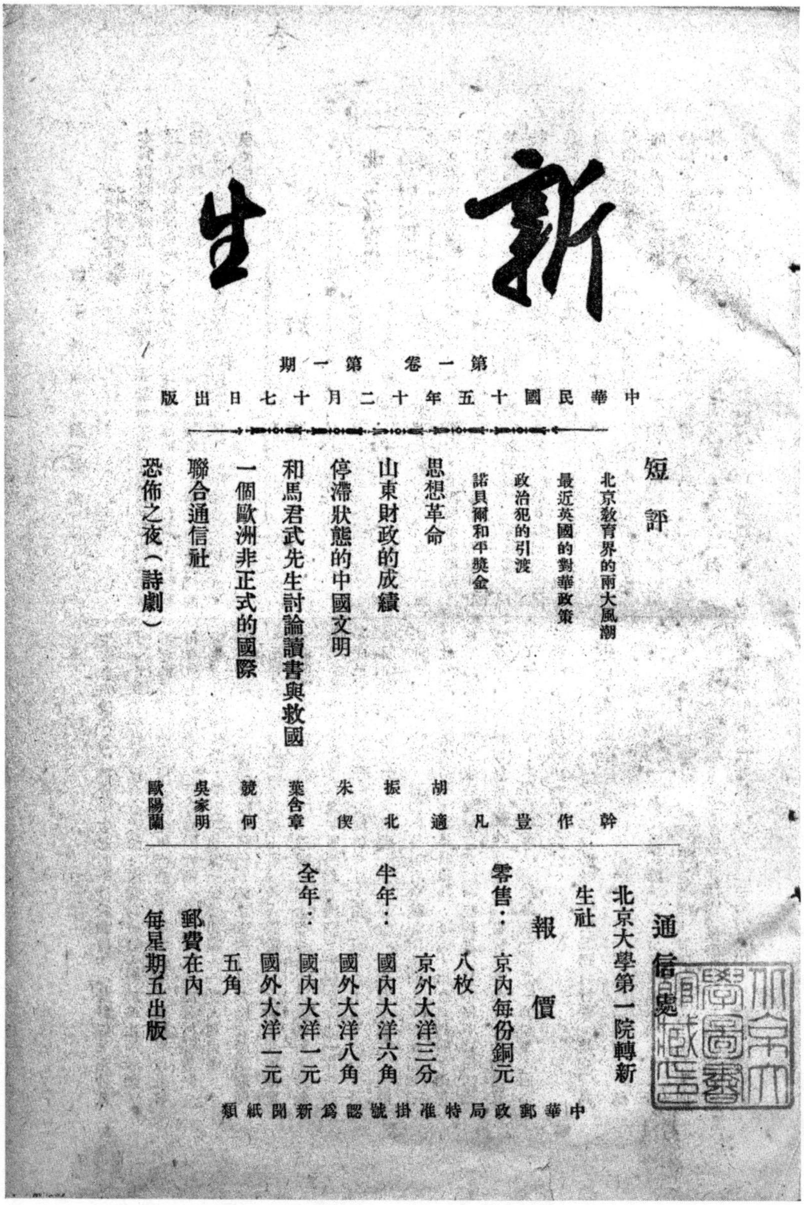

新生

第一卷第一期

中華民國十五年十二月十七日出版

短評 幹

北京教育界的兩大風潮 作

最近英國的對華政策 豈

政治犯的引渡 凡

諾貝爾和平獎金

思想革命 胡適

山東財政的成績 振北

停滯狀態的中國文明 朱偰

和馬君武先生討論讀書與救國 葉含章

一個歐洲非正式的國際 競何

聯合通信社 吳家明

恐怖之夜（詩劇） 歐陽蘭

通信處

北京大學第一院轉新生社

報價

零售：京內每份銅元八枚 京外大洋三分

半年：國內大洋六角 國外大洋八角

全年：國內大洋一元 國外大洋一元五角

郵費在內

每星期五出版

燕京大學圖書館藏

中華郵政局特准掛號認為新聞紙類

图 37.1 《新生》第一卷第一期封面

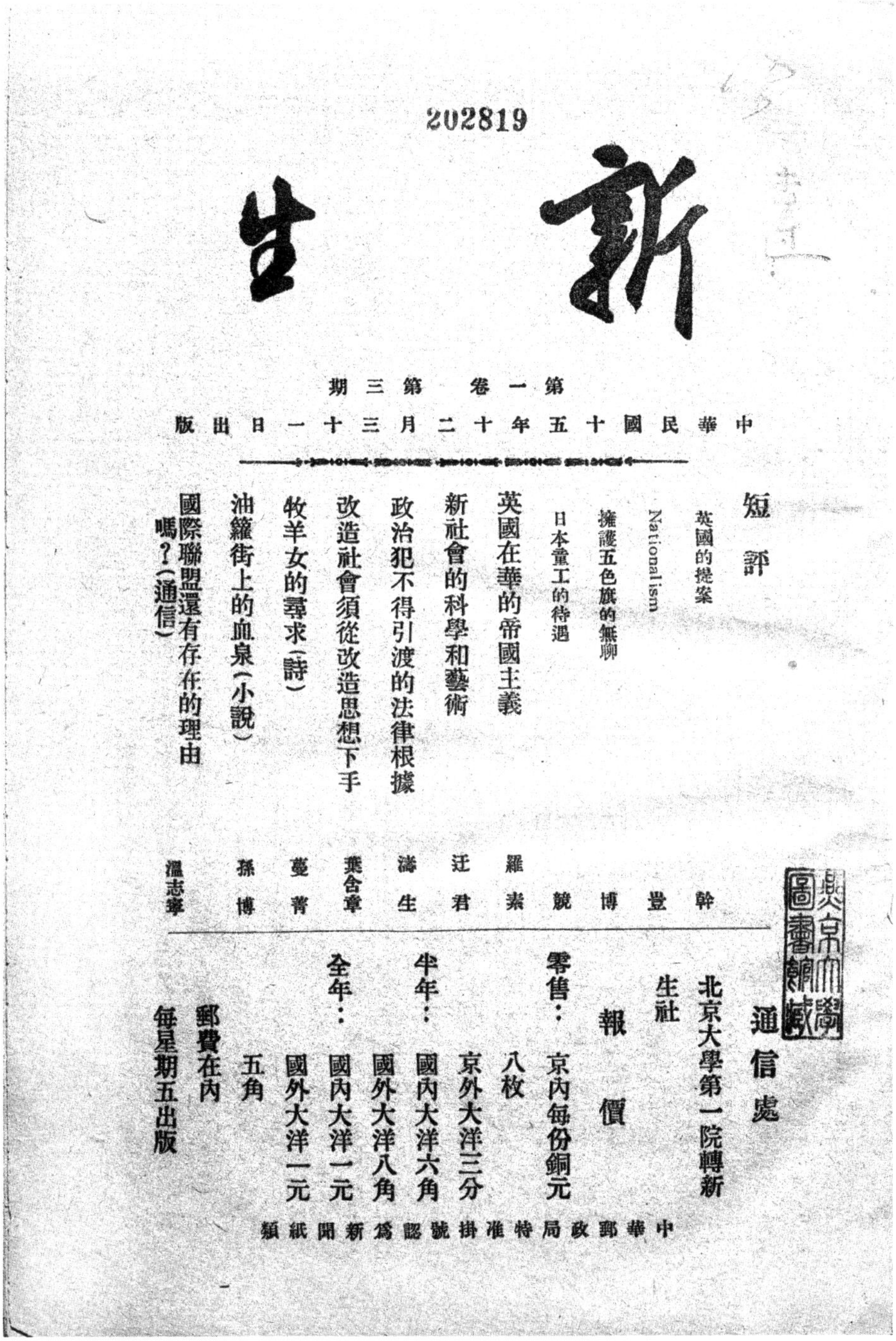

202819

新生

第一卷第三期

中華民國十五年十二月三十一日出版

短評

- 英國的提案 —— 幹
- Nationalism —— 豈博
- 擁護五色旗的無聊 —— 博
- 日本童工的待遇 —— 競

英國在華的帝國主義 —— 羅素

新社會的科學和藝術 —— 汪君

政治犯不得引渡的法律根據 —— 濤生

改造社會須從改造思想下手 —— 龔含章

牧羊女的尋求(詩) —— 蔓菁

油籠街上的血泉(小說) —— 孫博

國際聯盟還有存在的理由嗎?(通信) —— 溫志摯

通信處 北京大學第一院轉新生社

報價

零售:京內每份銅元八枚 京外大洋三分

半年:國內大洋六角 國外大洋八角

全年:國內大洋一元 國外大洋一元五角

郵費在內

每星期五出版

北京大學圖書館藏

中華郵政局特准掛號認為新聞紙類

图 37.2 《新生》第一卷第三期封面

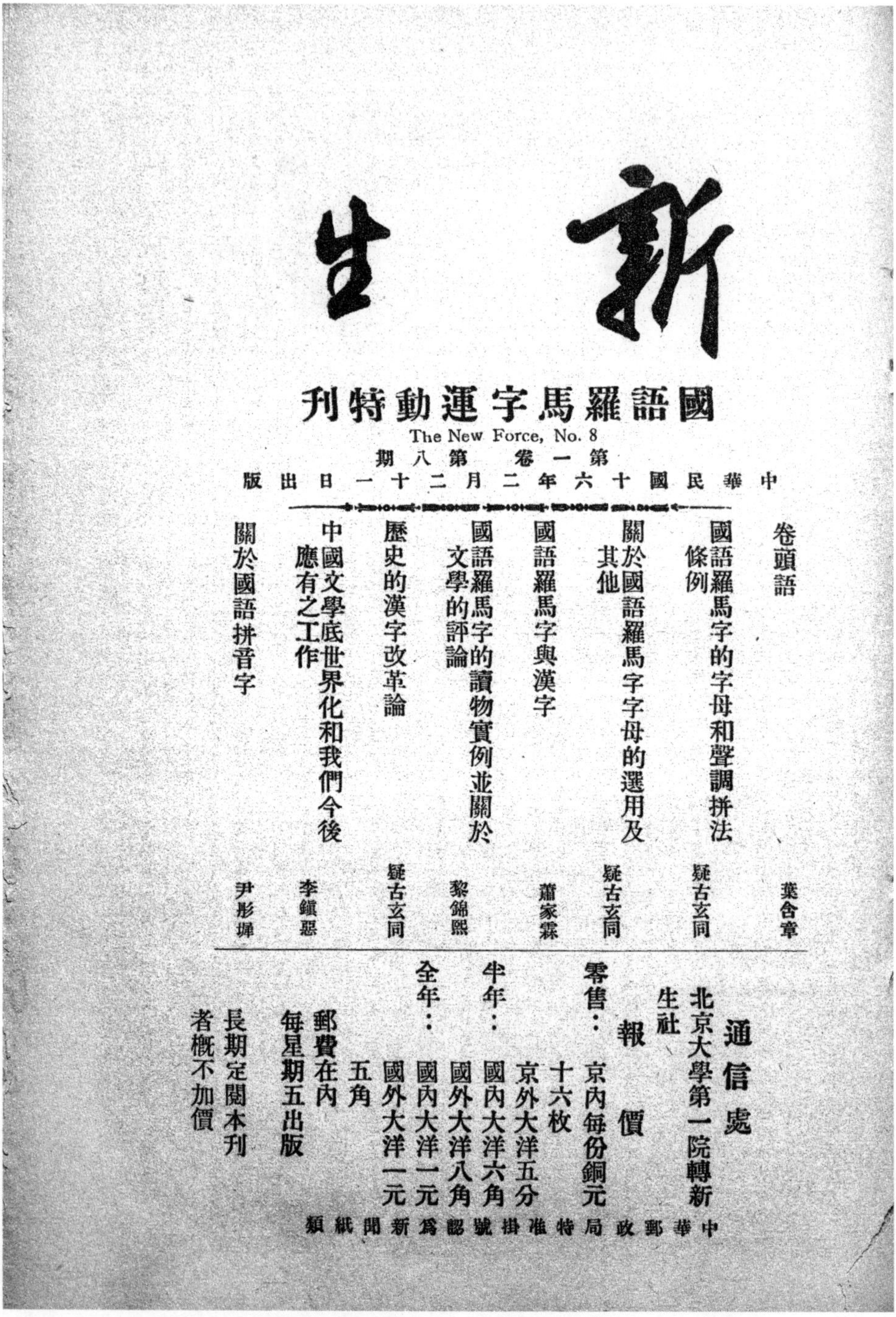

新生

國語羅馬字運動特刊

The New Force, No. 8

第一卷 第八期

中華民國十六年二月二十一日出版

卷頭語 葉含章

國語羅馬字的字母和聲調拼法條例 疑古玄同

關於國語羅馬字字母的選用及其他 疑古玄同

國語羅馬字與漢字 蕭家霖

國語羅馬字的讀物實例並關於文學的評論 黎錦熙

歷史的漢字改革論 疑古玄同

中國文學底世界化和我們今後應有之工作 李鏞惡

關於國語拼音字 尹彤墀

通信處 北京大學第一院轉新生社

報價

零售：京內每份銅元十六枚 京外大洋五分

半年：國內大洋六角 國外大洋八角

全年：國內大洋一元 國外大洋一元五角

郵費在內

每星期五出版

長期定閱本刊者概不加價

中華郵政局特准掛號認為新聞紙類

图 37.3 《新生》第一卷第八期封面

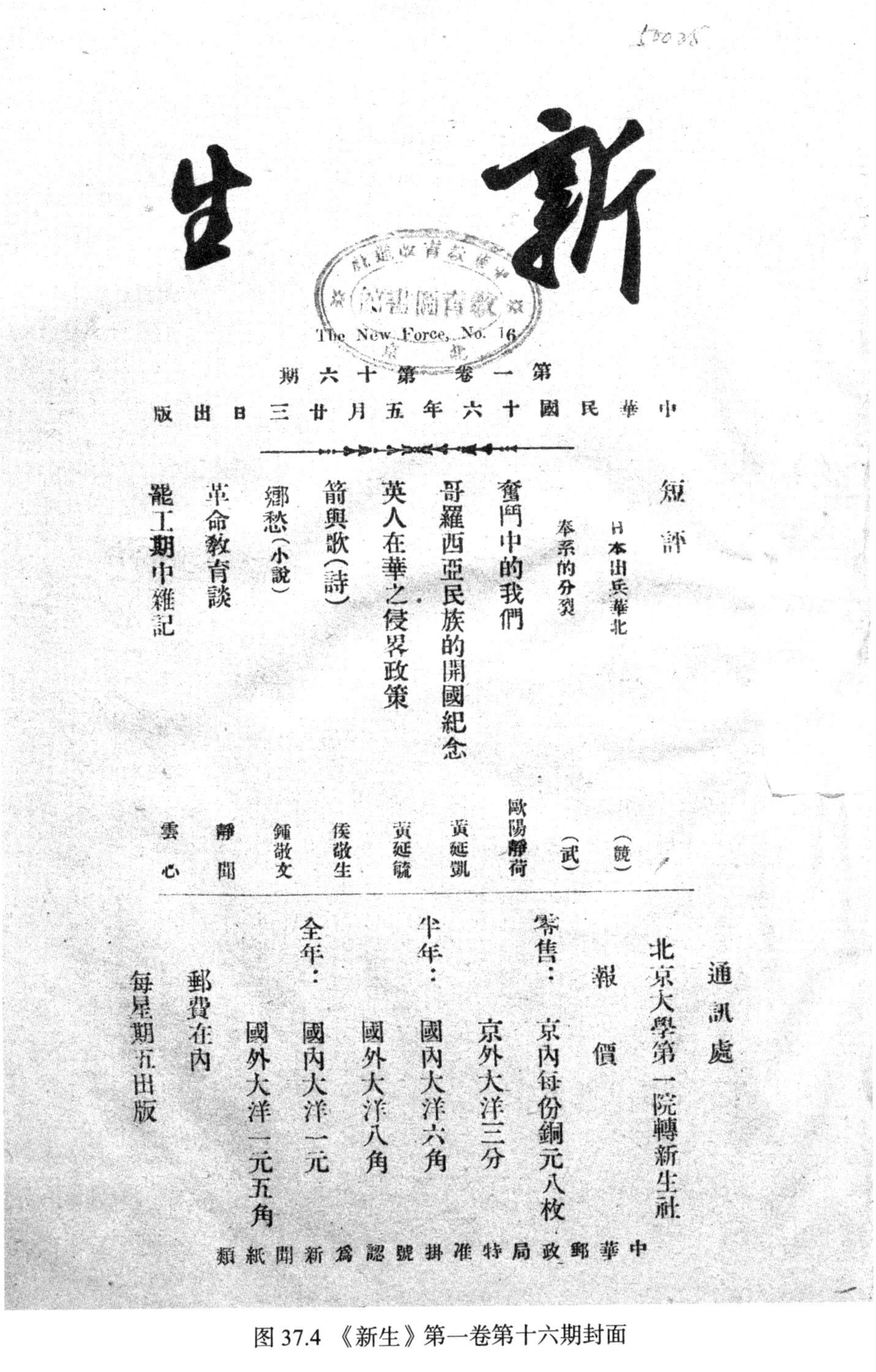

新生

The New Force, No. 16

第一卷第十六期

中華民國十六年五月廿三日出版

短評

日本出兵華北 （鏡）

奉系的分裂 （武）

奮鬥中的我們 歐陽靜荷

哥羅西亞民族的開國紀念 黃延凱

英人在華之侵畧政策 黃延毓

箭與歌（詩） 侯敬生

鄉愁（小說） 鍾敬文

革命教育談 靜聞

罷工期中雜記 雲心

通訊處

北京大學第一院轉新生社

報價

零售：京內每份銅元八枚

京外大洋三分

半年：國內大洋六角

國外大洋八角

全年：國內大洋一元

國外大洋一元五角

郵費在內

每星期五出版

中華郵政局特准掛號認為新聞紙類

图 37.4 《新生》第一卷第十六期封面

北大一九二五哲学系毕业同学纪念刊

一、刊物介绍

此刊物为北大1925哲学系毕业同学纪念刊，又名《海天集》，封面有胡适题签，北新书局1926年12月出版。刊物有蔡元培的“北大民国十四年哲学系级友会纪念刊”题字及“知之为知之，不知为不知，是知也”等题词。蒋梦麟1925年9月23日为该刊作序中提到：“恐毕业之后，天涯海角，不能重得在校时整齐一堂共同研究的乐趣，特别刊行这本《海天集》以作纪念。”

二、刊物内容

刊物内有由景山俯瞰北大全景图，以及蔡元培、顾孟馀、蒋梦麟、胡适、刘廷芳、邓秉钧等人的照片，还有同学合影若干。《编者弁言》由杨廉作于1925年9月20日，提到“海天集之成因由于1925哲学系同学感于分别在即，非有纪念刊不可而作。……我们觉得全体同学已有毕业纪念刊，我们应当在普通纪念之外还加上共同研究的意义，因此把论文看得特别重”。刊物内容多为冯友兰、胡适、陈大齐、陶孟和等人撰写的有关教育、思想、研究等的论述，涉及领域较为广泛。刊物还刊载了《国立北京大学史略》《本系略史》《本系历年课程沿革表》等校史系史相关内容，刊物中的论文涉及毕达哥拉斯学派、佛教禅法、西洋教育等。刊物对于了解当时学人学术轨迹、北京大学哲学系的变迁有重要意义。

三、馆藏信息

13305/J 1926

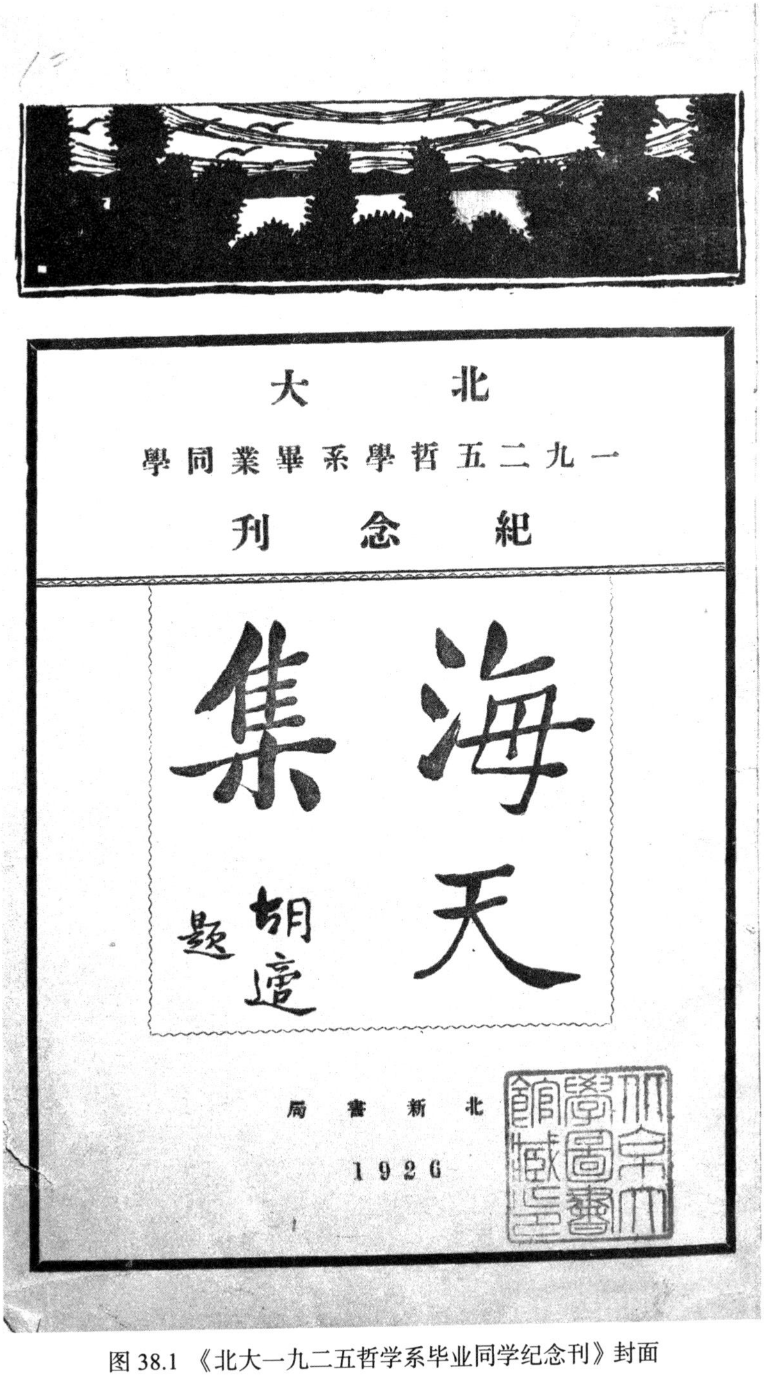

图 38.1 《北大一九二五哲学系毕业同学纪念刊》封面

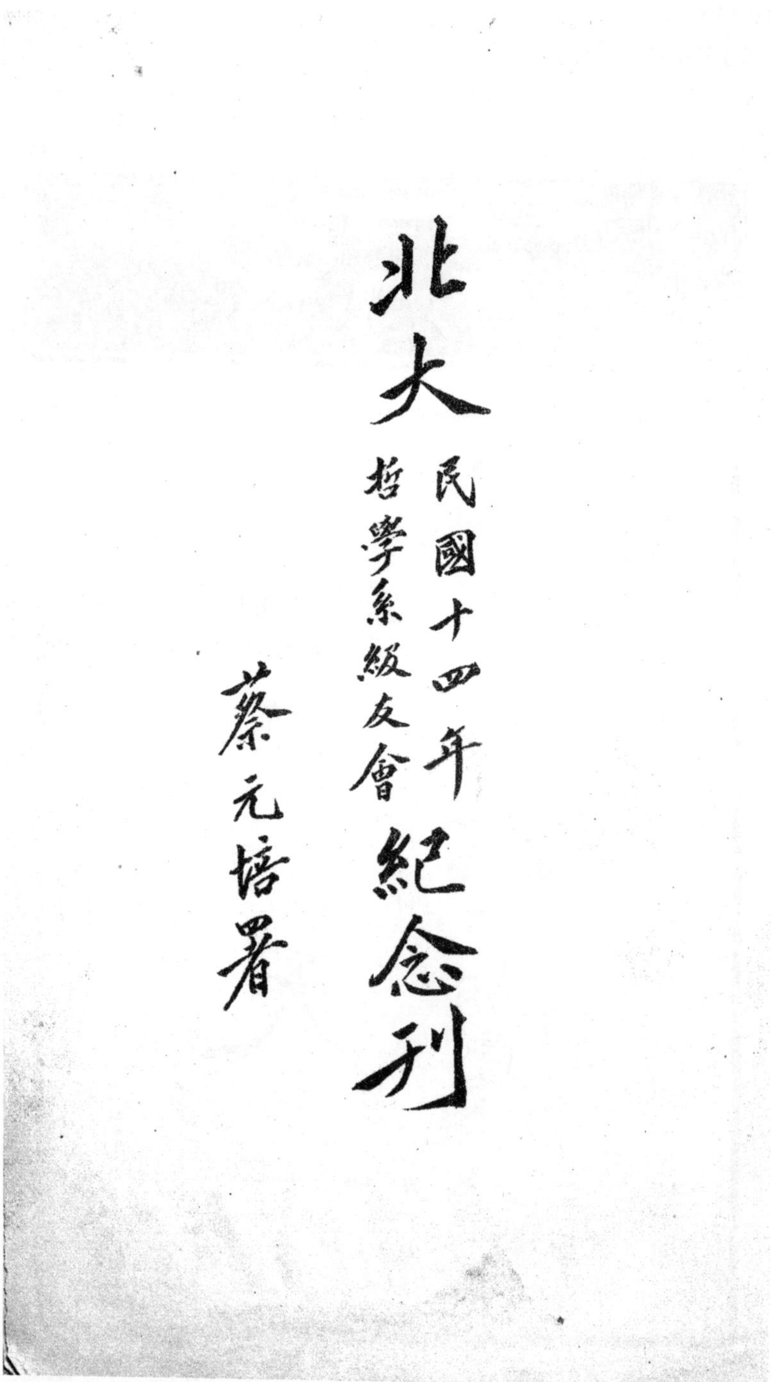

图 38.2 《北大一九二五哲学系毕业同学纪念刊》题字

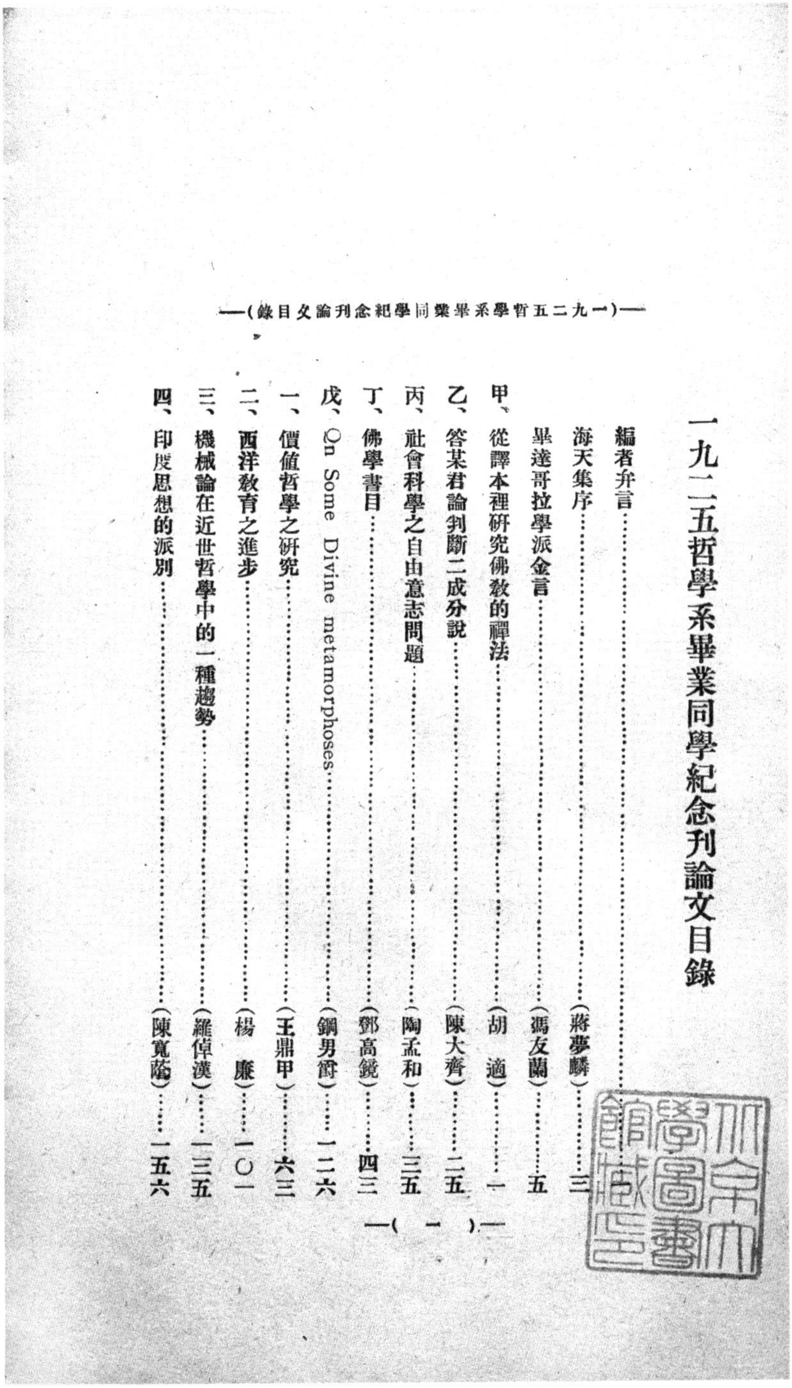

—(一九二五哲學系畢業同學紀念刊論文目錄)—

一九二五哲學系畢業同學紀念刊論文目錄

—（一）—

北京大學圖書館藏

图 38.3 《北大一九二五哲学系毕业同学纪念刊》目录

編者弁言

楊廉

海天集之成因由於一九二五哲學系同學感於分別在即，非有紀念刊不可而作。發動的期間在十四年冬天。不過因爲我們最初的計畫，只在表示紀念，對於論文並不重要，後來我們覺得全體同學已有畢業紀念刊，我們應當在普通紀念之外還加上共同研究的意義，因此把論文看得特別重。計畫改變，時間遂爲之一延。論文收到之後，計算起來，經費三百餘元的印刷費，並且毫不美觀。我們不得不再變更計畫。增加教授論文，改印更白更好的紙，請北新書局代爲出版。因此時間爲之再延。我們這本海天集本來是表示臨別紀念的，那知道出版的時候，本級同學早已海角天涯了！

海天集得以出版，全賴我們的教授們爲我們做文章，並捐款作印刷費，一九二五哲系同學應當致誠懇的謝意，在校的哲系同學和已畢業的同學，特爲我們作贈言，使我們有所遵循，也是本級同人所難忘懷的。

一九二五，九月，二十日。

图 38.4 《北大一九二五哲学系毕业同学纪念刊》编者弁言

革命周报

一、刊物介绍

1926年创刊，综合性刊物。通信处为北京大学第一院，停刊原因及具体时间不详，现知共出十期，北大馆藏四期。

二、刊物内容

刊物以讨论国内外政治问题为主，并刊登时事评论、社会调查以及有关妇女解放的论述。刊物栏目包括“时评”“通讯”“选录”“妇女钟”“农村调查”等。“时评”如《亚细亚民族大同盟》《北方局面的昏暗》，“社会调查”如《清华园之附近七华里之农村》，“妇女钟”如《旧家庭妇女生活状况》《我们妇女要怎样才能解放自己》《中国妇女运动目前最重要的方略——联合战线》等。

三、馆藏信息

30360/J 1926 no.7-10

第七至十期封面钤有“燕京大学图书馆”藏书章。

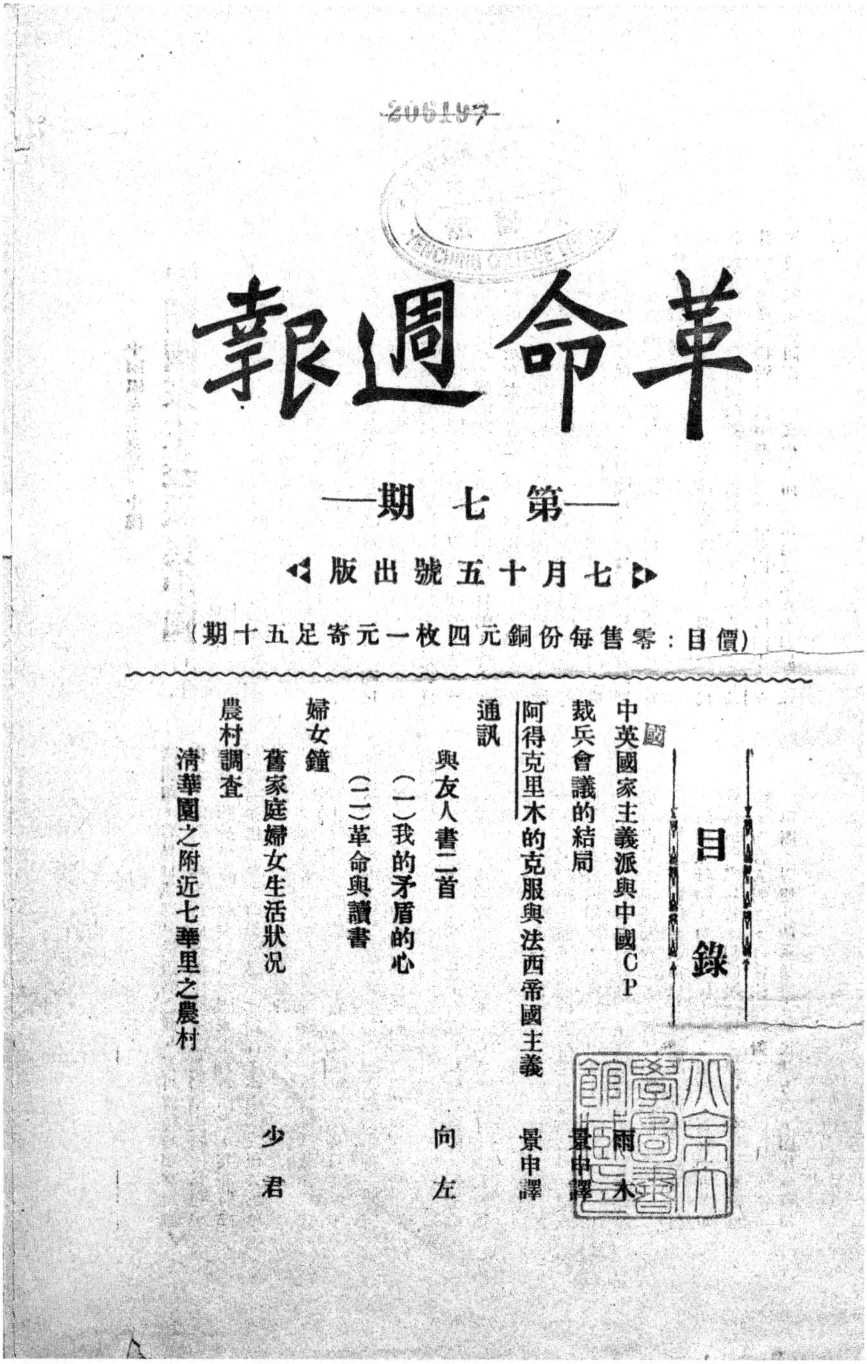

革命週報

—第七期—

七月十五號出版

(價目：零售每份銅元四枚一元寄足五十期)

目錄

图 39.1 《革命周报》第七期封面

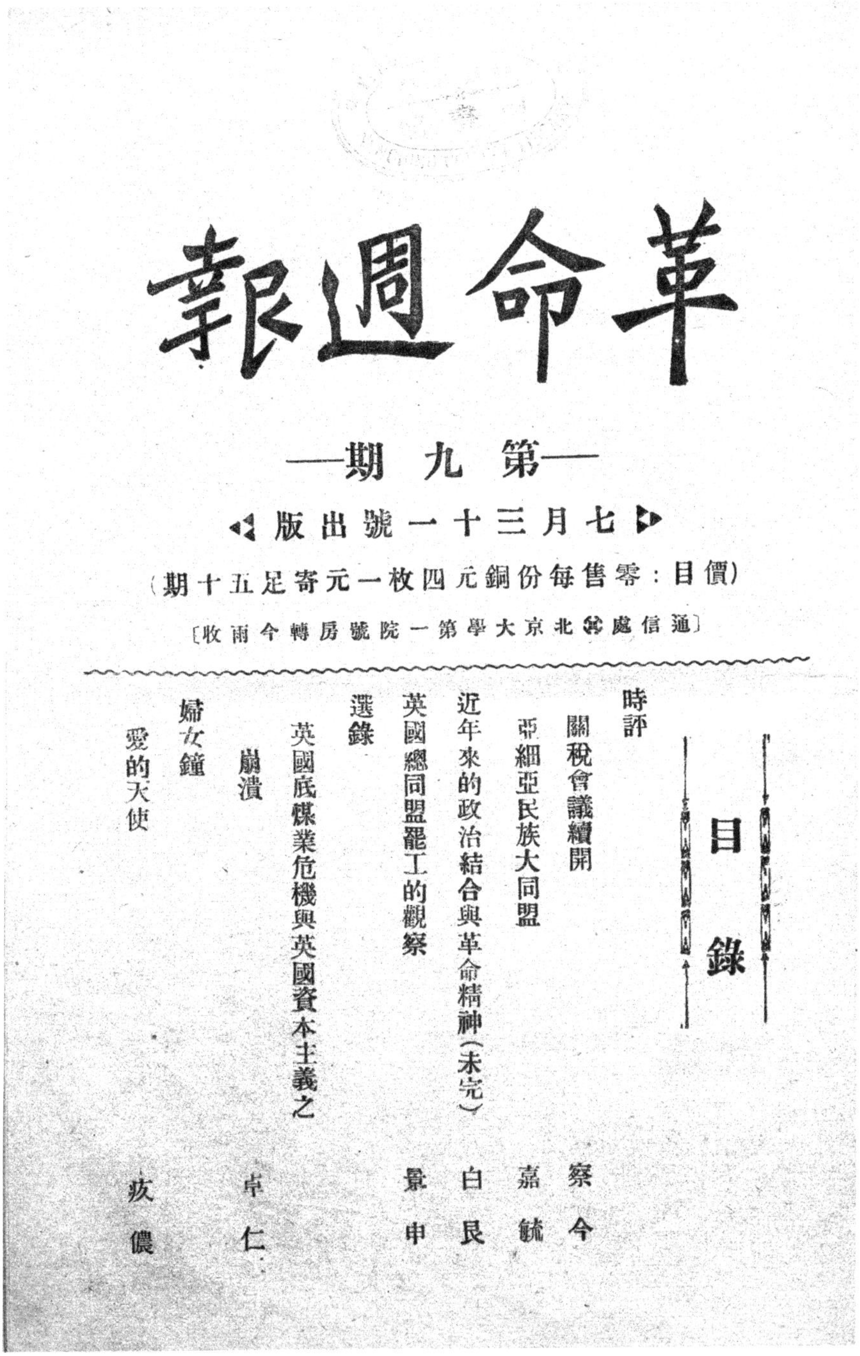

革命週報

—第九期—

七月三十一號出版

（價目：零售每份銅元四枚一元寄足五十期）

〔通信處[illegible]北京大學第一院號房轉令兩收〕

目錄

時評

關稅會議續開　察令

亞細亞民族大同盟　嘉毓

近年來的政治結合與革命精神（未完）　白艮

英國總同盟罷工的觀察　景申

選錄

英國底煤業危機與英國資本主義之崩潰　卓仁

婦女鐘

愛的天使　疚儂

图 39.2 《革命周报》第九期封面

谷风

一、刊物介绍

1928 年 7 月 1 日出版第一期，仅出四期，半月刊。本刊物为北京大学进步学生社团谷风社自筹资金创办的文学刊物。通信处为国立北京大学西斋谷风社。

二、刊物内容

该刊第一期《编后》指出："谷风半月刊这次出世，是我们不安于寂静的几个人，过不惯死气沉沉的生活，想在这黑暗，混沌的社会里寻找一点点的光明。"[①] 刊载内容主要集中在文艺方面，发表小说、散文、诗歌、戏剧作品，兼载短篇政论文章。文字中西杂糅，主体文字用中文撰写，部分作品掺杂英文表达。诗歌作品有更生《灾不单行》、流霞《哀歌》、瀛仙《新的路程》等。小说代表作品有李信之"Away：Romance！"，中文与英文杂糅，体现出中西交融的思想氛围和写作风格。戏剧作品有定中《失学从军》。该刊在青年学生中产生较大影响。

三、馆藏信息

20905/J 1928 no.1-4

第一期封面钤有"燕京大学图书馆"藏书章及"北京谷风社"章。

---

① 谷风社 . 编后［J］. 谷风，1928（1）.

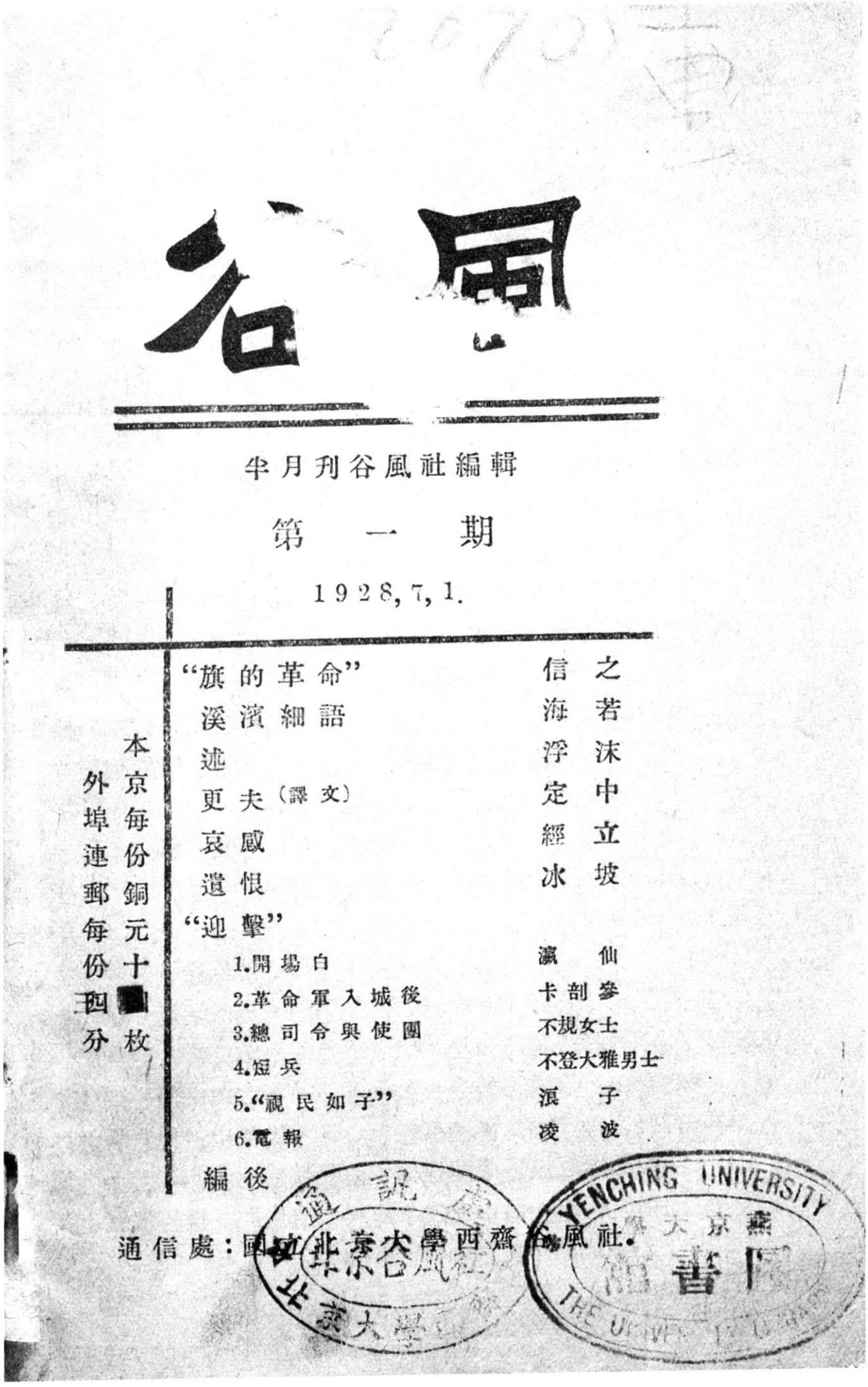

谷風

半月刊谷風社編輯

第一期

1928,7,1.

本京每份銅元十[illegible]枚
外埠連郵每份四分

通信處：國立北京大學西齋谷風社

YENCHING UNIVERSITY

图 40.1 《谷风》第一期封面

28

（二）

甲：革命軍來了，我們的地位恐怕不牢，怎麼好呢？

乙：這有何難？我們把黨部赶緊組織起來，還不就是同志嗎？

翌日，

甲：我們貼標語吧，你看怎樣？

乙："嚴防投分子""………"對啦！對啦！

編　後

谷風半月刊這次出世，是我們不安於寂靜的幾個人，過不慣死氣沉沉的生活，想在這黑暗，混沌的社會裡尋找一點點的光明——那光，不論牠是大如爍爛的明星，或小如弱微的螢火，但只要是光，我們便感到滿意，至少不再像現在只有感到寂寞，沉靜和黑暗了。——關於此，我們不敢說前途的希冀一定會很大，實也沒多大奢望；不過我們相信，拿着以青年無畏的精神，循時代之要求，在知識上一天一天的努力，前途總許有一線些微的曙光吧！

我們這個半月刊，是大家努力於文藝 etc.的戰場，並不是自私的園地，如有志趣相同的朋友們，惠寄佳作，帮同我們喊起"殺！殺！殺！"的戰歌，敲動"打！打！打！"的戰鼓，……我們當然十三分的歡迎。

在這小小刊物產生以前：承社內的社員和社外的朋

图 40.2 《谷风》第一期编后

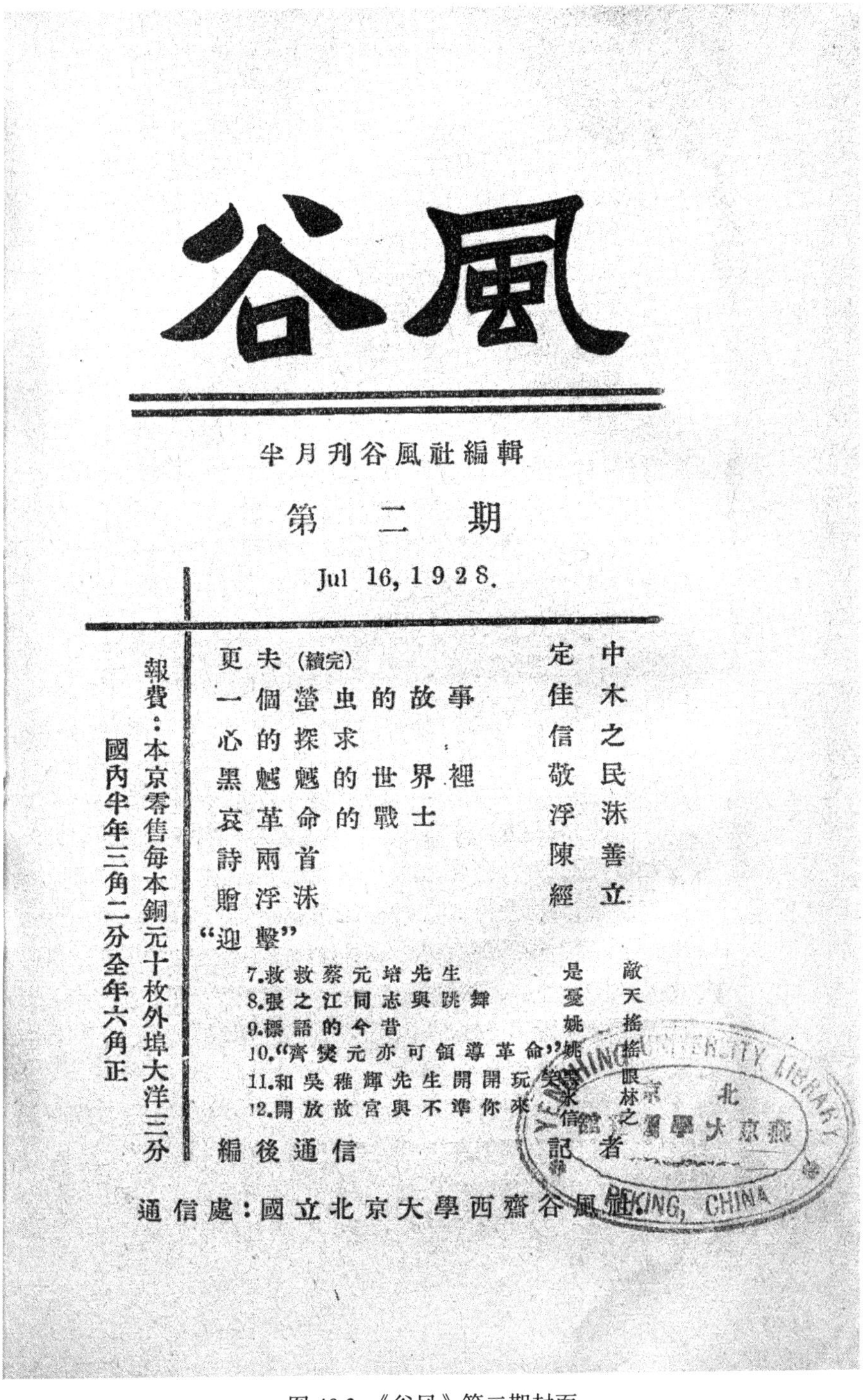

谷風

半月刊谷風社編輯

第二期

Jul 16, 1928.

更夫（續完）	定中
一個螢虫的故事	佳木之
心的探求	信之
黑魆魆的世界裡	敬民
哀革命的戰士	浮涞
詩兩首	陳善
贈浮涞	經立
“迎擊”	
7.救救蔡元培先生	是敵
8.張之江同志與跳舞	憂天
9.標語的今昔	姚搖
10.“齊燮元亦可領導革命”	姚搖
11.和吳稚輝先生開開玩笑	眼
12.開放故宮與不準你來	米林 信之
編後通信	記者

報費：本京零售每本銅元十枚外埠大洋三分

國內半年三角二分全年六角正

通信處：國立北京大學西齋谷風社.

YENCHING UNIVERSITY LIBRARY
燕京大學圖書館 北京
PEKING, CHINA

图 40.3 《谷风》第二期封面

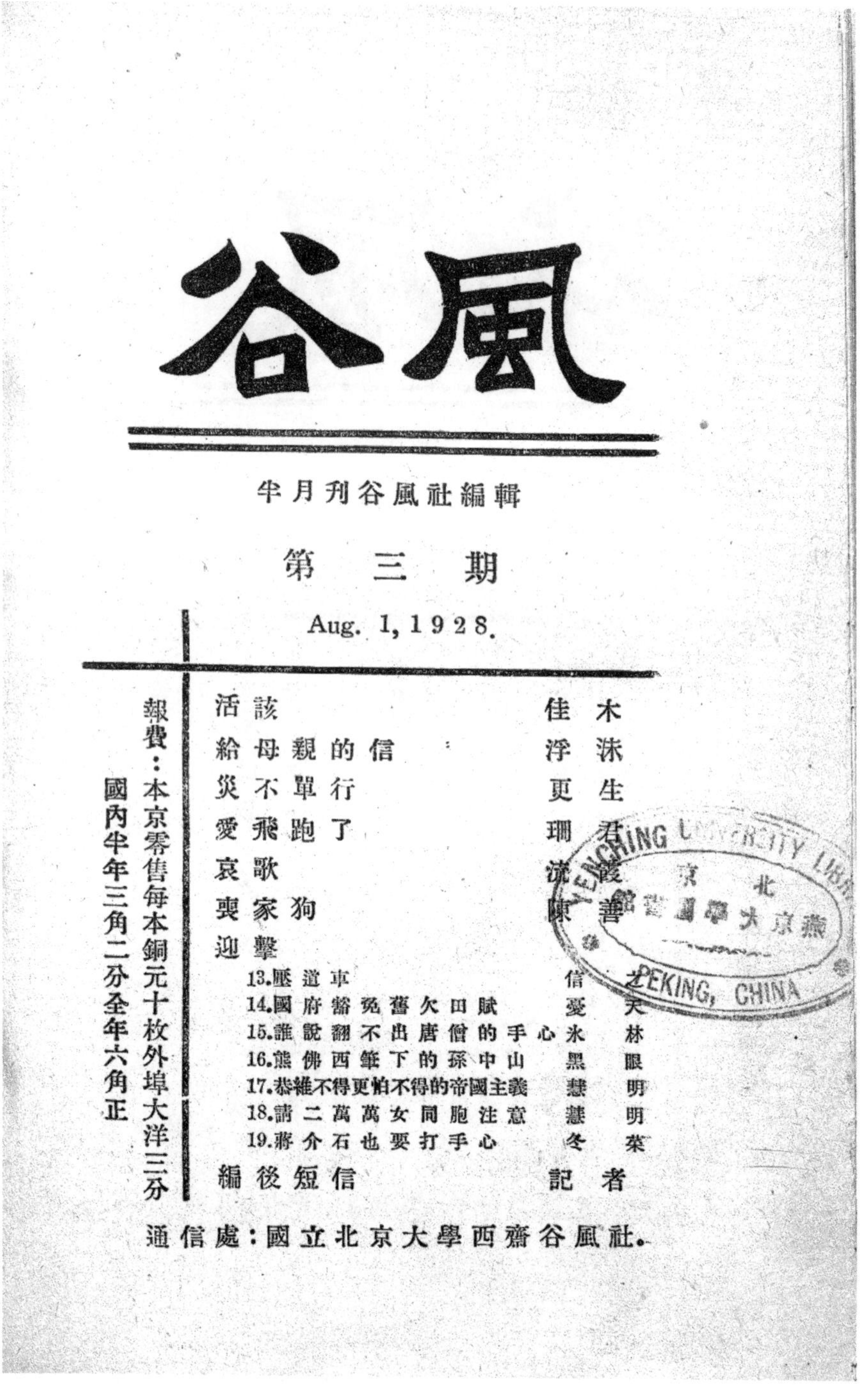

谷風

半月刊谷風社編輯

第三期

Aug. 1, 1928.

報費：本京零售每本銅元十枚外埠大洋三分
國內半年三角二分全年六角正

通信處：國立北京大學西齋谷風社

YENCHING UNIVERSITY LIBRARY 燕京大學圖書館 北京 PEKING, CHINA

图 40.4 《谷风》第三期封面

国立北京大学地质研究会会刊

一、刊物介绍

地质学刊物，该刊继承自《国立北京大学地质研究会年刊》(1921年10月创刊)，1928年7月出版第三期时改名为《国立北京大学地质研究会会刊》。北大地质研究会编辑兼发行，为北大地质研究会会刊。该刊停刊日期及原因不详，北大馆藏仅一期。

二、刊物内容

本刊为北京大学地质学方面研究刊物，地质系同仁组织的地质研究会，每学年之终，出地质年刊一册，刊载平日调查研究成果，包含中英文文章。北大地质研究会的宗旨是“本共同研究的精神，增进求真理的兴趣，而从事于研究地质学”。会章规定会务有四项：敦请学者讲演，实地调查，发行刊物，编译图书。北大地质学会的成立及其开展的活动，反映出当时北京大学地质学系学生活动多、学术氛围浓、思想活跃，为造就地质学家起了很好的作用，当时的学生杨钟健，后来成为了著名的古生物学家。北大馆藏现存的第三期刊物上刊登的文章有翁文灏《中国北部水平动所成之构造》、黄汲清《中国沿海地带之地文变迁》、李春昱《重要的几属羊齿类植物化石》等，该刊是我国地质学界较早的刊物，有助于了解北大地质学系当年的研究成果。

三、馆藏信息

12180.1/J 1928 no.3

国立北京大學

地質研究會會刊

第三期

Bulletin

OF THE

Geological Society

OF THE

National University, Peking

Volume Three

中華民國十七年七月

JULY 1928

图 41.1 《国立北京大学地质研究会会刊》第三期封面

目　錄

图 41.2 《国立北京大学地质研究会会刊》第三期目录

卷頭語

王 烈

地質學應用甚廣，就礦業言，石油煤鐵諸礦床，非明沉積之原理，各地之層序者，莫由得其線索。金屬礦脈，非知其成因及構造者，莫由測其分布，定其礦量，探其富集部分之所在。就工業言，各種原料，無不取材于地，在在與地質學有多少之關係，而土木工程，關係尤巨；各種設施，非明地下之構造者，不能擇堅固之底盤，就地取材，亦非具岩石之知識者，不能得相當之石材。就農業及水利言，土壤之改良，肥料之取給，灌漑之利用，無一不賴地質學家之臂助。至水災之預防，河口之免于堵塞，（如上海黃浦江口所用之 Jetty system）更非深明流水之地質作用者，莫能定其計畫。就商業言，各國有用礦產之分布，經地質家詳細調查而後，商業家始瞭然于若者爲己國之所有，若者爲己國之所無。由是而隨時損益，調劑求供，方可操勝算于商戰。就軍事言，戰壕地道之敷設，飲料石材之取給，均待地質家之謀畫而收事半功倍之效。故地質學之關于近代物質文明者，至深且鉅，吾國人每以此爲理論科學而漠然視之，其亦不察之甚矣。吾校地質系同人組織之地質研究會，歷有年所，每當學年之終，出地質年刊一册，舉平日調查研究之所得者而貢獻於世，藉以喚起國人之注意。本届循往例而刋行，其意仍猶是也。

图 41.3 《国立北京大学地质研究会会刊》第三期卷头语

北大地質研究會啓事

——徵求關於地質之圖書及礦石標本——

本會爲集思廣益研究便利起見，凡各團體各熱心先生有以關於地質之圖書與礦石標本見贈者，無任歡迎。除隨時將捐贈者姓名在北大日刊宣布致謝外，並在本會出版物上鳴謝，如在贈與之某等價值以上，本會並奉增本會出版物，以表謝意。在諸君得提倡學術之樂，在本會收實際研究之惠，一舉兩得，想諸先生均樂爲贊助也。謹啓。

中華民國十七年七月出版

北大地質研究會刊（第三期）

（每冊實售大洋五角）

（外埠酌加郵費）

編輯兼發行者　北大地質研究會

印刷者　協和印刷局

代理總發行所　北大出版部

◉此書有著作權翻印必究

图 41.4 《国立北京大学地质研究会会刊》第三期封底

励笃

一、刊物介绍

1929 年 3 月 31 日创刊，由励志笃行社出版股编辑，励志笃行社出版发行，季刊，于每季末发行，停刊日期及原因不详。北京大学法学院励志笃行社的学术刊物。

二、刊物内容

本刊物宗旨：以不偏不倚之态度，阐明学术。该刊物属于社科综合性季刊，刊载论说、研究、文艺等方面的文章，主要研究世界政治、经济、军事等方面的问题，也刊有文艺作品等。刊载的文章有《中国运输业的现状》《日本底政党》《英美海军争霸》《近代政治思想的经济社会背景》《各国在华银行之统计》《我爱玫瑰之花》等，此外，还刊登了不少译文，如黄宗缉的译文《著作者人格权之国际承认及其意义》，唐伦译述的《科学的社会主义》等。刊物的主要供稿人有希宋、胡仲由、何璟、天篪、石民、严肃、刘钧、许明君、唐伦、朱元松等人。该刊探讨学术，研究世界政治和经济问题，有助于了解近代中国学术界各类社会科学信息。

三、馆藏信息

59070/J 1929 v.1，no.1-2；1930 v.2，no.1

期刊封面均有“燕京大学图书馆”藏书章。

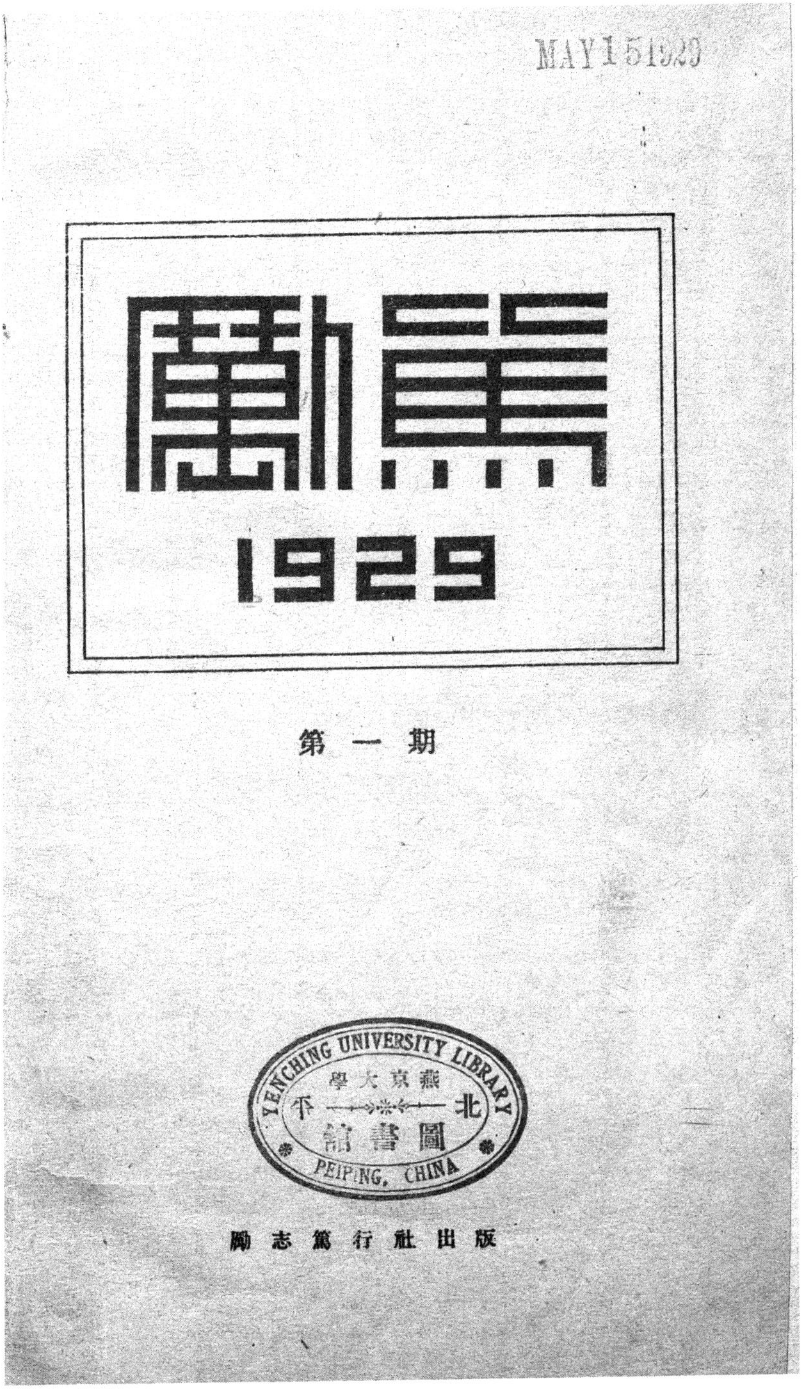

图 42.1 《励笃》第一卷第一期封面

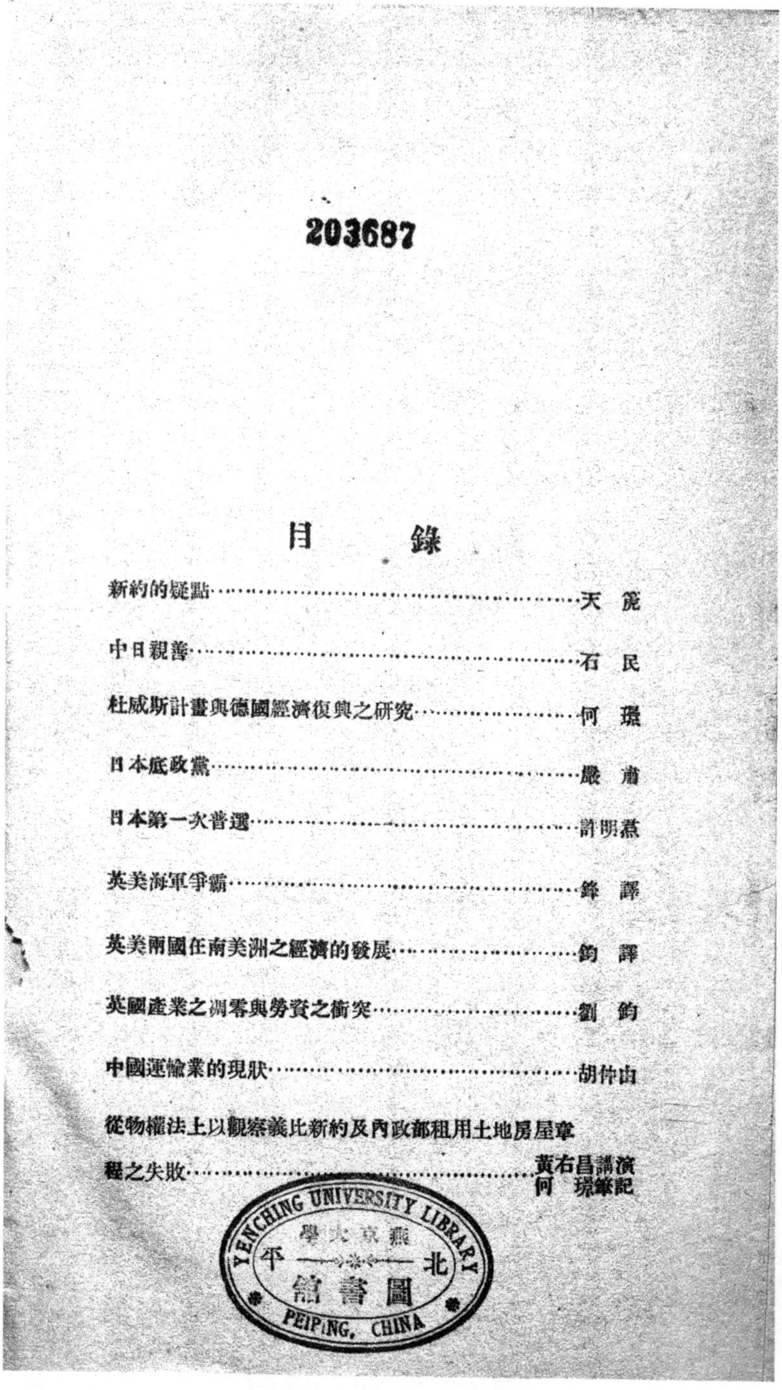

203687

目　　錄

YENCHING UNIVERSITY LIBRARY
燕京大學
北平
圖書館
PEIPING, CHINA

图 42.2 《励笃》第一卷第一期目录

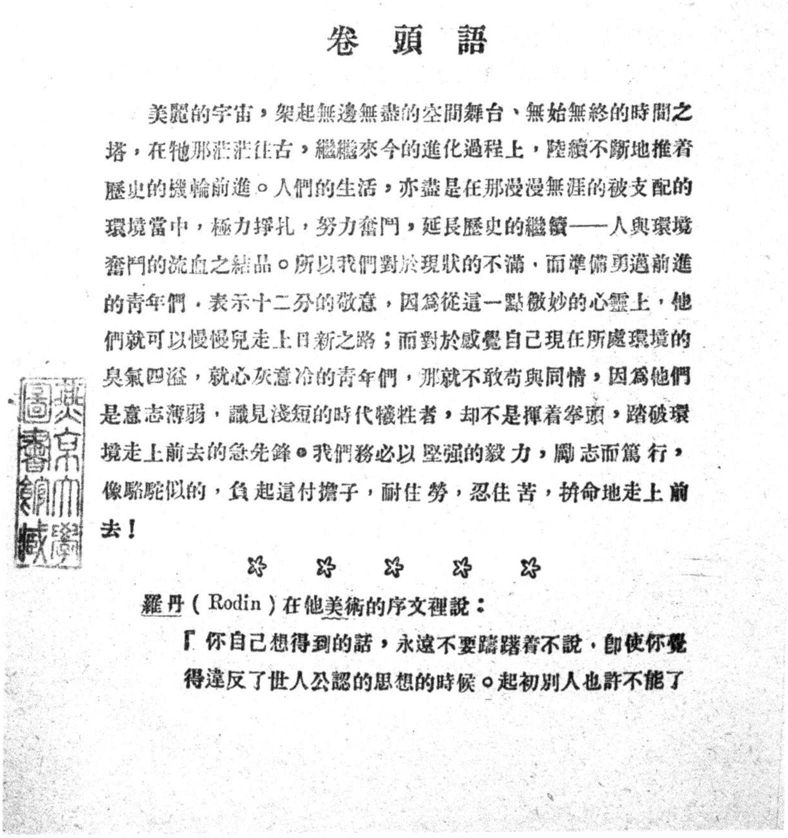

卷頭語

美麗的宇宙，架起無邊無盡的空間舞台、無始無終的時間之塔，在牠那茫茫往古，繼繼來今的進化過程上，陸續不斷地推着歷史的機輪前進。人們的生活，亦盡是在那漫漫無涯的被支配的環境當中，極力掙扎，努力奮鬥，延長歷史的繼續——人與環境奮鬥的流血之結晶。所以我們對於現狀的不滿，而準備勇邁前進的青年們，表示十二分的敬意，因為從這一點微妙的心靈上，他們就可以慢慢兒走上日新之路；而對於感覺自己現在所處環境的臭氣四溢，就心灰意冷的青年們，那就不敢苟與同情，因為他們是意志薄弱，識見淺短的時代犧牲者，却不是揮着拳頭，踏破環境走上前去的急先鋒。我們務必以堅強的毅力，勵志而篤行，像駱駝似的，負起這付擔子，耐住勞，忍住苦，拚命地走上前去！

燕京大學圖書館藏

羅丹（Rodin）在他美術的序文裡說：

『你自己想得到的話，永遠不要躊躇着不說，卽使你覺得違反了世人公認的思想的時候。起初別人也許不能了

图 42.3 《励笃》卷头语

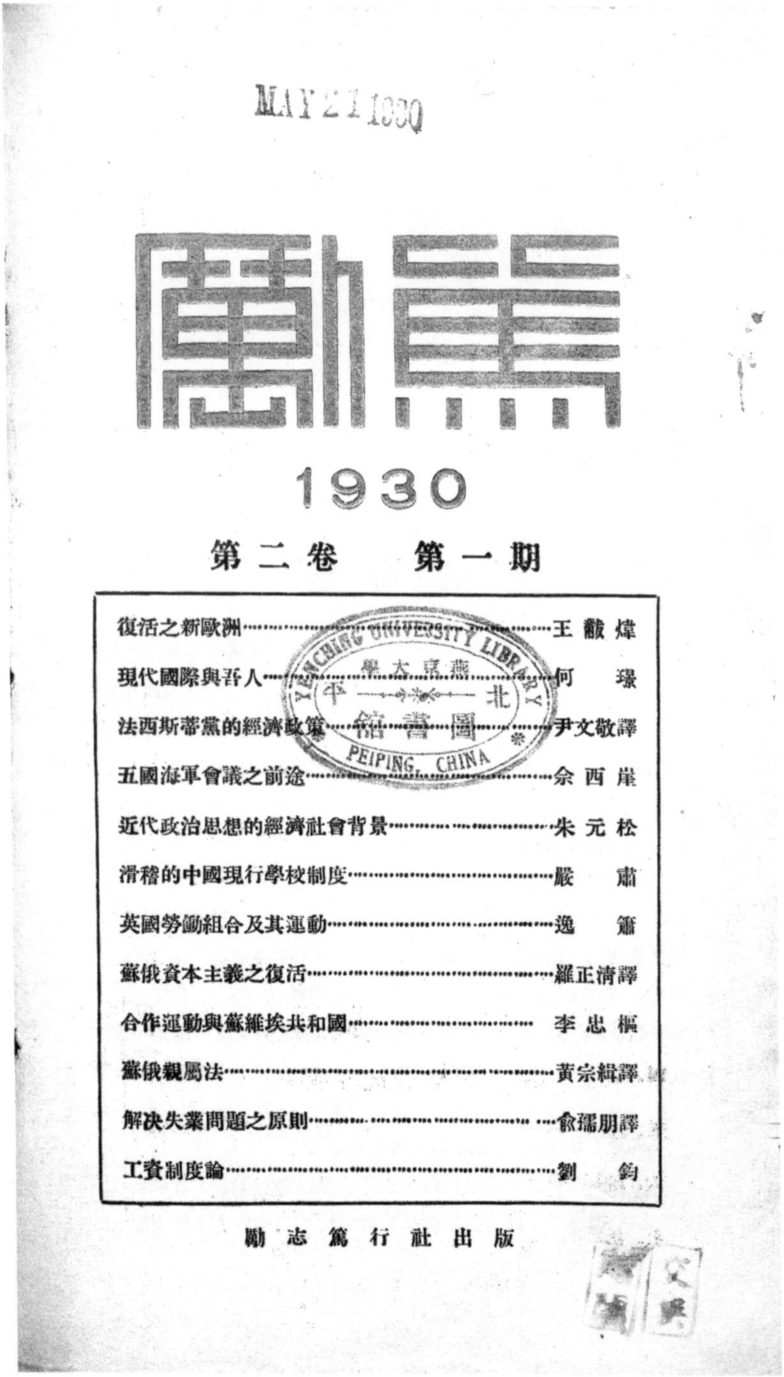

MAY 21 1930

勵篤

1930

第二卷　第一期

YENCHING UNIVERSITY LIBRARY 燕京大學 北平 圖書館 PEIPING, CHINA

勵志篤行社出版

图 42.4 《励笃》第二卷第一期封面

国立北京大学自然科学季刊

一、刊物简介

1929年10月1日创刊，中英文季刊，英文名为*The Science Quarterly of the National University of Peking*，国立北京大学自然科学季刊委员会编辑，国立北京大学出版部发行，停刊时间及原因不详。北大馆藏1929—1935年第一至五卷，每卷四期，共二十期，蔡元培题写刊名，自然科学刊物。

二、刊物内容

本刊主编为生物系教授经利彬，其他编委会成员有古生物学教授孙云铸、地质系教授王烈、数学系教授王仁辅、物理系教授夏元瑮、化学系教授丁绪贤、数学系教授秦汾。刊物无固定栏目，内容涉及生物学、化学、地质学、医学、动植物学等自然学科的研究论文，从第三卷第一期起，专载在学术上有相当价值的专门研究论文，多以英文为主，编委会成员和期刊封面都有所变化。载文涉及生物学方面的有经利彬《麻醉剂与血中糖质的研究》，孙云铸《中国研究古生物之历史》，地质学方面有翁文灏《中国金属矿床生成之时代》，化学方面有王晨《芳香族之新变换》，医学方面有《心脏位置之奇异》，动植物学方面有《中国北部之鸟类》《东陵植物分布初步之观察》等。此刊作为自然科学专刊，发行时间长，涉及学科领域范围广，刊载文章内容学术价值高，对于研究民国时期自然科学的发展情况具有重要参考价值。

三、馆藏信息

N55/Sci277946 1929-1935 v.1-v.5 no.1-4

期刊封面均有“燕京大学图书馆”藏书章。

图 43.1 《国立北京大学自然科学季刊》第一卷第一号封面

自 然 科 學 季 刊 編 輯 委 員 會

THE SCIENCE QUARTERLY

OF

THE NATIONAL UNIVERSITY OF PEKING

PEIPING, CHINA

Edited by

KING LI PIN, M. D., D. SC.

經 利 彬

Professor and Chairman of the
Department of Biology
Chief editor

Y. C. SUN
孫 雲 鑄
Professor of Paleontology

L. WANG
王 烈
Professor and Chairman of the
Department of geology

C. F. WANG
王 仁 輔
Professor and Chairman of the
Department of Mathematics.

Y. L. HSIA
夏 元 瑮
Professor and Chairman of the
Department of Physics

H. Y. TING
丁 緒 賢
Professor and Chairman of the
Department of Chemistry

F. CHING
秦 汾
Professor of Mathematics

图 43.2 《国立北京大学自然科学季刊》第一卷第一号编委会

24395

QP
505
N213
v.1
1929

目　錄

CONTENTS

图 43.3 《国立北京大学自然科学季刊》第一卷第一号目录

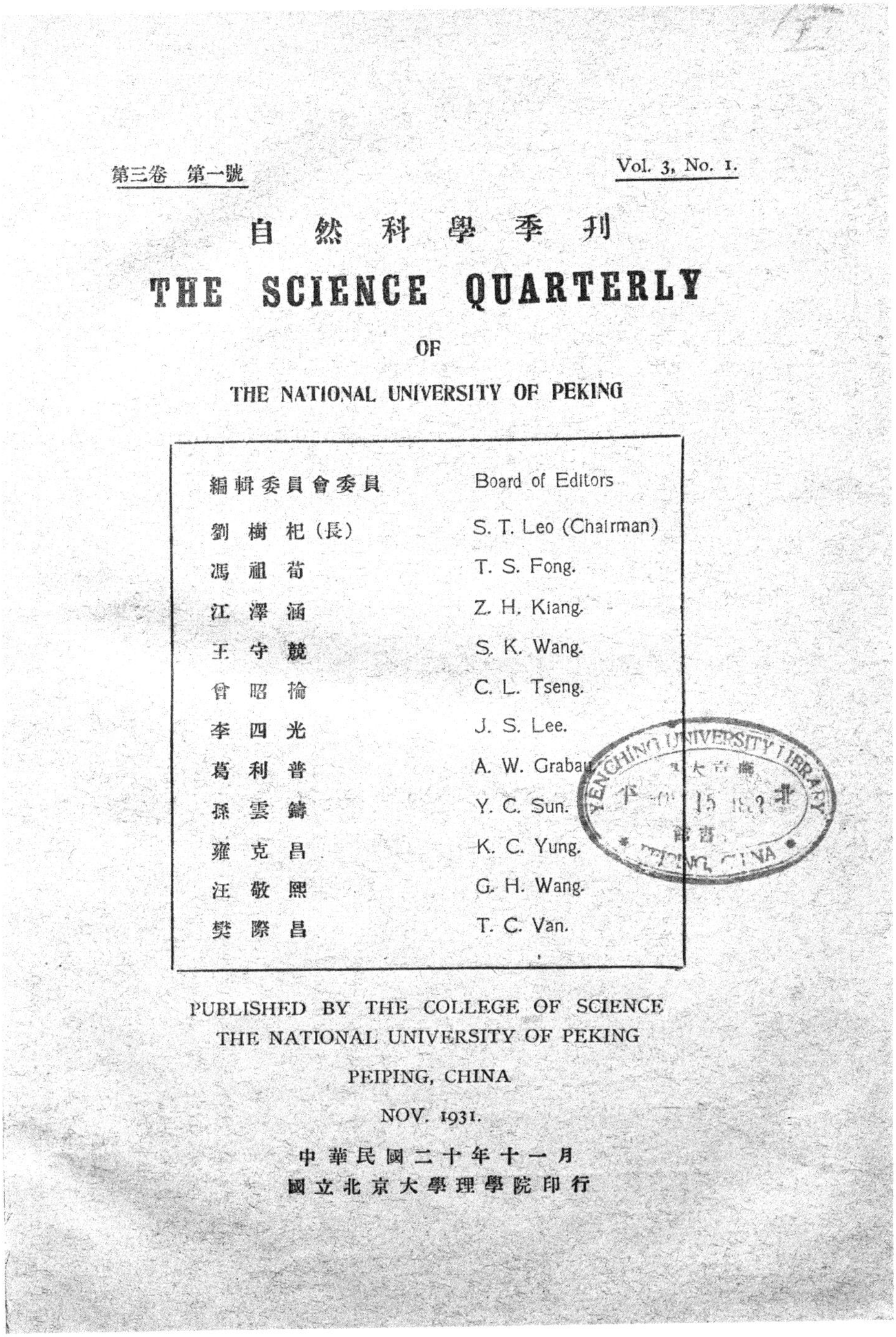

第三卷 第一號　　Vol. 3, No. 1.

自然科學季刊

THE SCIENCE QUARTERLY

OF

THE NATIONAL UNIVERSITY OF PEKING

編輯委員會委員	Board of Editors
劉樹杞（長）	S. T. Leo (Chairman)
馮祖荀	T. S. Fong.
江澤涵	Z. H. Kiang.
王守競	S. K. Wang.
曾昭掄	C. L. Tseng.
李四光	J. S. Lee.
葛利普	A. W. Grabau.
孫雲鑄	Y. C. Sun.
雍克昌	K. C. Yung.
汪敬熙	G. H. Wang.
樊際昌	T. C. Van.

PUBLISHED BY THE COLLEGE OF SCIENCE
THE NATIONAL UNIVERSITY OF PEKING
PEIPING, CHINA

NOV. 1931.

中華民國二十年十一月
國立北京大學理學院印行

YENCHING UNIVERSITY LIBRARY

图 43.4 《国立北京大学自然科学季刊》第三卷第一号封面

目 錄

CONTENTS

Vol. III. No. 1.

图 43.5 《国立北京大学自然科学季刊》第三卷第一号目录

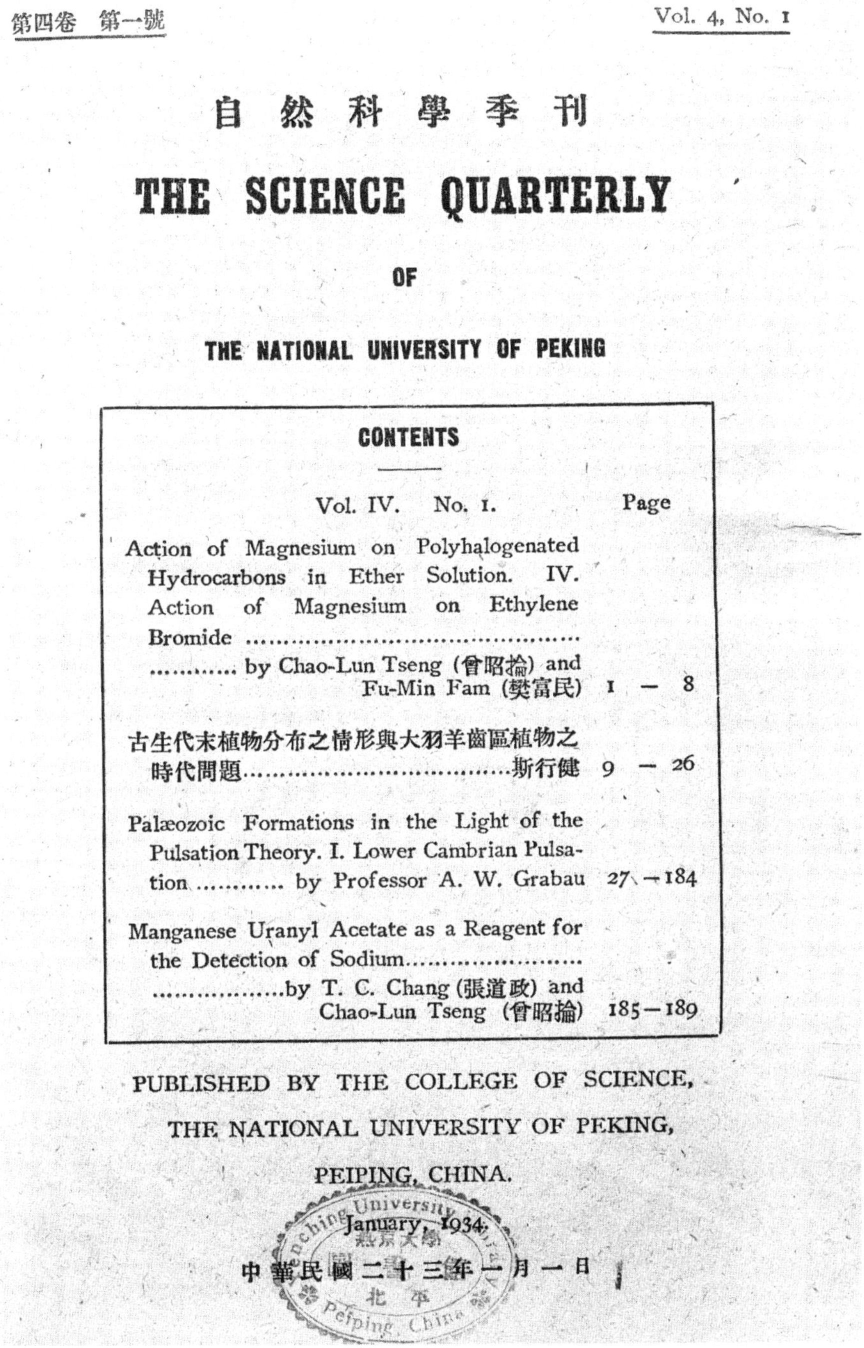

第四卷 第一號　　Vol. 4, No. 1

自然科學季刊

THE SCIENCE QUARTERLY

OF

THE NATIONAL UNIVERSITY OF PEKING

CONTENTS

PUBLISHED BY THE COLLEGE OF SCIENCE,
THE NATIONAL UNIVERSITY OF PEKING,
PEIPING, CHINA.
January, 1934.
中華民國二十三年一月一日

图 43.6 《国立北京大学自然科学季刊》第四卷第一号封面

北大图书部月刊

一、刊物介绍

1929 年 10 月 20 日创刊，1930 年 3 月出版第二卷第一至二期后停刊。由北大图书部月刊编辑会编辑，双月刊，图书馆学刊物。

二、刊物内容

本刊为北京大学图书馆业务刊物，该刊以“介绍图书馆学识，传播北大图书部进行之状况”为宗旨。自 1918 年起，大约到 1930 年代初，北京大学图书馆有一段时间“图书部”和“图书馆”两个名称并行。

正如《发刊辞》所言，“本刊的任务是：一、征求论著以交换知识，二、报告馆务以力图改良，三、介绍新书以传播消息”，并提及当时内部工作主要为两大类：“一类是整理旧籍，完成十几年来未竟之功；一类是收买新书，补充馆藏所未备。”[①] 刊物主要设有“插图”“论著”“译述”“专载”“书跋”“书目介绍”等栏目。刊物撰稿人曾有朱希祖、钱稻孙、马衡、赵万里、钱玄同。刊载有关该部（馆）历史、该馆馆藏状况以及馆务活动，还有目录学、分类学、编目及排架工作等方面的文章，并介绍该馆珍本及善本书内容等。还刊发了大量学术研究文章，如朱希祖《皇明经世文篇跋》、傅振伦《章学诚史籍考体例之评论》，袁同礼《近十年来国际目录事业之组织》，马衡《汉熹平石经周易残字跋》，其中 1929 年第一卷第二期共载有赵万里有关《马子严〈古洲词〉校辑》的文章

---

①《北大图书部月刊》编辑会 . 发刊辞［J］. 北大图书部月刊，1929，1（1）.

20余篇。刊物每期刊载新购的中西文图书书目，刊中还载有《图书馆同人一览表》，以及部分图书馆阅览室照片等。

刊文《本馆述略》中详细记述图书馆创立、发展历程，包括图书采办、馆址选择、藏书概况、历任馆长、阅览室情况等方面，对研究北大图书馆的创建与发展历史、馆藏情况等提供重要参考资料。

三、馆藏信息

13350/J 1929 v.1，no.1-2；1930 v.2，no.1-2

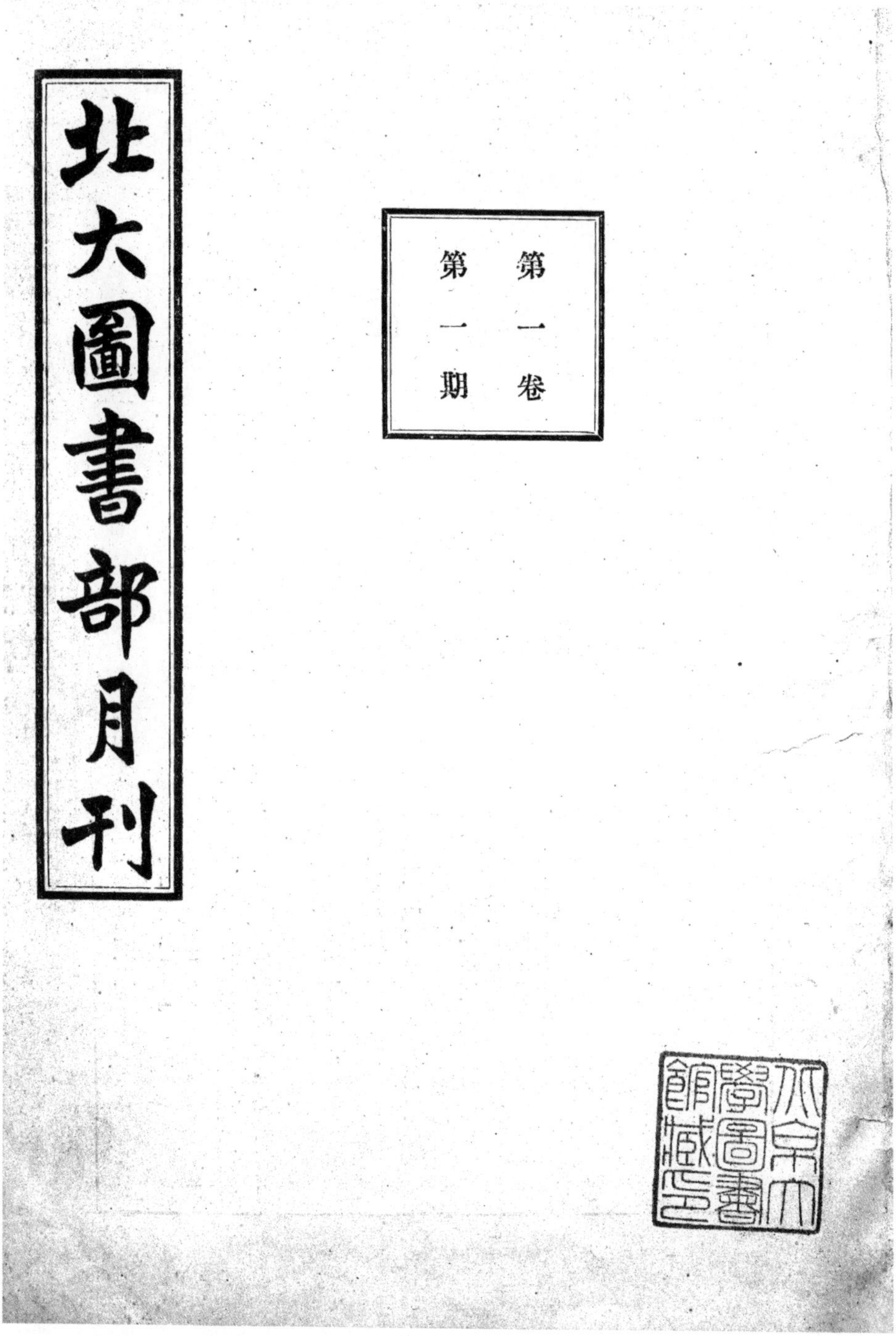

图 44.1 《北大图书部月刊》第一卷第一期封面

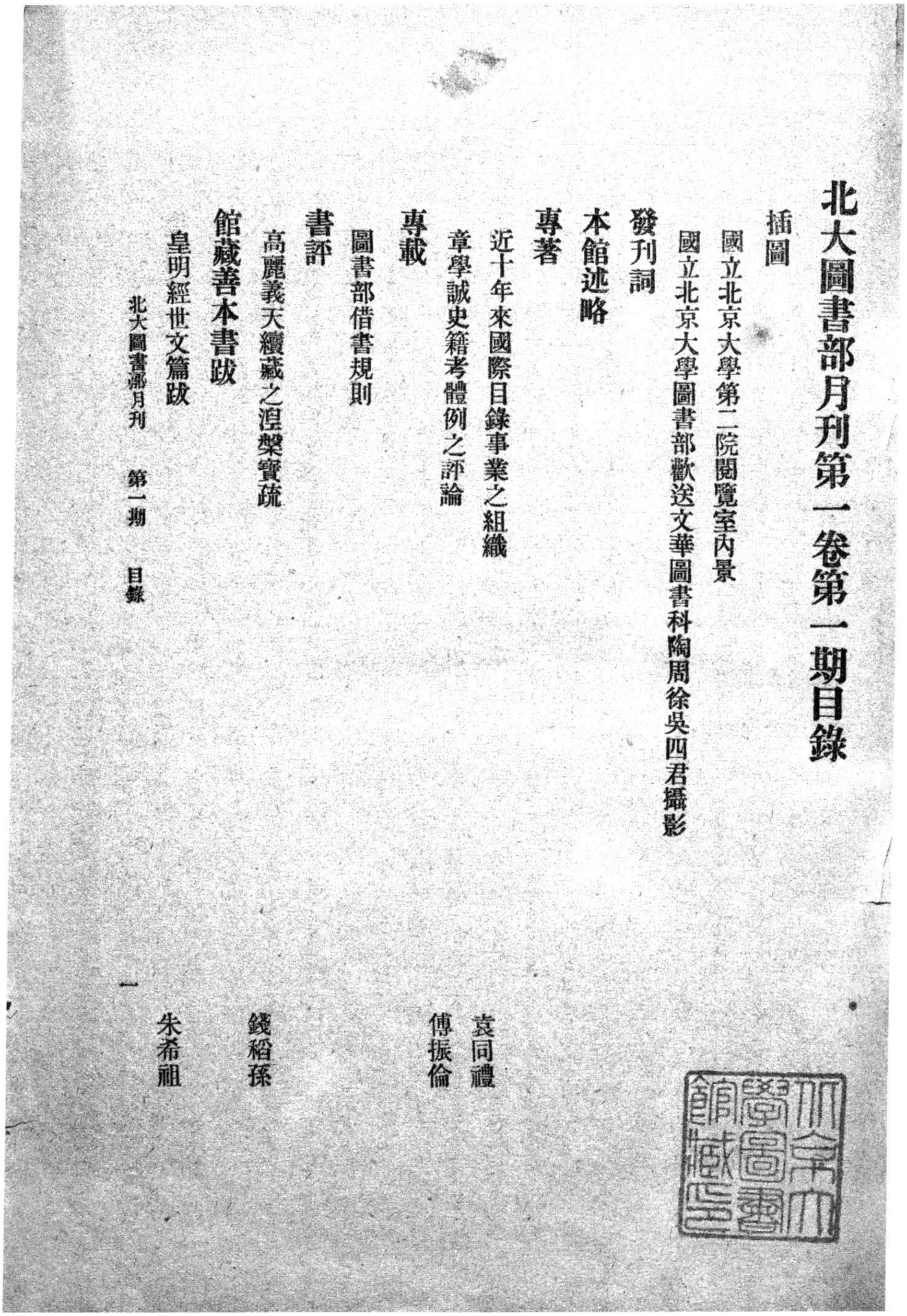

北大圖書部月刊第一卷第一期目錄

插圖

國立北京大學第二院閱覽室內景

國立北京大學圖書部歡送文華圖書科陶周徐吳四君攝影

發刊詞

本館述略

專著

近十年來國際目錄事業之組織　袁同禮

章學誠史籍考體例之評論　傅振倫

專載

圖書部借書規則

書評

高麗義天續藏之涅槃竇疏　錢稻孫

館藏善本書跋

皇明經世文篇跋　朱希祖

北京大學圖書館藏

图 44.2 《北大图书部月刊》第一卷第一期目录

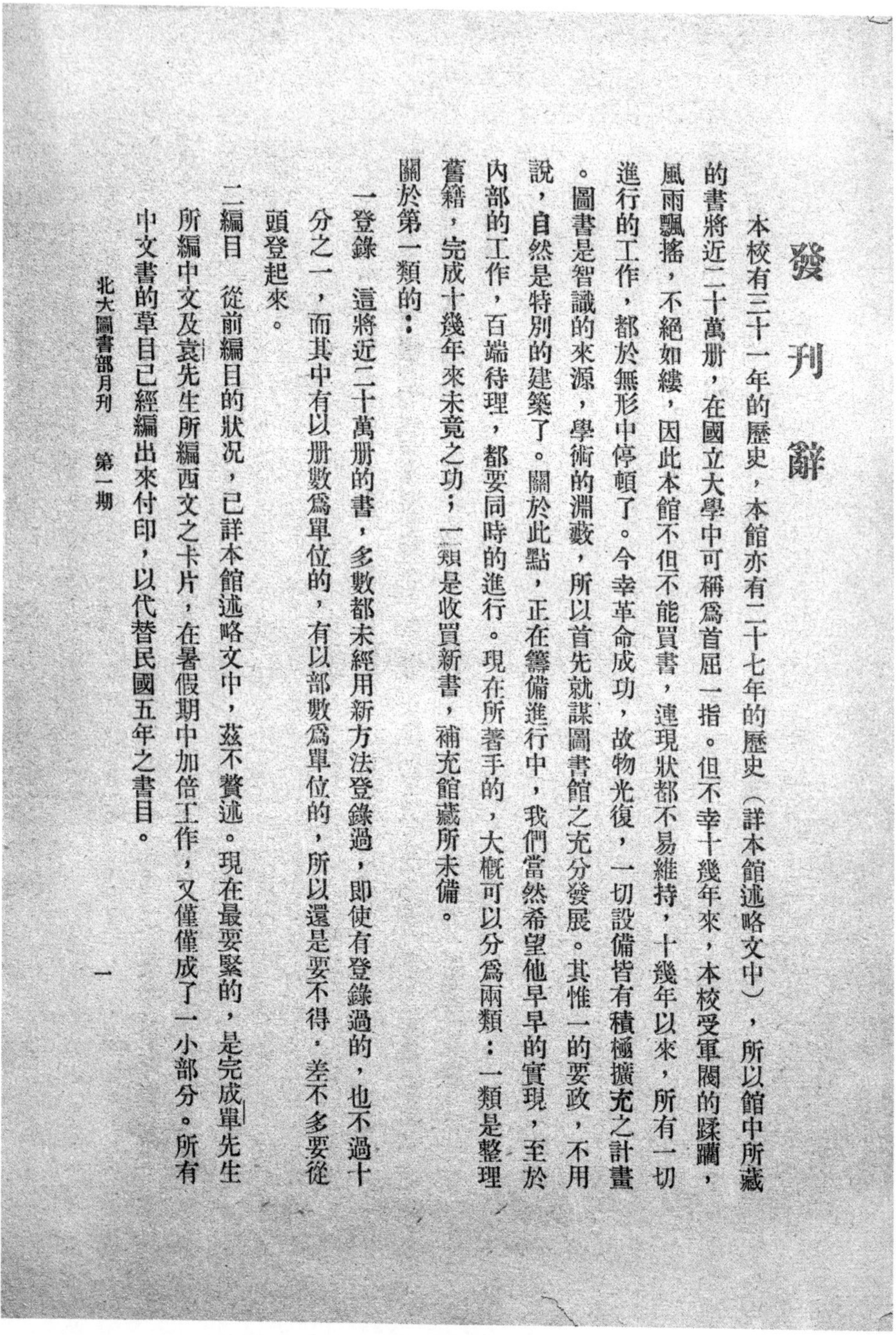

發刊辭

本校有三十一年的歷史，本館亦有二十七年的歷史（詳本館述略文中），所以館中所藏的書將近二十萬册，在國立大學中可稱爲首屈一指。但不幸十幾年來，本校受軍閥的蹂躪，風雨飄搖，不絕如縷，因此本館不但不能買書，連現狀都不易維持，十幾年以來，所有一切進行的工作，都於無形中停頓了。今幸革命成功，故物光復，一切設備皆有積極擴充之計畫。圖書是智識的來源，學術的淵藪，所以首先就謀圖書館之充分發展。其惟一的要政，不用說，自然是特別的建築了。關於此點，正在籌備進行中，我們當然希望他早早的實現，至於內部的工作，百端待理，都要同時的進行。現在所著手的，大概可以分爲兩類：一類是整理舊籍，完成十幾年來未竟之功；一類是收買新書，補充館藏所未備。

關於第一類的：

一登錄　這將近二十萬册的書，多數都未經用新方法登錄過，即使有登錄過的，也不過十分之一，而其中有以册數爲單位的，有以部數爲單位的，所以還是要不得。差不多要從頭登起來。

二編目　從前編目的狀況，已詳本館述略文中，茲不贅述。現在最要緊的，是完成單先生所編中文及袁先生所編西文之卡片，在暑假期中加倍工作，又僅成了一小部分。所有中文書的草目已經編出來付印，以代替民國五年之書目。

北大圖書部月刊　第一期　一

图 44.3 《北大图书部月刊》发刊辞

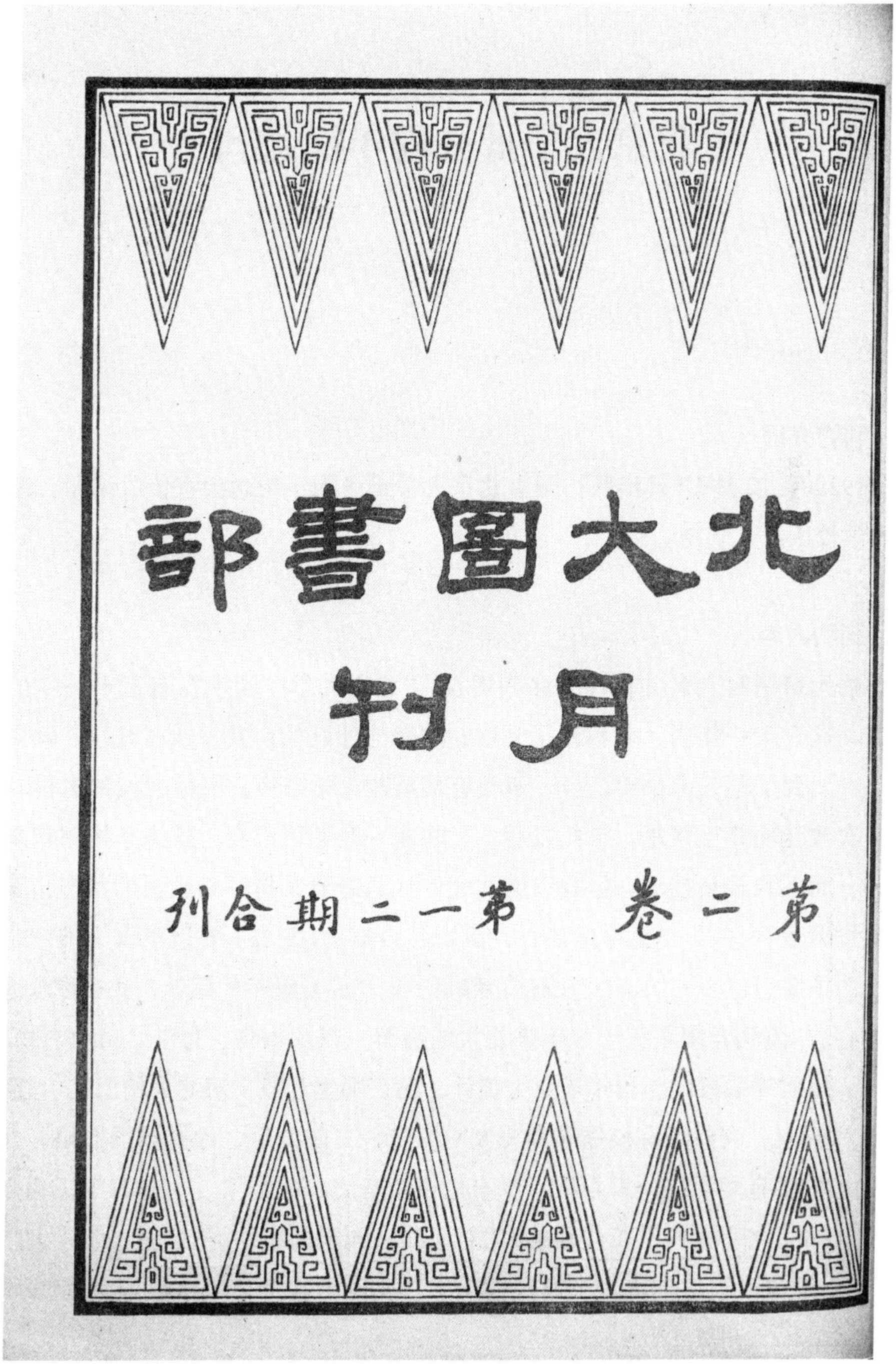

图 44.4 《北大图书部月刊》第二卷第一、二期合刊封面

北京大学卅一周年纪念刊

一、刊物介绍

1929 年 12 月 17 日出版，国立北京大学卅一周年纪念会宣传股编印。为北京大学校庆纪念刊物。

二、刊物内容

蔡元培题写刊名并作序，序中提及："北京大学，到现在有三十一年的历史了。这三十一年内，名称改了几次；内容与外延的广狭，改了几次；学风改了几次。到了第三十一年，……值教育部新改大学条例，又值北大的名称与关系屡次改变而终于恢复。自此以后，又将有一时期可以专心致志于按部就班的进展，而不致轻易摇动。但我以为北大同人，若要维持不易动摇的状态，至少应注意两点：（一）要去尽虚荣心，而发起自信心。（二）要以学术为唯一之目的，而不要想包办一切。"[①] 还有蒋梦麟题词："你是青年的慈母，我祝你永远健康生存。"该刊介绍了三十一年来北大的沿革，以及生物、哲学、历史、物理、数学、地质等系概况，历年毕业生统计，还有师生和校友对北大的回忆、感言、祝愿和希望。刊前附有校领导和北大一、二、三院照片，内有插图数幅。刊物撰稿人主要有蔡元培、朱希祖、罗家伦、李辛之、胡伯素、何基鸿等，刊登何基鸿《国立北京大学沿革述略》，王烈《北京大学的组织》，梁骧《北京大学的使命》。载文还有《北大现在给我们印象和我对于它将来的希望》《北京大学学

① 蔡元培．国立北京大学卅一周年纪念刊序［J］．北京大学卅一周年纪念刊，1929.

生各省人数一览表》《国立北京大学与中国》等。该刊对于研究北京大学校史具有一定的资料参考价值，有助于了解北大成立三十一年内学校及院系各方面情况。

三、馆藏信息

12175/J 1929

期刊封面有“学生军服务特奖”字样，封底钤有“应麟藏书”章。

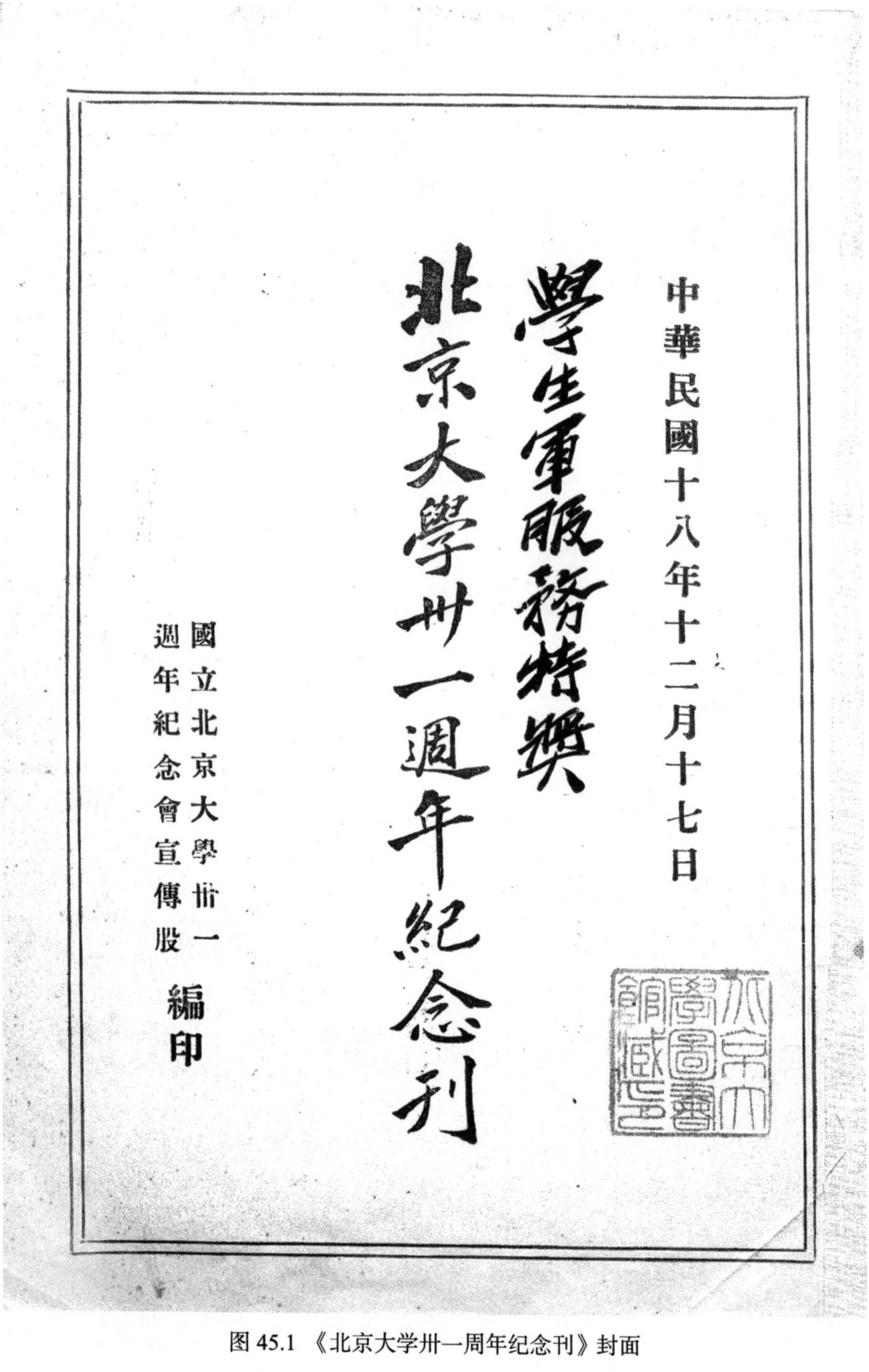
中華民國十八年十二月十七日

學生軍服務特獎

北京大學卅一週年紀念刊

國立北京大學卅一週年紀念會宣傳股編印

图 45.1 《北京大学卅一周年纪念刊》封面

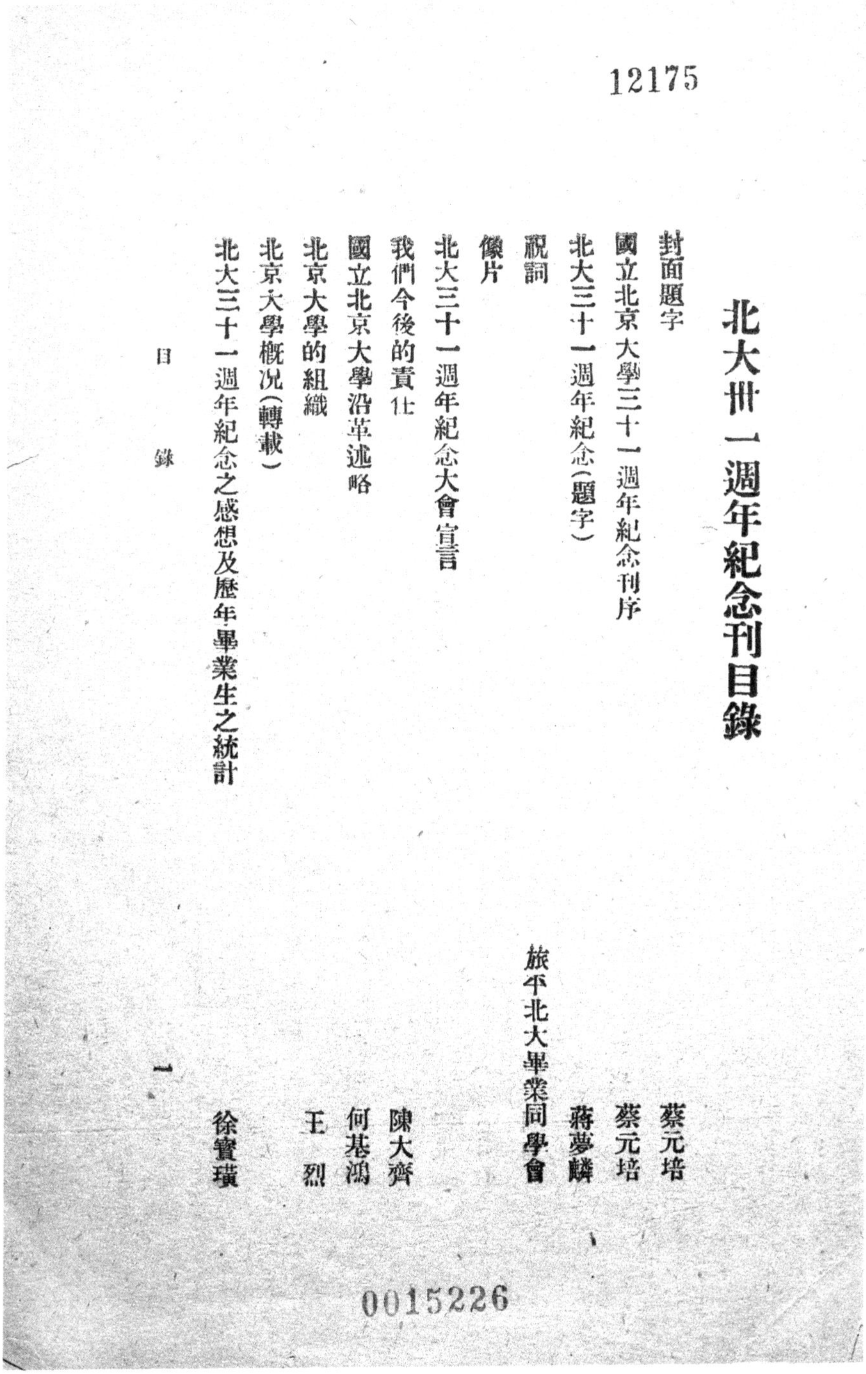
12175

北大卅一週年紀念刊目錄

目錄　一

0015226

图 45.2 《北京大学卅一周年纪念刊》目录

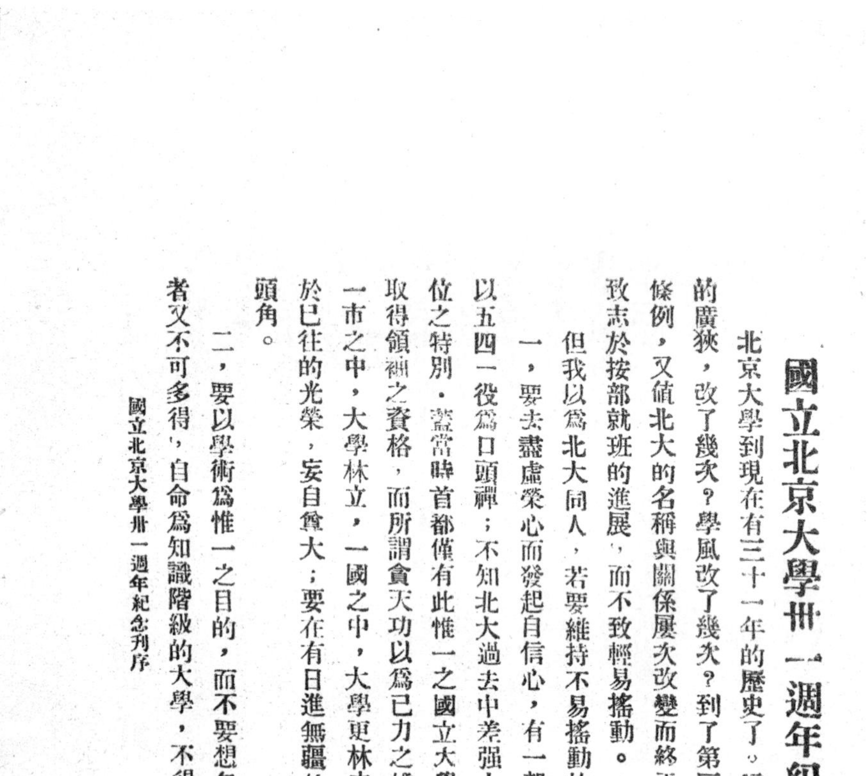

國立北京大學卅一週年紀念刊序

蔡元培

北京大學到現在有三十一年的歷史了。這三十一年內，名稱改了幾次？內容與外延的廣狹，改了幾次？學風改了幾次？到了第三十一年，在黨治之下，値教育部新改大學條例，又値北大的名稱與關係屢次改變而終于恢復，自此以後，又將有一時期可以專心致志於按部就班的進展，而不致輕易搖動。

但我以爲北大同人，若要維持不易搖動的狀態，至少應注意兩點：

一，要去盡虛榮心而發起自信心，有一部分的人，好引過去的歷史北大的光榮，尤以五四一役爲口頭禪；不知北大過去中差强人意之舉，半由於人才之集中，半亦由於地位之特別。蓋當時首都僅有此惟一之國立大學，故於不知不覺中當艱難之衝，而隱隱然取得領袖之資格，而所謂貪天功以爲己力之嫌疑，亦卽由此而起。今則首都既已南遷。一市之中，大學林立，一國之中，大學更林立，北大不過許多大學中的一校，決不宜狃於已往的光榮，妄自尊大；要在有日進無疆的自信心，不憑藉何等地位，而自能嶄然露頭角。

二，要以學術爲惟一之目的，而不要想包辦一切；從前在腐敗政府之下，服務社會者又不可多得，自命爲知識階級的大學，不得不事事引爲己任。若就求學的目的說起來

國立北京大學卅一週年紀念刊序 一

图 45.3 《北京大学卅一周年纪念刊》序

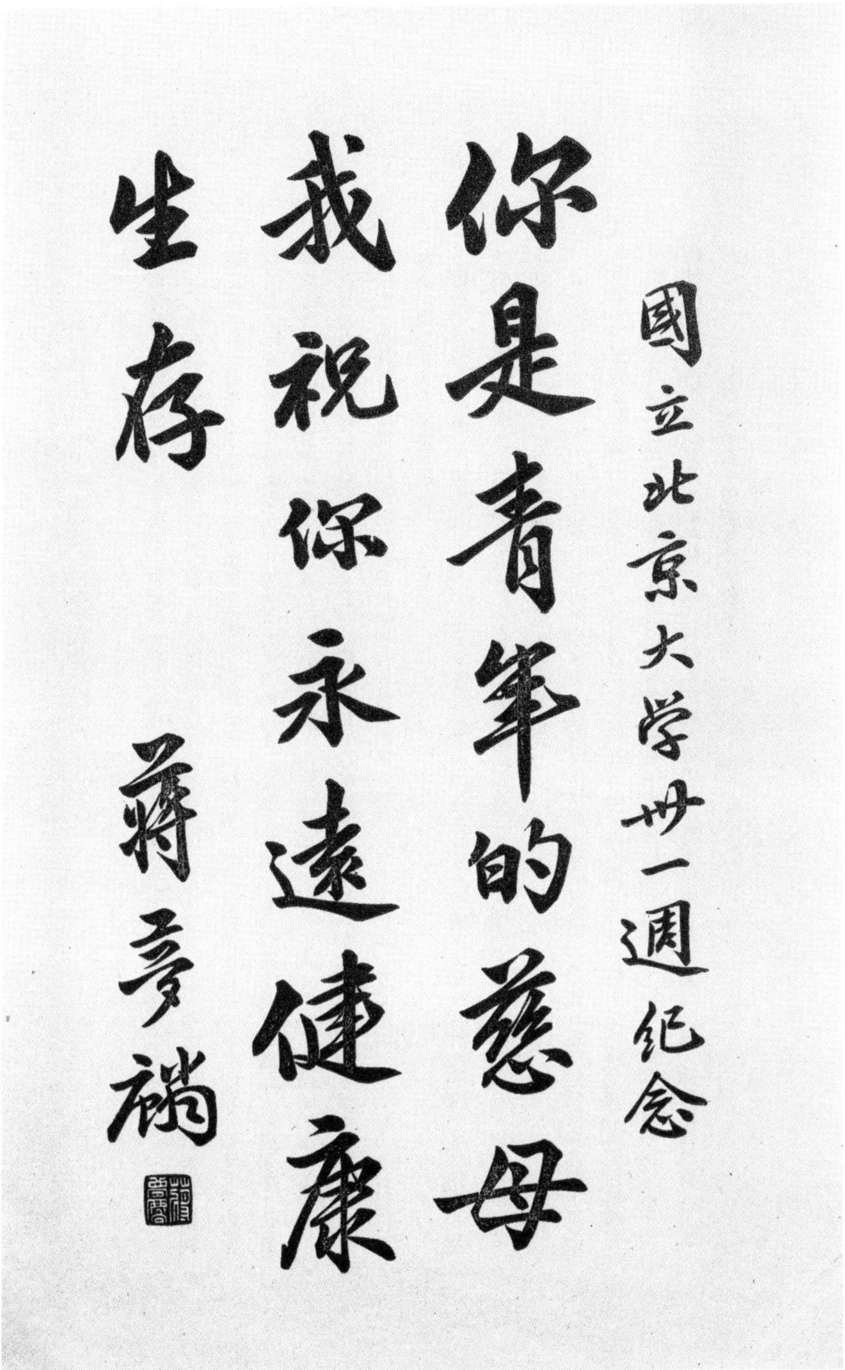

图 45.4 《北京大学卅一周年纪念刊》题字

北京大學卅一週年紀念大會宣言

這次紀念大會是紀念本校三十一週年的生日，也是慶祝本校再生後第一次的誕辰，在這具有雙重意義生日的紀念裏。我們要檢閱她過去的工作；要紀念她歷經危難的再生；要慶祝她重新負担偉大的使命：

（一）她過去的工作：在中國革命方面，過去的新文化運動，本校師生作了牠的中心，一方面摧毀了過去的傳統封建思想，一方面傳播了革命思潮，結果先革新了全國青年界的思想，而日漸普及於民衆，建樹了近年來廣大革命運動的基礎。五四運動本校同學又爲其中的主力，領導起全國民衆，作第一次反帝國主義反軍閥的大規模運動，作民族革命與民主革命的鬬爭，指示出中國民衆應走的途徑，繼續不斷的發展出最近六七年來蓬蓬勃勃的革命運動。

在這轟轟烈烈的革命運動的過程中，三一八鐵獅子胡同般紅的血蹟裏，奉系軍閥時代黑暗的牢獄中，天橋冷酷的刑場上，到處都有本校敎師和同學爲着民衆利益而奮鬬的偉大的犧牲；表示出本校在革命戰線上的努力，實現她始終如一與惡勢力奮鬬的精神。

在文化方面的貢獻：白話文的革新，改良了表現情感與思想的工具。用科學方法與新的批判整理中國故有文化，改變過去治學的態度，又盡量介紹世界進步的科學，接收西洋文化，打破中學爲體西學爲用的謬見，以謀新中國的建設。這都是整理故有文化，建設新中國文化的基礎工作。

（二）她危難後的再生：在這歡欣熱烈的紀念會中，我們回憶她所經歷的危難：她歷遭着軍閥的妬忌與疾惡，更甚而受着奉系軍閥走狗劉哲的宰割與汚辱；又遇着試辦大學區制的犧牲；連年發展停頓，這是多麼痛心！更回憶她在危難中奮鬬的精神；她在軍閥淫威之下堅强的反抗，拒絕北平大學接收勇敢的鬬爭，中南海的沉痛的示威；大半年犧牲學業忍痛的罷課；又是多麼悲壯！她這勇猛的精神，終使她獲得了再生，在此紀念日裏，除掉驚嘆旣往，更應

北京大學卅一週年紀念大會宣言　　一

图 45.5 《北京大学卅一周年纪念大会宣言》

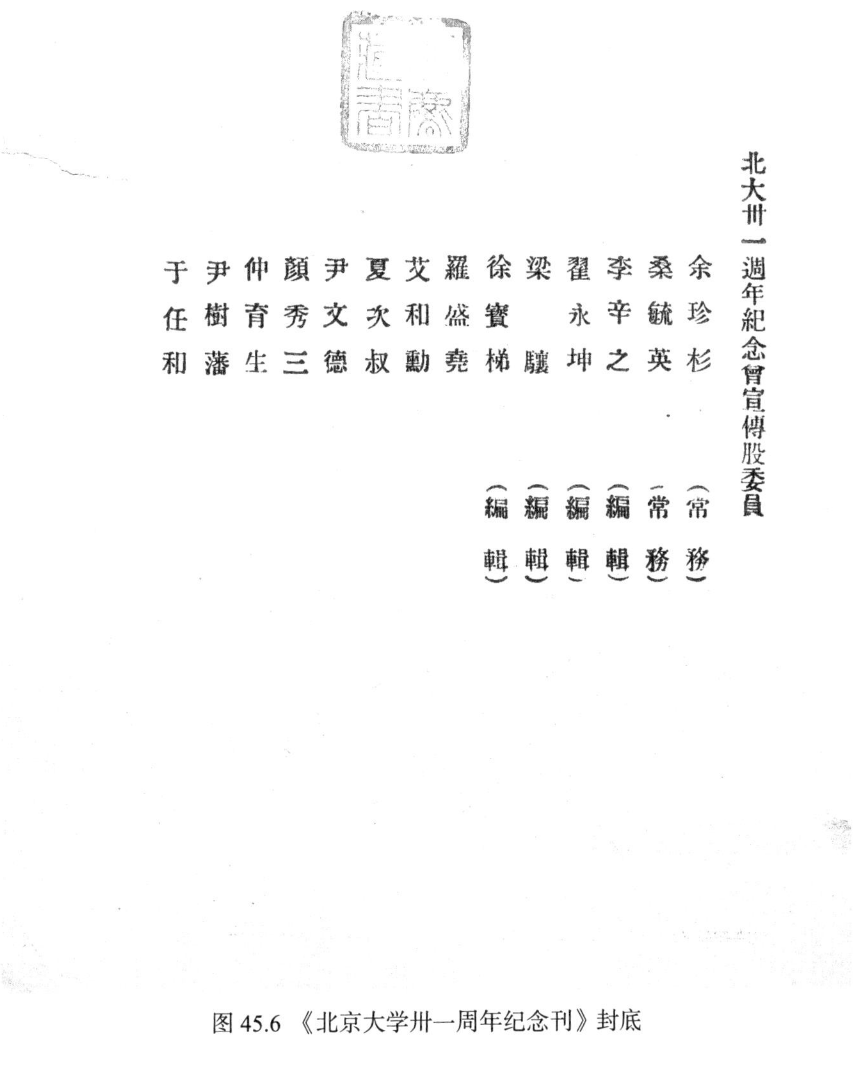

北大卅一週年紀念會宣傳股委員

余珍杉（常務）
桑毓英（常務）
李辛之（編輯）
翟永坤（編輯）
梁驤（編輯）
徐寶梯（編輯）
羅盛堯
艾和勳
夏次叔
尹文德
顏秀三
仲育生
尹樹藩
于任和

图 45.6 《北京大学卅一周年纪念刊》封底

社会批判

一、刊物介绍

1930年3月15日创刊，月刊，每月15号出版，国立北京大学译学社编辑，燕山书店出版兼发行，社会科学刊物。

二、刊物内容

本刊物主要发表哲学、政治学、经济学及社会、文化等方面的论文和译著，报道国内外政治大事件，发表时事述评，对马克思主义及苏联经济成就进行了重点介绍，并在刊物中以马克思主义学说的经典作为补白。第一期设有“书报介绍及批评”栏目，刊文有《马克思主义底根本问题》《第一国际史》《俄国经济的发展》《新英译资本论第一卷》等，第二期刊有白山《马克斯个人生活底一片断》，方伯仁的《革命家底趣闻》。刊物载有译著较多且以介绍马克思主义及苏联巨大成就为主，如沈平译《辩证法浅释》，王果译《苏维埃经济的五年计划》，李馀译《一九二九年第三季的世界经济》，还载有江峙译《国际主义底前趋》，江汉译《现代经济学讲座》等。刊底还刊登介绍马克思主义书目，如《社会主义与进化论》《科学的社会主义》等。该刊对于研究马克思主义在中国的传播具有一定参考价值。

三、馆藏信息

24285/J 1930 no.1-2

第一期封面钤有“燕京大学图书馆”章。

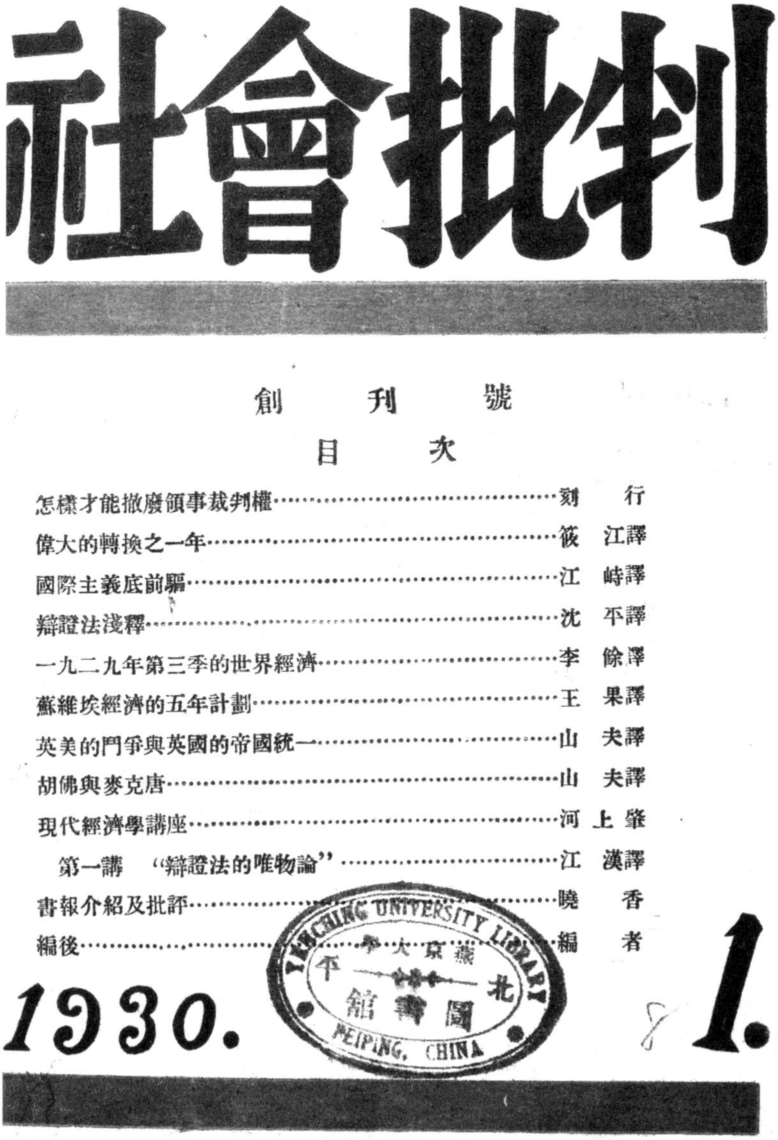

社會批判

創　刊　號

目　次

1930.　1.

YENCHING UNIVERSITY LIBRARY
燕京大學圖書館
北平
PEIPING, CHINA

图 46.1 《社会批判》第一期封面

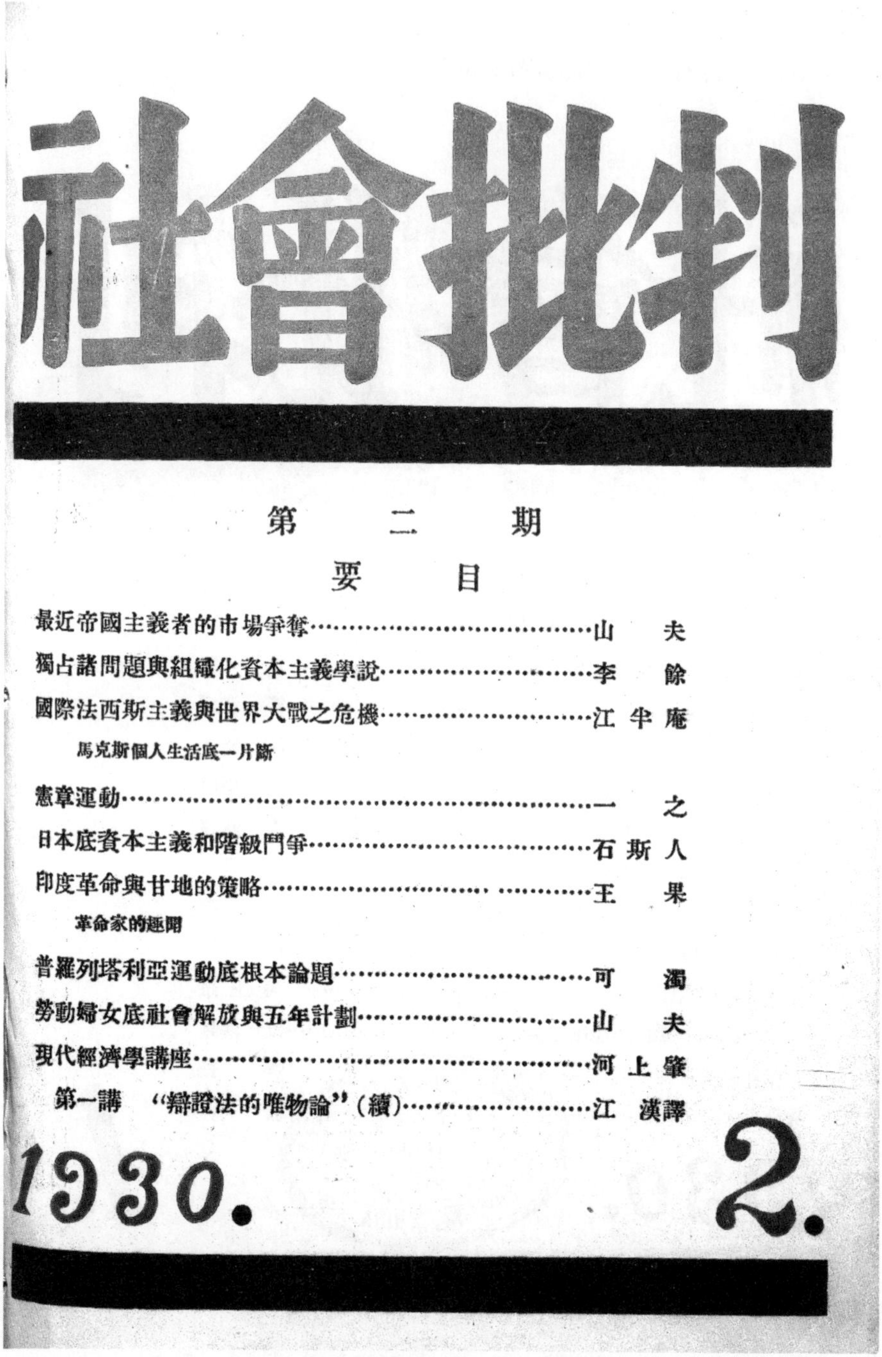

社會批判

第 二 期

要 目

最近帝國主義者的市場爭奪	山 夫
獨占諸問題與組織化資本主義學說	李 餘
國際法西斯主義與世界大戰之危機	江 半庵
馬克斯個人生活底一片斷	
憲章運動	一 之
日本底資本主義和階級鬥爭	石 斯人
印度革命與甘地的策略	王 果
革命家的趣聞	
普羅列塔利亞運動底根本論題	可 濁
勞動婦女底社會解放與五年計劃	山 夫
現代經濟學講座	河上肇
第一講 “辯證法的唯物論”（續）	江 漢譯

1930. 2.

图 46.2 《社会批判》第二期封面

投稿簡約

1，本刊歡迎投稿，不論社會經濟政治文化等有系統的介紹或創作。

2，來稿請橫寫，並須清晰。

3，來稿如不用時，一律退還。

4，來稿於揭載後，酌致薄酬。

5，來稿請註明姓名，住址，以便通信；惟刊登時如何署名，聽作者自定。

6，來稿請寄北平，國立北京大學社會批判社收。

社會批判（第二期）

1930，4，15日出版

編輯者	社會批判社	定價	每冊二角
出版者	燕山書店	預定	半年一元
發行者	燕山書店		全年二元

社會批判啓事

本雜誌發行及印刷事務，現已完全委托北平燕山書店辦理，此後決每月出版一冊，定月之十五號出版。此後如有關于發行事務，請逕函書店接洽。編輯事宜，仍寄交本社可也。

一九三十，四，十五日

图 46.3 《社会批判》第二期封底

北大学生

一、刊物介绍

1930 年 6 月 1 日创刊，北大学生月刊委员会编辑发行，出版周期不定，共一卷六期，是以社会科学为重点的综合性刊物。

二、刊物内容

本刊为联合全校各系同学自动组织创办的公共刊物，创刊目的为：研究学术，交换知识，使得“这园地可以增进我们的知识，提高我们的精神，美化我们的生活”。[①] 刊物主要刊载北大师生的学术论著和译述，其中以政治、经济、文、史、哲、教育、社会学等为重点，也有数学、理化及地质学方面的著作，还发表诗词、散文、小说和译作等。主要撰稿人有陈大齐、刘半农、魏建功、许之衡、黄节、赵启雍、杨伯峻等，刊文有邓秉钧《马克思生平及其著作》、李光忠《法国重农学派与中国政治经济思想之关系》、杨伯峻《诗词：望江怨》、蒋梦麟《研究教育者应注意的几个要点》、徐万钧《人口问题方法论》、杨武之《线代数学引论》、汉威《有机化学大要及其应用》等。本刊文章涉及各学科领域知识，内容丰富多样，有助于拓宽学生知识范围，载文对当时中国出路等问题研究有一定启发作用，同时，对于研究民国时期北大学生知识关注点等有一定参考价值。

---

① 北大学生月刊委员会 . 北大学生发刊词［J］. 北大学生，1930（1）.

三、馆藏信息

13360/J 1930-1931 no.1-6

第二、四、五、六期封面钤有“前北大学生存物纪念品　民国三十年清理”章，第二期目录页钤有“李树棠印”。第五、六期封面钤有“高志涛印”，此人为北京大学1932年经济系毕业生。

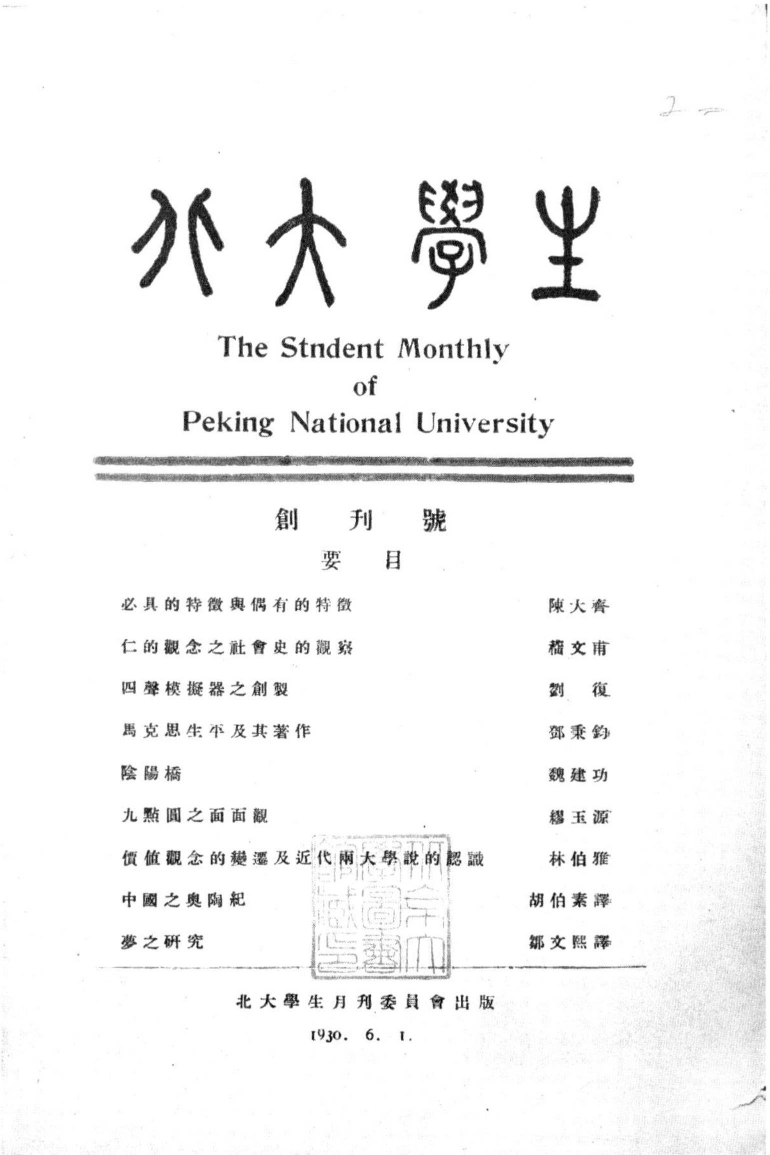

北大學生

The Stndent Monthly
of
Peking National University

創　刊　號

要　目

必具的特徵與偶有的特徵	陳大齊
仁的觀念之社會史的觀察	嵇文甫
四聲模擬器之創製	劉　復
馬克思生平及其著作	鄧秉鈞
陰陽橋	魏建功
九點圓之面面觀	繆玉源
價值觀念的變遷及近代兩大學說的認識	林伯雅
中國之輿陶紀	胡伯素譯
夢之研究	鄒文熙譯

北大學生月刊委員會出版

1930. 6. 1.

图47.1 《北大学生》第一期封面

北大學生

創刊號目錄

图 47.2 《北大学生》第一期目录

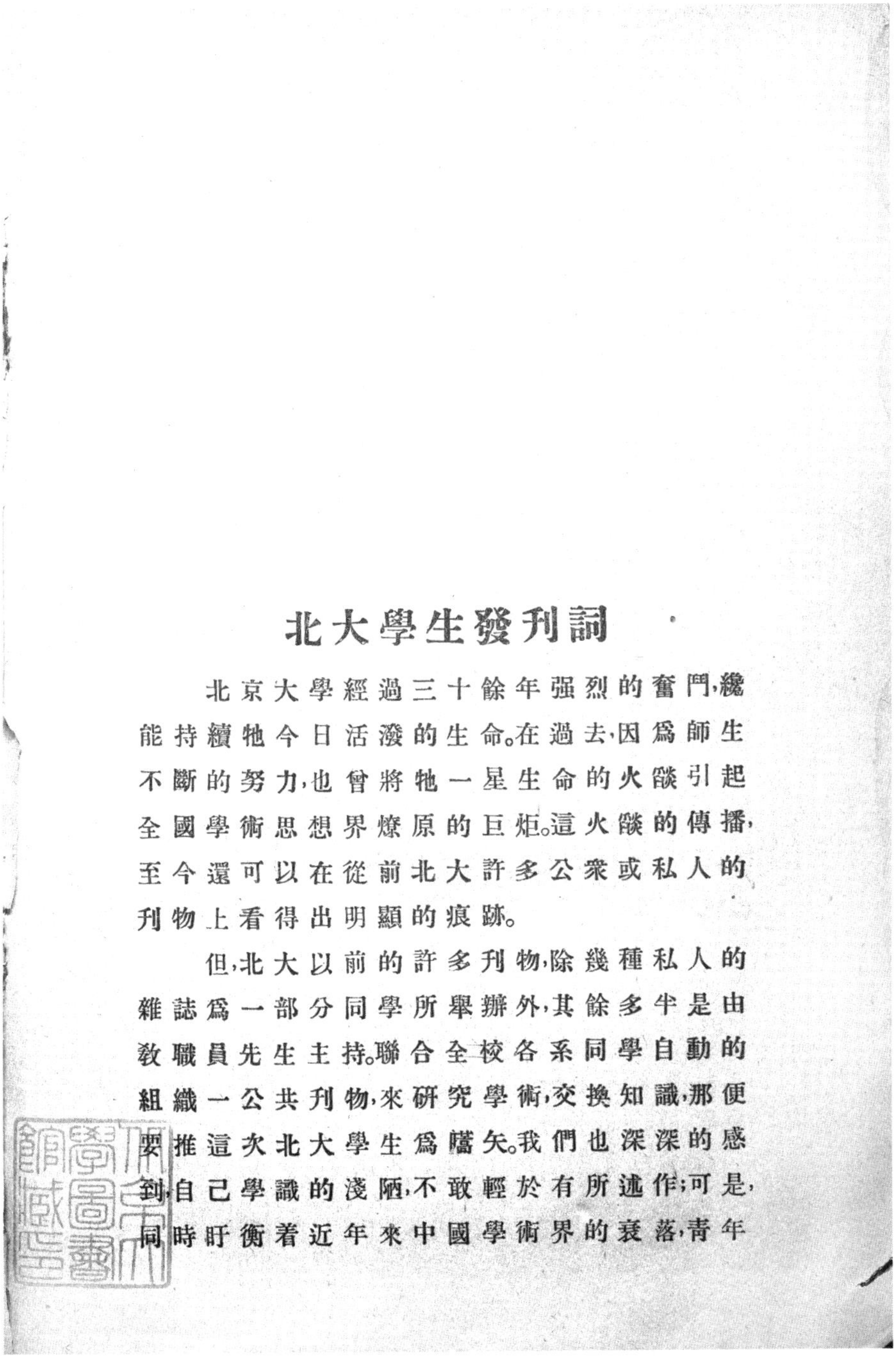

北大學生發刊詞

北京大學經過三十餘年强烈的奮鬥，纔能持續牠今日活潑的生命。在過去，因爲師生不斷的努力，也曾將牠一星生命的火燄引起全國學術思想界燎原的巨炬。這火燄的傳播，至今還可以在從前北大許多公衆或私人的刊物上看得出明顯的痕跡。

但，北大以前的許多刊物，除幾種私人的雜誌爲一部分同學所舉辦外，其餘多半是由教職員先生主持。聯合全校各系同學自動的組織一公共刊物，來研究學術，交換知識，那便要推這次北大學生爲嚆矢。我們也深深的感到自己學識的淺陋，不敢輕於有所述作；可是，同時盱衡着近年來中國學術界的衰落，青年

图 47.3 《北大学生》发刊词

本刊投稿簡章

1. 凡本校在校同學均有投稿之義務
2. 凡本校教職員及離校同學均可投稿
3. 凡關於學術論著及文藝創作翻譯等文字一律歡迎
4. 文體不拘文言白話
5. 投稿請繕寫清楚並加新式標點符號
6. 投稿人請將姓名住址詳細註明但揭載時如何署名聽作者自定
7. 投稿如係翻譯請將原書名稱版本頁數註明
8. 投稿無論登載與否概不退還惟未登之稿在五千以上且附寄郵票豫先聲明者不在此限
9. 來稿本刊得酌量修改如豫先聲明不願修改者不在此限
10. 登載之稿酌贈本刊
11. 來稿請面交各該系學會代表或逕寄北平國立北京大學第一院轉北大學生月刊委員會編輯部

北 大 學 生

創 刊 號

（本期定價大洋三角）

編輯者　北京大學學生月刊委員會
發行者　北京大學學生月刊委員會
印刷者　北平京城印書局
總代售處　北京大學出版部
分售處　全國各大書局
通訊處　北京大學第一院月刊委員會

图 47.4 《北大学生》第一期封底

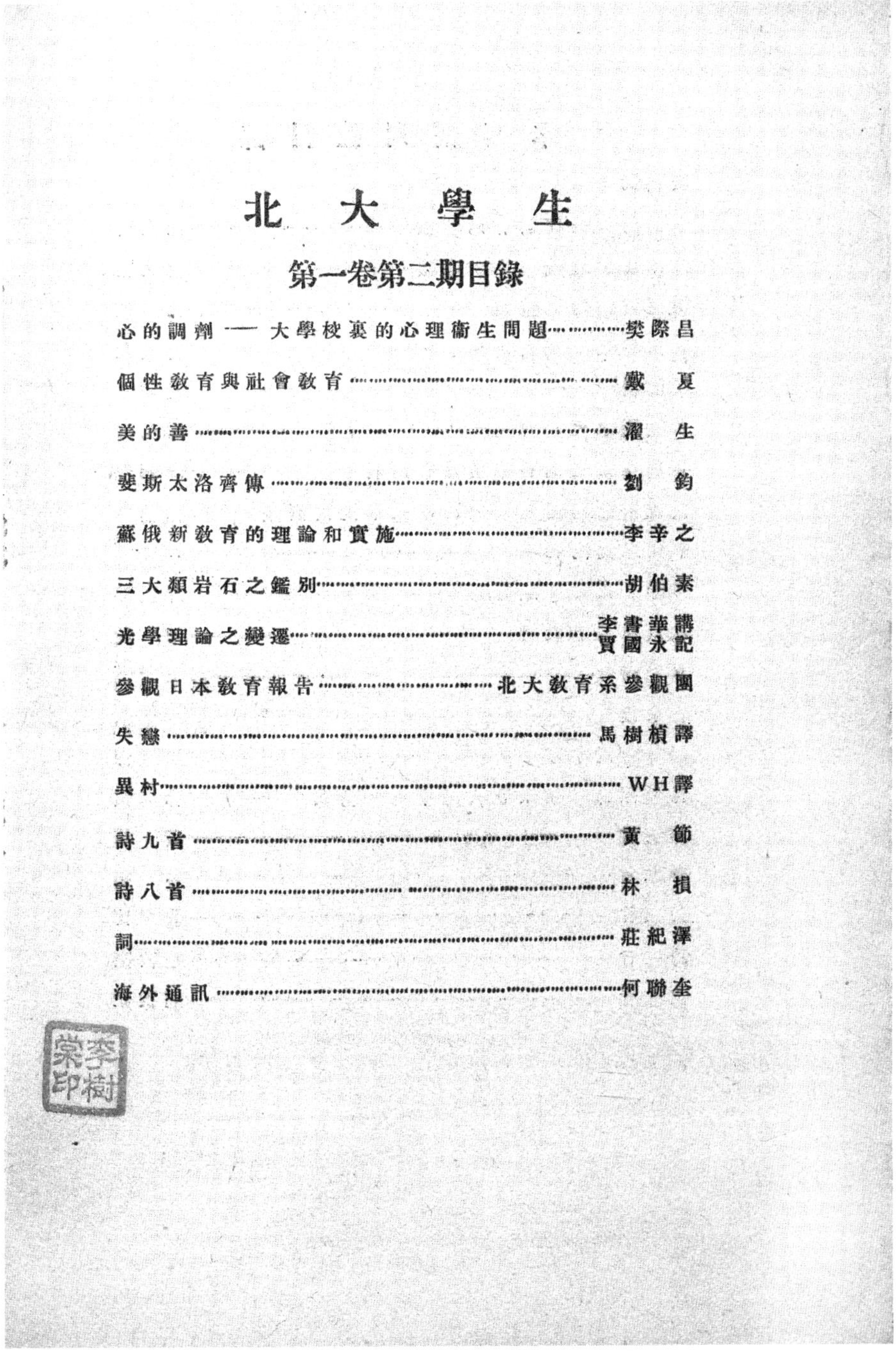

北大學生

第一卷第二期目錄

李樹棠印

图 47.5 《北大学生》第二期目录

北大學生

The Student Monthly
of
Peking National University

第一卷 第五六期

要目

研究宋詞的我見	許之衡
偉人領導羣衆呢？還是羣衆領導偉人？	文甫
線代數學引論	楊武之
產業合理化	陳啓修
生肖偶說	魏建功
中國古韻學述要	王國銓
人口問題方法論	徐萬鈞
時間觀念之我見	常福元
有機化學大要及其應用	漢威
水銀透平發電機	李賢誠
非歐幾何學派之起源及其價值	繆玉源
對於銀借欵問題應有的認識	張君文
英國海陸變遷小史	胡伯素

國立北京大學學生月刊委員會出版

1931，6，1.

图 47.6 《北大学生》第五、六期封面

北大学生周刊

一、刊物介绍

1930年12月10日创刊，1932年1月停刊，周刊，北大学生会出版，北大学生周刊编委会编辑。其中1931年为《北大三十二周年纪念专辑》，该专辑由蔡元培先生题字："北大三十二年纪念　温故知新。"期刊封面先后由沈尹默、马叙伦题写。社会科学刊物。

二、刊物内容

本刊物在"九一八"事变后声明其使命为："目标抗日，积极救国；充实学校，改善学风"[①]，抨击国民党的卖国妥协政策，主张破除对国联的幻想，发动全国民众，对日实行经济绝交，坚决收回东三省，并要求北大学生负起领导民众之责任，积极图谋救国之途。主要撰稿人有胡适、马叙伦、陶希圣、江绍原等。刊物设有"时评""论著""文艺""转载""校闻"等栏目，刊载的文章有蒋梦麟《北大三十二周年纪念》、程衡《现今哲学上的新要求》、陶希圣的时评《地方战与国民战》、刘钧《希望你往更光明的路上走》、作者为哲撰写的校闻《政治系全体教授贡献国府外交方略》等。

该刊物还报道校内动态，介绍教学经验，发表学术论文，交流学术思想，活跃学术氛围，有助于了解北大校史。刊文对于鼓舞团结，发动全国民众抗日决心有激励作用，同时为研究"九一八"前后国家政治形势提供参考。

---

① 北大学生周刊编委会．卷头语［J］．北大学生周刊，1931，2（1）．

三、馆藏信息

13380/J 1930-1931 v.1，no.1-10，Spec.；1931-1932 v.2，no.1-3

第一卷第一、二、八期，第二卷第一期封面钤有“前北大学生存物纪念品民国三十年清理”章，第一卷第六、十期封面钤有“典书课第三阅览室”章，第四至七、九至十期封面钤有“北京大学图书馆复本书”章。第二卷第三期及纪念特刊封面钤有“何海秋先生赠书”“国立北京大学法商学院图书馆藏书”章。

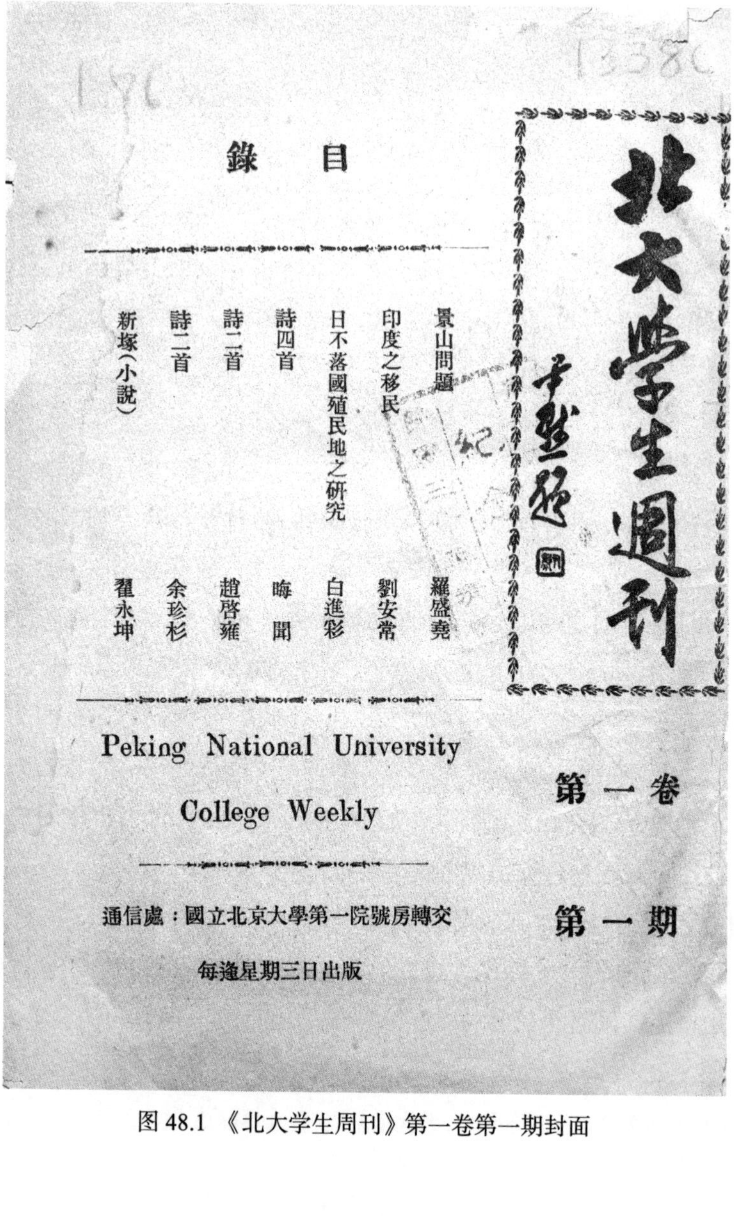

图 48.1 《北大学生周刊》第一卷第一期封面

图 48.2 《北大学生周刊》题字

北大學生週刊

康德(I. Kant)關於藝術的名言　楊丙辰
讀徐旭生西遊日記　超然
童年的微笑　翟永坤
明月還沒有東升(小說)　狂歌
感慨太多(小說)　賚生

Peking National University
College Weekly

通信處：國立北京大學第一院號房轉交
每逢星期三日出版

第一卷
第四期

图 48.3 《北大学生周刊》第一卷第四期封面

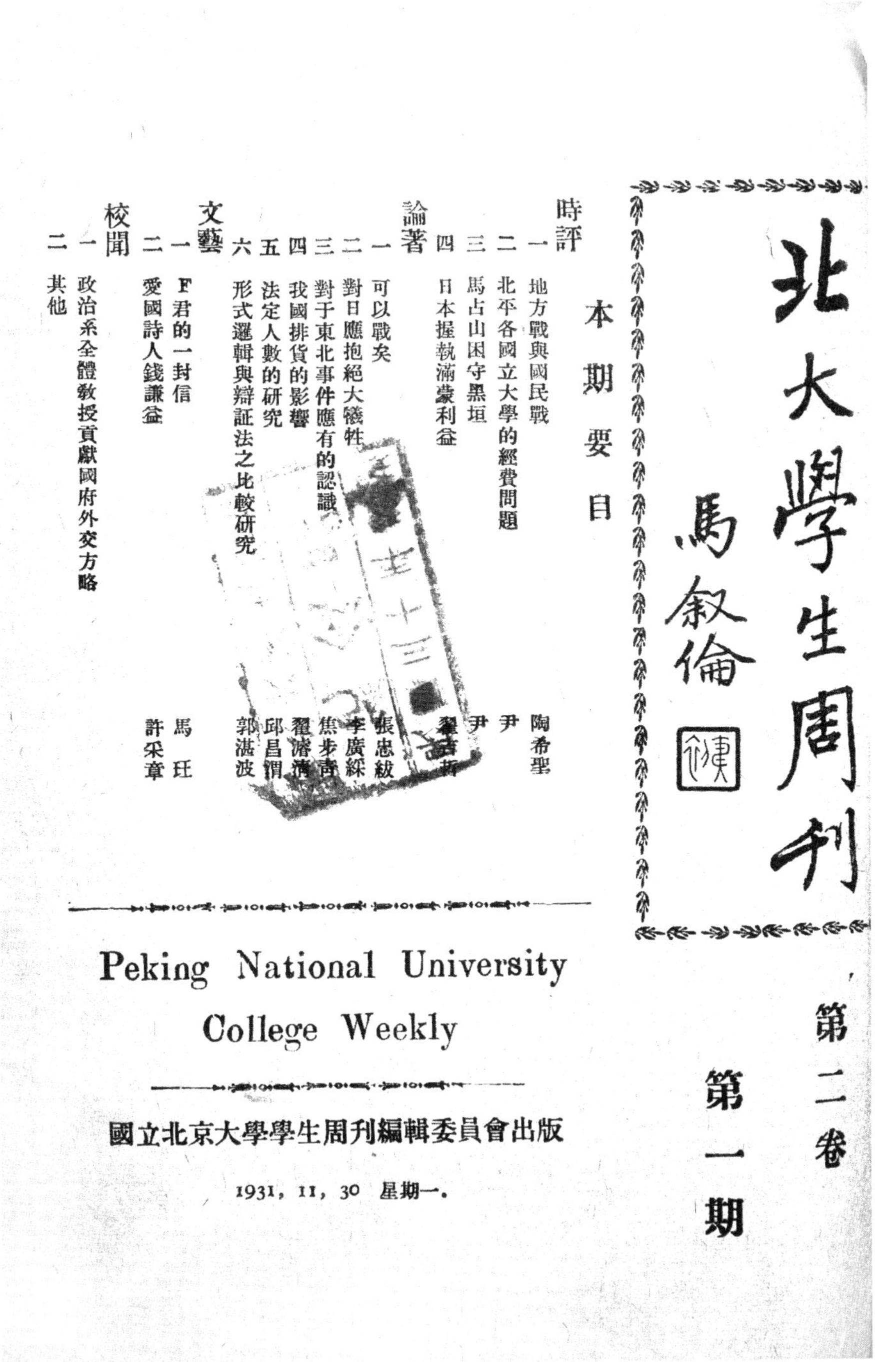

北大學生周刊

馬敘倫

第二卷 第一期

本期要目

時評
一 地方戰與國民戰 陶希聖
二 北平各國立大學的經費問題 尹
三 馬占山困守黑垣 尹
四 日本握執滿蒙利益 翟[illegible]

論著
一 可以戰矣 張忠紱
二 對日應抱絕大犧牲 李廣綵
三 對于東北事件應有的認識 焦步青
四 我國排貨的影響 翟濬濤
五 法定人數的研究 邱昌渭
六 形式邏輯與辯証法之比較研究 郭湛波

文藝
一 F君的一封信 馬玨
二 愛國詩人錢謙益 許采章

校聞
一 政治系全體教授貢獻國府外交方略
二 其他

Peking National University College Weekly

國立北京大學學生周刊編輯委員會出版

1931, 11, 30 星期一.

图 48.4 《北大学生周刊》第二卷第一期封面

卷頭語

在這國難臨頭民族存亡的時候，我們共同發表言論的機關——北大學生周刊降生了！在此次續刊初次和讀者見面的當兒，我們有向讀者說明本刊使命的必要：

一，目標抗日，積極救國：我校過去歷史，不可泯滅，每當國家危急存亡的關頭，總是我校負領導重心，挽回頹運。現在暴日已經掠奪我東省，擾亂我天津，滬寧漢濤，日見騷亂，整個的中國幾乎迷漫了暴日的蠻橫行爲！所以非先撲滅暴日在華勢力，不足以圖生存。在這種局勢之下，本刊第一個使命就是請我北大師生負起領導民衆的責任，目標集中在日本，積極圖謀救中國！

二，充實學校，改善學風：現在我校經費異常困難，發展很不容易，但是在這種勉能維持的狀態之下，也須要做充實自己的工作，關於學校內部之組織及讀書效率之增進，都是十分應該注意。所以關於這一方面的討論和研究，也是本刊的一個重大使命！

以上兩種使命，何等重大！要想完成，談何容易！所以要請我校全體師生及讀者諸君，共同努力！

牛存善 十一月三十日

图 48.5 《北大学生周刊》第二卷第一期卷头语

本刊投稿簡單

1. 凡本校同學教職員及離校同學均可投稿．
2. 凡關於本刊內容—短評，論著，文藝，（翻譯或創作）校聞各文字一律歡迎
3. 文體不拘文言白話。
4. 投稿請繕寫清楚並加新式標點符號．
5. 投稿人請將眞實姓名註明以便接洽，至揭載時如何署名聽作者自定。
6. 投稿如係翻譯請將原書名稱版本頁數註明。
7. 投稿無論登載與否概不退還，惟未登之稿在五千字以上者，附有相當郵票，預先聲明者，不在此例。
8. 來稿均須經本校秘書處，及本刊編輯委員會審定，修改，如預先聲明不願修改者，不在此限。
9. 登載之稿贈送本刊，一千字以下者贈三冊，一千字以上者贈五冊，二千字以上者贈十冊，每增一千字加五冊但至多不得過二十冊。
10. 來稿請逕寄北平沙灘國立北京大學第一院轉北大週刊編輯委員會；或分交：
   a. 北平東城銀閘胡同十六號　牛存善
   b. 北平北大東齋　翟吉哲　齊國樑
   c. 北平北大西齋　焦步青　張潔身

北大學生周刊

第二卷第三期

一九三二年一月十五號（星期五）出版

每份定價二分

編輯者　北大學生周刊編輯委員會
北大一院四層樓
電話（東二九九五）四層

發行者　北大出版組
北大一院二層樓
電話（東三八四三）二層

印刷者　北大印刷股

代售處　各大書局

图 48.6 《北大学生周刊》第二卷第三期封底

国立北京大学地质学会会刊

一、刊物介绍

该刊继承《国立北京大学地质研究会年刊》(1921年10月创刊),1928年7月出版第三期时改名为《国立北京大学地质研究会会刊》,后北大地质研究会更名为北大地质学会,1930年4月出版第四期时刊物改名为《国立北京大学地质学会会刊》。北大地质学会编辑,出版周期不详,北京大学地质学方面研究刊物。

二、刊物内容

本刊为地质学刊物,正如卷头语所言,“尤有进者,学会之设,原以共同探讨学术为旨”[①],主要刊载北大地质系师生们的地质学方面专题论文以及地质调查报告书、书刊评论、学会活动消息等,还载有会务报告以及北大地质学会章程等内容。载文有胡伯素《北京大学之地质系》、葛利普《中国十年来之地质研究工作》、丁文江《中国地质学者的责任》、翁文灏《河流侵蚀的速率》等。刊物每期都内附照片,包括地质学会在校全体会员合影、地质学会会址、地质学会教室、矿物实习室等图片。该刊是我国地质学界较早的出版物,作为地质学类学术刊物,所载地质研究的学术文章,为研究民国时期地质情况提供了重要的材料,同时作为北大地质学会的会刊,对研究北大地质学的相关内容也具有一定参考价值。

---

① 北大地质学会.卷头语[J].国立北京大学地质学会会刊,1931(5).

三、馆藏信息

12180.2/J 1930-1931 no.4-5

第五期封面钤有“前北大学生存物纪念品　民国三十年清理”章。

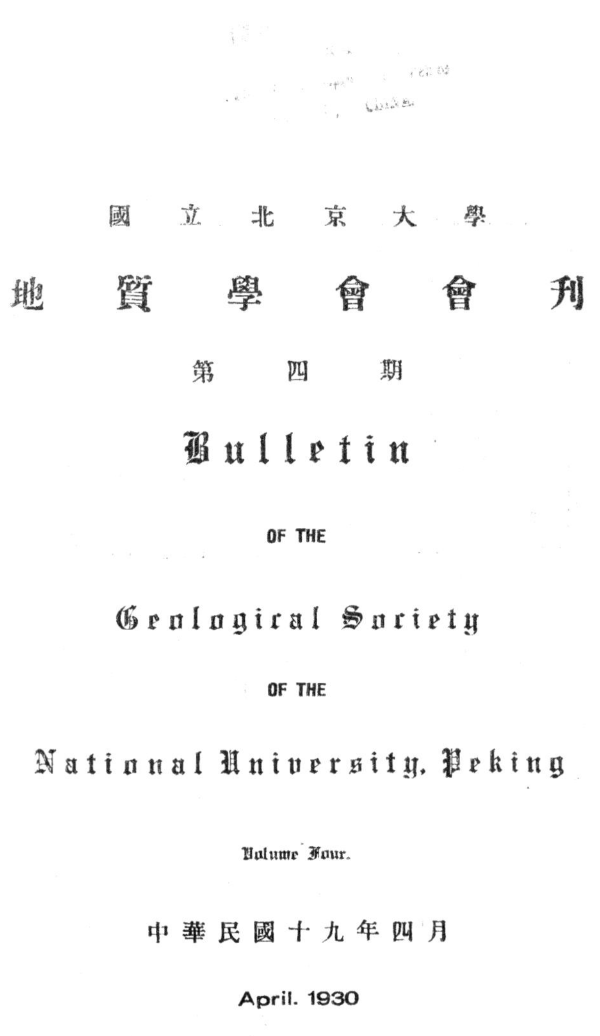
國立北京大學

地質學會會刊

第四期

Bulletin

OF THE

Geological Society

OF THE

National University, Peking

Volume Four.

中華民國十九年四月

April. 1930

图 49.1 《国立北京大学地质学会会刊》第四期封面

目　錄

图 49.2 《国立北京大学地质学会会刊》第四期目录

图 49.3 《国立北京大学地质学会会刊》第五期封面

卷頭語

比年以來，吾國人士常自憾出版品之寥落，而尤疚心于科學論著之罕覯。今吾校地質學會年刊，又將付梓矣，斯刊梓行後，其貢獻于學術界者，或至微渺，而足供會中同人及肄習斯學者觀摩之資，則彰彰明甚。循是焉，而益求深詣，其前程固未可量也！

尤有進者，學會之設，原以共同探討學術爲旨。顧今之紛紛以學會名者，誠診其實，率多不相符合，而吾校地質學會自創行年刊以來，雖值學校杌隉之秋，亦未嘗間歇。堅毅如是，洵可喜也！

雖然，詩云：「靡不有初，鮮克有終」，尙願與學會同人共勉之；爰綴數語，誌於卷端。

王烈　二十年，三月，二十七日。

图 49.4 《国立北京大学地质学会会刊》第五期卷头语

目 錄

图 49.5 《国立北京大学地质学会会刊》第五期目录

战旗

一、刊物介绍

1931年8月5日创刊，北京大学第一院战旗社创办发行。刊物发行不定期，但每月至少出版三次，政论性刊物。

二、刊物内容

本刊宗旨是“立于三民主义的旗帜之下，为打倒蒋介石的个人军事独裁及反动黑暗的南京统治，为实现真正进步的民主政治，与一切腐恶势力作殊死战”[①]。刊物宗旨严正鲜明，采取文战战略。刊文以事实批判及揭露为主、空泛的议论为辅。设有“评论”“秘闻及其他”“时局通讯”“特载”“长篇史料”等栏目，以此揭露南京国民政府的丑闻，并刊有时事评论和长篇史料专载。主要撰稿人有湘君、野王、都庞、南子、雪茄、曹弘忻等。载文有湘君《刘峙通电中的山东问题》，邹鲁《讨蒋进行中中央之要图》，野王《南京反动统治的里层解剖》，曹弘忻《冯在南京》，南子《蒋家军大掠顺德》，湘君《和平呼吁中的一纸南京密令》，都庞《国难外史第 × 回》等。该刊对于研究蒋介石军事独裁及南京国民政府的黑暗统治相关历史，具有一定的史料参考价值。

---

① 战旗社．开场白［J］．战旗，1931（1）．

三、馆藏信息

57600/J 1931 no.1-2，4，6

期刊封面均有“燕京大学图书馆”章。

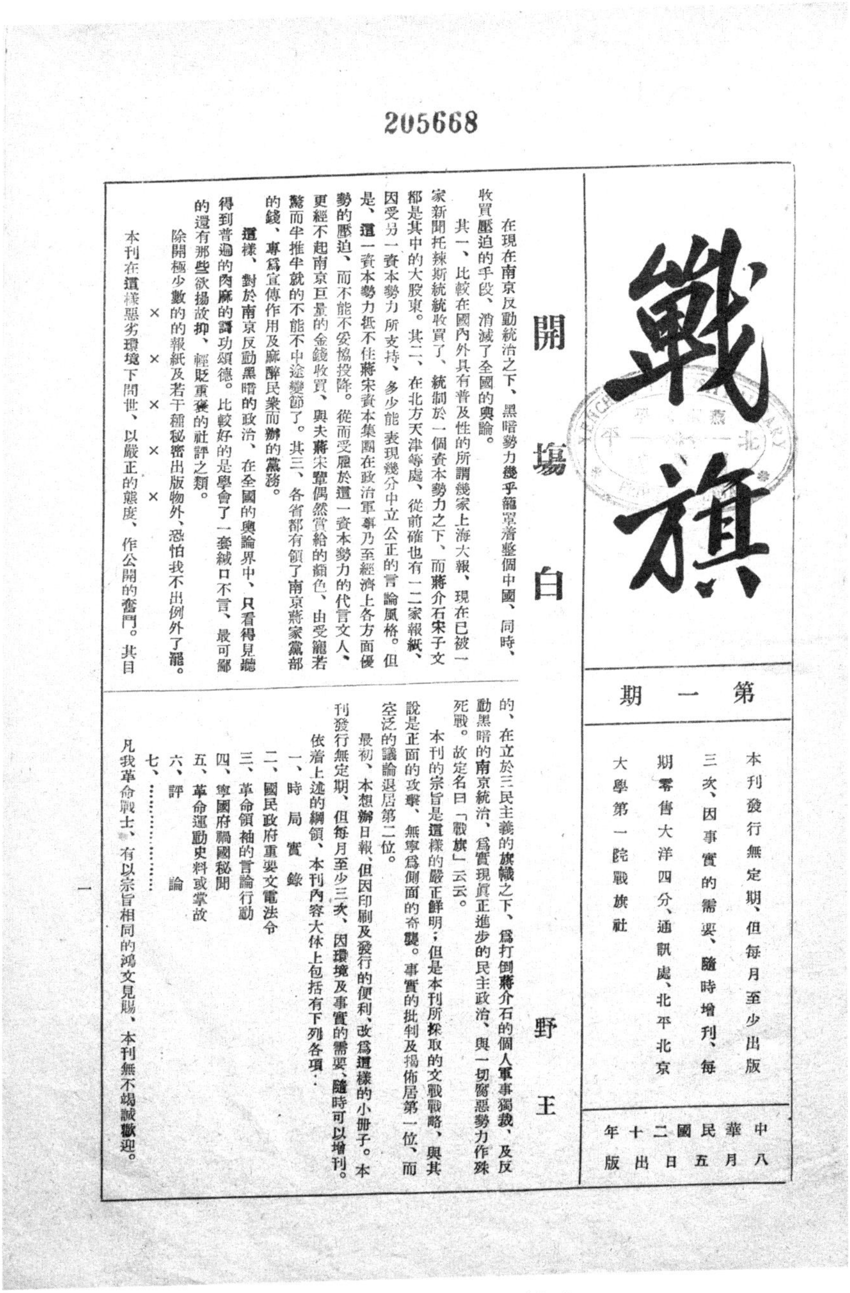
205668

戰旗

第一期

本刊發行無定期、但每月至少出版三次、因事實的需要、隨時增刊、每期零售大洋四分、通訊處、北平北京大學第一院戰旗社

中華民國二十年八月五日出版

開場白

野王

在現在南京反動統治之下、黑暗勢力幾乎籠罩着整個中國、同時、收買壓迫的手段、消滅了全國的輿論。

其一、比較在國內外具有普及性的所謂幾家上海大報、現在已被一家新聞托辣斯統統收買了、統制於一個資本勢力之下、而蔣介石宋子文都是其中的大股東。其二、在北方天津等處、從前確也有一二家報紙、因受另一資本勢力所支持、多少能表現幾分中立公正的言論風格。但是、這一資本勢力抵不住蔣宋資本集團在政治軍事乃至經濟上各方面優勢的壓迫、而不能不妥協投降。從而受屈於這一資本勢力的代言文人、更經不起南京巨量的金錢收買、與夫蔣宋輩偶然賞給的顏色、由受寵若驚而半推半就的不能不中途變節了。其三、各省都有領了南京蔣家黨部的錢、專爲宣傳作用及麻醉民衆而辦的黨務。

這樣、對於南京反動黑暗的政治、在全國的輿論界中、只看得見聽得到普遍的肉麻的謌功頌德。比較好的是學會了一套緘口不言、最可鄙的還有那些欲揚故抑、輕貶重褒的社評之類。

除開極少數的的報紙及若干種秘密出版物外、恐怕找不出例外了罷。

× × × × ×

本刊在這樣惡劣環境下問世、以嚴正的態度、作公開的奮鬥。其目的、在立於三民主義的旗幟之下、爲打倒蔣介石的個人軍事獨裁、及反動黑暗的南京統治、爲實現眞正進步的民主政治、與一切腐惡勢力作殊死戰。故定名曰「戰旗」云云。

本刊的宗旨是這樣的嚴正鮮明；但是本刊所採取的文戰戰略、與其說是正面的攻擊、無寧爲側面的奇襲。事實的批判及揭佈居第一位、而空泛的議論退居第二位。

最初、本想辦日報、但因印刷及發行的便利、改爲這樣的小冊子。本刊發行無定期、但每月至少三次、因環境及事實的需要、隨時可以增刊。

依着上述的綱領、本刊內容大体上包括有下列各項：

一、時局實錄
二、國民政府重要文電法令
三、革命領袖的言論行動
四、寧國府禍國秘聞
五、革命運動史料或掌故
六、評論
七、…………

凡我革命戰士、有以宗旨相同的鴻文見賜、本刊無不竭誠歡迎。

一

图 50.1 《战旗》第一期封面

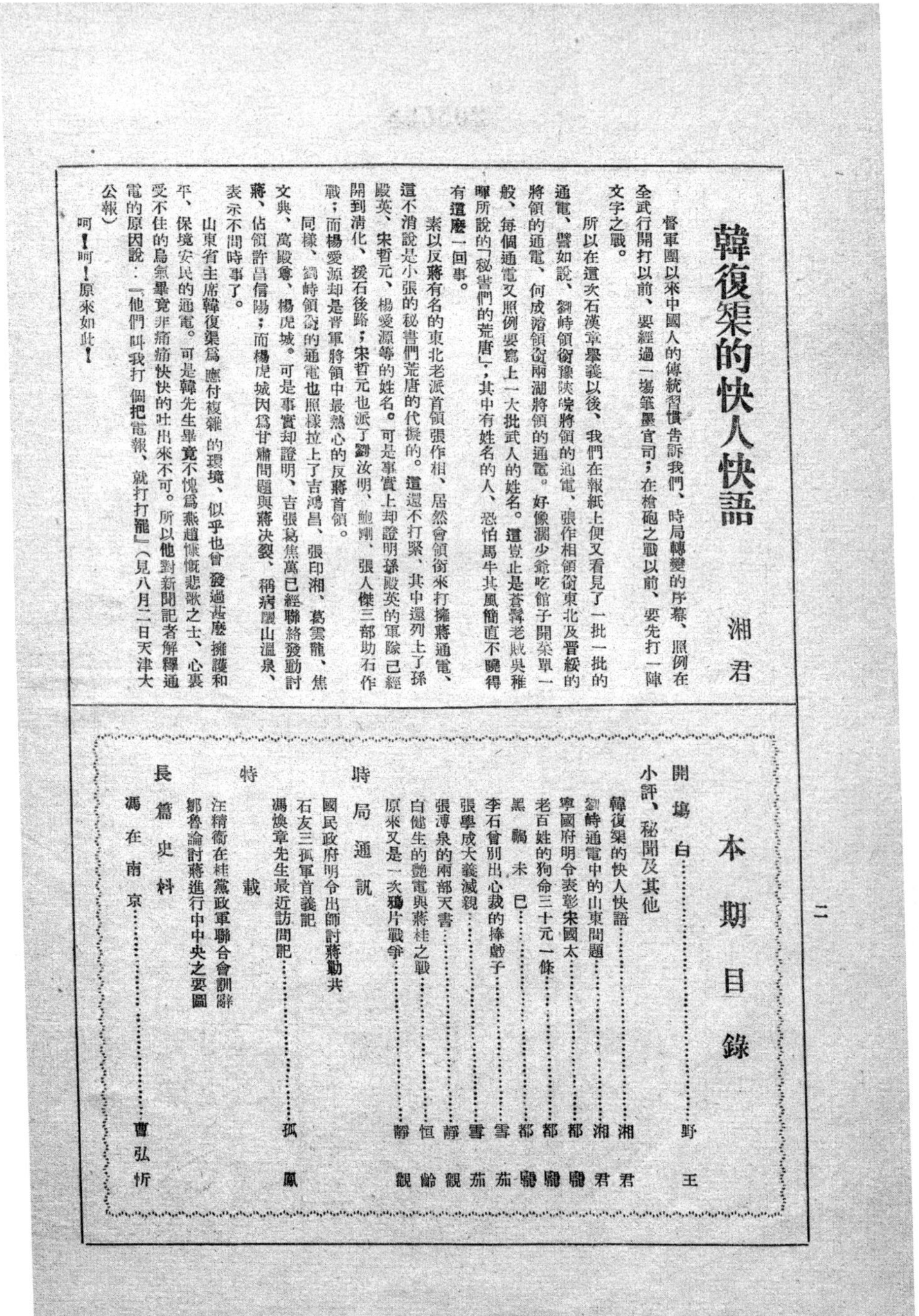

韓復榘的快人快語

湘君

督軍團以來中國人的傳統習慣告訴我們、時局轉變的序幕、照例在全武行開打以前、要經過一場筆墨官司；在槍砲之戰以前、要先打一陣文字之戰。

所以在這次石漢章舉義以後、我們在報紙上便又看見了一批一批的通電、譬如說、劉峙領銜豫陝皖將領的通電、張作相領銜東北及晋綏的將領的通電、何成濬領銜兩湖將領的通電。好像闊少爺吃館子開菜單一般、每個通電又照例要寫上一大批武人的姓名。這豈止是蒼髯老賊吳稚暉所說的「秘書們的荒唐」，其中有姓名的人、恐怕馬牛其風簡直不曉得有這麼一回事。

素以反蔣有名的東北老派首領張作相、居然會領銜來打擁蔣通電、這不消說是小張的秘書們荒唐的代擬的。這還不打緊、其中還列上了孫殿英、宋哲元、楊愛源等的姓名。可是事實上却證明孫殿英的軍隊已經開到淸化、援石後路；宋哲元也派了劉汝明、鮑剛、張人傑三部助石作戰；而楊愛源却是晋軍將領中最熱心的反蔣首領。

同樣、劉峙領銜的通電也照樣拉上了吉鴻昌、張印湘、葛雲龍、焦文典、萬殿尊、楊虎城。可是事實却證明、吉張葛焦萬已經聯絡發動討蔣、佔領許昌信陽；而楊虎城因爲甘肅問題與蔣决裂、稱病闢山溫泉、表示不問時事了。

山東省主席韓復榘爲應付複雜的環境、似乎也曾發過甚麼擁護和平、保境安民的通電。可是韓先生畢竟不愧爲燕趙慷慨悲歌之士、心裏受不住的烏氣畢竟非痛痛快快的吐出來不可。所以他對新聞記者解釋通電的原因說：『他們叫我打、偏把電報、就打打罷』（見八月二日天津大公報）

呵！呵！原來如此！

二

本期目錄

图 50.2 《战旗》第一期目录

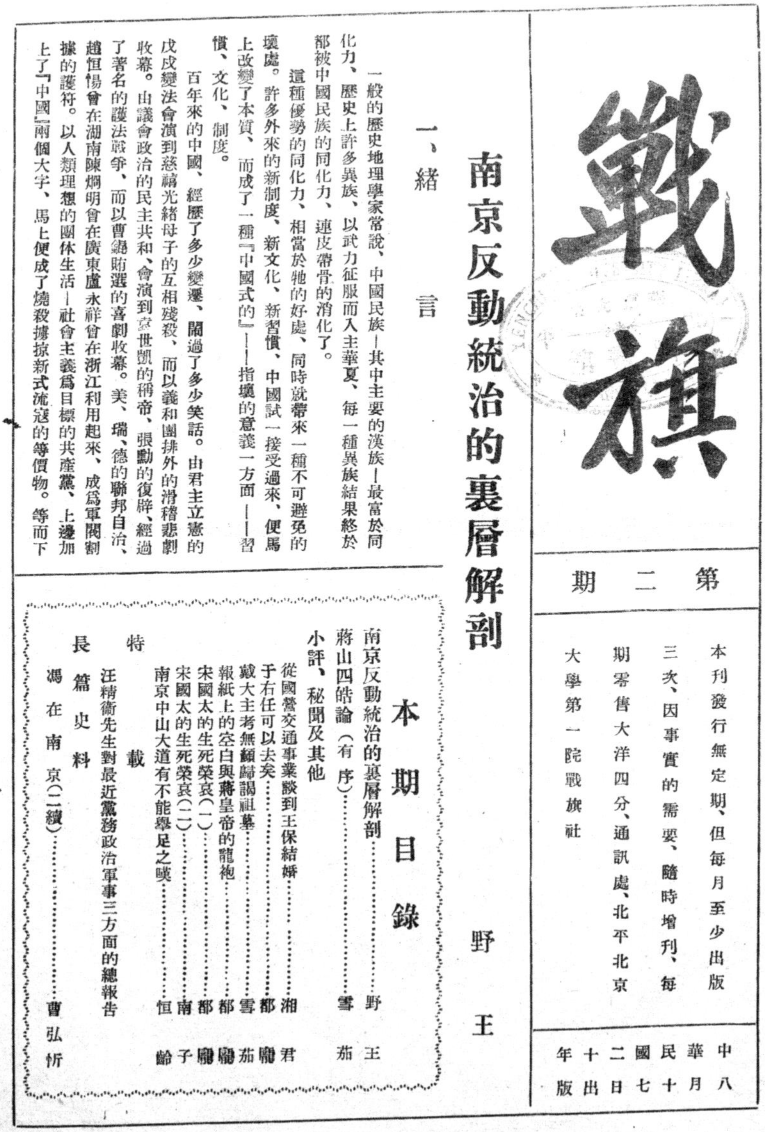

戰旗

第二期

本刊發行無定期、但每月至少出版三次、因事實的需要、隨時增刊、每期零售大洋四分、通訊處、北平北京大學第一院戰旗社

中華民國二十年八月十七日出版

南京反動統治的裏層解剖

野王

一、緒言

一般的歷史地理學家常說、中國民族—其中主要的漢族—最富於同化力、歷史上許多異族、以武力征服而入主華夏、每一種異族結果終於都被中國民族的同化力、連皮帶骨的消化了。

這種優勢的同化力、相當於牠的好處、同時就帶來一種不可避免的壞處。許多外來的新制度、新文化、新習慣、中國試一接受過來、便馬上改變了本質、而成了一種『中國式的』——指壞的意義一方面——習慣、文化、制度。

百年來的中國、經歷了多少變遷、鬧過了多少笑話。由君主立憲的戊戌變法會演到慈禧光緒母子的互相殘殺、而以義和團排外的滑稽悲劇收幕。由議會政治的民主共和、會演到袁世凱的稱帝、張勳的復辟、經過了著名的護法戰爭、而以曹錕賄選的喜劇收幕。美、瑞、德的聯邦自治、趙恒惕會在湖南陳烱明會在廣東盧永祥會在浙江利用起來、成爲軍閥割據的護符。以人類理想的團体生活—社會主義爲目標的共產黨、上邊加上了『中國』兩個大字、馬上便成了燒殺擄掠新式流寇的等價物。等而下

本期目錄

图 50.3 《战旗》第二期封面

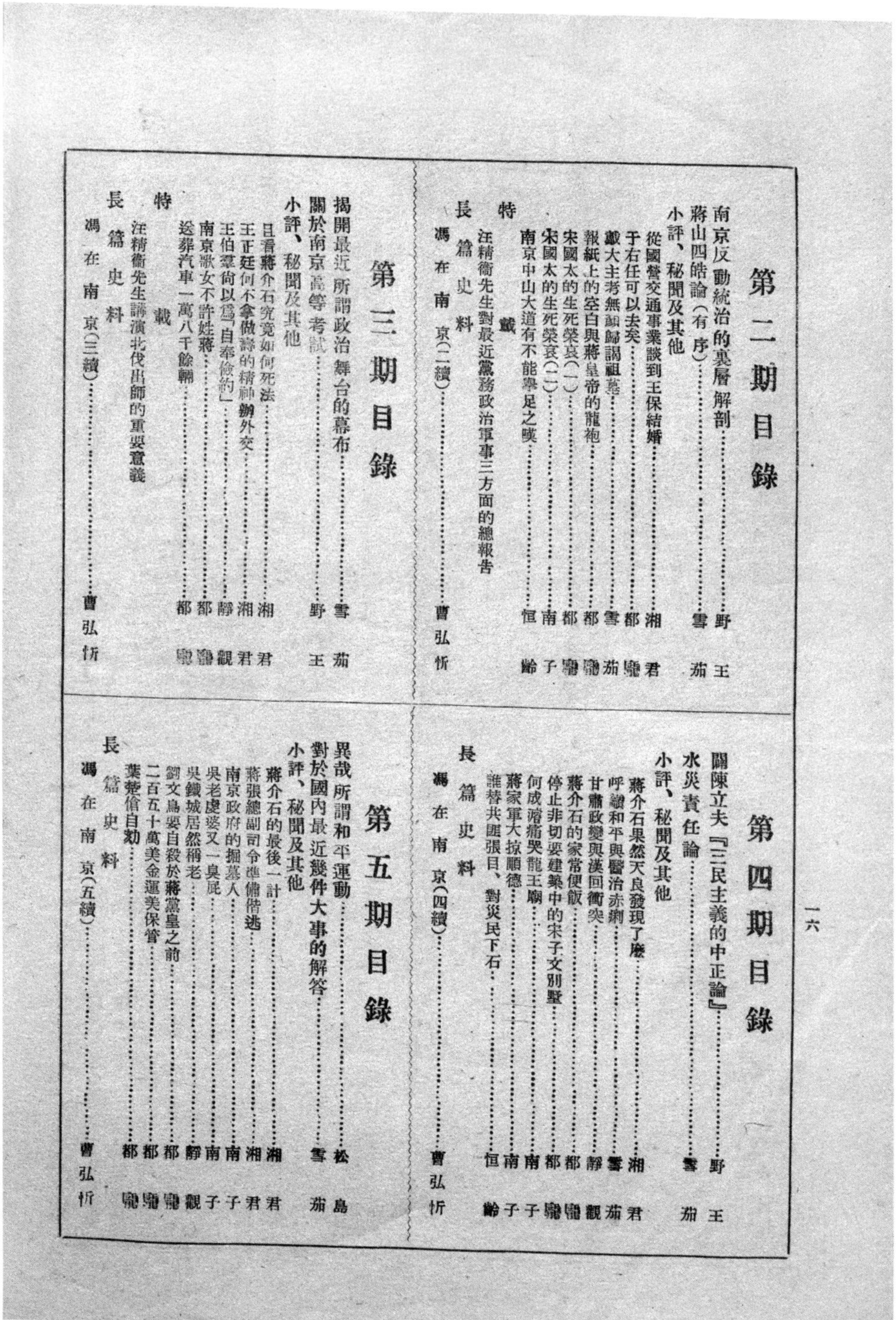

第二期目錄

第三期目錄

第四期目錄

第五期目錄

一六

图 50.4 《战旗》第二至五期目录

开拓

一、刊物介绍

1931 年 9 月创刊，北京大学开拓半月刊社主办，半月刊，文学刊物。

二、刊物内容

本刊刊载文学评论、作品和译著。主张新写实主义的形式是走向新兴文学唯一的道路，如欲使新兴文学发展，必须彻底明了新写实主义。刊载小林多喜二《新写实主义的根本态度》，阐明了新写实主义；日本战旗派的新进作家藤泽桓夫所作《小孩》，为日本新兴文坛的代表作之一；还刊登辛克莱《资本主义教育与教育者的责任》，介绍了美国教育，唤醒学者们对中国教育制度发展趋势的清醒认识。载文还有《我的朋友毕亚》《在一个苏维埃的矿区》《我等候着光明》等。每期刊物中缝部分用于介绍刊期目录、图书出版预告或刊物启事等内容。该刊对于研究新兴文学发展等方面的内容有一定参考作用。

三、馆藏信息

47345/J 1931 v.1，no.6-8

第六至八期封面钤有“燕京大学图书馆”章。

205530

第一卷第六期　　一五，十一，一九三一·

目　　錄

新寫實主義的根本態度

小林多喜二著　　式鈞譯

所謂新寫實主義，廣義的說來不外就是「貫通以馬克斯主義的世界現觀的藝術態度。」若更加詳細的說，在便利上可以分爲：

A. 我們說新寫實主義，在藝術上是最現實主義的態度。——然而唯物辨証法是教給我們這社會，向怎樣的方向決定底地進展，卽是把這社會在一定的「動」的裏面具體底地把握着的這事。——但我們必須要知道，把這客觀底地用形象的言語描寫出這「動」的態度，這動底的現實主義的態度當作着問題。就是在這意味上，所謂從來的靜底的佈爾喬亞寫實主義，在質的方面，和把這現實主義的態度和手法上的客觀描寫等取着同樣的意味的事，這是如何的錯誤，想是可以明白的。

當然這現實主義的態度也與其他的態度，譬如 Romantic（無論是頹廢的，新興的），Symbolic, Sur-Realism，尖銳地對立着。因爲勞動階級是最健康的，最力學的，是革命的階級所以是最批評的，因此也是最寫客觀的，現實主義的。——這反映作爲寫實主義而表現出來是無須再說的事。

B. 自然主義底的寫實主義雖然是相等的握了唯物論的態度，但它是把個人當作

—1—

第
1，新寫實主義與形式……小林多喜二
第
1，密謀之夜……非白

图 51.1 《开拓》第一卷第六期封面

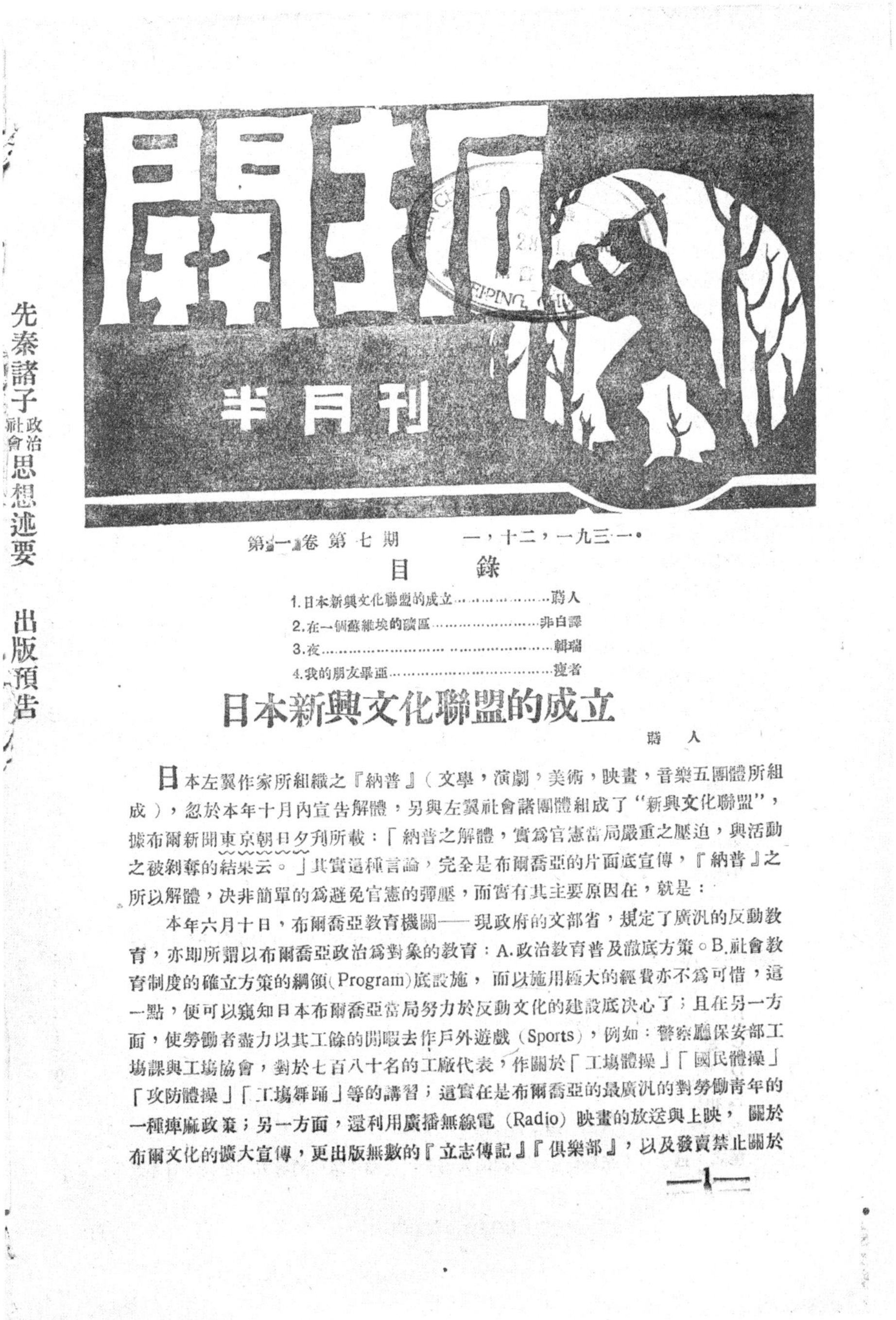

先秦諸子政治社會思想述要 出版預告

開拓

半月刊

第『一』卷 第七期 一，十二，一九三一.

目 錄

日本新興文化聯盟的成立

聘 人

日本左翼作家所組織之『納普』（文學，演劇，美術，映畫，音樂五團體所組成），忽於本年十月內宣告解體，另與左翼社會諸團體組成了"新興文化聯盟"，據布爾新聞東京朝日夕刊所載：「納普之解體，實爲官憲當局嚴重之壓迫，與活動之被剝奪的結果云。」其實這種言論，完全是布爾喬亞的片面底宣傳，『納普』之所以解體，決非簡單的爲避免官憲的彈壓，而實有其主要原因在，就是：

本年六月十日，布爾喬亞教育機關——現政府的文部省，規定了廣汎的反動教育，亦即所謂以布爾喬亞政治爲對象的教育：A.政治教育普及澈底方策。B.社會教育制度的確立方策的綱領(Program)底設施，而以施用極大的經費亦不爲可惜，這一點，便可以窺知日本布爾喬亞當局努力於反動文化的建設底決心了；且在另一方面，使勞働者盡力以其工餘的閒暇去作戶外遊戲（Sports），例如：警察廳保安部工場課與工場協會，對於七百八十名的工廠代表，作關於「工場體操」「國民體操」「攻防體操」「工場舞踊」等的講習；這實在是布爾喬亞的最廣汎的對勞働青年的一種痺痲政策；另一方面，還利用廣播無線電（Radio）映畫的放送與上映，關於布爾文化的擴大宣傳，更出版無數的『立志傳記』『俱樂部』，以及發賣禁止關於

—1—

图 51.2 《开拓》第一卷第七期封面

開拓半月刊

第一卷第八期　一五，十二，一九三一

目錄

朽木集（木版畫）出版預告 倘莫宗作

刊號

普羅藝術發達史概論

民族主義文學運動批判

角五分

有代售

我等候着光明

漁島

我等候着光明在陰森的黑獄中，
那里沒有春花同秋月笑迎東風；
只見蓬髮垢面的青年仰視羣星，
一陣低泣輕歎淚悄悄灑向惡夢。

我等候着光明徘徊於苦囚院中，
澎博的心流激應着牆外的喧聲；
春風嘯吟着森嚴法庭上的慘痛，
歌鳥斷嬌喉我已成待死的孤囚。

我等候着光明在此奇臭的囚籠，
鐵拳緊握誓衝破這罪惡的刑庭；
慘酷的鐐銬只能束縛我的肉身，

—1—

YENCHING UNIVERSITY LIBRARY 燕京大學圖書館 北平 FEB 27 19.. PEIPING, CHINA

图 51.3 《开拓》第一卷第八期封面

——後　記——

而且人們得承認牠的光榮和奇蹟。牠的美麗和偉大。在這世界的歷史上未曾出現過這樣的事情。在古代，領主們借着獅身人面像（Sphinxes）和陵墓做爲他們的光榮。但是在這里的世界，牠的紀念物是電氣場，礦坑和曳引工廠。牠的目的不是去建築一座死的屋子，而是要去築一個生命的和愛的宇宙。一個眞實的普羅列塔利亞的友誼的世界。各個人都不管他的筋肉的苦痛，脊骨的燒熱——爲着明天的另一個交替………

1932，1，22，于北平，

後　記

五四運動以後，中國的教育制度，亦隨着新潮流的發展而捨棄了德日式的軍國民教育，趨向新大陸的人道主義的教育。（即是由封建的制度轉向了資本主義的制度。）後來，人們因風聞到處都可以挖出金子，和沒有窮人的，人人都是帶着「尖頭人」（Genteman）式的大禮帽的亞美利加，于是往新大陸去學造金術的人們擁擠道上。因此，每年同樣的有成羣的「我們美國」的中國留學生：挾來了大批的能生金的「他們祖國的」新文化，在中國宣傳福音。傳說美國一切文化都是爲人類謀幸福的。因此，全中國的青年，莫不憧憬着「天國」的亞美利加。這種現象，直到五卅慘案以後，全國的青年們才把「天國」的亞美利加的西洋景折穿了！美國的教育制度到底是不是爲人類謀幸福的呢？如有人還在那里這樣的懷疑，那麽，我便把本期小筠君介紹辛克萊的『資本主義教育與教育者的責任』一文介紹給他。我們由這篇文章裡可以得知，美國的教育是「握在奸險的政客，投資的和饕餮的阿諛者貪利者底手中。」它的教育的宗旨『是要使在下次戰爭裹「我們所派出的每位軍士都能寫出自已的姓名」』。在它的教育制度下的社會是這樣：「百分之五的人口佔有了百分之九十五的財富。」「百分之十的人口常生存于差足糊口的水平線之下，不能夠取得充分的食料來保持體質的常態。」「百分之廿求學的兒童受着營養不足的磨難。」「罪犯和囚犯很快的激增起來。」「一百到五百萬的人們願意作工却常常保持着失業的狀態。」「五十萬女人們必須賣掉他們的肉體以掙得麵包。」這都是在爲人類謀幸福的美國教育制度下所產生的現象！我也讓大家想一想：我們需要這種教嗎？我們能忍受這種教育嗎？我們是不是應該消滅這種教育呢？然後，我再請大家育轉回頭來看一看中國現代的教育制度，是不是「我們美國」的學者們仍在那里宣傳這種教育呢？

2，15，1

定價	本市三分，外埠四分。
預定	本市全年七角。外埠八角。
社址	北平北京大學第一院轉。

—8—

之成績中精選出之作品，每幅皆充滿了「力」的表現，爲現代中國新興藝術界不可多得之作品。

新

往事不堪回首

每期

各大

图 51.4 《开拓》第一卷第八期封底

国难周刊

一、刊物介绍

1931 年 11 月 15 日创刊，国难周刊社编辑发行，不定期刊物，后更名为《新战线周刊》，时事政治性刊物。

二、刊物内容

本刊物以“统一全国的舆论，唤起全世界一切被压迫的群众共同奋斗”，消除国难为宗旨，“站在国民的立场上，誓以至诚，努力促成党与国民之间的团结，以谋一致对外，并建议种种有利于对外的方案”。[①] 刊物分析“九一八事变”以来的国内外形势、抨击不抵抗主义、宣传抗日救国，并发表时事短评及该刊纪事。刊有吴惟平《团结起来》，江天蔚《日本侵略中国的史的分析》，还有《清算无抵抗主义》《我们条条死路惟有打仗是生路》《中日战斗能力的比较》《对日决战的基本力量》《全国总动员中的学生》《当前急务还是在于对外》《从一中全会说到国难会议与国民救国会议》《对日宣战的时机》等。在刊物第七期目录后，附有一至六期各期总目录。该刊对于研究抗日救国史、九一八事变以来的国内历史等，具有一定资料参考价值。

三、馆藏信息

42285/J 1931-1932 no.1-7

期刊封面均有“燕京大学图书馆藏”章。

① 国难周刊社 . 发刊词［J］. 国难周刊，1931（1）.

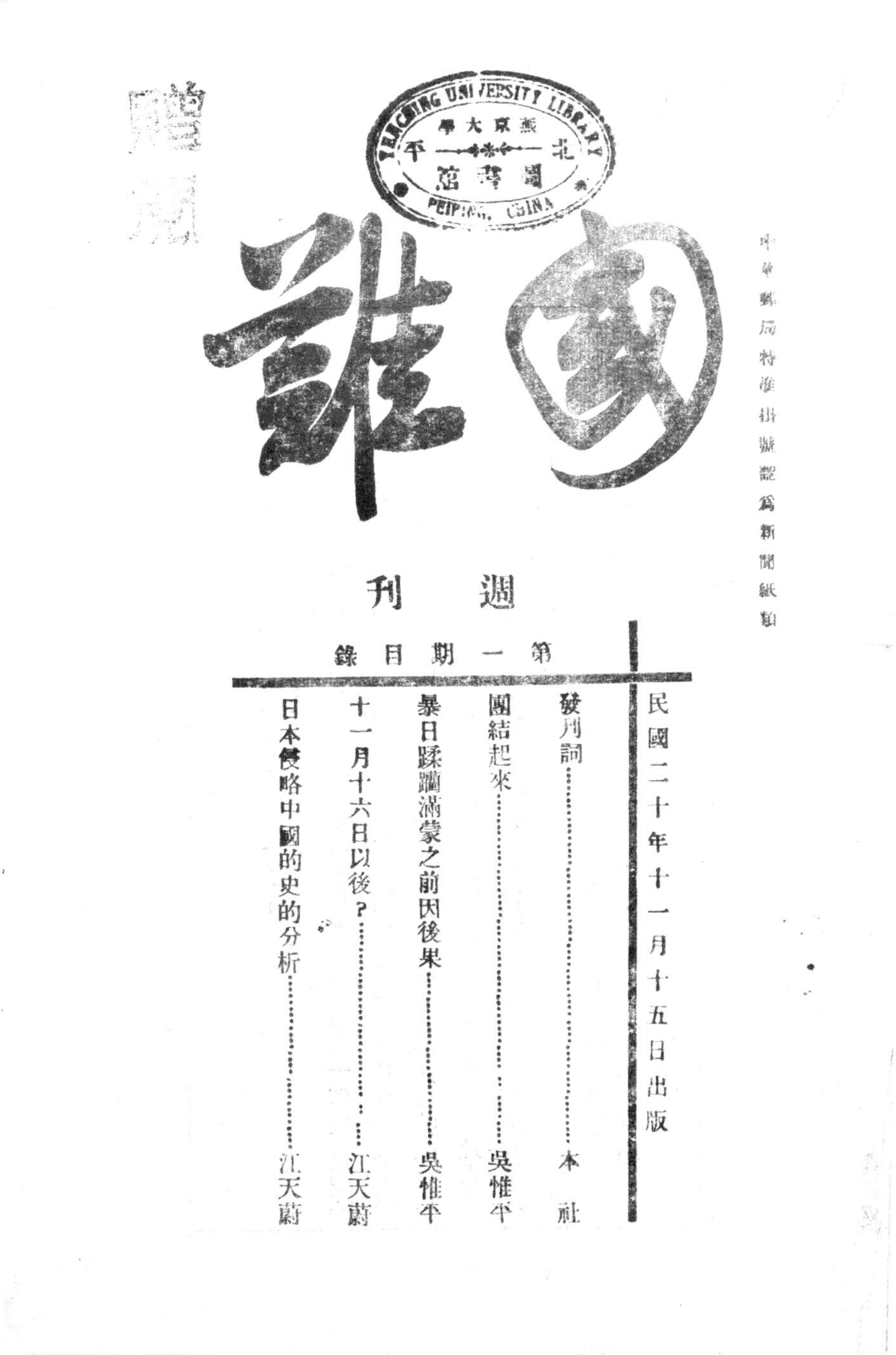

YENCHING UNIVERSITY LIBRARY
燕京大學圖書館
北平
PEIPING, CHINA

贈閱

國難

週刊

中華郵局特准掛號認為新聞紙類

民國二十年十一月十五日出版

第一期目錄

图 52.1 《国难周刊》第一期封面

42285

205566

發刊詞

政府過去一切誤國誤民的事情，我們雖不能不把牠筆筆寫在國民黨的賬上，但在這國難臨頭的時候，我們毫不思索的斷然宣佈：舊賬一筆勾銷！

不但如此，我們還要站在國民的立場上，誓以至誠，努力促成黨與國民之間的團結，以謀一致對外；並建議種種有利于對外的方案，以統一全國的輿論；喚起全世界一切被壓迫的羣衆共同奮鬥，尤爲本刊的主旨。

我們除了裝着滿腔的熱血，預備潑上帝國主義者身上以外，別無所謀。愛國之心，誰不如我；深願本刊能在國難中盡其應盡的義務；國難消解，本刊義務亦即告終。

北京大學圖書館藏

图 52.2 《国难周刊》发刊词

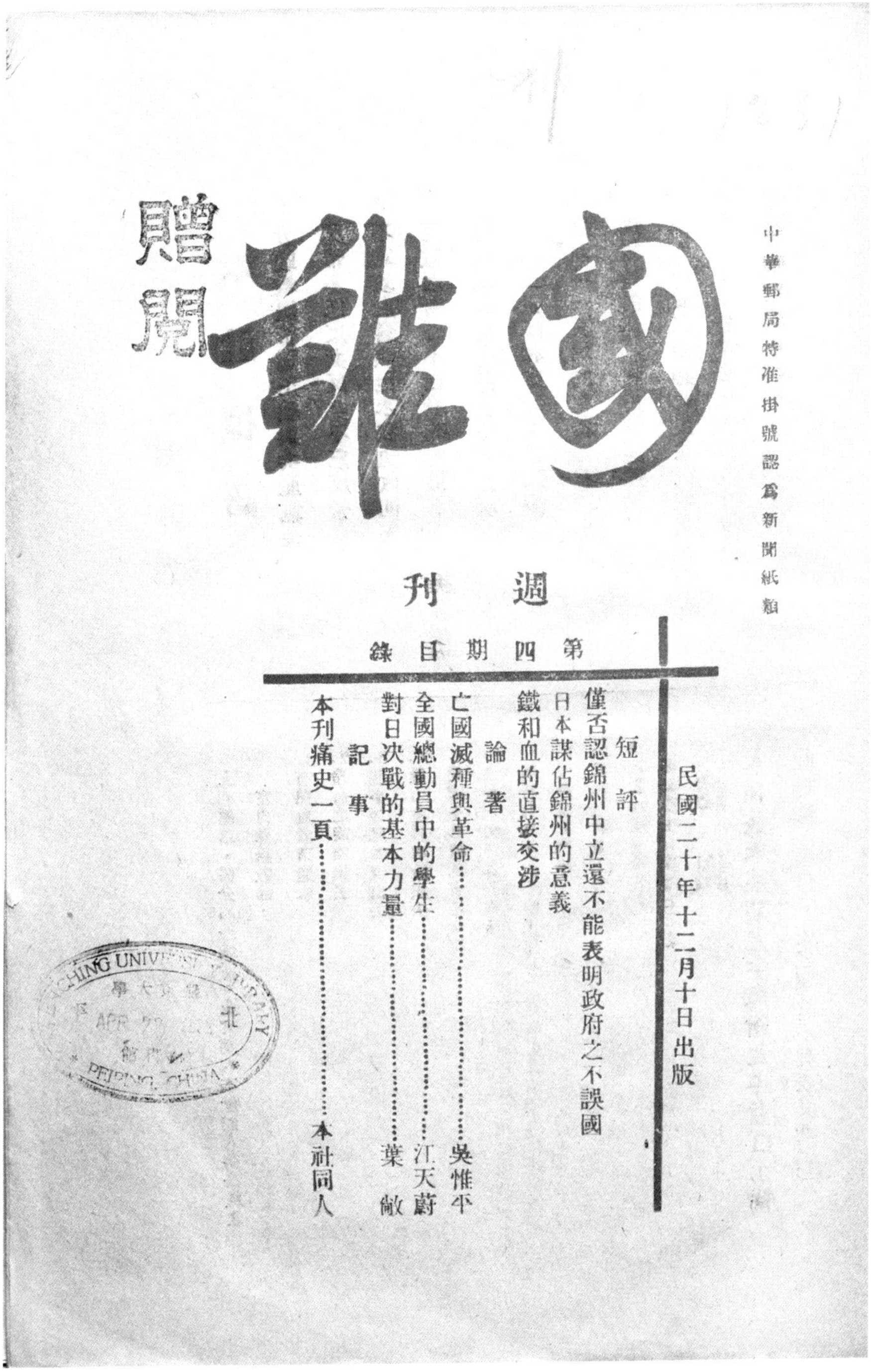

图 52.3 《国难周刊》第四期封面

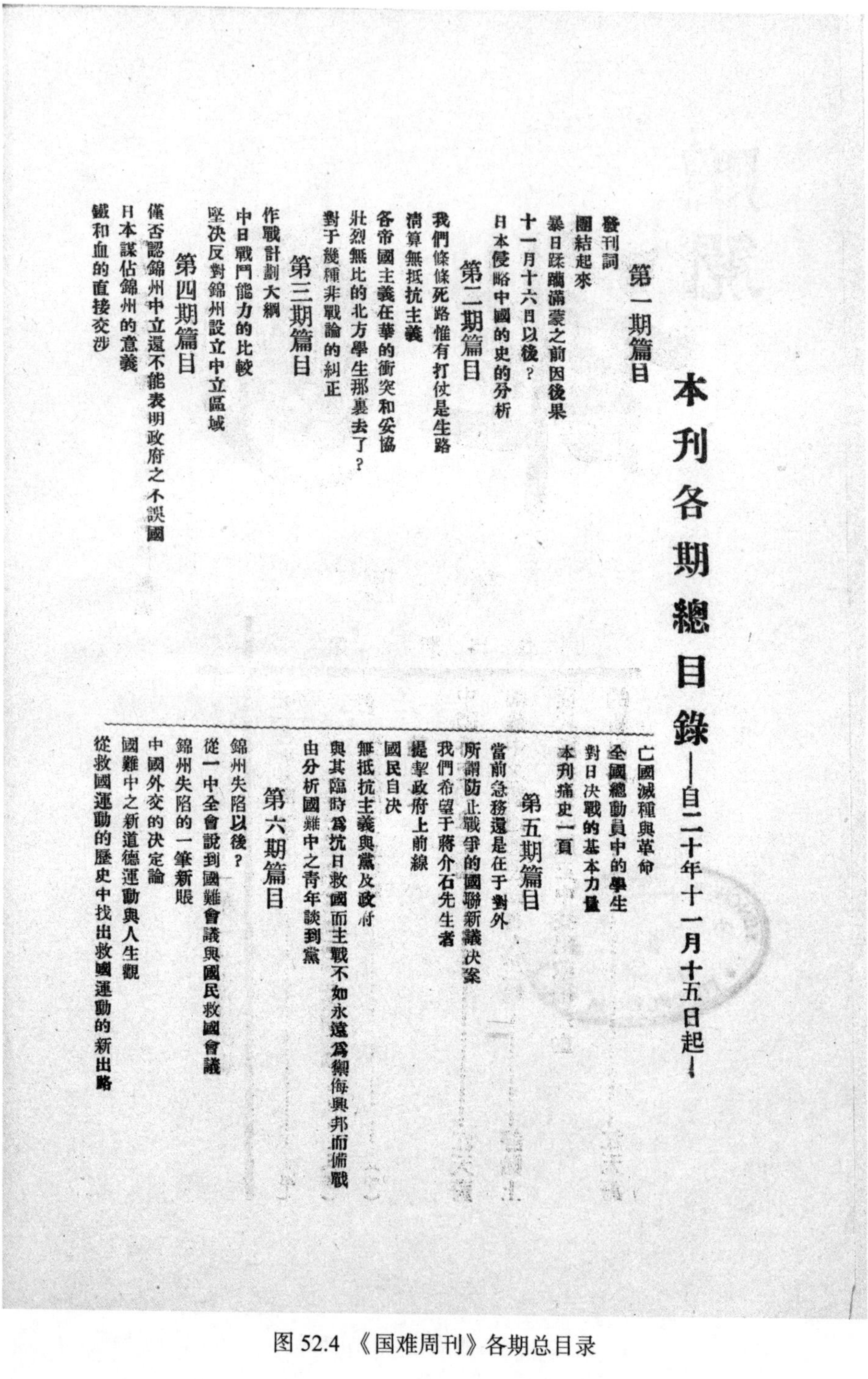

本刊各期總目錄—自二十年十一月十五日起—

第一期篇目

發刊詞
團結起來
暴日蹂躪滿蒙之前因後果
十一月十六日以後？
日本侵略中國的史的分析

第二期篇目

我們條條死路惟有打仗是生路
清算無抵抗主義
各帝國主義在華的衝突和妥協
壯烈無比的北方學生那裏去了？
對于幾種非戰論的糾正

第三期篇目

作戰計劃大綱
中日戰鬥能力的比較
堅決反對錦州設立中立區域

第四期篇目

僅否認錦州中立還不能表明政府之不誤國
日本謀佔錦州的意義
鐵和血的直接交涉
亡國滅種與革命
全國總動員中的學生
對日決戰的基本力量
本刊痛史一頁

第五期篇目

當前急務還是在于對外
所謂防止戰爭的國聯新議決案
我們希望于蔣介石先生者
提挈政府上前線
國民自決
無抵抗主義與黨及政府
與其臨時爲抗日救國而主戰不如永遠爲禦侮興邦而備戰
由分析國難中之青年談到黨

第六期篇目

錦州失陷以後？
從一中全會說到國難會議與國民救國會議
錦州失陷的一筆新賬
中國外交的決定論
國難中之新道德運動與人生觀
從救國運動的歷史中找出救國運動的新出路

图 52.4 《国难周刊》各期总目录

北大卅三周年纪念特刊

一、刊物介绍

1931 年 12 月 17 日出版，北大学生周刊编辑委员会编辑，北大出版组发行，封面有蒋梦麟题签，北大卅三周年纪念刊物。

二、刊物内容

本刊为北大卅三周年纪念特刊，目录页后有蒋梦麟题词“探求真理”，由牛存善、翟吉哲、焦步青、齐国梁、张洁身任编辑委员，还有 44 位编辑委员会顾问，包括周作人、胡适、白眉初、陶希圣、马叙伦、许德珩、嵇文甫、傅斯年、蒋廷黻、钱玄同、顾颉刚等。该刊刊载在校学生、教职员及离校学生文章，包括时评、论著、文艺、校闻等，如《中国外交与国联》《从唯物论到唯物史观》《振奋起“五四”精神来！》《北大的精神》《北京大学的历史及现行组织》《忘了我吧》《纪念与国难》等文章，内容涉及北大历史与组织、北大五四精神、中国外交与国联、纪念感怀与国难等方面。该刊对于了解北大卅三年校史、组织机构、北大精神以及当时国内现状，具有一定历史参考价值。

三、馆藏信息

13327/J 1931 Spec.

期刊封面封底钤有“前北大学生存物纪念品　民国三十年清理”章。

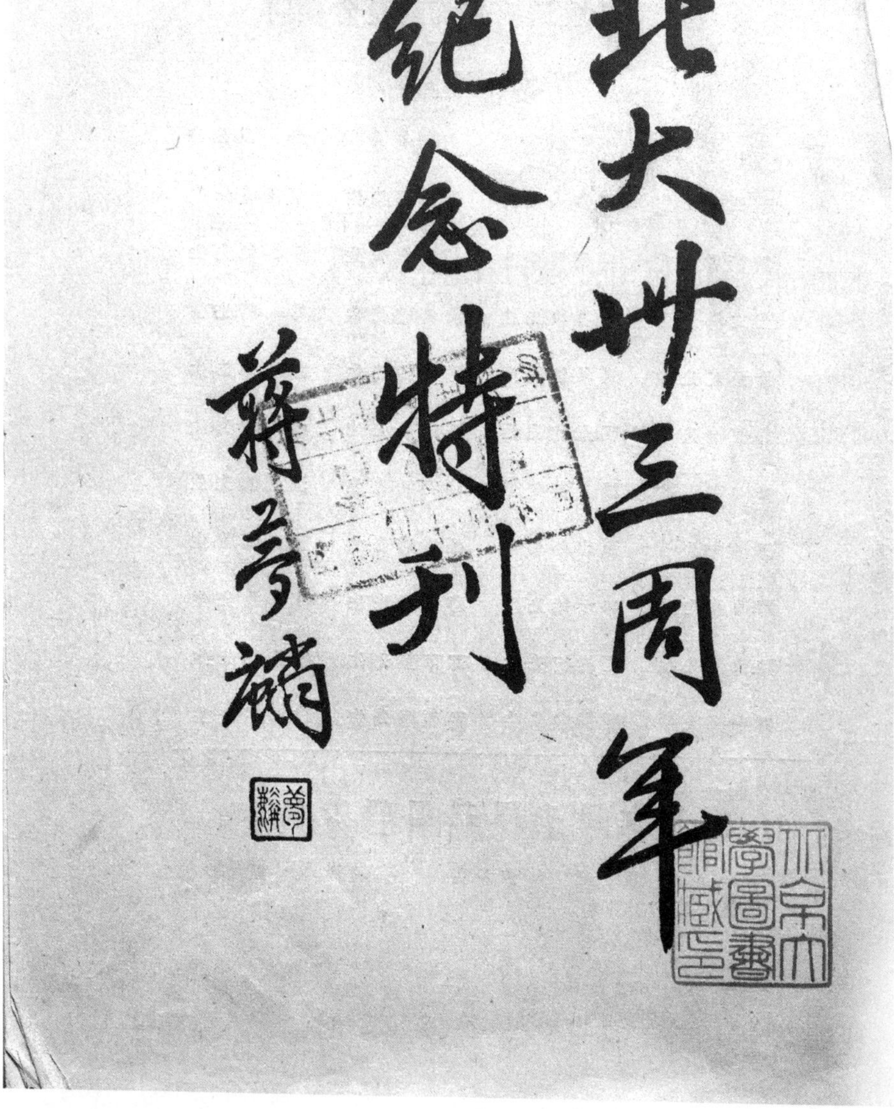

图 53.1 《北大卅三周年纪念特刊》封面

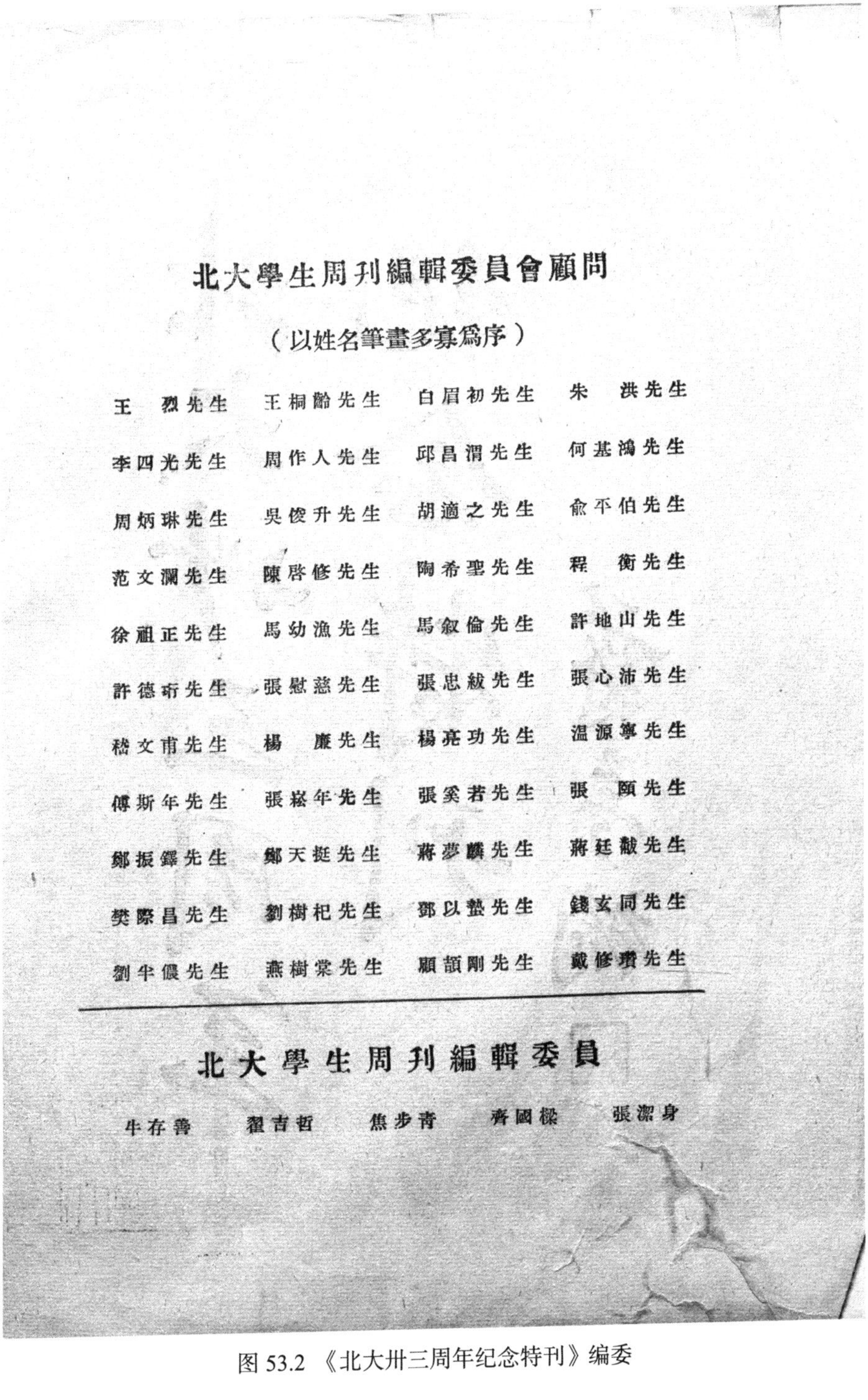

北大學生周刊編輯委員會顧問

（以姓名筆畫多寡爲序）

王　烈先生	王桐齡先生	白眉初先生	朱　洪先生
李四光先生	周作人先生	邱昌渭先生	何基鴻先生
周炳琳先生	吳俊升先生	胡適之先生	俞平伯先生
范文瀾先生	陳啓修先生	陶希聖先生	程　衡先生
徐祖正先生	馬幼漁先生	馬叙倫先生	許地山先生
許德珩先生	張慰慈先生	張忠紱先生	張心沛先生
嵇文甫先生	楊　廉先生	楊亮功先生	温源寧先生
傅斯年先生	張崧年先生	張奚若先生	張　頤先生
鄭振鐸先生	鄭天挺先生	蔣夢麟先生	蔣廷黻先生
樊際昌先生	劉樹杞先生	鄧以蟄先生	錢玄同先生
劉半儂先生	燕樹棠先生	顧頡剛先生	戴修瓚先生

北大學生周刊編輯委員

牛存善　翟吉哲　焦步青　齊國樑　張潔身

图 53.2 《北大卅三周年纪念特刊》编委

图 53.3 《北大卅三周年纪念特刊》目录

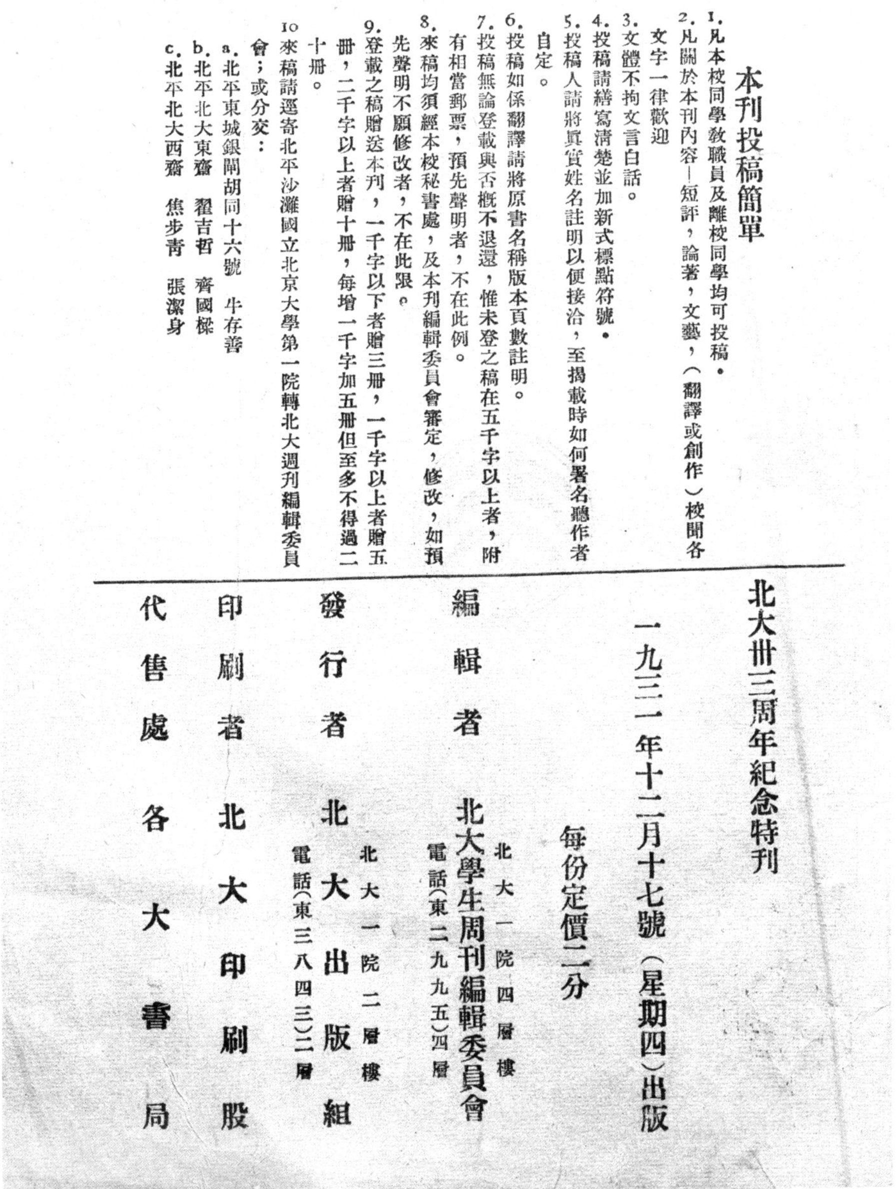

本刊投稿簡單

1. 凡本校同學教職員及離校同學均可投稿。
2. 凡關於本刊內容—短評，論著，文藝，（翻譯或創作）校聞各文字一律歡迎
3. 文體不拘文言白話。
4. 投稿請繕寫清楚並加新式標點符號。
5. 投稿人請將眞實姓名註明以便接洽，至揭載時如何署名聽作者自定。
6. 投稿如係翻譯請將原書名稱版本頁數註明。
7. 投稿無論登載與否概不退還，惟未登之稿在五千字以上者，附有相當郵票，預先聲明者，不在此例。
8. 來稿均須經本校秘書處，及本刊編輯委員會審定，修改，如預先聲明不願修改者，不在此限。
9. 登載之稿贈送本刊，一千字以下者贈三冊，一千字以上者贈五冊，二千字以上者贈十冊，每增一千字加五冊但至多不得過二十冊。
10 來稿請逕寄北平沙灘國立北京大學第一院轉北大週刊編輯委員會；或分交：

a. 北平東城銀閘胡同十六號 牛存善
b. 北平北大東齋 翟吉哲 齊國樑
c. 北平北大西齋 焦步青 張潔身

北大卅三周年紀念特刊

一九三一年十二月十七號（星期四）出版

每份定價二分

編輯者 北大學生周刊編輯委員會 北大一院四層樓 電話（東二九九五）四層

發行者 北大出版組 北大一院二層樓 電話（東三八四三）二層

印刷者 北大印刷股

代售處 各大書局

图 53.4 《北大卅三周年纪念特刊》封底

北京大学非常学生会专刊

一、刊物介绍

1931 年 12 月 20 日创刊，北京大学非常学生会主办，刊期不详，具体停刊时间和原因不详，该刊仅见第一至二号，大学学生会刊物。

二、刊物内容

1931 年，《非常学生会成立宣言》中表示："全国同学见国难之方殷，愤列强'公理'之不足恃，无不奋起疾呼，唤起民众之自觉作人民自动收回失地之准备。……留校同学学生会遂与南下示威团代表团合组非常学生会，执行旧学生会及抗日会一切职权，本会以适应客观环境，应付目前局严重局面，由全体同学所产生，与经常班代表制不同，故名'非常'"[①]。主要工作为代表全体同学利益，进行反日运动。刊有《非常学生会成立宣言》《非常学生会通告第一号》《非常学生会执行委员会第三次会记录》《本校三十三周年纪念会纪闻》《非常学生会宣传队组织草案》和《非常学生会为罢课问题告同学书》，还刊载北京大学的消息。该刊所刊载内容为了解北京大学非常学生会提供了一些历史资料，具有一定研究价值。

三、馆藏信息

12283/J 1931 no.1

---

① 北京大学非常学生会 . 非常学生会成立宣言［J］. 北京大学非常学生会专刊，1931.

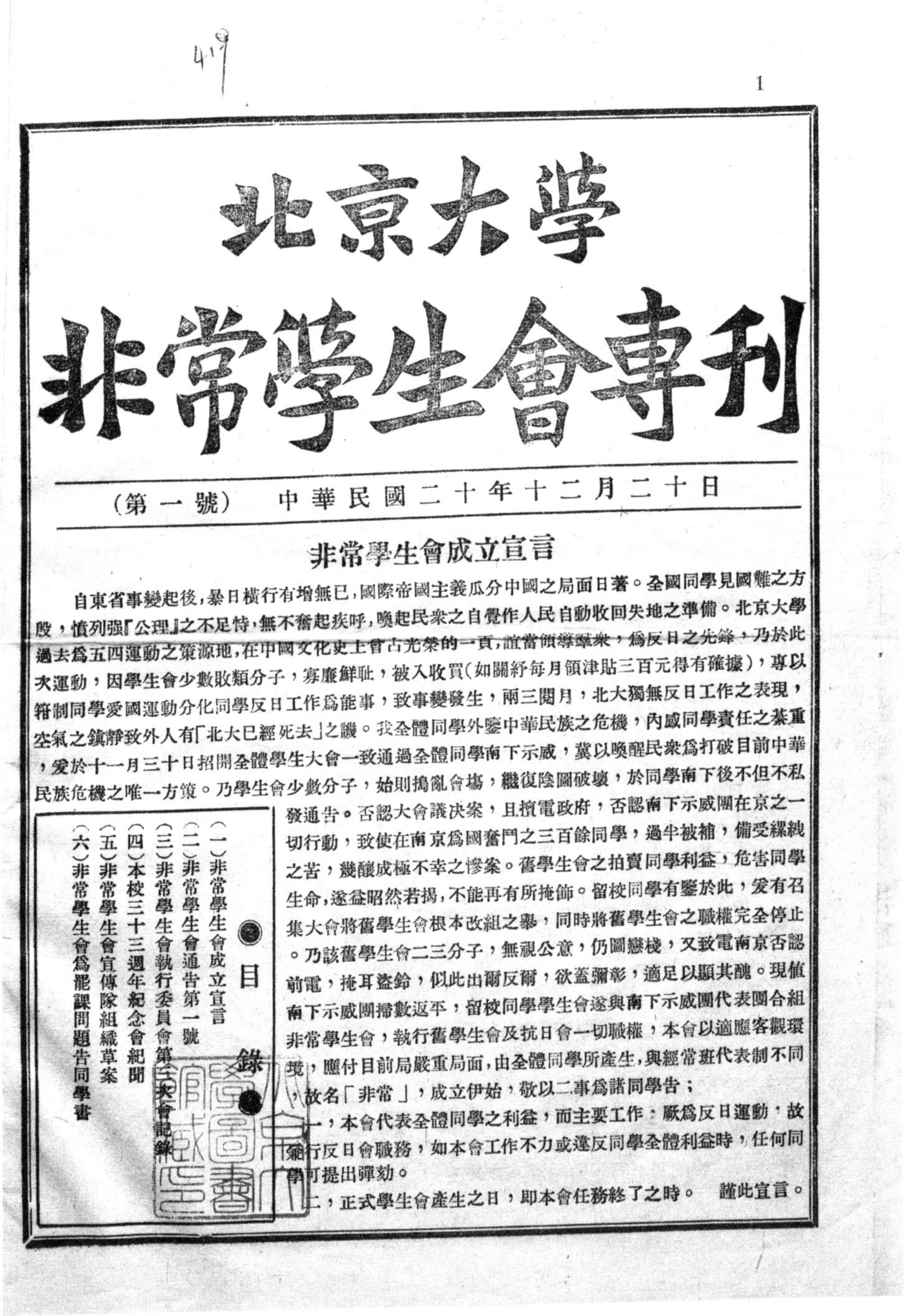

1

北京大學
非常學生會專刊

（第一號）　中華民國二十年十二月二十日

非常學生會成立宣言

自東省事變起後，暴日橫行有增無已，國際帝國主義瓜分中國之局面日著。全國同學見國難之方
殷，憤列強『公理』之不足恃，無不奮起疾呼，喚起民衆之自覺作人民自動收回失地之準備。北京大學
過去爲五四運動之策源地，在中國文化史上曾占光榮的一頁，詎當領導羣衆，爲反日之先鋒，乃於此
次運動，因學生會少數敗類分子，寡廉鮮耻，被人收買（如關紓每月領津貼三百元得有確據），專以
箝制同學愛國運動分化同學反日工作爲能事，致事變發生，兩三閱月，北大獨無反日工作之表現，
空氣之鎮靜致外人有「北大已經死去」之譏。我全體同學外鑒中華民族之危機，內感同學責任之綦重
，爰於十一月三十日招開全體學生大會一致通過全體同學南下示威，冀以喚醒民衆爲打破目前中華
民族危機之唯一方策。乃學生會少數分子，始則搗亂會場，繼復陰圖破壞，於同學南下後不但不私
發通告。否認大會議決案，且擅電政府，否認南下示威團在京之一
切行動，致使在南京爲國奮鬥之三百餘同學，過半被補，備受縲絏
之苦，幾釀成極不幸之慘案。舊學生會之拍賣同學利益，危害同學
生命，遂益昭然若揭，不能再有所掩飾。留校同學有鑒於此，爰有召
集大會將舊學生會根本改組之舉，同時將舊學生會之職權完全停止
。乃該舊學生會二三分子，無視公意，仍圖戀棧，又致電南京否認
前電，掩耳盜鈴，似此出爾反爾，欲蓋彌彰，適足以顯其醜。現值
南下示威團掃數返平，留校同學學生會遂與南下示威團代表團合組
非常學生會，執行舊學生會及抗日會一切職權，本會以適應客觀環
境，應付目前局嚴重局面，由全體同學所產生，與經常班代表制不同
，故名「非常」，成立伊始，敬以二事爲諸同學告；

一，本會代表全體同學之利益，而主要工作：厥爲反日運動，故兼行反日會職務，如本會工作不力或違反同學全體利益時，任何同學可提出彈劾。

二，正式學生會產生之日，即本會任務終了之時。　謹此宣言。

目錄

图 54 《北京大学非常学生会专刊》封面

政治学论丛

一、刊物介绍

1931 年 12 月 20 日创刊，北京大学政治学会会刊，该会出版股编辑，北京大学政治学会发行，不定期刊物，现存仅有创刊号一期。封面由钱玄同先生题签。

二、刊物内容

本刊物强调社会科学在中国的重要性，“假若政治不上轨道，法律不合社会的需要，经济不适于民生，则社会现象日益纷扰，一切大计都无从实施。所以我们要一个民族文化进步，必须使政治，经济，法律都有长足的进步；而欲完成我民族文化革命的使命，则非先对于三者有彻底的研究和改革不为功”[①]。刊物主要内容有政治理论和实用政治学。具体论述涉及国家理论、政治制度、政治哲学和政治思想史，作者大多为北大法律系、经济系师生。载文有蒋廷黻《李鸿章——三十年后的评论》、宋斐如《主权学说与国际主义》、罗盛尧《政治学上的一个基本概念》、徐辅德《中日事件与引用国联盟约条文之研究》等，刊物目录后附有 5 幅插图，包括北大政治学会十九年度常年大会合影、国际联盟全图、威尔逊像、国际联盟秘书厅、北大政治学会本年度会员大会合影。该刊物对于了解北大师生在政治学方面的研究有重要参考价值，并为研究当时国家政治制度、思想史等方面提供资料参考。

---

① 北京大学政治学会 . 发刊辞［J］. 政治学论丛，1931.

三、馆藏信息

26430/J 1931 Dec.

期刊封面钤有“燕京大学图书馆藏”章。

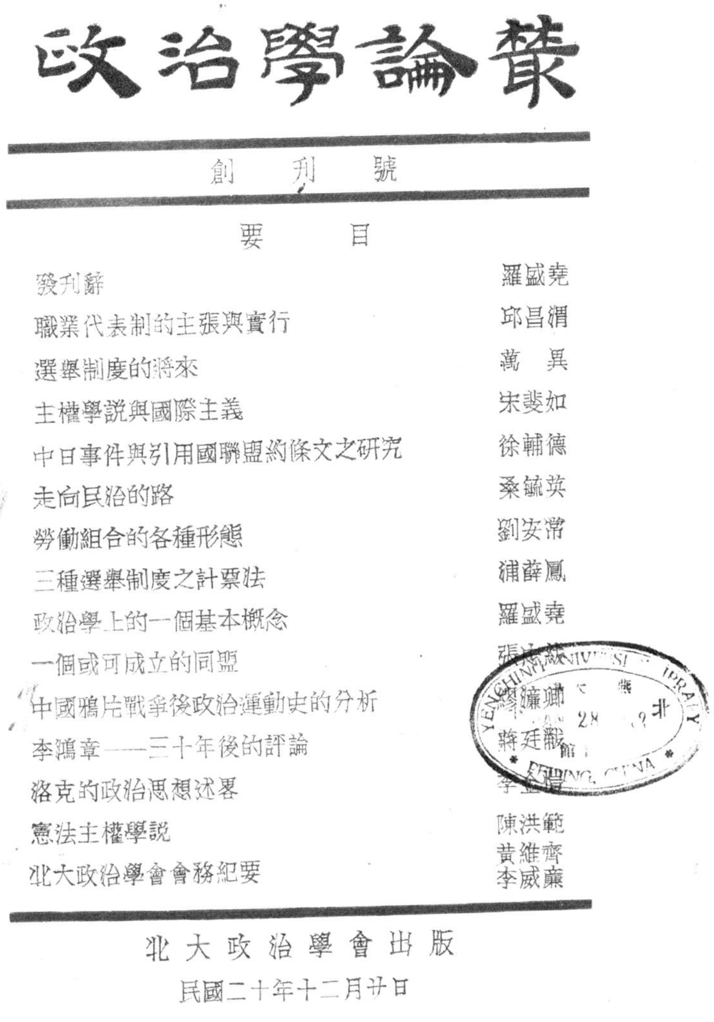

政治學論叢

創　刊　號

要　目

發刊辭	羅盛堯
職業代表制的主張與實行	邱昌渭
選舉制度的將來	萬　異
主權學說與國際主義	宋斐如
中日事件與引用國聯盟約條文之研究	徐輔德
走向民治的路	桑毓英
勞働組合的各種形態	劉安常
三種選舉制度之計票法	浦薛鳳
政治學上的一個基本概念	羅盛堯
一個或可成立的同盟	張[illegible]紱
中國鴉片戰爭後政治運動史的分析	繆濂卿
李鴻章——三十年後的評論	蔣廷黻
洛克的政治思想述畧	李[illegible]
憲法主權學說	陳洪範
北大政治學會會務紀要	黃維齊 李威廉

北大政治學會出版

民國二十年十二月廿日

YENCHING UNIVERSITY LIBRARY
PEIPING, CHINA

图 55.1 《政治学论丛》第一期封面

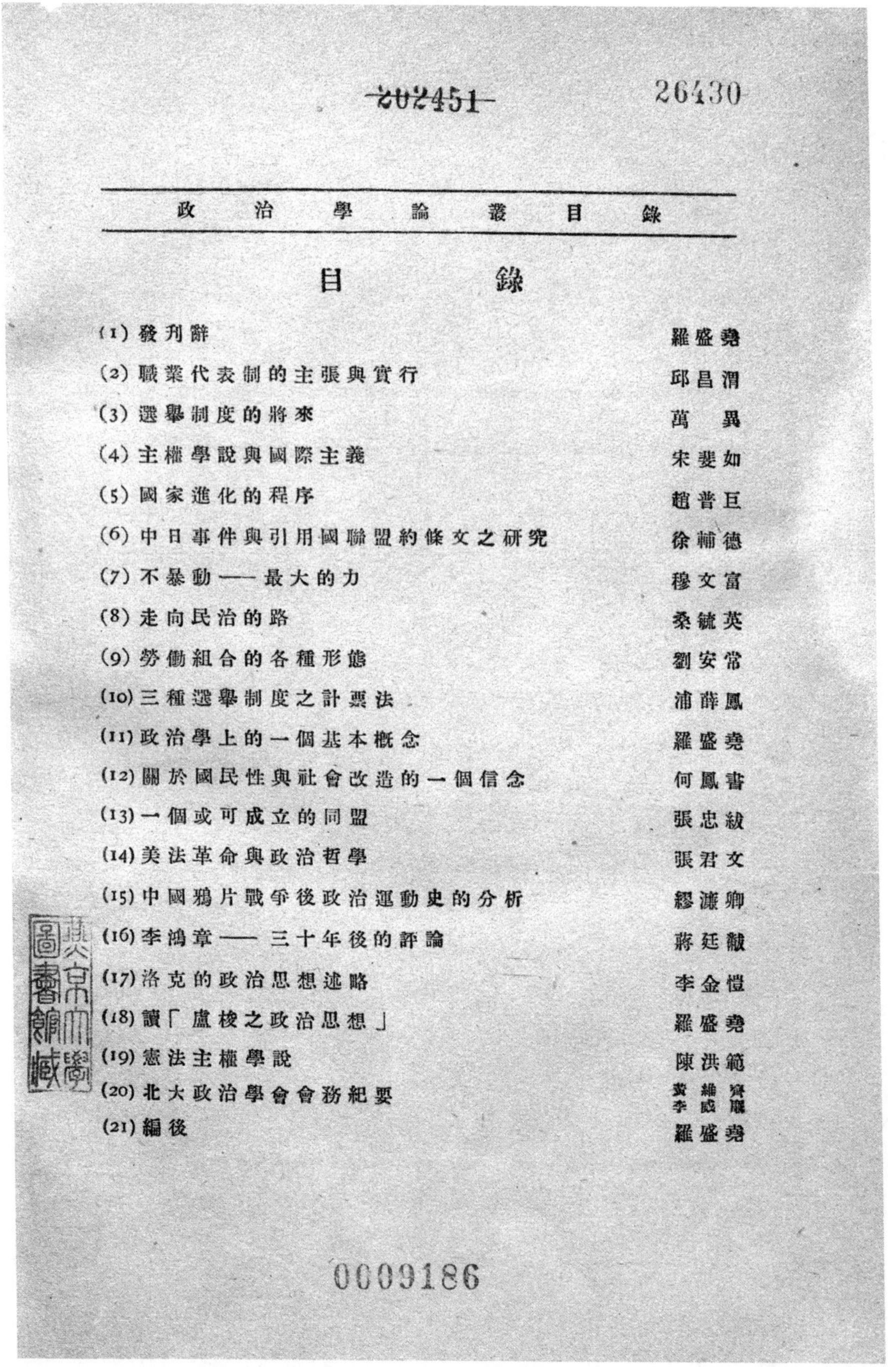

~~202451~~ 26430

目　錄

燕京大學圖書館藏

0009186

图 55.2 《政治学论丛》第一期目录

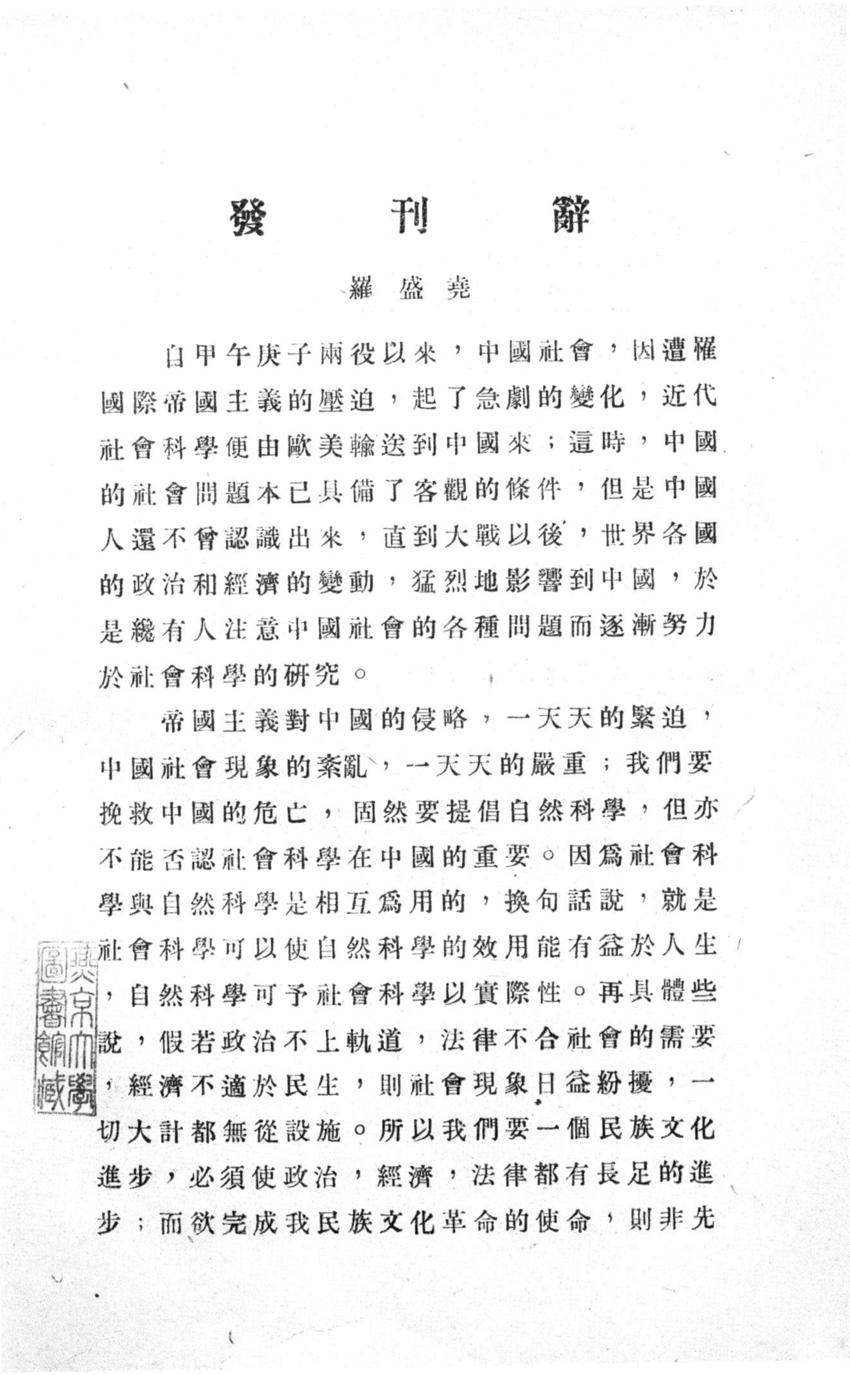

發刊辭

羅盛堯

自甲午庚子兩役以來，中國社會，因遭罹國際帝國主義的壓迫，起了急劇的變化，近代社會科學便由歐美輸送到中國來；這時，中國的社會問題本已具備了客觀的條件，但是中國人還不曾認識出來，直到大戰以後，世界各國的政治和經濟的變動，猛烈地影響到中國，於是纔有人注意中國社會的各種問題而逐漸努力於社會科學的研究。

帝國主義對中國的侵略，一天天的緊迫，中國社會現象的紊亂，一天天的嚴重；我們要挽救中國的危亡，固然要提倡自然科學，但亦不能否認社會科學在中國的重要。因爲社會科學與自然科學是相互爲用的，換句話說，就是社會科學可以使自然科學的效用能有益於人生，自然科學可予社會科學以實際性。再具體些說，假若政治不上軌道，法律不合社會的需要，經濟不適於民生，則社會現象日益紛擾，一切大計都無從設施。所以我們要一個民族文化進步，必須使政治，經濟，法律都有長足的進步；而欲完成我民族文化革命的使命，則非先

燕京大學圖書館藏

图 55.3 《政治学论丛》发刊辞

本刊投稿簡章

(1) 凡本系教職員,在校同學,畢業同學,以及法律,經濟兩系同學均可投稿。

(2) 本刊文字偏重政治學的研究,其他社會科學之論著亦所歡迎。

(3) 投寄之稿,請繕寫清楚,幷加新式標點符號。

(4) 本刊文稿,以語體文爲原則。

(5) 來稿如係翻譯,請將原文一併附寄。

(6) 來稿無論登載與否,概不退還,

(7) 來稿請註明眞實姓名及通訊地址,至揭載時,如何署名,聽作者自定。

(8) 本會出版股對於來稿得酌量增删。

(9) 登載之稿,酌贈本刊,一千字以下者贈三冊,一千字以上者,每增加一千字,加增一冊,但特別佳稿不在此限。

(10) 來稿請逕寄漢花園北京大學第一院北大政治學會。

政治學論叢 創刊號

報價	大洋貳角伍分
編輯者	北京大學政治學會出版股
發行者	北京大學政治學會
印刷者	北京大學出版組
總代售處	北京大學出版組
分售處	各大書店

图 55.4 《政治学论丛》第一期封底

新地月刊

一、刊物简介

北京大学新地月刊社编辑并发行，1932 年 1 月 3 日创刊于北平，月刊。该刊为学生刊物，“我们把读书的时间和作工的时间，抽出来一部分，出了这个刊物”，“文章是我们自己写，印费是我们自己出；就是向各方面接洽及校对，也都是我们自己亲身来干的”。①

二、刊物内容

该刊最初刊载的文章主要与文艺相关，“这一期的内容，不用说是很不健全的，没有做到原先所打算的那一点”，“但我们自信，我们是时刻的在要求前进的”，② 在以后几期陆续增加有关国内外政治形势和文化运动等内容的讨论，“我们要处处跟随着时代及其大众”，以较多的文章和篇幅对苏联的政治、经济、文学等各方面情况进行介绍。该刊附有《编辑后记》，陈述编辑者对于刊物的希望与发现的缺点，并在下一期进行相应的调整与补充，如第四、五期合刊《编辑后记》认为该刊还存在“与其他左翼友军缺少联系”“缺乏斗争与现实性的批判及暴露的文章”等问题，拟在第六期设置“时事解剖”“革命情报”“苏维埃同盟的消息”“世界情势”等栏目。考察该刊内容的前后变化，可以看到该刊的用心与努力方向，且从刊登介绍国内外情形的文章，特别是报道苏联相关情况的

---

① 新地月刊编辑部 . 编辑后记［J］. 新地月刊，1932，1（1）.

② 新地月刊编辑部 . 编辑后记［J］. 新地月刊，1932，1（1）.

文章来看，更反映出该刊对于时代问题的充分关注与讨论。

三、馆藏信息

49135/J 1932 no.1-6

第一至六期封面钤有“燕京大学图书馆”章。

图 56.1 《新地月刊》第一期封面

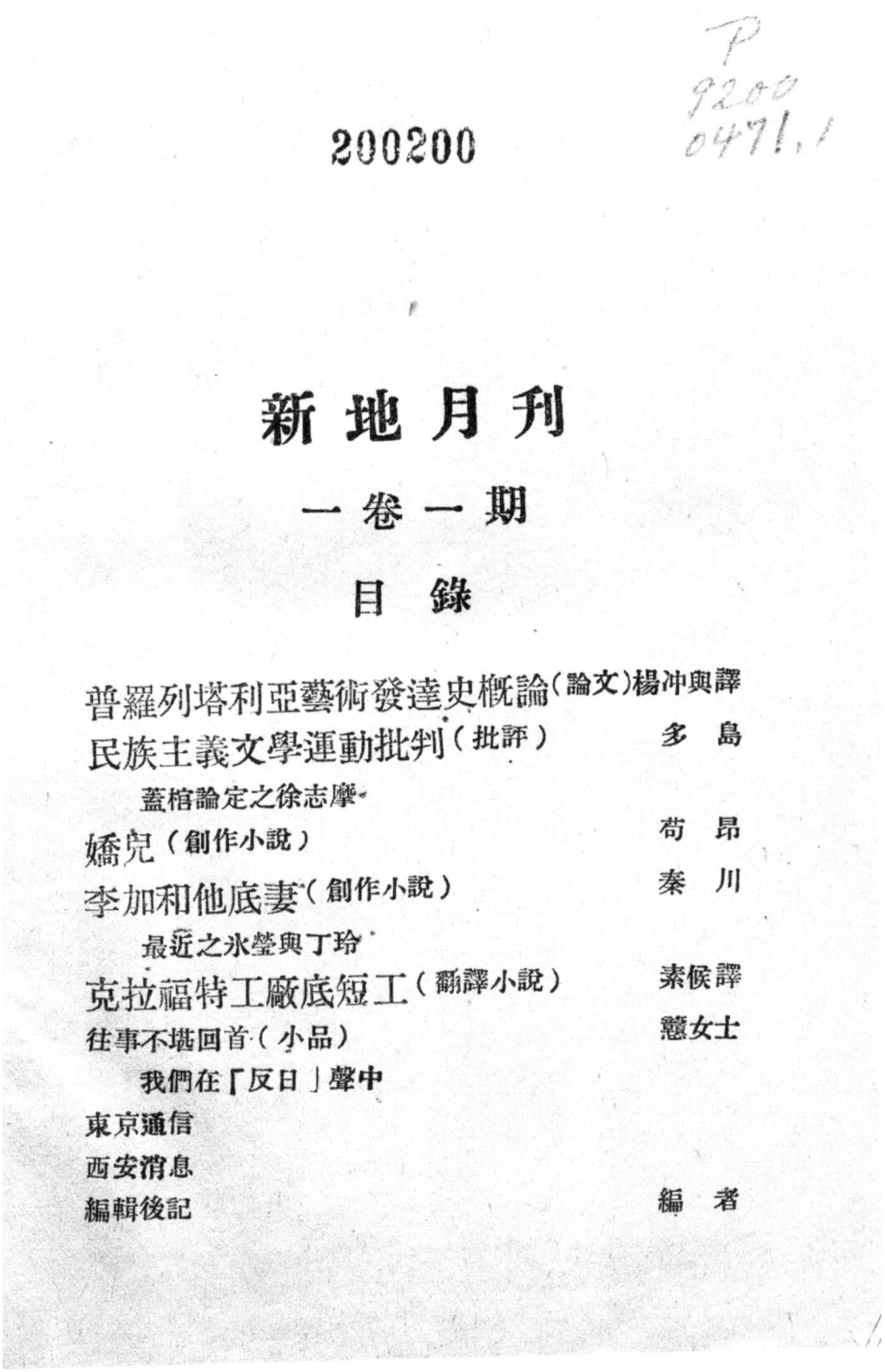

200200

P
9200
0471.1

新地月刊

一卷一期

目錄

图 56.2 《新地月刊》第一期目录

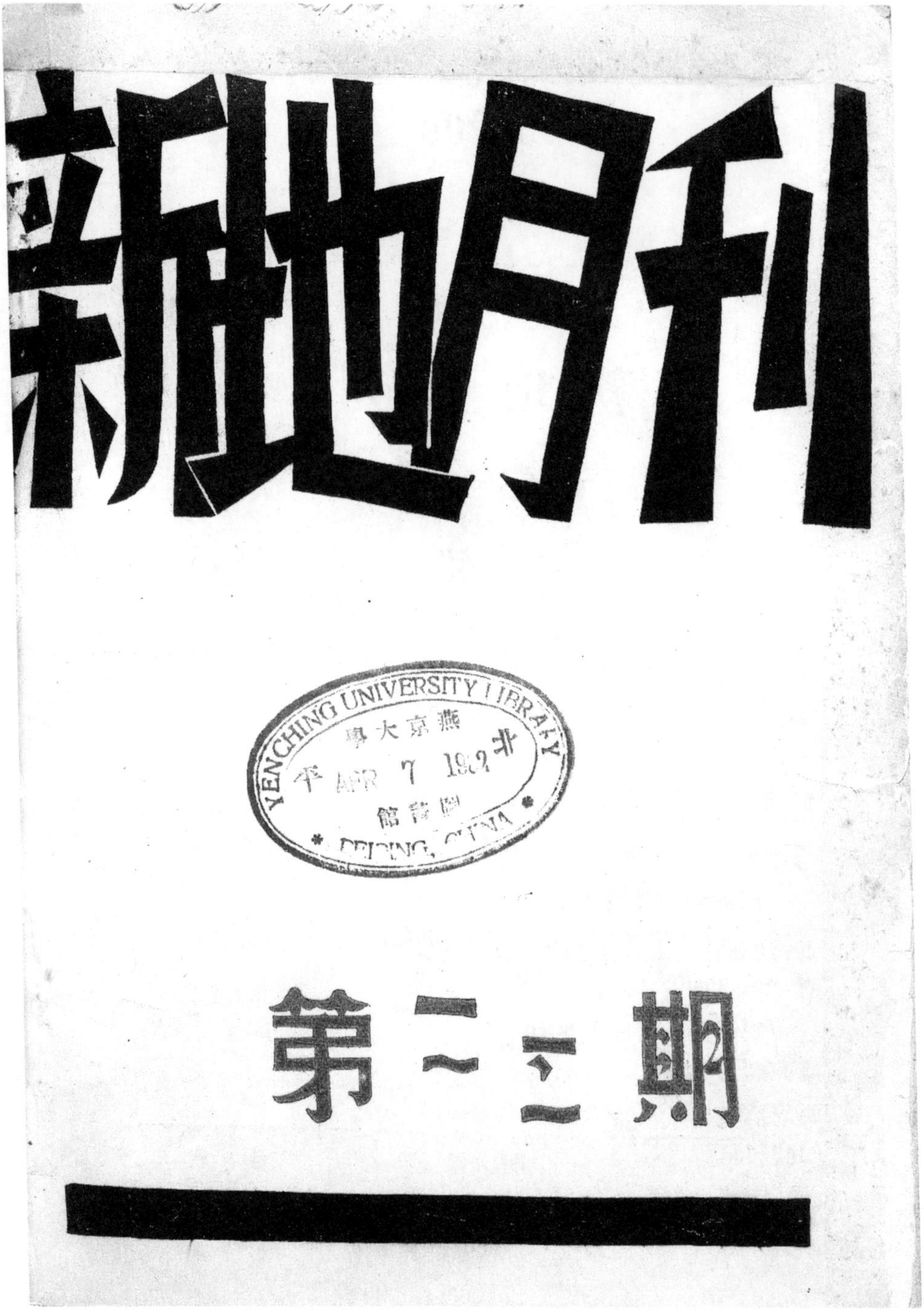

图 56.3 《新地月刊》第二、三期合刊封面

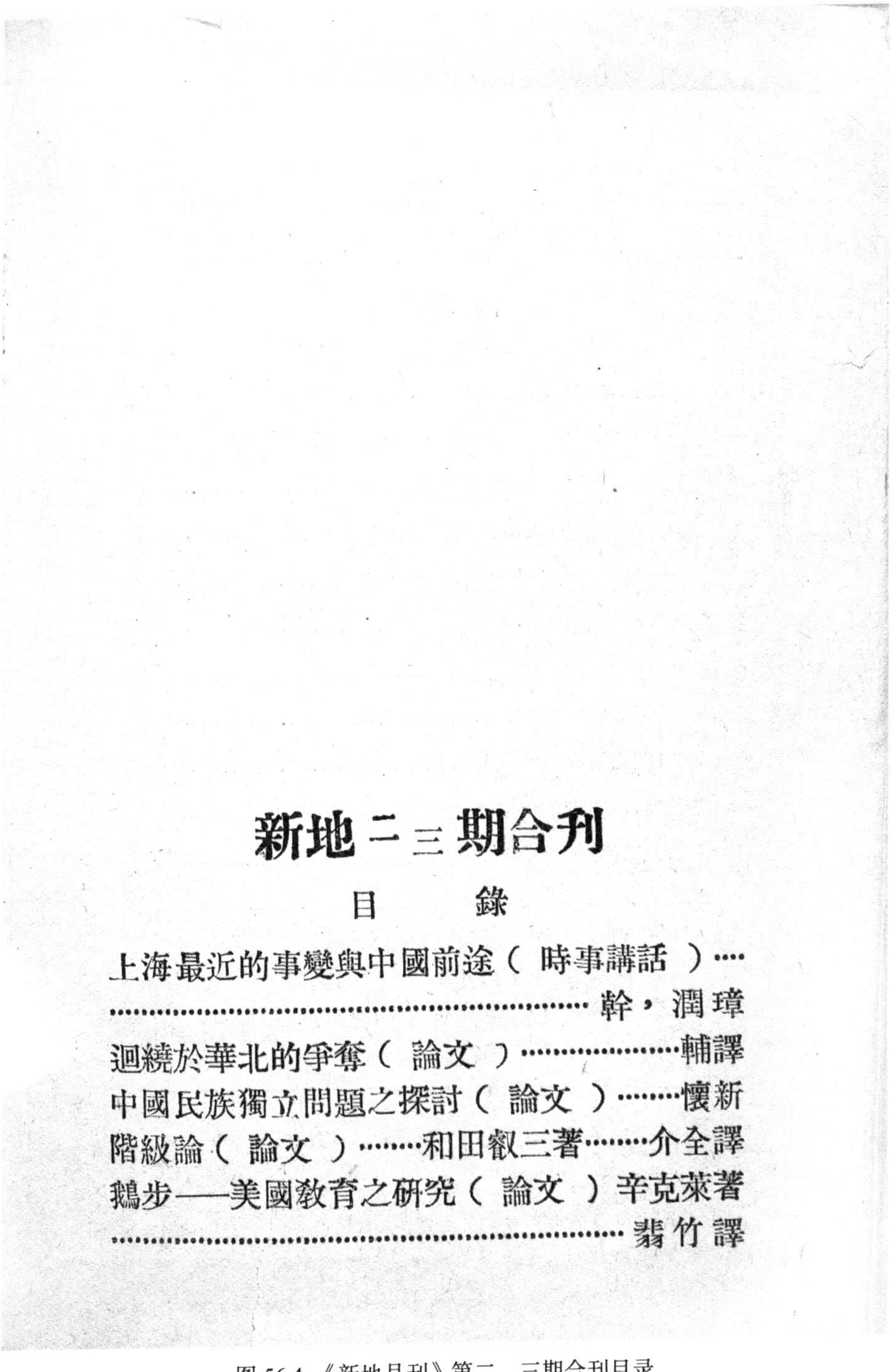

新地二三期合刊

目　錄

图 56.4 《新地月刊》第二、三期合刊目录

图 56.5 《新地月刊》第四、五期合刊封面

图 56.6 《新地》第六期封面

自决

一、刊物介绍

1932 年 1 月 3 日创刊，北京大学法学院自决杂志社主办，最初为旬刊，从第一卷第十期起更改为半月刊，后被《理论与现实》刊物继承，时政刊物。

二、刊物内容

本刊办刊宗旨是研究社会科学及实际问题、并注重文艺创作，栏目有论文、短评、随感录、论著、译述、文艺等，内容包括政治、经济、社会、劳动、外交、国际局势、抗战形势等多个方面，具体包括“上海事件”（即“一二八事变”）的讨论、对各党派抗日主张的评价、国内民众运动、联俄问题研究，还刊载呼吁抗日救国等文章，刊文有《上海事件与国内政争关系》《联俄与中国革命》《中日事件及其解决前途》，还有锥夫《民众运动的根本原则》、克灵《从事民众运动者应具之知识及技能》、铁拳《在抗日运动中对国民党各派之批判》、瑞夫《在抗日运动中对国家主义派之批判》、凌青《中国农村经济问题》等。该刊内容涉及很多方面，主要围绕时事政治而展开，为了解当时的国内外政治局势、中国的外交情况及民众运动提供了一定历史资料。

三、馆藏信息

20030/J 1932 v.1，no.1-14；1932 v.2，no.1-6

第一卷第十三、十四期，第二卷第二至六期封面钤有“燕京大学图书馆”章。

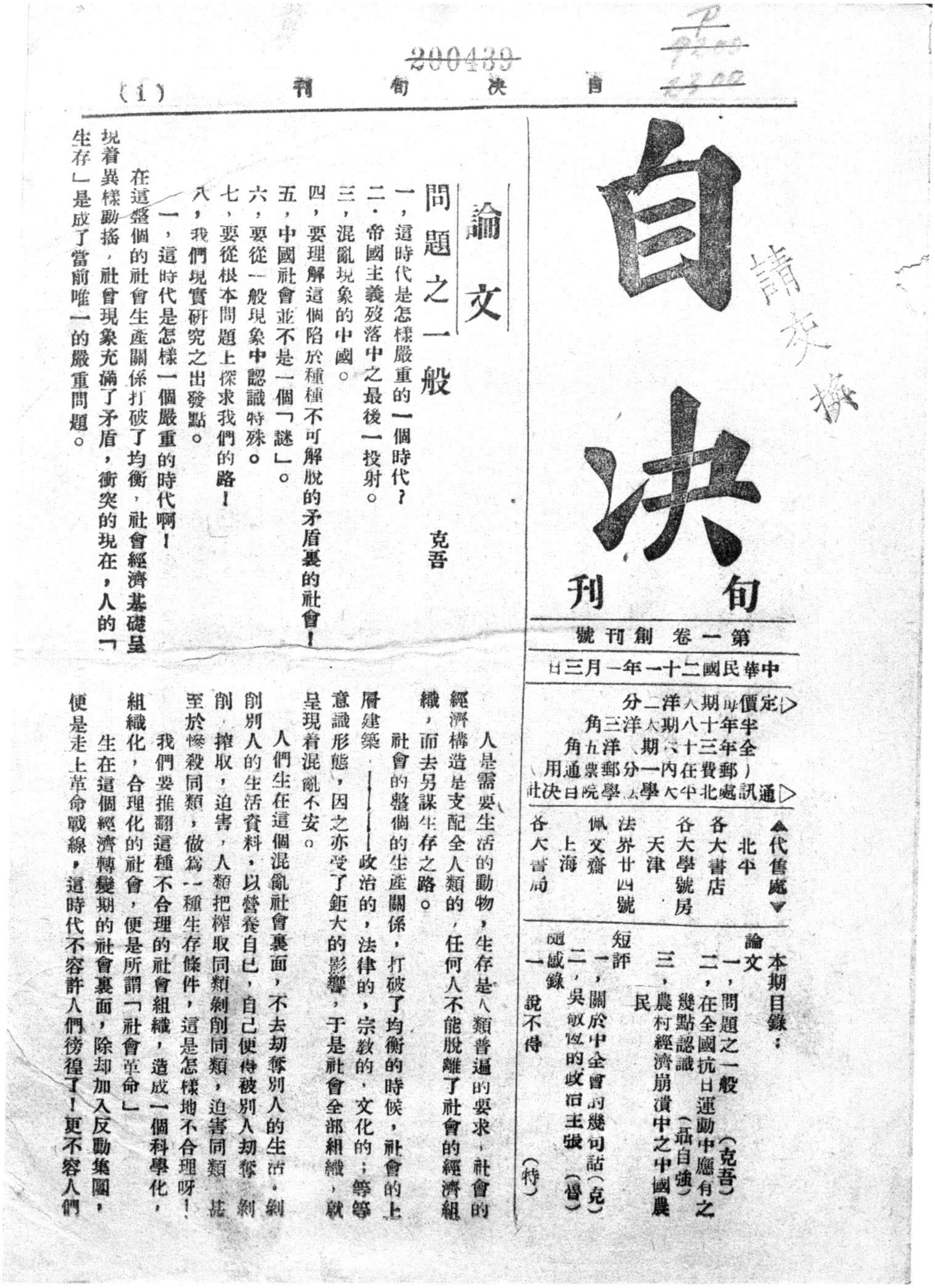

200439
自決旬刊 (1)
自決
旬刊
第一卷創刊號
中華民國二十一年一月三日
▷定價 每期大洋二分
半年十八期大洋三角
全年三十六期大洋五角
(郵費在內一分郵票通用)
▷通訊處 北平大學法學院自決社
▲代售處▼
北平 各大書店 各大學號房
天津 法界廿四號 佩文齋
上海 各大書局
本期目錄:
論文 一,問題之一般(克吾)
二,在全國抗日運動中應有之幾點認識(孫自強)
三,農村經濟崩潰中之中國農民
短評 一,關於中全會的幾句話(克)
二,吳敏恆的政治主張(晉)
隨感錄 一 說不得(特)
論文
問題之一般
克吾
一,這時代是怎樣嚴重的一個時代?
二,帝國主義殁落中之最後一投射。
三,混亂現象的中國。
四,要理解這個陷於種種不可解脫的矛盾裏的社會!
五,中國社會並不是一個「謎」。
六,要從一般現象中認識特殊。
七,要從根本問題上探求我們的路!
八,我們現實研究之出發點。
一,這時代是怎樣一個嚴重的時代啊!
在這整個的社會生產關係打破了均衡,社會經濟基礎呈現着異樣動搖,社會現象充滿了矛盾,衝突的現在,人的「生存」是成了當前唯一的嚴重問題。
人是需要生活的動物,生存是人類普遍的要求,社會的經濟構造是支配全人類的,任何人不能脫離了社會的經濟組織,而去另謀生存之路。
社會的整個的生產關係,打破了均衡的時候,社會的上層建築——政治的,法律的,宗教的,文化的;等等意識形態,因之亦受了鉅大的影響,于是社會全部組織,就呈現着混亂不安。
人們生在這個混亂社會裏面,不去劫奪別人的生活,剝削別人的生活資料,以營養自己,自己便得被別人劫奪剝削,搾取,迫害,人類把榨取同類剝削同類,迫害同類甚至於慘殺同類,做為一種生存條件,這是怎樣地不合理呀!
我們要推翻這種不合理的社會組織,造成一個科學化,組織化,合理化的社會,便是所謂「社會革命」
生在這個經濟轉變期的社會裏面,除卻加入反動集團,便是走上革命戰線,這時代不容許人們彷徨了!更不容人們

图 57.1 《自决》第一卷第一号封面

自決旬刊

第一卷第二號

中華民國廿一年十月三日

▷定價每期大洋二分
半年十八期大洋三角
全年三十六期大洋五角
（郵費在內一分郵票通用）

通訊處　北平大學法學院自決社

▲代售處▼
北平
各大書店
各大學號房
天津
法界廿四號佩文齋
上海各大書局

論文

帝國主義和民族資產階級壓迫下的中國工人

今能

在帝國主義和資產階級無情的殘酷剝奪下的中國工人羣衆，其痛苦比任何工業國爲尤甚，做的是牛馬一樣的工作，過的是牛馬一般的生活，食不充腹，衣不蔽體；管工的任意打詈，資方的濫罰工錢，增加工時，減少工資，提高生產率，節省生產費，裁減工人，加重其他工人的工作，關閉工廠，增加失業人數。中國工人處境的悲慘，恐怕在人類歷史中要首屈一指。

中國勞動條件的惡劣，不但使着這數百萬產業勞工階級的生活痛苦，不但站在人道主義的觀點上要認爲這是一個非常嚴重的現象，並且要站在整個中國民族經濟的發展上要認爲這是一個根本問題。正因如此，所以我們必須要很嚴重的注意中國勞工問題。

本期目錄

論文

一，帝國主義和民族資產階級壓迫下的中國工人（今能）

二，在這次反日運動中幾點應有的認識（聶自強）

文藝

逃……（特）

短評

一，你們的偉大使命這樣就算定成了嗎？（司提魯）

二，到底是誰的責任（石英）

隨感錄（二）

出路（茹珏）

要了解中國工人階級狀況的底面，我們必要從實際材料中去研究。關于中國勞工問題之各方面的統一的切實的統計

图 57.2 《自决》第一卷第二号封面

第一卷　第十期
二十一年四月十五日出版
定價　每期　大洋五分
半年　大洋五角
全年　大洋九角
（郵費在內一分郵票通用）
通訊處　北京大學第一院轉
代售處　各學校號房　各埠大書店

本　期　目　錄

請交換

日本目前之經濟恐慌

錐　夫

——緒論——必然襲來的日本經濟恐慌——日本經濟恐慌一般的現實體的檢討——日本經濟恐慌之社會的與政治的結果——結論——日本經濟恐慌之出路

（一）

在一九二九年至一九三〇年，世界資本主義國家，就湧現了凶險的恐慌浪濤，警告着資本主義已經確實走到崩潰之途了！這種恐慌到去年——一九三一年更發展到了尖端，一九三一年的地球，眞的，可謂是在空前的『恐慌』痙攣中轉動着，用黃金砌成的金融寡頭堡壘，已經開始向着死的深淵中潰沈下去；擺在我們眼簾前，所有一切的情勢，都是在堅強我們，搥碎圍繞在我們四週，已經腐敗的鎖鏈底勇氣的。

原來，「恐慌」便是資本主義制度的生產無政府狀態的必然爆發的結果。『在恐慌的場合裏，堆積許多無法賣出的商品，資本主義在經濟的種種部門，變的沒有需要，破產是不絕地發生』（見 Perdnikov：Elements of political Education）。特別是戰後資本主義第三期，其恐慌所具的特質，更是加快了資本主義瓦解的速率。現在把祂的特質，檢查一下，至少有下列數端：

1 在這個恐慌發展過程中，工商業危機與農業危機之結合，使恐慌傳染和深入到一切的生產領域中去。

2 金融危機之蔓延與擴大，動搖了整個資本主義機構的內在的關聯，如信用關係，交換關係等；使各資本主義國家及附屬於他們的殖

（1）

图 57.3 《自决》第一卷第十期封面

定價 每期 大洋五分
半年 大洋五角
全年 大洋九角
(郵費在內一分郵票通用)
通訊處 北京大學第一院轉
代售處 各學校號房 各埠大書店
本期零售特價一角

YENCHING UNIVERSITY LIBRARY
燕京大學圖書館
北平 JUN 25 1932
PEIPING CHINA

第一卷第十三期

一九三二年六月一日出版

目錄

图 57.4 《自决》第一卷第十三期封面

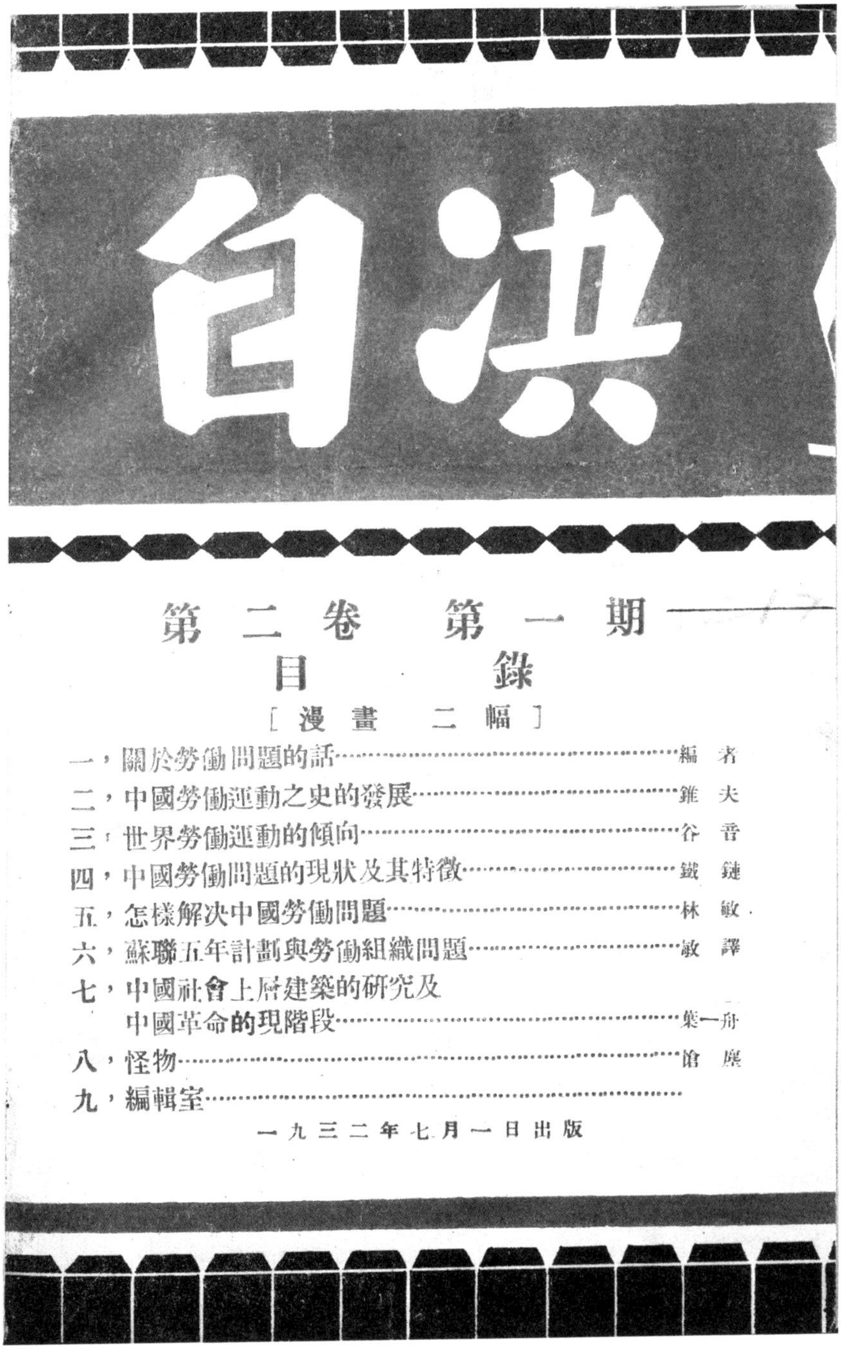

自決

第二卷 第一期

目 錄

[漫畫 二幅]

一九三二年七月一日出版

图 57.5 《自决》第二卷第一期封面

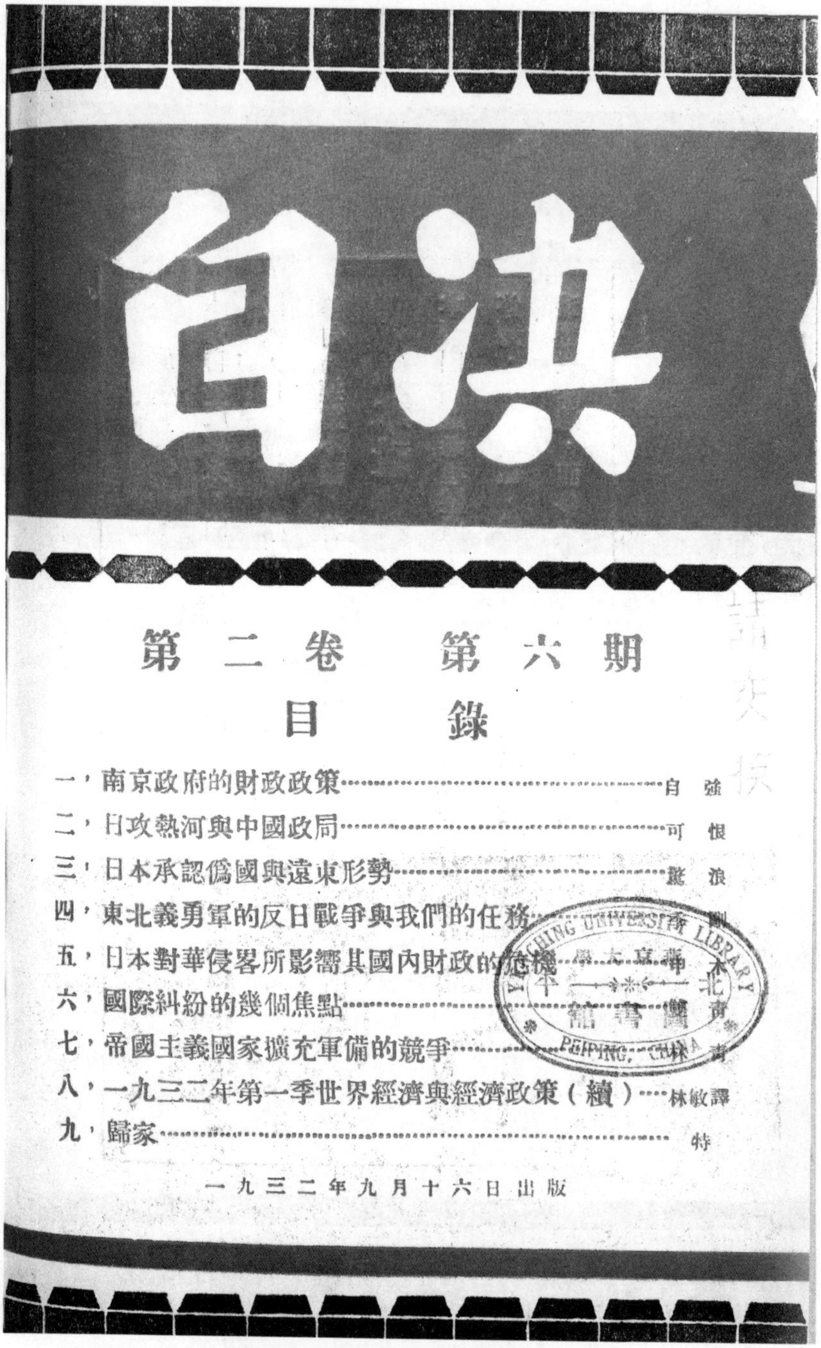

自決

第二卷 第六期

目錄

一九三二年九月十六日出版

YENCHING UNIVERSITY LIBRARY PEIPING, CHINA 燕京大學圖書館 北平

图 57.6 《自决》第二卷第六期封面

北京大学示威运动专刊

一、刊物介绍

1932 年 1 月 15 日出版，北京大学非常学生会编印，学生运动专刊，仅一期。

二、刊物内容

本刊为 1931 年“九一八”事变后，以“为挽救中华民族的沦亡，为唤起被压迫人民的大团结”① 为出版目的，北大学生在同年十二月初，组成“北京大学南下示威团代表团”，前往南京进行活动。在南京遭到国民党政府的开枪镇压，代表团有些学生遇难。为介绍这次学生运动的情况，北大“非常学生会”编辑出版了该专刊，发刊词由千家驹所写。本刊主要刊载关于这次南下运动的工作报告、宣言和函电，并有相关题材的文学作品，载文有《北京大学示威运动的意义及其前途》《北京大学南下示威团代表团报告》《北京大学南下示威团被捕同学宣言》《北京大学非常学生会成立宣言》《北大示威团覆卫戍司令部函》等，还有张孟休《南下示威纪》，震旦《南下示威感言》，章林夕《示威随笔》，萧家驹《无题——献给北大》，泥鞋《国殇》等。这一刊物翔实记录了北大学生争民主、争自由的英勇斗争史实，对学生运动的发展做了方向性规划，不仅对北平学生运动起到了引领作用，对于现代中国革命史的研究也有重要参考价值。

① 北京大学非常学生会 . 发刊辞 [J] . 北京大学示威运动专刊，1932.

三、馆藏信息

12165/J 1932 Spec.

期刊封面钤有“前北大学生存物纪念品　民国三十年清理”章。

图 58.1 《北京大学示威运动专刊》封面

北京大學示威運動專刊

图 58.2 《北京大学示威运动专刊》目录（1）

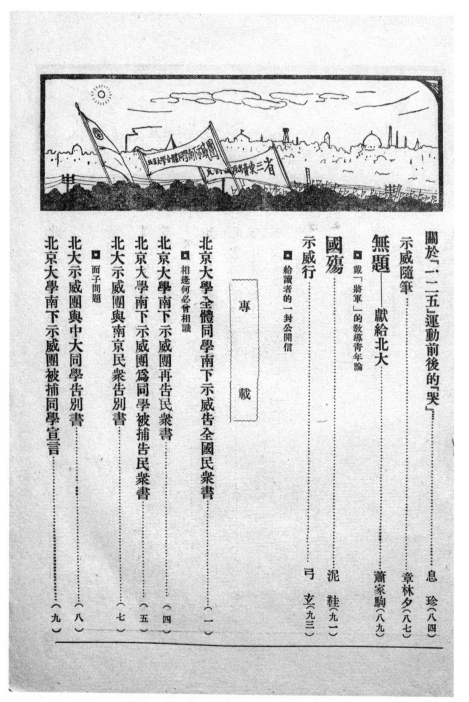

图 58.3 《北京大学示威运动专刊》目录（2）

附錄

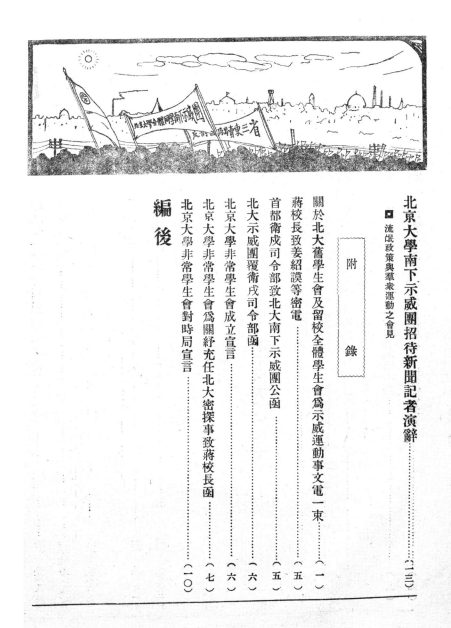

图 58.4 《北京大学示威运动专刊》目录（3）

發刊辭

世界資本主義自進入了恐慌的第三期後，已日益擴大其深度與危機。生產的過剩，影響而爲股票價格的跌落；銀行信用的動搖，進而形成世界各國金融的恐慌。工業生產額銳減，農產物價格暴落，社會購買力的降低，失業群衆的激增，資本的加緊剝削，工農大衆的生活遂愈益惡化！爲要解脫這種不可以人力挽回的恐慌，每個帝國主義國家都竭盡全力努力着世界第二次大分割的準備。新的戰爭是爲重新分割市場，爲爭奪煤油，石炭，鋼鐵，橡皮，棕樹等重工業上必需的原料，爲擴大資本的剝削，爲保障過去的投資，爲鎮壓動搖中的殖民地，爲實行法西斯蒂化以防止工人的革命運動。在太平洋上，英，美，日形成一三角形的爭逐；在世界霸權上，大不列顛與合衆國爭坐這『第一把交椅』；在歐洲，英法爭奪大陸的霸權及地中海與非洲的殖民地。一九一四年前夜的險惡風雲正在重演，日本帝國主義者的武力占領東北便是這世界第二次大戰的第一聲號炮！

目前世界各國用于軍備上的費用，達到四十一萬萬五千八百萬金元，較戰前增加百分之七十以上（胡佛氏計算。）在一九三〇年經濟極端凋敝之際，關于軍費的用途還增加了一萬萬金元（國際年鑑所載。）各國的軍費支出以美國居第一，法國居第三，英國居第四，意日又次之。

發刊辭 一

图 58.5 《北京大学示威运动专刊》发刊辞

編後

這本『示威運動專刊』當示威團全體同學回校後便決定編印，並且就在那時在日刊上開始徵求稿件，經了同學及教授們共同的努力——與以文字和經濟上熱烈的幫助，終於在這國難聲中出世了。且不論他的內容如何，我們總算把這次示威運動告個小小的結束。

發刊辭是請千家駒君寫的，他引用了一些數目字或許使得有些讀者生厭，但我們覺得倒也是別開生面。編者自己的一篇『北京大學示威運動的意義及其前途』是在一兩天內急就的東西，自然遠說不上什麼完成，不過我們以為不要把這次運動估量得過高，亦不要把牠估量得太低，給牠在革命過程中一個眞實的地位，才是革命家應有的態度。『南下示威團代表團報告』上半篇是由被捕同學代表團做的，下半篇則為留京同學所寫。上下二篇語氣上也許不能十分一貫，然而這也是無法的事情。

在這里，編者對於幾位熱情的撰稿者表示歉意，特別是仙洲君的『北京大學南下示威團始末紀』和高城生君的『一二五示威運動的前前後後』，都是極有價值的稿子，但因篇幅的關係，有許許多多話是與代表團報告重復的，所以祇得忍痛地割愛了。另外如楊增君的『北大動員後的使命』，豫秋君『五四運動的今昔觀』；雨辰君的『隨便談談』，善綸君的『罪言五則』，舒光君的『一二五示威運動的回顧與民衆運動前途的展望』等文亦因篇幅與經濟的限制（學校祇允津貼排印，紙張不為担負）或與專刊體裁的不合（如與示威運動無關的短評等），不能一一揭載出來，編者謹於此向各位同學表示憾意。

關於『舊學生會及留校全體學生會的文電一束』及其按語，是編者特請不會南下的同學弓玄君代為搜集整理的。弓玄先生是個忙人，這次總算又為我們忙了半天，在此我們謝謝他。

最後，因為紙張價格的騰貴和經費的困難，承蒙諸位教授先生慷慨捐助，玉成此舉，編者在此謹代表全體同學及讀者深致銘謝！

一九三二，一，十三，編者，在沙灘的一個斗大屋子中。

图 58.6 《北京大学示威运动专刊》编后

中国论坛

一、刊物介绍

1932 年 3 月 28 日创刊，北京大学中国论坛社编辑，刊期不详，仅见第一期，政治评论刊物。

二、刊物内容

本刊刊有《介绍国联调查团》、西开《国难会议与开放党禁》和《华北政府是那一国的政府》、冷白舟《中日问题之国际关系的检讨》、已腐《我们对战争的态度》、沙坪《上海圆桌会议与蒋介石路线的清算》和《民族战争与阶级争斗》等 8 篇文章。该刊为研究当年国联调查团、民族战争、中日问题、华北政府的历史情况提供一定参考资料。

三、馆藏信息

7855/J 1932 no.1

第一期一册封面钤有“燕京大学图书馆”章，另一复本封面有“弟文彬赠”字样。

206559
7855

(1)

中國論壇

北京大學中國論壇社編輯

各學校號房各大書局發售

第一期　一九三二年三月廿八日出版　每册銀三分

本期要目

介紹國聯調查團

鐵

在黨國要人正在到處籌備歡迎國聯調查團的『接駕』聲中，讓我們來介紹國聯調查團是什麼東西？

當十一月十六日國聯理事會正在巴黎大開秘密會議時，二十日的倫敦泰唔士報上就有東京一個電訊說：『此地官場的消，息巴黎會議的結果將爲重申九月三十日會議的决議案與通過國聯調查團的組織而已。』果然，在十二月十日國聯理事會所通過的六條决議案，不過申述九月三十日的决議爲有効，與規定派遣五人調查團。

調查團是根據日本方面的提議，而且在日本官塲所預料中而通過的，現在我們要問調查團到底調查些什麼？如其說爲的是調解糾紛，那麼他至少應該有權干涉軍事行動及中日間的談判，但是條文及主席白里安宣言中明明規定調查團對于軍事行動及兩國談判不許干涉，白里安且聲明委員會的職權，僅限于顧問性質，可知調查團的派遣絕不含有調停糾紛的意思。調查團既不以覓取調停方案爲目的，理事會與日本爲什麼要玩這把戲呢？條文中說：『委員會的職務在向理事會報告妨害國際關係及中日間和平或兩國間和平所賴的良好諒解的任何情形。』但是鬼也明白，最足以『妨及國際關係及中日間和平』的，莫

0002863

图 59.1 《中国论坛》第一期封面（1）

(1)

中國論壇

北京大學中國論壇社編輯

各學校號房各大書局發售

第一期　一九三二年三月廿八日出版　每冊銀三分

本期要目

介紹國聯調查團

鐵

在黨國要人正在到處籌備歡迎國聯調查團的『接駕』聲中，讓我們來介紹國聯調查團是什麼東西？

當十一月十六日國聯理事會正在巴黎大開秘密會議時，二十日的倫敦泰晤士報上就有東京一個電訊說：『此地官場的消，息巴黎會議的結果將爲重申九月三十日會議的决議案與通過國聯調查團的組織而已。』果然，在十二月十日國聯理事會所通過的六條决議案，不過申述九月三十日的决議爲有効，與規定派遣五人調查團。

調查團是根據日本方面的提議，而且在日本官場所預料中而通過的，現在我們要問調查團到底調查些什麼？如其說爲的是調解糾紛，那麼他至少應該有權干涉軍事行動及中日間的談判，但是條文及主席白里安宣言中明明規定調查團對于軍事行動及兩國談判不許干涉，白里安且聲明委員會的職權，僅限于顧問性質，可知調查團的派遣絕不含有調停糾紛的意思。調查團既不以覓取調停方案爲目的，理事會與日本爲什麼要玩這把戲呢？條文中說：『委員會的職務在向理事會報告妨害國際關係及中日間和平或兩國間和平所賴的良好諒解的任何情形。』但是鬼也明白，最足以『妨及國際關係及中日間和平』的，莫

图 59.2 《中国论坛》第一期封面（2）

青年大众

一、刊物介绍

1932 年 4 月 1 日创刊，北京大学火星社编辑，半月刊，仅见创刊号第一卷一期，青年读物。

二、刊物内容

本刊以宣传青年与大众联合抗日救国为宗旨。目的是借助本刊认识客观事实的真相，讨论一切斗争的策略，号召全国青年学生大众“只有起来，参加到劳苦大众队伍中，使全中国被压迫的群众，形成一个伟大的力量，驱逐日本帝国主义者，这样才能解放我们的民族，也才能解放我们自己”①。刊物主要发表有关国际国内政局的评论文章，第一期以实际问题为主要内容，如《国联调查团的真面目》《九一八事件后种种现象的检讨》《学生大众的任务》《评国难会议》《苏联与日本帝国主义》《朋友！你在希望着什么？》《“唯物社会观与唯心人生观”之理论的批判》等。此刊希望能够成为全国青年大众的经常读物。只有大众自动组织起来，反抗日本帝国主义，才能得到最终的胜利。该刊对于了解当时国内外政局事实、青年学生抗日救国情况，有一定研究参考价值。

三、馆藏信息

25470/J 1932 v.1，no.1

---

① 陆平 . 学生大众的任务［J］. 青年大众，1932，1（1）.

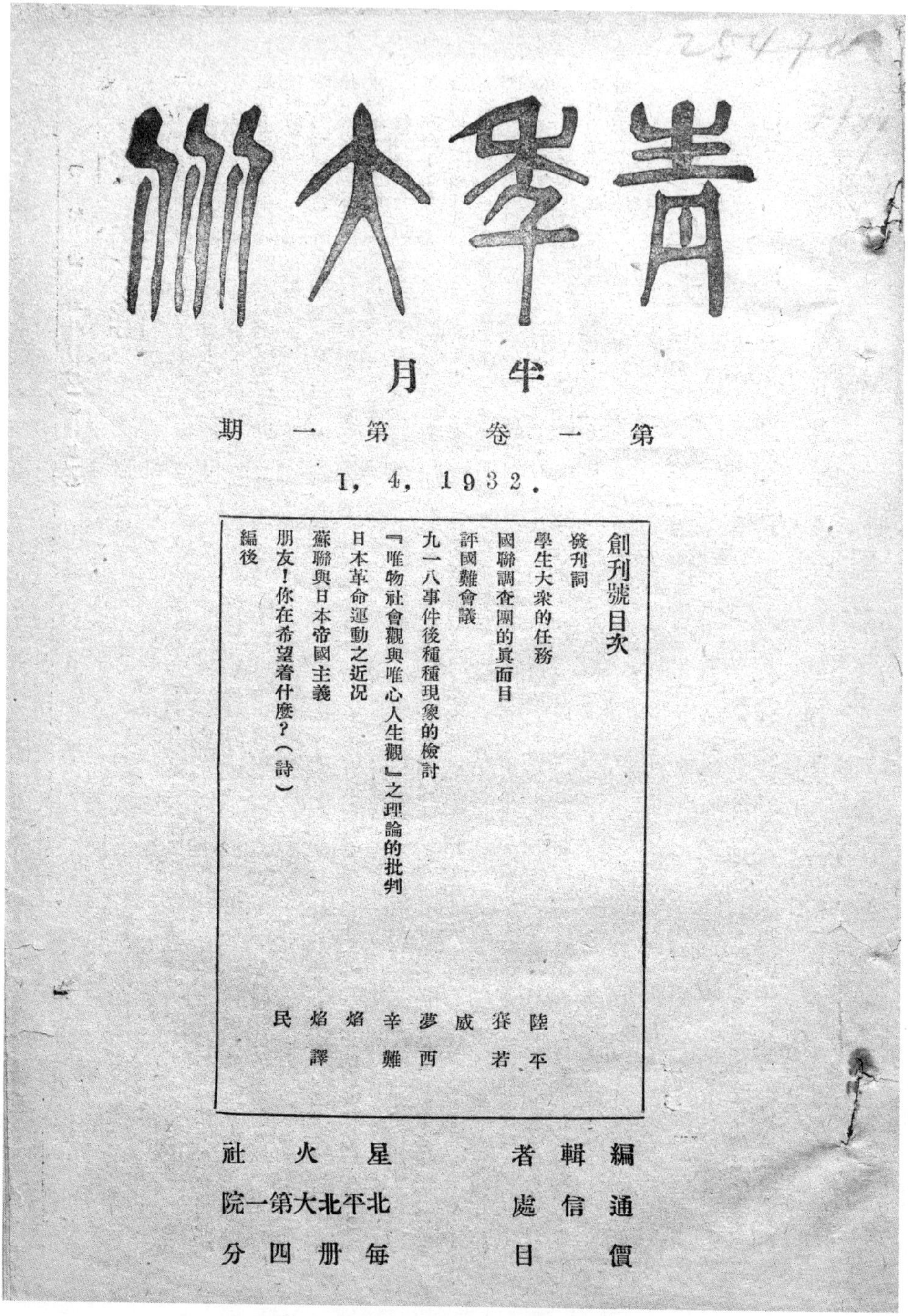

青年大衆

半月

第一卷第一期

1, 4, 1932.

創刊號目次

發刊詞

學生大衆的任務　陸平

國聯調查團的眞面目　賽若

評國難會議　威

九一八事件後種種現象的檢討　夢西

『唯物社會觀與唯心人生觀』之理論的批判　辛難

日本革命運動之近況　焰

蘇聯與日本帝國主義　焰譯

朋友！你在希望着什麼？（詩）　民

編後

編輯者　星火社

通信處　北平北大第一院

價目　每冊四分

图 60.1 《青年大众》第一卷第一期封面

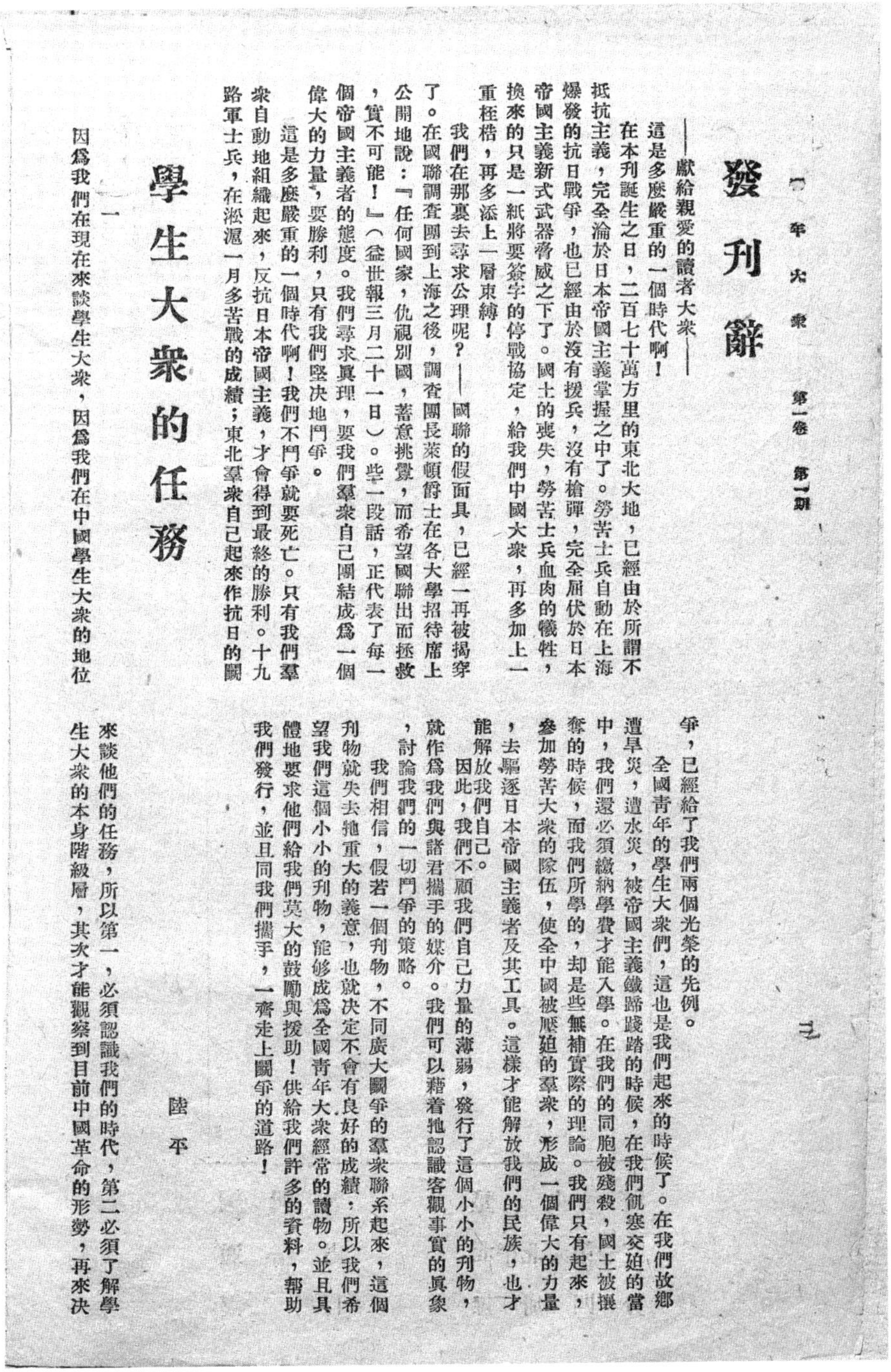

青年大衆　第一卷　第一期

發刊辭

——獻給親愛的讀者大衆——

這是多麼嚴重的一個時代啊！

在本刊誕生之日，二百七十萬方里的東北大地，已經由於所謂不抵抗主義，完全淪於日本帝國主義掌握之中了。勞苦士兵自動在上海爆發的抗日戰爭，也已經由於沒有援兵，沒有槍彈，完全屈伏於日本帝國主義新式武器脅威之下了。國土的喪失，勞苦士兵血肉的犧牲，換來的只是一紙將要簽字的停戰協定，給我們中國大衆，再多加上一重桎梏，再多添上一層束縛！

我們在那裏去尋求公理呢？——國聯的假面具，已經一再被揭穿了。在國聯調查團到上海之後，調查團長萊頓爵士在各大學招待席上公開地說：『任何國家，仇視別國，蓄意挑釁，而希望國聯出而拯救，實不可能！』（益世報三月二十一日）。些一段話，正代表了每一個帝國主義者的態度。我們尋求眞理，要我們羣衆自己團結成爲一個偉大的力量，要勝利，只有我們堅決地鬥爭。

這是多麼嚴重的一個時代啊！我們不鬥爭就要死亡。只有我們羣衆自動地組織起來，反抗日本帝國主義，才會得到最終的勝利。十九路軍士兵，在淞滬一月多苦戰的成績；東北羣衆自已起來作抗日的鬬爭，已經給了我們兩個光榮的先例。

全國青年的學生大衆們，這也是我們起來的時候了。在我們故鄉遭旱災，遭水災，被帝國主義鐵蹄踐踏的時候，在我們飢寒交迫的當中，我們還必須繳納學費才能入學。在我們的同胞被殘殺，國土被攫奪的時候，而我們所學的，却是些無補實際的理論。我們只有起來，參加勞苦大衆的隊伍，使全中國被壓迫的羣衆，形成一個偉大的力量，去驅逐日本帝國主義者及其工具。這樣才能解放我們的民族，也才能解放我們自己。

因此，我們不顧我們自己力量的薄弱，發行了這個小小的刋物，就作爲我們與諸君攜手的媒介。我們可以藉着牠認識客觀事實的眞象，討論我們的一切鬥爭的策略。

我們相信，假若一個刋物，不同廣大鬬爭的羣衆聯系起來，這個刋物就失去牠重大的義意，也就決定不會有良好的成績；所以我們希望我們這個小小的刋物，能够成爲全國青年大衆經常的讀物。並且具體地要求他們給我們莫大的鼓勵與援助！供給我們許多的資料，幫助我們發行，並且同我們攜手，一齊走上鬬爭的道路！

學生大衆的任務

陸平

一

因爲我們在現在來談學生大衆，因爲我們在中國學生大衆的地位來談他們的任務，所以第一，必須認識我們的時代，第二必須了解學生大衆的本身階級層，其次才能觀察到目前中國革命的形勢，再來決

图 60.2 《青年大众》发刊辞

认识

一、刊物介绍

1932 年 4 月 1 日创刊，认识旬刊社出版，通信处为北大一院，旬刊，是北大青年学生创办的刊物。

二、刊物内容

本刊旨在“以冷静的头脑，分析客观事实，暴露统治者的欺骗，并根据客观的现实，以科学的方法指出革命的路线，敬献于一切革命战士之前”[①]。载文揭露和抨击“九一八”事变后统治当局的不抵抗政策。发表时评并报道世界各国消息，评论中国社会问题。第三、四期合刊上刊有“赤色的五月”“赤色五月中各纪念日的历史及其意义”等文章，具体包括《上海事件前途与中国的出路》《从“读书救国”到“一致对外”》《反日过程中的中国国民党》《从南京到西京》《纪念五二一》《纪念“赤色的五月”》《纪念“五五”》《反对帝国主义进攻苏联》等。该刊对于研究时局事实、统治者政策、社会问题等方面具有参考价值。

三、馆藏信息

53680/J 1932 v.1，no.1，3-4

第一期钤有“燕京大学图书馆藏”章。

---

① 认识旬刊社 . 开头几句［J］. 认识，1932（1）.

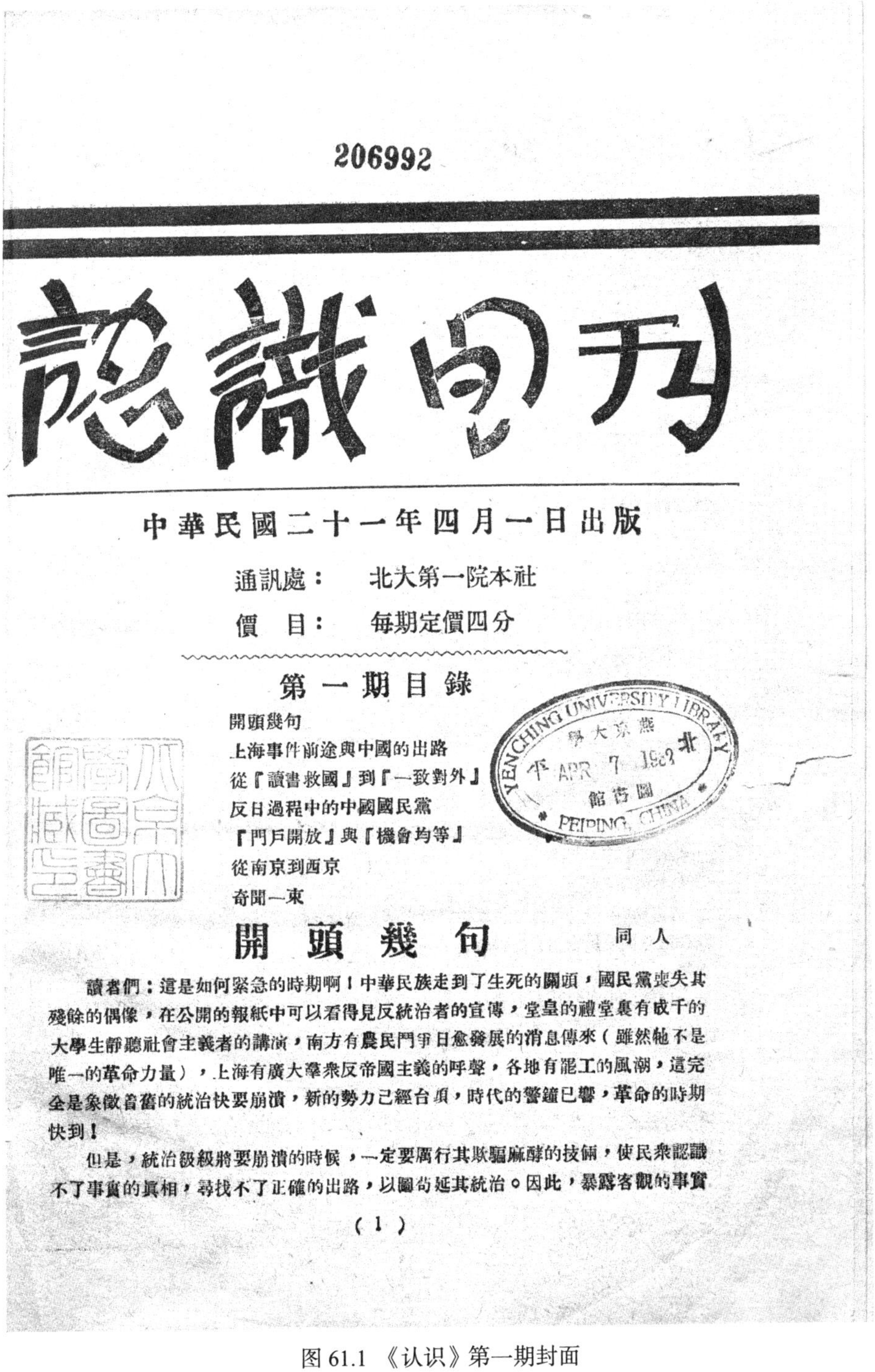

206992

認識旬刊

中華民國二十一年四月一日出版

通訊處：　北大第一院本社

價　目：　每期定價四分

第一期目錄

北京大學圖書館藏

YENCHING UNIVERSITY LIBRARY 燕京大學圖書館 北平 APR 7 1932 PEIPING, CHINA

開頭幾句　　同人

讀者們：這是如何緊急的時期啊！中華民族走到了生死的關頭，國民黨喪失其殘餘的偶像，在公開的報紙中可以看得見反統治者的宣傳，堂皇的禮堂裏有成千的大學生靜聽社會主義者的講演，南方有農民鬥爭日愈發展的消息傳來（雖然牠不是唯一的革命力量），上海有廣大羣衆反帝國主義的呼聲，各地有罷工的風潮，這完全是象徵着舊的統治快要崩潰，新的勢力已經台頭，時代的警鐘已響，革命的時期快到！

但是，統治級級將要崩潰的時候，一定要厲行其欺騙麻醉的技倆，使民衆認識不了事實的眞相，尋找不了正確的出路，以圖苟延其統治。因此，暴露客觀的事實

（1）

图 61.1 《认识》第一期封面

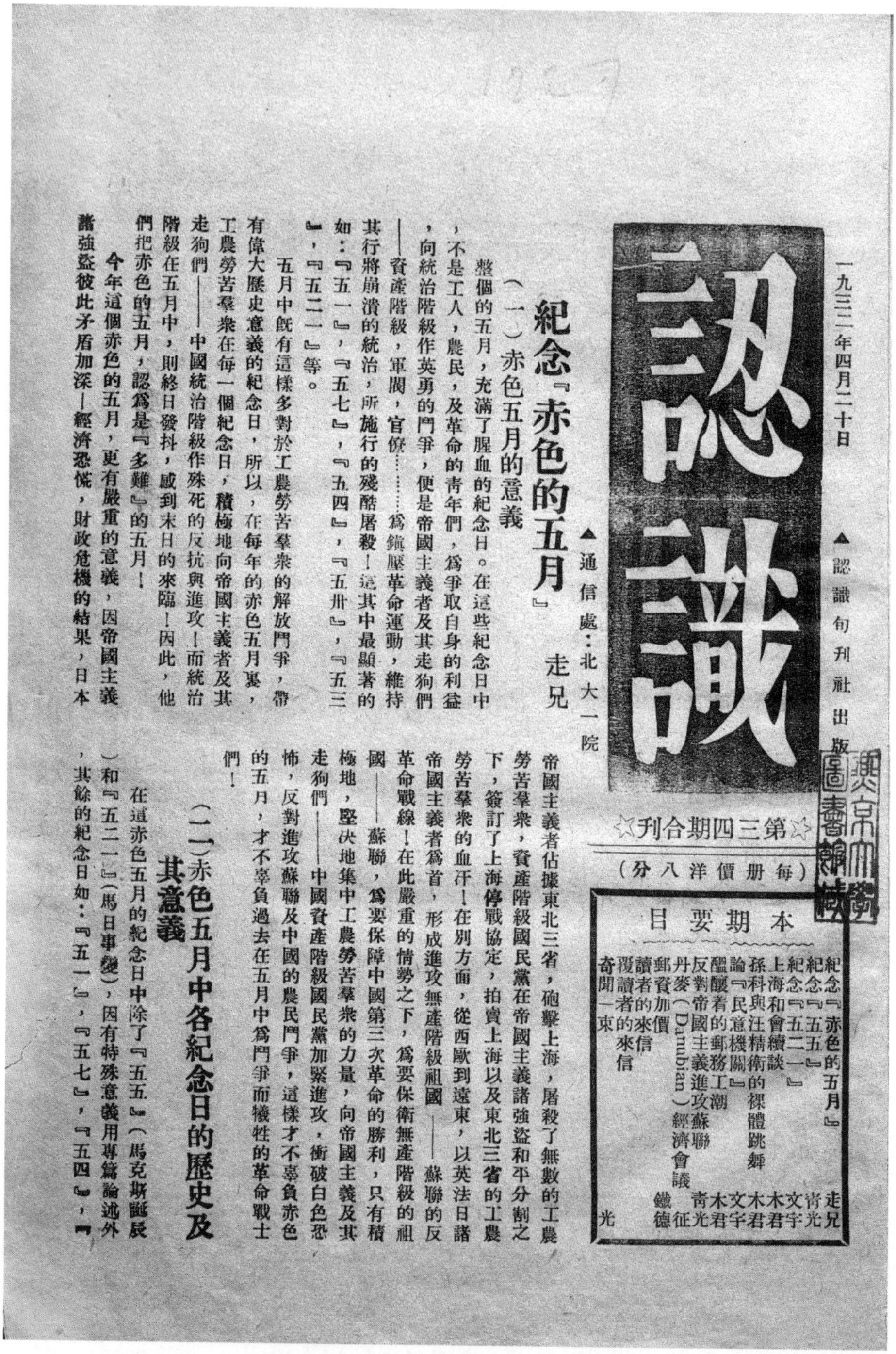

一九三二年四月二十日

▲認識旬刊社出版

認識

☆第三四期合刊☆

(每册價洋八分)

本期要目

▲通信處：北大一院

紀念『赤色的五月』

走兄

(一)赤色五月的意義

整個的五月，充滿了腥血的紀念日。在這些紀念日中，不是工人，農民，及革命的青年們，爲爭取自身的利益，向統治階級作英勇的鬥爭，便是帝國主義者及其走狗們——資產階級，軍閥，官僚……爲鎮壓革命運動，維持其行將崩潰的統治，所施行的殘酷屠殺！這其中最顯著的如：『五一』，『五七』，『五四』，『五卅』，『五三』，『五二一』等。

五月中旣有這樣多對於工農勞苦羣衆的解放鬥爭，帶有偉大歷史意義的紀念日，所以，在每年的赤色五月裏，工農勞苦羣衆在每一個紀念日，積極地向帝國主義者及其走狗們——中國統治階級作殊死的反抗與進攻！而統治階級在五月中，則終日發抖，感到末日的來臨！因此，他們把赤色的五月，認爲是『多難』的五月！

今年這個赤色的五月，更有嚴重的意義，因帝國主義諸強盜彼此矛盾加深—經濟恐慌，財政危機的結果，日本帝國主義者佔據東北三省，砲擊上海，屠殺了無數的工農勞苦羣衆，資產階級國民黨在帝國主義諸強盜和平分割之下，簽訂了上海停戰協定，拍賣上海以及東北三省的工農勞苦羣衆的血汗！在別方面，從西歐到遠東，以英法日諸帝國主義者爲首，形成進攻無產階級祖國——蘇聯的反革命戰線！在此嚴重的情勢之下，爲要保衛無產階級的祖國——蘇聯，爲要保障中國第三次革命的勝利，只有積極地，堅決地集中工農勞苦羣衆的力量，向帝國主義及其走狗們——中國資產階級國民黨加緊進攻，衝破白色恐怖，反對進攻蘇聯及中國的農民鬥爭，這樣才不辜負赤色的五月，才不辜負過去在五月中爲鬥爭而犧牲的革命戰士們！

(二)赤色五月中各紀念日的歷史及其意義

在這赤色五月的紀念日中除了『五五』(馬克斯誕辰)和『五二一』(馬日事變)，因有特殊意義用專篇論述外，其餘的紀念日如：『五一』，『五七』，『五四』，『

北京大學圖書館藏

图 61.2 《认识》第三、四期合刊封面

北大新闻

一、刊物介绍

1932 年 4 月 15 日创刊，由罗竹风、千家驹、吴廷珍、李山风、徐世纶、肖家驹等筹划创办，北平北大新闻社发行，通信处为北京大学第一院，五日刊，为时政评论刊物。

二、刊物内容

《北大新闻》为北大同学自由发表言论的园地，不仅是“具有新闻性质的灵活刊物，而且是探讨学术思想的真理园地，希望能够永久成为时代思想上的权威东西”①。载文抨击时政，主张破除对国际联盟的幻想，动员北大师生负起领导民众的责任，积极开展抗日救国和争取民主运动。本刊主要征集时评、校闻、论文、短评、翻译、建议、纪事等内容，报道北大新闻、校务记事及学校生活等。刊载文章有《我们对于国联调查团的态度》《谈谈和平》《北平教育界之危机》《论北大校长问题》《学生会选举近况》《新刊物介绍》等。《北大新闻》敢于讲实话和具有战斗性成为其鲜明的特点，吸引同学和社会的关注②。该刊相信“没有斗争便没有进步”，号召北大同学肩负起历史任务，与一切阻碍历史进行的恶势力做无情的斗争，新的时代才会实现。该刊对于了解当时时政、北大师生的言论、校内信息等有一定参考作用。

① 北大新闻社 . 刊前［J］. 北大新闻，1932（1）.

② 张忠强 .《罗竹风传略》第二章《北大时期的觉醒》［M］. 上海：东方出版中心，2016：14—17.

三、馆藏信息

13283/J 1932 no.1-3

THE UNIVERSITY NEWS

北大新聞

發行者　北大新聞社

通信處　北京大學第一院

一九三二年四月十五日　　第一號　　每期價洋一分

刊前

我們感到目前環境的需要，負着種種困難建立了這一個北大同學自由說話的機關。我們的動機是非常單純，因爲在中國這樣的局面之下，我們青年的危機陷於日益深刻，我們失去了一切思想研究言論出版集會結社的自由，我們在學校生活上的安全全無保障：大學宿舍和神聖的教室及禮堂可以隨便出入武裝軍警，任意毆辱同學，或加以非法逮捕及搜查。最高學府的莊嚴橫被蹂躪，我們應有的『民主』的權利全遭剝奪。我們反抗一切帝國主義，爭取民族解放的鬬爭的運動均爲暴力所壓伏。尤其是因爲政府連年內戰，政府當局的漠視教育，致全國學校頻於破產，最近平津院校因爲經費積欠盈年，而倚爲生命的俄欵又爲一二政客所把持，致教職員施行聯合罷工，我們不絕如縷的讀書的機會竟陷於絕境。……對於這些切身問題，我們不能永久沉默，並且，相信大多數同學絕不能以這樣的生活的現狀爲滿足，所以

（1）爲的擁護我們青年神聖的權利，我們要時時給與惡劣的現狀以最低限度的批判；爲的增長我們的力量，在精神上把我們北大同學（並且進而把北平全市的同學）緊密的聯繫起來，我們需要一種彼此交換意見，自由發揮言論的中心機關；並且，爲的衝破目前校內極端的沉悶空氣，我們更需要這樣一個言論機關以發動同學的情緒。

（2）現在的日刊已經成爲學校純官辦的行政公報，我們同學的意見是完全被封鎖，因此我們需要一個代表我們學生利益的自己的刊物。

（3）世界各大學多有『大學新聞』一類的出版物，這不但是具有新聞性質的靈活的刊物，而且是探討學術思想的眞理的園地。我們希望這一個『北大新聞』能够負起這同樣的任務，希望它能夠永久成爲時代思想上的權威的東西。

青年是現代社會的新細胞，是未來時代的主人。我們應當鼓起生命的熱情，開拓我們自己的出路。我們相信『沒有鬬爭便沒有進步，』我們惟有對於一切障碍歷史進行的惡勢力作無情的鬬爭，新的時代才會實現。同時，我們更需要統一正確的思想才會有力量。北大同學在過去曾經負起過歷史的任務，現在我們當再站在時代的最前綫，勇敢的走上戰鬬的途徑！

一九三二，四，一三

我們對於國聯調查團的態度　失

——評北大七十二同學發起忠告調查團意見運動——

自九一八事變發生來六個多月的痛苦經驗教訓我們：中國政府依賴國聯的唯一成果，就是國聯不再限期日本撤兵，而祇是派遣一個國聯調查團來調查『足以妨害國際關係及危害中日間和平或兩國間和平所賴的良好諒解的任何情形。』曾代理過印度總督現任調查團主席李頓爵士在上海各大學代表歡迎宴上說：『任何國家，仇視別國，而希冀國聯出而拯救，實不可能。』（三月十七日上海大陸報。）調查團來調查些什麼呢？據日本外相芳澤說『第一來調查中國的抗日運動，第二來調查抵貨情形，第三調查中國政府有沒有統治能力』換言之，調查團的目的決不是來調查滿州事件的責任，因爲日本帝國主義者之以武力占領東北是鐵般不容否認的事實，無待乎調查的；調查團的目的祇是要來看中國政府有沒有履行『神聖的』不平等條約，中國政府能不能鎮壓日益尖銳化中的中國革命運動，中國有沒有剩餘的利潤可以搾取，解決目前日益深刻化的世界經濟恐慌，這就是派遣調查團的眞意所在，因此白里安在巴黎會議宣言中日事件有特別情形，以後國聯遇其他各國發生糾紛，尤其在歐洲不能援爲先例。巴黎決議案第五條（即派遣調查團一條）特別註明『此案之特殊情形』（Special Circumstancs of the case）這些聲明的內容已表明中國應作半殖民地看待，在中國，也正像在印度安南埃及一樣，外國軍隊的占領與騷擾，國聯是許可的，而問題的中心祇是中國民衆有沒有反帝運動存在（李頓口中之『仇視別國』），所以需要派五個宰割殖民地的劊子手來調查一番。

對於這種調查團我們是不應該對他發生幻想的，除非無視歷史事實教訓對現代國際政治的認識完全盲目者外，我們絕不能希冀調查團的『公理』與『正義』！不幸自命爲最高學府的北京大學，竟有七十二位不具名的同學發起招待國聯調查團對他們貢獻意見；表示什麼中國人民酷愛和平，滿蒙在歷史上是中國領土等等，眞與蔣主席汪院長的搖尾乞憐態度如出一轍。這般『紳士學生』』（無以名之）難道自什麼東西？十二月十日巴黎決議案的眞價值是什麼，一味的表示其無知與盲目呢？抑還是被出風心理所驅使，想借這個機會來一展其好身手呢？

我們認爲：北大七十二同學發起貢獻國聯調查團意見是根本取消反帝鬥爭的運動，是北大的大恥辱，我們不僅不去加入，而且應當堅決的反對他。

本期目錄

北京大學圖書館藏

是太上皇？還是劊子手？　箭

國聯調查團，負着『和平的使命』，在三月十四日漫游到中國了。

我們『無抵抗主義』的黨國要人們，現在全副精神都用在迎接這一行『救星』的聖駕了。他們不光是老早的預備好了那樣華貴的專車，整飾車站，清除道路，塗刷門垣（北平天安門牆及長安街三座門早已紅白一新，甚至街上的廁所也叨了光）淵洗標語……並且爲的討調查團的歡心，更拿出一副嚴厲的面孔，嚴令我們這些不肖的小百姓不要有忤聖駕（當然，若是表示一聲反對定當斬頭了。）要小心的表示出一副忠順的奴顏。獻了一些『花王』『名花』一類的（據聞北平還要用童女）美人去奉陪。一揮千百萬小民的汗血倒算不了什麼，據說這樣是可以討得『恩寵』的！

在從前，皇帝出巡的威風，比起調查團到中國來恐怕要遜去一色。有人說，帝國主義是御用着中國統治階級的血手統治我們這些半殖民地的小民，殖民地統治階級之與帝國主義本來就是臣僕與主人的關係。那麼，在我們黨國要人以及一些『高等華人』們的心目中，國聯調查團當然是中國的太上皇了，不然的話，爲什麼我們的汪院長在歡宴席上口口不斷的『各位先生』叫得那樣乖，奴性表示得那樣足呢？並且又爲什麼這樣隆重的接駕呢?!

但是，國聯調查團，當眞來爲我們『主持公道』『制裁』日本嗎？不管黨國要人們頭叩得怎樣響，好聽的『公理』『正義』的字眼說得怎樣亮，終於欺騙不過我們的信心：帝國主義的集團是建築在榨取我們的血液的基礎上的，世界上在帝國主義沒有消滅的以前，我們被壓迫

图 62.1 《北大新闻》第一号封面

THE UNIVERSITY NEWS

北大新聞

發行者 北平北大新聞社

通信處 北京大學第一院

一九三二年四月二十日 第二號 每期價洋一分

平津院校關門聲中

教育經費獨立運動之一幕

我對於北大圖書館的一點意見 青光

新學生會產生中的一幕滑稽劇 隔牆有耳來稿

校聞

本校宿舍發現猩紅熱

經四改選發生糾紛

本校新定出版物寄售辦法續聞

罷教聲中之本校鱗爪

學校否認籌備會之反對國聯調查團英文宣言後之波瀾

图 62.2 《北大新闻》第二号封面

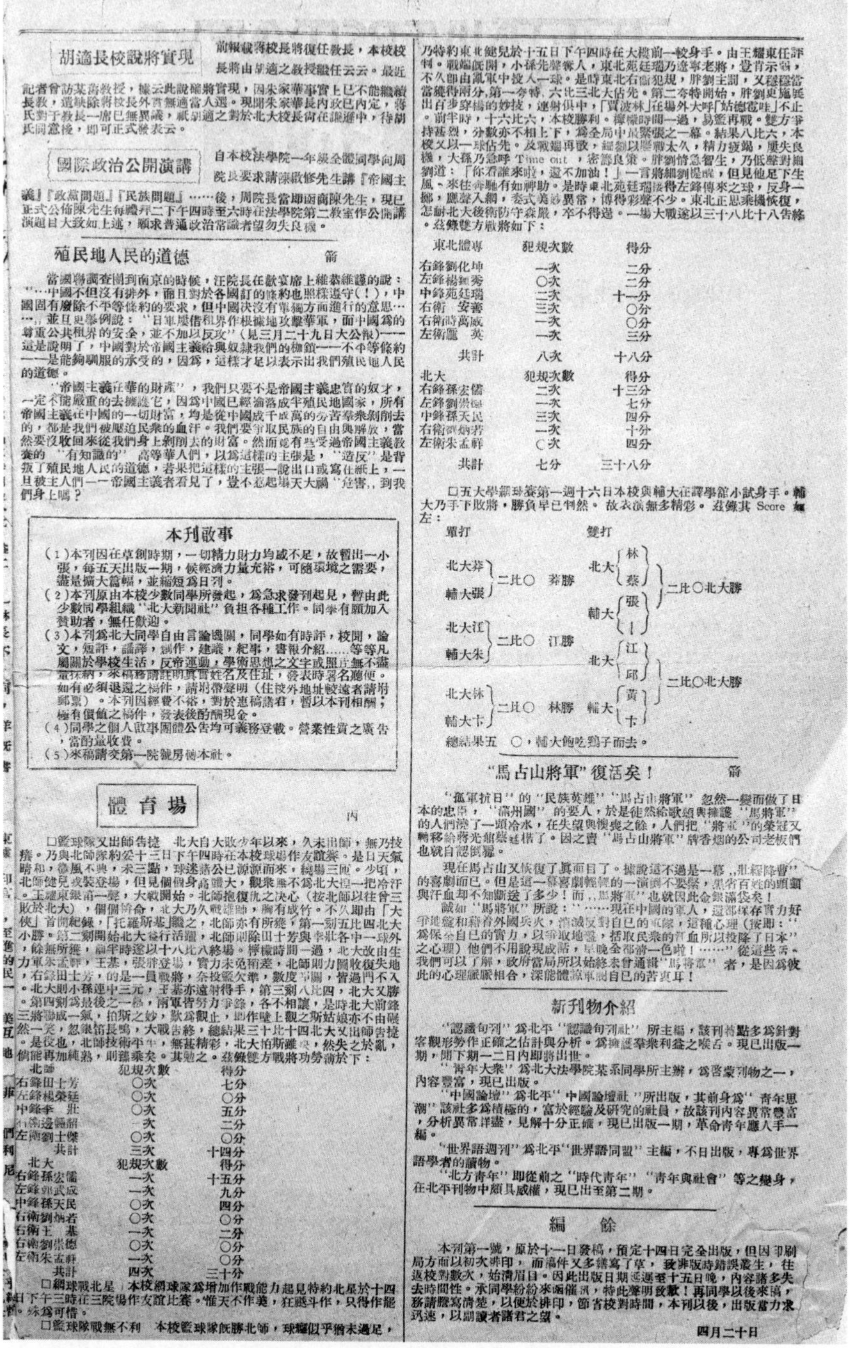

胡適長校說將實現

前報載蔣校長將復任教長，本校校長將由胡適之教授繼任云云。最近記者曾訪某當教授，據云此說確將實現，因朱家華事實上已不能繼續長教，遺缺除蔣校長外實無適當人選。現聞朱家華長內政已內定，蔣氏對于教長一席已無異議，祇胡適之對於北大校長尚在謙遜中，待胡氏同意後，即可正式發表云。

國際政治公開演講

自本校法學院一年級全體同學向周院長要求請陳啟修先生講『帝國主義』『政黨問題』『民族問題』……後，周院長當即函商陳先生，現已正式公佈陳先生每禮拜二下午四時至六時在法學院第二教室作公開講演題目大致如上述，願求普遍政治常識者望勿失良機。

殖民地人民的道德

箭

當國聯調查團到南京的時候，汪院長在歡宴席上維恭維謹的說："…中國不但沒有排外，而且對於各國訂的條約也照樣遵守(！)，中國固有廢除不平等條約的要求，但中國決沒有單獨方面進行的意思……，，並且更舉例說："日軍屢借租界作根據地攻擊華軍，而中國為的尊重公共租界的安全，並不加以反攻"（見三月二十九日大公報）——這是說明了，中國對於帝國主義給與奴隸我們的枷鎖——不平等條約——是能夠馴服的承受的，因為，這樣才足以表示出我們殖民地人民的道德。

"帝國主義在華的財產"，我們只要不是帝國主義忠實的奴才，一定不能嚴重的去擁護它，因為中國已經淪落成半殖民地國家，所有帝國主義在中國的一切財富，均是從中國成千成萬的勞苦群衆剝削去的，都是我們被壓迫民衆的血汗。我們要爭取民族的自由與解放，當然要沒收回來從我們身上剝削去的財富。然而竟有些受過帝國主義教養的"有知識的"高等華人們，以為這樣的主張是，"造反"是背叛了殖民地人民的道德，若果把這樣的主張一說出口或寫在紙上，一旦被主人們——帝國主義者看見了，豈不惹起塌天大禍"危害,,到我們身上嗎？

本刊啟事

（1）本刊因在草創時期，一切精力財力均感不足，故暫出一小張，每五天出版一期，俟經濟力量充裕，可隨環境之需要，盡量擴大篇幅，並縮短為日刊。

（2）本刊原由本校少數同學所發起，為急求發刊起見，暫由此少數同學組織"北大新聞社"負担各種工作。同學有願加入贊助者，無任歡迎。

（3）本刊為北大同學自由言論機關，同學如有時評，校聞，論文，短評，譯譯，創作，建議，紀事，書報介紹……等等凡關於學校生活，反帝運動，學術思想之文字或照片無不盡量採納，來稿務請註明真實姓名及住址，發表時署名聽便。如有必須退還之稿件，請附帶聲明（住校外地址較遠者請附郵票）。本刊因經費不裕，對於惠稿諸君，暫以本刊相酬；極有價值之稿件，發表後酌酬現金。

（4）同學之個人啟事團體公告均可義務登載。營業性質之廣告，當酌量收費。

（5）來稿請交第一院號房轉本社。

體育場

內

□籃球隊又出師告捷　北大自大敗少年以來，久未出師，無乃技癢。乃與北師隊約妥十三日下午四時在本校球場作友誼賽。是日天氣晴和，微風不興，未三點，球迷諸公已源源而來，繞場三匝。少頃，北師健兒戎裝登場，但見個個身高體大，觀衆無不為北大捏一把冷汗。王耀東銀笛一聲，大戰開始。北師抱復仇之決心（按北師以往曾三敗於北大），個個拚命，北大乃久戰雄師，胸有成竹。不久即由「大俠」首開紀錄，「托羅斯基」繼之，北師亦有所獲，第一刻五比四北大小勝。第二刻開始北大益行活躍，北師則除田士芳與李壯各中一球外，餘無所獲，前半時遂以十八比八終場。檸檬時間一過，北大改由生力軍朱孟群，王基，張胖登場，實力未免稍差，北師則力圖收復失地，右鋒田士芳，的是一員戰將，奈投籃欠準，數度爭關，皆過門不入。北大則小孫連中三元，王基亦遠射得手，第三刻八比四，北大又勝。第四刻為最後之一幕，兩軍皆努力爭鋒，各不相讓，是時北大前鋒三將聯成一氣，拍斯之妙，歎為觀止，即作壁上觀之斯姑娘亦不由嫣然一笑，忽然笛長鳴，大戰告終，總結果三十比十四北大又出師告捷。是役也，北師技術平平，無甚精彩，北大拍斯雖快，然失之於亂，倘能再加純熟，則臻乘矣。其勉之。茲錄雙方戰將功勞簿於下：

北師	犯規次數	得分
右鋒田士芳	〇次	七分
左鋒楊榮廷	〇次	〇分
中鋒李　壯	〇次	五分
右衛邊鍾韶	一次	二分
左衛劉士傑	〇次	〇分
共計	三次	十四分

北大	犯規次數	得分
右鋒孫宏儒	一次	十五分
左鋒郭武成	一次	九分
中鋒孫天民	〇次	四分
右衛劉炳若	〇次	〇分
右衛王　基	一次	二分
右衛劉崇德	〇次	〇分
左衛朱孟群	一次	〇分
共計	四次	三十分

□網球戰北星　本校網球隊為增加作戰能力起見特約北星於十四日下午三時在三院場作友誼比賽。惟天不作美，狂飈斗作，只得作罷。殊為可惜。

□籃球隊戰無不利　本校籃球隊既勝北師，球癮似乎猶未過足，乃特約東北健兒於十五日下午四時在大樓前一較身手。由王耀東任評判。戰端既開，小孫先聲奪人，東北苑廷瑞乃遼寧老將，豈肯示弱，不久即由亂軍中投入一球。是時東北右衛犯規，胖劉主罰，又穩穩當當纔得兩分，第一夸特，六比三北大佔先。第二夸特開始，胖劉更施展出百步穿楊的妙技，連射俱中，「賈波林」在場外大呼「姑德雷哇」不止。前半時，十六比六，本校勝利。檸檬時間一過，易籃再戰。雙方爭持甚烈，分數亦不相上下，為全局中最緊張之一幕。結果八比六，本校又以一球佔先。及戰端再啟，細劉以鏖戰太久，精力疲竭，屢失良機，大孫乃急呼 Time out ，密籌良策。胖劉情急智生，乃低聲對細劉道：「你看誰來啦，還不加油！」一言將細劉提醒，但見他足下生風，來往奔馳有如神助。是時東北苑廷瑞接得左鋒傳來之球，反身一擲，應聲入網，姿式美妙異常，博得彩聲不少。東北正思乘機恢復，怎耐北大後衛防守森嚴，卒不得逞。一場大戰遂以三十八比十八告終。茲錄雙方戰將如下：

東北體專	犯規次數	得分
右鋒劉化坤	一次	二分
左鋒楊毓秀	〇次	二分
中鋒苑廷瑞	二次	十一分
右衛　安善	三次	〇分
右衛時萬威	一次	〇分
左衛龐　英	一次	三分
共計	八次	十八分

北大	犯規次數	得分
右鋒孫宏儒	二次	十三分
左鋒劉崇德	一次	七分
中鋒孫天民	三次	四分
右衛劉炳若	一次	十分
左衛朱孟群	〇次	四分
共計	七分	三十八分

□五大學網球賽第一週十六日本校與輔大在譯學館小試身手。輔大乃手下敗將，勝負早已判然。故表演無多精彩。茲錄其 Score 如左：

單打

北大莽｝
輔大張｝二比〇　莽勝

北大江｝
輔大朱｝二比〇　江勝

北大林｝
輔大卞｝二比〇　林勝

雙打

北大｛林、蔡｝
輔大｛張、丨｝二比〇北大勝

北大｛江、邱｝
輔大｛黃、卞｝二比〇北大勝

總結果五　〇，輔大飽吃鷄子而去。

"馬占山將軍"復活矣！

箭

"孤軍抗日"的"民族英雄""馬占山將軍"忽然一變而做了日本的忠臣，"滿州國"的要人，於是徒然給歌頌與擁護"馬將軍"的人們澆了一頭冷水，在失望與懊喪之餘，人們把"將軍"的榮冠又轉移給蔣光鼐蔡廷楷了。因之賣"馬占山將軍"牌香烟的公司老板們也就自認倒霉。

現在馬占山又恢復了真面目了。據說這不過是一幕,,詐緩降曹"的喜劇而已。但是這一幕喜劇輕輕的一演倒不要緊，黑省百姓的頭顱與汗血却不知斷送了多少！而,,馬將軍"也就因此金銀滿袋矣！

誠如"馬將軍"所說："……現在中國的軍人，還都保存實力好爭地盤和藉着外國兵火，消滅反對自已的軍隊，這種心理（按即："為保全自已的實力，以爭取地盤，括取民衆的汗血所以投降了日本"之心理）他們不用說現成話，早晚全都清一色啦！……"從這些話，我們可以了解，政府當局所以始終未曾通緝"馬將軍"者，是因為彼此的心理脈脈相合，深能體諒軍閥自已的苦衷耳！

新刊物介紹

"認識旬刊"為北平"認識旬刊社"所主編，該刊特點多為針對客觀形勢作正確之估計與分析。為擁護群衆利益之喉舌。現已出版一期，聞下期一二日內即將出世。

"青年大衆"為北大法學院某系同學所主辦，為啓蒙刊物之一，內容豐富，現已出版。

"中國論壇"為北平"中國論壇社"所出版，其前身為"青年思潮"該社多為積極的，富於經驗及研究的社員，故該刊內容異常豐富，分析異常詳盡，見解十分正確，現已出版一期，革命青年應人手一編。

"世界語週刊"為北平"世界語同盟"主編，不日出版，專為世界語學者的讀物。

"北方青年"即從前之"時代青年""青年與社會"等之變身，在北平刊物中頗具威權，現已出至第二期。

編餘

本刊第一號，原於十一日發稿，預定十四日完全出版，但因印刷局方面以初次排印，而稿件又多繕寫了草，致排版時錯誤叢生，往返校對數次，始清眉目。因此出版日期遷延至十五日晚，內容諸多失去時間性。承同學紛紛來函催訊，特此聲明致歉！再同學以後來稿，務請謄寫清楚，以便於排印，節省校對時間，本刊以後，出版當力求迅速，以副讀者諸君之望。

四月二十日

图 62.3 《北大新闻》第二号封底

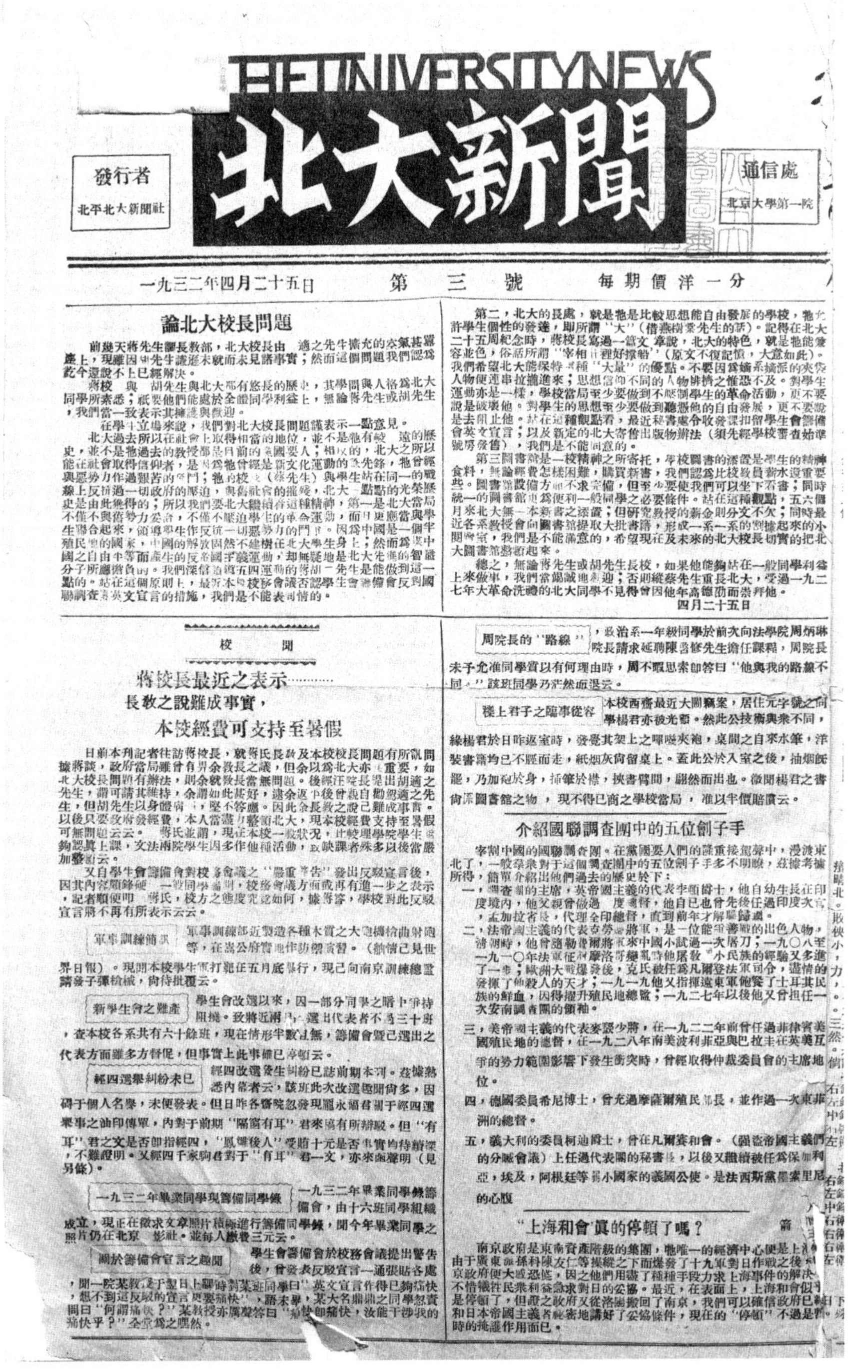

THE UNIVERSITY NEWS

北大新聞

發行者 北平北大新聞社

通信處 北京大學第一院

一九三二年四月二十五日　第三號　每期價洋一分

論北大校長問題

前幾天蔣先生卸長教部，北大校長由胡適之先生擴充的空氣甚囂塵上，現雖因胡先生謙遜未就而未見諸事實；然而這個問題我們認為迄今還說不上已經解決。

蔣校長與胡先生與北大都有悠長的歷史，其學問與人格為北大同學所素悉；祇要他們能處於全體同學利益上，無論蔣先生或胡先生，我們當一致表示其擁護與歡迎。

在學生立場來說，我們對北大校長問題謹表示一點意見。

北大過去所以在社會上取得相當的地位，並不是牠有悠遠的歷史，並不是牠過去的教授都是目前的黨國要人；相反的，北大之所以能在社會取得信仰者，是因為牠曾經是新文化運動的急先鋒，牠曾經與惡勢力作過艱苦的奮鬥；牠的校長（蔡先生）與學生站在同一的戰線上反抗過一切政府的壓迫，與舊社會的摧殘，北大一點點的光榮歷史是由此纔得的；所以我們要北大繼續着這種精神，第一是北大當局不僅不與舊勢力妥協，不僅不壓迫學生的革命運動，而且更應當與學生聯合起來，領導學生作反抗一切惡勢力的鬥爭。因為中國是一個半殖民地的國家，中國的解放固然不建樹在北大學生身上；然而為謀中國之自由平等而產生的反帝國主義運動，却無疑地是北大先進的智識分子所應擔負的。我們深信追隨五四運動的蔣胡二先生是能做到這一點的。站在這個原則上，最近本校校務會議否認學生會籌備會反對國聯調查團英文宣言的措施，我們是不能表同情的。

第二，北大的長處，就是牠是比較思想能自由發展的學校，牠允許學生個性的發達，即所謂"大"（借燕樹棠先生的話）。記得在北大二十五周紀念時，蔣校長寫過一篇文章說，北大的特色，就是牠能兼容並包，俗話所謂"宰相肚裡好撐船"（原文不復記憶，大意如此）。我們希望北大能保持這種"大量"的優點。不要因為嫡系嫡派的夾袋人物便連串拉攏進來；思想信仰不同的人物排擠之惟恐不及。對學生運動亦是一樣，學校當局至少要做到不壓制學生的革命活動，更不要說是破壞他。對學生的思想至少要做到聽憑他的自由發展，更不要說是去阻止他。站在這種觀點看，最近秘書處令收發課扣留學生會籌備會英文宣言；以及新定的北大寄售出版物辦法（須先經學校審查始準號房發售），我們是不能同意的。

第三圖書館是一校精神之所寄托，學校圖書的添置是學生的精神食料，無論經費怎樣困難，購買新書，我們認為比校教員薪水還重要些。圖書館設備方面不求完備，但至少要使我們可以坐下看書；同時統一的圖書館更為便利一般同學之必要條件。站在這種觀點，五六個月來北大無一本新書之添置；但研究教授的薪金則分文不欠；同時最近各系教授會向圖書館提取大批書籍，形成一系一系的割據起來的小閱覽室，我們是不能滿意的，希望現在及未來的北大校長切實的把北大圖書館整頓起來。

總之，無論蔣先生或胡先生長校，如果他能夠站在一般同學利益上來做事，我們當竭誠地歡迎；否則縱蔡先生重長北大，受過一九二七年大革命洗禮的北大同學不見得會因他年高德劭而崇拜他。

四月二十五日

校聞

蔣校長最近之表示……

長教之說難成事實，

本校經費可支持至暑假

日前本刊記者往訪蔣校長，就蔣氏長教及本校校長問題有所詢問據蔣談，政府當局雖曾有畀余教長之議，但余以為北大亦很重要，如北大校長問題有辦法，則余就教長當無問題。後經汪院長提出胡適之先生，謂可請其維持，余謂如此甚好，逮余返平後曾親自勸說適之先生，但胡先生以身體病弱，堅不答應。因此余長教之說已難成事實。以後只要政府發經費，本人當盡力整頓北大，現本校經費支持至暑假可無問題云云。蔣氏並謂，現在本校一般狀況，比較理學院學生尚能認真上課，文法兩院學生因多作他種活動，致缺課者殊多以後當嚴加整頓云。

又自學生會籌備會對校務會議之"嚴重警告"發出反駁宣言後，因其內容頗鋒硬，一般同學為則，校務會議方面或再有進一步之表示，記者順便叩問蔣氏，校方之態度究竟如何，據蔣答，學校對此反駁宣言將不再有所表示云云。

軍事訓練簡訊 軍事訓練部近製造各種木質之大砲機槍曲射砲等，在嵩公府實地作防禦演習。（詳情已見世界日報）。現聞本校學生軍打靶在五月底舉行，現已向南京訓練總監請發子彈槍械，尚待批覆云。

新學生會之難產 學生會改選以來，因一部分同學之暗中爭持阻撓。致將近兩月，選出代表者不過三十班，查本校各系共有六十餘班，現在情形半數且無，籌備會暨已選出之代表方面雖多方督促，但事實上此事確已停頓云。

經四選舉糾紛未已 經四改選發生糾紛已誌前期本刊。茲據熟悉內幕者云，該班此次改選趣聞尚多，因礙于個人名譽，未便發表。但日昨各齋院忽發現羅永福君關于經四選舉事之油印傳單，內對于前期"隔窗有耳"君來稿有所辯駁。但"有耳"君之文是否即指經四，"鳳雛後人"受賄十元是否事實均待續深，不難證明。又經四千家駒君對于"有耳"君一文，亦來函聲明（見另條）。

一九三二年畢業同學現籌備同學錄 一九三二年畢業同學錄籌備會，由十六班同學組織成立，現正在徵求文章照片積極進行籌備同學錄，聞今年畢業同學之照片仍在北京[illegible]影社。並每人繳費三元云。

關於籌備會宣言之趣聞 學生會籌備會於校務會議提出警告後，曾發表反駁宣言一通張貼各處，聞一院某教授于翌日上課時對某班同學曰"英文宣言作得已夠痛快，想不到這反駁的宣言更要痛快"，語未畢，某大名鼎鼎之同學忽責問曰"何謂痛快？"某教授亦厲聲答曰"痛快即痛快，汝能干涉我的痛快乎？"全堂為之嘩然。

周院長的"路線" ，政治系一年級同學於前次向法學院周炳琳院長請求延聘陳啟修先生擔任課程，周院長未予允准同學質以有何理由時，周不暇思索即答曰"他與我的路線不同。"該班同學乃茫然而退云。

樑上君子之臨事從容 本校西齋最近大鬧竊案，居住元字號之同學楊君亦被光顧。然此公技術與衆不同，緣楊君於日昨返室時，發覺其架上之嗶嘰夾袍，桌間之自來水筆，洋裝書籍均已不脛而走，紙烟灰尚留桌上。蓋此公於入室之後，抽烟既罷，乃加袍於身，插筆於襟，挾書臂間，翩然而出也。復聞楊君之書尚係圖書館之物，現不得已商之學校當局，准以半價賠償云。

介紹國聯調查團中的五位劊子手

宰割中國的國聯調查團。在黨國要人們的隆重接駕聲中，漫渡東北了，一般羣衆對于這個調查團中的五位劊子手多不明瞭，玆據考據所得，簡單介紹出他們過去的歷史於下：

一，調查團的主席，英帝國主義的代表李頓爵士，他自幼生長在印度境內，他父親曾做過印度總督，他自已也曾先後任過印度次官，孟加拉省長，代理全印總督，直到前年才解職歸國。

二，法帝國主義的代表克勞德將軍，是一位能征善戰的出色人物，清朝時，他曾隨勒費爾將軍來中國小試過一次屠刀；一九〇八至一九一〇年法軍征討摩洛哥變亂時他屠殺弱小民族的經驗又多進了一步；歐洲大戰爆發後，克氏被任為凡爾登法軍司令，盡情的發揮了他殺人的天才；一九一九他又指揮遠東軍飽餐了土耳其民族的鮮血，因得擢升殖民地總監；一九二七年以後他又曾担任一次安南調查團的領袖。

三，美帝國主義的代表麥壘少將，在一九二二年前曾任過菲律賓美國殖民地的總督，在一九二八年南美波利非亞與巴拉圭在英美互爭的勢力範圍影響下發生衝突時，曾經取得仲裁委員會的主席地位。

四，德國委員希尼博士，曾充過摩薩爾殖民部長，並作過一次東非洲的總督。

五，義大利的委員柯迪爵士，曾在凡爾賽和會。（强盜帝國主義們的分贓會議）上任過代表團的秘書長，以後又繼續被任為保加利亞，埃及，阿根廷等弱小國家的義國公使。是法西斯黨墨索里尼的心腹

"上海和會"真的停頓了嗎？　[illegible]

南京政府是東南資產階級的集團，牠唯一的經濟中心便是上海[illegible]由于廣東派孫科陳友仁等操縱之下而爆發了十九軍對日作戰之後[illegible]京政府便大感恐慌，因之他們用盡了種種手段力求上海事件的解決[illegible]不惜犧牲民衆利益急求對日的妥協。最近，在表面上，上海和會似乎是停頓了，但證之政府又從洛陽搬回了南京，我們可以確信政府已經和日本帝國主義者祕密地講好了妥協條件，現在的"停頓"不過是暫時的掩護作用而已。

图 62.4 《北大新闻》第三号封面

独立评论

一、刊物介绍

1932 年 5 月 22 日创刊，北平独立评论社编辑出版，周刊，于 1936 年底被迫停刊四个月有余，停办 17 期，于 1937 年 4 月复刊，终刊于 1937 年 7 月，共出版二百四十四期，其中有胡适旧藏及其签章，为政论时评刊物。

二、刊物内容

《独立评论》创刊的目的是“期望各人都根据自己的知识，用公平的态度，来研究中国当前的问题，尽管有激烈的辩争，觉得讨论是有益的。希望永远保持一点独立的精神，不倚傍任何党派，不迷信任何成员，用负责任的言论来发表各人思考的结果”①。本刊由胡适总其事，蒋廷黻和丁文江协助编务，傅斯年、陈衡哲、翁文灏等为社员，负责撰写稿件，其中丁文江发文有 35 篇之多，蒋廷黻也发表了近 40 篇文章。刊物主要讨论国家和社会问题，对国内外发生的政治事件和国内时局发表评论，以登载政论文章为主，同时也刊载一些游记、杂文、书评。另设有“问题讨论”一栏，经常开展有关政治、教育、妇女、文化问题的讨论，其中“民主与独裁”的论争、高等教育现状与改革的讨论、中西文化的争论、对日政策的讨论在当时有很大反响，是三十年代最有影响的刊物之一。刊文有胡适《世界新形势里的中国外交方针》、丁文江《中国政治的出路》、蒋廷黻《革命与专制》、翁文灏《整顿内政的途径》等。该刊对于研究对日方针、

① 独立评论社．引言［J］．独立评论，1932（1）．

民主还是独裁、如何统一等外交和内政领域的重大问题，了解国内外发生的政治事件、国内时局、社会问题等有重要的参考作用。

三、馆藏信息

58620/J 1932 no.1-25；1932-1933 no.26-50；1933-1934 no.51-100；1934 no.101-125；1934-1935 no.126-150；1935-1936 no.151-200；1936-1937 no.201-244

第 1—25 号合订本封面和封底钤有“北平中德学会图书馆”藏章，第 26—50 号以及第 51—75 号合订本上均钤有“胡适藏书章”，第 226—244 号合订本上有胡适手迹及印章，第 1 号与第 101—111 号封面及第 25 号封底钤有“国立北京大学法学院图书馆藏书章”，第 101—125 号目录页及第 112—150 号封面钤有“国立北京大学法商学院图书馆藏书章”，第 176—200 号合订本封底有“周自定”字样。

中華郵政特准掛號立劵認爲新聞紙類

引言
犬養被刺與日本政局的前途　丁文江
憲政問題　胡適
上海戰事的結束　適之
參加國難會議的回顧　蔣廷黻
日本人如何取得鐵礦砂的供給　翁文灝
中國的包工制　湛然

獨立評論每週星期日出版

每期定價四分，預定全年共五十期，連郵費一元六角，半年九角，國外加郵費一元六角，郵票九五折。

社址：北平
後門慈慧殿北月牙胡同二號

寄售及代定處

北平　北平圖書館　琉璃廠東亞書局　青雲閣富文齋書局　西單商場君中書社　新月書店（代定）　東安市場佩文齋　各大學售書處
天津　南開大學（代定）　天津書局（代定）
上海　五馬路亞東圖書館　四馬路新月書店　四馬路現代書局　時代公論社
南京　中央書局
西安　西安派報社
蘭州　甘肅書報社
武昌　新生命書局
開封　華新報社
安慶　安徽省立圖書館

獨立評論

（重校三版）

第一號

中華民國二十一年五月二十二日出版，六月二十四日再版，二十五年四月十二日三版

图 63.1　北平中德学会图书馆藏《独立评论》第一号封面

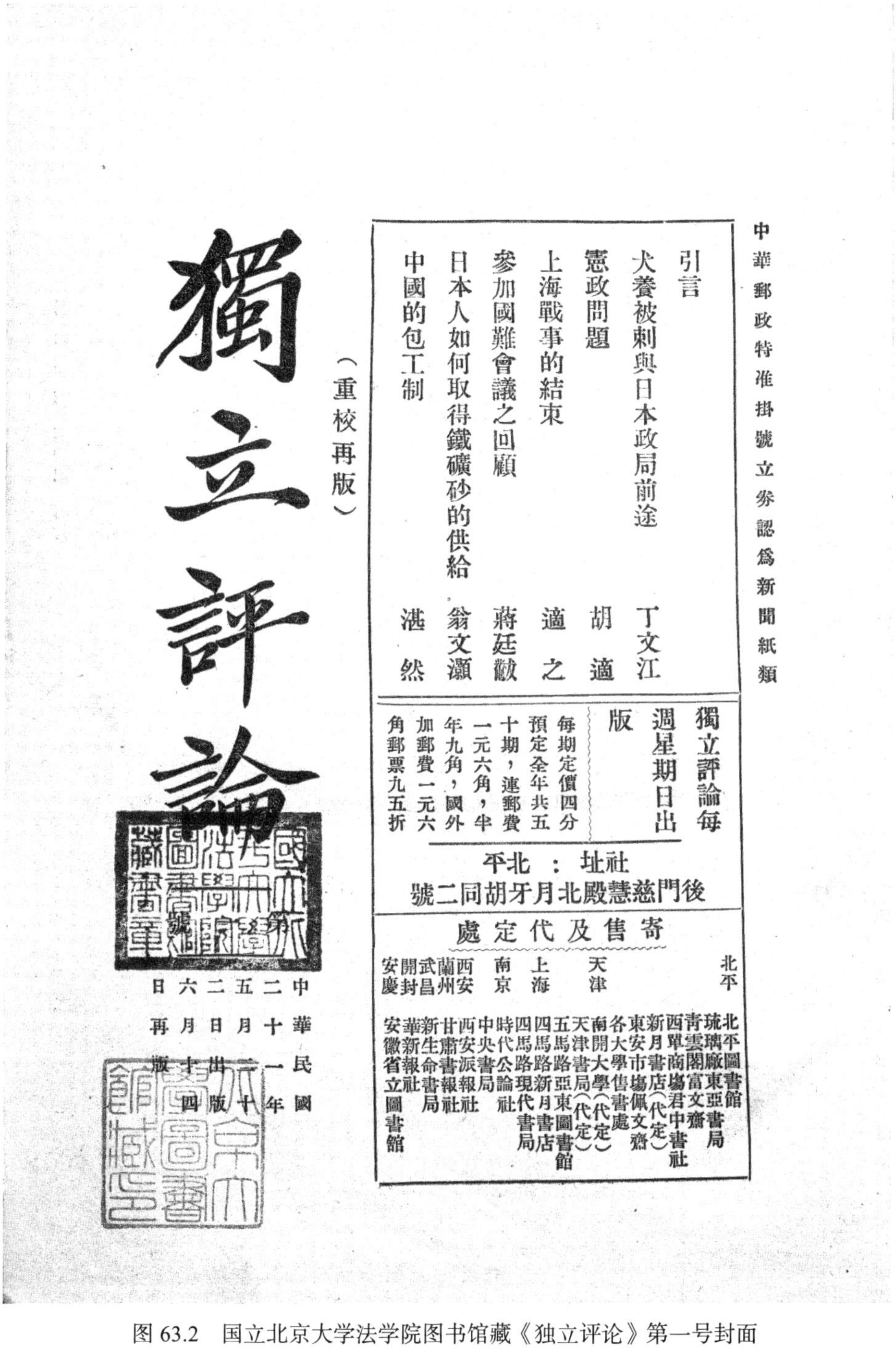

图 63.2 国立北京大学法学院图书馆藏《独立评论》第一号封面

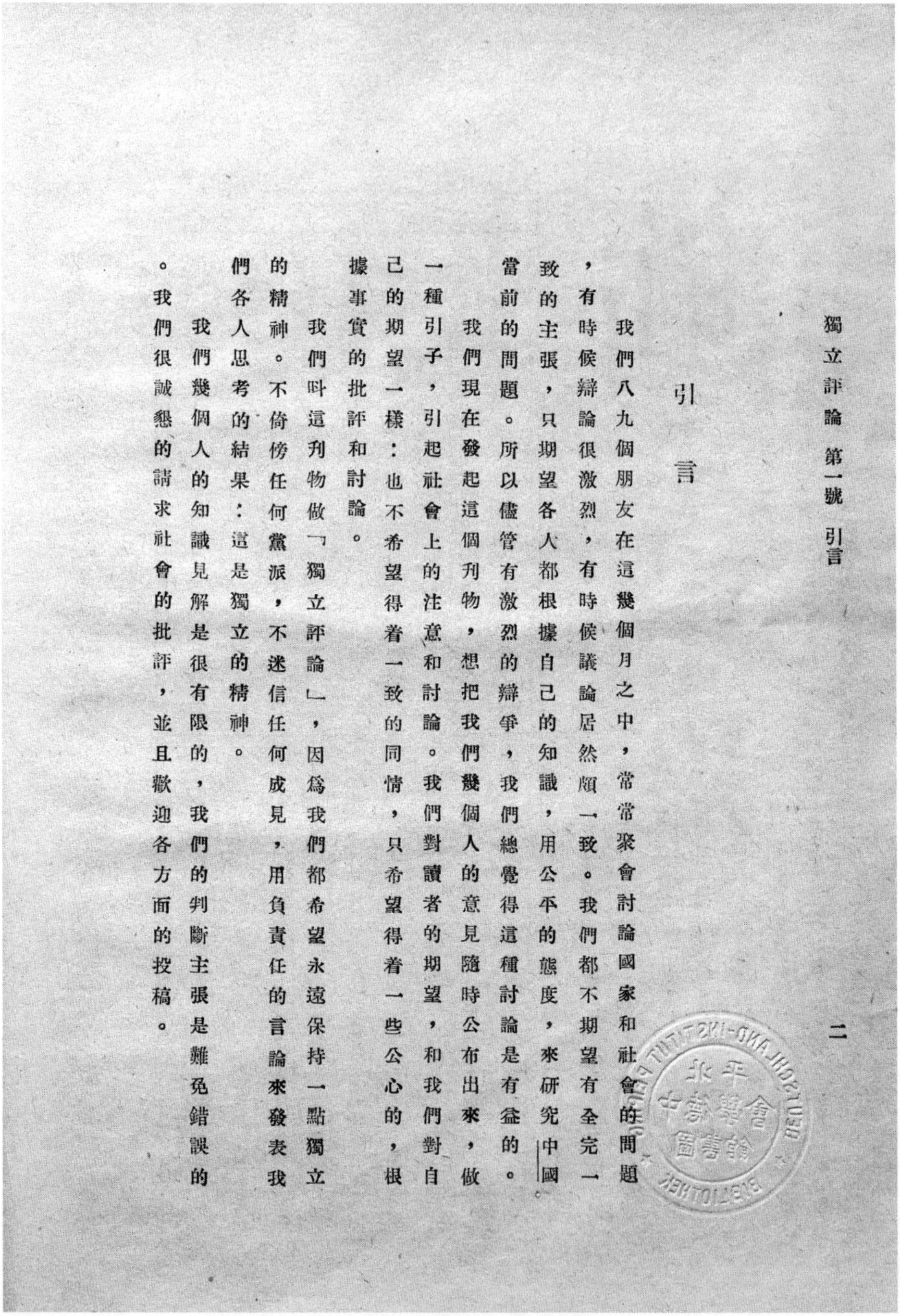

獨立評論　第一號　引言　二

引言

我們八九個朋友在這幾個月之中，常常聚會討論國家和社會的問題，有時候辯論很激烈，有時候議論居然頗一致。我們都不期望有全完一致的主張，只期望各人都根據自己的知識，用公平的態度，來研究中國當前的問題。所以儘管有激烈的辯爭，我們總覺得這種討論是有益的。

我們現在發起這個刊物，想把我們幾個人的意見隨時公布出來，做一種引子，引起社會上的注意和討論。我們對讀者的期望，和我們對自己的期望一樣：也不希望得着一致的同情，只希望得着一些公心的，根據事實的批評和討論。

我們叫這刊物做「獨立評論」，因為我們都希望永遠保持一點獨立的精神。不倚傍任何黨派，不迷信任何成見，用負責任的言論來發表我們各人思考的結果：這是獨立的精神。

我們幾個人的知識見解是很有限的，我們的判斷主張是難免錯誤的。我們很誠懇的請求社會的批評，並且歡迎各方面的投稿。

图 63.3 《独立评论》第一号引言

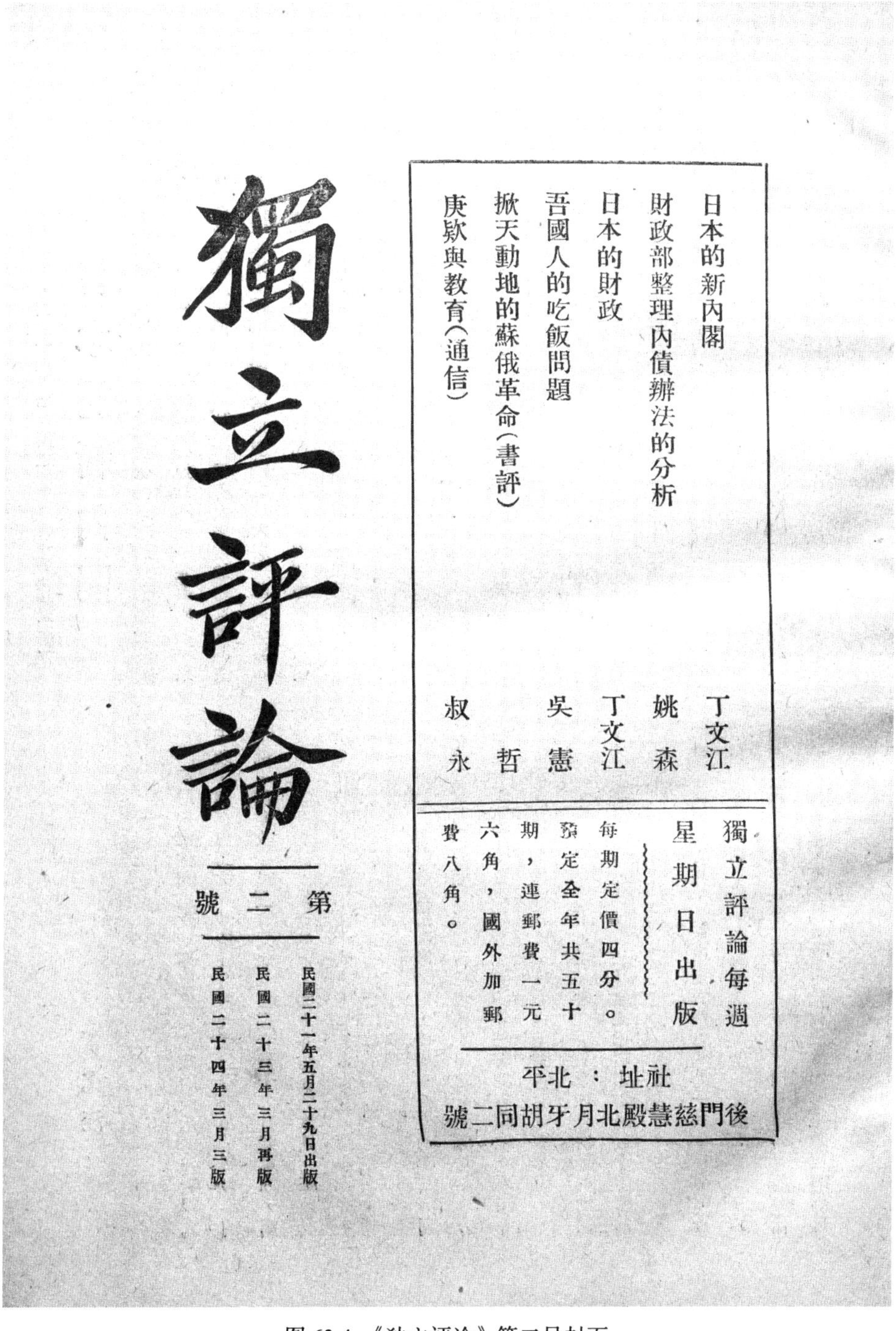

獨立評論

第二號

民國二十一年五月二十九日出版
民國二十三年三月再版
民國二十四年三月三版

日本的新內閣	丁文江
財政部整理內債辦法的分析	姚森
日本的財政	丁文江
吾國人的吃飯問題	吳憲
掀天動地的蘇俄革命(書評)	哲
庚欵與教育(通信)	叔永

獨立評論每週星期日出版

每期定價四分。預定全年共五十期，連郵費一元六角，國外加郵費八角。

社址：北平
後門慈慧殿北月牙胡同二號

图 63.4 《独立评论》第二号封面

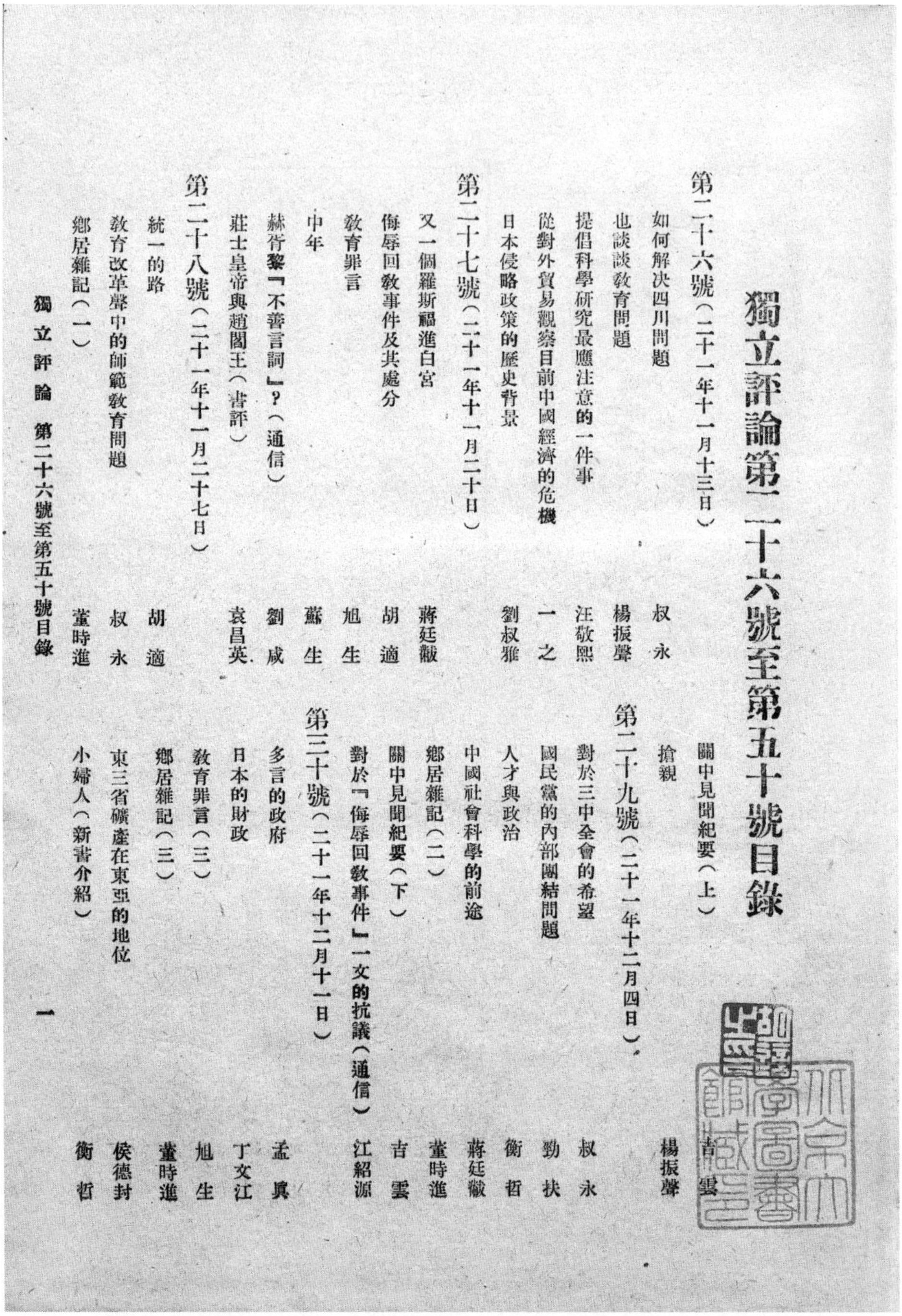

獨立評論第二十六號至第五十號目錄

北京大學圖書館藏書

图 63.5 《独立评论》第二十六号至第五十号目录

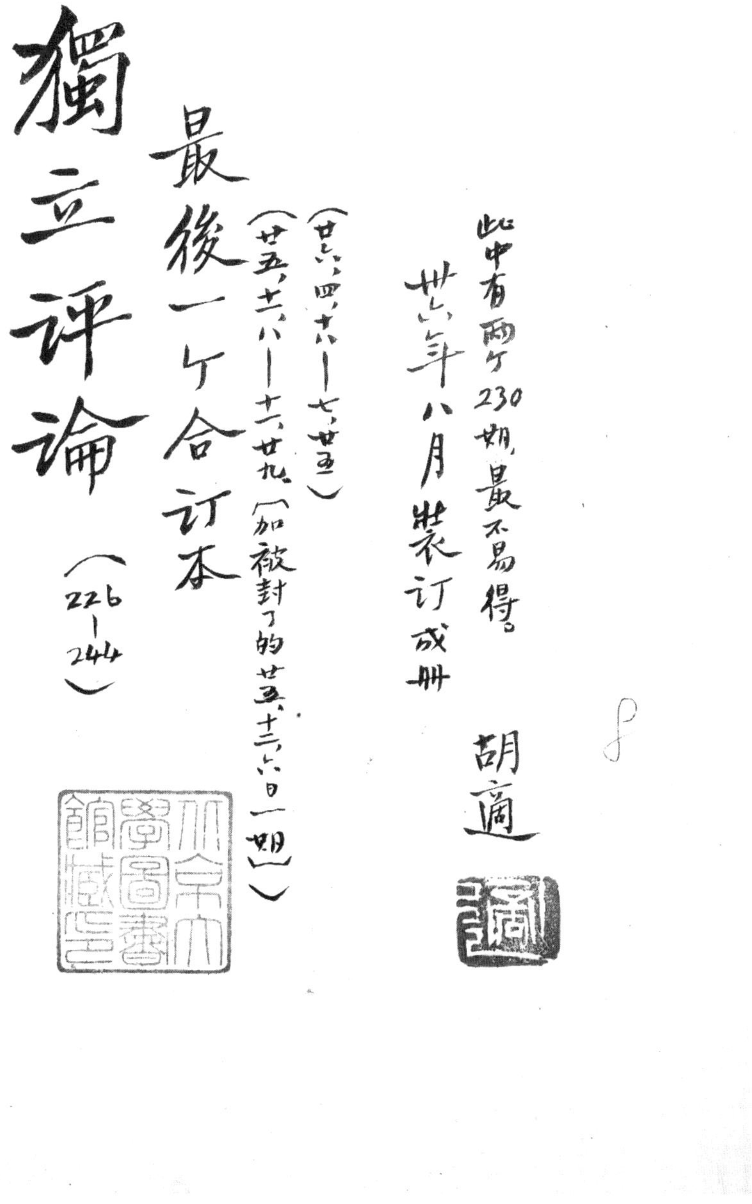

图 63.6 《独立评论》第 226—244 期合刊本胡适手迹与印章

新战线周刊

一、刊物介绍

1932 年 7 月 9 日创刊，北京大学新战线周刊社编辑发行，北平志强印刷局印刷，周刊，前身为 1931 年 11 月 15 日创刊的《国难周刊》，为时政评论刊物。

二、刊物内容

《新战线周刊》的《发刊词》中提到“一切的一切，皆有重新观察，重新批判，重新确立努力的新途径之必要，故改名曰‘新战线’……可建立崭新的战线，与那整个帝国主义作持久的抗争。”[①] 本刊设有“时事短评”“论文”“社会科学论坛”等栏目，撰稿人主要有景文、胡石青、吴惟平、冯亦吾等，载文如《日本进窥平津的谣言》《对于中国共产党的新估价》《中国当前之大患何在？》《社会科学论坛开坛质言》《欧战后新宪法对于政治规定的三种特点及其批评》等。该刊以发表政论性文章为主，对日本帝国主义侵华后的国际国内形势加以评论，宣传抗日救国，既有对国民党政府的不满，又有对中国共产党的重新认识，以唤起国人的新觉悟，建立反帝的新中心。该刊为了解日本帝国主义侵华后的国际国内形势，研究当时政治动态、国内抗日救国等内容提供史料，具有一定参考作用。

三、馆藏信息

42285.1/J 1932 no.1-2

第一至二期封面钤有“燕京大学图书馆”章。

① 北京大学新战线周刊社 . 发刊词［J］. 新战线周刊，1932（1）.

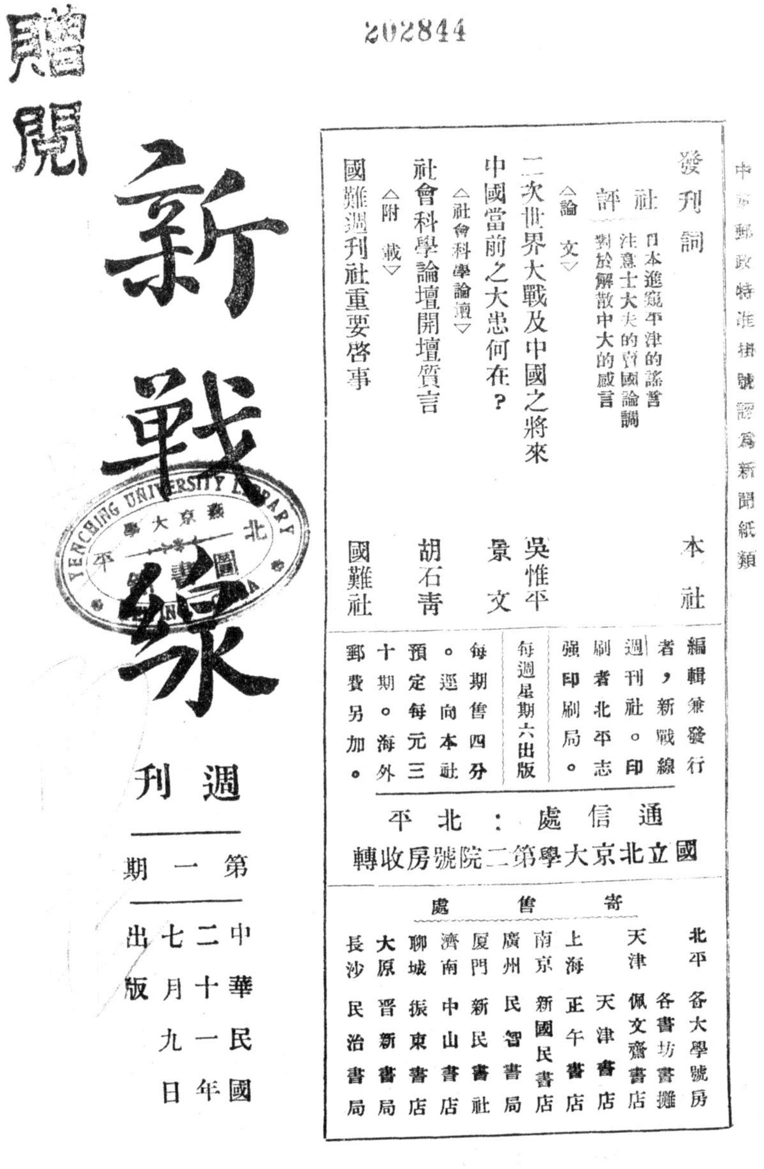
贈閱

202844

新戰線

週刊

第一期

中華民國二十一年七月九日出版

發刊詞 本社

社評 日本進窺平津的謠言 注意士大夫的賣國論調 對於解散中大的感言

〈論文〉

二次世界大戰及中國之將來 吳惟平

中國當前之大患何在？ 景文

〈社會科學論壇〉

社會科學論壇開壇質言 胡石青

〈附載〉

國難週刊社重要啓事 國難社

編輯兼發行者，新戰線週刊社。印刷者北平志強印刷局。

每週星期六出版

每期售四分。逕向本社預定每元三十期。海外郵費另加。

通信處：北平 國立北京大學第二院號房收轉

寄售處

北平	各大學號房 各書坊書攤
天津	佩文齋書店 天津書店
上海	正午書店
南京	新國民書店
廣州	民智書局
厦門	新民書社
濟南	中山書店
聊城	振東書店
大原	晉新書局
長沙	民治書局

中華郵政特准掛號認為新聞紙類

YENCHING UNIVERSITY LIBRARY 北平燕京大學圖書館

图 64.1 《新战线周刊》第一期封面

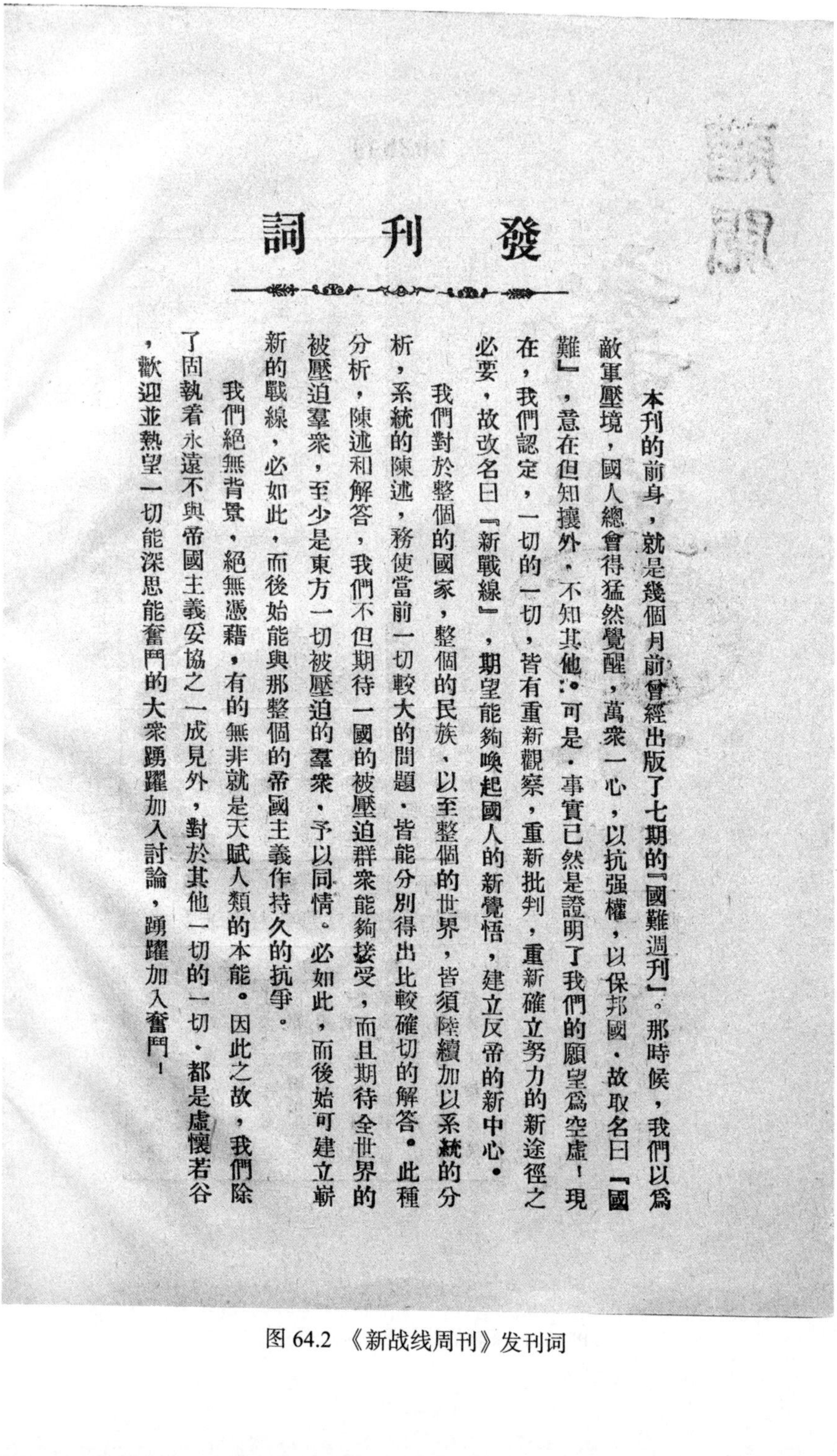

發刊詞

本刊的前身，就是幾個月前曾經出版了七期的『國難週刊』。那時候，我們以爲敵軍壓境，國人總會得猛然覺醒，萬衆一心，以抗强權，以保邦國．故取名曰『國難』，意在但知攘外，不知其他。可是．事實已然是證明了我們的願望爲空虛！現在，我們認定，一切的一切，皆有重新觀察，重新批判，重新確立努力的新途徑之必要，故改名曰『新戰線』，期望能夠喚起國人的新覺悟，建立反帝的新中心。

我們對於整個的國家，整個的民族、以至整個的世界，皆須陸續加以系統的分析，系統的陳述，務使當前一切較大的問題．皆能分別得出比較確切的解答。此種分析，陳述和解答，我們不但期待一國的被壓迫群衆能夠接受，而且期待全世界的被壓迫羣衆，至少是東方一切被壓迫的羣衆、予以同情。必如此，而後始可建立嶄新的戰線，必如此，而後始能與那整個的帝國主義作持久的抗爭。

我們絕無背景，絕無憑藉，有的無非就是天賦人類的本能。因此之故，我們除了固執着永遠不與帝國主義妥協之一成見外，對於其他一切的一切．都是虛懷若谷，歡迎並熱望一切能深思能奮鬥的大衆踴躍加入討論，踴躍加入奮鬥！

图 64.2 《新战线周刊》发刊词

北京大学周刊

一、刊物介绍

1932 年 9 月 17 日创刊，北京大学秘书处编印，周刊，前身为《北京大学日刊》，1937 年 7 月因抗战爆发停刊，1947 年 5 月又重新创办《国立北京大学周刊》，北京大学行政类刊物。

二、刊物内容

本刊报道该校行政及学术消息，刊登各院处的新闻稿，并发布上级训令及该校文件，还通报新到图书。以文告、法令、通知、消息、训令、公文、规章、声明等为主要内容形式。其中文告类文件多为学校有关部门向学生布告的有关教学、后勤、课外活动等事项的信息；法令则刊载教育部下发给北京大学的训令，内容多是有关教育管理性质的法令；通知栏载有各院处针对本处所属事项变动的消息等。载文主要有《纪北大上海同学会成立之经过》《文科研究所概况》《国立北京大学学生宿舍规则》等。1934 年 2 月 3 日至 1937 年 7 月 24 日，《北京大学周刊》还出版了一百八十二期图书馆副刊，为北大师生利用图书馆提供了方便。该刊物对于研究当时北京大学的教育与管理方面内容有一定的资料价值。所载关于北京大学合作社的相关文件，对了解这一机构的组织运营机制和情况提供了一定的资料。

三、馆藏信息

12250/J 1932-1934 no.1-130；1935-1937 no.131-267

12253/J 1947-1949 no.1-81

中華民國二十一年九月十七日 （第一版） （星期六）

北京大學週刊

The University Weekly

第一號 （即日刊二八八六號）

今日出版一張

地址	報費	廣告費
北平景山東街北京大學第二院	每份銅元二枚每月自取二分派送四分外省六分（郵費在內）報費先付郵票不收	用五號字每字八厘長期面訂五十字起碼封面加倍

（本日要目）

▲收發股招領挂號郵件
▲課業處布告
▲文學院布告
▲註冊組布告

本校布告

◉收發股挂號郵件招領 九月十七日

茲有石文吉君收挂號公函一件請收件人携帶圖章於三日內速來敝股領取爲要

◉課業處佈告（二）

本月八日教務會議議決定本月二十一 二十二兩日上午十時至十二時下午二時至四時爲各系主任指導選課之期特此佈告

九月十七日

◉課業處佈告（三）

理學院各系二三四年級學生應修課程統由各該系主任指導選定其一年級學生均得至理學院院長室選課特此佈告

九月十七日

◉文學院布告

本院史學系添設「近代中歐文化接觸研究」一科，由陳受頤先生擔任。每星期授課二小時，一年講畢共計四學分；該科號數爲「史441—2」，此布。

九月十六日

◉國立北京大學布告

本校定於本月九日開學二十三日上課此布

二十一年九月八日

◉國立北京大學布告

查本屆致取本科一年級新生及舊制預科學生在他校借讀成績及格應升入本科者照章須塡具保證書及入學願書茲定於九月九日起至九月十五日止（滬漢粵三處新生因路途較遠延至九月底止）務各邀同保證人一人（保証人以父兄爲適當如無父兄在平者或倩各機關職員或三等以上舖捐之商號亦可）親到註冊組按式塡具並赴會計組繳清學費體育費以便入學受課再舊生繳費註冊日期自九月九日起至九月三十日止逾期無論有無特別情形槪不通融切勿延誤此布

計開

學費 十元

體育費 一元

二十一年九月八日

◉國立北京大學布告

查本校理學院各系學生照章須於每學期開學時繳納儀器保証金茲定於本月九日起隨時同學費等徵收望各照繳爲要此布

計開

一年級 三元

二年級以上五元（無實習功課者不收）

二十一年九月八日

◉註冊組布告

本校各學系二十年六月修業期滿學生之成績業經教務會議審查完竣茲將准予畢業各生姓名宣布於左

計開

數學系十名

繆玉源 陳清麟 杜宏遠 李恭任 樊懷義
管竹 唐慶英 吳秀 郭新棨 蘇道榮

物理系五名

薛兆旺 張崇年 賈國永 張明示 崔璘

化學系四名

莫運乾 郭東霖 樊富民 劉紹宗

地質系四名

高振西 胡伯素 李賢誠 潘鍾祥

生物系三名

石原皋 郝景盛 張鳳瀛

哲學系十五名

李相殷 余錫嘏 楊愼修 趙家楨 徐伯訏
馮韜 溫錫增 劉韶華 薛星奎 朱庭翊
章志杰 許濟航 姜季儉 王斌 賀仲蓮

教育系十九名

李鍾灝 鄒湘 高秉然 王懷璟 李樂俅
張蘭堂 王履嶸 崔心泰 江銳 高立
孟際豐 王友凡 蒲敏政 王冠英 解溫涵
黃德銘 李完 王如南 張世銓

國文系二十五名

趙啓雍 呂仰周 楊雋之 王克仁 劉國平
蔣經邦 王國銓 蕭璋 莊紀澤 劉振岳
王鴻哉 馬志龍 許森 張玉佩 楊緒吉
趙春庚 胡棨桂 韓易田 陳其才 周世香
許蕙芬 金福佑 趙景賢 燕壬培 徐培蓮

英文系二十八名

張秉禮 高昌運 魏華灼 丁百山 王蔭梓
和春煦 王傳禮 劉麟 馬立勛 李秀桂

图 65.1 《北京大学周刊》第一号封面

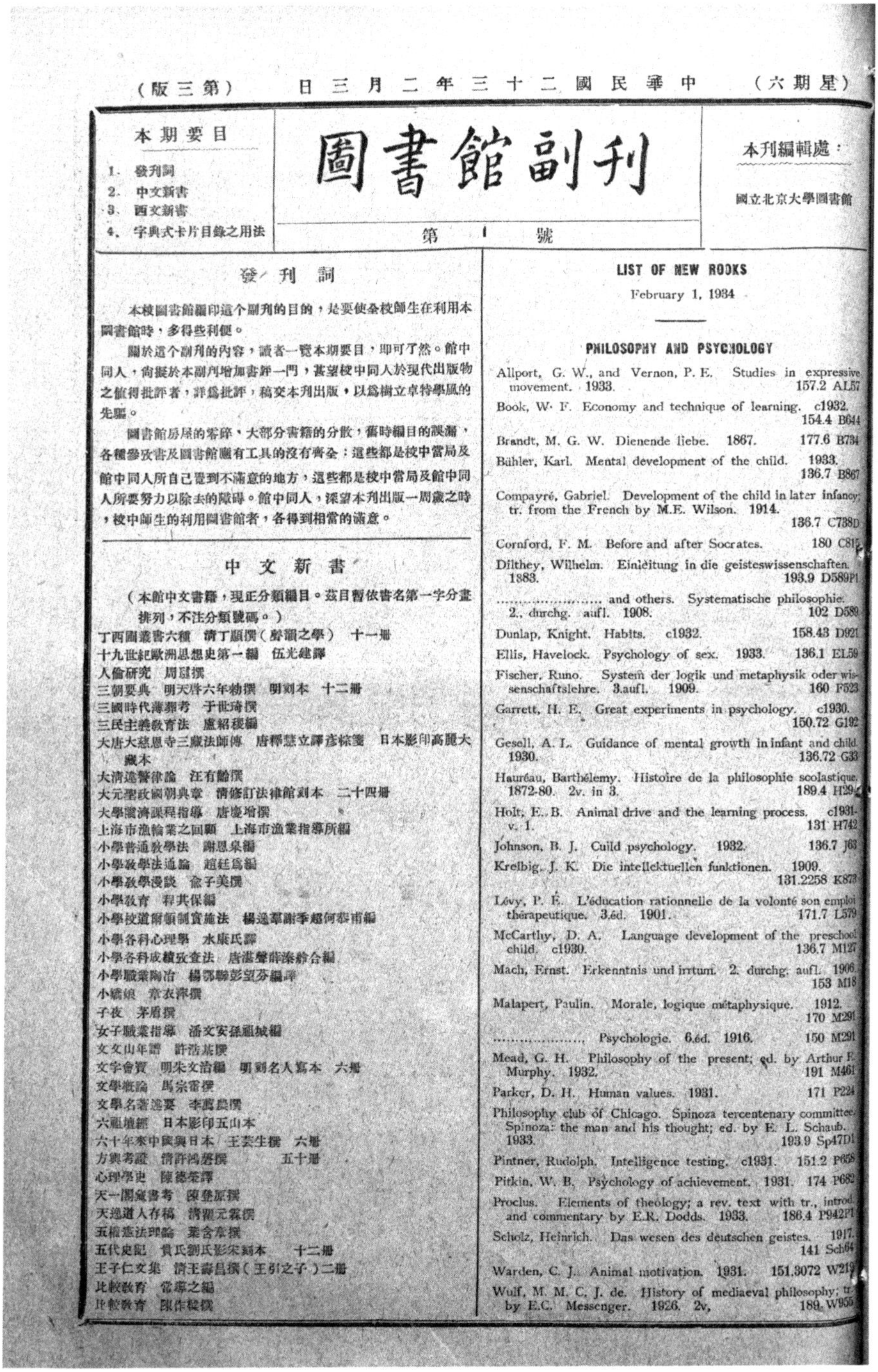
（版三第）　日三月二年三十二國民華中　（六期星）

圖書館副刊

第 1 號

本期要目

1. 發刊詞
2. 中文新書
3. 西文新書
4. 字典式卡片目錄之用法

本刊編輯處：

國立北京大學圖書館

發刊詞

本校圖書館編印這个副刊的目的，是要使全校師生在利用本圖書館時，多得些利便。

關於這个副刊的內容，讀者一覽本期要目，即可了然。館中同人，尙擬於本副刊增加書評一門，甚望校中同人於現代出版物之値得批評者，詳爲批評，稿交本刊出版，以爲樹立卓特學風的先驅。

圖書館房屋的零碎、大部分書籍的分散，舊時編目的誤漏，各種參攷書及圖書館應有工具的沒有齊全：這些都是校中當局及館中同人所自己覺到不滿意的地方，這些都是校中當局及館中同人所要努力以除去的障碍。館中同人，深望本刊出版一周歲之時，校中師生的利用圖書館者，各得到相當的滿意。

中文新書

（本館中文書籍，現正分類編目。茲目暫依書名第一字分畫排列，不注分類號碼。）

丁酉圖叢書六種　清丁顯撰（聲韻之學）　十一冊
十九世紀歐洲思想史第一編　伍光建譯
人倫研究　周思撰
三朝要典　明天啓六年勅撰　明刻本　十二冊
三國時代薄葬考　于世琦撰
三民主義教育法　盧紹稷編
大唐大慈恩寺三藏法師傳　唐釋慧立譯彥悰箋　日本影印高麗大藏本
大清違警律論　汪有齡撰
大元聖政國朝典章　清修訂法律館刻本　二十四冊
大學經濟課程指導　唐慶增撰
上海市漁輪業之回顧　上海市漁業指導所編
小學普通教學法　謝恩皋編
小學教學法通論　趙廷爲編
小學教學漫談　俞子夷撰
小學教育　程其保編
小學校道爾頓制實施法　楊逸羣謝季超何恭甫編
小學各科心理學　水康氏譯
小學各科成績攷查法　唐滿聲薛瀛齡合編
小學職業陶冶　楊鄂聯彭望芬編譯
小嬌娘　章衣萍撰
子夜　茅盾撰
女子職業指導　潘文安孫祖城編
文文山年譜　許浩基撰
文字會寶　明朱文治編　明刻名人寫本　六冊
文學概論　馬宗霍撰
文學名著選要　李鳶農撰
六祖壇經　日本影印五山本
六十年來中國與日本　王芸生撰　六冊
方輿考證　清許鴻磐撰　五十冊
心理學史　陳德榮譯
天一閣藏書考　陳登原撰
天逸道人存稿　清翟元霖撰
五權憲法理論　秉含章撰
五代史記　貴氏劉氏影宋刻本　十二冊
王子仁文集　清王壽昌撰（王引之子）二冊
比較教育　常導之編
比較教育　陳作樑撰

LIST OF NEW ROOKS

February 1, 1934

PHILOSOPHY AND PSYCHOLOGY

Allport, G. W., and Vernon, P. E. Studies in expressive movement. 1933. 157.2 AL57

Book, W· F. Economy and technique of learning. c1932. 154.4 B644

Brandt, M. G. W. Dienende liebe. 1867. 177.6 B734

Bühler, Karl. Mental development of the child. 1933. 136.7 B867

Compayré, Gabriel. Development of the child in later infancy; tr. from the French by M.E. Wilson. 1914. 136.7 C738D

Cornford, F. M. Before and after Socrates. 180 C815

Dilthey, Wilhelm. Einleitung in die geisteswissenschaften. 1883. 193.9 D589P1

……………………… and others. Systematische philosophie. 2., durchg. aufl. 1908. 102 D589

Dunlap, Knight. Habits. c1932. 158.43 D921

Ellis, Havelock. Psychology of sex. 1933. 136.1 EL59

Fischer, Runo. System der logik und metaphysik oder wissenschaftslehre. 3.aufl. 1909. 160 F523

Garrett, H. E. Great experiments in psychology. c1930. 150.72 G192

Gesell, A. L. Guidance of mental growth in infant and child. 1930. 136.72 G33

Hauréau, Barthélemy. Histoire de la philosophie scolastique. 1872-80. 2v. in 3. 189.4 H29

Holt, E. B. Animal drive and the learning process. c1931- v. 1. 131 H742

Johnson, B. J. Cuild psychology. 1932. 136.7 J63

Kreibig, J. K. Die intellektuellen funktionen. 1909. 131.2258 K873

Lévy, P. É. L'éducation rationnelle de la volonté son emploi thérapeutique. 3.éd. 1901. 171.7 L579

McCarthy, D. A. Language development of the preschool child. c1930. 136.7 M127

Mach, Ernst. Erkenntnis und irrtum. 2. durchg. aufl. 1906. 153 M18

Malapert, Paulin. Morale, logique métaphysique. 1912. 170 M291

……………………, Psychologie. 6.éd. 1916. 150 M291

Mead, G. H. Philosophy of the present; ed. by Arthur E. Murphy. 1932. 191 M461

Parker, D. H. Human values. 1931. 171 P224

Philosophy club of Chicago. Spinoza tercentenary committee. Spinoza: the man and his thought; ed. by E. L. Schaub. 1933. 193.9 Sp47D1

Pintner, Rudolph. Intelligence testing. c1931. 151.2 P658

Pitkin, W. B. Psychology of achievement. 1931. 174 P682

Proclus. Elements of theology; a rev. text with tr., introd. and commentary by E.R. Dodds. 1933. 186.4 P942P1

Scholz, Heinrich. Das wesen des deutschen geistes. 1917. 141 Sch64

Warden, C. J. Animal motivation. 1931. 151.3072 W219

Wulf, M. M. C. J. de. History of mediaeval philosophy; tr. by E.C. Messenger. 1926. 2v. 189 W955

图 65.2 《图书馆副刊》第一号封面

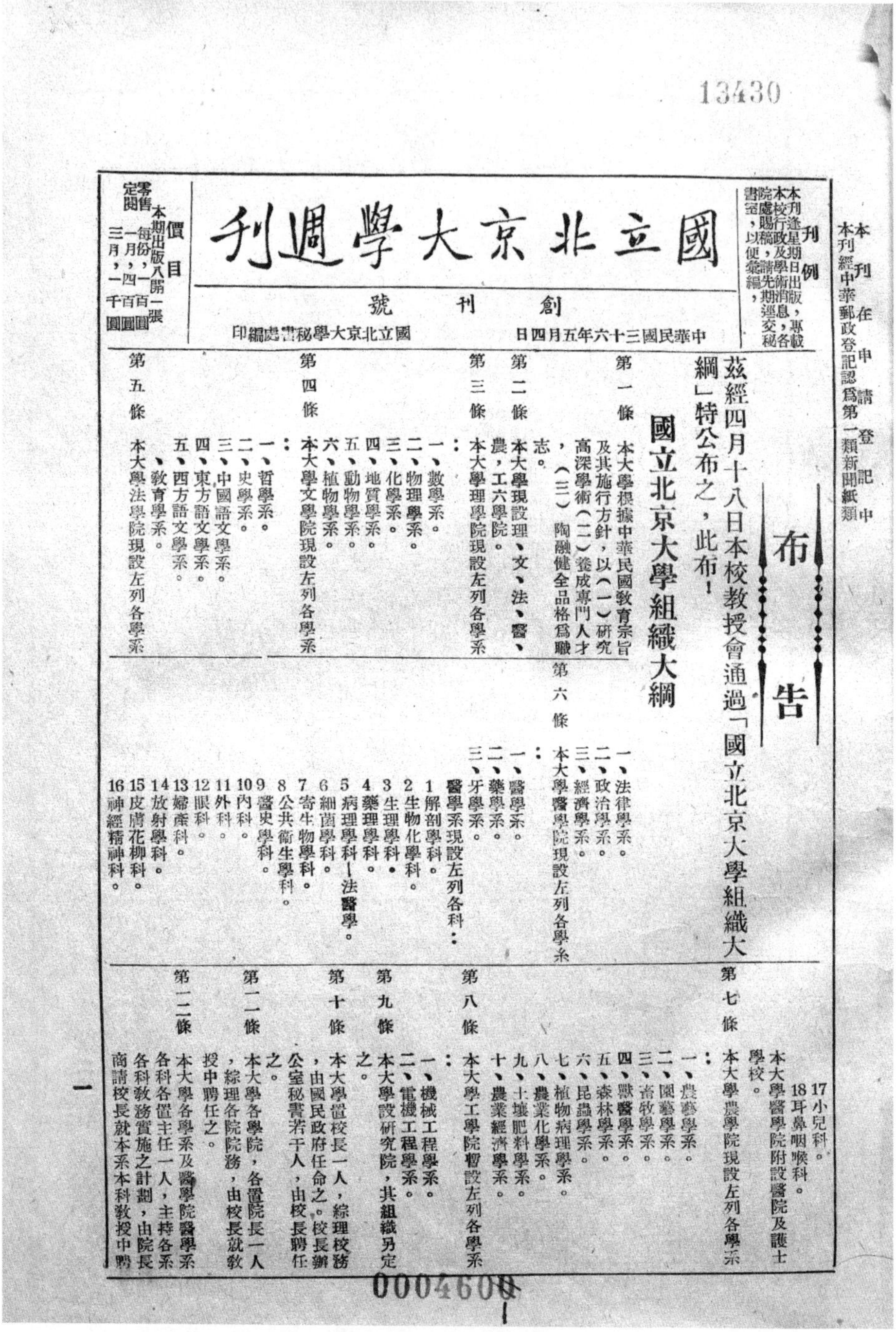

13430

本刊在申請登記中

本刊經中華郵政登記認爲第一類新聞紙類

刊例

本刊逢星期日出版，專載本校行政及學術消息，院處賜稿請先期送交秘書室，以便彙編。

國立北京大學週刊

創刊號

中華民國三十六年五月四日　國立北京大學秘書處編印

價目

本期出版八開一張

零售每份，一百圓

定閱一月，四百圓，三月，一千圓

布告

茲經四月十八日本校教授會通過「國立北京大學組織大綱」特公布之，此布！

國立北京大學組織大綱

第一條　本大學根據中華民國教育宗旨及其施行方針，以（一）研究高深學術（二）養成專門人才，（三）陶融健全品格爲職志。

第二條　本大學現設理、文、法、醫、農，工六學院。

第三條　本大學理學院現設左列各學系：

一、數學系。

二、物理學系。

三、化學系。

四、地質學系。

五、動物學系。

六、植物學系。

第四條　本大學文學院現設左列各學系：

一、哲學系。

二、史學系。

三、中國語文學系。

四、東方語文學系。

五、西方語文學系。

六、教育學系。

第五條　本大學法學院現設左列各學系：

一、法律學系。

二、政治學系。

三、經濟學系。

第六條　本大學醫學院現設左列各學系：

一、醫學系。

二、藥學系。

三、牙學系。

醫學系現設左列各科：

1 解剖學科。

2 生物化學科。

3 生理學科。

4 藥理學科。

5 病理學科—法醫學。

6 細菌學科。

7 寄生物學科。

8 公共衛生學科。

9 醫史學科。

10 內科。

11 外科。

12 眼科。

13 婦產科。

14 放射學科。

15 皮膚花柳科。

16 神經精神科。

17 小兒科。

18 耳鼻咽喉科。

本大學醫學院附設醫院及護士學校。

第七條　本大學農學院現設左列各學系：

一、農藝學系。

二、園藝學系。

三、畜牧學系。

四、獸醫學系。

五、森林學系。

六、昆蟲學系。

七、植物病理學系。

八、農業化學系。

九、土壤肥料學系。

十、農業經濟學系。

第八條　本大學工學院暫設左列各學系：

一、機械工程學系。

二、電機工程學系。

第九條　本大學設研究院，共組織另定之。

第十條　本大學置校長一人，綜理校務，由國民政府任命之。校長辦公室秘書若干人，由校長聘任之。

第一一條　本大學各學院，各置院長一人，綜理各院院務，由校長就教授中聘任之。

第一二條　本大學各學系及醫學院醫學系各科各置主任一人，主持各系各科教務實施之計劃，由院長商請校長就本系本科教授中聘

一

0004600

图 65.3 《国立北京大学周刊》第一号封面

北大週刊念期合訂本內容索引

要目	頁數	期數
北京大學組織大綱	一	一
校務會議代表名單（三十五年度）	五	二
文科研究所概況	六	二
學生社團登記辦法	六	二
學生宿舍規則	七	二
學生壁報登記辦法	七	二
美國援華會獎勵赴美進修辦法	八，一二	二，三
革命抗戰功勛子女就學免費條例	九	三
教務通則	十，十五	三，四
學生請假暫行規則	一一	三
教職員宿舍規約	一一	三
北大醫院優待本校員生辦法	一一	三
華僑學生優待辦法	一四	四
外國留學生優待辦法	一四	四
出版品國際交換辦法	一四	四
華僑旁聽生規則	一六	四
醫學院經費分配辦法	一八	五
講員助教入研究所肄業辦法	一八	五
歷年畢業生統計表	一九，二〇	五
著作發明及美術獎勵規則	二一	六
教職員合作社章程	二四	六
中央研究院院士選舉況	二五	七
三十六年度招考轉學生辦法	二六	七
三十六年度校歷	二九	八
三十六年度招考研究生簡章	三〇	八
三十六年度招考新生簡章	三五	九
參戰官兵子女入學優待代電	三七	一〇
本校電話一覽表	四〇	一〇
資源委員會設置大學獎學金辦法	四五	一二
教育用品免稅規則	五三	一四
捐資興學褒獎條例	五三	一四
聘用外籍人員規程	五四	一四
學校畢業證書發給辦法	五七	一五
公務員因公傷病核給醫藥費辦法	五八	一五
蘊初資產設置大學化工獎金辦法	六一	一六
軍政機關公欵存匯辦法	六一	一六
本校學則	六九，七四	一八，一九
三十六年度錄取新生通告	七〇	一八
三十六年度錄取轉學生通告	七一	一八
三十六年度錄取研究生通告	七一	一八
新生注意事項	七三	一九
公有建築審查規則	七三	一九
工學院概況	七五	一九
西語系添設德文組佈告	七七	二〇
新生註冊及檢查體格辦法	七七	二〇
瑞士羅查列大學阿爾洛，勒蒙獎金	七七	二〇
第十一次教務會議紀錄	七八	二〇

图 65.4 《北京大学周刊》念期合订本内容索引

理论与现实

一、刊物介绍

1932年11月1日创刊，理论与现实社创办发行，半月刊，其前身为《自决》，1933年2月第六期停刊，理论研究刊物。

二、刊物内容

本刊主旨是探讨、研究当时国内国际的政治、经济等实际问题及社会科学学理问题，并注重文艺创作。刊物栏目设有论著、译述、文艺和通信等，刊登内容主要包括对国际帝国主义在东三省经济利害的剖解、资本主义的农业生产等论述。其中在政治方面，载文有《目前中国政治纠纷的焦点》《美国外交政策与远东问题》等，经济方面的文章有《东北铁路经济价值的解剖（附表）》《第三期恐慌中的英帝国经济会议》等，译述国外论著有《社会进化的过程：生产方法之历史的小观察》《资本主义在农业中的发展》等，还翻译刊登了少量文艺作品，如《恶魔》《失业之后》等。该刊载文以国内外政治、经济论著为主，对于研究当时国内外的政治、经济问题具有一定参考作用。

三、馆藏信息

38605.1/J 1932-1933 v.1，no.1-6

第一卷第一至四期钤有“燕京大学图书馆”章，第一卷第六期钤有“前北大学生存物纪念品　民国三十年清理”章。

图 66.1 《理论与现实》第一期封面

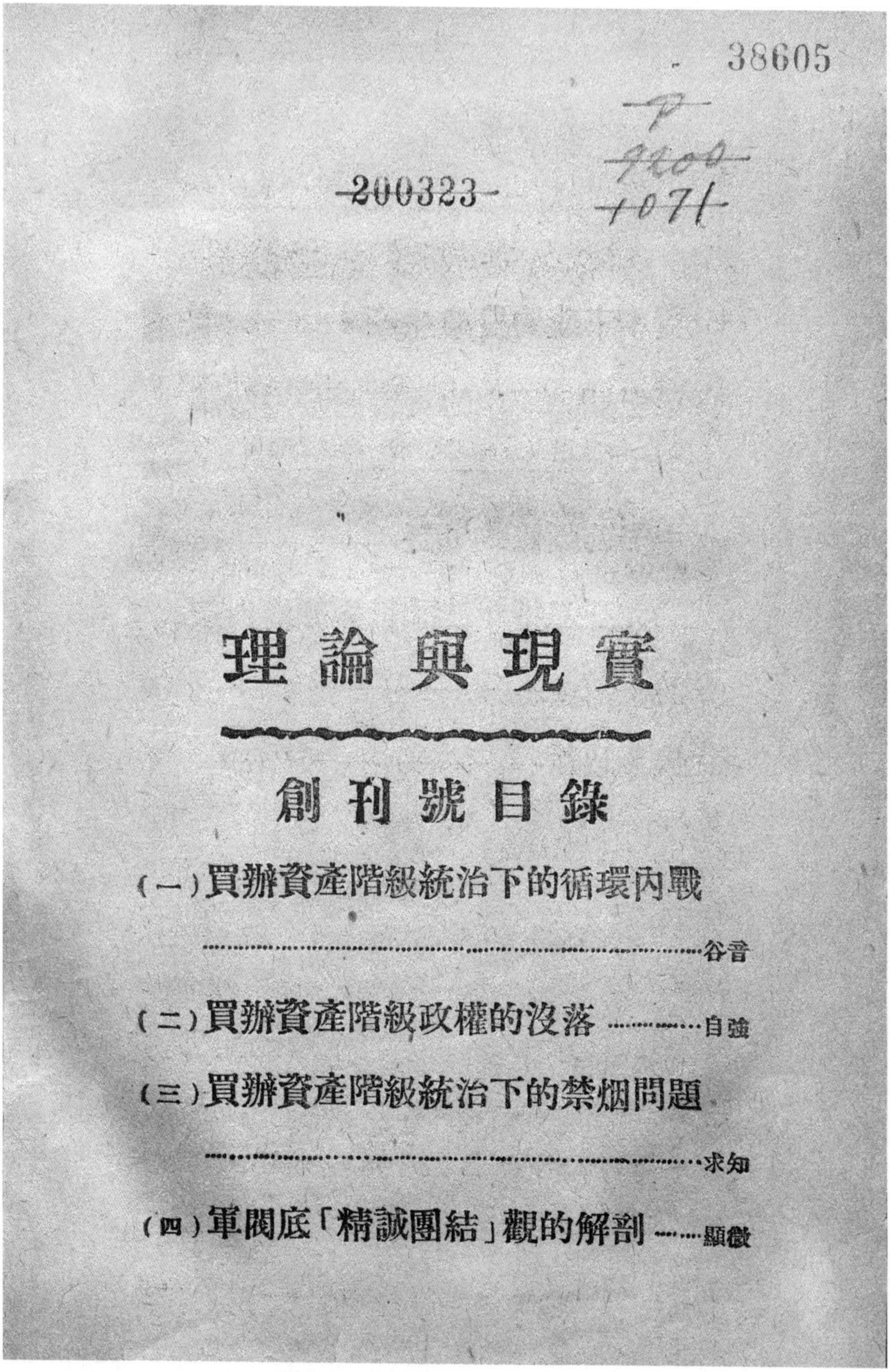
38605
200323

理論與現實

創刊號目錄

图 66.2 《理论与现实》第一期目录

理論與現實

第　一　卷

第　二　期

图 66.3 《理论与现实》第一卷第二期目录

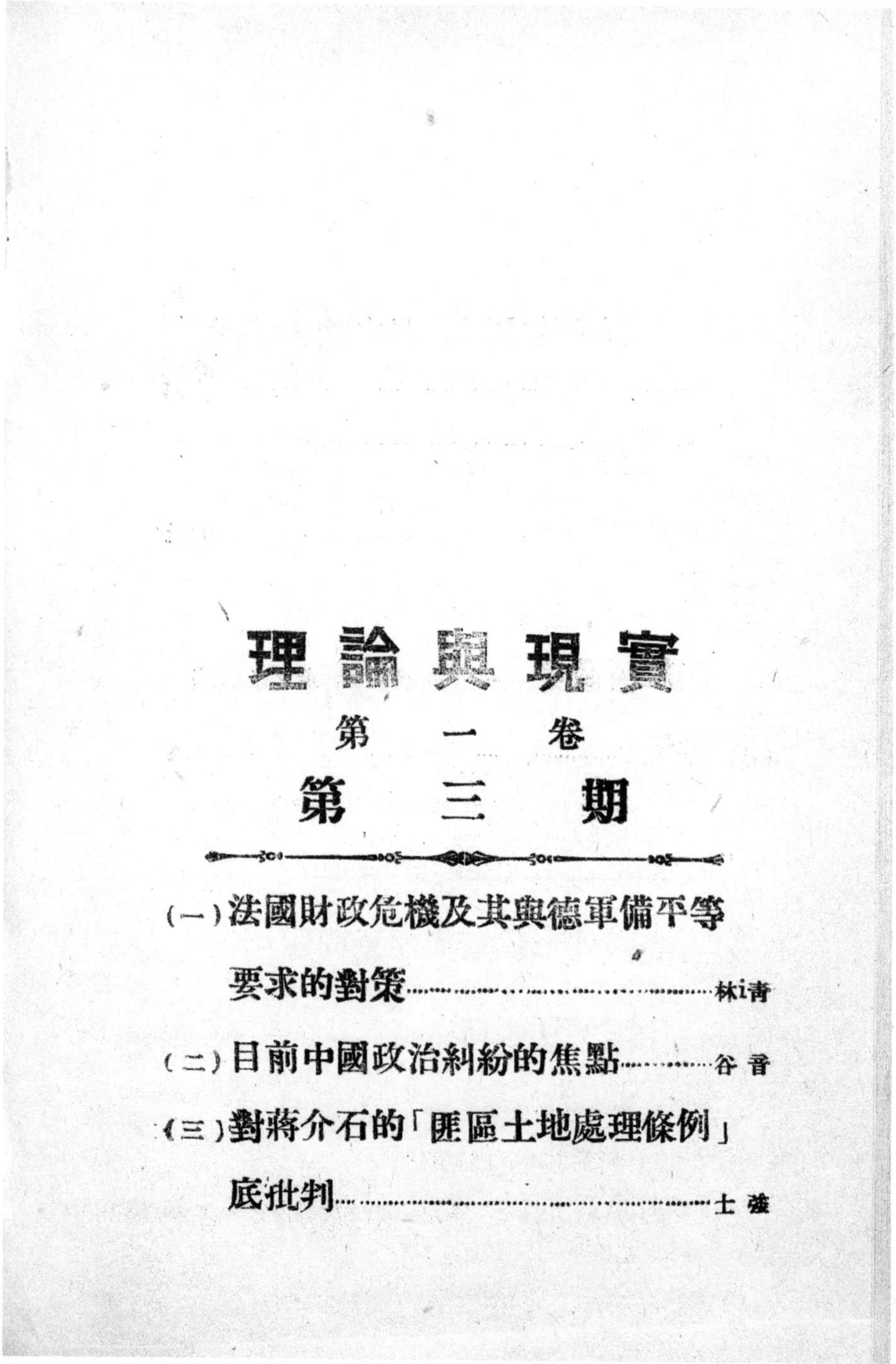
理論與現實

第一卷

第三期

图 66.4 《理论与现实》第一卷第三期目录

北平周报

一、刊物介绍

1933 年 1 月 1 日创刊，通讯处为北京大学第一院，周刊，停刊时间与原因不详，共一百二十三期，政治刊物。

二、刊物内容

本刊设有“评坛”“专载”“论著”“杂感”“世界论坛”“周内大事选要”等栏目，主要登载时事评论文章，同时对日本侵华、国内经济建设等热点问题进行讨论，并转载各报刊的文章，如《热河与平津之关联性》《国共休战问题》《日人退出国联论》《民族经济的没落》《十九国委员会草拟中日问题解决案的经过》等。还通报各校消息，报道北京大学的校园活动、校园建设，记录北大建校点滴、师生课余生活和社交活动，以及北大师生抗日活动等内容，如《图书馆完全竣工》《北大史学系大购新书》《北大生物学会公开讲演》《发起捐衣运动》《抗日会派代表将赴保请愿》《民众应援助前敌将士》等。刊物为了解日本侵华、国内经济建设提供了参考资料，从不同角度记录了当时北大各种校园活动，具体包含教务、学校设施购置以及党派势力的互动关系，为研究 20 世纪 30 年代北京大学校史以及青年抗日活动提供了一定史料。

三、馆藏信息

13200/J 1933 no.3-4，6，9-12，15，17-19，21-23，25-32，34-37，45，47，49-50；1934 no.51-78，80-100；1935 no.101-123

第三、二十五至六十二期封面钤有“燕京大学图书馆”章，第六十一期封面钤有“北京大学图书馆复本书”印章，第七十八期封面钤有“前北大学生存物纪念品　民国三十年清理”章。

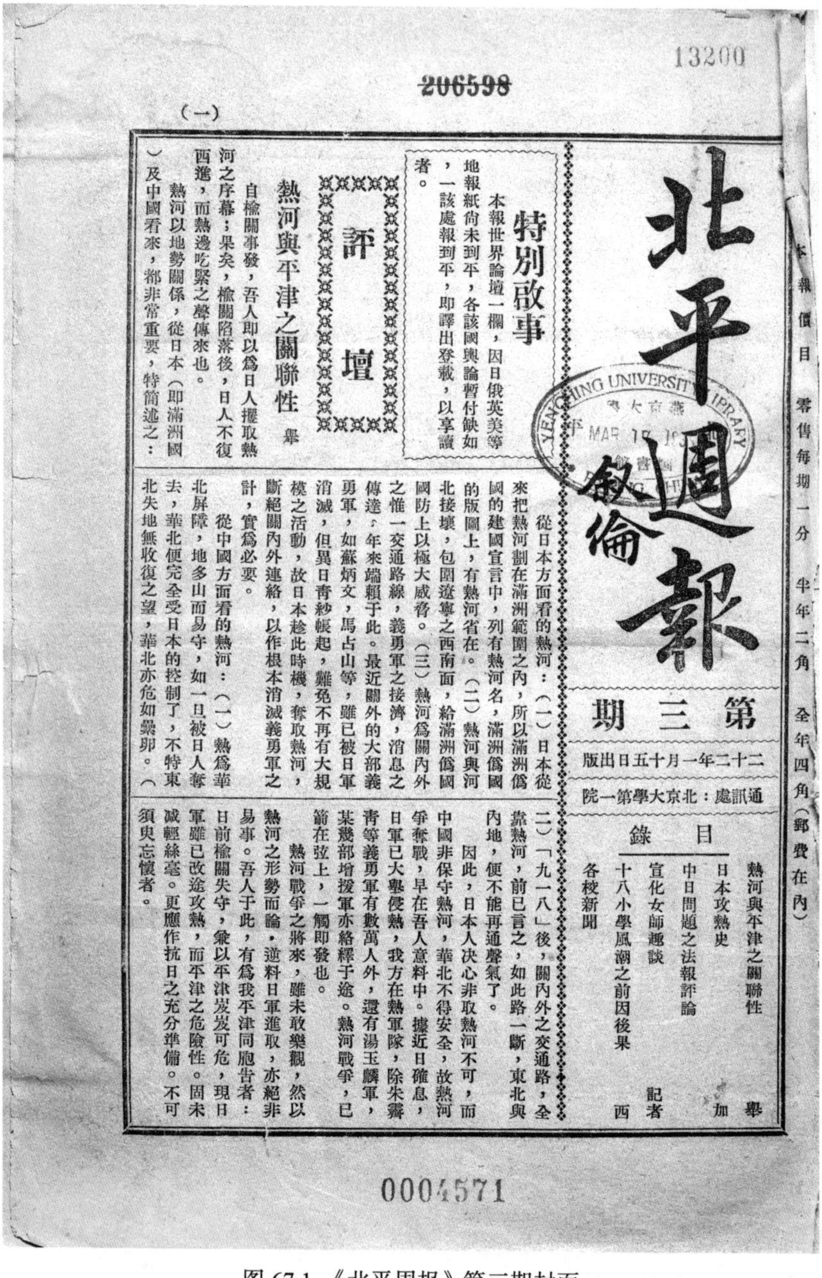

13200
206598

（一）

北平週報

敘倫

本報價目　零售每期一分　半年二角　全年四角（郵費在內）

第三期

二十二年一月十五日出版

通訊處：北京大學第一院

目錄

YENCHING UNIVERSITY LIBRARY 燕京大學圖書館

特別啟事

本報世界論壇一欄，因日俄英美等地報紙尚未到平，各該國輿論暫付缺如，一該處報到平，即譯出登載，以享讀者。

評壇

熱河與平津之關聯性　舉

自榆關事發，吾人即以為日人攫取熱河之序幕；果矣，榆關陷落後，日人不復西進，而熱邊吃緊之聲傳來也。

熱河以地勢關係，從日本（即滿洲國）及中國看來，都非常重要，特簡述之：

從日本方面看的熱河：（一）日本從來把熱河劃在滿洲範圍之內，所以滿洲偽國的建國宣言中，列有熱河名，滿洲偽國的版圖上，有熱河省在。（二）熱河與河北接壤，包圍遼寧之西南面，給滿洲偽國國防上以極大威脅。（三）熱河為關內外之惟一交通路線，義勇軍之接濟，消息之傳達，年來端賴于此。最近關外的大部義勇軍，如蘇炳文，馬占山等，雖已被日軍消滅，但異日青紗帳起，難免不再有大規模之活動，故日本趁此時機，奪取熱河，斷絕關內外連絡，以作根本消滅義勇軍之計，實為必要。

從中國方面看的熱河：（一）熱為華北屏障，地多山而易守，如一旦被日人奪去，華北便完全受日本的控制了，不特東北失地無收復之望，華北亦危如纍卵。（二）「九一八」後，關內外之交通路，全靠熱河，前已言之，如此路一斷，東北與內地，便不能再通聲氣了。

因此，日本人決心非取熱河不可，而中國非保守熱河，華北不得安全，故熱河爭奪戰，早在吾人意料中。據近日確息，日軍已大舉侵熱，我方在熱軍隊，除朱霽青等義勇軍有數萬人外，還有湯玉麟軍，某幾部增援軍亦絡繹于途。熱河戰爭，已箭在弦上，一觸即發也。

熱河戰爭之將來，雖未敢樂觀，然以熱河之形勢而論，逆料日軍進取，亦絕非易事。吾人于此，有為我平津同胞告者：日前榆關失守，僉以平津岌岌可危，現日軍雖已改途攻熱，而平津之危險性，固未減輕絲毫。更應作抗日之充分準備。不可須臾忘懷者。

0004571

图 67.1 《北平周报》第三期封面

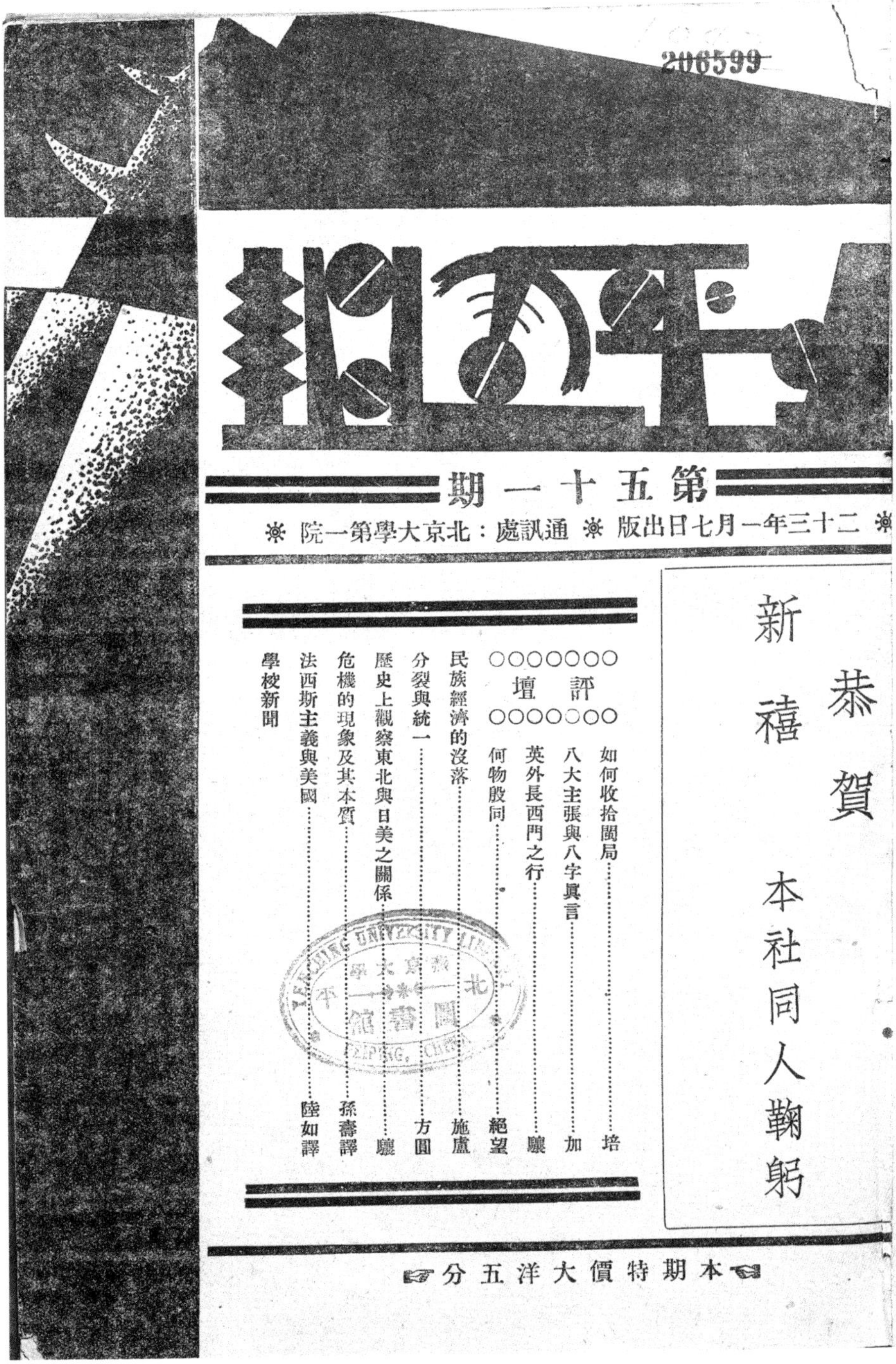
206599

北平周報

第五十一期

※ 二十三年一月七日出版 ※ 通訊處：北京大學第一院 ※

恭賀新禧

本社同人鞠躬

評壇

如何收拾閩局……培

八大主張與八字眞言……加

英外長西門之行……孃

何物殷同……絕望

民族經濟的沒落……施盧

分裂與統一……方圓

歷史上觀察東北與日美之關係……孃

危機的現象及其本質……孫壽譯

法西斯主義與美國……陸如譯

學校新聞

本期特價大洋五分

图 67.2 《北平周报》第五十一期封面

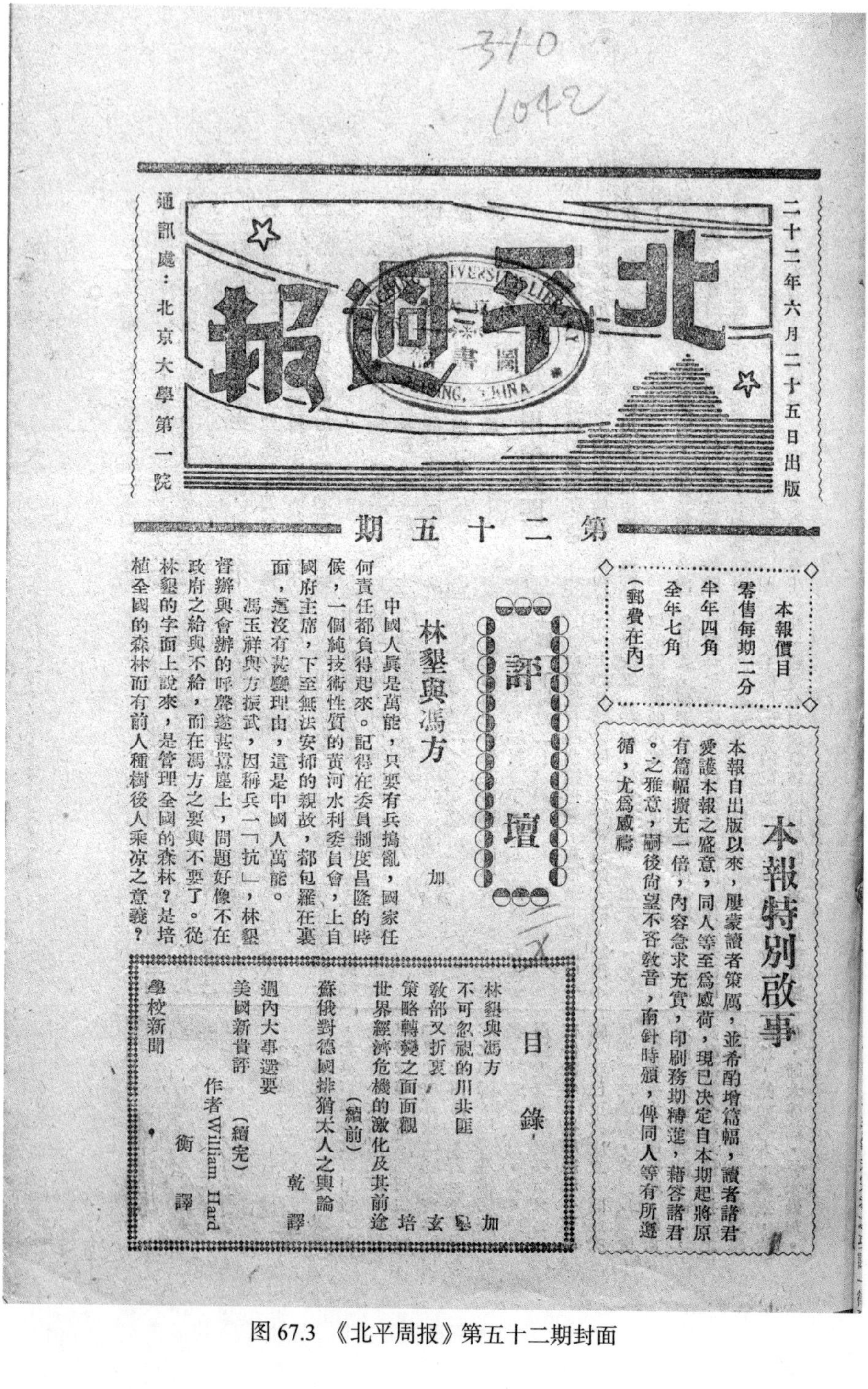

北平週報

二十二年六月二十五日出版

通訊處：北京大學第一院

第二十五期

本報價目
零售每期二分
半年四角
全年七角
（郵費在內）

本報特別啟事

本報自出版以來，屢蒙讀者策厲，並希酌增篇幅，讀者諸君愛護本報之盛意，同人等至爲感荷，現已決定自本期起將原有篇幅擴充一倍，內容急求充實，印刷務期精進，藉答諸君。之雅意，嗣後尚望不吝教音，南針時頒，俾同人等有所遵循，尤爲感禱

評壇

林墾與馮方

加

中國人眞是萬能，只要有兵搗亂，國家任何責任都負得起來。記得在委員制度昌隆的時候，一個純技術性質的黃河水利委員會，上自國府主席，下至無法安插的親故，都包羅在裏面，還沒有甚麼理由，這是中國人萬能。

馮玉祥與方振武，因稱兵一「抗」，林墾督辦與會辦的呼聲遂甚囂塵上，問題好像不在政府之給與不給，而在馮方之要與不要了。從林墾的字面上說來，是管理全國的森林？是培植全國的森林而有前人種樹後人乘凉之意義？

目錄

图 67.3 《北平周报》第五十二期封面

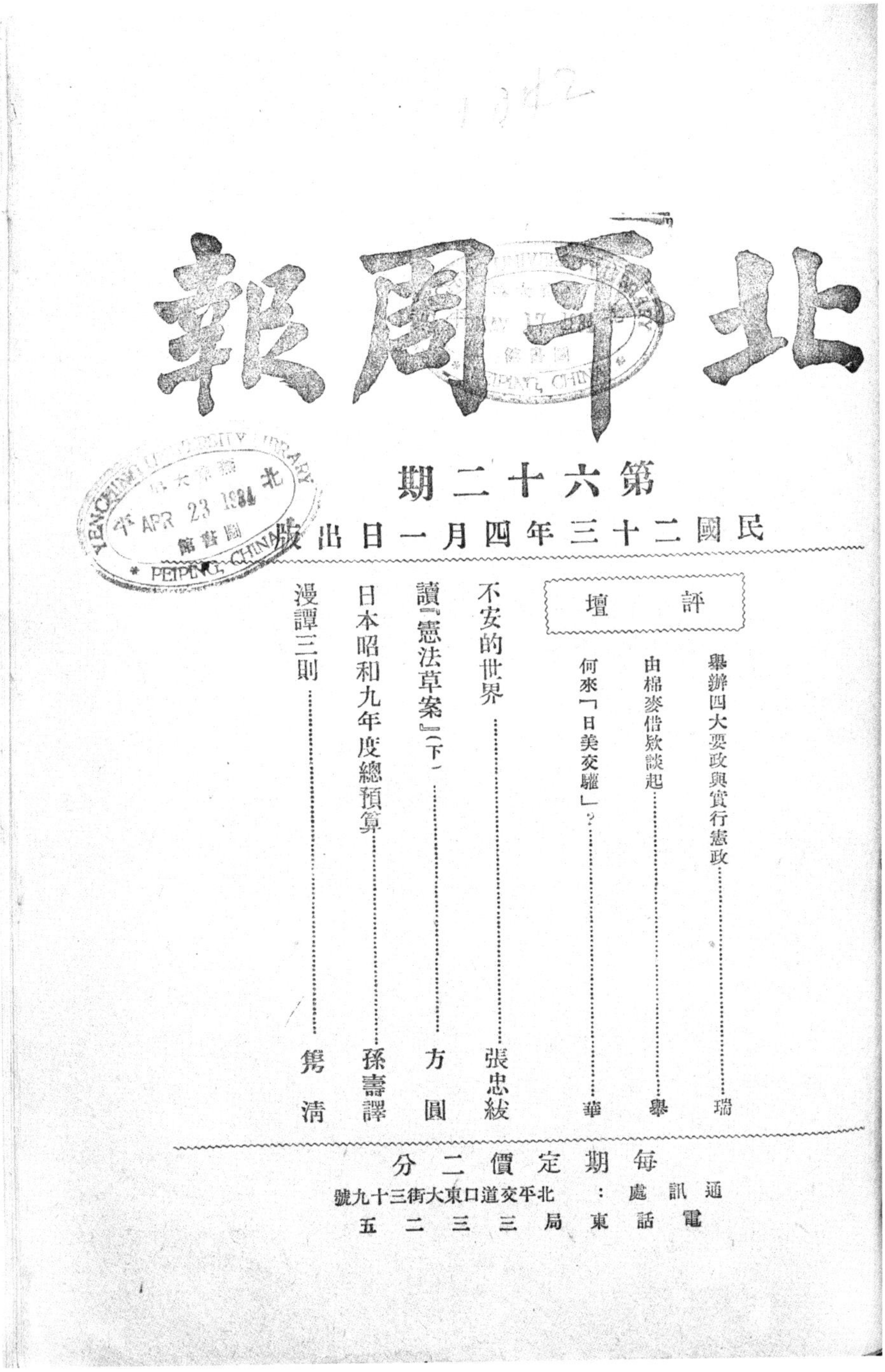

北平周報

第六十二期

民國二十三年四月一日出版

評壇

舉辦四大要政與實行憲政……瑞

由棉麥借款談起……舉

何來「日美交驩」？……華

不安的世界……張忠紱

讀「憲法草案」(下)……方圓

日本昭和九年度總預算……孫壽譯

漫譚三則……雋清

每期定價二分

通訊處：北平交道口東大街三十九號

電話東局三三二五

YENCHING UNIVERSITY LIBRARY 北平燕京大學圖書館 APR 23 1934 PEIPING, CHINA

图 67.4 《北平周报》第六十二期封面

牧野

一、刊物介绍

1933 年 1 月 1 日创刊，北京大学文学院牧野旬刊社编辑，旬刊。刊物特点为开本小，小 32 开，每期 16 页，印数少，定价低，共出十二期，文学刊物。

二、刊物内容

本刊为大学生的文艺刊物，小型文学旬刊，由英文系李广田、史学系邓广铭和师范大学中文系王余侗发起，封面的行书“牧野”为李广田所写，邓广铭执笔《题辞》。刊物内容古今并重，载有诗歌、散文、小说、杂文、译文及作品评论等，载文“内容庞杂是将不免的，思想上原即不定于一尊，然而庞杂中也期能略有一致倾向”。[①] 刊物撰稿人除三位发起人外，还有卞之琳、何其芳、杨效曾等，编辑和撰稿人都是二十岁左右的年轻人。刊文有孤丁（王余侗）《哈大士》、洗岑（李广田）《投荒的哥哥》、君若（邓广铭）《殷南先生》等，译文有季陵（卞之琳）《秋天的哀怨》，何其芳的诗《秋天》、望之的散文诗《秋》等。作品中的人物和情节，十分贴近生活，印刻着作者们从少年到青年时期的经历和感受[②]。该刊通过文学创作反映当时社会现象或个人经历的体验与感受。

① 北京大学文学院牧野旬刊社．题辞［J］．牧野，1933（1）．

② 可音．《牧野》在沙滩［G］// 古都艺海撷英．北京：北京燕山出版社，1996：73—75.

三、馆藏信息

29335/J 1933 no.1-12

期刊封面均钤有“燕京大学图书馆藏”章，第九期封面有“郑振铎先生”字样。

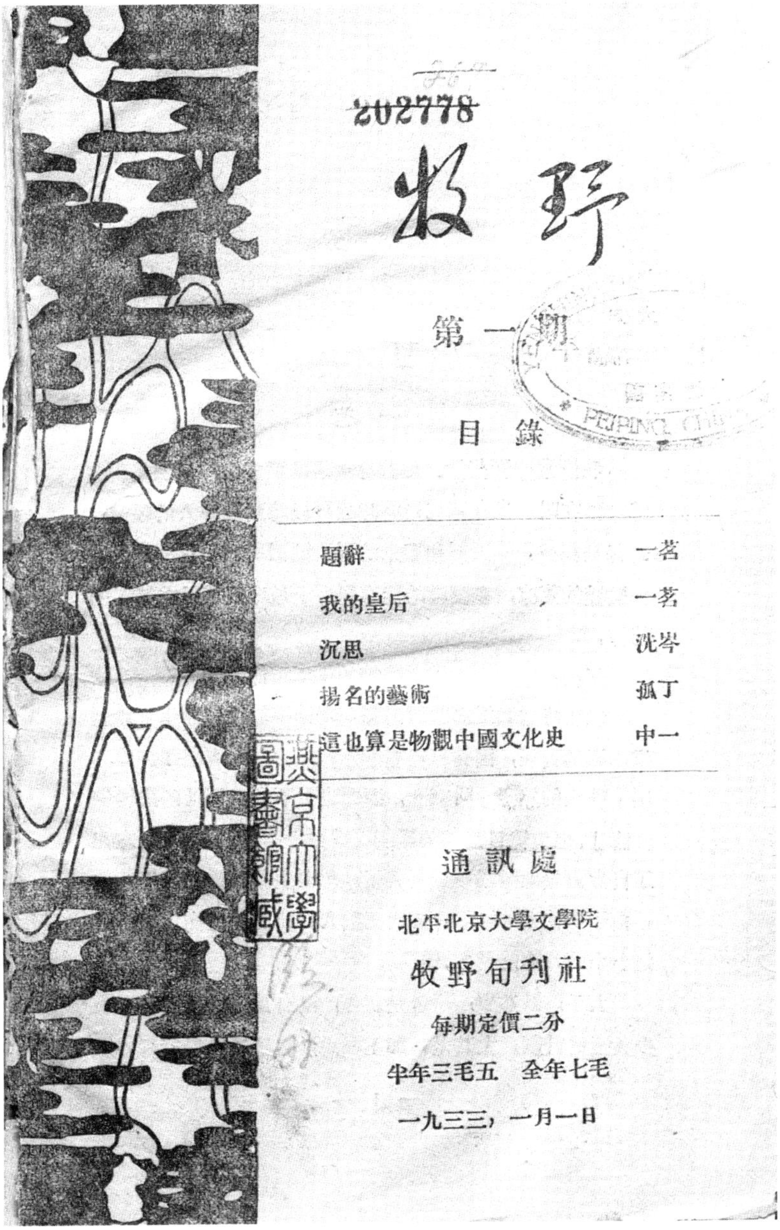
202778

牧野

第一期

目錄

題辭	一茗
我的皇后	一茗
沉思	洗岑
揚名的藝術	孤丁
這也算是物觀中國文化史	中一

燕京大學圖書館藏

通訊處

北平北京大學文學院

牧野旬刊社

每期定價二分

半年三毛五　全年七毛

一九三三，一月一日

图 68.1 《牧野》第一期封面

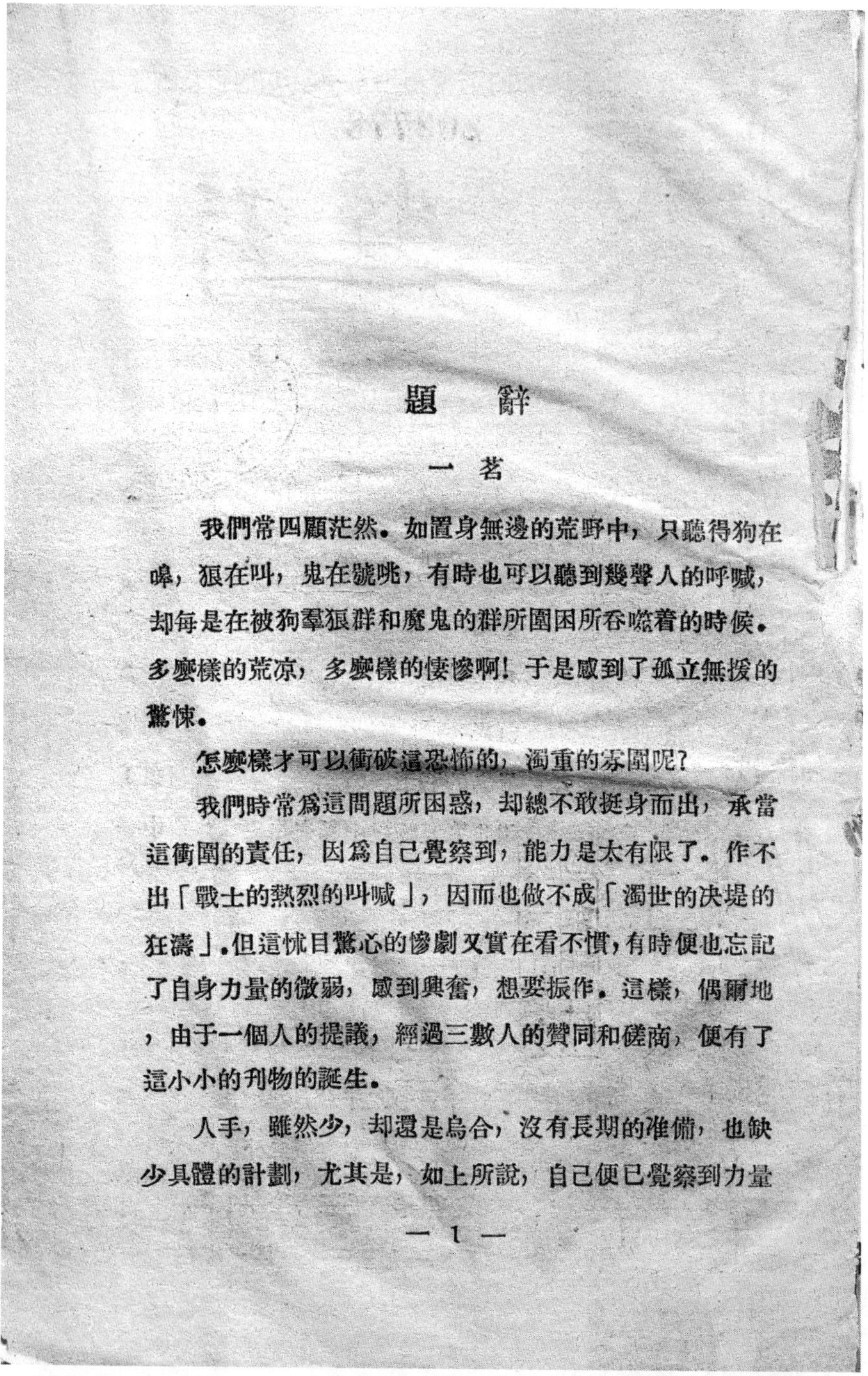

题 辭

一 茗

我們常四顧茫然。如置身無邊的荒野中，只聽得狗在嗥，狼在叫，鬼在號咷，有時也可以聽到幾聲人的呼喊，却每是在被狗羣狼群和魔鬼的群所圍困所吞噬着的時候。多麽樣的荒凉，多麽樣的悽慘啊！于是感到了孤立無援的驚悚。

怎麽樣才可以衝破這恐怖的，濁重的雰圍呢？

我們時常爲這問題所困惑，却總不敢挺身而出，承當這衝圍的責任，因爲自己覺察到，能力是太有限了。作不出「戰士的熱烈的叫喊」，因而也做不成「濁世的決堤的狂濤」。但這怵目驚心的慘劇又實在看不慣，有時便也忘記了自身力量的微弱，感到興奮，想要振作。這樣，偶爾地，由于一個人的提議，經過三數人的贊同和磋商，便有了這小小的刊物的誕生。

人手，雖然少，却還是烏合，沒有長期的准備，也缺少具體的計劃，尤其是，如上所說，自己便已覺察到力量

— 1 —

图 68.2 《牧野》题辞

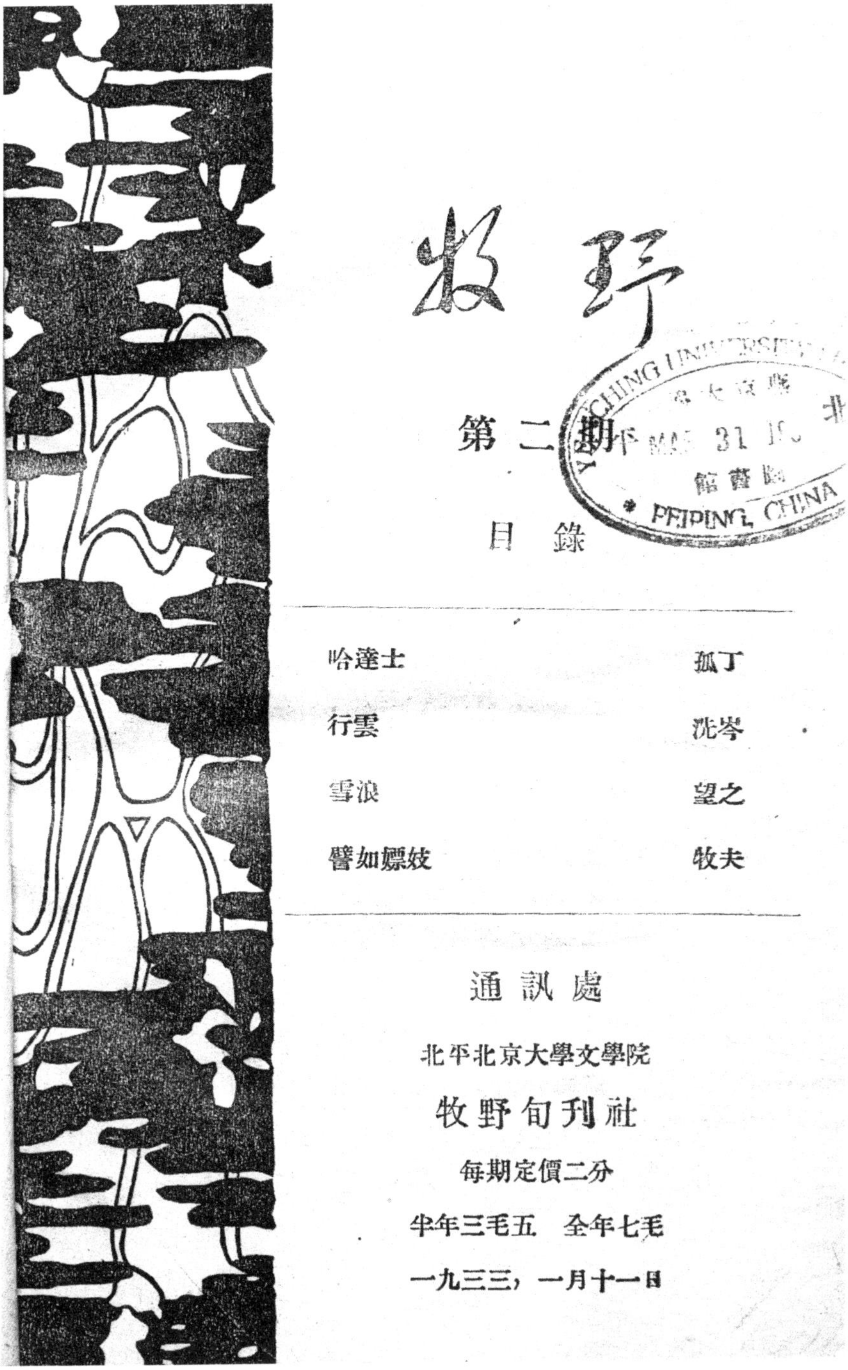

牧野

第二期

PEIPING, CHINA

目 錄

通訊處

北平北京大學文學院

牧野旬刊社

每期定價二分

半年三毛五 全年七毛

一九三三，一月十一日

图 68.3 《牧野》第二期封面

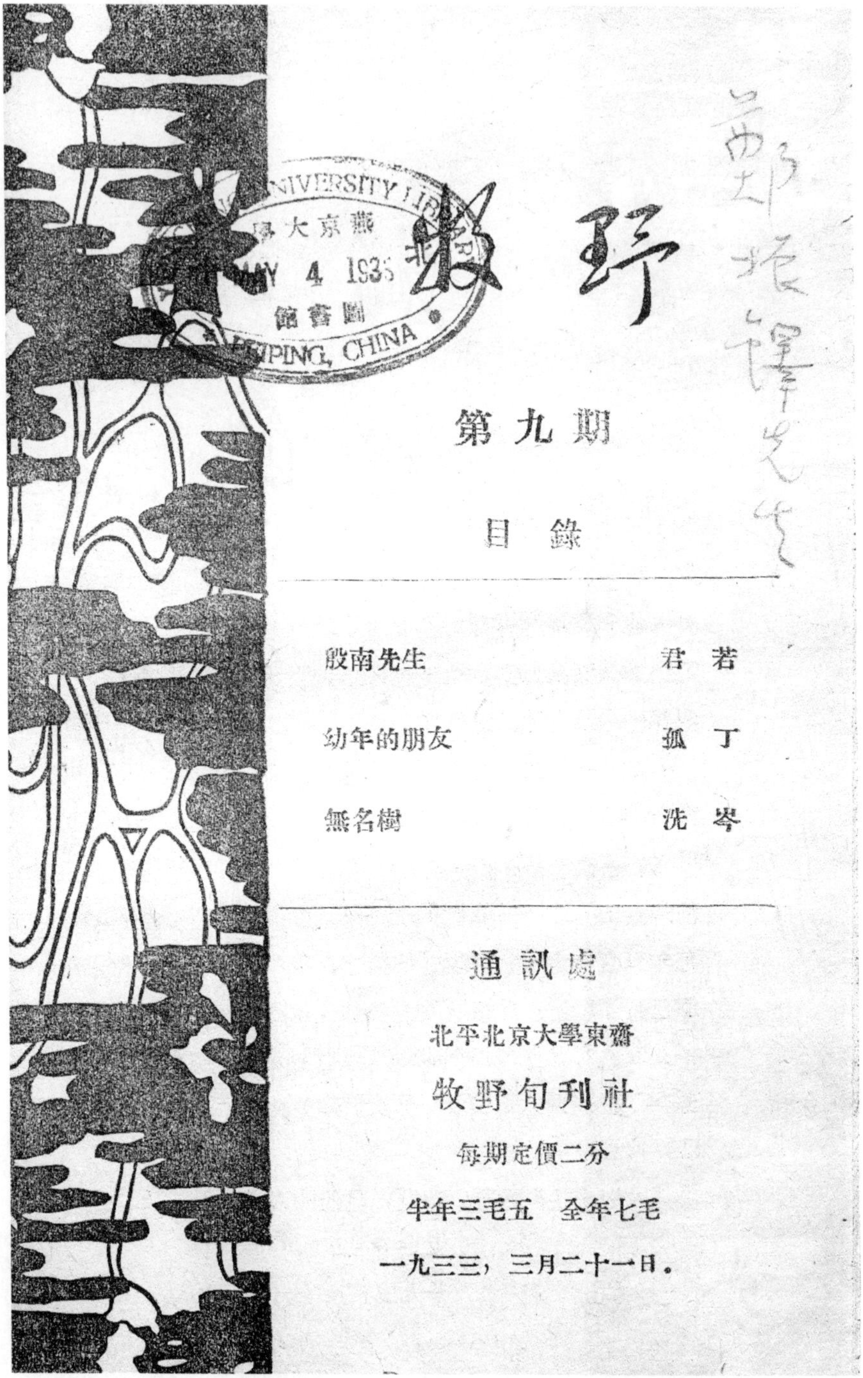

UNIVERSITY LIB
學大京燕
MAY 4 193
館書圖
PEIPING, CHINA

鄭振鐸先生

牧野

第九期

目錄

通訊處

北平北京大學東齋

牧野旬刊社

每期定價二分

半年三毛五　全年七毛

一九三三，三月二十一日。

图 68.4 《牧野》第九期封面

新梦

一、刊物介绍

1933 年 1 月 31 日创刊，北京大学新梦社编辑兼发行，第一至四期为月刊，从第五期更改为季刊，文学刊物。

二、刊物内容

从本刊《发刊词》可以了解此刊的办刊目的：“世界上只有一个工作，——那就是做梦！……刚刚尚把握在你手中的新梦，转眼间只留有它的影子了；你热情的懊恼，苦恨，好朋友！那是没有用的；你还是鼓一下勇气，找些新的去吧！它新鲜，活泼，而且充盈着泼剌剌的生气。梦是春花，梦是秋月，梦是和风，梦是甘露。梦是希望，梦是创造，梦是慰安，梦是艺术，梦是未来的一切。朋友们！我们创造我们能创造的文艺”[①]。刊物发表文学理论和以诗、小说为主的文学作品。开设栏目有“论文”“诗”“小说”“杂著”“读物介绍”“戏剧”“随感录”等，刊载的文章有《诗人的新使命》《两个蚌壳及其他》《不安的一晚》《词话》《静静的顿河》《有廉耻心的贼》《满足》等。“新书介绍”栏目主要介绍外国特别是欧洲的文学著作，如《二十世纪的欧洲文学》等。第五期和第六期刊载文章主要为诗和译文，如《一朵红红玫瑰》《三十五，十三》《苏俄文学偶像的高尔基》等。刊文对于了解和研究当时文学作品及外国文学在中国的传播等有一定参考价值，从文学作品中也可以了解当时的社会背景。

---

① 新梦社．发刊词［J］．新梦，1936（1）．

三、馆藏信息

49380/J 1933 v.1，no.1-6

第一至六期封面钤有“燕京大学图书馆”章。

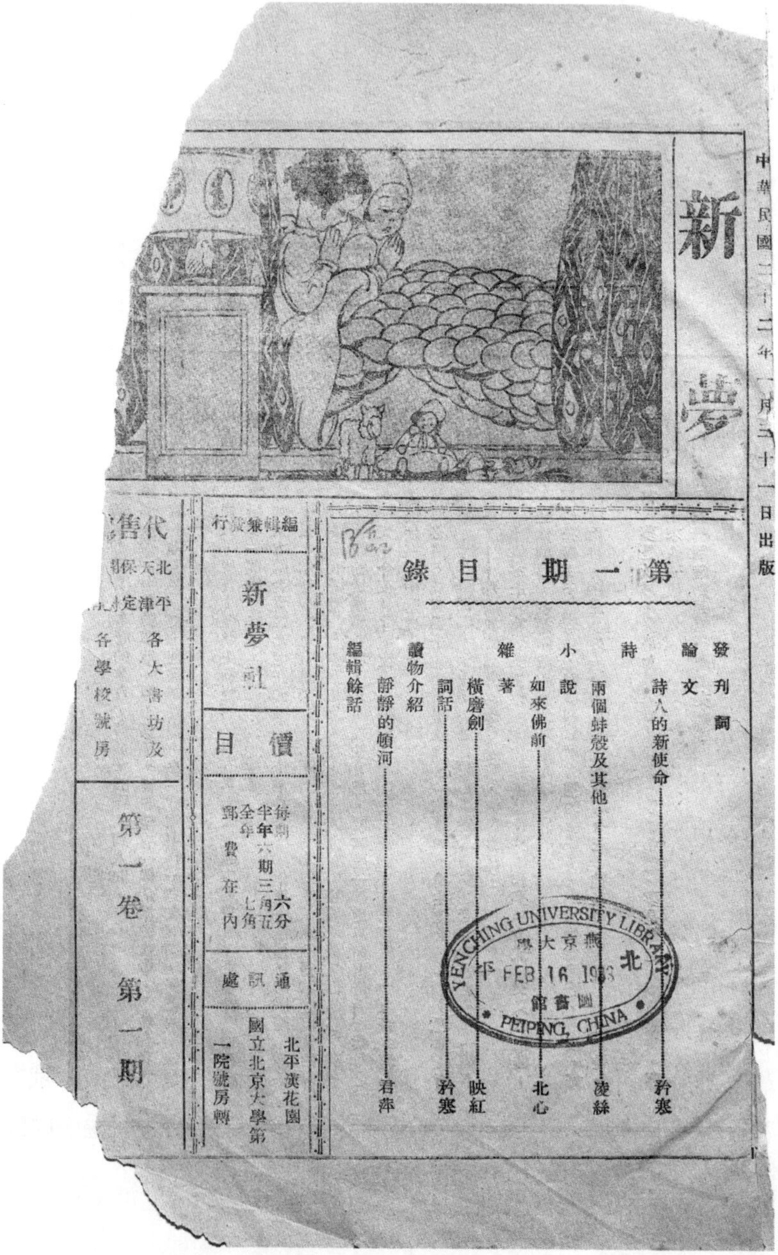
中華民國二十二年一月二十一日出版

新夢

第一期目錄

發刊詞

論文　詩人的新使命……矜寒

詩　兩個蚌殼及其他……凌絲

小說　如來佛前……北心

雜著　橫磨劍……映紅

詞話……矜寒

讀物介紹　靜靜的頓河……君萍

編輯餘話

YENCHING UNIVERSITY LIBRARY 燕京大學圖書館 北平 FEB 16 1933 PEIPING, CHINA

編輯兼發行　新夢社

價目　每期六分　半年六期三角五　全年七角　郵費在內

通訊處　北平漢花園國立北京大學第一院號房轉

代售處　北平天津保定各大書坊及各學校號房

第一卷第一期

图 69.1 《新梦》第一期封面

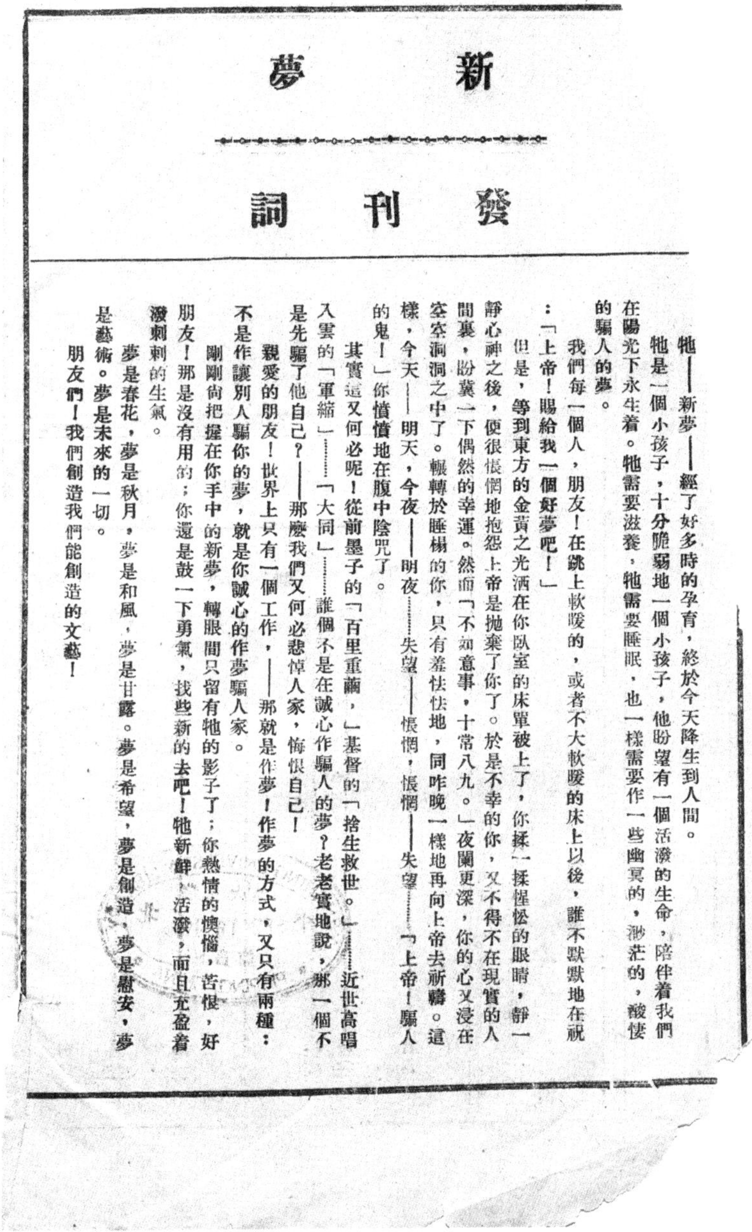

新夢

發刊詞

牠——新夢——經了好多時的孕育，終於今天降生到人間。

牠是一個小孩子，十分脆弱地一個小孩子，他盼望有一個活潑的生命，陪伴着我們在陽光下永生着。牠需要滋養，牠需要睡眠，也一樣需要作一些幽冥的，渺茫的，酸悽的騙人的夢。

我們每一個人，朋友！在跳上軟暖的，或者不大軟暖的床上以後，誰不默默地在祝：「上帝！賜給我一個好夢吧！」

但是，等到東方的金黃之光洒在你臥室的床罩被上了，你揉一揉惺忪的眼睛，靜一靜心神之後，便很悵惘地抱怨上帝是拋棄了你了。於是不幸的你，又不得不在現實的人間裏，盼冀一下偶然的幸運。然而「不如意事，十常八九。」夜闌更深，你的心又浸在空空洞洞之中了。輾轉於睡榻的你，只有羞怯怯地，同咋晚一樣地再向上帝去祈禱。這樣，今天——明天，今夜——明夜……失望——悵惘，悵惘——失望……「上帝！騙人的鬼！」你憤憤地在腹中陰咒了。

其實這又何必呢！從前墨子的「百里重繭，」基督的「捨生救世。」……近世高唱入雲的「軍縮」……「大同」……誰個不是在誠心作騙人的夢？老老實地說，那一個不是先騙了他自己？——那麼我們又何必悲悼人家，悔恨自己！

親愛的朋友！世界上只有一個工作，——那就是作夢！作夢的方式，又只有兩種：不是作讓別人騙你的夢，就是你誠心的作夢騙人家。

剛剛尙把握在你手中的新夢，轉眼間只留有牠的影子了；你熱情的懊惱，苦恨，好朋友！那是沒有用的；你還是鼓一下勇氣，找些新的去吧！牠新鮮，活潑，而且充盈着潑剌剌的生氣。

夢是春花，夢是秋月，夢是和風，夢是甘露。夢是希望，夢是創造，夢是慰安，夢是藝術。夢是未來的一切。

朋友們！我們創造我們能創造的文藝！

图 69.2 《新梦》发刊词

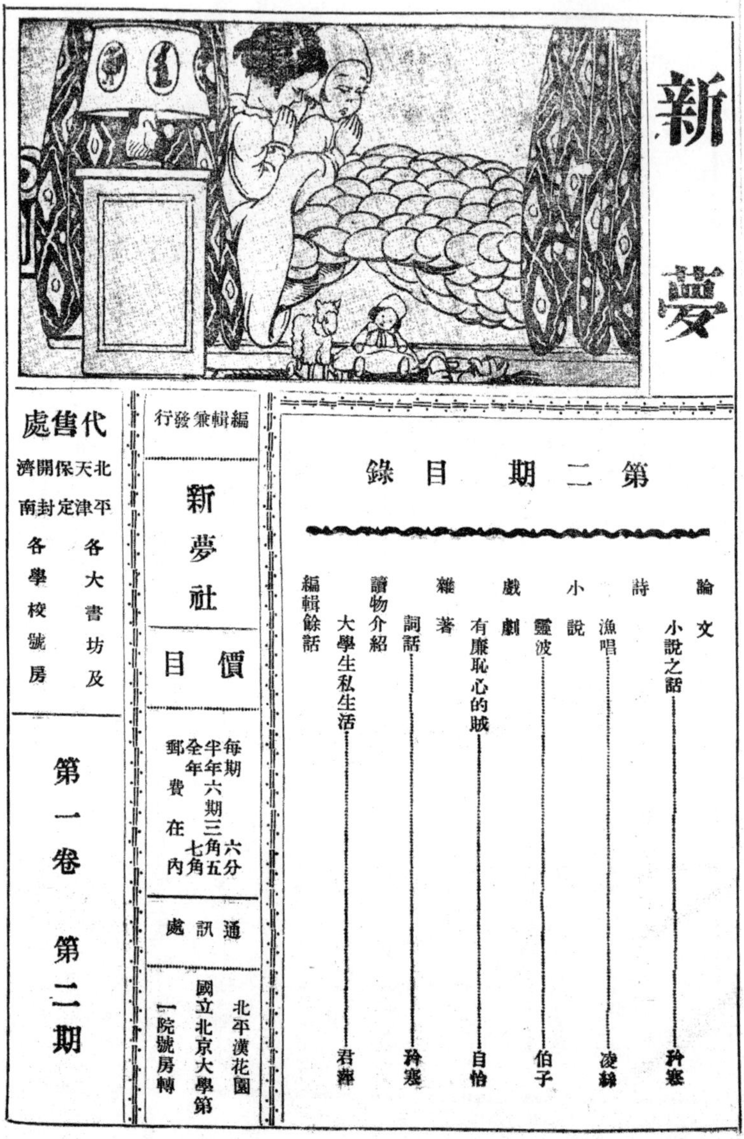

新夢

第二期目錄

代售處

北平 天津 保定 開封 濟南 各大書坊及各學校號房

編輯兼發行

新夢社

價目

每期六分 半年六期三角五分 全年七角 郵費在內

通訊處

北平漢花園國立北京大學第一院號房轉

第一卷第二期

图 69.3 《新梦》第二期封面

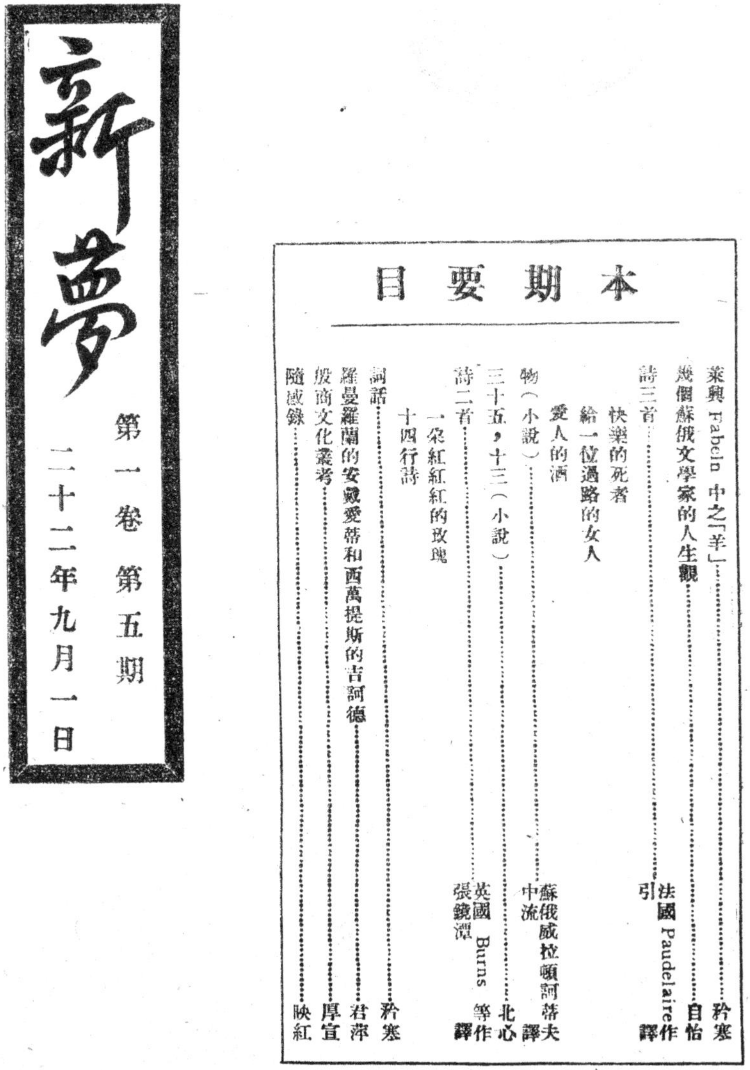

新夢

第一卷第五期

二十二年九月一日

本期要目

图 69.4 《新梦》第五期封面

前趋

一、刊物介绍

1933 年 11 月 1 日创刊，北京大学第三斋前趋杂志社发行，月刊，封面刊名由蒋梦麟题写，社科综合性刊物。

二、刊物内容

本刊偏重国际问题的探讨，客观地叙述当时国际间发生的经济问题、政治问题和其他关于世界繁荣与和平的诸问题；也不漠视中国问题的重要性，客观地对于中国建设诸问题贡献意见，并介绍现代世界思潮。《前趋》开设的栏目有“文艺”“短评”等，刊载涉及的内容较广，研究讨论政治、经济、哲学、教育、工商企业以及一切实际社会问题，并以介绍现代思潮为宗旨，具体如《懒人的故事》《九一八事变后日本外交的分析》《德国农业的危机》《中国面粉业的概观》《苏联的共产主义是否根深蒂固》等。内容包括介绍世界其他国家相关情况以及国内各行业的经济发展状况，刊载一些反映常见社会问题的文章，并对当时时政新闻进行评论和报道等。作为社会综合性刊物，对于研究当时社会动态和思想变迁，具有一定的参考价值。

三、馆藏信息

29850/J 1933 v.1，no.1

第一期封面钤有“燕京大学图书馆”章，“请交换”章。

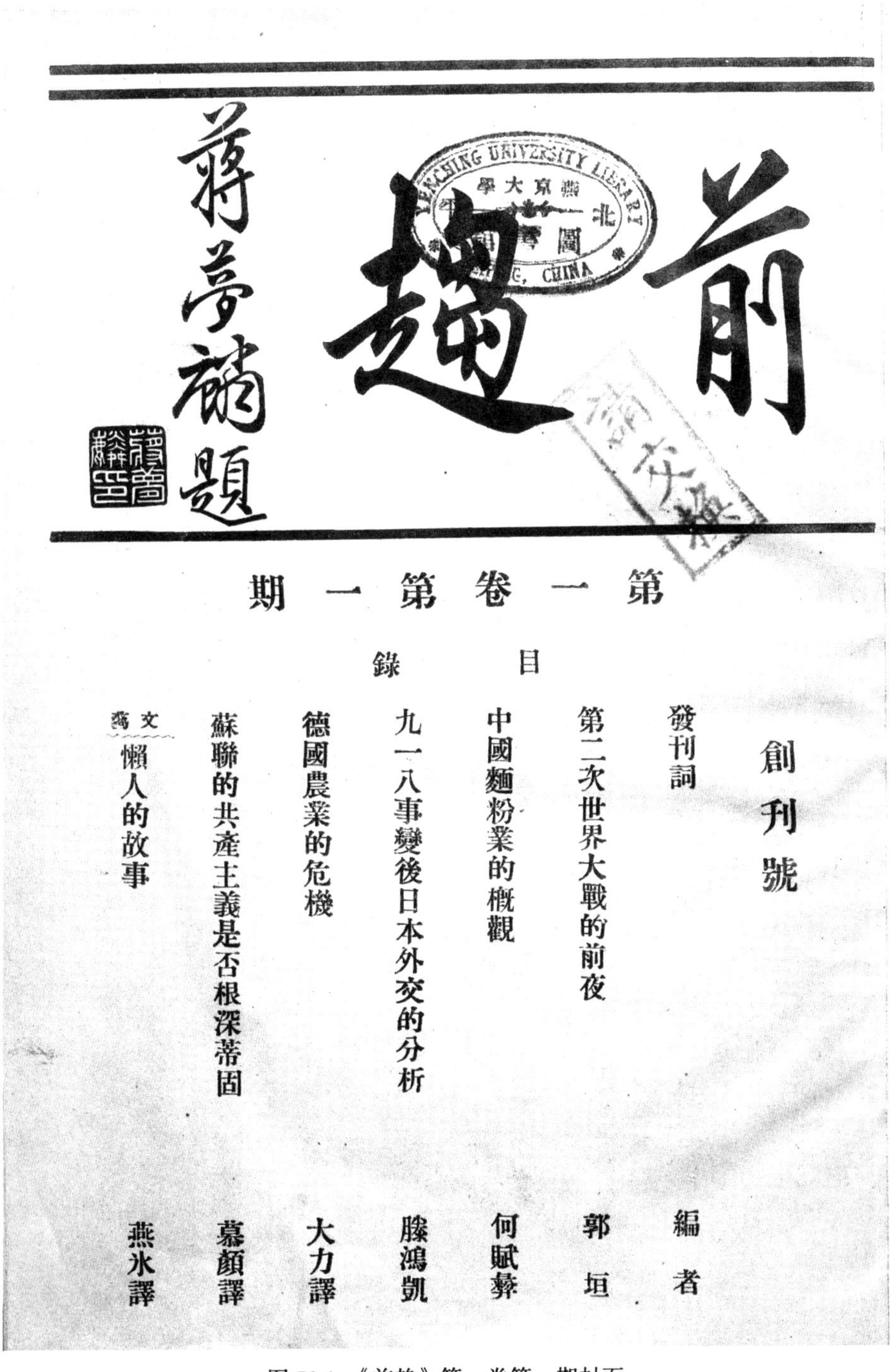

前趨

蔣夢麟題

第一卷第一期

目錄

創刊號

图 70.1 《前趋》第一卷第一期封面

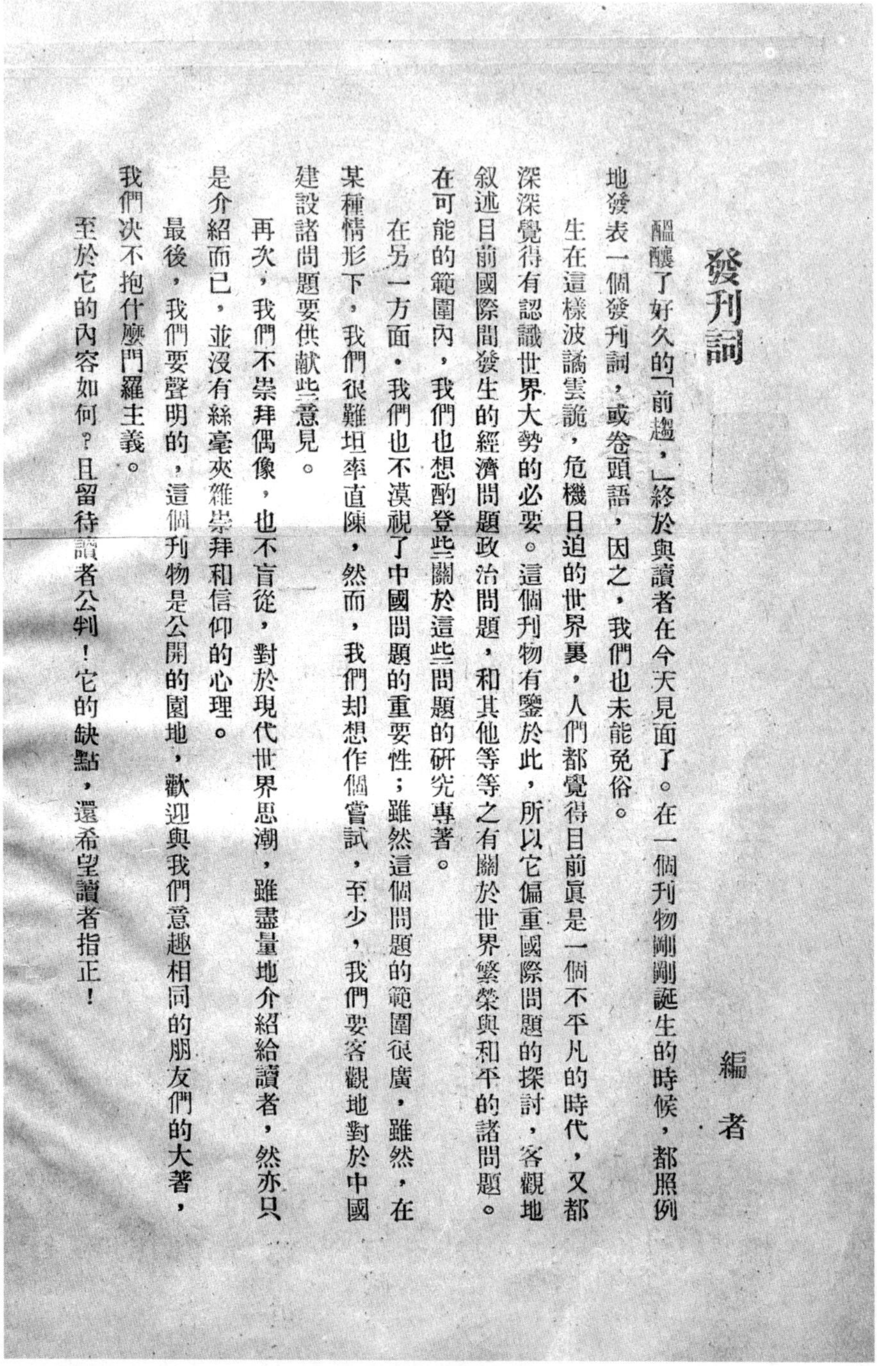

發刊詞

編者

醞釀了好久的「前趨」終於與讀者在今天見面了。在一個刊物剛剛誕生的時候，都照例地發表一個發刊詞，或卷頭語，因之，我們也未能免俗。

生在這樣波譎雲詭，危機日迫的世界裏，人們都覺得目前眞是一個不平凡的時代，又都深深覺得有認識世界大勢的必要。這個刊物有鑒於此，所以它偏重國際問題的探討，客觀地敘述目前國際間發生的經濟問題政治問題，和其他等等之有關於世界繁榮與和平的諸問題。在可能的範圍內，我們也想酌登些關於這些問題的研究專著。

在另一方面，我們也不漠視了中國問題的重要性；雖然這個問題的範圍很廣，雖然，在某種情形下，我們很難坦率直陳，然而，我們却想作個嘗試，至少，我們要客觀地對於中國建設諸問題要供獻些意見。

再次，我們不崇拜偶像，也不盲從，對於現代世界思潮，雖盡量地介紹給讀者，然亦只是介紹而已，並沒有絲毫夾雜崇拜和信仰的心理。

最後，我們要聲明的，這個刊物是公開的園地，歡迎與我們意趣相同的朋友們的大著，我們決不抱什麼門羅主義。

至於它的內容如何？且留待讀者公判！它的缺點，還希望讀者指正！

图 70.2 《前趋》发刊词

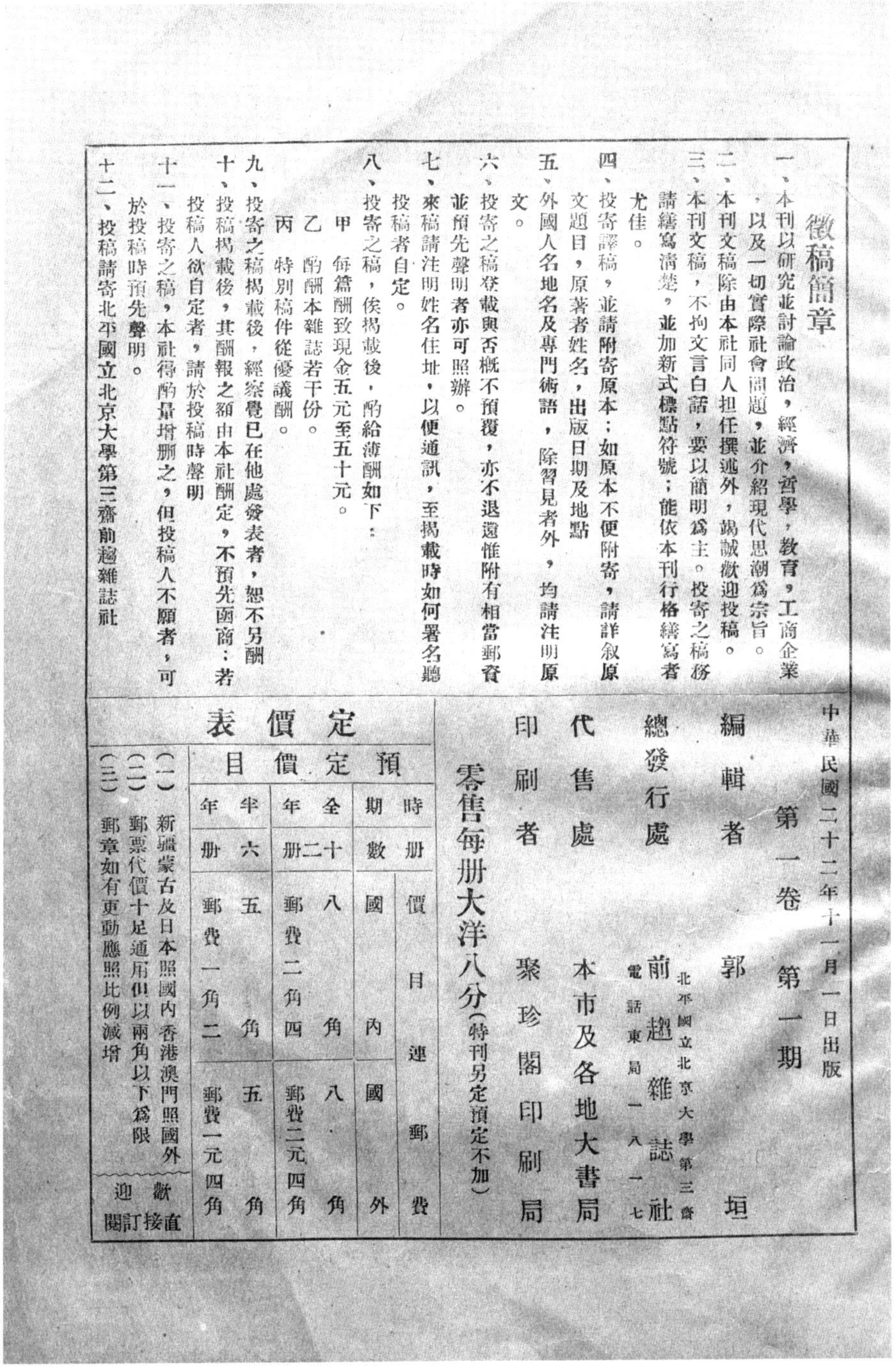

徵稿簡章

一、本刊以研究並討論政治，經濟，哲學，教育，工商企業，以及一切實際社會問題，並介紹現代思潮爲宗旨。

二、本刊文稿除由本社同人担任撰述外，竭誠歡迎投稿。

三、本刊文稿，不拘文言白話，要以簡明爲主。投寄之稿務請繕寫清楚，並加新式標點符號；能依本刊行格繕寫者尤佳。

四、投寄譯稿，並請附寄原本；如原本不便附寄，請詳叙原文題目，原著者姓名，出版日期及地點

五、外國人名地名及專門術語，除習見者外，均請注明原文。

六、投寄之稿登載與否概不預覆，亦不退還惟附有相當郵資並預先聲明者亦可照辦。

七、來稿請注明姓名住址，以便通訊，至揭載時如何署名聽投稿者自定。

八、投寄之稿，俟揭載後，酌給薄酬如下：

甲 每篇酬致現金五元至五十元。

乙 酌酬本雜誌若干份。

丙 特別稿件從優議酬。

九、投寄之稿揭載後，經察覺已在他處發表者，恕不另酬

十、投稿揭載後，其酬報之額由本社酬定，不預先函商；若投稿人欲自定者，請於投稿時聲明

十一、投寄之稿，本社得酌量增删之，但投稿人不願者，可於投稿時預先聲明。

十二、投稿請寄北平國立北京大學第三齋前趨雜誌社

中華民國二十二年十一月一日出版

第一卷 第一期

編輯者 郭垣

總發行處 前趨雜誌社 北平國立北京大學第三齋 電話東局一八一七

代售處 本市及各地大書局

印刷者 聚珍閣印刷局

零售每冊大洋八分（特刊另定預定不加）

定價表

預定價目

時期	冊數	價目連郵費 國內	價目連郵費 國外
全年	十二冊	八角 郵費二角四	八角 郵費二元四角
半年	六冊	五角 郵費一角二	五角 郵費一元四角

（一）新疆蒙古及日本照國內香港澳門照國外

（二）郵票代價十足通用但以兩角以下爲限

（三）郵章如有更動應照比例減增

歡迎直接訂閱

图 70.3 《前趋》第一卷第一期封底

北京大学卅五周年纪念刊

一、刊物简介

纪念特刊，1933 年 12 月 17 日在北平出版。北大学生会三十五周年纪念筹备会出版委员会编辑，北京大学发行，北京书局印刷。封面刊名由蒋梦麟题写。

二、刊物内容

该刊是为纪念北京大学成立 35 周年而特意编辑出版，前有蔡元培“风雨如晦　鸡鸣不已”和蒋梦麟“笃学慎思　立人立己”的题词。收录《国立北京大学三十五周年纪念宣言》《国立北京大学沿革概略》《本校现时组织及设备状况简表》，简要介绍北大历史和当时学校概况。而后是刘半农、陶希圣等师生所写的纪念文章，其中北大同学的感想文字占了较多篇幅，最后是《编者底话》。在《国立北京大学三十五周年纪念宣言》中，编者述说了从前北大在五四运动和南下示威运动中的英勇事迹，而对当时北大在帝国主义侵略时“一声不响”和“粉饰太平”的表现感到羞愧，编者以此刊来纪念北大的三十五周年，就是要把北大“惊醒”。师生们的各篇文章也都是从各个角度来表达自己对北大的认识和纪念，并希望北大不断进取，发挥它应有的贡献与作用。该刊还在刊前登有《本刊紧要启事》，说明未及收录林损先生诗歌一首，和刘半农来函前已印刷出版的部分纪念册尚未更正的情况等。

三、馆藏信息

339.3/1472

期刊封面钤有“前北大学生存物纪念品　民国三十年清理”章，并有“一九三三、十二月、廿三日领于讲义科”题记。

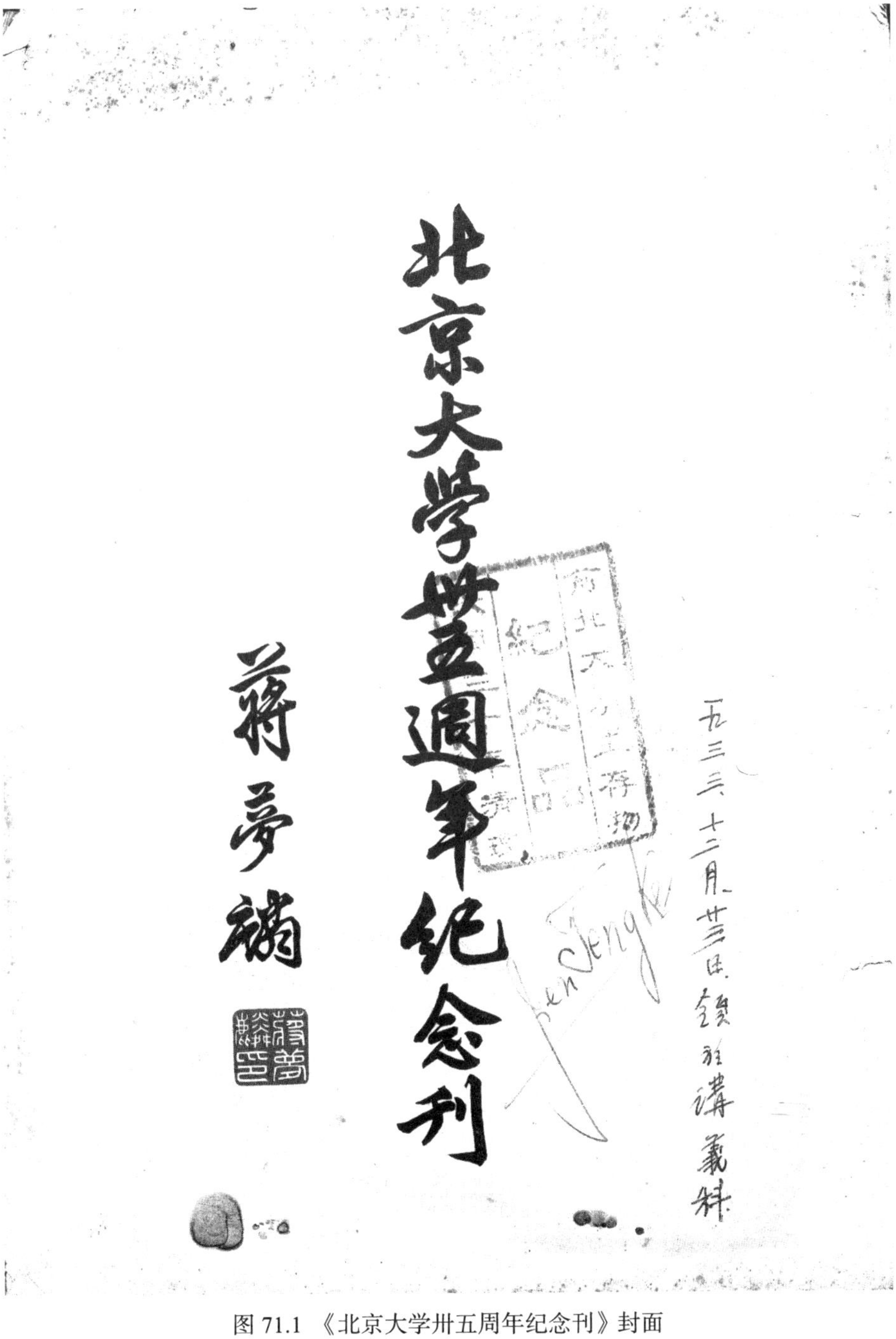

图 71.1 《北京大学卅五周年纪念刊》封面

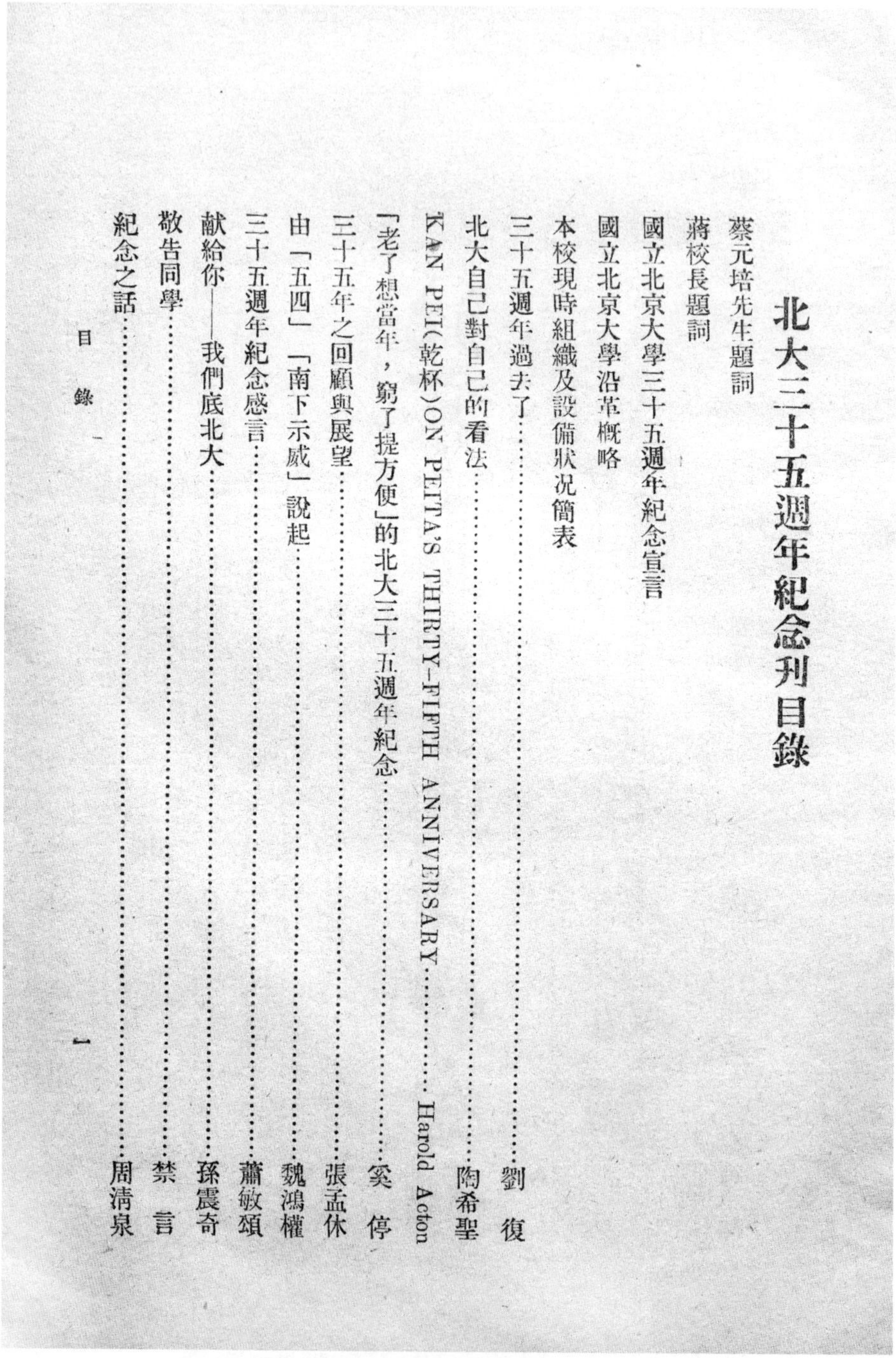

北大三十五週年紀念刊目錄

图 71.2 《北京大学卅五周年纪念刊》目录

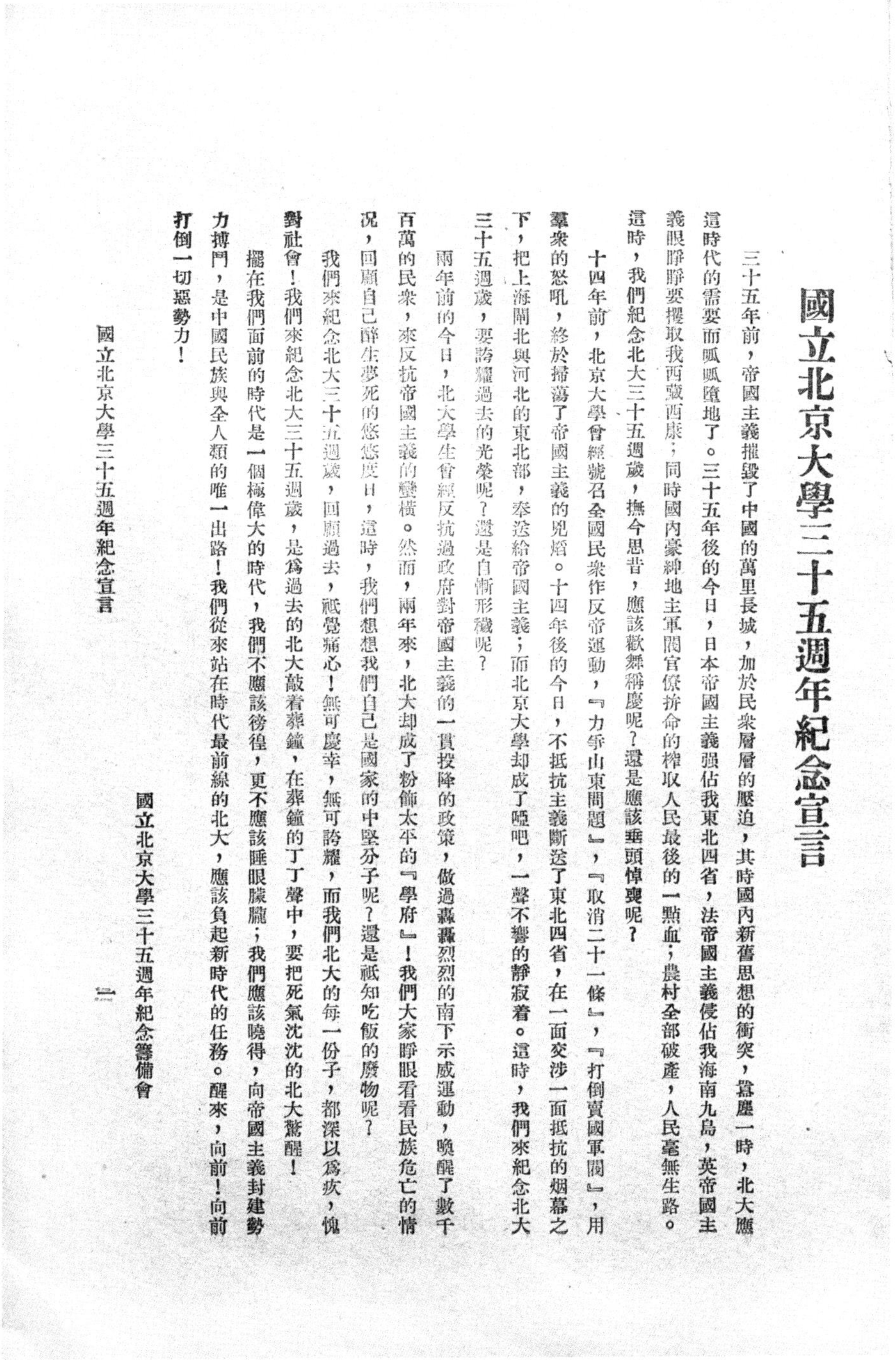

國立北京大學三十五週年紀念宣言

三十五年前，帝國主義摧毀了中國的萬里長城，加於民衆層層的壓迫，其時國內新舊思想的衝突，囂塵一時，北大應這時代的需要而呱呱墮地了。三十五年後的今日，日本帝國主義强佔我東北四省，法帝國主義侵佔我海南九島，英帝國主義眼睜睜要攫取我西藏西康；同時國內豪紳地主軍閥官僚拚命的榨取人民最後的一點血；農村全部破產，人民毫無生路。這時，我們紀念北大三十五週歲，撫今思昔，應該歡舞稱慶呢？還是應該垂頭悼喪呢？

十四年前，北京大學曾經號召全國民衆作反帝運動，『力爭山東問題』，『取消二十一條』，『打倒賣國軍閥』，用羣衆的怒吼，終於掃蕩了帝國主義的兇焰。十四年後的今日，不抵抗主義斷送了東北四省，在一面交涉一面抵抗的烟幕之下，把上海閘北與河北的東北部，奉送給帝國主義；而北京大學却成了啞吧，一聲不響的靜寂着。這時，我們來紀念北大三十五週歲，要誇耀過去的光榮呢？還是自慚形穢呢？

兩年前的今日，北大學生曾經反抗過政府對帝國主義的一貫投降的政策，做過轟轟烈烈的南下示威運動，喚醒了數千百萬的民衆，來反抗帝國主義的蠻橫。然而，兩年來，北大却成了粉飾太平的『學府』！我們大家睜眼看看民族危亡的情況，回顧自己醉生夢死的悠悠度日，這時，我們想想我們自己是國家的中堅分子呢？還是祇知吃飯的廢物呢？

我們來紀念北大三十五週歲，回顧過去，祇覺痛心！無可慶幸，無可誇耀，而我們北大的每一份子，都深以爲疚，愧對社會！我們來紀念北大三十五週歲，是爲過去的北大敲着葬鐘，在葬鐘的丁丁聲中，要把死氣沈沈的北大驚醒！

擺在我們面前的時代是一個極偉大的時代，我們不應該徬徨，更不應該睡眼朦朧；我們應該曉得，向帝國主義封建勢力搏鬥，是中國民族與全人類的唯一出路！我們從來站在時代最前線的北大，應該負起新時代的任務。醒來，向前！向前打倒一切惡勢力！

國立北京大學三十五週年紀念籌備會

國立北京大學三十五週年紀念宣言　一

图 71.3 《北京大学卅五周年纪念刊》正文首页

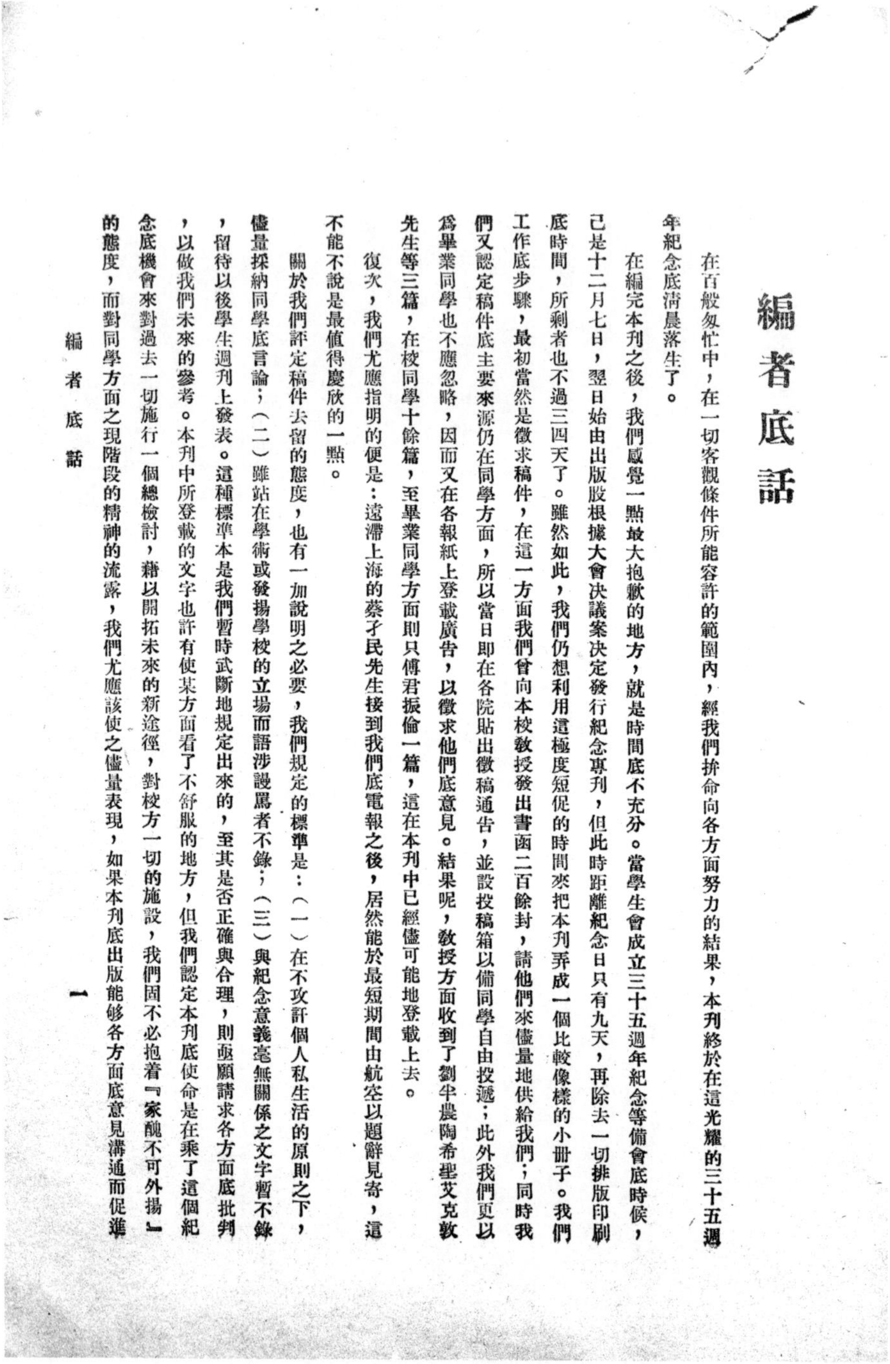

編者底話

在百般匆忙中，在一切客觀條件所能容許的範圍內，經我們拚命向各方面努力的結果，本刊終於在這光耀的三十五週年紀念底清晨落生了。

在編完本刊之後，我們感覺一點最大抱歉的地方，就是時間底不充分。當學生會成立三十五週年紀念等備會底時候，已是十二月七日，翌日始由出版股根據大會决議案决定發行紀念專刊，但此時距離紀念日只有九天，再除去一切排版印刷底時間，所剩者也不過三四天了。雖然如此，我們仍想利用這極度短促的時間來把本刊弄成一個比較像樣的小冊子。我們工作底步驟，最初當然是徵求稿件，在這一方面我們曾向本校教授發出書函二百餘封，請他們來儘量地供給我們；同時我們又認定稿件底主要來源仍在同學方面，所以當日即在各院貼出徵稿通告，並設投稿箱以備同學自由投遞；此外我們更以為畢業同學也不應忽略，因而又在各報紙上登載廣告，以徵求他們底意見。結果呢，教授方面收到了劉半農陶希聖艾克敦先生等三篇，在校同學十餘篇，至畢業同學方面則只傅君振倫一篇，這在本刊中已經儘可能地登載上去。

復次，我們尤應指明的便是：遠滯上海的蔡孑民先生接到我們底電報之後，居然能於最短期間由航空以題辭見寄，這不能不說是最值得慶欣的一點。

關於我們評定稿件去留的態度，也有一加說明之必要，我們規定的標準是：（一）在不攻訐個人私生活的原則之下，儘量採納同學底言論；（二）雖站在學術或發揚學校的立場而語涉謾罵者不錄；（三）與紀念意義毫無關係之文字暫不錄，留待以後學生週刊上發表。這種標準本是我們暫時武斷地規定出來的，至其是否正確與合理，則亟願請求各方面底批判，以做我們未來的參考。本刊中所登載的文字也許有使某方面看了不舒服的地方，但我們認定本刊底使命是在乘了這個紀念底機會來對過去一切施行一個總檢討，藉以開拓未來的新途徑，對校方一切的施設，我們固不必抱着『家醜不可外揚』的態度，而對同學方面之現階段的精神的流露，我們尤應該使之儘量表現，如果本刊底出版能够各方面底意見溝通而促進

編者底話　　一

图 71.4 《北京大学卅五周年纪念刊》编者底话

北京大学五四十四周年纪念特刊

一、刊物介绍

1933 年由北大五四纪念会出版，封面由卢华舫绘制，限于经费，仅用木刻，五四运动纪念特刊。

二、刊物内容

本刊是为纪念北京大学五四运动十四周年出版的特刊。正如《编后》所言："为了继续五四，五卅，一二五，示威的革命精神，为了反对政府甘心作帝国主义的走狗，拍卖华北平津；为了反抗帝国主义瓜分中国的阴谋；为了保存北大的图书仪器校址的存在与发展；在日本军阀炮火下纪念五四是何等的惨恸，给予我们的意义又是何等重大！"① 学生们抗日情绪激昂，投稿积极，刊物内容充实，刊文以诗歌、小说等体裁发表与五四相关的内容，主要包括《论目前政治形势与纪念五四的意义》《纪念五四》《五四十四周年感言》《五四与中国文学》和《北大五四运动史料简编》等，通过纪念特刊号召北大学生为了继续过去的光荣而向前奋斗，肩负起伟大的革命任务。刊物为研究北京大学五四运动历史提供了一定史料。

三、馆藏信息

12195/J 1933 Spec.

① 北大五四纪念会 . 编后［J］. 北京大学五四十四周年纪念特刊，1934.

图 72.1 《北京大学五四十四周年纪念特刊》封面

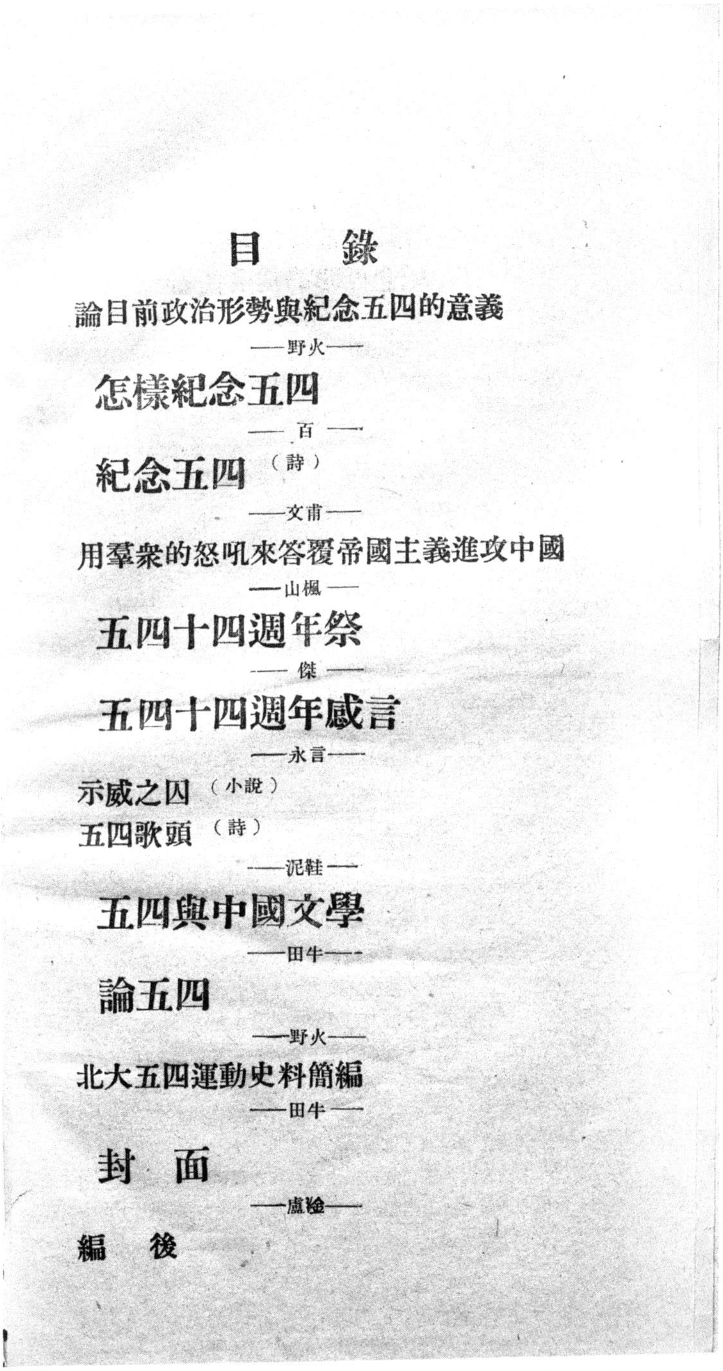

目　録

論目前政治形勢與紀念五四的意義

——野火——

怎樣紀念五四

——百——

紀念五四（詩）

——文甫——

用羣衆的怒吼來答覆帝國主義進攻中國

——山楓——

五四十四週年祭

——傑——

五四十四週年感言

——永言——

示威之囚（小說）

五四歌頭（詩）

——泥鞋——

五四與中國文學

——田牛——

論五四

——野火——

北大五四運動史料簡編

——田牛——

封　面

——盧鎰——

編　後

图 72.2 《北京大学五四十四周年纪念特刊》目录

論目前的政治形勢與
紀念五四的當前任務

——代發刊辭——

資本主義世界經濟恐慌日益深刻化已是鐵一般的事實了。現階段的恐慌，已經農業恐慌工農恐慌擴大到信用恐慌，英國金本位之停止，普遍於美國的金融風潮，以及最近羅斯福廢止金本位，禁金出口，通貨澎漲政策等等就是証明。帝國主義國家由於無政府式的生產發展了生產過剩，工廠倒閉，羣衆失業，金融停滯等現象。爲調和自己內部的矛盾，爲挽救自己垂死的命運，使不得不競爭市場，重新分割殖民地及半殖民地實行進攻蘇聯。因之經濟恐慌的加强，必然地要加重了勞苦羣衆的負擔，增進了帝國主義間的矛盾，並使帝國主義者積極地形成了統一的戰線向蘇聯及殖民地總進攻 。 現在帝國主義的分贓集團——國聯已原形畢露，再欺騙不了勞苦羣衆了。牠們在維持垂死資本主義制度的掙扎之中，一致地進攻蘇聯。日帝之取滿洲，奪華北，覇佔東路，進據察哈爾等等、首先就是履行帝國主義者一致進攻蘇聯的東方先鋒隊的任務。所謂四强協定的中心目的，墨索里尼是曾經正式表示過那是對付蘇聯的。至於法國捷克等援助波蘭及其他東歐小國的軍事計劃，英俄事業中英國破壞俄國電氣事業計劃等等 ， 都是帝國主義進攻蘇聯的鐵一般的事實。而在另一方面帝國主義國家彼此間矛盾之尖銳化，比之與社會主義國家有過之無不及。英帝進行四國協約以爭取進攻蘇聯鎮壓革命的前鋒。德帝要恢復他帝國時代的光榮。法帝則極力聲言安全問題以維持巴黎和會的系統。日帝則退出國聯侵佔華北及滿蒙。美帝在要戰債，要擴張軍備，要提高關稅壁壘。………總之，各帝國主義者在進攻蘇聯的過程中，雖然極力想要緩和他們彼此間的矛盾，然而他們的矛盾却還是日益增高，衝突日趨緊湊，戰爭的爆發決不會遠的。同時各資本主義國家的失業者日多；反對進攻蘇聯，反對壓迫民衆的鬥爭每天爆發：德國的工農示威與巷戰，倫敦工人示威遊行，西班牙暴動………這一切事實都指示全世界的勞苦羣衆在進行打倒帝國主義與擁護蘇聯的猛烈鬥爭。

在中國方面，國民黨宣稱中國在國際間得到道德上的勝利，掛着一面抵抗一面交涉的招牌公開地出賣華北，×××北上『坐鎮』的結果，取得小張地盤，×××連跌帶跳地見×××，×××又奔又跑，

图 72.3 《北京大学五四十四周年纪念特刊》代发刊辞

編後

過去的北大光榮，是在領導羣衆的反帝抗日戰線上，是在改革社會的理論的實踐上，但文章却也做得不少。自近年來學校把北大學生月刋週刋裁去之後，理論受了政治封鎖與學校壓迫，除了示威運動專刋之外，我們再也看不見什麽了！便是代表華北學生運動喉舌的北大新聞，也在三十期被禁止了！「北大是眞大」！沒有人說話了，沒有人革命了。胡琴，竹牌，梵亞琳，慶祝着北平的危亡與北大的末路！「悔不該錯殺了……」可憐的阿Q精神復活了！

在學校任意開除學生代表的高壓之下，在當局禁止言論自由的恐怖裏；在日本飛機炸到通州，華北陷於混亂不可收拾的狀態，在南京政府發表「勦共期間不談抗日」甘心拍賣華北的緊急關頭，沉痛的五四十四週悄然而來了，想起過去的熱血奮鬥的光榮，看看正在搬運圖書儀器的北大，恐怕是最後的五四紀念吧!?

爲了繼續五四，五卅，一二五，示威的革命精神，爲了反對政府甘心作帝國主義的走狗，拍賣華北平津；爲了反抗帝國主義瓜分中國的陰謀；爲了保存北大的圖書儀器校址的存在與發展；在日本軍閥炮火下紀念五四是何等的慘慟，給予我們的意義又是何等重大！

示威專刋是南下示威之後，由學校出資刋行的。今年五四十四週的紀念，一方受軍警戒嚴的壓迫，不准開會；一方受學校當局，院長主任堅壁清野的優待。五四紀念籌備會是這樣的成立了。同學們，這是我們屈服忍辱，自暴自棄的結果！正如我們政府之壓迫我們剝削我們和日本軍閥侵凌中國一樣。然而，五四紀念專刋竟能在匆促期間，一方請教授捐欵，一方大胆的付印了！區區四五十元的印刷費，限制了專刋的計畫，把許多很好的文章都忍痛地擱置了。但同學之熱心投稿，究竟是可喜的事，尤其是內容之充實，與抗日情緒的激昂，證明着北大還沒有死，不但活下去，而且要發展，要負起偉大的革命任務！

同學們，實踐我們的理論吧，這是動盪的時候，我們要繼續過去的光榮向前奮鬥。在日本帝國主義炮火下與賣國軍閥不抵抗的毒手中殺出一條血路！

五月四日校訖

图 72.4 《北京大学五四十四周年纪念特刊》编后

中原文化

一、刊物介绍

1934年2月1日创刊，北京大学中原文化社编辑，第一至十八期为半月刊、从第十九期改为月刊。第十四期始，刊物形式和内容有所改进和充实。彩色封面为吴新民所作，综合性刊物。

二、刊物内容

本刊希望青年大众不再缄默，“对社会表现自己，对国家表现自己的责任。在时事论文方面，不作卑鄙的歌功颂德，也不一味的谩骂，只客观说老实话；在学术论文方面，只把知道的、见到的贡献出来，请读者来讨论；在文艺方面，……，我们拿出来的是，对于黑暗社会的暴露和对于颓废人生的指斥作品。”[①] 刊物涉及政治、历史、文学、伦理等内容，读者对象以青年为主。载文有时事评论、研究学术的心得以及中外文学作品。时评类的文章有《英国远东海事会议与南疆事变》《土匪骚扰与土劣之对立》等，学术研究类的有《中国历史上奴隶社会理论的探讨》《中国民族的神话研究》等，中外文学作品包括《红笑》《咏怀四首》《故乡》等。本刊以探讨学术、发扬文化为宗旨，以表达向上的精神为目标，希望对国家、社会有所帮助。

① 北京大学中原文化社. 发刊词［J］. 中原文化，1934（1）.

三、馆藏信息

6655/J 1934-1935 no.1-22

第二期封面钤有“国立北平师范大学图书课”章。

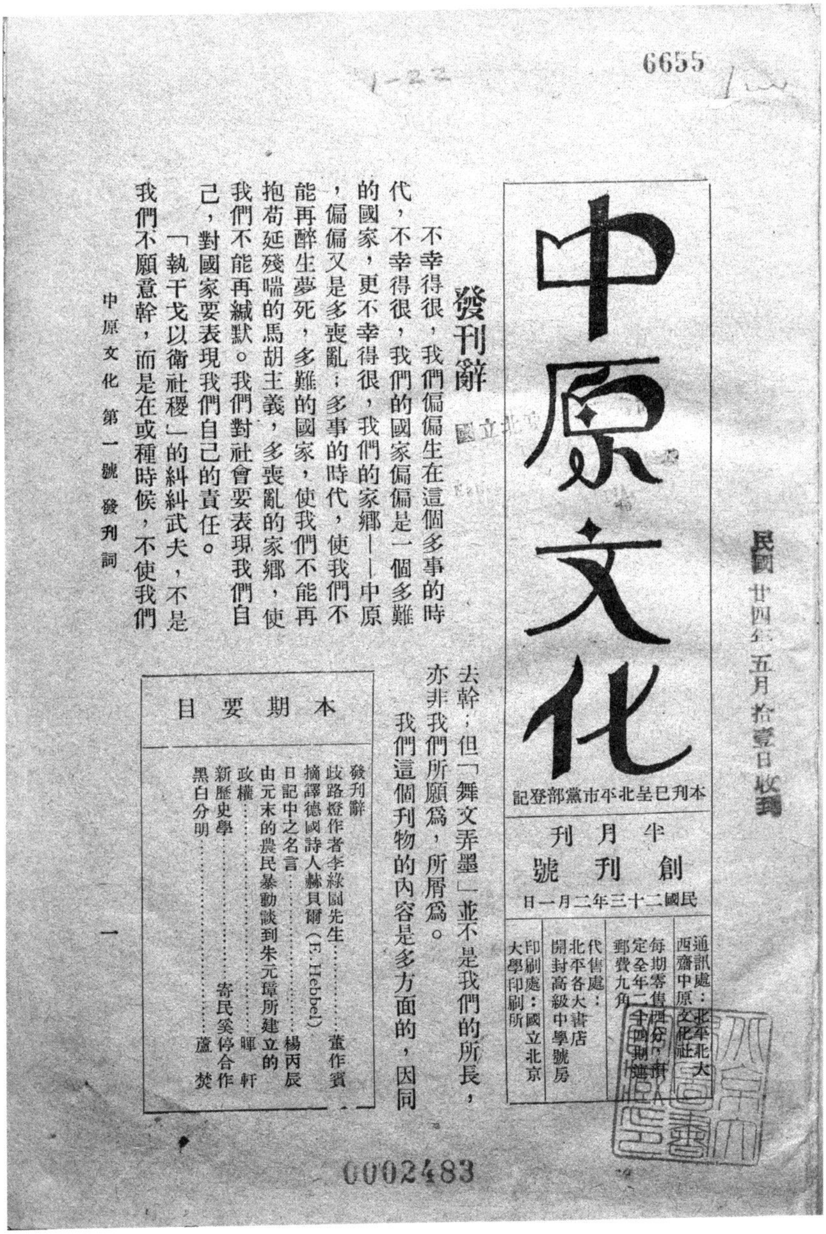

6655
1-22
民國廿四年五月拾壹日收到

中原文化

本刊已呈北平市黨部登記

半月刊

創刊號

民國二十三年二月一日

通訊處：北平北大西齋中原文化社

每期零售四分，預定全年二十四期連郵費九角

代售處：北平各大書店 開封高級中學號房

印刷處：國立北京大學印刷所

發刊辭

不幸得很，我們偏偏生在這個多事的時代，不幸得很，我們的國家偏偏是一個多難的國家，更不幸得很，我們的家鄉——中原，偏偏又是多喪亂；多事的時代，使我們不能再醉生夢死，多難的國家，使我們不能再抱苟延殘喘的馬胡主義，多喪亂的家鄉，使我們不能再緘默。我們對社會要表現我們自己，對國家要表現我們自己的責任。

「執干戈以衛社稷」的糾糾武夫，不是我們不願意幹，而是在或種時候，不使我們去幹；但「舞文弄墨」並不是我們的所長，亦非我們所願為，所屑為。

我們這個刊物的內容是多方面的，因同

本期要目

0002483

图 73.1 《中原文化》第一期封面

國立北平師範大學圖書館

中原文化

本刊已呈北平市黨部登記

半月刊

第二期

民國二十三年十二月十六日

通訊處：北平北大西齋中原文化社

每期零售四分，預定全年二十四期連郵費九角

代售處：北平各大書店 開封高級中學號房

印刷處：國立北京大學印刷所

我們的意見

〇……第二次世界大戰及我們的生路……〇

根據近來國際間的幾椿大事，及國際間的新近趨勢，可知第二次世界大戰這齣武劇是千眞萬眞的要在最近的將來排演了。所缺的，只是看誰把這個戰鼓的第一聲擂響。長久醞釀的裁軍會議，因德國不服苛刻的限制，終於不能維持其殘餘的生命。國際聯盟的政局，亦因日德的相繼撤出，及意大利的提議改組，不得不宣告其壽終正寢。日本帝國主義者在遠東橫行的結果，引起了太平洋沿岸兩大海軍國—英，美的絕大恐慌。美國建造大批軍艦的計劃，及最近英國在新加坡所開的海軍會議，便是兩個極顯著極具體的反響。然而列强中間衝突最劇烈的兩個主角則是遠東最活躍的帝國主義者日本與新興的社會主義者蘇俄了。三年以來，日本利用歐洲各國的尖銳矛盾，及美國之鞭長莫及，完成其侵略滿蒙的大計。行將進一步而覬覦蘇俄。然而蘇俄自內部政局穩定以後，一方面則努力充實國基

本期要目

图 73.2 《中原文化》第二期封面

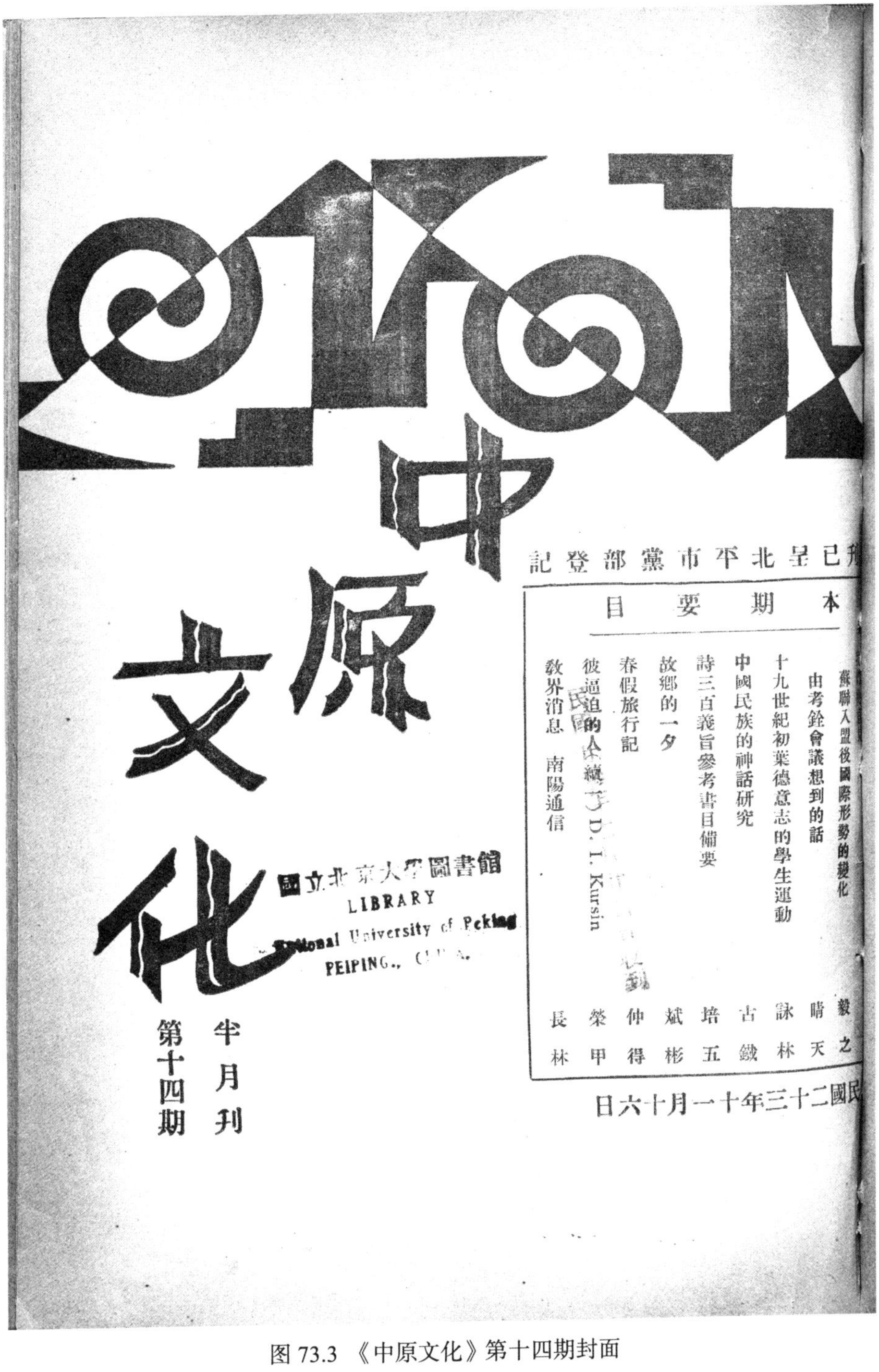

图 73.3 《中原文化》第十四期封面

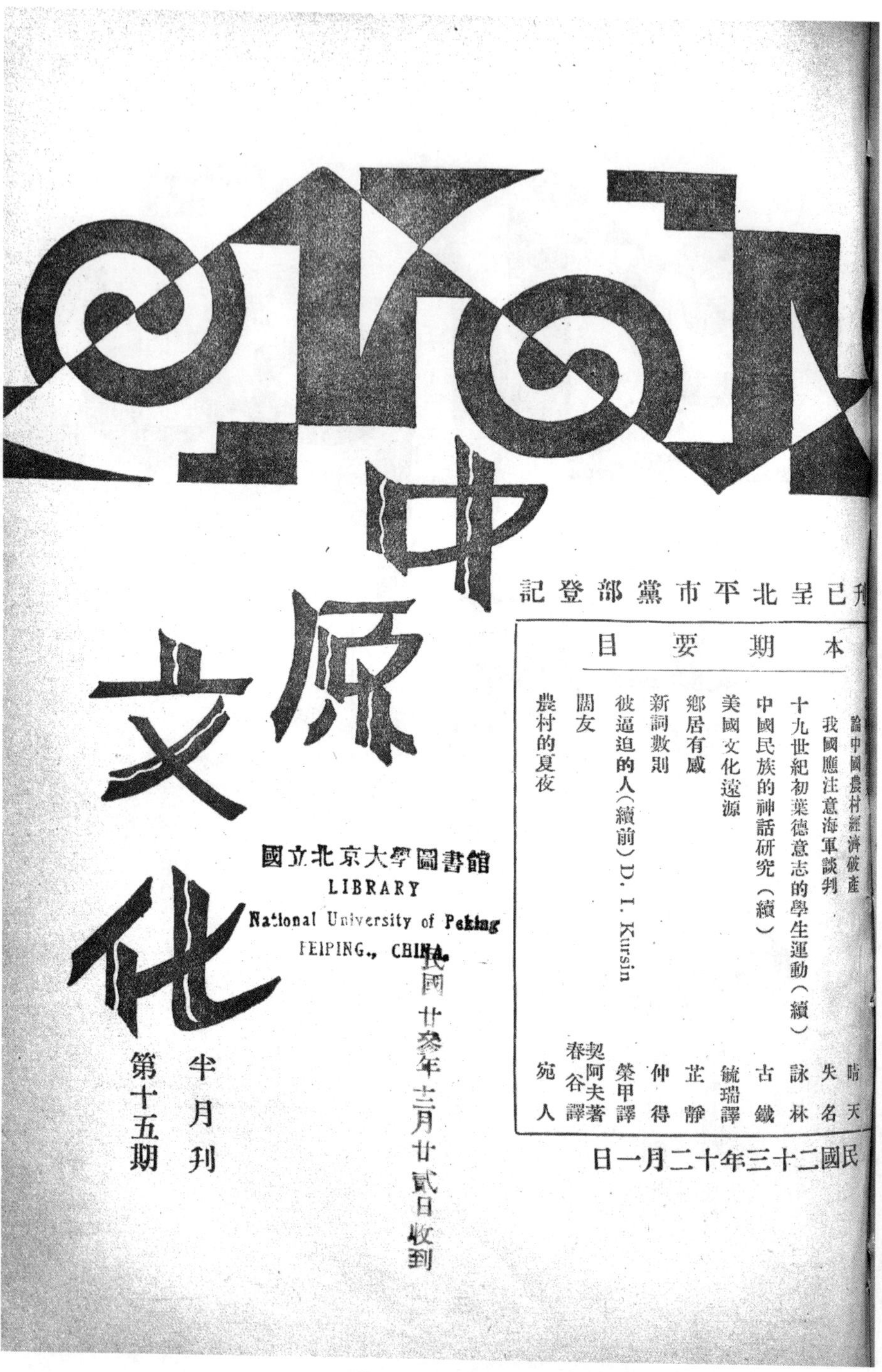

图 73.4 《中原文化》第十五期封面

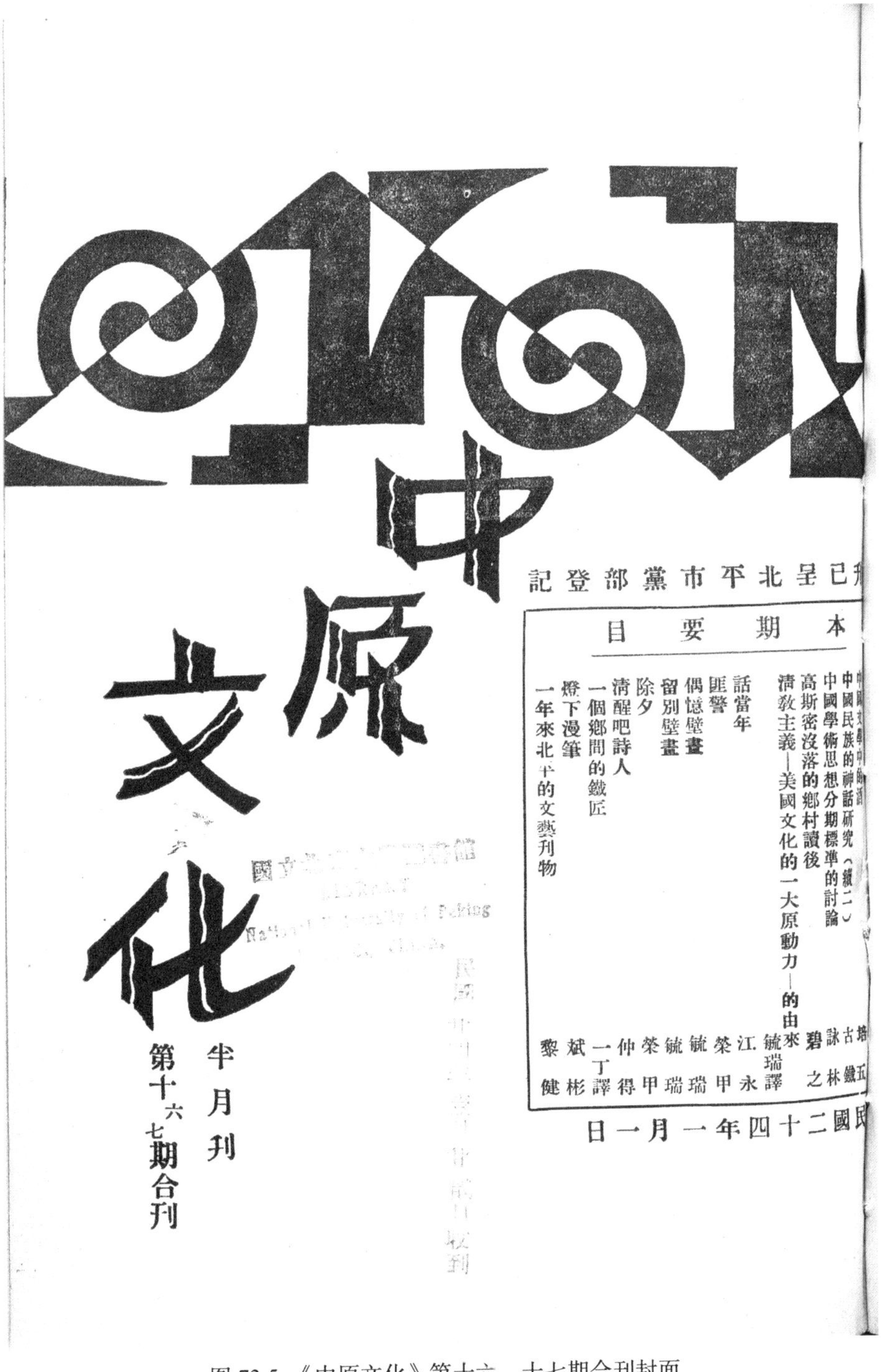

图 73.5 《中原文化》第十六、十七期合刊封面

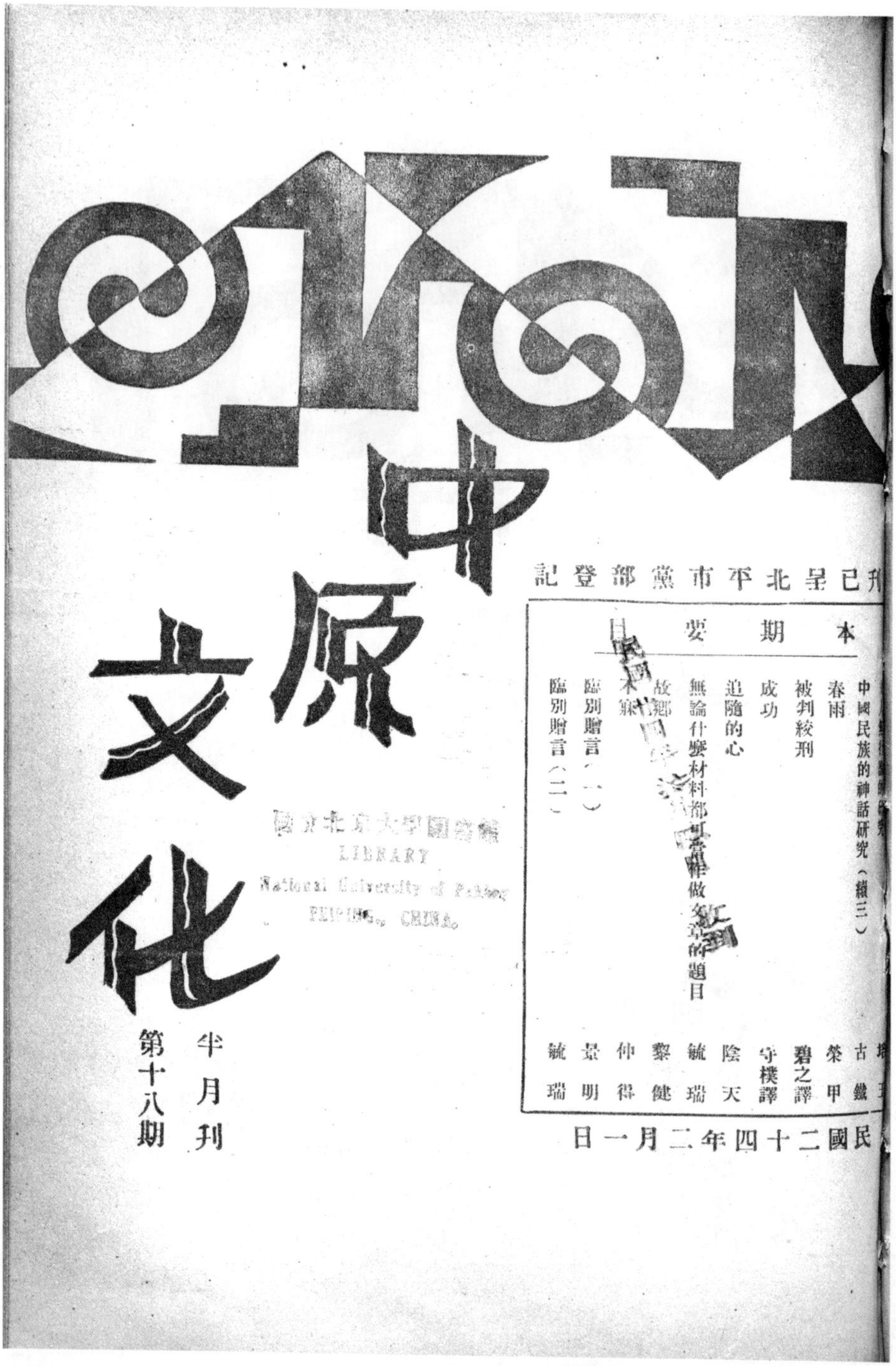

图 73.6 《中原文化》第十八期封面

北京大学四川同乡会会刊

一、刊物介绍

1934年2月10日创刊，北大四川同乡会出版委员会编辑，北大四川同乡会发行，刊期不详，仅见一期，刊名由蒋梦麟题写并有其印章，大学同乡会会刊。

二、刊物内容

正如《北京大学四川同乡会会刊》的《发刊词》所述："本刊发表我们平日求学的心得，交换彼此的智识，达到我们求知求学的志趣；发表关于川局的意见，籀出具体的方案，达到改进川局的愿望；发表一切关于社会，人生，学术等文字，尽我们对社会能尽的责任"①。刊物专载该校四川籍教师和学生的文章，主要撰稿人有李白虹、次君、荔生、寂心、述尧等。设有"学术论著""时事评论""文艺""特载"等栏目，登载学术研究、演讲及译述，涉及政治、社会等方面内容。特别介绍四川的地理、民族、风俗、教育和民族运动，论述四川在中国的地位，披露四川政局真相及社会弊端。还发表散文、旧体诗、词等文学作品，以及北京大学各院系概况、入学考试简章、学则等。刊物内附多幅图片，包括北大四川同乡会二十二年秋季大会纪念、北大第一院、北大第二院、北大第三院、北大第一寄宿舍（西斋）、北大第二寄宿舍（东斋）等。该刊记载了大量四川地区历史、政治、军事、文化、教育、社会诸问题的研究和探讨，为研

---

① 北大四川同乡会出版委员会.发刊词［J］.北京大学四川同乡会会刊，1934

究当时四川地区历史与文化提供参考资料。

三、馆藏信息

12233/J 1934 Feb.

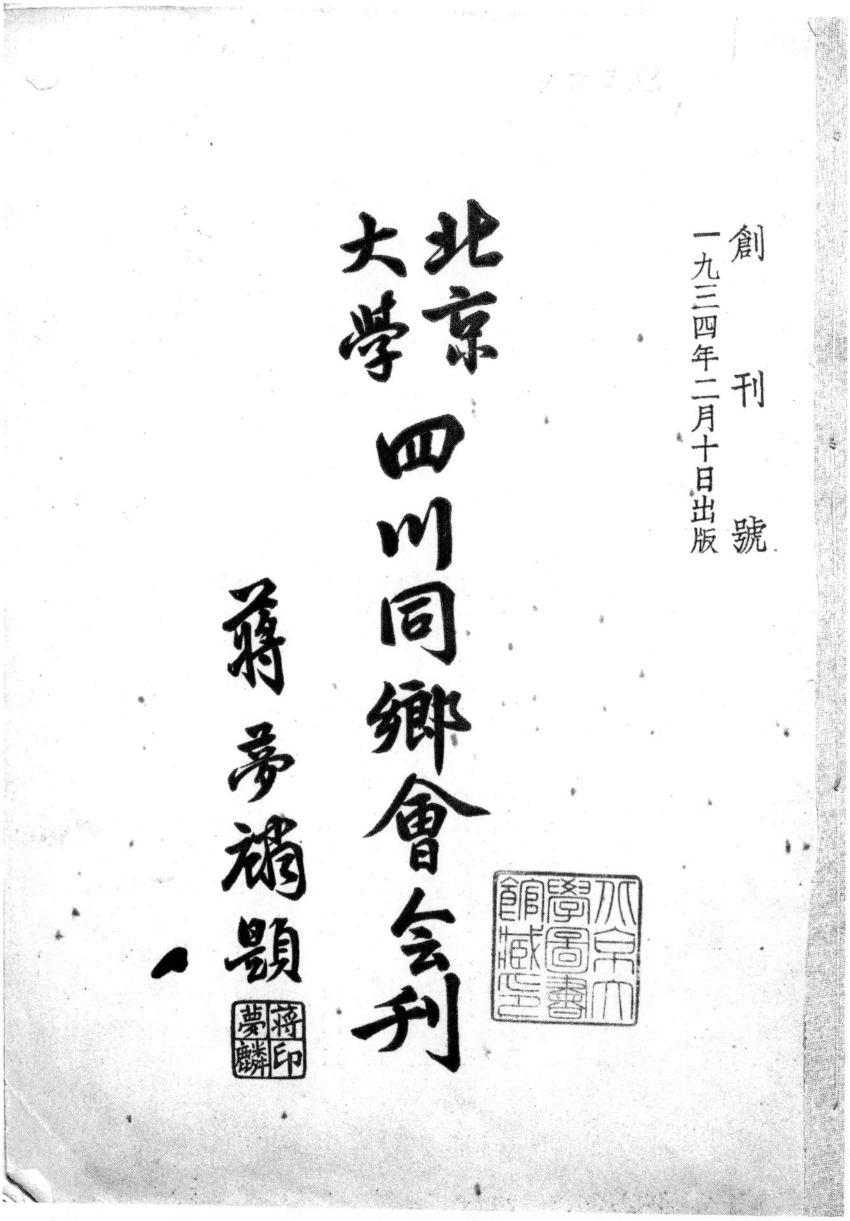

图 74.1 《北京大学四川同乡会会刊》第一期封面

國立北京大學四川同鄉會會刊創刊號目錄

插畫

本會一九三三年秋季大會攝影　北大第一院
北大第二院　北大第三院
北大第一寄宿舍（西齋）　北大第二寄宿舍（東齋）
北大第二院荷花池　北大第三院鐘樓

图 74.2 《北京大学四川同乡会会刊》第一期目录（1）

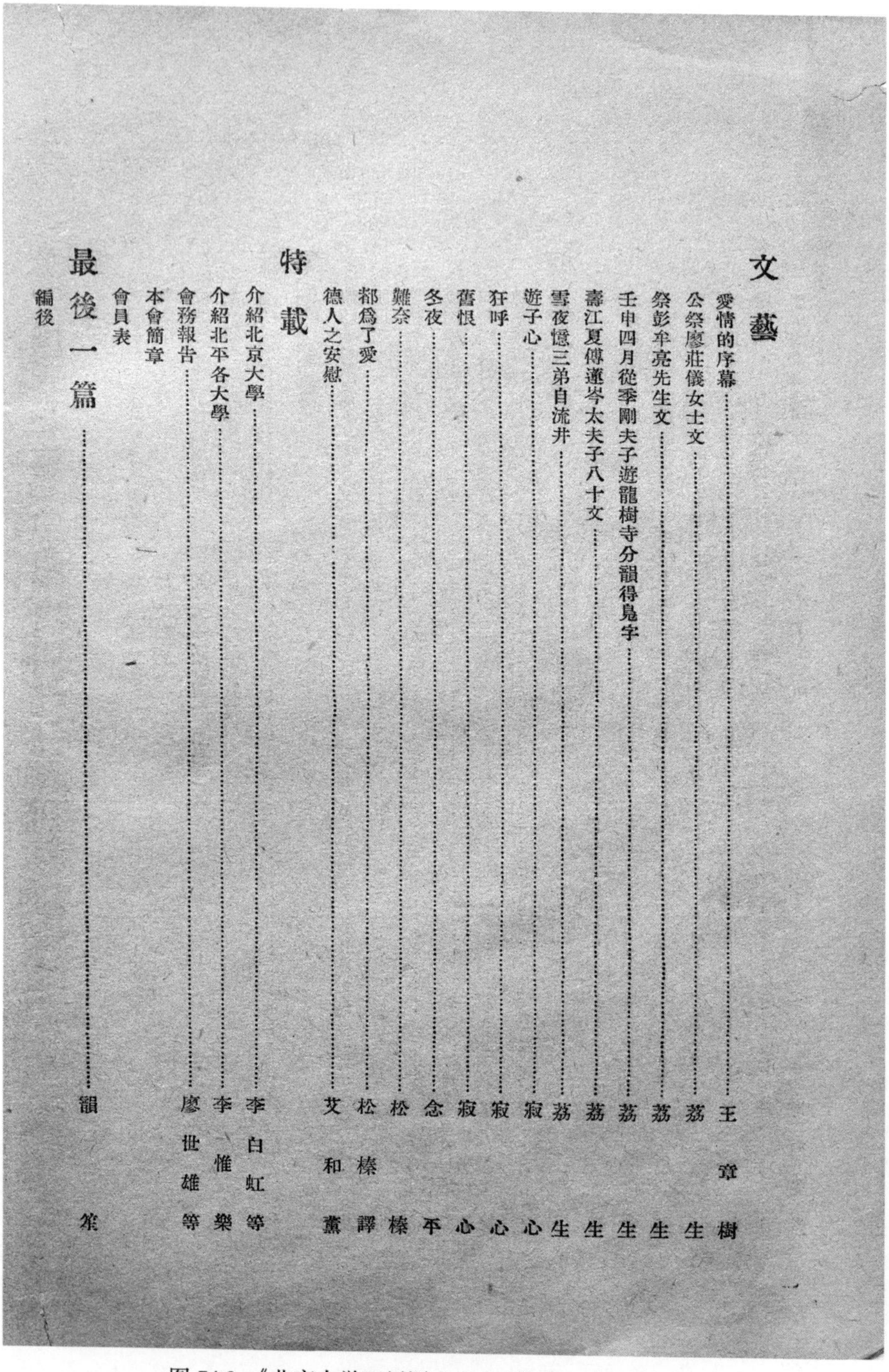

文藝

特載

最後一篇

图 74.2 《北京大学四川同乡会会刊》第一期目录（2）

發刊詞

逃堯

生長在同一經緯綫上的四川，陶育在同一知識圈裏的北大，從地理區域上和生活方式上來說，都有密切的關聯，都有相通的條件，何況都是離開幾千里的自己的家鄉，都是一個經濟體系裏面的分子？我們的結合，北大四川同鄉會的組成，豈是偶然的嗎？

拿現狀說，在預徵六十幾年的糧稅，遭過四百七十幾次的混戰的四川，一些青年能從經濟破產的情形中出川，更能進北大讀書，目前又幸還沒有輟學，能在一塊兒結合，組成北大四川同鄉會，這，又豈是容易的嗎？

因爲都是一個經濟體系裏面的成員，都是一個地理區域的分子，而且都是離開幾千里的家鄉，來到同一的學校——北大，有了這樣的結合條件，而不是偶然的結成，容易的結合，所以我們的結合是必需的，必然的。

我們雖是這樣的結合着，強固的結合着，然而，我們整個精神的表現是什麼呢？在現階段的時間上來說，便是我們的刊物，北大四川同鄉會會刊。

我們是一批熱情的人，具有高等智識的人，我們有振與中國的責任，有改造川局的願望，有求學求知的志趣；我們愛我們的自身，我們的家鄉，我們的邦國。我們不但常常這樣想，而且願意將要這樣作。本刊便是我們所想的與我們所要作的一個公開發表意見的地方。

本刊發表我們平日求學的心得，交換彼此的智識，達到我們求知求學的志趣；發表關於川局的意見，籀出具體的方案，達到改進川局的願望；發表一切關於社會，人生，學術等文字，盡我們對社會能盡的責任。這是本刊第一使命。

同時，它要揭露四川的一切眞象，無論是黑暗的或是光明的一面，使國人知道偌大一塊土地究竟是怎樣一個地方。它要剖白中國現時是怎樣

图 74.4 《北京大学四川同乡会会刊》发刊词

北大学生

一、刊物介绍

1934 年 3 月 19 日创刊，北大学生会周刊委员会编辑出版，周刊，每星期一出版，具体刊期不详，北大馆藏最后一期为第六期，社会科学刊物。

二、刊物内容

本刊创办目的为："北大可以在集体力量的努力之下，重新负起时代的任务：揭起反帝国主义反封建势力反法西主义之旗，与劳苦大众手携手向腐朽势力的阵营挺进，以开放文化界自由之花，以创造中国民族的光荣历史！……要在北大同学的相互了解中，促成有力的团结，以推进校政，以建树大众文化，并担负其所应担负之反帝反封建势力反法西主义的时代任务！……以事实回答别人加于的侮蔑，以批判的态度揭发我们所不能满意的事象。"① 刊物主要刊载有关北大、中国社会及青年学生出路、经济建设、五四运动纪念等方面文章，如《北大春秋》连载，还有《如何解决同学们的出路问题》《白银政策与中国》《扑朔迷离之华北外交》《谈建设》《边境问题的分析》等。刊物第六期刊载五四运动纪念文章居多，如《五四运动十五周年纪念》《五四运动与中国革命》等。该刊对于研究当时社会现状、北大及北大学生情况、五四运动纪念等，具有参考作用。

---

① 北大学生会周刊委员会 . 发刊词［J］. 北大学生，1934（1）.

三、馆藏信息

13370/J 1934 no.1，3-6

第四期封底钤有“前北大学生存物纪念品　民国三十年清理”章，第六期封面有“五四十五周年”字样。

編行者

北大學生會

週刊委員會出版

每星期一出版

定價一分

北大學生

第一期

19, 3, 1934.

發刊詞

世界經濟危機之繼續的向前發展，這已是無可否認的事實。資本主義世界奔潰之形勢，不僅及於工業，而且及於農業，現在更進入信用與貨幣的領域。資本主義世界的出路在那裏呢？我們看見一面是瘋狂般的經濟[illegible]，一面是在[illegible]的掩護之下軍備的加倍擴充，在這樣戰雲密布的氛圍中，在帝國主義者伸其鐵掌以攫取中國的領土中，[illegible]地主資產階級卻作了帝國主義的應聲蟲！

我們不願眼睜睜讓人把中國的領土與獨立自由斷送，我們不願有犧牲民衆的戰爭爆發，我們更不願那阻止社會發展的資本主義再苟延殘喘！——這是我們青年在這一時代當中應有的認識，因而，在社會的進展中，也應該加以[illegible]力。可是，我們深信：祇有集體的力量是眞實的力量，個人是毫無所有的。恰巧在四月以前北大學生會成立了。我們以爲：從此，北大可以在集體力量的努力之下，重新負起時代的任務：揭起反帝國主義反封建勢力反法西斯主義之旗，團[illegible]勞苦大衆手携手向腐朽勢力的陣營挺進，以開放文化界自由之花，以創造中國民族的光榮歷史！

誰知事實並不如此呢？學生會成立以來的北大，一仍舊觀，同學們的離心力還遠在團結力以上，這充分表現學生會同人能力的薄弱及經濟決定人們的力量之偉大。然而，在這樣偉大的時代當中，我們這智識分子羣，也決不是毫無用處的。因此，北大學生會就有發刊『北大學生』的決議，要在北大同學的相互了解中，促成有力的團結，以推進校政，以建樹大衆文化，並担負其所應担負之反帝反封建勢力反法西主義的時代任務！

誰都曉得：事實勝於強辯，批判優於漫罵，我們要大胆地以事實回答別人加於我們的侮蔑，我們要以批判的態度揭發我們所不能滿意的事象，這是『北大學生』的態度。

我們的態度是始終一貫的，我們是眞理的擁護者。我們決不像某博士一樣，從前提倡『人權』，現在卻說『王』權；從前提倡『學生運動』『擇師自由』，現在卻說那是『時髦』。我們也不像學校當局一樣，一面『自由結婚』，一面卻要來個『女賓止步』；高唱『師生合作』，而校務會議則禁止學生會派代表參加！我們更不會如少數人那樣，賣了自己的人格，做那粉飾太平的走卒！

我們深信：正如在沙漠當中絕不會建立起高樓大厦一樣，在中國社會的半殖民地的封建經濟基礎上絕不會有合理的制度出現，合理的制度祇能求之於合理的社會中。

事實是絕對眞實的，事實不會朦蔽了人的眼睛。希望社會人士從事實中了解我們，並時加指導！

图 75.1 《北大学生》第一期封面

編行者
北大學生會
週刊委員會
每星期一出版
定價三大枚

北大學生

第三期

9, 4, 1934

白銀政策與中國

自從英帝國主義放棄金本位，日本實行通貨澎漲後，給與美國的國外貿易以嚴重打擊，於是美國就取消金本位，實行通貨澎漲政策，以爭取自己榨取殖民地底統治。白銀政策也是同樣情形，不僅是加強榨取用銀國的民衆，且是企圖增大其戰鬥力而籍以爭取世界市場底霸權。

這對于半殖民的擁有大塊土地的，而且是用銀的中國，是一個很大的壓迫，可是這一白銀政策，却首先取得中國買辦階級與豪紳地主的一致擁護。理由就是『主子昇官，奴才沾光』。像經濟學者馬寅初以及大公報等，很怕羅斯福這一殘酷政策的夭折，而大聲急呼地在歌頌，同時在聲嘶力竭地替美國作義務宣傳。這一點是充分代表了半殖民地底學者和輿論，是在支持帝國主義的利益下『精誠團結』着。

有人說，提高銀價是對中國有利的，因爲中國是債務國家，藉此便可以降底實際的債務額數。同時還有許多買辦階級說，提高銀價就是提高中國工農生活水準的最好方法，也是提高中國購買力的唯一妙策，因爲藉銀價高漲就可以提高勞動者的實際工資。還有許多小資產階級在夢囈着，幻想着，我們可以用『禁銀出口』底武器來粉碎美國底白銀政策。這些話在表面上看來都是冠冕堂皇，我們先作一下實際地分析——

中國是一個半殖民地底社會，中國的金融是操縱在帝國主義底鉄掌裏，儘管中國的銀價是高漲或低落，都決不會逃出帝國主義底剝削統治。漲價或落價，只不過是以當時客觀之經濟情形爲轉移，如資本主義相對安定時期則以貶價可獲得殖民地之最高利潤；世界經濟恐慌潮流之下則以漲價可剝削殖民地之最高剩餘價值。因此我們知道半殖民地上的銀價變動，是有其特殊之必然性的，即無論銀價的漲落，都是有利於帝國主義者之剝削的。

我們再看一下現階段總崩潰的中國農村經濟，而常常碰到『豐收成災』底年景，即無論怎樣豐收，但都找不着幾個有購買力底買主，何况銀價提高，則大批的帝國主義商品將源源而來，這豈不更促狹了中國農產品的僅有國內市場。因此我們可以斷定中國的農村經濟恐慌，將在美帝國主義底白銀政策下，而益形劇烈化和深刻化。

1

图 75.2 《北大学生》第三期封面

編行者
北大學生會
週刊委員會

每星期一出版
定價三大枚

北大學生

第四期

16, 4, 1934

撲朔迷離之華北外交

華北危機，隨黃郛氏之南下，而益形尖銳，這原因是中國外交界上發生了東京路線和莫斯科路線之衝突，所謂東京路線者，籍日本之軍事勢力，排斥其他一切在華北之經濟勢力之外交路線，這路線是完全受東京的支配。而莫斯科路線，想利用蘇俄和日本衝突的空氣，使憑籍蘇俄及與日本利益衝突之國家的力量，排斥日本在華北的經濟勢力。代表這兩路線之外交人物，前者是黃郛氏，後者是顏，顧，郭。

從九一八，塘沽協定以後，中國外交界上發生了日本派與歐美派，但英美在華北與日本利益衝突之不明顯，兼以英美與日本對于中國版圖瓜分之密契，及避免明年太平洋會議之僵局起見而讓步了；歐美派之失敗，使宋子文氏辭職，但取得了國際間有聲望的外交界人物顏惠慶顧維鈞郭泰祺之同情。他們在國際外交中了解到與日本利益在華北最矛盾的是蘇聯。

在日本取得了滿州以後，給蘇聯一個重大的威脅，而尤其可以明瞭的是日本政府為準備帝國主義內部戰爭，進攻蘇聯的便利起見，他更必須要取得華北，以作他佈置後方的準備。這從破壞華北險要，擾亂華北治安，考察測量華北的軍事上經濟上之重要地帶中，可以證明到。最近復以通車通郵直接交涉等向中國及日本的民衆放烟幕彈，而其主要的目的，還在建設他之遠東共和區。

在遠東共和區內，沒有中國軍事的，政治的，經濟的獨立；在交通上，想從洮南通車經過承德到北平，接連平綏，包圍整個的華北。在這區域內，僅僅設立一個溥儀第二，中國人民沒有獨立和自由，以作他遠東反蘇聯的前哨。

這種日俄衝突之情形，在國際外交界中反映出來，給予顏，顧，郭，一種認識。他們明知道，滿州帝國在中國政府不承認下，事實上承認了；所謂通車通郵等，僅僅是日本的烟幕彈，而實際上日本是想來華北成立遠東共和區。他們想用蘇聯經濟的力量，在華北對抗日本；及利用帝國主義間之衝突，取得了英美帝國主義及中國民族資產階級的同意了。顏惠慶氏之回國以及向中央提議組織中英俄華北貿易公司者，即是這種用意。這一種籍英俄，而尤其俄國的勢力來驅逐日本帝國主義勢力的企圖，不為南京政府所採用者，其理由很簡單：第一，遠水救不得近火，日本之取華北易如反掌；第二，隨着俄國經濟勢力而來者，一定有赤化；第三，蘇俄不肯為第二次世界大戰的最先發

图 75.3 《北大学生》第四期封面

編行者 北大學生會 週刊委員會

特價四分

北大學生

第六期

4, 5, 1934

五四運動十五週年紀念

式敬

（一）

五四運動之發生，適在第一次世界大戰收拾的那年；第十五週年五四紀念，適在第二次世界大戰迫切萬分的時候。十五年前，受了第一次世界大戰後世界革命潮流之激盪，發生對帝國主義及其走狗之示威運動；而十五年後，正是帝國主義加緊瓜分中國最危急，而中國民衆革命的情緒最緊張的時候，我們這時來紀念五四，是有其特殊的意義。

五四運動之爆發，是中國民族資本發展之反映，民族資產階級意識覺醒的刺戟。當時受了俄國革命之影響，受了大戰後資本主義制度空前之動搖，使殖民地及半殖民地工業之一度發展，及帝國主義陣容之重新編制，亦即日本在東方確立其雄厚的勢力，惹起其向外發展之絕大獨佔野心。於是在積極進攻中國時，發生當時中國群衆的積極反抗日本帝國主義運動。在中國文化上，發生了急進的資產階級意識之陳獨秀輩，及妥協的資產階級意識之胡適之輩。

五四運動的結果，使一班青年，接受了世界革命之潮流。在五四以後所分化的極左派，由左翼自由主義民主主義，轉化為社會主義。換言之，從德謨克拉西進到馬克斯主義。這一派戰勝了僅僅以整理國故為能事之極右派。

五四運動雖然沒有澈底，五四運動的夭折，舊文化之恢復，領導人物之出賣，是夠痛心。但是由這一份遺產，可以看到五四給予中國社會之打擊，及新思想之輸入。他影響了中國的勞動運動，影響了中國的革命運動等等。所以說，至少我們對于五四認為是中國革命之啓蒙時代是不錯的，

（二）

由于這個啓蒙，使中國的民衆，處到世界中；使中國的民衆認識中國僅僅是世界中之脆弱的一環——中國處在次殖民地的地位；認識帝國主義者之殘酷。同時帝國主義在第一次世界大戰後疲乏的急求健康，工商業之急求恢復，原料的急求供給，於是向殖民地的中國拚命的榨取使中國民族資產階級不能抬頭，到一九二四年給中國經濟政治變成了總的崩潰。而在五四以後，各處工人之有組織，學生參加革命之奮發等等，造成一九二五的五卅慘案及全國各地之反帝運動：使中國革命的力量，有其健全的，完備的形式內容，出現在世界革命場

1

图 75.4 《北大学生》第六期封面

史学论丛

一、刊物介绍

1934 年 7 月创刊，由北京大学历史系学生创办，北京大学潜社编辑发行，不定期，马衡和陈受颐分别题写第一、二期刊名，共出版两期，史学研究刊物。

二、刊物内容

本刊主要刊载潜社社员和潜社导师撰写的文章。潜社由北大历史系学生胡厚宣与其同学组成，社员有胡厚宣、杨向奎、孙以悌、王树民、高去寻等。潜社导师多为当时北京大学著名的历史学家，如胡适、钱穆、蒙文通、孟森、陈受颐等。刊载内容涉及中国古代史、民族史、文化史、小学考、史学理论。主要刊载中国古代史研究的学术论文，以先秦时期的历史研究居多，还发表中外关系史、民族史等方面的研究论文，及书法史、围棋史等文章，还有讨论史学理论等研究。具体刊载的文章有钱穆撰写的纪念文章《悼孙以悌》、高去寻《殷商铜器之探讨》、胡厚宣《楚民族源于东方考》、杨向奎《略论“五十凡”》、王树民《畿服说成变考》、蒙文通《职官沿革考》，还有孙以悌《书法小史》及《围棋小史》等。作为史学研究刊物，本刊十分重视古代历史制度等方面的研究，具有严谨的思想性和学术性，为民国治史家的思想研究提供了一定的史料。

三、馆藏信息

13794/J 1934-1935 no.1-2

第一期封面钤有“前北大学生存物纪念品　民国三十年清理”章。

图 76.1 《史学论丛》第一期封面

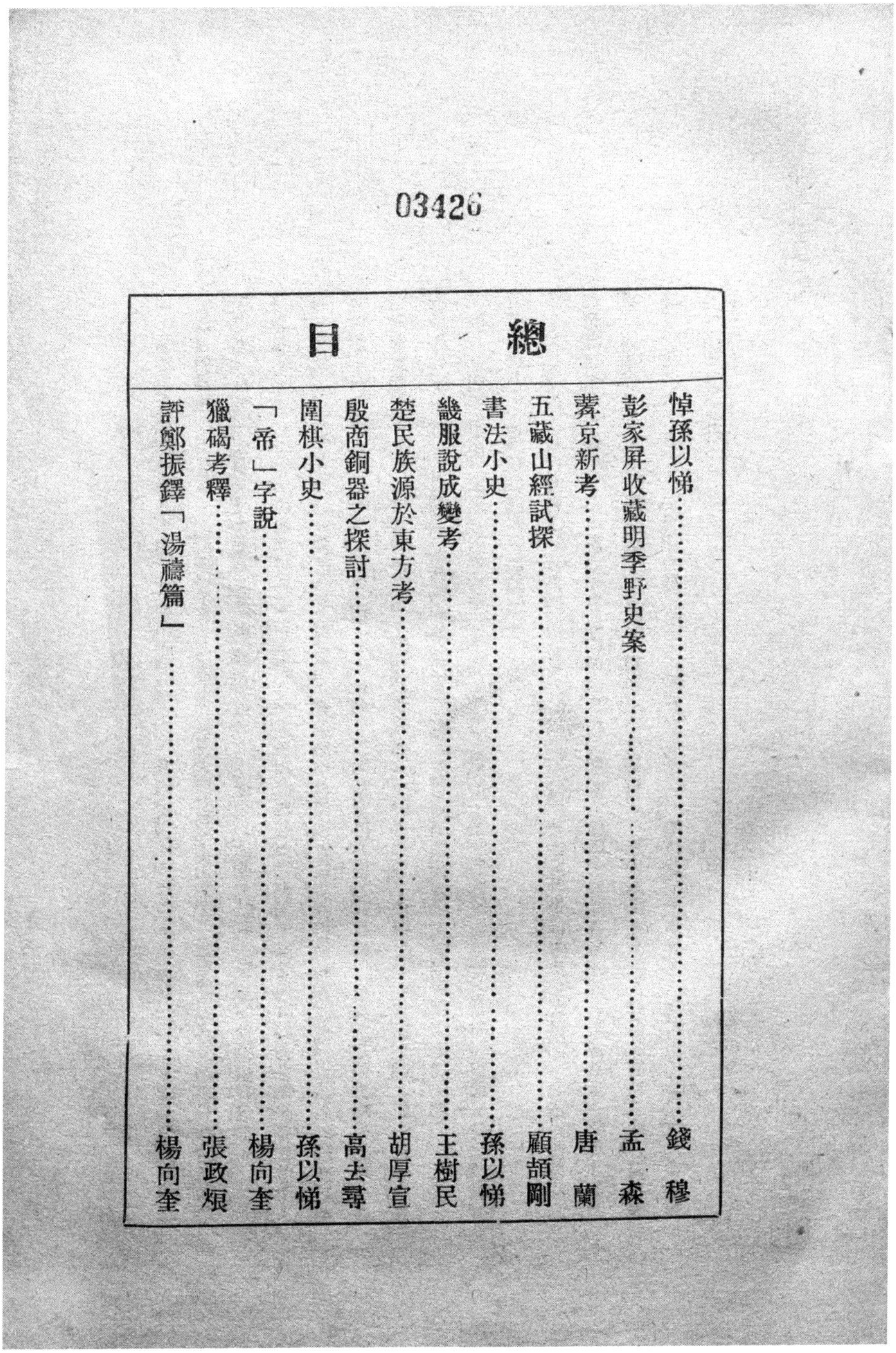

03426

總目

图 76.2 《史学论丛》第一期目录

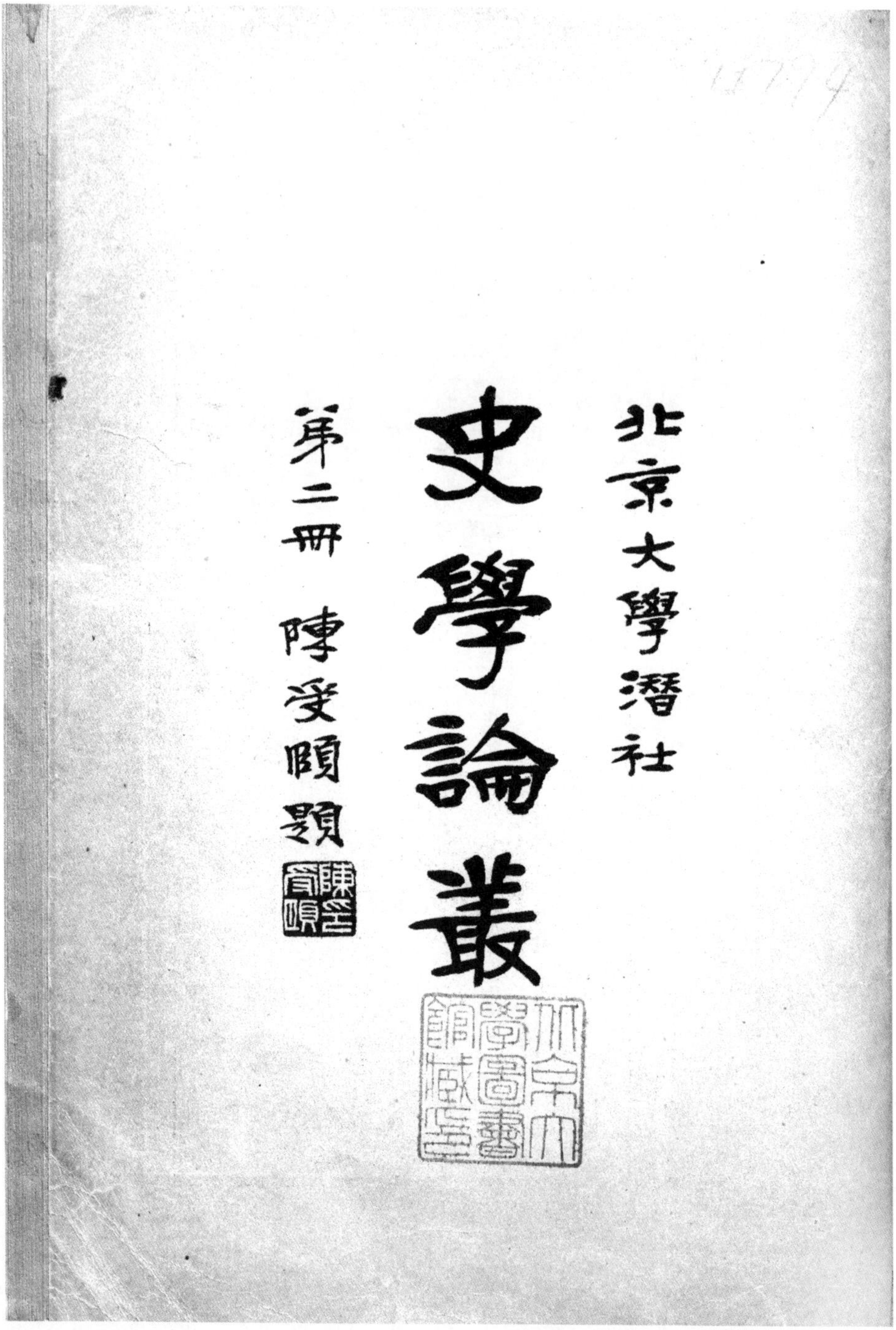

图 76.3 《史学论丛》第二期封面

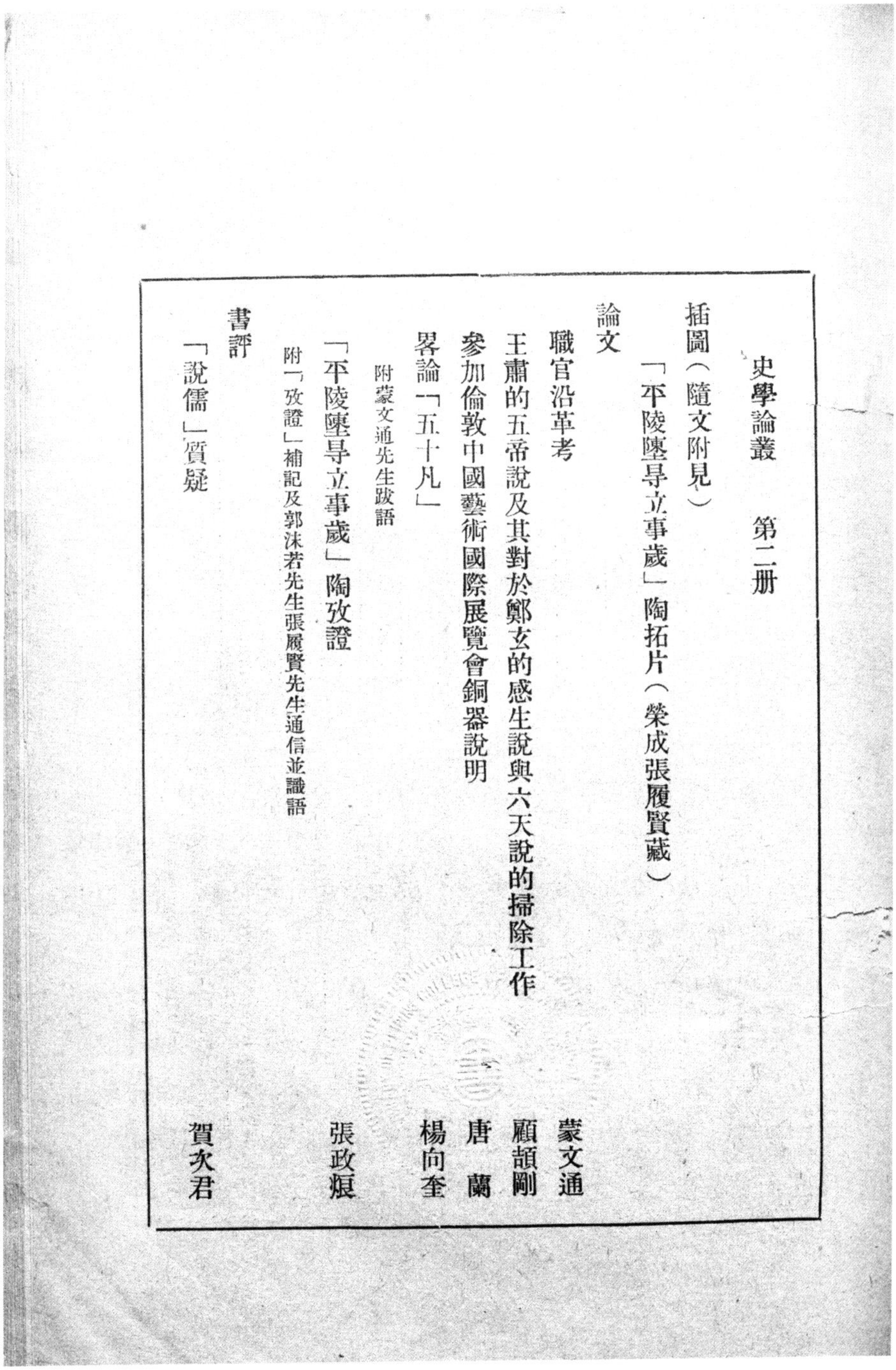

史學論叢　第二册

插圖（隨文附見）

「平陵塦导立事歲」陶拓片（滎成張履賢藏）

論文

職官沿革考　蒙文通

王肅的五帝說及其對於鄭玄的感生說與六天說的掃除工作　顧頡剛

參加倫敦中國藝術國際展覽會銅器說明　唐蘭

畧論「五十凡」　楊向奎

附蒙文通先生跋語

「平陵塦导立事歲」陶攷證　張政烺

附「攷證」補記及郭沫若先生張履賢先生通信並識語

書評

「說儒」質疑　賀次君

图 76.4 《史学论丛》第二期目录

北大校友

一、刊物介绍

1934年12月1日创刊，北京大学调查介绍组编辑，北京大学第二院为通讯处，月刊，具体停刊时间和原因不详，北大馆藏最后一期为第十八期。刊名由北京大学校长蒋梦麟题写，第一期封面为新建图书馆照片，该刊为校友联络刊物。

二、刊物内容

本刊设有“校闻摘要”“校友现况”“同学会消息”等栏目，内容包括北大调查介绍组负责调查的该校校友求业就业状况，各地同学会通讯事项，各机关团体学校的人才需求状况等。刊登北大校友现状及各类调查表，每年度招考投考及毕业情况，以及学校的各项大事件、校舍建筑、现任教职员情况等。如校闻摘要《廿四年度校务会议会员：当然会员十七人，教授代表十六人》《校长召集一年级新生茶话：校长各院院长讲演，课业长秘书长报告》；校友现况中介绍校友毕业院系及年份，现就职职位及单位等情况，还刊载同学会的消息，如《石门北大同学会简章》《上海北大同学会编辑会刊委员会第一次开会纪录》。在第十八期中还刊有《本校二十五年度入学考试简章》，这份简章保留完整，内容详实，详细介绍了北大招生的投考资格、招考过程、投考注意事项等。该刊为了解民国时期北大校友相关情况、北大当时历史及发展提供了参考资料。

三、馆藏信息

13340/J 1934-1936 no.1-6，11-12，17-18

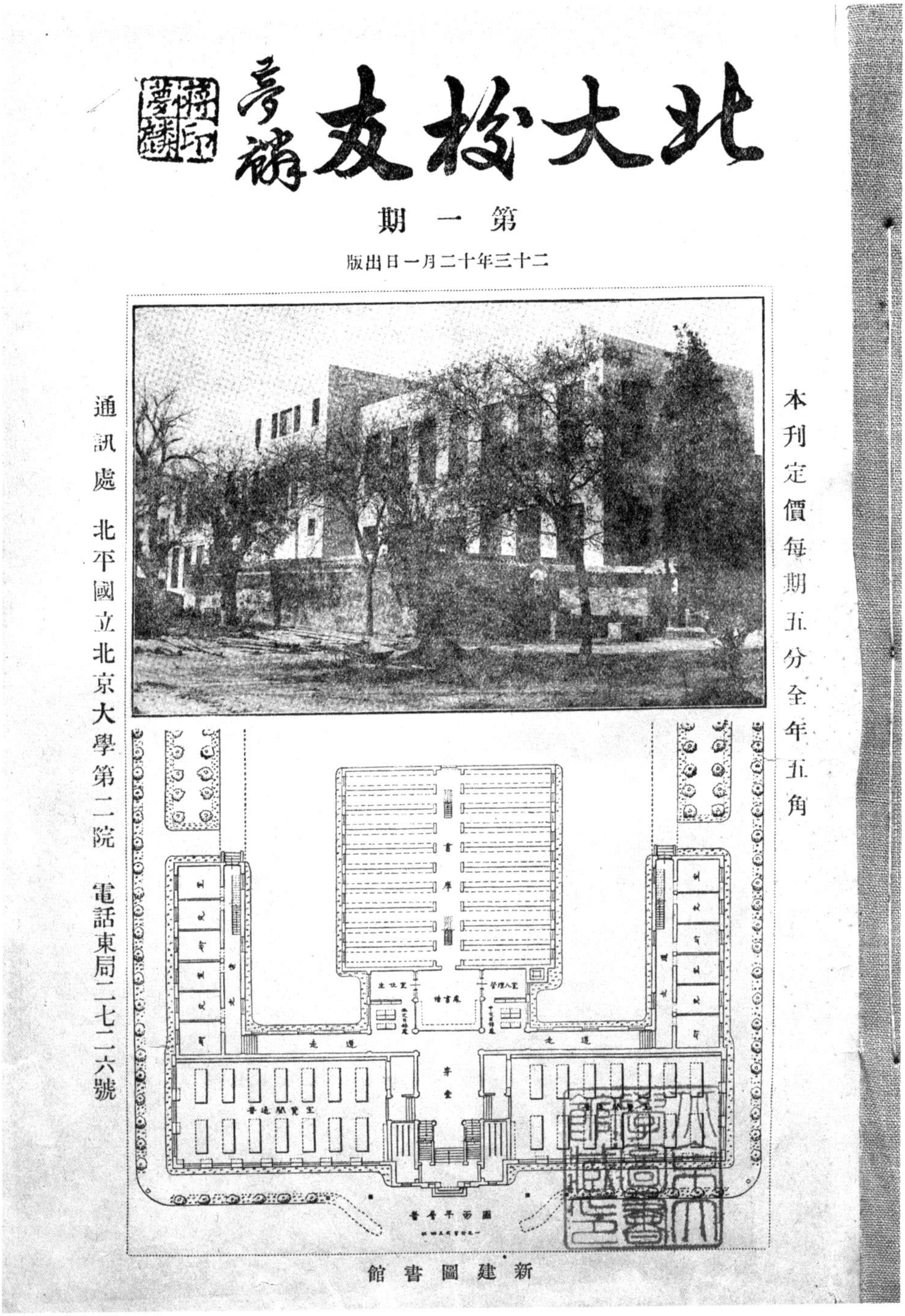

图 77.1 《北大校友》第一期封面

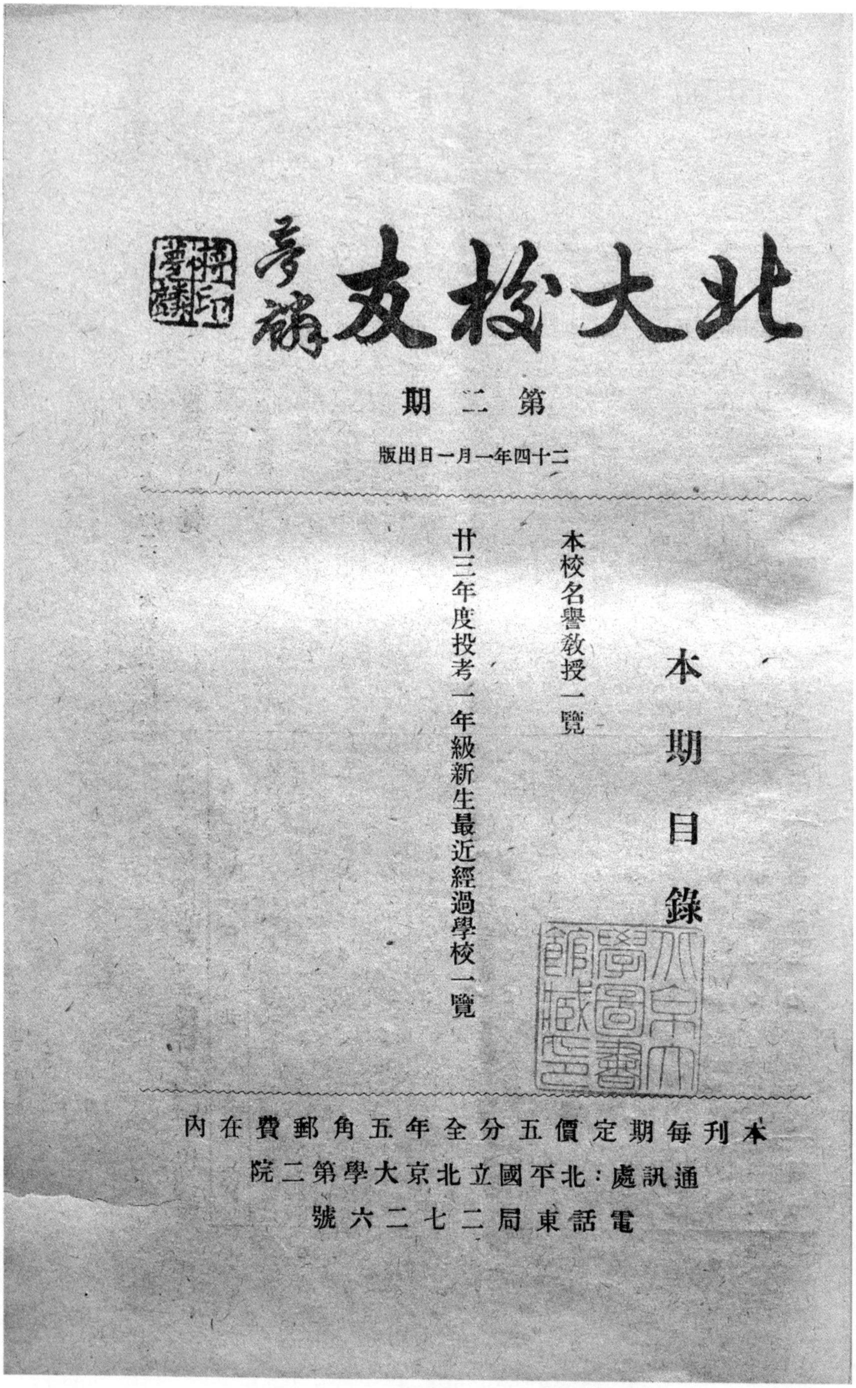

北大校友

第二期

二十四年一月一日出版

本期目錄

本校名譽教授一覽

廿三年度投考一年級新生最近經過學校一覽

北京大學圖書館藏

本刊每期定價五分全年五角郵費在內

通訊處：北平國立北京大學第二院

電話東局二七二六號

图 77.2 《北大校友》第二期封面

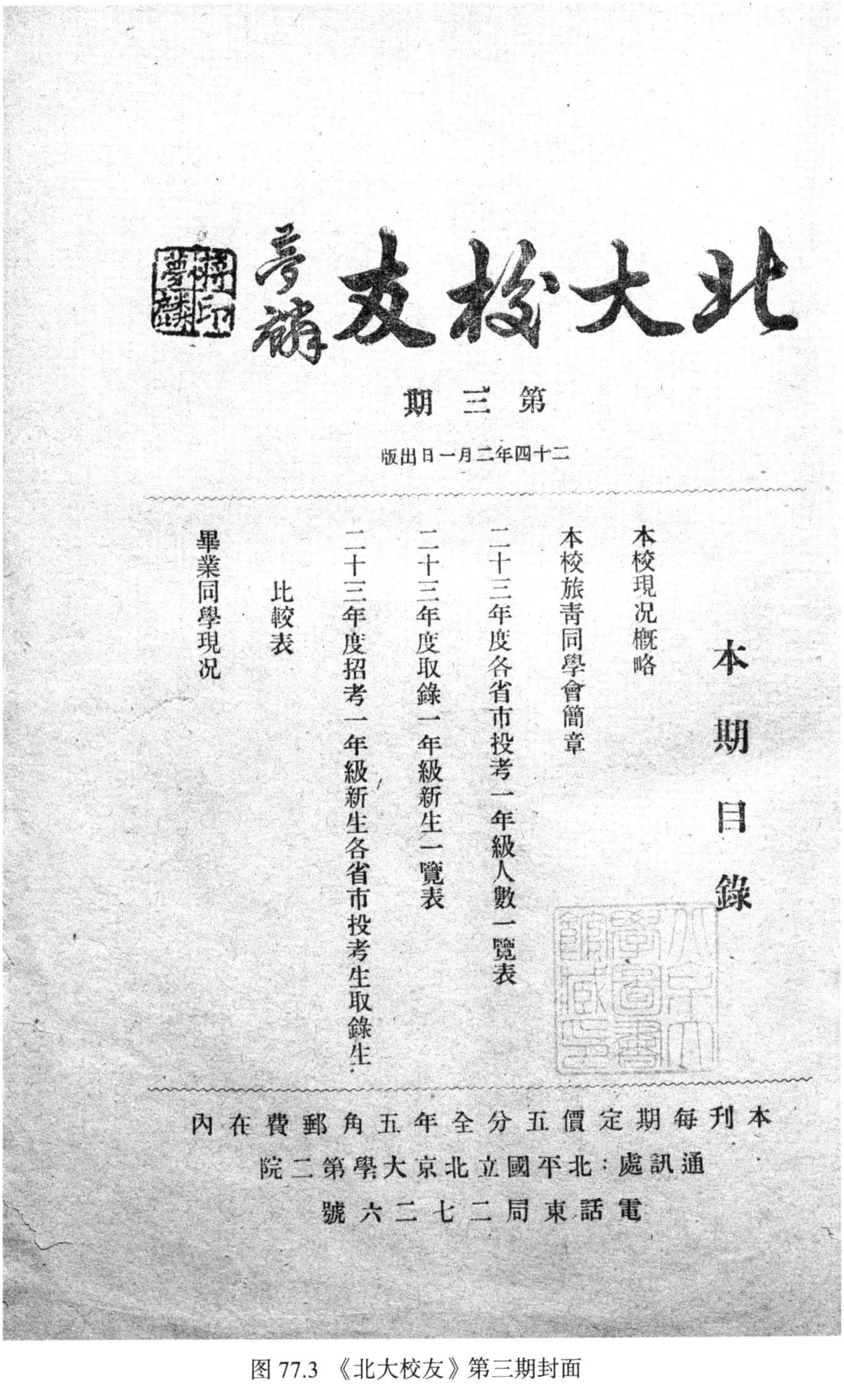

北大校友

夢麟

第三期

二十四年二月一日出版

本期目錄

本刊每期定價五分全年五角郵費在內
通訊處：北平國立北京大學第二院
電話東局二七二六號

图 77.3 《北大校友》第三期封面

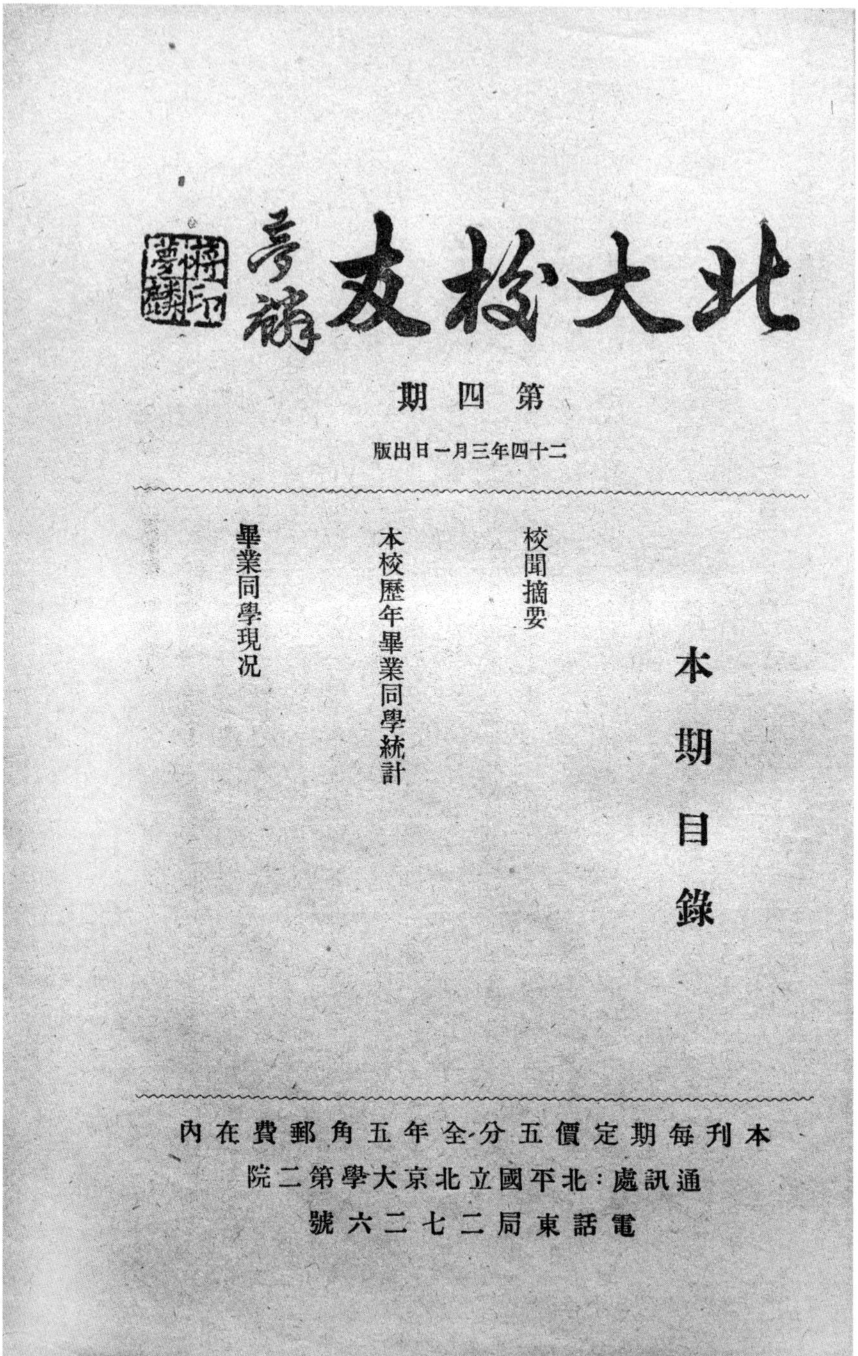
北大校友

夢麟題

第四期

二十四年三月一日出版

本期目錄

校聞摘要

本校歷年畢業同學統計

畢業同學現況

本刊每期定價五分 全年五角 郵費在內

通訊處：北平國立北京大學第二院

電話東局二七二六號

图 77.4 《北大校友》第四期封面

史学

一、刊物介绍

1935年1月1日创刊，北京大学史学社编辑出版，北平景山书社发行，不定期，停刊时间不详，刊名由马衡题写，史学研究刊物。

二、刊物内容

本刊为北京大学史学系一九三六级级友会史学社编辑出版的历史学刊物，主要刊载中国古代史论著、游记、人口学、世界史、书评等内容。其中刊载了很多学界较有影响力的历史学的文章，如熊十力《清诰授奉直归州学正傅雨卿先生传》、钱穆《唐虞禅让说释疑》、孟森《清太祖告天七大恨之真本研究》、蒙文通《古刑法略说》、李维乐翻译《古代罗马的经济情形和它给我们的教训》等文章。亦刊载国际学者文章，及史学与其他学科比较的研究论文等，如白宝瑾《历史和其他科学的关系》。此刊作为高校社团学术刊物，其刊载文章的学术水平较高，为研究民国史学提供了非常重要的参考史料。

三、馆藏信息

13780/J 1935 no.1

期刊封面钤有“燕京大学图书馆”章。

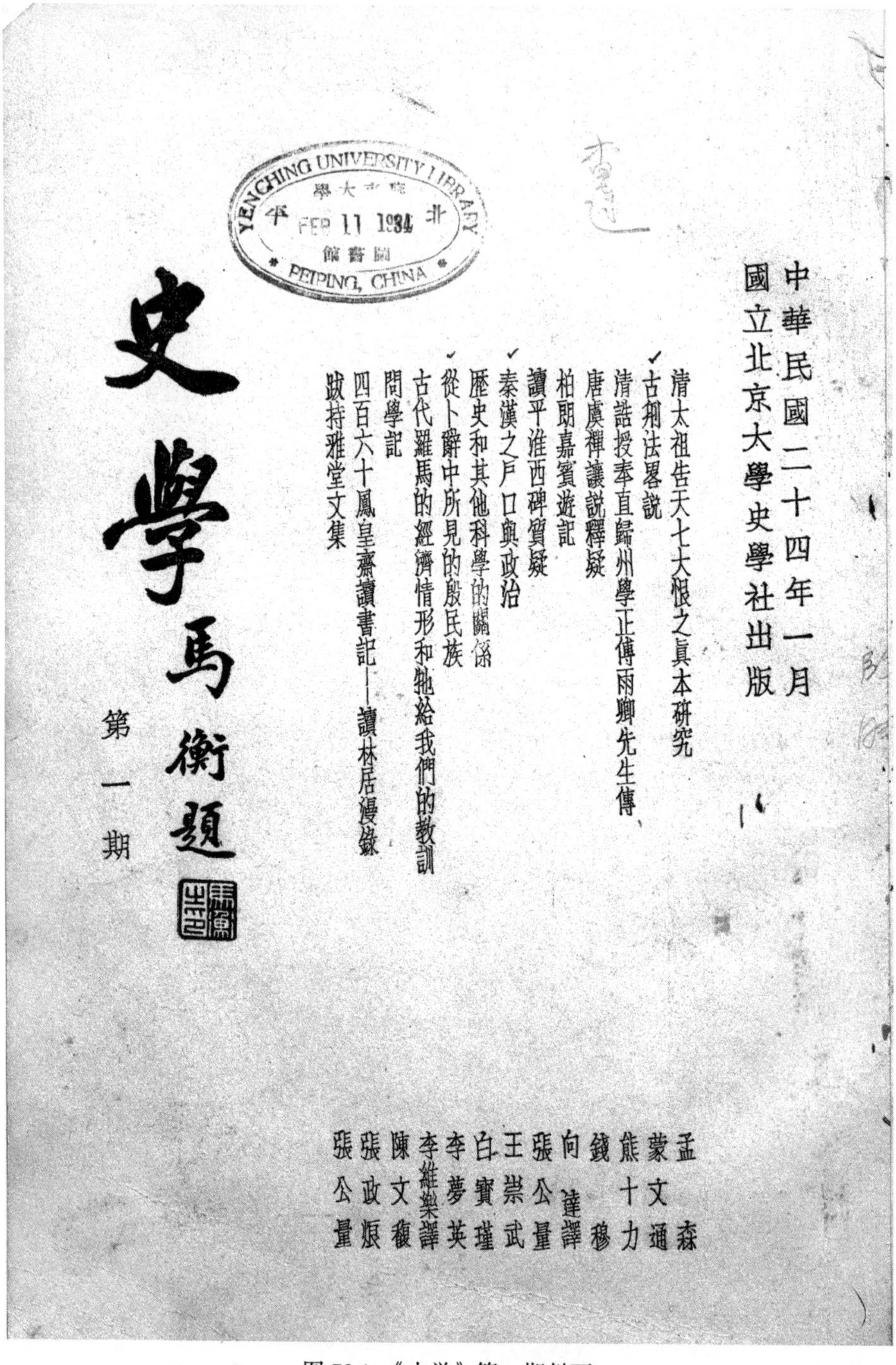
YENCHING UNIVERSITY LIBRARY 燕京大學圖書館 北平 FEB 11 1934 PEIPING, CHINA

史學 馬衡題

第一期

中華民國二十四年一月

國立北京大學史學社出版

清太祖告天七大恨之真本研究 孟森
古刑法畧說 蒙文通
清誥授奉直歸州學正傅雨卿先生傳 熊十力
唐虞禪讓說釋疑 錢穆
柏朗嘉賓遊記 向達譯
讀平淮西碑質疑 張公量
秦漢之戶口與政治 王崇武
歷史和其他科學的關係 白寶瑾
從卜辭中所見的殷民族 李夢英
古代羅馬的經濟情形和牠給我們的教訓 李維棨譯
問學記 陳文馥
四百六十鳳皇齋讀書記——讀林居漫錄 張政烺
跋持雅堂文集 張公量

图 78.1 《史学》第一期封面

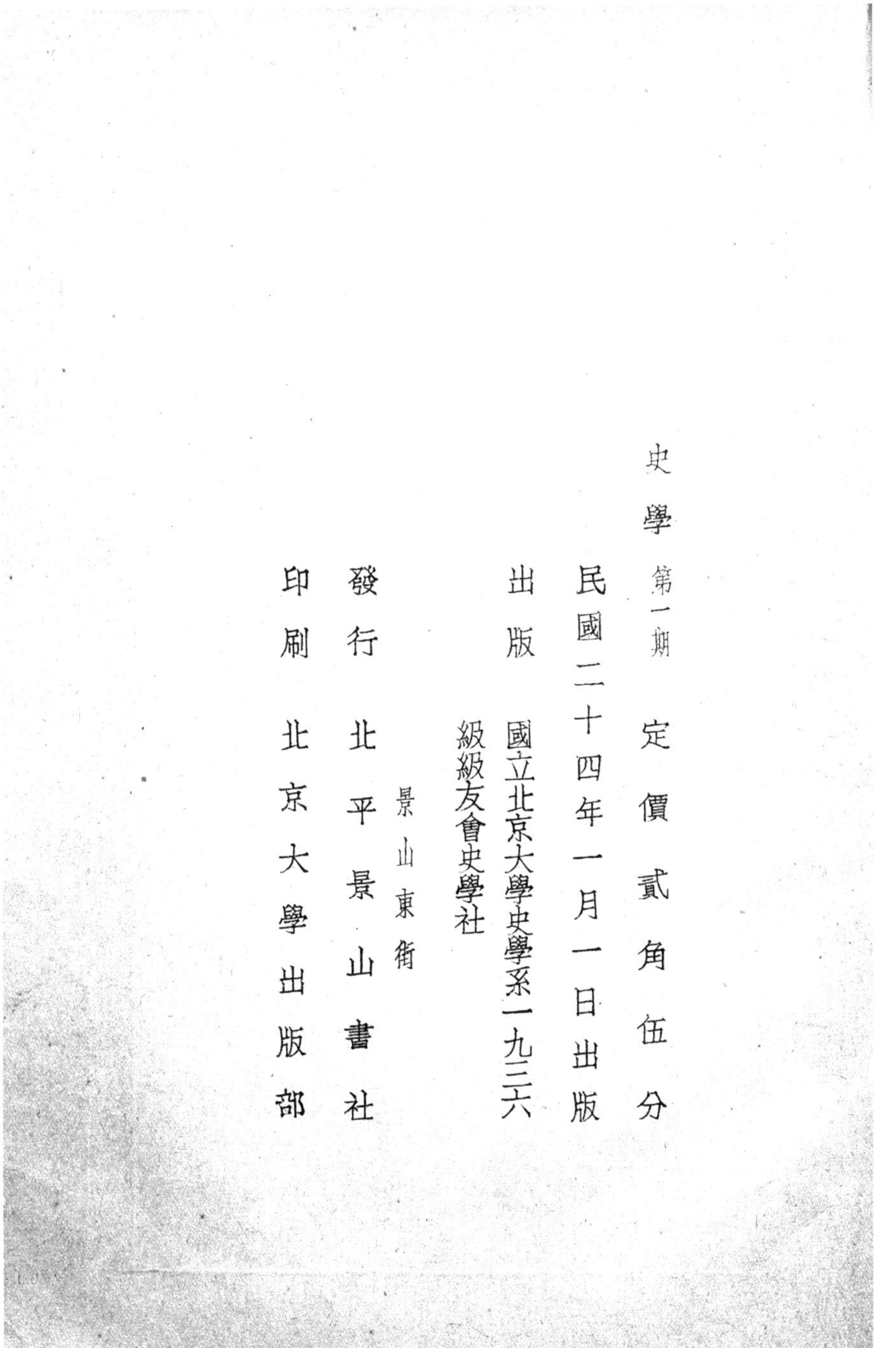
史學 第一期 定價貳角伍分

民國二十四年一月一日出版

出版 國立北京大學史學系一九三六級級友會史學社

景山東街

發行 北平景山書社

印刷 北京大學出版部

图 78.2 《史学》第一期封底

瓦缶

一、刊物介绍

1935 年 1 月 1 日创刊，北京大学瓦缶月刊社编辑兼发行，聚珍阁印刷，月刊，现仅见第一期，综合性刊物。

二、刊物内容

本刊“系一公开的自由的研究刊物，绝无任何政党的背影，完全以客观的立场，无一定的成见，只是为真理的爱护与追求。争取真实思想的胜利，还敢进而相告读者的，本刊之任务，是要负起中华民族的独立与解放的责任”①。刊物设有“评论”“论著”“文艺”“杂俎”等栏目。本刊为纯粹的研究学术，内容主要包括国际经济政治的解析、中国政治经济的研究、介绍与批评文艺、哲学、历史理论，还刊载文学作品和译文等。如评论类文章有《复兴民族与普及教育》《从日本废止海约说到英日同盟》等，论著类文章有《中国社会史之一页》《历史的发生与发展》等，文艺类载文有《仆人》《家》，杂俎类有漫画《高能的教官》《四种人》等。刊物为了解当时国内外形势、社会背景、政治、经济状况等提供参考资料。

三、馆藏信息

11760/J 1935 v.1，no.1

第一卷第一期封面钤有“燕京大学图书馆”章。

① 瓦缶月刊社 . 发刊词［J］. 瓦缶，1935（1）.

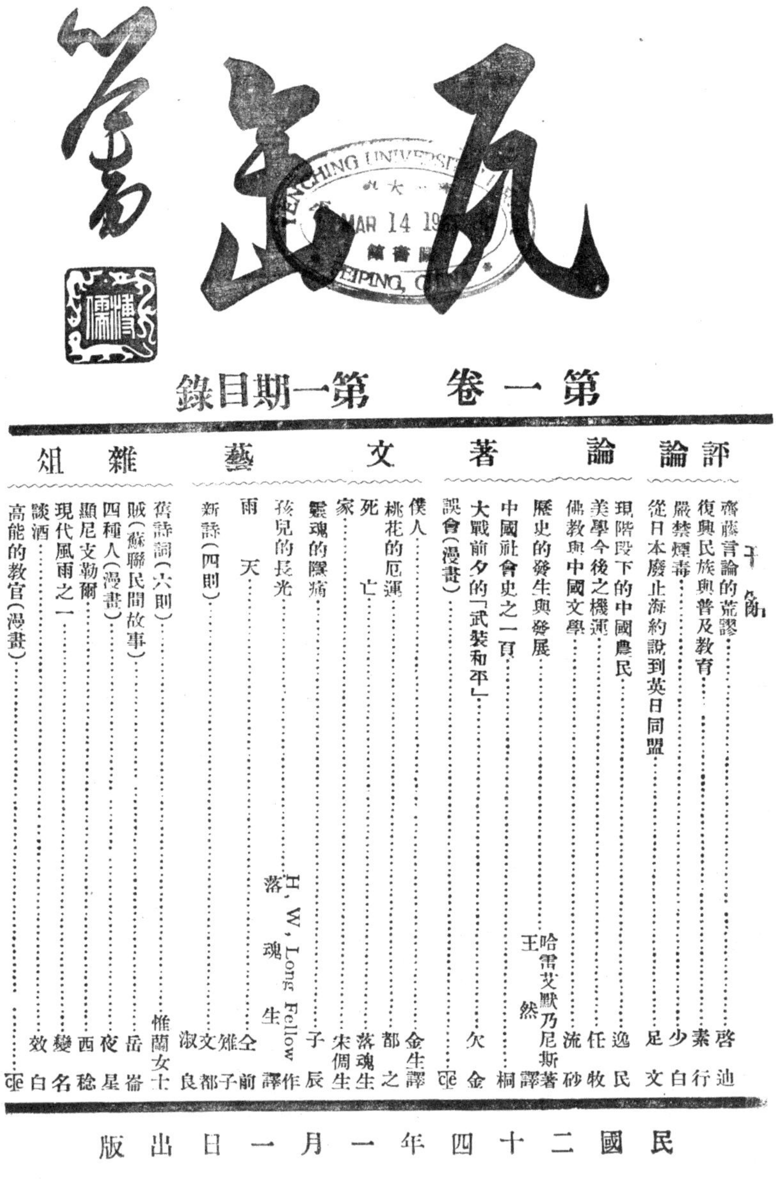

瓦缶

第一卷 第一期目錄

民國二十四年一月一日出版

图 79.1 《瓦缶》第一卷第一期封面

發刊詞

目前整個的國際形勢，充分地暴露了大戰前夜的序幕，世界的人羣，都是受着戰爭的威脅，特別是我中華民族，眞是臨到生死存亡的關係！

由於世界經濟恐慌的加深，政治危機的尖銳，使各帝國主義的強盜，在各懷鬼胎的軍縮會議的前面，拚命的加緊戰爭的軍事準備，爲掠奪殖民地的屠殺，最近的戰債賠款，軍縮問題的不能解決，國聯的難以維持，凡爾賽條約的解體，遠東局勢的緊張，這一切的一切，無一不是證明大戰已迫在眉睫了。

「九一八」事變，日本帝國主義的無情強盜，強佔我東北四省的土地，屠殺了成千成萬的人民；就是其他帝國主義，也是隨着日本帝國主義的掠奪行爲，加緊的向着中國的土地與人民進攻，在這樣嚴重的環境之下，國內的封建餘孽，軍閥，叛亂的野心家，同聲一致的作帝國主義進攻中國的淸道夫，使中華民族的危難已至萬分了，人民生活之疾苦，已經不如牛馬了！

國際環境已如此的惡劣，中國民族的危險，是警惕在我們每個青年之前，偉大的中國革命，現在已經臨到我們的頭上，光榮的革命任務，是擱在我們的肩上，絕對的無可旁貸！同時革命的成功，中華民族的獨立與解放，也就在目前，我們每個青年爲什麼還要徬徨猶豫徘徊在歧途?!應該英勇地站在革命的前線，負起民族獨立與解放的使命！

在全世界經濟恐慌與政治危機的狂瀾中，在世界大戰的風雲中，在帝國主義及反動勢力進攻中國蹂躪人民的恐怖中，在民族危機日益的嚴重中，在偉大的中國革命的前夜，眞實的革命理論，是革命的武器之一。

目前思想界的混論，理論之墮落與歪曲，以至忽視理論之傾向，一面反映危機的嚴重，一面表現理論水準的低下，然而我們相信，必須有眞實的革命理論，方能保證眞實的革命行動，得到偉大的革命勝利。

本刊的出版，純是由於本刊同人，相處日久，爲目前環境的影響，使我們的意識走到一致的表現。因此本刊係一公開的自由的研究刊物，絕無任何政黨的背影，完全以客觀的立場，無一定的成見，只是爲眞理的愛護與追求。爭取眞實思想的勝利，還敢進而相告讀者的，本刊之任務，是要負起中華民族的獨立與解放的責任。

由於本刊是純粹的研究學術，爲革命眞理的愛護與追求者，所以內容的範圍，也就包括以下幾種：

一，國際經濟政治的解析，

二，中國政治經濟的研究，

三，文藝，哲學，歷史理論之介紹與批評，

四，文藝之創作及翻譯，

五，一切革命理論之介紹及批評。

最後，本刊的內容，我們十分的相信，定有許多缺點與不充實的地方，我們萬分的誠懇，以革命的態度，要求友人及讀者時加指導與批評！

图 79.2 《瓦缶》发刊词

203645　11760

瓦缶月刊

評論

齋藤言論的荒謬

啟迪

從軍縮會議談判，由熱烈而至冰冷，近已告于停談了，列強的無意裁軍，充分的表現出來；武力的飛騰，已成不可掩沒的事實，大戰的暴發，眞有一觸卽發的可能！

前日報載駐美大使齋藤，對美新聞記者談話；其大意說：『日本爲了維持東亞的和平安全起見，到必要時，或者攫取中國的華北，英美如欲干涉牠的行動，情願抱最大的犧牲，不惜以兵戎相見』。我們看完他的談話，是如何的荒謬絕倫呀！同時明顯地擺在目前的一件事實，就是日本已與英美處到對立的地位了！

維持遠東的和平與安全，是否日本非吞併中國華北不可。不待知者而言，祇有加速遠東的紛亂吧了。這種狂妄荒誕之言，本不值識者一駁。但是在這裏表現出日本侵略中國的野心並未稍殺，更加速度化了。

古語說：『多難可以興邦』！又說：『明恥教戰』。我們都是中國人，背上應負起十字架來。就有共同拯救的責任，當此國難期間，希望黨內先進諸公，不要以義氣相爭，而要以國家民族生命爲前提。所以精誠團結，澈底改造，國家前途，庶有希望！不然，縱使日本不要滅中國，而中國亦自亡矣！

『寧爲玉碎，不爲瓦全』。是全國人民一致的心理。我們不要以日本的危言聳聽而自餒，要以同仇敵愾的信心與之周旋。咎由自作，孽由自造；于天何尤，于人何尤！安見不能因努力而使危急的國家變爲富庶！這又在全國人民好自爲之了！

最後希望大家個個負有改造環境的決心，不要因境遇不良而灰心。

復興民族與普及教育

素行

辛亥革命以民族主義相號召，三民主義以民族平等爲第一原則、歐戰後世界革命潮流趨向於民族自決、近年來中國朝野上下更感到帝國主義的壓迫以復興民族爲唯一出路。於是政府一切設施，以復興民族爲準的。提倡新生活運動者爲此，改革教育者爲此。更進而以復興民族爲目前中國教育之中心目標。凡爲中國國民，誰都不能否認此種認識的正確性，可見教育是奠定民族生存基礎最有效的工具，統觀歷年來整頓教育的實施與言論，不能不使我人發生美中不足之感：

目前中國教育之癥結何在？辦高等教育者歸罪於中等教育之不善，辦中等教育者又責難初等教育之基礎不良，究竟罪在何方，迄今未有定論，可是教育當局社會人士，

燕京大學圖書館藏
0004118

图 79.3 《瓦缶》第一卷第一期正文首页

本刊投稿簡章

一，本刊歡迎經濟，政治，教育，各地風俗及文藝之投稿。

二，譯稿須附原文

三，來稿務須繕寫清楚，并加標點符號。

四，本刊有删改來稿權，不願者可聲明。

五，來稿登載與否概不退還，附郵票者例外。

六，稿費暫以本刊作酬。

七，來稿筆名自便但須將眞實姓名住址寫明，以便通訊。

八，來稿寄北平北京大學第一院本社

瓦缶月刊 第一卷第一期

中華民國二十四年一月一日出版

主編兼發行 瓦缶月刊社 北平北京大學第一院

印刷者 聚珍閣印刷局 北平前外楊梅竹斜街 電話南局七三一號

代售處 各埠大書局

定價

每月一日出版

訂購辦法	期數	價目	外埠郵費
零售	一期	一角	二分
半年	六期	五角五分	一角二分
全年	十二期	一元	二角四分

图 79.4 《瓦缶》第一卷第一期封底

北大周刊

一、刊物介绍

1935 年 12 月 30 日创刊，北京大学学生会学术股编辑发行，周刊，停刊时间和原因不详。北大馆藏 1935—1937 年各一期，共三期。时事政治刊物，学生会刊物。

二、刊物内容

本刊由北大学生创办，刘玉柱、杨隆誉、王经川、李欣等人负责编辑，主旨为“反帝与救亡，在未来世界文明的进展里……尽一分应尽能尽的力量”。[①] 主要刊载北大学生撰写的关于政治问题与学生运动方面的论述，致力于讨论民族兴亡问题，进行抗日宣传活动，也刊载文艺作品。刊物第一期为“ 一二一六示威特刊”，为纪念 12 月 16 日的学生运动，刊物以探讨、叙述等方式，刊发运动发生的背景、意义、纪实、影响、杂感、考据、歌颂等专题文章，包括参与人员自述。载文不仅详细报道“一二·一六”运动，卷首还附多幅当日示威照片，展示了游行时的惨烈状况。所载具体文章有《在民族解放大旗之下团结》《一二一六以前的酝酿》《一个被捕者的自述》《我们今后的路线》《中日南京会议》等。刊物内容及时地反映了当时北大学生的实况和力图抗日救亡的思想动态。该刊是宣传抗日救亡的刊物，有助于了解民国时期北平抗日宣传的刊物出版，也是研究北大“一二·一六”示威学生运动的重要史料来源。

---

① 北京大学学生会学术股 . 发刊词［J］，北大周刊，1935（1）.

三、馆藏信息

13420/J 1935-36 no.1-2；1937 v.1，no.1

第一期封面钤有“燕京大学图书馆藏”章，第二期钤有“前北大学生存物纪念品　民国三十年清理”章及“梦赉，北大三院！”字样，第一、二期题名页有“周作仁先生存阅”字样，周作仁曾为北京大学经济系教授。

图 80.1 《北大周刊》第一期封面

13420

發　刊　詞

北大週刋誕生了，北大週刋出世了，在這風雨飄搖的局勢中，北大週刋的誕生，和出世，具有時代的現實意義：反帝與救亡；在未來世界文明的進展裡，北大週刋的繼長增大，要盡一分應盡能盡的力量：跋涉和開拓。

北大週刋將以十分之八九的容量，來納有關民族興亡的科學論著，與富有新穎意義的文學創作。本期創刋號，爲紀念本月十六日之偉大的學生運動，內容除十九幅有關係一二一六之文字外，並於卷首附以當日示威影片多幅，以示遊行時的轟烈狀況之一般，所以定名爲一二一六示威特刋。

北大週刋的撰稿者， 多數是還沒有離開學校的學生， 他們除拼命的努力充實寫作的內容外，更誠懇的期待着賢明的讀者們的批評與指敎。

一九三五，一二，二十八編者於北大。

图 80.2 《北大周刊》发刊词

本 期 目 錄

图 80.3 《北大周刊》第一期目录

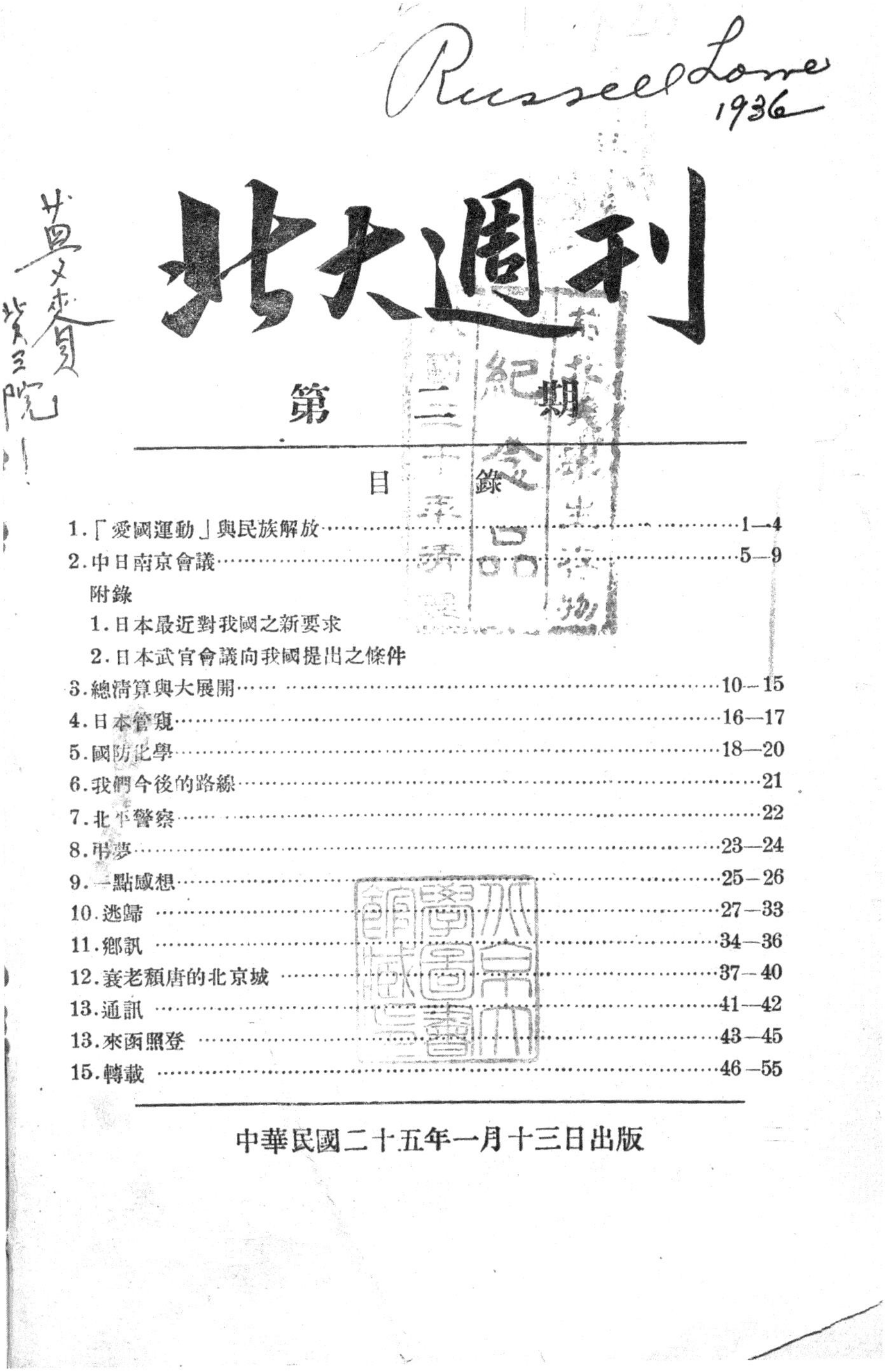

Russell Lowe
1936

北大週刊

第二期

目錄

中華民國二十五年一月十三日出版

图 80.4 《北大周刊》第二期封面

图 80.5 《北大周刊》1937 年第一卷第一期封面

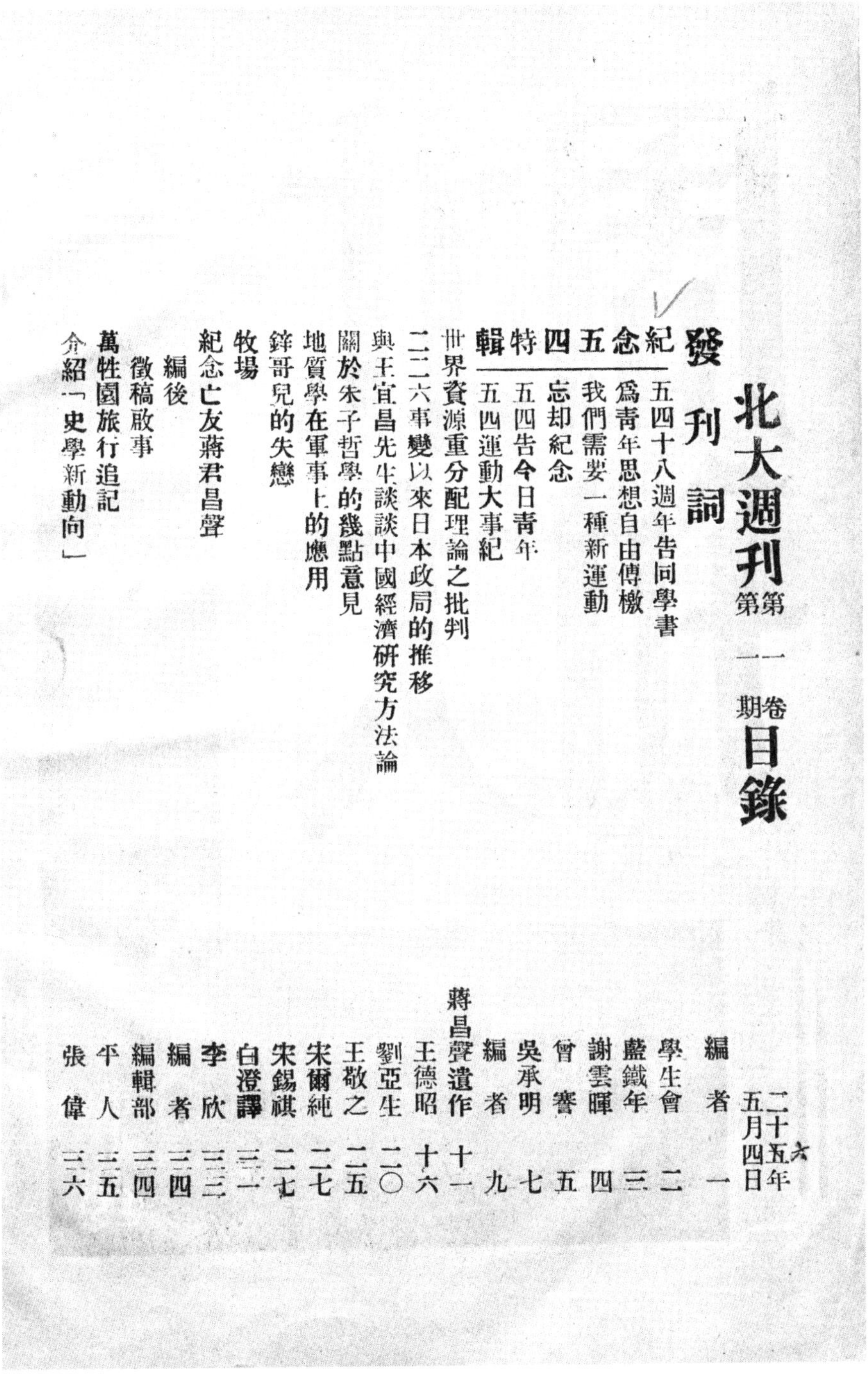

北大週刊 第一卷第一期 目錄

二十五年五月四日

图 80.6 《北大周刊》1937 年第一卷第一期目录

北大旬刊

一、刊物介绍

1936 年 2 月 21 日创刊，北京大学主办，北大旬刊社编辑发行，旬刊（有脱期），延续《北大周刊》作用。第一期为“平津学联扩大宣传团集合号”，第二、三、四期合刊“纪念三一八”，后停刊。社会科学综合性刊物。

二、刊物内容

《北大旬刊》的创办是为了实现下列目的：“建立起同学间和师生间的接触机会，使每位同学或教职员的意见都能得到正常的表现，从事民族解放斗争之理论与实际的讨论，在讨论中确定我们前进的最正确的道路。”① 本刊旨在用文字作为有效的媒介，使学生和“社会大众联合起来”，“在这已爆发的民族解放斗争的运动中”，“共同努力迈进”，“以复兴这已危将危的民族；保全这已破将破的国家；救活这已死将死的全国同胞”。设有“时事情报”“评坛”“论著”“杂谈”“大众通讯”“专载”“文艺”“新文字”八大栏目，刊载国际间影响中国存亡的各种事件，国内政治、经济、教育等重要消息，时事评论，以及有关研讨民族解放斗争理论与实际的文章；还以一定篇幅登载自然科学、社会科学、文学理论的论著和文学作品、新文字介绍及应用。刊文除讨论当时抗日救国的重要问题之外，还担当了发扬文化、传播思想、研究学术等任务。

---

① 北大旬刊社 . 我们的任务（代发刊辞）[J] . 北大旬刊，1936（1）.

三、馆藏信息

13440/J 1936 no.1-4

第一期封面钤有“燕京大学图书馆藏”章。

图 81.1 《北大旬刊》第一期封面

13440
~~204866~~

北大旬刊

北大旬刊創刊號 民國二十五年二月二十一日

時事情報 二月五日至十五日

評壇
外交一元政策 劍雲
關于上海日本紗廠毆斃華工案 曾斗
「黨國大計」—「攘外必先安內」 超等
「匪」的問題 的感
讀了陶希聖先生「北京大學學生大會感想」以後 建光
對內與對外 方申

論著
自「民主」到「獨裁」之社會學的觀察 屋森
北方這文壇 顧泰曼

雜
南京睦鄰政府「保護生愛國運」動的幾個部局 饒舌
「猪仔議員」與「猪仔代表」 宰豬
為梅世鈞殉難案建議學聯聲援意見書

大衆談
下鄉記 建光
愛國有罪 益派

通訊
武漢在惡勢力包圍中

專載
反對中日南京會議宣言
爲反對中日南京會議告國民書

文藝
違法者 白澄
萌芽 梁榛
平常的故事 薇苡
盲兒 伊芸
到農村去 穎燦
殘冬之夜 杜文

新文字

北大旬刊社的緣起和組織

僞代表和袒護僞代表者的肖像

我們的任務

——代發刊辭——

一九三五年末，暴風雨騷動了全中國；「一二九」「一二一六」爆發了，現在全國正在沸騰中——全中國民衆已經一齊奮起爲生存而鬥爭了！

我們是學生。我們很明瞭在暴風雨前夕我們的使命，我們更曉得在暴風雨中我們的任務。過去，我們認定了我們的使命、踏上了民族解放鬭爭的最前線，現在我們更把握住了我們底任務，在暴風雨裡立定了指標，高舉着旗幟，從黑暗裡齊向光明進去。我們即使不是民族解放鬥爭裡的中堅陣營，至少是這全部陣營的先遣部隊。

亞比西尼亞民衆的英勇抗意戰爭，引動了埃及民衆的民族革命的情緒；目前的非洲已是黑暗世界裏最光明的一角了。最近敘利亞反法的民族解放運動，更在前兩者的影響之下，繼續擴大；世界弱小民族的獨立解放

燕京大學圖書館藏
0004602

图 81.2 《北大旬刊》代发刊辞

图 81.3 《北大旬刊》第二、三、四期合刊封面

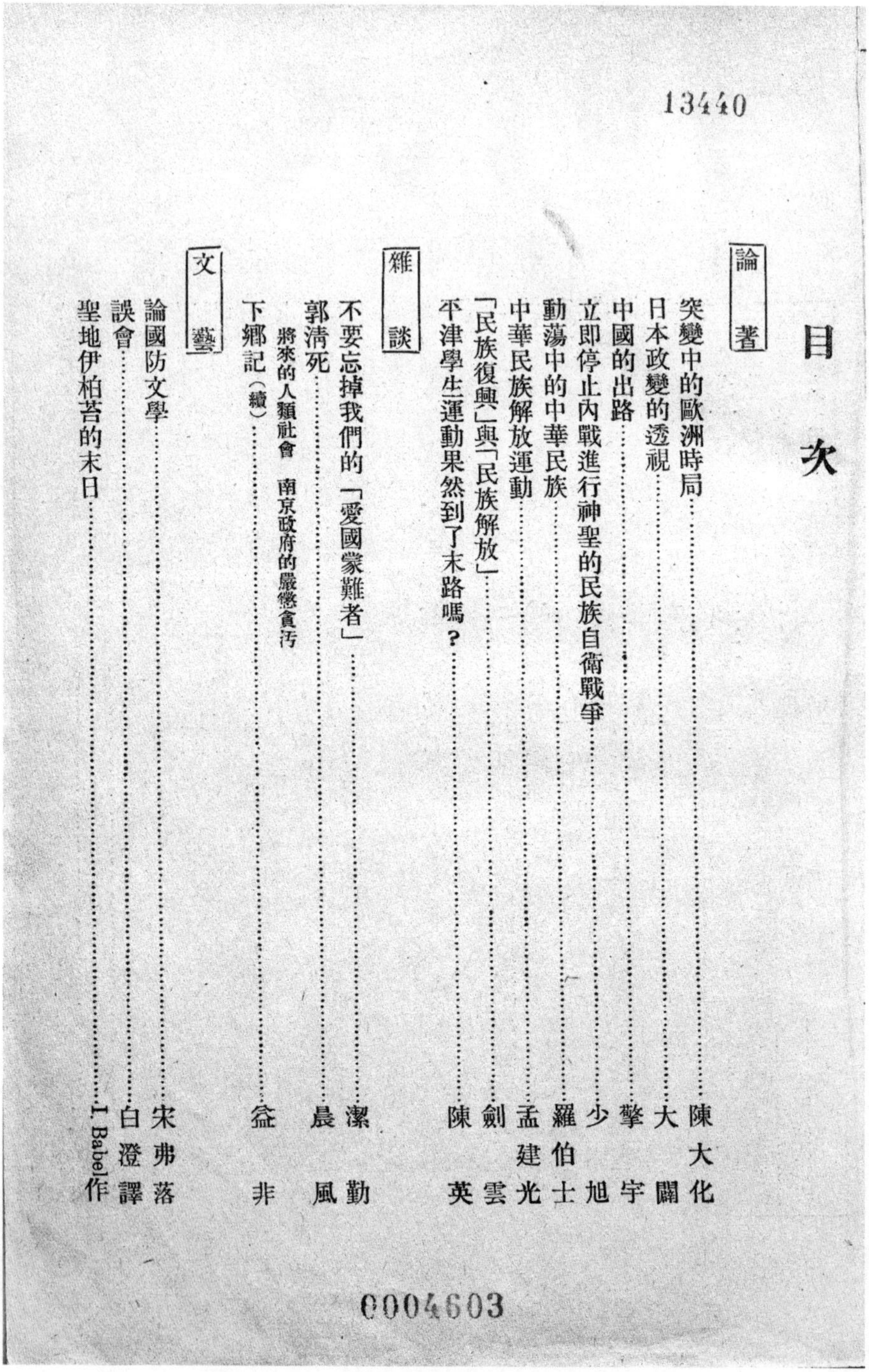

13440

目次

論著

雜談

文藝

C004603

图 81.4 《北大旬刊》第二、三、四期合刊目录

每周论坛

一、刊物简介

1936年8月7日创刊于北平，北京大学每周论坛社编辑并发行，周刊，现仅存创刊号。

二、刊物内容

该刊《发刊词》中写到："同人等创办斯刊，也只是为了这一点'真理'所驱，可是我们都是一批才力薄弱的青年，所以不能和一般满腹经纶的学者先生们相比拟，相媲美；因此，我们的刊物并不希冀博学专家的青睐，也不希望意识健全的青年作为阅读的资料，我们所希望的是一般普通的智识份子作为修养的素剂。……内容难免简陋，字句当然通俗，可是在意识上，我们是力求正确高深，决不随着文字的简俗而浅薄。但这种水准并不是容易达到的，是需要读者诸君们的指示和严正的批评。"① 该刊设有"时论"和"专论"栏："时论"侧重点评各国时事，如《动乱中的西班牙》等；"专论"则主要针对当时社会情状发表意见，有《论"国民经济建设运动"》等文章。

三、馆藏信息

21003/J 1936 Aug.

期刊封面钤有"燕京大学图书馆藏"章。

---

① 北京大学每周论坛社．发刊词［J］．每周评论，1936.

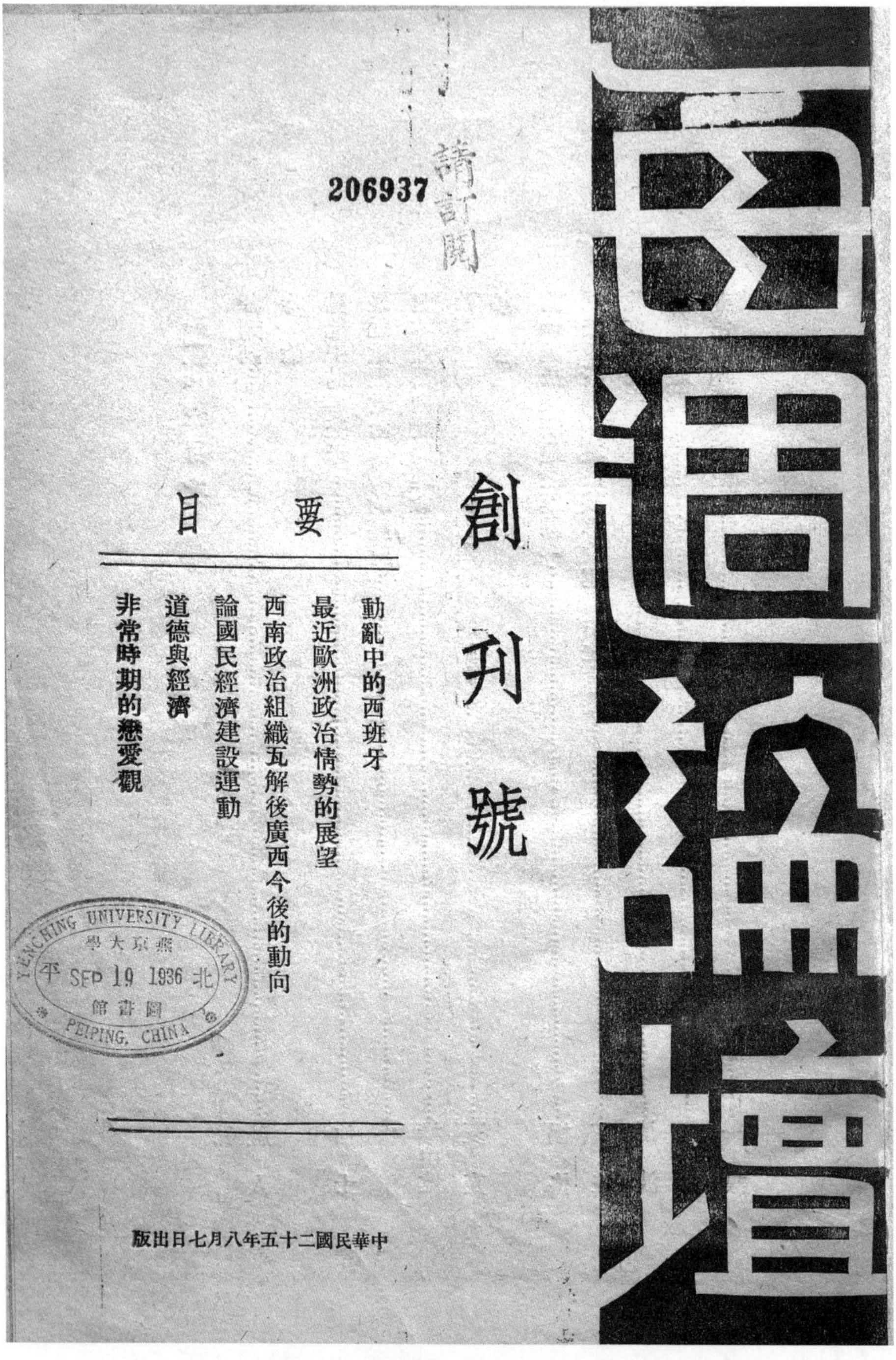

图 82.1 《每周论坛》第一期封面

創刊號目次

图 82.2 《每周论坛》第一期目录

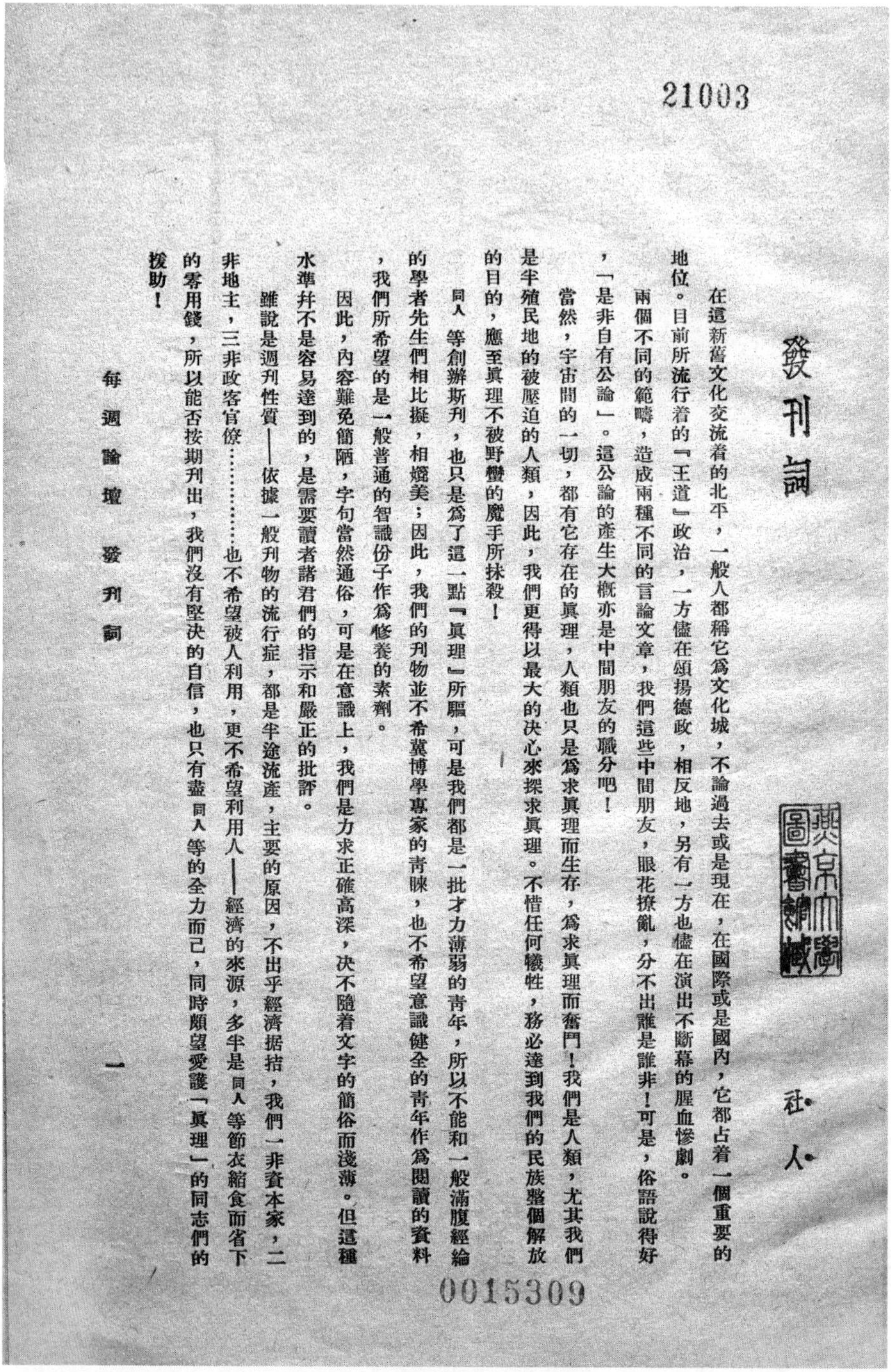

21003

發刊詞

社人

在這新舊文化交流着的北平，一般人都稱它爲文化城，不論過去或是現在，在國際或是國內，它都占着一個重要的地位。目前所流行着的『王道』政治，一方儘在頌揚德政，相反地，另有一方也儘在演出不斷幕的腥血慘劇。兩個不同的範疇，造成兩種不同的言論文章，我們這些中間朋友，眼花撩亂，分不出誰是誰非！可是，俗語說得好，「是非自有公論」。這公論的產生大概亦是中間朋友的職分吧！

當然，宇宙間的一切，都有它存在的眞理，人類也只是爲求眞理而生存，爲求眞理而奮鬥！我們是人類，尤其我們是半殖民地的被壓迫的人類，因此，我們更得以最大的決心來探求眞理。不惜任何犧牲，務必達到我們的民族整個解放的目的，應至眞理不被野蠻的魔手所抹殺！

同人等創辦斯刊，也只是爲了這一點『眞理』所驅，可是我們都是一批才力薄弱的青年，所以不能和一般滿腹經綸的學者先生們相比擬，相媲美；因此，我們的刊物並不希冀博學專家的青睞，也不希望意識健全的青年作爲閱讀的資料，我們所希望的是一般普通的智識份子作爲修養的素劑。

因此，內容難免簡陋，字句當然通俗，可是在意識上，我們是力求正確高深，決不隨着文字的簡俗而淺薄。但這種水準并不是容易達到的，是需要讀者諸君們的指示和嚴正的批評。

雖說是週刊性質——依據一般刊物的流行症，都是半途流產，主要的原因，不出乎經濟据拮，我們一非資本家，二非地主，三非政客官僚……也不希望被人利用，更不希望利用人——經濟的來源，多半是同人等節衣縮食而省下的零用錢，所以能否按期刊出，我們沒有堅決的自信，也只有盡同人等的全力而已，同時頗望愛護「眞理」的同志們的援助！

燕京大學圖書館藏

0015309

图 82.3 《每周论坛》发刊词

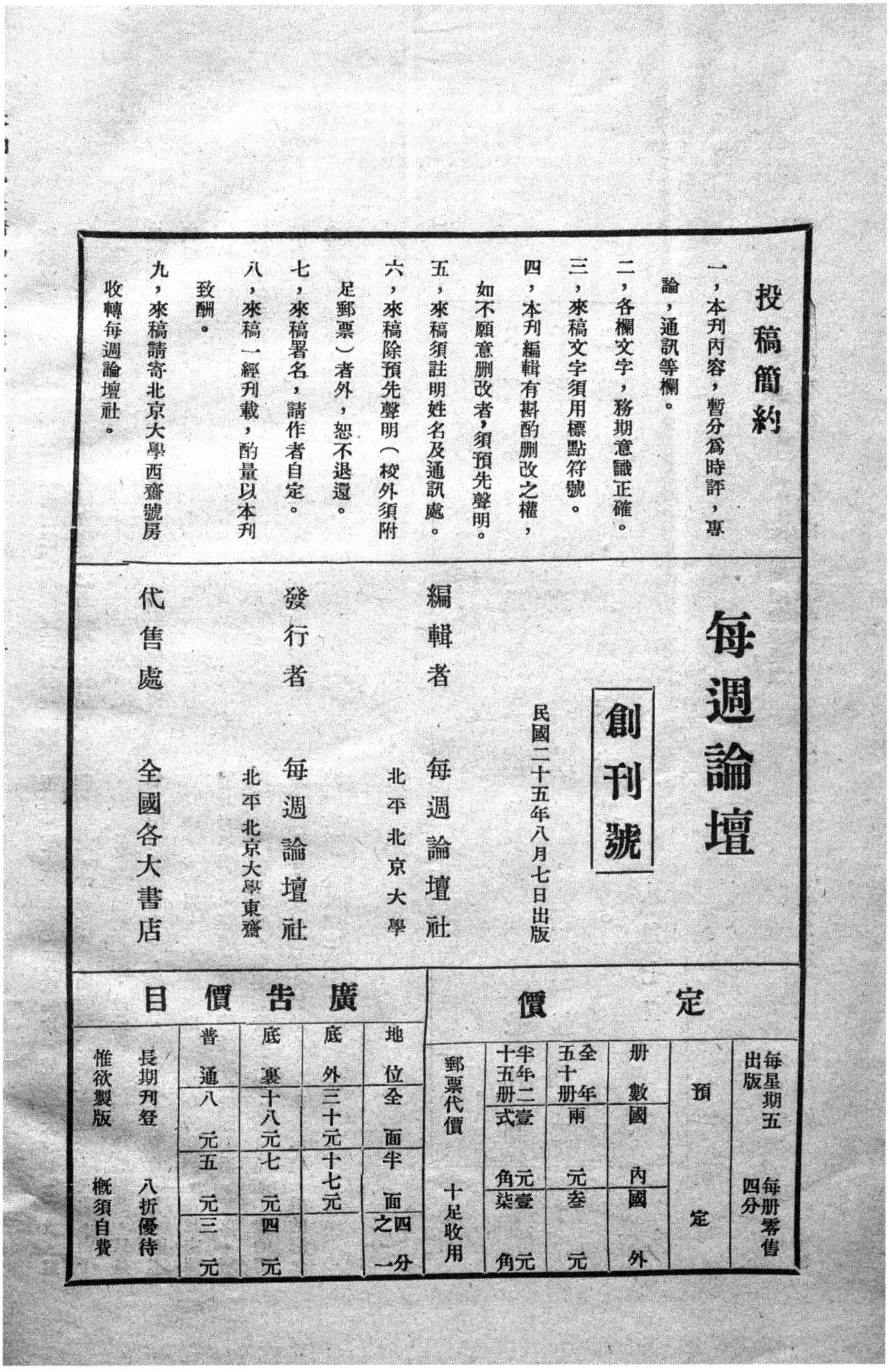

投稿簡約

一，本刊內容，暫分爲時評，專論，通訊等欄。

二，各欄文字，務期意識正確。

三，來稿文字須用標點符號。

四，本刊編輯有斟酌刪改之權，如不願意刪改者，須預先聲明。

五，來稿須註明姓名及通訊處。

六，來稿除預先聲明（校外須附足郵票）者外，恕不退還。

七，來稿署名，請作者自定。

八，來稿一經刊載，酌量以本刊致酬。

九，來稿請寄北京大學西齋號房收轉每週論壇社。

每週論壇

創刊號

民國二十五年八月七日出版

編輯者 每週論壇社 北平北京大學

發行者 每週論壇社 北平北京大學東齋

代售處 全國各大書店

定價

每星期五出版　每册零售四分

預定	國內	國外
册數	國內	國外
全年五十册	兩元	叁元
半年二十五册	壹元弍角	壹元柒角

郵票代價十足收用

廣告價目

地位	全面	半面	四分之一
底外	三十元	十七元	
底裏	十八元	七元	四元
普通	八元	五元	三元

長期刊登　八折優待

惟欲製版　概須自費

图 82.4 《每周论坛》第一期封底

学生动向

一、刊物介绍

1936年12月1日创刊，学生动向月刊社编辑发行，月刊，胡适为创刊号题写刊名。第二期为“新年特大号”，且封面图由霓霄制作。社会科学综合性刊物。

二、刊物内容

本刊主张“上下一心，军民一体，歼敌复仇”，“愿举国青年人以万里长城相期许，任重致远，始终不渝”。刊物设有“短评”“时事论述”“专论”“转载”“杂俎”“读书生活”等栏目，内容主要是针对当时的国际局势和中国所面临的危机发表述评，还刊登有关教育、经济、社会问题的论述，及古诗词和少量化学知识。载文短评类有《整饬外交阵容》《陕变的善后处置》等，时事论述有《一九三七年之学生动向》《从守绥远谈到中国前途》等，专论有《我国中央政治组织之回顾与展望》，读书生活栏目有《快乐学派的历史观察》等，杂俎类中有《胡适之傅斯年诸先生讲演词》《苦雨》等，还有转载专栏中陶希圣《中国的出路与中日关系》、马叙伦《谕子书》等，以及《家庭教育的重要与学校教育的关系》《日本经济分析》《国防化学概说》等文章。该刊为了解当时国际局势和中国所面临的危机，社会问题以及教育、经济等提供历史参考资料。

三、馆藏信息

58255/J 1936-1937 no.1-2

第一、二期封底均钤有“前北大学生存物纪念品　民国三十年清理”章。

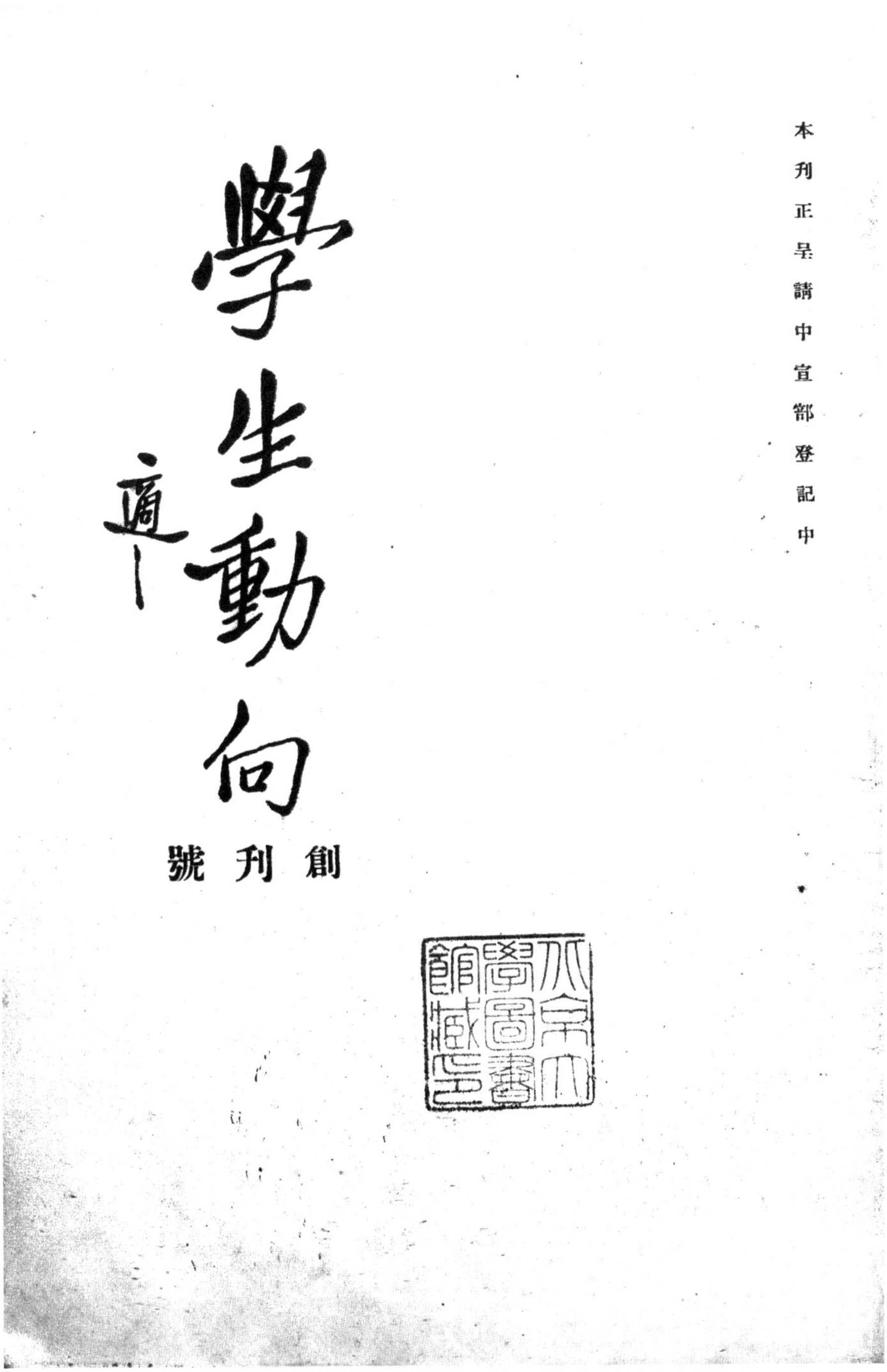

图 83.1 《学生动向》第一期封面

學生動向創刊號目次

學生動向目次　一

图 83.2 《学生动向》第一期目录

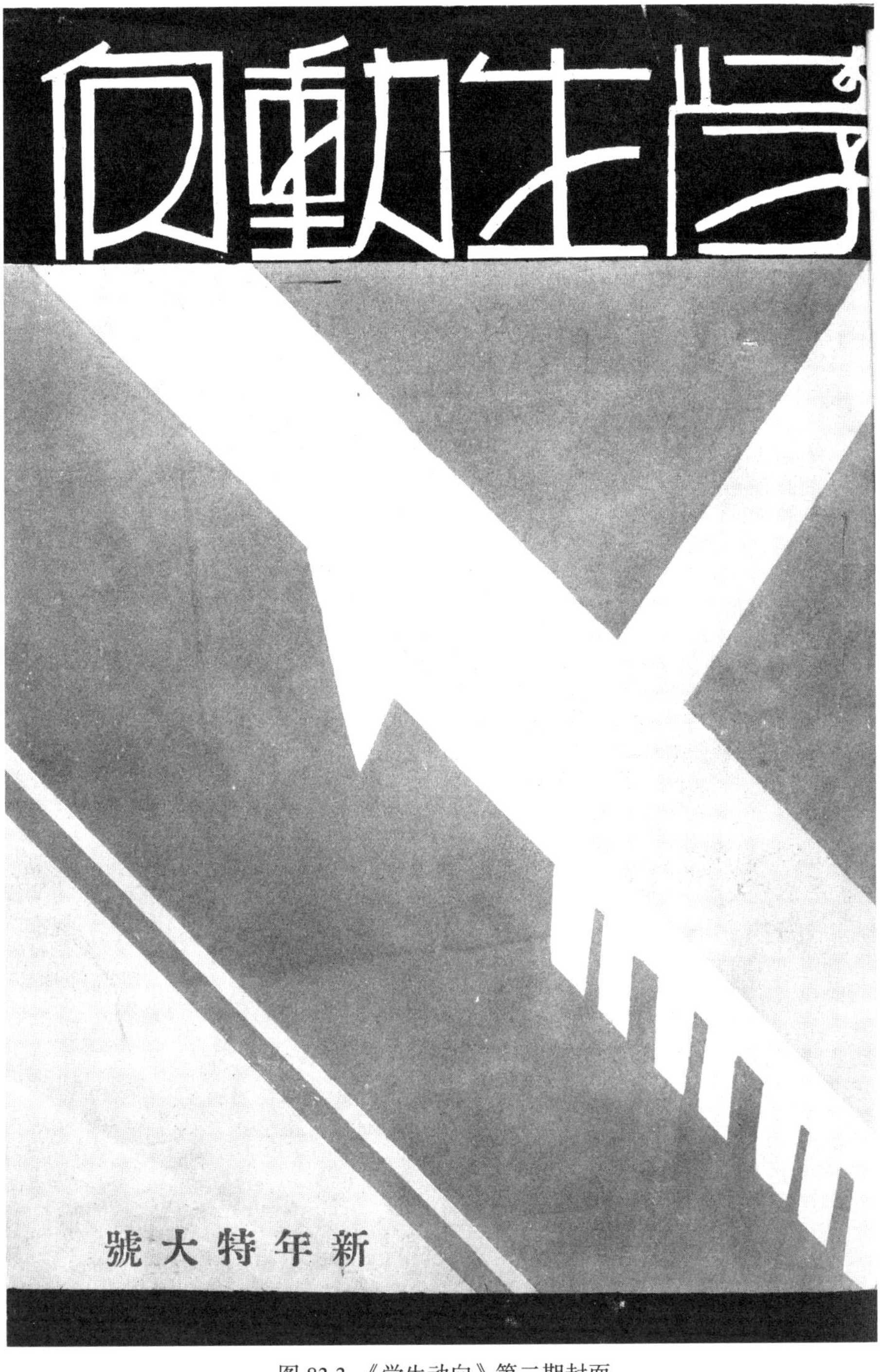

图 83.3 《学生动向》第二期封面

學生動向第一卷第二期目次

图 83.4 《学生动向》第二期目录

北大经济学报

一、刊物简介

1936年12月31日创刊于北平，北京大学经济学会（经济系学生组织）主办，北大经济学会出版股发行，现存1936年第一期。据《发刊词》可知，此次办刊应是《北大经济学会半月刊》的延续。

二、刊物内容

该刊《发刊词》说："我们反复的思考，以为这样敷衍下去，实在也没有什么意思，所以我们虽然知道自己的能力有限，不能获得什么结果；但是我们还盼望它能活跃起来，滋荣起来。当然它的生长与夭折，全靠着我们全体会员的培养与扶持，所以我们诚意的盼望诸位会员，努力来充实自己的园地。"[①] 现存创刊号共8部分内容，除去《发刊词》《编后》，还有当时的经济系主任赵迺抟的寄语（《赵主任的话》），对同学们研究经济问题提了5点建议。其余5篇文章，除赵迺抟的演讲外，都是学生的习作。从文章研究的内容看，视角较为广阔，既有国内经济的研究，也有对国外经济的考察，不仅重视当时的经济制度，也对历史经验进行了检讨。《北大经济学报》作为学生刊物，是学生们讨论经济问题的一个有效平台，对于此刊物的意义，北大经济学会自己也有较清醒的认识："我们只是想利用它来发展我们写作的能力，同时自己有什么心得，不妨公

① 北京大学经济学会．发刊词［J］．北大经济学报，1936（1）．

布一下，让大家知道。”[①] 这样平实而有坚持的理想，不光在那个年代殊为宝贵，即使放在今天，也颇具借鉴意义。

三、馆藏信息

13450/J 1936 no.1

第一期封底钤有“前北大学生存物纪念品　民国三十年清理”章。

① 北京大学经济学会 . 发刊词［J］. 北大经济学报 ,1936（1）.

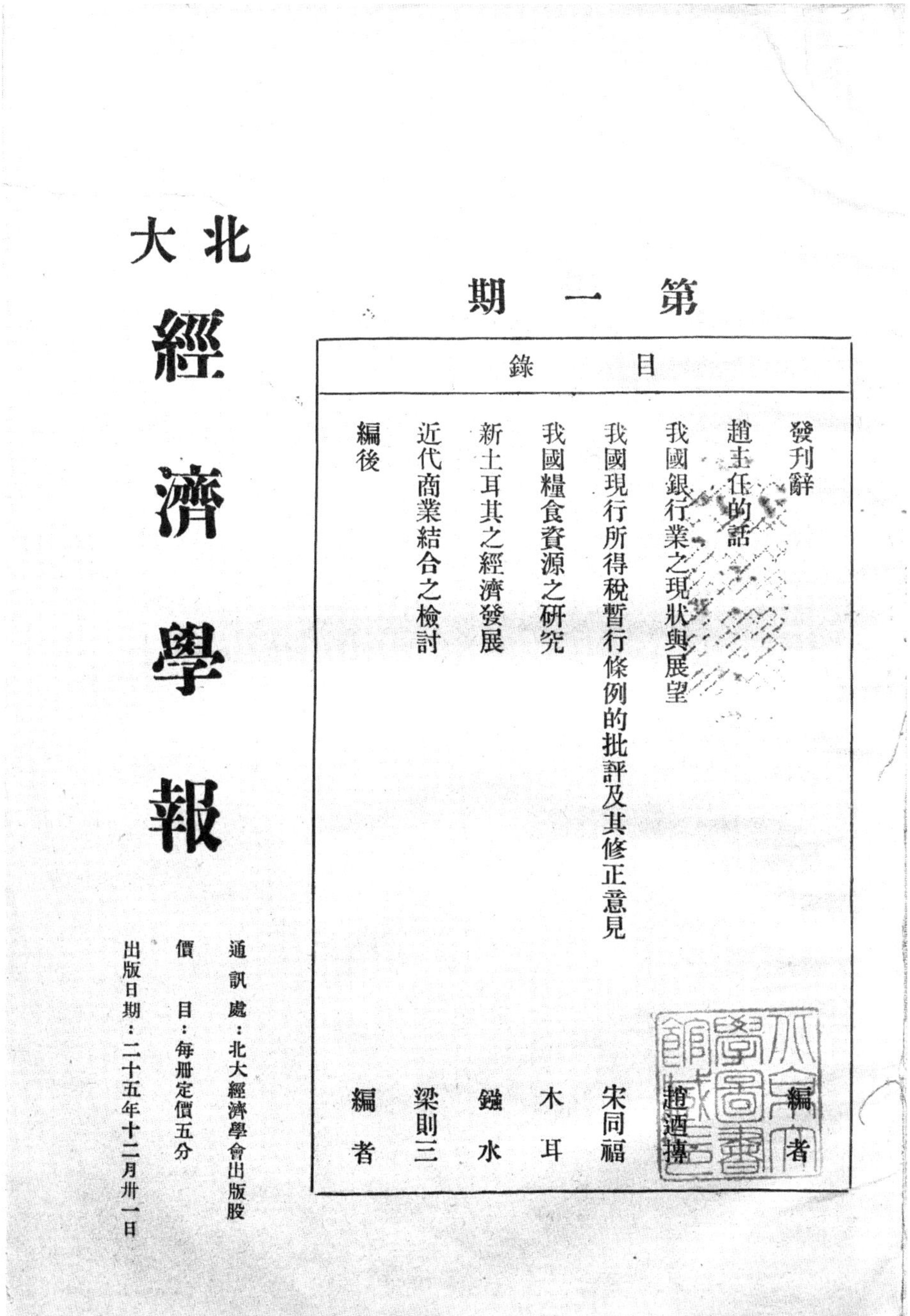

北大經濟學報

第一期

目錄

發刊辭　編者

趙主任的話

我國銀行業之現狀與展望　趙迺摶

我國現行所得稅暫行條例的批評及其修正意見　宋同福

我國糧食資源之研究　木耳

新土耳其之經濟發展　鎰水

近代商業結合之檢討　梁則三

編後　編者

北京大學圖書館藏

通訊處：北大經濟學會出版股

價目：每冊定價五分

出版日期：二十五年十二月卅一日

图 84.1 《北大经济学报》第一期封面

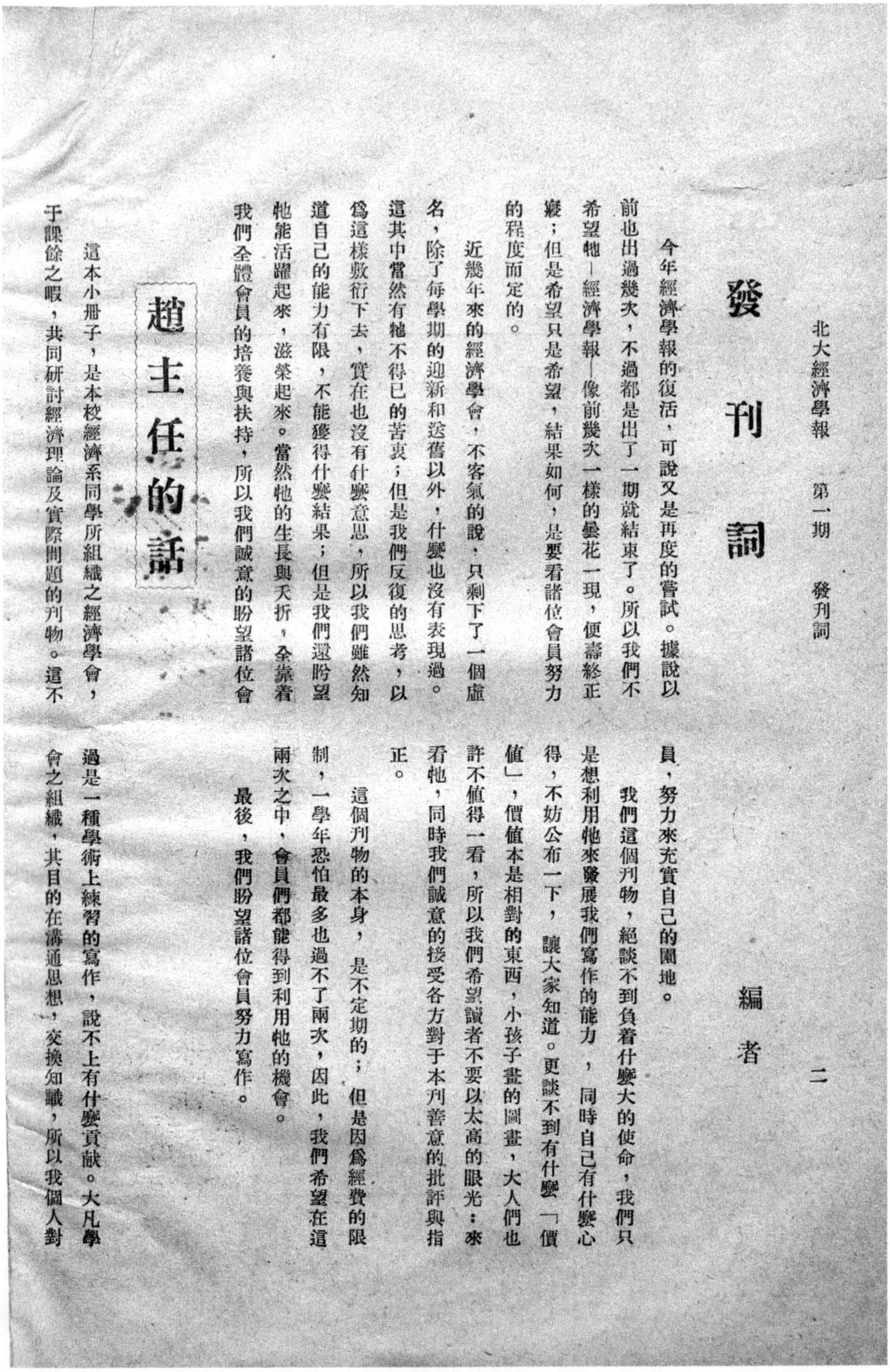

北大經濟學報　第一期　發刊詞　二

發刊詞

編者

今年經濟學報的復活，可說又是再度的嘗試。據說以前也出過幾次，不過都是出了一期就結束了。所以我們不希望牠—經濟學報—像前幾次一樣的曇花一現，便壽終正寢；但是希望只是希望，結果如何，是要看諸位會員努力的程度而定的。

近幾年來的經濟學會，不客氣的說，只剩下了一個虛名，除了每學期的迎新和送舊以外，什麼也沒有表現過。這其中當然有牠不得已的苦衷；但是我們反復的思考，以爲這樣敷衍下去，實在也沒有什麼意思，所以我們雖然知道自己的能力有限，不能獲得什麼結果；但是我們還盼望牠能活躍起來，滋榮起來。當然牠的生長與夭折，全靠着我們全體會員的培養與扶持，所以我們誠意的盼望諸位會員，努力來充實自己的園地。

我們這個刊物，絕談不到負着什麼大的使命，我們只是想利用牠來發展我們寫作的能力，同時自己有什麼心得，不妨公布一下，讓大家知道。更談不到有什麼「價值」，價值本是相對的東西，小孩子畫的圖畫，大人們也許不值得一看，所以我們希望讀者不要以太高的眼光；來看牠，同時我們誠意的接受各方對于本刊善意的批評與指正。

這個刊物的本身，是不定期的；但是因爲經費的限制，一學年恐怕最多也過不了兩次，因此，我們希望在這兩次之中，會員們都能得到利用牠的機會。

最後，我們盼望諸位會員努力寫作。

趙主任的話

這本小冊子，是本校經濟系同學所組織之經濟學會，于課餘之暇，共同研討經濟理論及實際問題的刊物。這不過是一種學術上練習的寫作，說不上有什麼貢獻。大凡學會之組織，其目的在溝通思想，交換知識，所以我個人對

图 84.2 《北大经济学报》发刊词

13450

于經濟學會會員有幾點意見，寫在下面，供諸位參考：

一，在自由主義衰微之今日，『國家』或『政府』在經濟生活上所佔之地位，日見重要，所以民族經濟的建設，必有賴于整個的計劃與統制。

二，一國之產業政策或經濟政策，必以大多數人民之福利為前提，不應受任何黨見之支配。

三，經濟的科學，尙在發展的時代，吾人當搜集統計資料，對于從前學說之偏于性質的研究者，佐以數量的補充。

四，經濟學之研究，當注意于新陳代謝之經濟制度，從時間及空間闡明其相對性，切不可錯認社會秩序及經濟法則為固定不變的事理。

五，經濟學之研究，必須有靜態經濟學的訓練，及動態經濟學的運用，方能于靜中觀變，于變中求通。

趙迺摶寫于北大一院 一九三六年冬 故都

趙迺摶先生講

「中國銀行之現狀與展望」

本文係本學會第一次公開演講講辭筆記者為沈大政先生 ——附記

今天的講題是關於中國銀行的分析，但一進學校的大門，驀然看到了「北大不老」的標語，却使我生出了無窮感觸，——我想起了中國銀行和中國教育所遭遇的同樣的運命來。仔細思考一下，我們覺得二者之間確很有相似之點。第一，中國銀行和中國教育可以說都是很幼稚的。雖然我們國家已經有了幾千年的歷史，但是這二者最高的年齡却也不過四十歲。在外國，一一七一意大利的維尼斯銀行已經設立了，這個銀行也許名氣小些，我們再找個鼎鼎大名的銀行作例子，英國的英蘭銀行是成立於一六九四，到現在已經逵二百餘歲的高齡，這不能不算是年高，但是

0004604

图 84.3 《北大经济学报》第三页

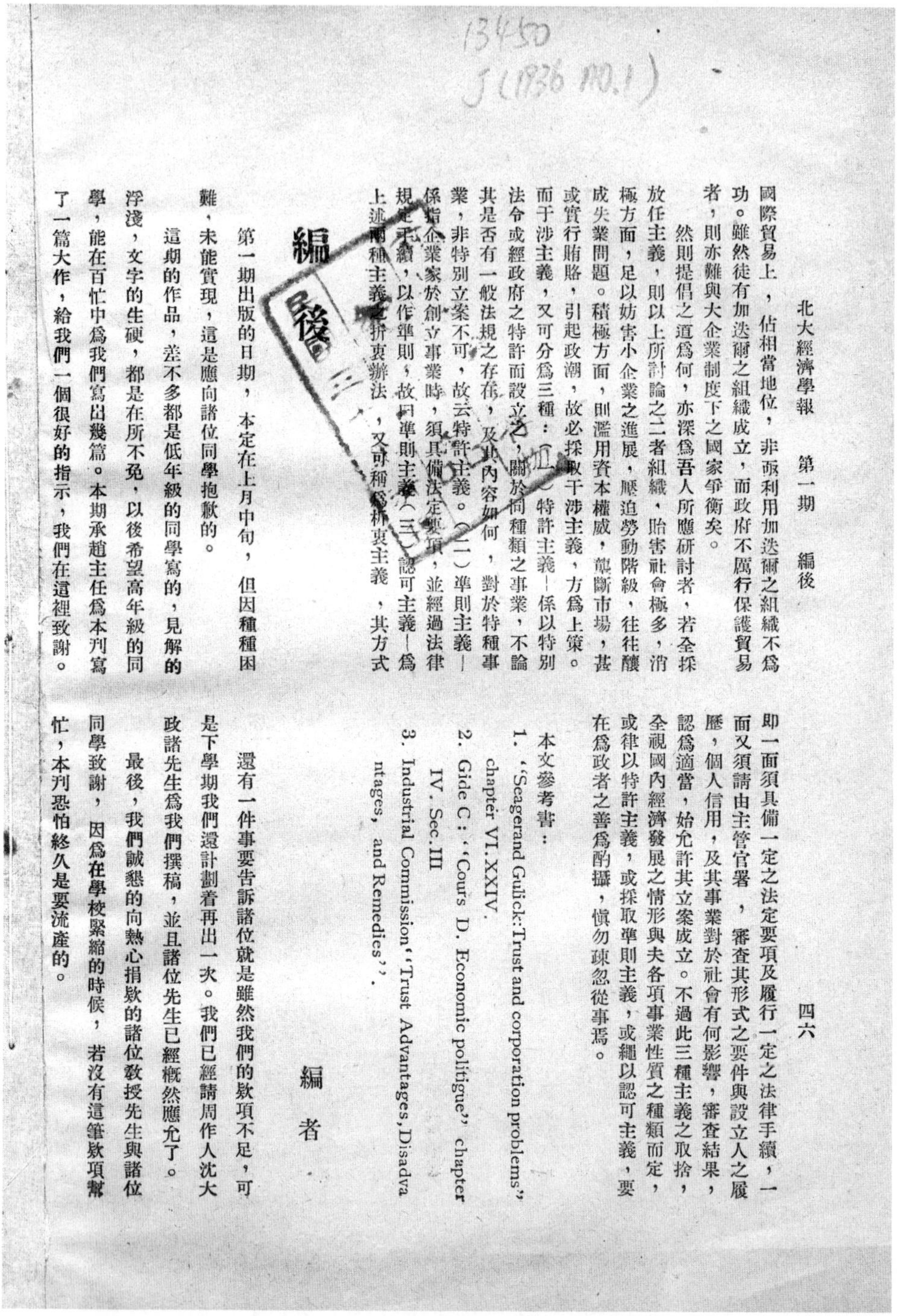
13450
J(1936 no.1)

國際貿易上，佔相當地位，非亟利用加迭爾之組織不爲功。雖然徒有加迭爾之組織成立，而政府不厲行保護貿易者，則亦難與大企業制度下之國家爭衡矣。

然則提倡之道爲何，亦深爲吾人所應研討者，若全採放任主義，則以上所討論之二者組織，貽害社會極多，消極方面，足以妨害小企業之進展，壓迫勞動階級，往往釀成失業問題。積極方面，則濫用資本權威，壟斷市場，甚或實行賄賂，引起政潮，故必採取干涉主義，方爲上策。而干涉主義，又可分爲三種：(一)特許主義—係以特別法令或經政府之特許而設立之，關於同種類之事業，不論其是否有一般法規之存在，及其內容如何，對於特種事業，非特別立案不可，故云特許主義。(二)準則主義—係指企業家於創立事業時，須具備法定要項，並經過法律規定手續，以作準則，故曰準則主義(三)認可主義—爲上述兩種主義之折衷辦法，又可稱爲折衷主義，其方式即一面須具備一定之法定要項及履行一定之法律手續，一面又須請由主管官署，審查其形式之要件與設立人之履歷，個人信用，及其事業對於社會有何影響，審查結果，認爲適當，始允許其立案成立。不過此三種主義之取捨，全視國內經濟發展之情形與夫各項事業性質之種類而定，或律以特許主義，或採取準則主義，或繩以認可主義，要在爲政者之審爲酌擇，愼勿疎忽從事焉。

本文參考書：
1. "Seagerand Gulick: Trust and corporation problems" chapter VI. XXIV.
2. Gide C: "Cours D. Economic politigue" chapter IV. Sec. III
3. Industrial Commission "Trust Advantages, Disadvantages, and Remedies".

編後

第一期出版的日期，本定在上月中旬，但因種種困難，未能實現，這是應向諸位同學抱歉的。

這期的作品，差不多都是低年級的同學寫的，見解的浮淺，文字的生硬，都是在所不免，以後希望高年級的同學，能在百忙中爲我們寫出幾篇。本期承趙主任爲本刊寫了一篇大作，給我們一個很好的指示，我們在這裡致謝。

還有一件事要告訴諸位就是雖然我們的欵項不足，可是下學期我們還計劃着再出一次。我們已經請周作人沈大政諸先生爲我們撰稿，並且諸位先生已經概然應允了。

最後，我們誠懇的向熱心捐欵的諸位教授先生與諸位同學致謝，因爲在學校緊縮的時候，若沒有這筆欵項幫忙，本刊恐怕終久是要流產的。

編者

图 84.4 《北大经济学报》第一期编后

北大迎新特刊

一、刊物简介

1936年北京大学学生会迎新会在北平编辑并发行，为迎接新生而特意出版，学生刊物。

二、刊物内容

《迎新辞》说，“我们迎新会目下要为诸位新同学服务的有两件事情：……第二件事情我们迎新会要做的，是现在出版的迎新特刊，在迎新特刊内，我们迎新会打算把学校概况，各院情形，宿舍生活，各种团体组织以及一年来同学们的救亡工作，（中缺）述，好让诸位新同学明了了……”①《编后》则又提到：“特刊的内容，较前缩小范围，把原定的：北大校景（铜版），学校沿革史略，学校现状及今后发展计划，课业进行方针，各学系情况等项取消。……‘迎新’的事，在北大还是创举。明年你们办的时候，我想一定更要出色的。”②该特刊登载的“各院概况”栏目介绍了文学院、法学院和理学院的相关情况，“救亡情况”一栏突出了北大学生会为爱国救亡运动所做的奋斗及努力，“生活一般”是对北大整体情况和宿舍、体育等做了说明，“团体介绍”则涉及女同学会、求知学会、新诗谈话会等众多学生社团。

---

① 北京大学学生会迎新会．迎新辞［J］．北大迎新特刊，1936.

② 北京大学学生会迎新会．编后［J］．北大迎新特刊，1936.

三、馆藏信息

13445/J 1936

期刊封面钤有“前北大学生存物纪念品　民国三十年清理”章。

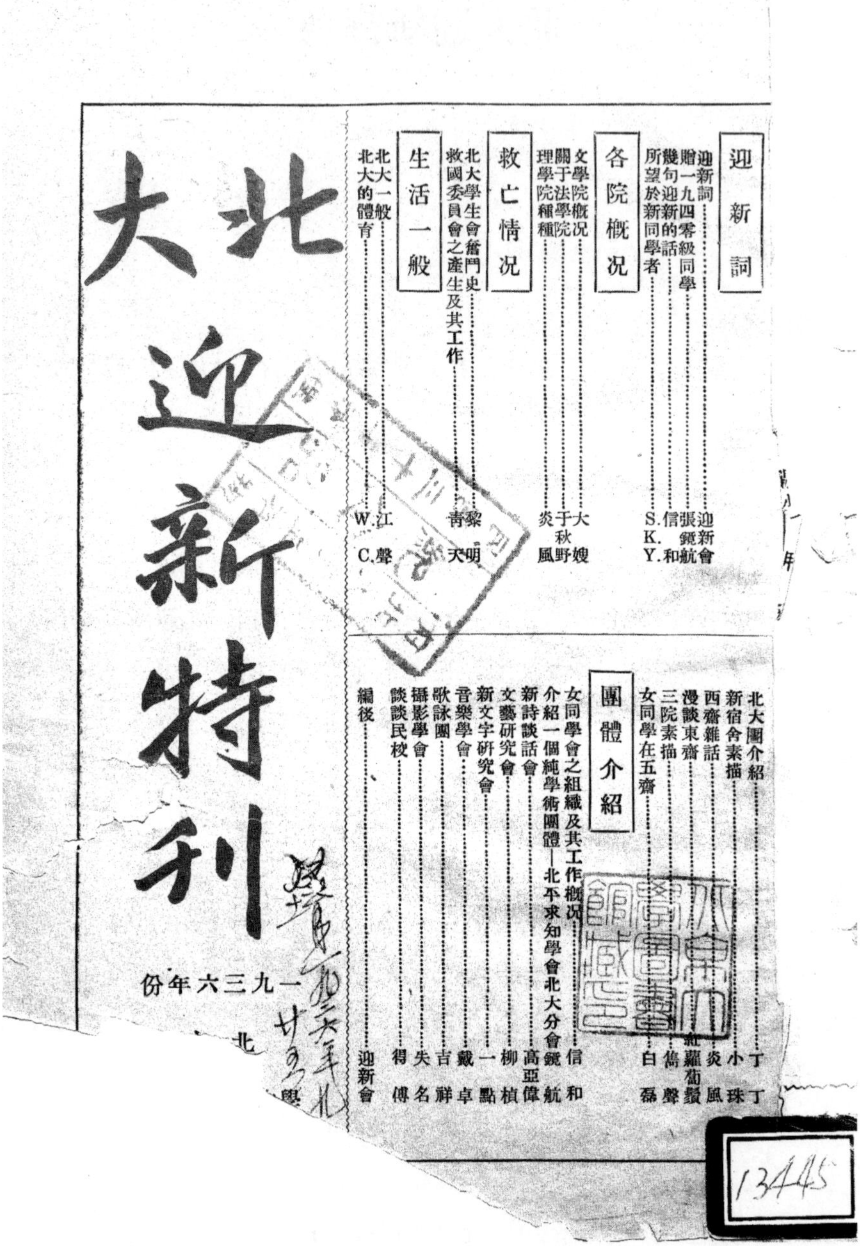

北大迎新特刊

一九三六年份

迎新詞

迎新詞……迎新會

贈一九四零級同學……張鏡航

幾句迎新的話……信和

所望於新同學者……S.K.Y.

各院概況

文學院概況……大嫂

關于法學院……于秋野

理學院種種……炎風

救亡情況

北大學生會奮鬥史……黎明

救國委員會之產生及其工作……青天

生活一般

北大一般……江聲

北大的體育……W.C.

團體介紹

北大圖介紹……丁丁

新宿舍素描……小珠

西齋雜話……炎風

漫談東齋……紅蘿蔔鬚

三院素描……雋聲

女同學在五齋……白磊

女同學會之組織及其工作概況……信和

介紹一個純學術團體——北平求知學會北大分會……鏡航

新詩談話會……高亞偉

文藝研究會……柳楨

新文字研究會……一點

音樂學會……戴卓

歌詠團……吉祥

攝影學會……失名

談談民校……得傳

編後……迎新會

图 85.1 《北大迎新特刊》封面

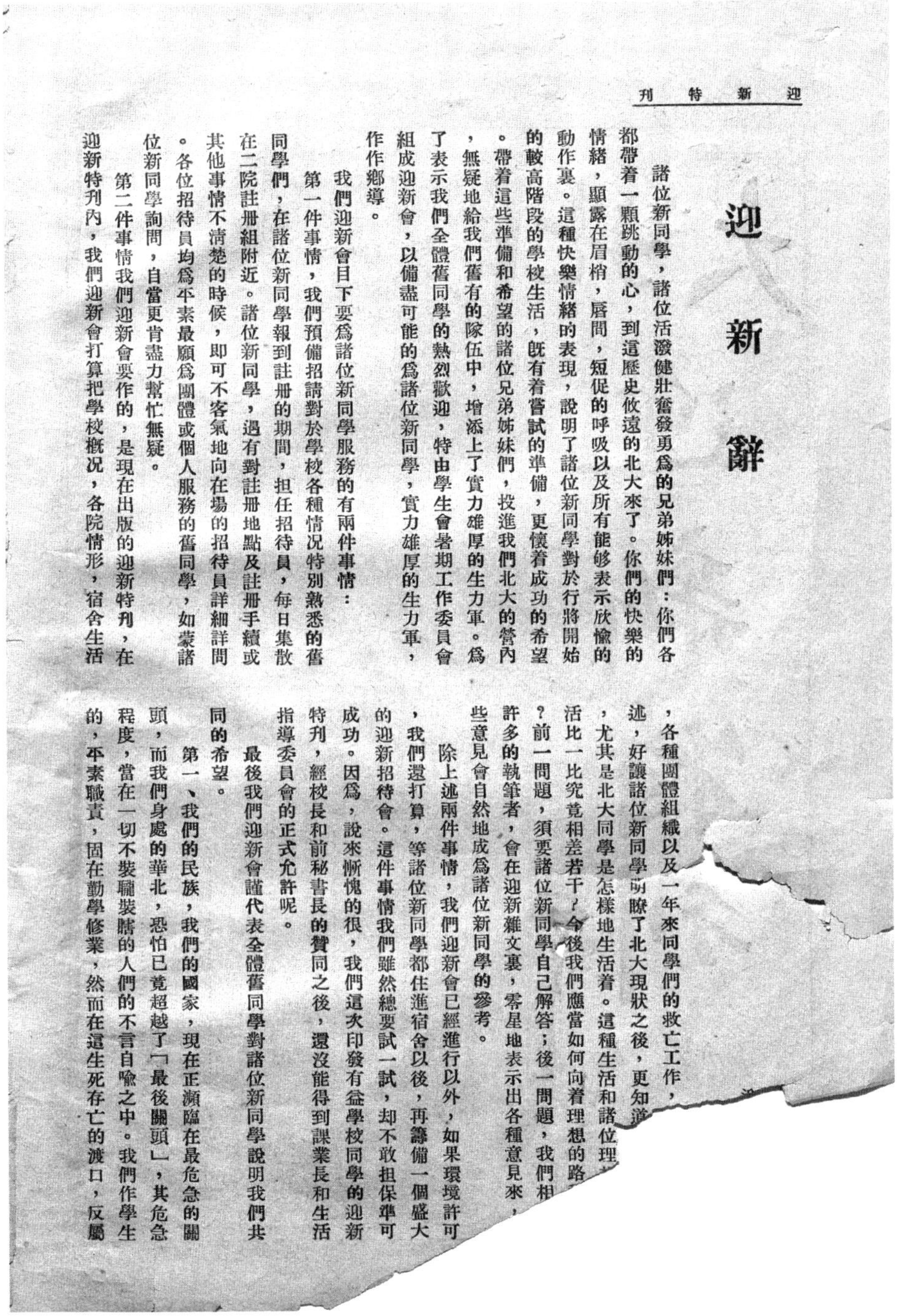

迎新特刊

迎新辭

諸位新同學，諸位活潑健壯奮發勇爲的兄弟姊妹們：你們各都帶着一顆跳動的心，到這歷史攸遠的北大來了。你們的快樂的情緒，顯露在眉梢，唇間，短促的呼吸以及所有能够表示欣愉的動作裏。這種快樂情緒的表現，說明了諸位新同學對於行將開始的較高階段的學校生活，既有着嘗試的準備，更懷着成功的希望。帶着這些準備和希望的諸位兄弟姊妹們，投進我們北大的營內，無疑地給我們舊有的隊伍中，增添上了實力雄厚的生力軍。爲了表示我們全體舊同學的熱烈歡迎，特由學生會暑期工作委員會組成迎新會，以備盡可能的爲諸位新同學，實力雄厚的生力軍，作作鄉導。

我們迎新會目下要爲諸位新同學服務的有兩件事情：

第一件事情，我們預備招請對於學校各種情況特別熟悉的舊同學們，在諸位新同學報到註冊的期間，担任招待員，每日集散在二院註冊組附近。諸位新同學，遇有對註冊地點及註冊手續或其他事情不清楚的時候，即可不客氣地向在場的招待員詳細詳問。各位招待員均爲平素最願爲團體或個人服務的舊同學，如蒙諸位新同學詢問，自當更肯盡力幫忙無疑。

第二件事情我們迎新會要作的，是現在出版的迎新特刊，在迎新特刊內，我們迎新會打算把學校概況，各院情形，宿舍生活，各種團體組織以及一年來同學們的救亡工作，……述，好讓諸位新同學明瞭了北大現狀之後，更知道……，尤其是北大同學是怎樣地生活着。這種生活和諸位理……活比一比究竟相差若干？今後我們應當如何向着理想的路……？前一問題，須要諸位新同學自己解答；後一問題，我們相……許多的執筆者，會在迎新雜文裏，零星地表示出各種意見來，……些意見會自然地成爲諸位新同學的參考。

除上述兩件事情，我們迎新會已經進行以外，如果環境許可，我們還打算，等諸位新同學都住進宿舍以後，再籌備一個盛大的迎新招待會。這件事情我們雖然總要試一試，却不敢担保準可成功。因爲，說來慚愧的很，我們這次印發有益學校同學的迎新特刊，經校長和前秘書長的贊同之後，還沒能得到課業長和生活指導委員會的正式允許呢。

最後我們迎新會謹代表全體舊同學對諸位新同學說明我們共同的希望。

第一、我們的民族，我們的國家，現在正瀕臨在最危急的關頭，而我們身處的華北，恐怕已竟超越了「最後關頭」，其危急程度，當在一切不裝聾裝瞎的人們的不言自喻之中。我們作學生的，平素職責，固在勤學修業，然而在這生死存亡的渡口，反屬

图 85.2 《北大迎新特刊》迎新辞

迎新特刊

編後

迎新委員會

在這國防最前線上，存在着一個世界著稱的文化城——故都。可憐的它，甚麼都完了；終日沈淪在風雨飄搖危在旦夕的環境裏。經過多少次的逼迫威脅，雖然使它有些黯然失色，却聽不到它的嘆息呻吟，它仍然不斷的發出憤怒的吼聲。

靠近城的中心，在碧瓦朱欄蒼松翠栢交互掩映之下，聳立着紅樓一角，圍繞着它的是一些新的舊的建築，外面看來是有些頹唐腐朽了，實際呢，裏是面蘊藏着無限的青春之火，敵人再度進攻之日，就是它的爆發的一天。無數的青年人，整天在怒目切齒之中，枕戈待旦．準備着，準備着滴那爲民族解放而鬥爭的最後一滴血。

我們時時刻刻在盡力加强自己，有時還覺力量薄弱，孤掌難鳴。好了，如今湧進了一大批生力軍，是那樣活潑潑地令人敬愛。這一些新人們，經過了三番五次的折磨——畢業考試，會考，入學考試，最後從四五千人裏選拔出來，是多麼不容易的一件事。

我們這些舊人，對於你們，有着說不出的熱情。在彼此初次晤面的當兒，想要竭盡棉薄，在可能範圍以內，給你們一些幫助，藉以慰勞你們過去的艱難辛苦，歡迎你們加入我們救亡陣線裏來，共同爲了光明的前途而奮鬥。

這一暑期的開始，救國會成立了暑期工作委員會，聘請留校同學負責一切工作。如今暑假就要結束，新同學即將入校，「迎新」自然是最重要工作之一。

本來，在本校招考期間，暑期工作會曾經計劃着招待投考諸同學。於是一方面佈告徵求同學參加招待事宜，報名者極爲踴躍；一方面派代表向學校當局交涉，請求允許。結果在「不必要」的原則下，給了「礙難照准」的一個回答，代表於領受申斥之餘，只得嘿然而退。另出佈告，打銷前議。

同學們却並未因此灰心，仍在準備着開學後的迎新工作。但是，爲了人事的變更和經費的不易籌措，遲遲總未着手進行。

暑期工作會在八月二十四日召集了一個討論會，討論關於一迎新」的種種辦法。當時大家所想到的，例如：招待茶話，車站迎接，出版「迎新特刊」，以及新同學註冊期間的嚮導工作等等。前二者都碍於事實上的困難不克舉辦，目前只得集中精力於特刊和嚮導兩項工作。當時即推舉負責人分別積極進行。隨即組織「迎新特刊」編輯委員會，聘請委員七人，主持其事。二十六日正式成立，擬具組織大綱，經費籌募辦法及特刊內容。次日推舉

42

图 85.3 《北大迎新特刊》编后

正声

一、刊物简介

1936年创刊于北平，北京大学政治学系一九三七级级会主编[①]，北京大学各斋号房发行，原为月刊，从第五期起改为半月刊，共出版八期，未见创刊号实物。

二、刊物内容

正如《编后白》所述："《正声》是我们这一级同学的言论机关，我们不愿意替任何党派宣传鼓吹，我们单只站在中华民国国民的立场来发表我们对于国是的一些意见。……在第一期的发刊词里，我们简单的说明了我们的立场：第一，我们认为国家民族的利益超乎一切；第二，我们主张发动举国一致的力量来维持国家民族的利益"[②]，"本刊揭载文字，完全站在学术上的立场说话，我们并无共同的意见，任各人发表，以供大家的研究"[③]。刊物主要关注政治及现实问题，供三七级学生讨论国内外政治问题和外交问题等，兼有少量杂文，设有"短评"栏目。主要撰稿人有光程、幻人等。文章如《一九三六年的国际大势》等，刊载国际间的时事新闻及其评论；"论著"类，如《再谈"联合战线"》等，刊登对国际大事和国家政策的论述和见解；还设有"杂俎"栏目，登载杂谈、杂写类的作品。该刊是北大政治学系一九三七级同学创办的学生刊物，注重讨论政治及现实问题，

---

① "一九三七级"即一九三七届，北京大学图书馆藏有《国立北京大学一九三七级毕业同学录》，可资参考。

② 北京大学政治学系一九三七级级会 . 编后白［J］. 正声，1936（2）.

③ 北京大学政治学系一九三七级级会 . 编后白［J］. 正声，1936（4）.

特别是在 1936 年前后中日局势紧张的时代背景下，发表的诸多文章可以反映出当时北大学生的思想动态，亦可折射出时代缩影。

三、馆藏信息

11345/J 1936 no.2-8

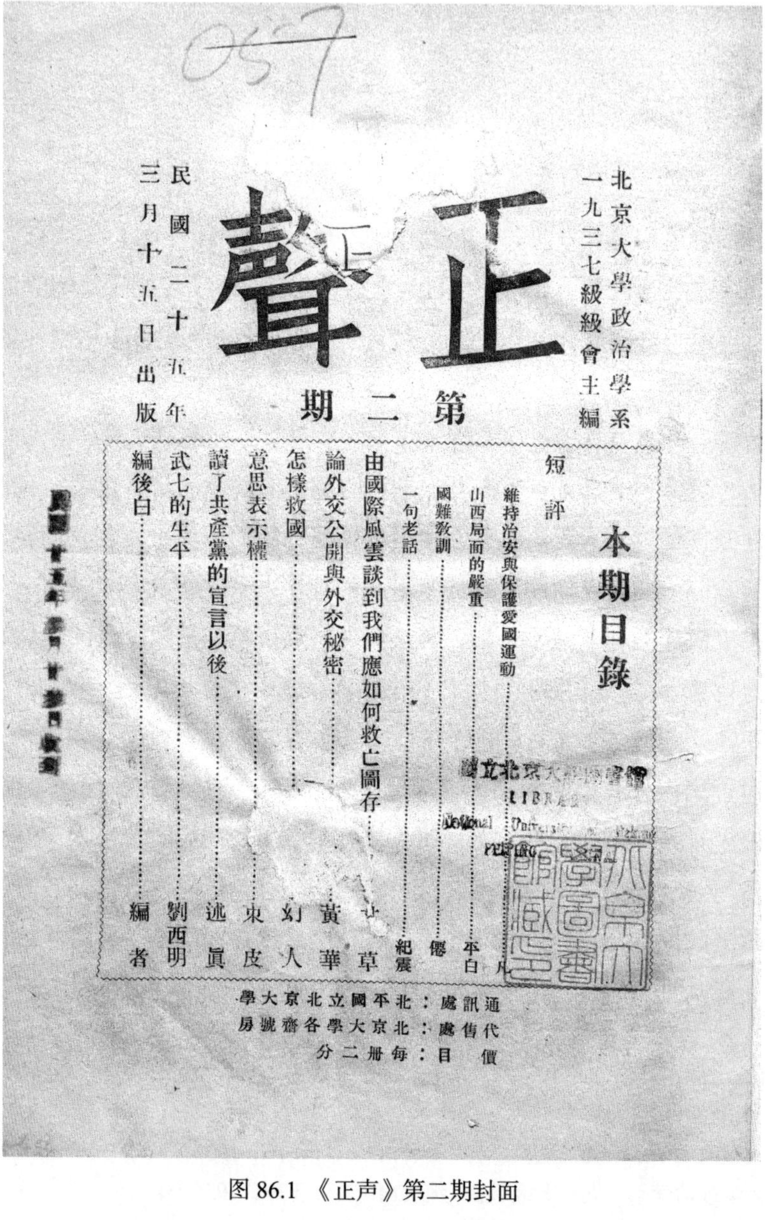
北京大學政治學系一九三七級級會主編

正聲

第二期

民國二十五年三月十五日出版

本期目錄

短評

維持治安與保護愛國運動……凡

山西局面的嚴重……平白

國難教訓……傻

一句老話……紀震

由國際風雲談到我們應如何救亡圖存……廿草

論外交公開與外交秘密……黃華

怎樣救國……幻人

意思表示權……東皮

讀了共產黨的宣言以後……逃眞

武七的生平……劉西明

編後白……編者

通訊處：北平國立北京大學

代售處：北京大學各齋號房

價目：每册二分

图 86.1 《正声》第二期封面

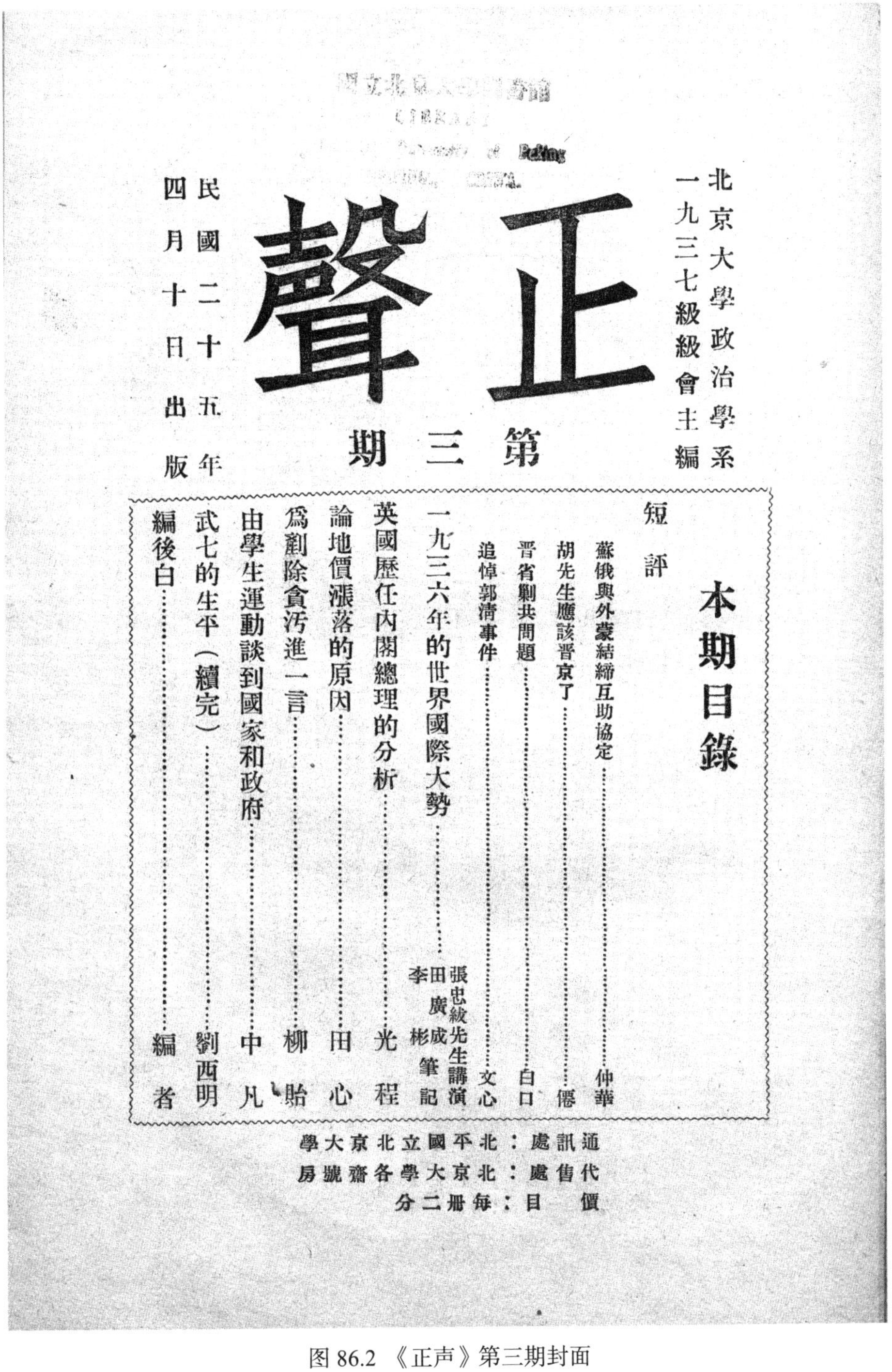
北京大學政治學系
一九三七級級會主編

正聲

第三期

民國二十五年
四月十日出版

本期目錄

通訊處：北平國立北京大學
代售處：北京大學各齋號房
價目：每冊二分

图 86.2 《正声》第三期封面

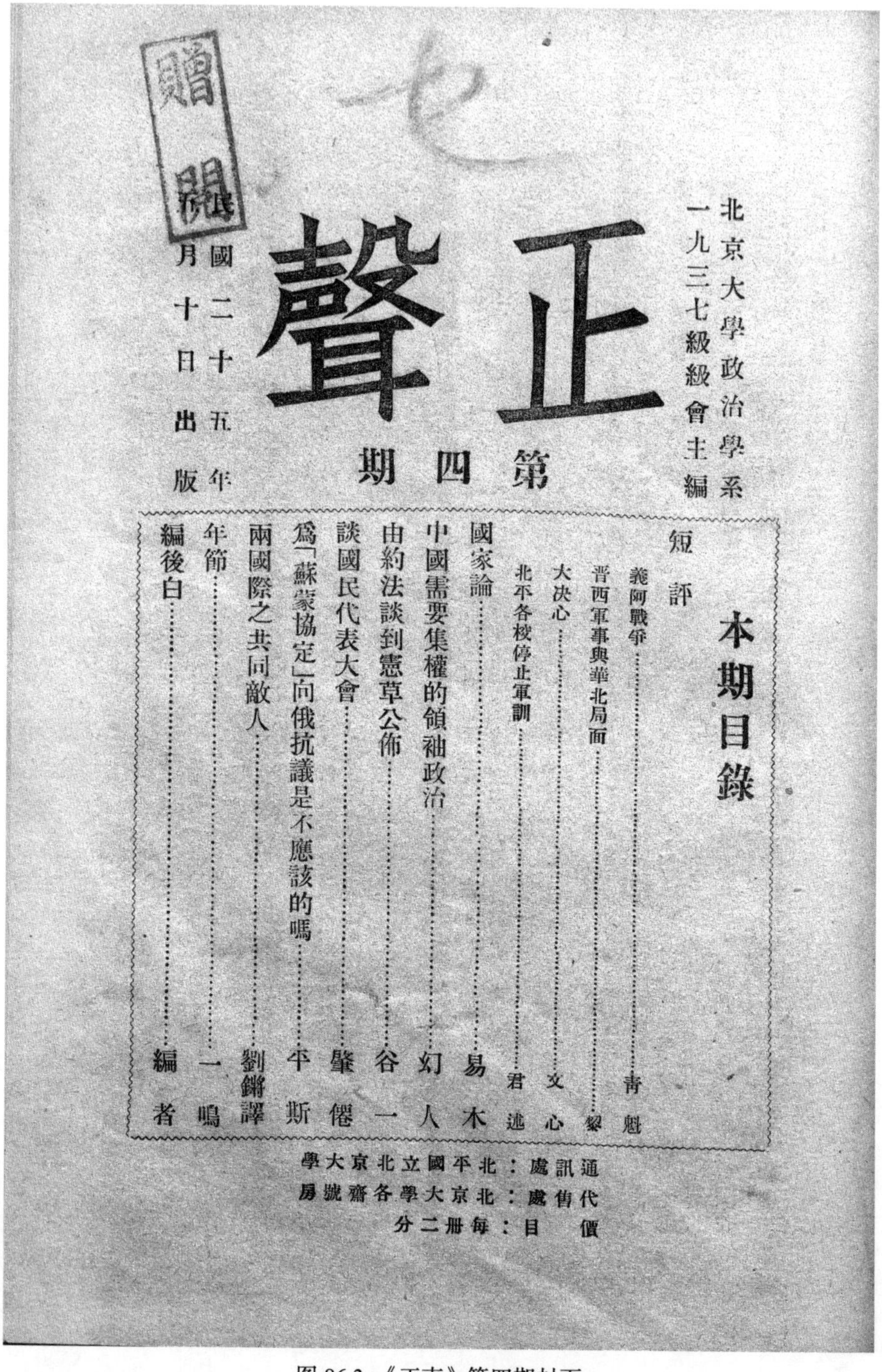

图 86.3 《正声》第四期封面

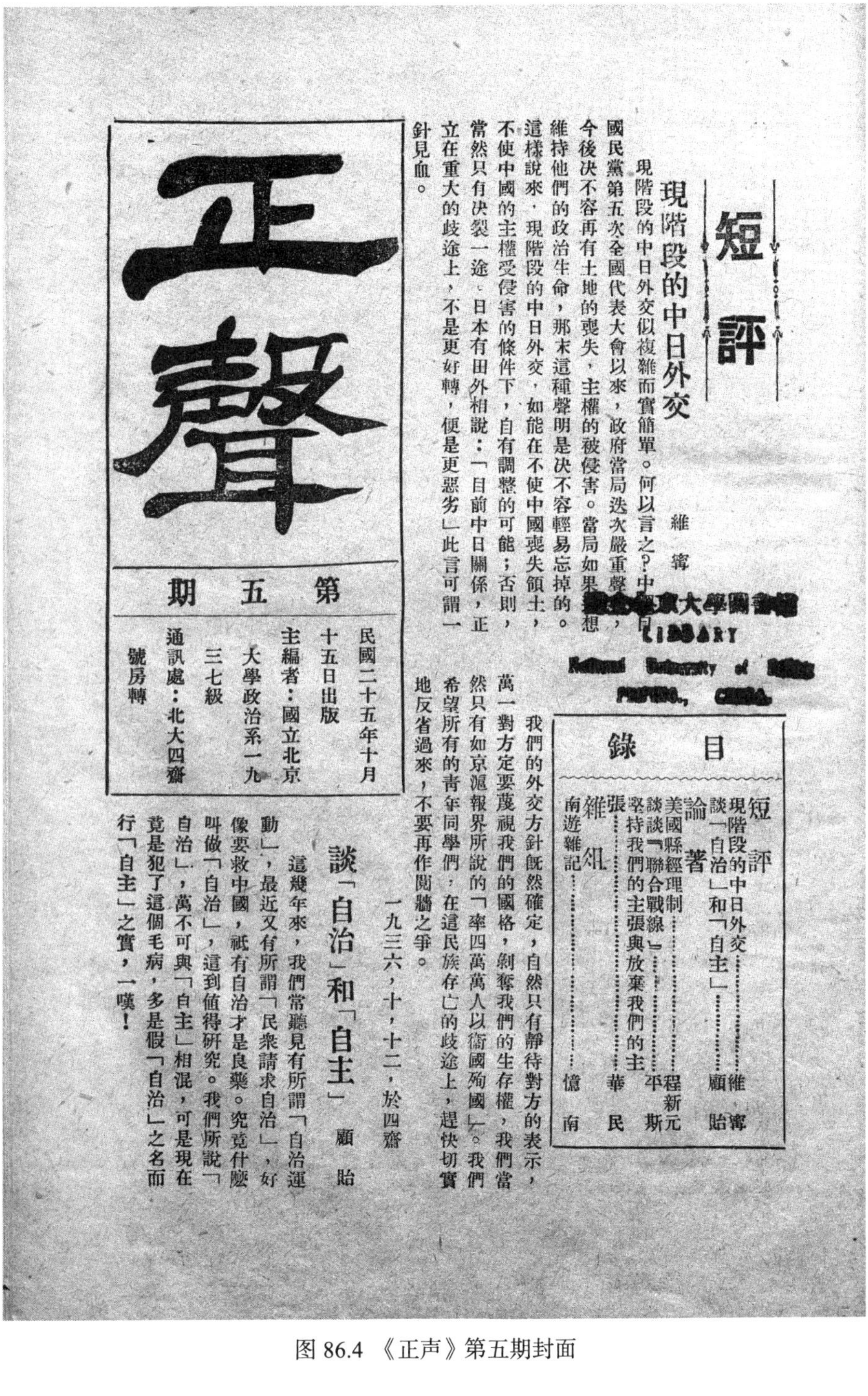

短評

現階段的中日外交 維寧

現階段的中日外交似複雜而實簡單。何以言之？中日國民黨第五次全國代表大會以來，政府當局迭次嚴重聲明，今後決不容再有土地的喪失，主權的被侵害。當局如果想維持他們的政治生命，那末這種聲明是決不容輕易忘掉的。這樣說來，現階段的中日外交，如能在不使中國喪失領土，不使中國的主權受侵害的條件下，自有調整的可能；否則，當然只有決裂一途。日本有田外相說：「目前中日關係，正立在重大的歧途上，不是更好轉，便是更惡劣」此言可謂一針見血。

我們的外交方針既然確定，自然只有靜待對方的表示，萬一對方定要蔑視我們的國格，剝奪我們的生存權，我們當然只有如京滬報界所說的「率四萬萬人以衛國殉國」。我們希望所有的青年同學們，在這民族存亡的歧途上，趕快切實地反省過來，不要再作鬩牆之爭。

一九三六，十，十二，於四齋

京大學圖書館
LIBRARY
National University of Peking
PEIPING, CHINA

目錄

正聲

第五期

民國二十五年十月十五日出版
主編者：國立北京大學政治系一九三七級
通訊處：北大四齋號房轉

談「自治」和「自主」 顧貽

這幾年來，我們常聽見有所謂「自治運動」，最近又有所謂「民衆請求自治」，好像要救中國，祇有自治才是良藥。究竟什麼叫做「自治」，這到値得研究。我們所說「自治」，萬不可與「自主」相混，可是現在竟是犯了這個毛病，多是假「自治」之名而行「自主」之實，一嘆！

图 86.4 《正声》第五期封面

治史杂志

一、刊物简介

北京大学史学会编辑，北京大学出版部发行，1937 年 3 月创刊于北平，后因日本的侵略而中断，1939 年 6 月在昆明出版第二期，该刊主要是为促进北大史学系同学写作而办。该刊设有评议委员会，负责学术指导，成员有顾颉刚、孟森、钱穆、郑天挺等；设有编辑委员会，由北大同学负责编辑事宜，具体分编辑股和出版股。该刊第一期刊名由胡适题写，第二期封面由蒋梦麟题签。

二、刊物内容

《治史杂志》侧重对中国古代史的研究，内容涉及人物、政治、军事、宗教、文化等各方面，其选择论文的标准为："（1）注重史料考证与理论方法的溶合，而不愿有所偏重。（2）注重发表研究报告，而不涉及时事的批评；（3）注重直接介绍世界史学的名人与名著，而不盲从旧有的成说，与一隅的意见。"[①] 该刊第二期在庆祝北京大学成立四十周年的同时，亦专门开辟版面悼念孟森，刊有其遗像、遗诗，郑天挺又撰文略述其晚年著作。第二期尤有价值的一文是《国立北京大学史学会纪事》，该文介绍北京大学史学系南迁经过，将南下几个不同时期到校的学生名单一一记录，洵为北大史学系宝贵资料。该文还载有北大史学会在蒙自菘岛的两次集会，亦颇有史料之助。《治史杂志》既是北大史学系的自办刊物，也是北大学生团体刊物，其刊载的文章，不仅有较高的学术价

①《治史杂志》编辑部 . 卷头语［J］. 治史杂志，1937（1）.

值，也颇有史料价值，对研究民国史学史、北京大学学生社团活动史、北京大学历史系系史、北京大学校史等都有一定的帮助。

三、馆藏信息

23500/J 1937 v.1，no.1；1939 no.2

1939 年第二期北大馆藏有 2 册，一册为燕大旧藏，系北大史学会赠予燕大，另一册为向达旧藏，系姚从吾所赠，封面有“觉明先生赐正，从吾敬赠，二八,九,十五，昆明”题记；第一期封底钤有“前北大学生存物纪念品　民国三十年清理”章。

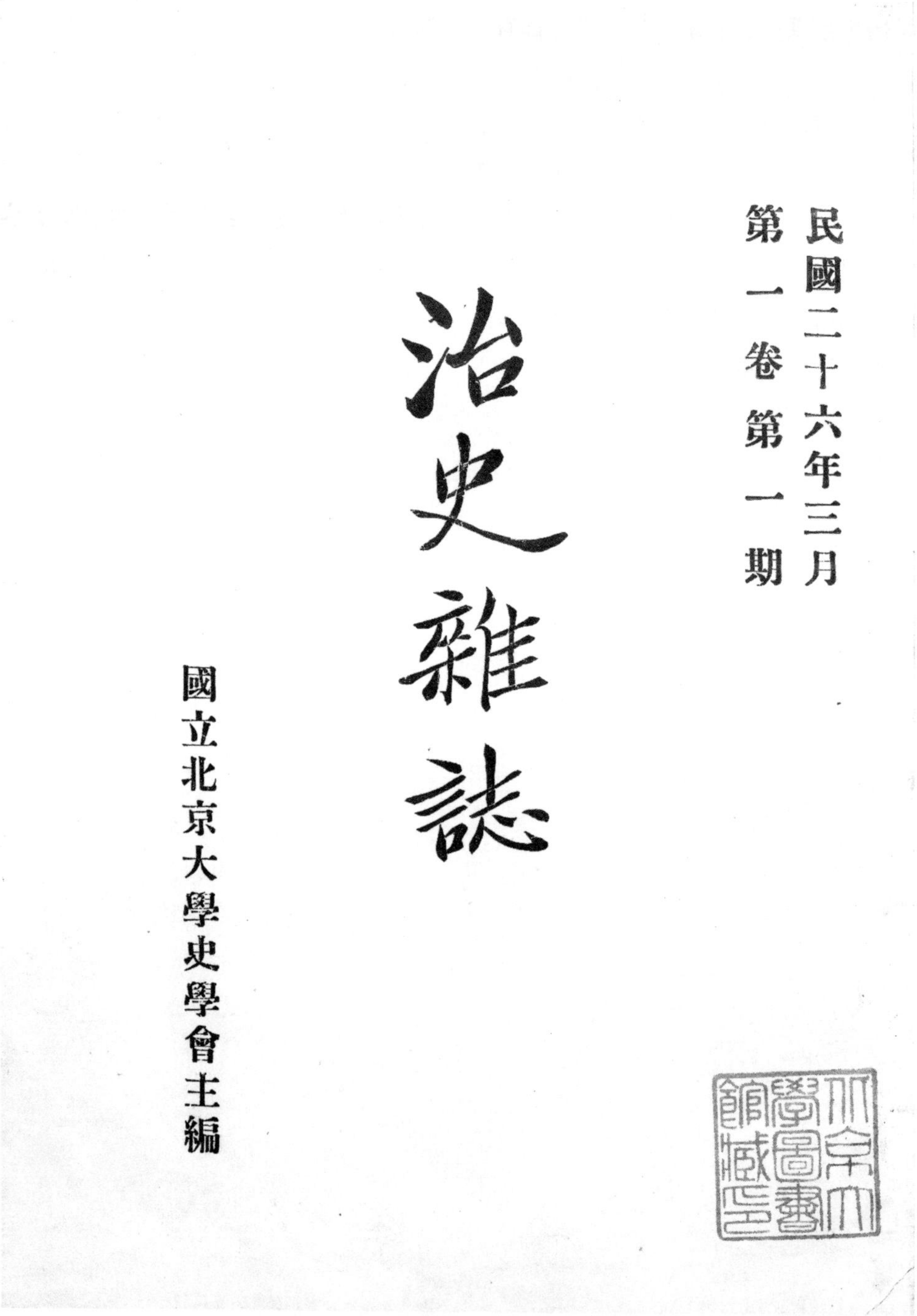
民國二十六年三月
第一卷第一期

治史雜誌

國立北京大學史學會主編

北京大學圖書館藏

图 87.1 《治史杂志》第一卷第一期封面

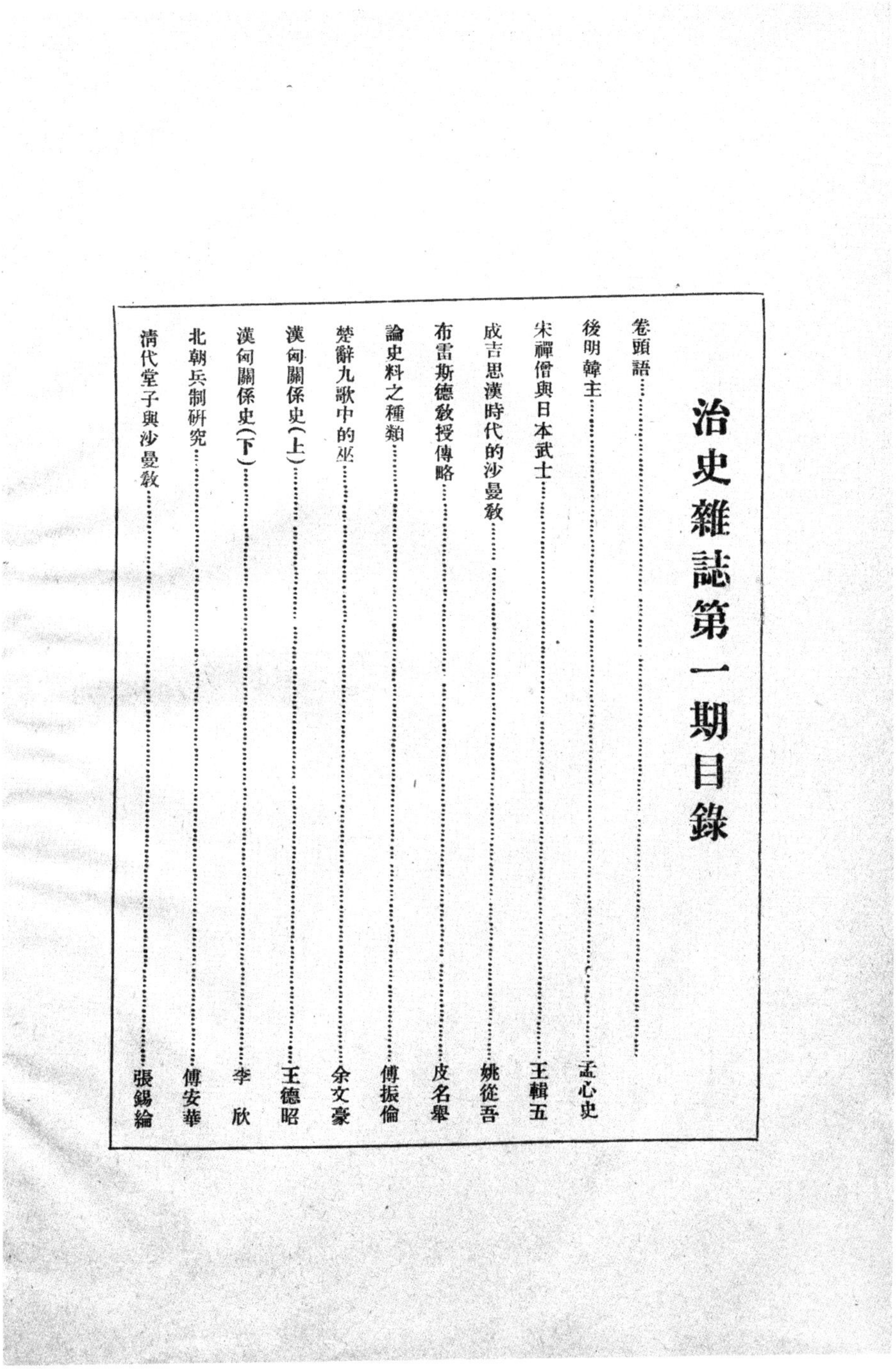

治史雜誌第一期目錄

图 87.2 《治史杂志》第一期目录

卷頭語

我們在大學裏學習歷史，就北大史學系現行的課程說，前兩年注重基本知識的充實，兩年以後方兼重專題的研究。我們應參考的史籍，應研究的史料多極了，眞有皓首難窮的樣子。因爲忙於翻閱，自不免怠於寫作；有時即感到像章實齋所說的：「只能食桑葉，而不能吐絲」的不滿足。我們的課程中是沒有練習寫作「歷史文」一課的。爲補充這個缺陷，乃決議刊印這本刊物。希望在諸位敎師指導與同學互相期勉之下，多作些記事，述事，與翻譯的練習。因此我們的標準，是：(1.)注重史料考証與理論方法的溶合，而不願有所偏重。(2.)注重發表研究報告，而不涉及時事的批評；(3.)注重直接介紹世界史學的名人與名著，而不盲從舊有的成說，與一隅的意見。

此外還有兩個附帶的理由，就是：(1.)北京大學的史學系自民國六年成立，到現在已有二十年的歷史了。卒業的同學，大多數不是在中等學校敎授歷史，即是在與歷史有關係的學術機關服務。理論與經驗，是相輔相成的。希望這個刊物也能担負前後同學間在研究方面互相聯絡的任務。(2.)兩年來我們接到外界寄來交換的刊物，直是美不勝讀。我們雖然尚是一隊未出師的學徒，也願意在諸敎師指導之下，將我們正在訓練期中的小小成績，轉贈給各處的史學同志，希望得到友誼的批評，與客觀的指示。

图 87.3 《治史杂志》卷头语

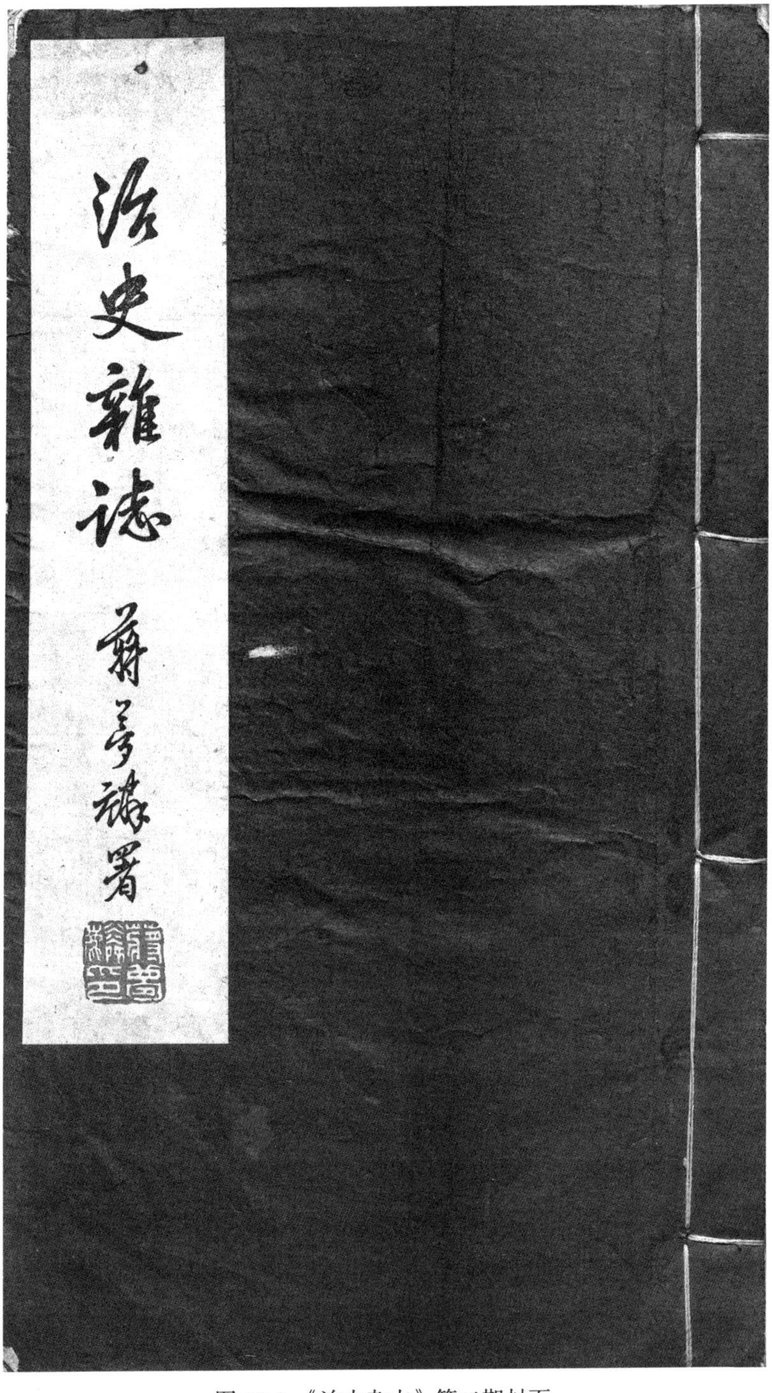

图 87.4 《治史杂志》第二期封面

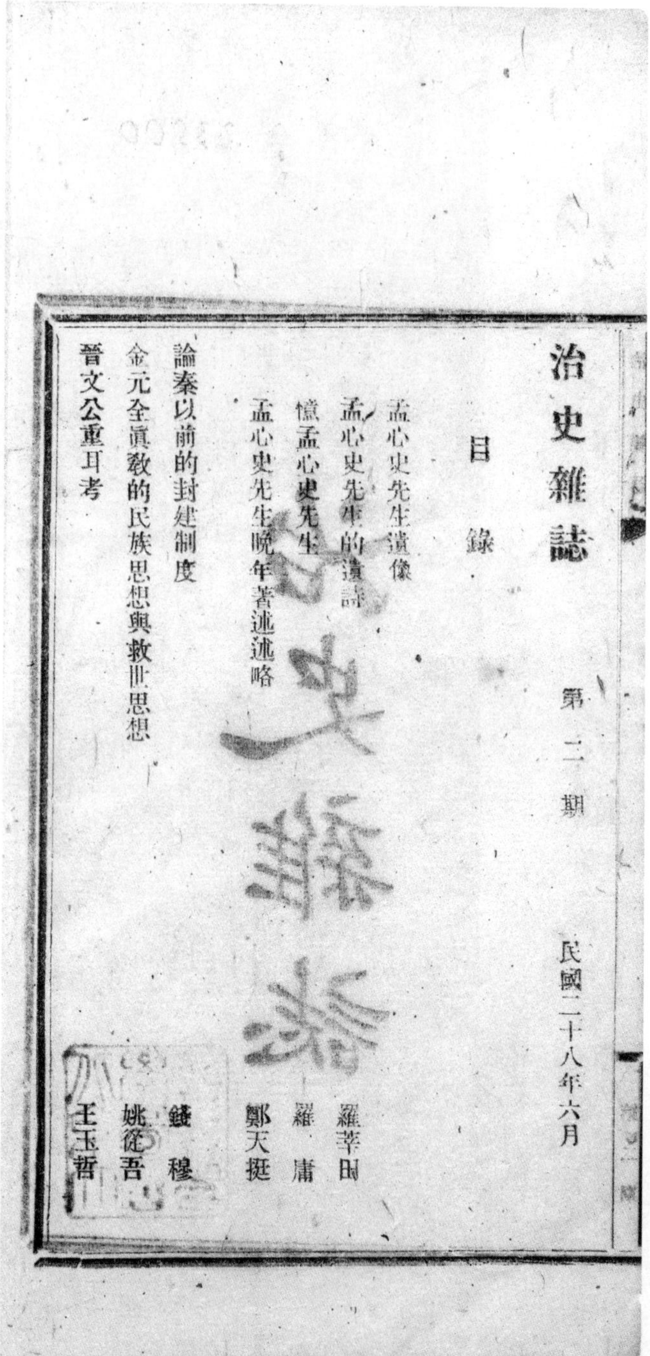

治史雜誌　第二期　民國二十八年六月

目錄

图 87.5 《治史杂志》第二期目录

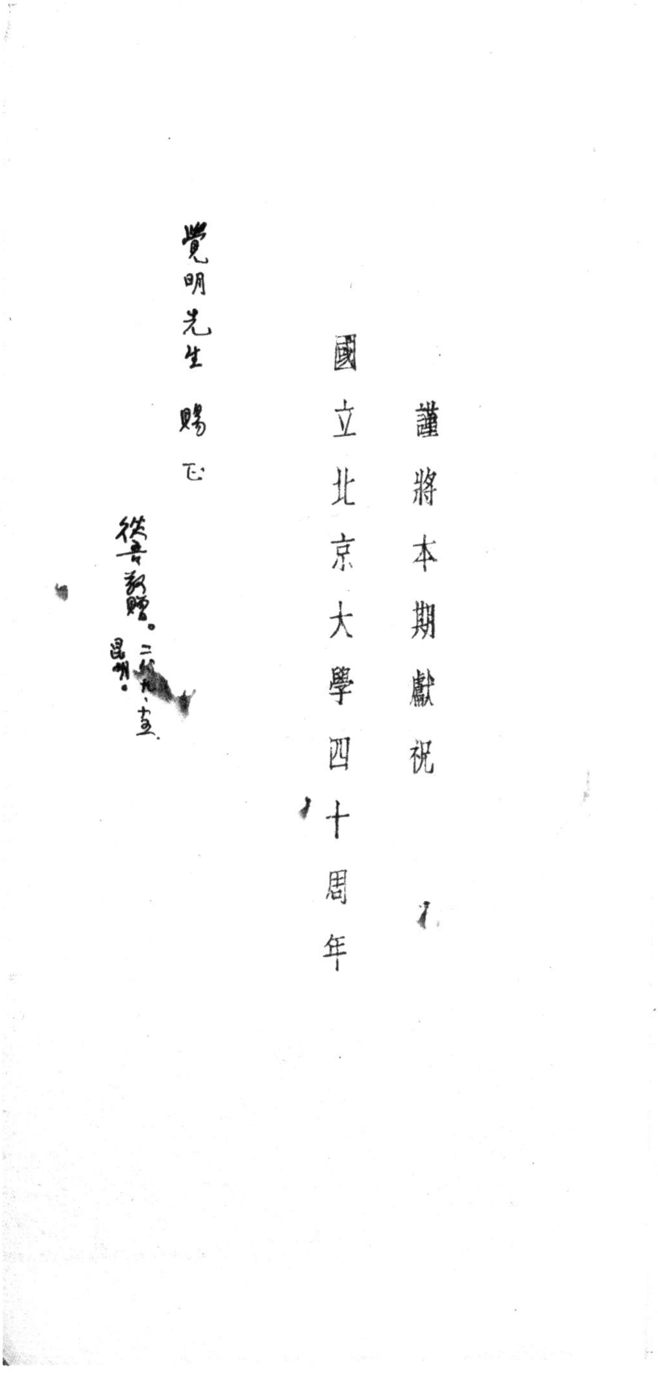
謹將本期獻祝
國立北京大學四十周年
覺明先生 賜正
從吾敬贈。二[illegible]九、十五
昆明。

图 87.6 《治史杂志》第二期签赠

新生命

一、刊物简介

北京大学学生会新生命月刊社主办，北京大学发行，1945 年 10 月 10 日创刊于北平，月刊，现仅存创刊号。该刊是抗战胜利之后、北大复员北平之前，北大学生会主办的学生刊物。

二、刊物内容

其《创刊的话》说："我们本着政府发表的战争胜利后文化建设的道路，维护这一条新生命来拓荒我们的文化界，这里所刊载出的作品，全是北京大学的教授与同学所执笔写出的"，"我们站在言论自由的立场上，来揭露青年人埋藏八年的心声，没有胁迫，没有背景，我们的本身就是北京大学学生会，从今以后，我们要说我们青年从心坎里要说的话，要暴露敌人的丑行和罪恶，要将我们同学所亲受目睹的悲惨情形公之于世，用我们的笔暂作刀枪来与敌人算这笔总账"，"我们希望本刊能像过去北京大学的《新潮》一样，随着时代的潮流，充实我们青年的思想，建设我们新的国家"。[①] 该刊登载的师生文章，除讨论和平统一等政治问题外，也有关于散文、诗歌等文学作品。该刊是北大尚未复员北平之前，北大学生会创办的刊物，因此有《一个紧急的呼吁——防止接收后无形解散》等文章，希望同学们能够继续学业。这份刊物既表达了抗战胜利后师生们的喜悦之情，也反映出对于自身前途的担忧，对于了解当时北平的学界

① 《新生命》编辑部 . 创刊的话［J］. 新生命，1945，1（1）.

情况具有一定的参考作用。

三、馆藏信息

50095/J 1945 v.1，no.1

第一卷第一期封面钤有“国立北京大学图书馆期刊”章。

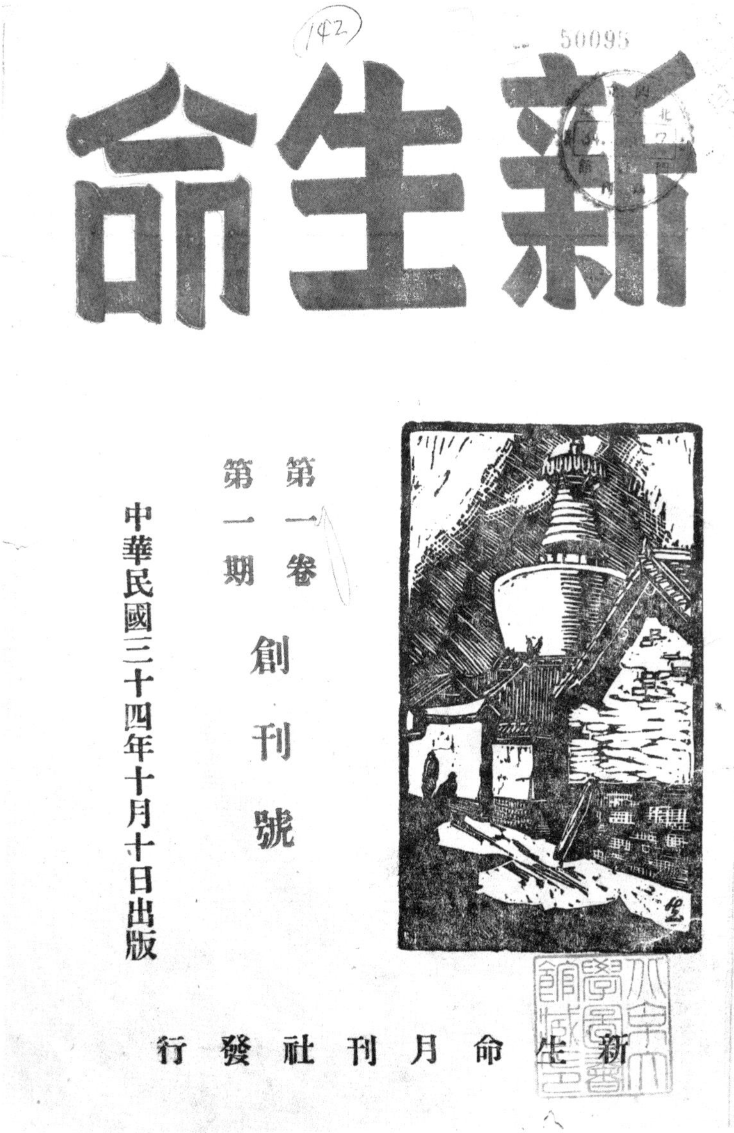

图 88.1 《新生命》第一卷第一期封面

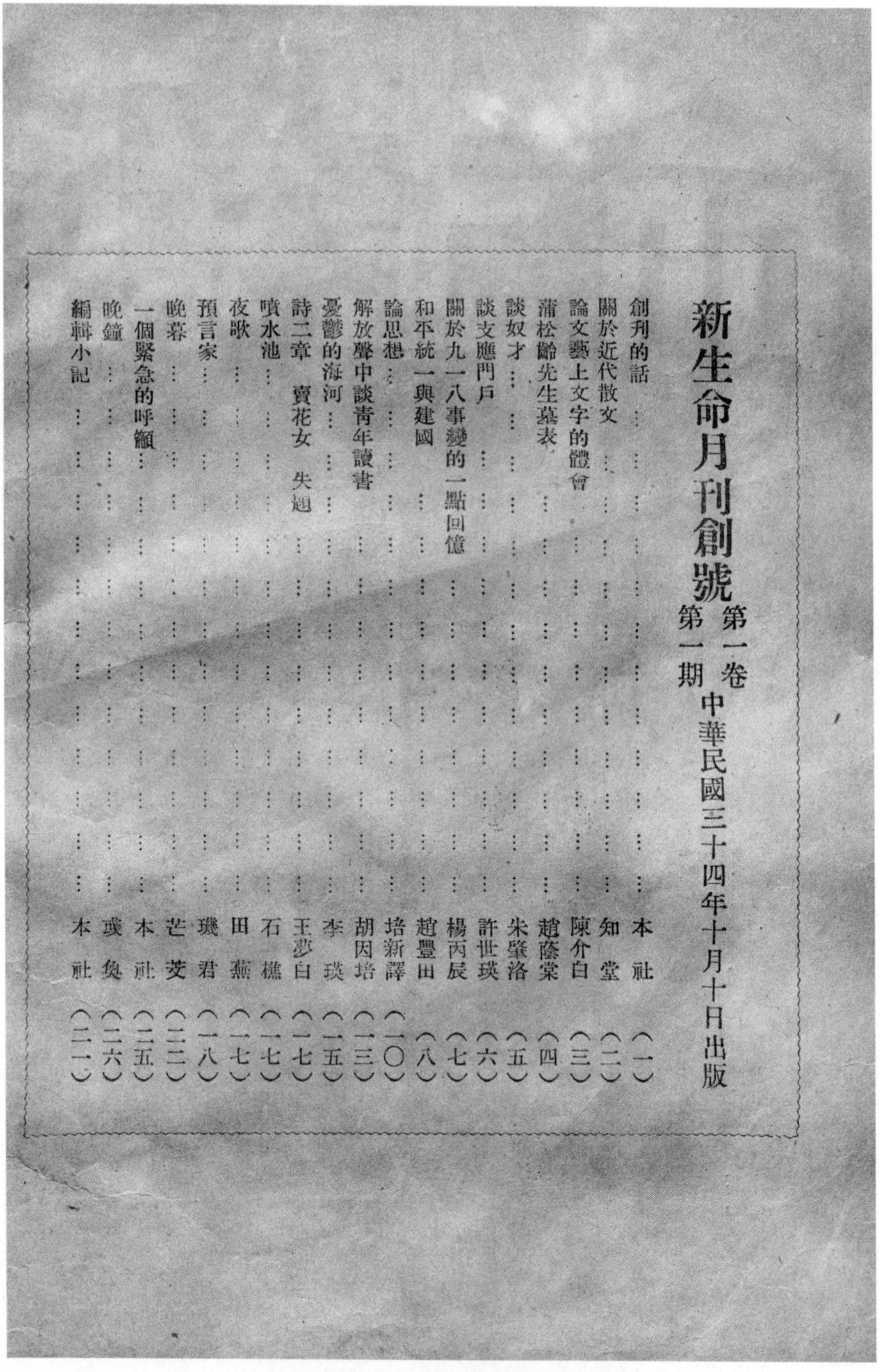

新生命月刊創號

第一卷 第一期

中華民國三十四年十月十日出版

图 88.2 《新生命》第一卷第一期目录

1

創刊的話

浴血八年的抗戰生活，與艱苦奮鬥，我們終於勝利了。我們充沛着民族思想和愛國熱情，淪陷區的同胞，這八年來在敵人壓迫之下，好像是患着窒息病症，不能自由呼吸，但是我們抗戰的意志，並未泯滅，我們的精神仍與抗戰區的同胞緊密地聯繫着。現在我們是勝利了！我們的言論也開始解放了！我們應該舒暢舒暢這心頭鬱塞八年的苦悶，悲痛和忿怒。

五四運動以後的北京大學，育成多少革命的實行家和言論的權威者，他們處在軍閥專橫，强鄰壓境的環境中，對內奔走呼號，喚起國人的迷夢，對外反對帝國主義，增强抗戰的意識，終使國家統一，陣容齊整，才有這次抗戰的成績。我們這八年來雖處於敵人鐵蹄之下，行動不得自由，然而我們的良心未死，我們時時在檢點我們的行爲，堅强我們的意志，在追步北大同學光榮的足跡之下，努力於爲民族求生存求解放的工作。

八年以來，我們有口不能言，有耳不忍聽，更目睹着一群一群無辜的青年，被敵人所豢養的鷹犬們，架上了汽車，押到那鐵窗石壁的牢獄中，有的經過慘絕人寰的酷刑，終置之於死地，有的在敵人的皮鞭下，苟全了性命，然而遍體鱗傷，終於成了殘廢，有的被敵人運出關外，强迫服役，至今仍無下落，幸免於難的同學們，日處於敵人奴化教育淫威之下，如囚於暗室之中，永遠見不到天日，這些都是我們華北淪陷區有熱情不忘祖國的有志青年——尤其是我北大同學中熱血的青年，那不屈不撓的壯志，那成仁取義的决心，將與日月爭光，永垂不朽。

如今敵人降服了，和平即將到來，我們就等於一個昭甦的靈魂，加在瘡痍滿目的身上，我們更要生活下去，開拓正義的途徑，有一條新生命讓我們自已去改造光明的前程。

我們站在言論自由的立場上，來揭露青年人埋藏八年的心聲，沒有脅迫，沒有背景，我們的本身就是北京大學學生會，從今以後，我們要說我們青年從心坎裏要說的話，要暴露敵人的醜行和罪惡，要將我們同學所親受目睹的悲慘情形公之於世，用我們的筆暫作刀槍來與敵人算這筆總賬。現在我們到了說眞實話的時候了！我們誰也不准再拿那口是心非的言論，來搪塞我們的同胞，來蒙蔽我們的青年。

當我們走在國旗之下，我們能看見血一般的旗幟，照紅我們的臉與眼和心，那時會想起這八年死去的抗戰勇士，他們所流的血，恐怕也可以築成一個血的長城！長城！長城以外的疆土，我們已經也光復了，現在的確是「還我山河」的時候了。

我們創刊在這個可歌可泣與高彩烈的國慶紀念日，如今我們完整的國土中，到處飄搖着我們青天白日滿地紅的國旗。我們本着政府發表的戰爭勝利後文化建設的道路，維護這一條新生命來拓荒我們的文化界，這裏所刊載出的作品，全是北京大學的教授與同學所執筆寫出的。我們因爲創刊匆匆，恐難使讀者滿意，計劃以後能够在這裏刊出血言淚語；並不是我們頹廢，的確現在是猛進時代，我們希望本刊能像過去北京大學的「新潮」一樣，隨着時代的潮流，充實我們青年的思想，建設我們新的國家。

戰爭勝利，言論解放自由了！我們希望這一條新生命，千萬不要染上落伍的塵跡。在這個時代中，我們每個青年人全應該孕育着一顆進取的心，我們青年人要團結起來，建築一個堅固的堡壘，不要只圖眼前的自由，而忘掉過去八年中生活裏所受的痛苦與恥辱，放遠了視線向前邁進，我們青年人要在我們的最高領袖　蔣主席領導之下，打開一條血路。

图 88.3 《新生命》第一卷第一期创刊的话

北大师大校友会刊

一、刊物简介

师大北大校友联合会会刊编辑委员会编辑并发行，1945 年 11 月 18 日创刊于北平，月刊，停刊时间及原因不详，目前已知出版三期，北大馆藏有第一、三期。该刊是抗战胜利之后，复员北平之前，两校校友会联合创办的刊物。

二、刊物内容

《发刊词》说："校友联合会迫切地需要一个刊物，作为大家共同的喉舌，校友们彼此间的传声筒，因此本刊也就应运而生了。它是两校校友们发表言论，发抒感情的园地，它是大家互通消息的所在，最重要的一点，它是团结两校校友的最有力的工具。"① 该刊设有"专论"和"随笔"栏目，讨论抗战胜利后面临的"甄审"情形等，也发表诗歌等文艺作品。该刊还刊登《北大师大校友联合会会务简报》《第二次报告大会》等，记录了两校校友联合会的相关情况。《北大师大校友会刊》是抗战胜利之后，复员北平之前的校友会刊物，记载了校友会相关活动的情况以及相关人员名单等，便于了解当时的历史情况。

三、馆藏信息

13410/J 1945-1946 no.1，3

第一、三期封面钤有"国立北京大学图书馆期刊"章。

---

①《北大师大校友会刊》编辑部 . 发刊词［J］. 北大师大校友会刊，1945（1）.

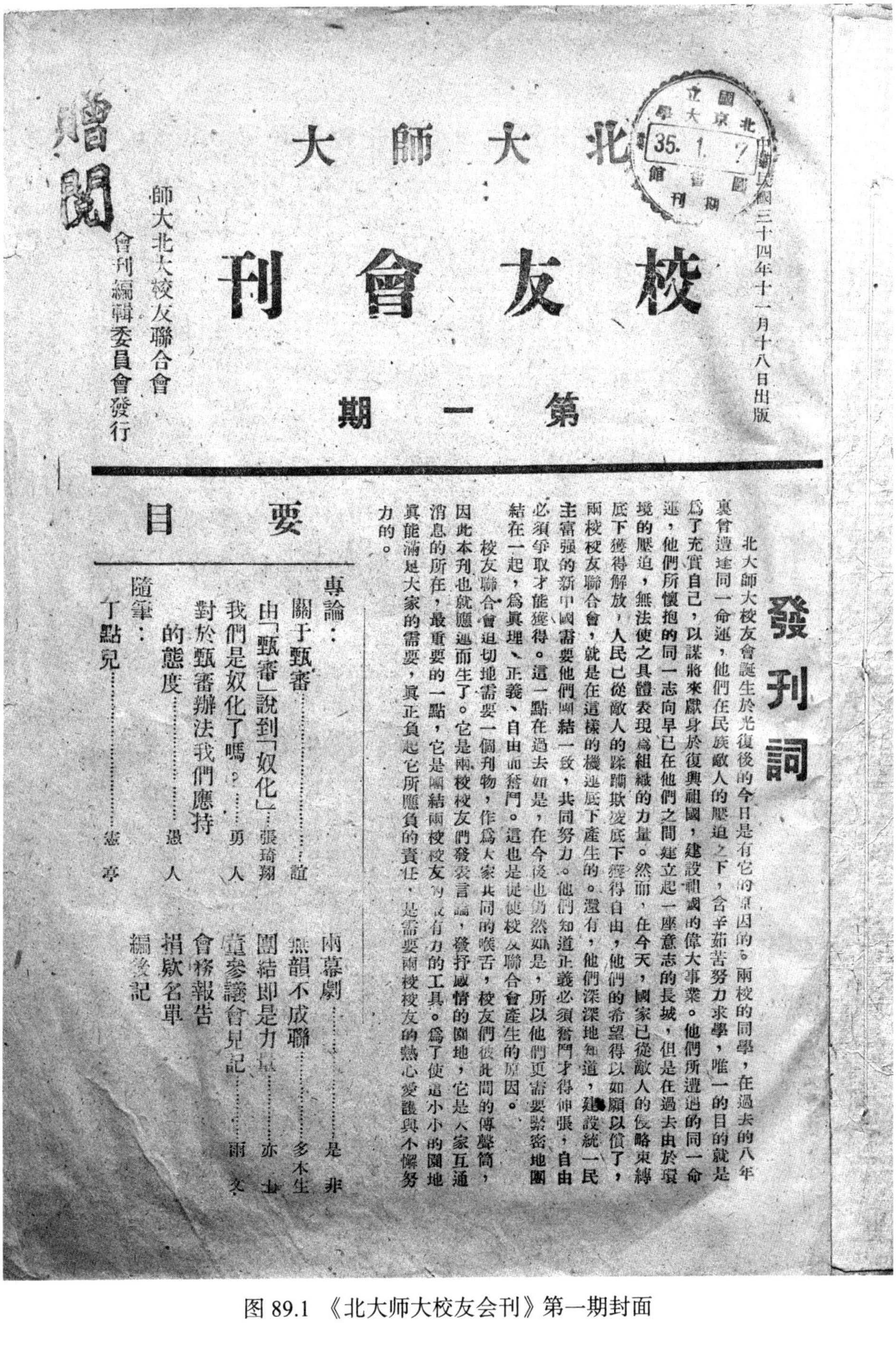

贈閱

國立北京大學圖書館 35.1.7 期刊

北大師大

校友會刊

第一期

中華民國三十四年十一月十八日出版

師大北大校友聯合會
會刊編輯委員會發行

發刊詞

北大師大校友會誕生於光復後的今日是有它的原因的。兩校的同學，在過去的八年裏會遭逢同一命運，他們在民族敵人的壓迫之下，含辛茹苦努力求學，唯一的目的就是為了充實自己，以謀將來獻身於復興祖國，建設祖國的偉大事業。他們所遭遇的同一命運，他們所懷抱的同一志向早已在他們之間建立起一座意志的長城，但是在過去由於環境的壓迫，無法使之具體表現為組織的力量。然而，在今天，國家已從敵人的侵略束縛底下獲得解放，人民已從敵人的蹂躪欺淩底下獲得自由，他們的希望得以如願以償了，兩校校友聯合會，就是在這樣的機運底下產生的。還有，他們深深地知道，建設統一民主富强的新中國需要他們團結一致，共同努力。他們知道正義必須奮鬥才得伸張，自由必須爭取才能獲得。這一點在過去如是，在今後也仍然如是，所以他們更需要緊密地團結在一起，為真理、正義、自由而奮鬥。這也是促使校友聯合會產生的原因。

校友聯合會迫切地需要一個刊物，作為大家共同的喉舌，校友們彼此間的傳聲筒，因此本刊也就應運而生了。它是兩校校友們發表言論，發抒感情的園地，它是大家互通消息的所在，最重要的一點，它是團結兩校校友[illegible]有力的工具。為了使這小小的園地真能滿足大家的需要，真正負起它所應負的責任，是需要兩校校友的熱心愛護與不懈努力的。

要目

图 89.1 《北大师大校友会刊》第一期封面

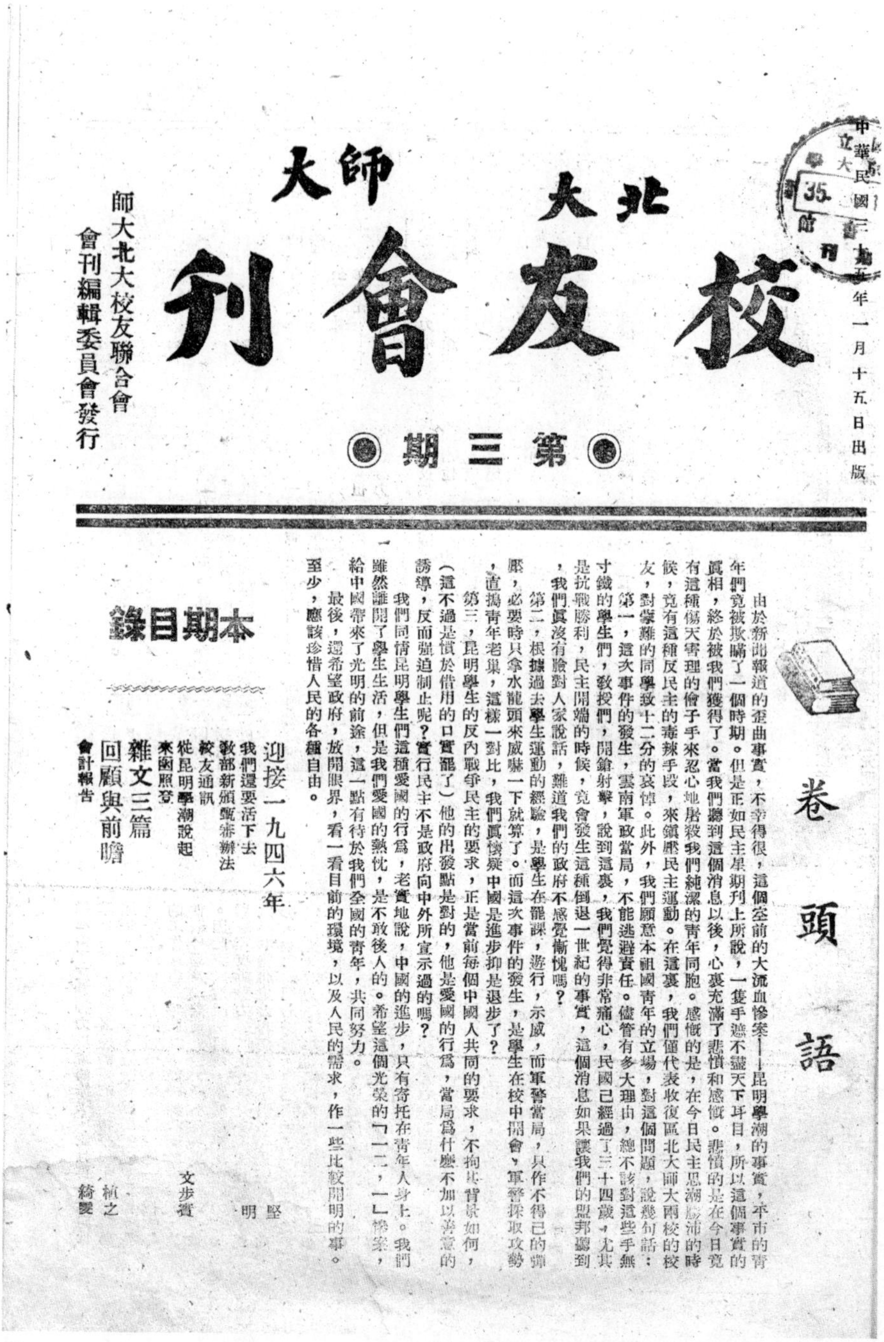

師大 北大 校友會刊

中華民國三十五年一月十五日出版

第三期

師大北大校友聯合會會刊編輯委員會發行

卷頭語

由於新聞報道的歪曲事實，不幸得很，這個空前的大流血慘案——昆明學潮的事實，本市的青年們竟被欺瞞了一個時期。但是正如民主星期刊上所說，一隻手遮不盡天下耳目，所以這個事實的眞相，終於被我們獲得了。當我們聽到這個消息以後，心裏充滿了悲憤和感慨。悲憤的是在今日竟有這種傷天害理的劊子手來忍心地屠殺我們純潔的青年同胞。感慨的是，在今日民主思潮澎湃的時候，竟有這種反民主的毒辣手段，來鎭壓民主運動。在這裏，我們僅代表收復區北大師大兩校的校友，對受難的同學致十二分的哀悼。此外，我們願意本祖國青年的立場，對這個問題，說幾句話：

第一，這次事件的發生，雲南軍政當局，不能逃避責任。儘管有多大理由，總不該對這些手無寸鐵的學生們，教授們，開鎗射擊，說到這裏，我們覺得非常痛心，民國已經過了三十四歲，尤其是抗戰勝利，民主開端的時候，竟會發生這種倒退一世紀的事實，這個消息如果讓我們的盟邦聽到，我們眞沒有臉對人家說話，難道我們的政府不感覺慚愧嗎？

第二，根據過去學生運動的經驗，是學生在罷課，遊行，示威，而軍警當局，只作不得已的彈壓，必要時只拿水龍頭來威嚇一下就算了。而這次事件的發生，是學生在校中開會，軍警採取攻勢，直搗青年老巢，這樣一對比，我們眞懷疑中國是進步抑是退步了？

第三，昆明學生的反內戰爭民主的要求，正是當前每個中國人共同的要求，不拘其背景如何，（這不過是慣於借用的口實罷了）他的出發點是對的，他是愛國的行爲，當局爲什麼不加以善意的誘導，反而强迫制止呢？實行民主不是政府向中外所宣示過的嗎？

我們同情昆明學生們這種愛國的行爲，老實地說，中國的進步，只有寄托在青年人身上。我們雖然離開了學生生活，但是我們愛國的熱忱，是不敢後人的。希望這個光榮的「一二，一」慘案，給中國帶來了光明的前途，這一點有待於我們全國的青年，共同努力。

最後，還希望政府，放開眼界，看一看目前的環境，以及人民的需求，作一些比較開明的事。至少，應該珍惜人民的各種自由。

本期目錄

图 89.2 《北大师大校友会刊》第三期封面

学生报

一、刊物简介

北京大学学生报社编辑并发行，1946 年 12 月 17 日创刊于北平，旬刊，现仅存创刊号。

二、刊物内容

此刊《发刊辞》曰："本刊谨以最新颖最公正的姿态，呈现于我们同学的面前，介绍各校动态，描述同学生活，倡导读书风气——期成为我们的精神食粮，我们的写作园地，并说我们心坎中所要说的话。"[①] 该刊登载了重庆学生动态，又及中央大学、燕京大学、复旦大学等各校相关情况，并将第四版辟为"北大四十八周年纪念特刊"，介绍北大沿革，回忆北大点滴。该刊是"几位正在求学的年青人，大家不约而同组织起来"创办的学生刊物，为了充实自己，读书研究，以期将来服务社会。刊物中涉及的各校动态，记载的北大相关情况和校庆纪念等，具有一定的史料价值。

三、馆藏信息

58205/J 1946 no.1

①《学生报》编辑部 . 发刊辞［J］. 学生报，1946（1）.

中華民國三十五年十二月十七日 學生報（創刊號） 星期二 第一版

學生報

旬刊

民國三十五年十二月十七日創刊

創刊號

發行兼編輯：學生報社

通訊處：北平國立北京大學收發股轉

本報正依法呈請登記中

郵局掛號認爲第一類新聞紙

訂閱費

零售每張	一百元
每月三張	三百元
每季十張	八百元

發刊辭

重慶學生動態

——本報特約航訊——

北大沒有界限，沒有門戶，沒有派別。北大的建築像英國的憲法一樣，是多年來的枝節的，零星的添建起來的。

校慶中幾點平凡感想

吳之椿

復員以後的中央大學

本報特約南京通訊

全國各院校新聞系鳥瞰

图 90.1 《学生报》第一期封面

图 90.2 《学生报》第一期封底

诗音讯

一、刊物简介

1947 年 2 月 28 日创刊于北平，北平诗歌协会主编，北京大学文学院诗音讯社编辑并发行，月刊，共出版一卷三期。

二、刊物内容

其创刊号《诗音讯社为募捐基金启事》说：“在和平趋于绝望，内战的炮火燃烧正烈的时候，‘文艺刊物’走入厄运的时候！而‘诗’尤其是陷于‘呼吸’的状态中先由宏亮的歌唱，而趋于黯然沉寂，我们不忍眼看着它的死亡毅然的负起了输血、输氧的工作，因而，举办了《诗音讯》。”[①] 该刊主要登载诗歌相关内容，涉及诗报道、诗创作、诗论等，作者有臧克家、田野等。该刊注重现实主义，秉持“报导的”“批评的”“创作的”“战斗的”原则，“风花雪月，鸳鸯蝴蝶无病呻吟，打油打狗诗等请向后转”，发表了如《我听懂了土地的话》《抓丁》《人民底歌声》等反映现实的作品。第三期为“诗人节特刊”，纪念“人民的诗人——屈原”。该刊以诗歌为武器，“为人民争取幸福与利益”，在艺术性之外，也反映了时代问题和当时的思想动态。

三、馆藏信息

50555/J 1947 v.1，no.2-3

---

①《诗音讯》编辑部 . 诗音讯社为募捐基金启事［J］. 诗音讯，1947，1（1）.

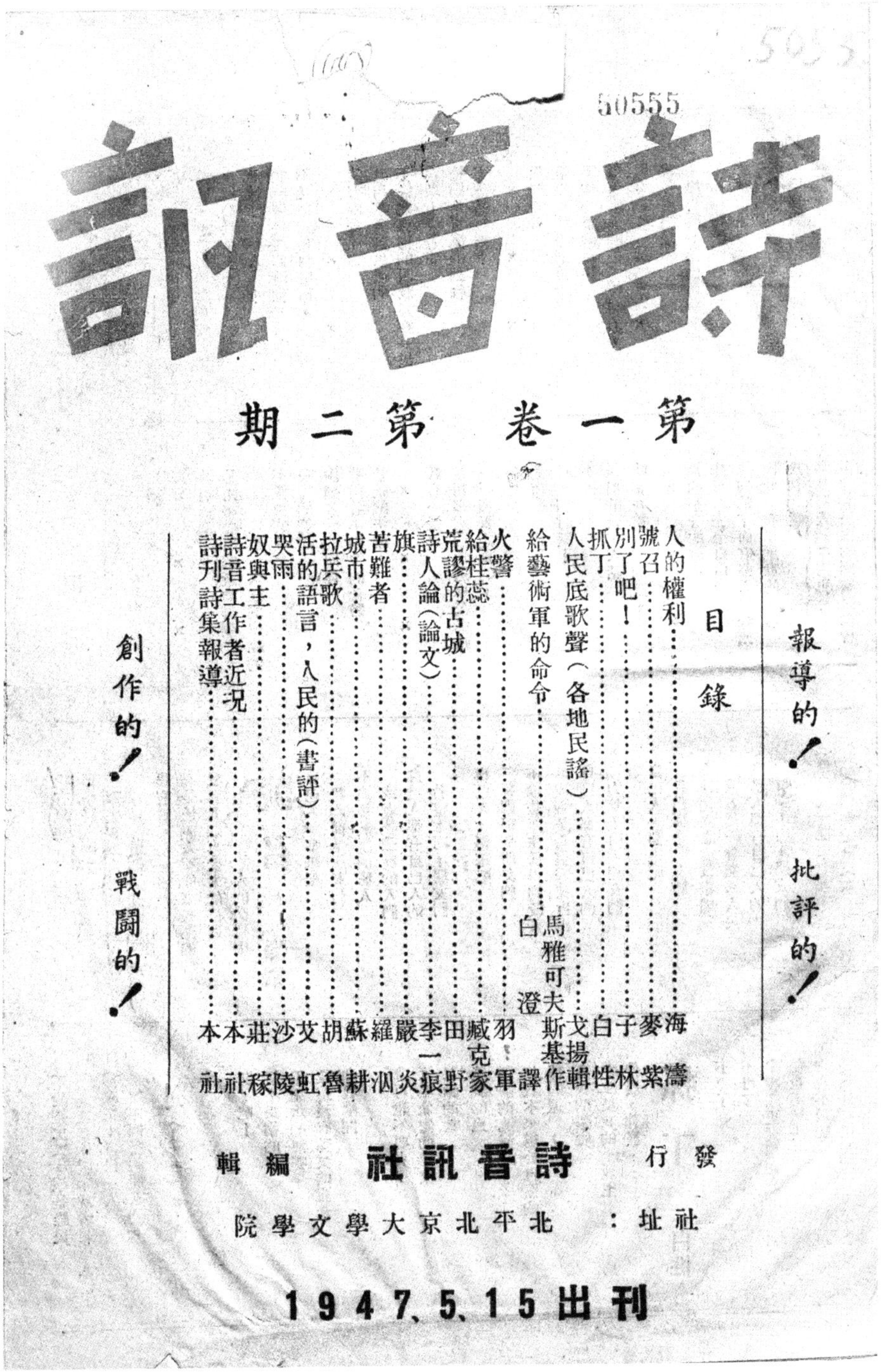

图 91.1 《诗音讯》第一卷第二期封面

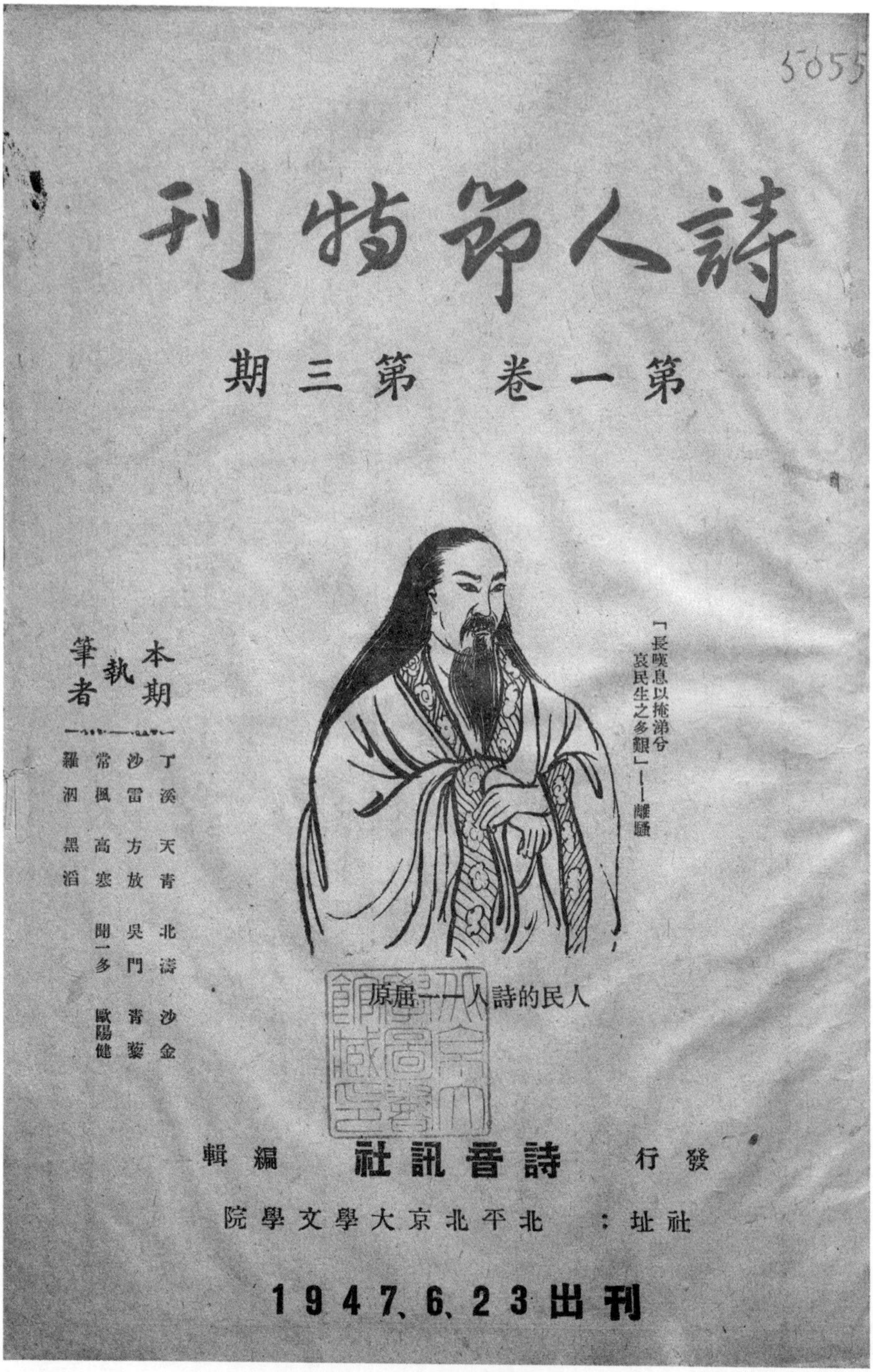

5055

詩人節特刊

第一卷 第三期

本期執筆者

丁溪 天青 北濤 沙金

沙雷 方放 吳門 青蓁

常楓 高寒 聞一多 歐陽健

羅泅 黑滔

「長嘆息以掩涕兮
哀民生之多艱」——離騷

人民的詩人——屈原

發行 詩音訊社 編輯

社址：北平北京大學文學院

1947、6、23 出刊

图 91.2 《诗音讯》第一卷第三期封面

学习丛刊

一、刊物简介

北京大学学习文丛社编辑并发行，1947年9月6日创刊于北平，仅见第一期。

二、刊物内容

该刊《发刊词》说：“我们时时刻刻等着友情的手，期待着各校同学，教师以及学校以外的人来指教我们，和我们一起学习。新中国的建设需要各方面力量，我们应当随时合作，随时互相补充互相帮助。我们决没有门户之见，也决不抱紧教条，不容纳别人的意见。……我们希望在荒漠的北方，《学习丛刊》能够成为不甘做传统奴隶的青年们自己的读物。我们希望《学习丛刊》能表现一点北方从五四以来否定旧生活旧思想的精神。开倒车是可耻的，向陈腐与病态低头也是一样地可耻，《学习丛刊》愿意和朋友们在一起，向旧思想旧生活宣战。”[①] 该刊登载散文、社团情况、学府新闻等，还有张奚若《回忆杨杏佛》一文，在封二又影印了杨杏佛手迹，并附有鲁迅悼念杨杏佛的诗作。该刊作为学生刊物，希望通过学习充实自我，为建设新中国贡献力量，其中涉及的诸多情况具有史料价值，如对北大社团实学社的介绍，以及对各高校的动态报道与纪念杨杏佛的相关文献等。

①《学习丛刊》编辑部．发刊词［J］．学习丛刊，1947（1）．

三、馆藏信息

58425/J 1947 no.1

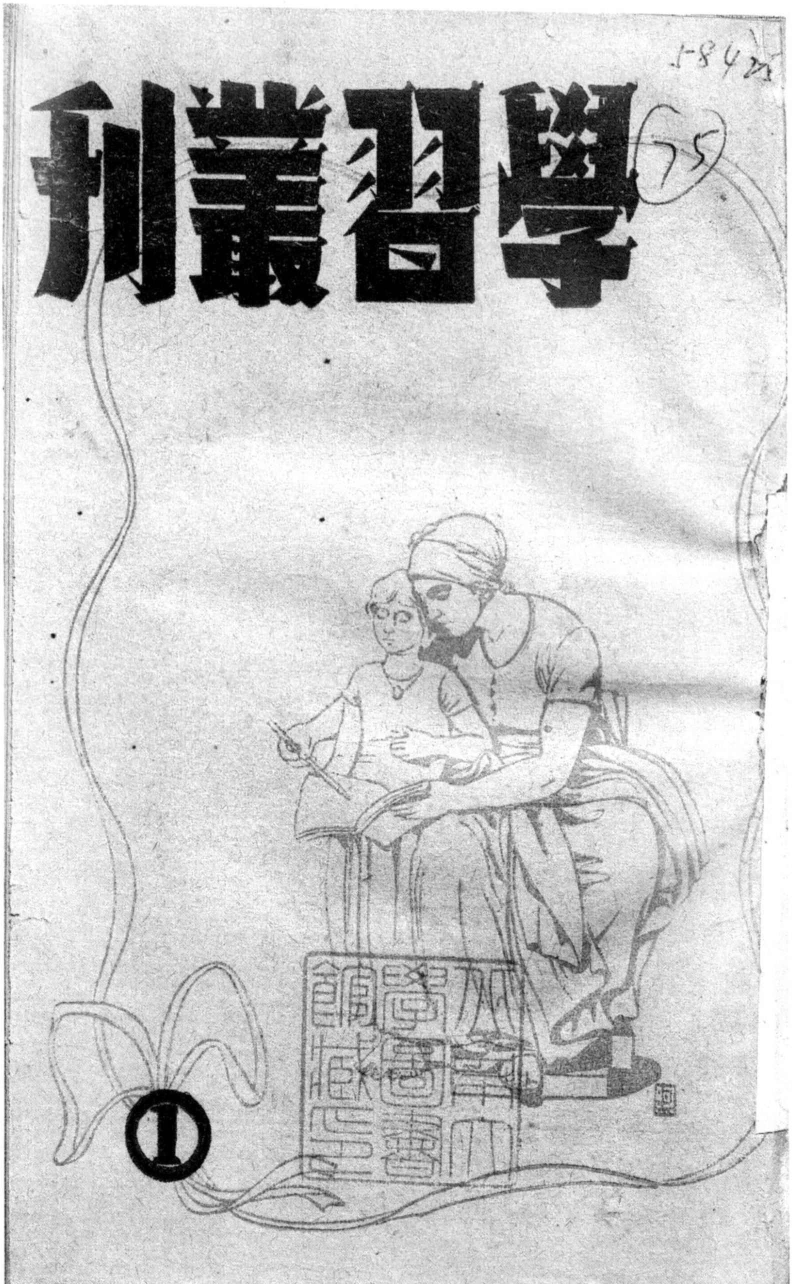

图 92.1 《学习丛刊》第一期封面

58425

發刊詞

這個暑假，學校裏讀書的風氣很盛。人人都覺到自己的空虛，人人都覺到這個時代需要充實的人，人人都覺到未來任務的艱巨，不是我們腹中的一點東西所能担當。同時，這也表示了我們課堂中與現實距離過遠的學識，極需要課外的知識加以補充。學問的主要功用，應當不是裝璜，應當不只是競賽聰明，而應當是使我們能健全地生活，在現實的世界中勇敢地快樂地生活下去。

我們的時代是個大轉變的時代。近百年來，中國是在由農業社會走入工業社會的途中，却又在內外的反動力量前備受阻撓，屢次走回頭路。在文化上，我們受西方文藝復興以來各種進步思想的啓發，新的文化在逐漸發展之中，然而也因爲外來與內在橫暴力量的阻撓，尤其是大規模戰亂的破壞，顯然目前的程度去成熟還遠。中國的知識份子需要盡力於建立一個有效率的繁榮的新社會，同時又要建立一個適於這個社會，適宜於人類善良進步要求的新思想新生活態度。這兩件都不是容易的事：怎樣把過去鬆懈散漫的舊社會變成肯幹的有活力的新社會？怎樣使每一個人，從自己開始，由不平等的駕凌別人之上的舊思想，和狹窄的不公正的以至於變態的生活態度中解放出來？幾千年來的傳統在我們的生活裏生了根，所以對自己的改造比對外在工具的應用更加困難。假如我們不能首先戰勝自己的缺點，我們就不能在改造社會的工作中盡力。而我們要改正自己，我們必須要從別人那裏獲得啓發和教訓，從別人那裏學習他們戰勝缺點的經驗和戰鬥的知識。

尤其是，目前我們的環境很壞。我們所在的地方，是舊勢力的大據點。社會上充滿了幫閑的墮落的色調和聲音，各方面的偏執，頑固，和陳腐都聚集在這裏。色情，武俠，纖靡，奴性和從外國搬來的歪曲見解交織成了我們這座「文化城」：世故的狡猾和惰性的胡塗更鞏固了舊的勢力。我們的力量是很單

图 92.2 《学习丛刊》发刊词（1）

薄的，是在劣勢地位的。這黑暗腐敗的社會時時在誘惑我們，企圖腐蝕我們，埋葬我們。我們要使自己在今天在未來能在中國的每一個角落裏迎擊舊勢力和團結新力量，我們需要學習新的認識新的感情，要肅清自己的劣根性。

我們要能够合群。我們要能和許多人相處，虛心地從別人處獲得東西，同時盡力幫助別人。我們要愛護別人，了解別人，要從友愛中獲得生命力，排除舊式的孤僻和猜疑。我們應當强壯起來，不再長縮，不再向舊勢力退讓，對於舊勢力而言，每一個應該能獨立作戰，看透舊世界的弱點，在可以進攻的時候不留情地擊破它。

我們並不以我們的幾個堡壘而自滿。我們知道：如果我們不能從堡壘中把力量擴散出去，如果我們不能爭取廣大的面積，我們的堡壘不過是花瓶。我們時時刻刻等着友情的手，期待着各校同學，教師以及學校以外的人來指教我們，和我們一起學習。新中國的建設需要各方面力量，我們應當隨時合作，隨時互相補充互相幫助。我們決沒有門戶之見，也決不抱緊教條，不容納別人的意見。互相討論可以發現眞理，我們期待着各方面的支援與合作。

在大家都很困難的時候，印一點東西也不很容易。我們預備分輯出版，看目前我們的能力，恐怕每輯之間相隔的日期不能一定。我們擬有一個大體的輪廓，雖然將來做起來恐怕要根據事實而有變更。我們預備留出三分之一到二分之一的篇幅來刊出研究討論的文字，諸如讀書報告，各校讀書會關於某一種書的研討紀錄，學習計劃，各社團對現在國內國外種種問題討論的意見，以及關於生活問題修養問題的文字。

大概每一輯會有一兩篇或兩三篇論文。我們希望這些論文每一篇都能給讀者一些東西，希望每一篇都有些份量。有一篇資料，有一些雜文，有一部份文藝作品，創作的或是翻譯的。這些部份都歡迎外稿，只要是沒有毒的，我們當儘量刊登，因爲至少我們想使學習叢刊無害於讀者。

我們希望在荒漠的北方，學習叢刊能够成爲不甘做傳統奴隸的青年們自己的讀物。我們希望學習叢刊能表現一點北方從五四以來否定舊生活舊思想的精神。開倒車是可恥的，向陳腐與病態低頭也是一樣地可恥，學習叢刊願意和朋友們在一起，向舊思想舊生活宣戰。

一九四七年九月

图 92.3 《学习丛刊》发刊词（2）

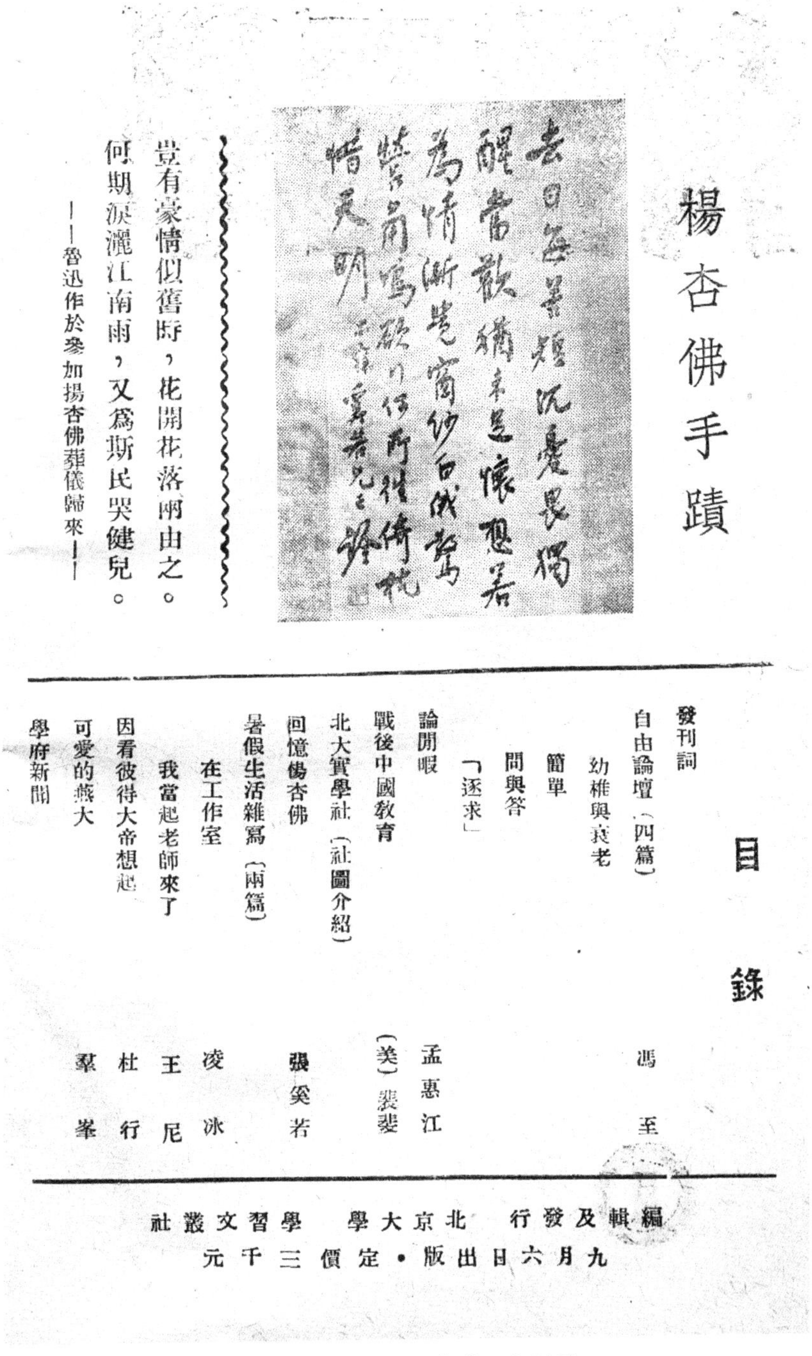

楊杏佛手蹟

豈有豪情似舊時，花開花落兩由之。
何期淚灑江南雨，又為斯民哭健兒。
——魯迅作於參加楊杏佛葬儀歸來——

目錄

編輯及發行 北京大學學習文叢社
九月六日出版・定價三千元

图 92.4 《学习丛刊》第一期目录

国立北京大学农业经济学会会刊

一、刊物简介

北京大学农业经济学会编辑并发行，1947 年创办于北平，现仅存第二期，刊名由时任北大校长胡适题写。此刊为油印本。

二、刊物内容

该刊编辑者希望此刊物成为同学们“写作的小园地”，第二期以“经四会员所调查的报告为基干”，刊发的题为《北平市西郊农业概况调查》的报告涉及农村人口、农场经营、租佃制度、田场劳力、农业金融等十个方面的内容。该刊还介绍了北大农学院农业经济系的基本情况，分教学、研究、推广示范三个方面进行叙述。该刊是由北大农学院农业经济学会的同学们主办，对当时新成立不到一年的北大农学院的相关情况进行了大致的介绍。

三、馆藏信息

12226/J 1947 no.2

第二期馆藏实物为农业经济学会赠送给校长胡适的，封面有“胡校长指正　农业经济学会谨赠”题记，并钤有“国立北京大学农业经济学会会章”。

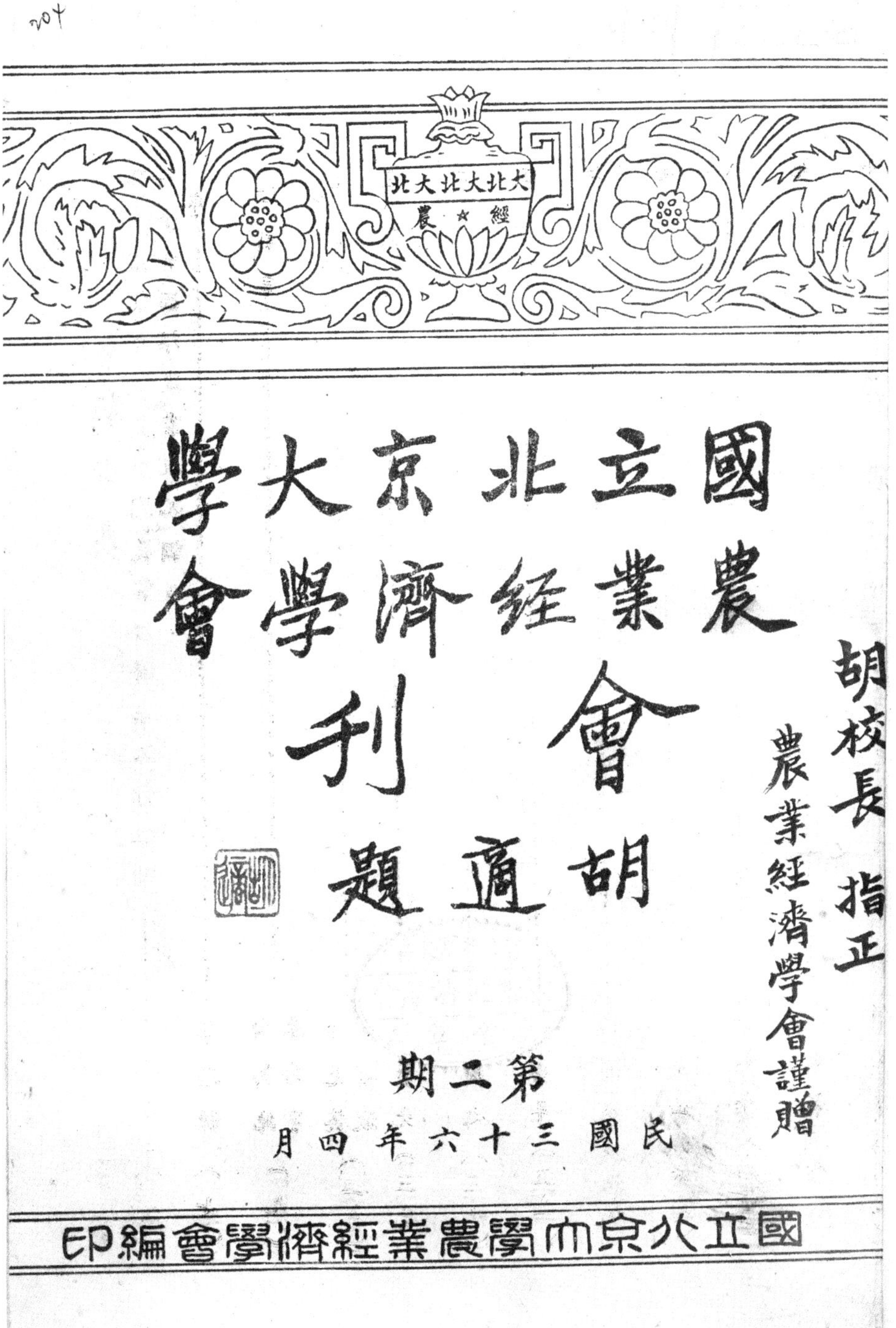

204

北大北大北大 農 經

國立北京大學農業經濟學會
會刊
胡適題

胡校長指正
農業經濟學會謹贈

第二期
民國三十六年四月

國立北京大學農業經濟學會編印

图 93.1 《国立北京大学农业经济学会会刊》第二期封面

本期目次

頁數

图 93.2 《国立北京大学农业经济学会会刊》第二期目录

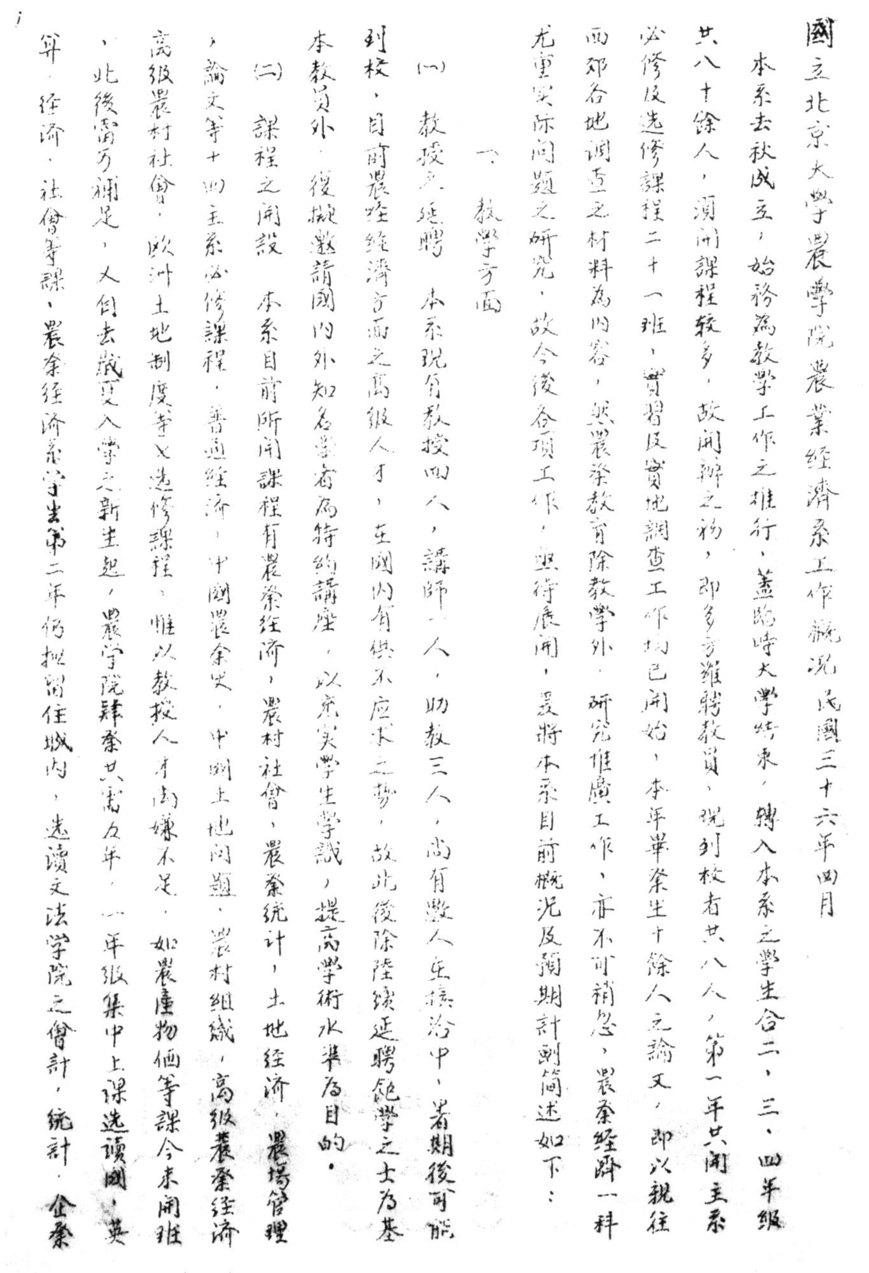

國立北京大學農學院農業經濟系工作概況　民國三十六年四月

本系去秋成立，始務為教學工作之推行，蓋臨時大學結束，轉入本系之學生合二、三、四年級共八十餘人，須開課程較多，故開辦之初，即多方羅聘教員，現到校者廿八人，第一年共開主系必修及選修課程二十一班，實習及實地調查工作均已開始，本年畢業生十餘人之論文，即以親往西郊各地調查之材料為內容，然農業教育除教學外，研究推廣工作，亦不可稍忽，農業經濟一科尤重實際問題之研究，故今後各項工作，亟待展開，茲將本系目前概況及預期計劃簡述如下：

一、教學方面

(一) 教授之延聘　本系現有教授四人，講師一人，助教三人，尚有數人在接洽中，若期後可能到校，目前農經經濟方面之高級人才，在國內有供不應求之勢，故此後除陸續延聘飽學之士為基本教員外，復擬邀請國內外知名學者為特約講座，以充實學生學識，提高學術水準為目的。

(二) 課程之開設　本系目前所開課程有農業經濟，農村社會，農業統計，土地經濟，農場管理，論文等十四主系必修課程，普通經濟，中國農業史，中國土地問題，農村組織，高級農業經濟，高級農村社會，歐洲土地制度等七選修課程，惟以教授人才尚嫌不足，如農產物價等課今未開班，此後當力補足，又自去歲更入學之新生起，農學院肄業共需五年，一年級集中上課選讀國、英、算、經濟、社會等課，農業經濟系學生第二年仍擬留住城內，選讀文法學院之會計，統計，企業

图 93.3 《国立北京大学农业经济学会会刊》第二期刊载《国立北京大学农学院农业经济系工作概况》

編輯燈下

△我們首先要向諸位道歉的，就是創刊號問世後，因為紙張缺乏，遲了許多時日，現在第二期總算誕生了，我們以誠懇希冀的心情接受諸位的指導與批評。

△上星期我們的會長——系主任召集全體學術組同學開會討論此次出刊事宜，並決定以刊印經四會員所調查的報告為基幹，這就是我們工作的目標，更是這本小冊子的胚胎。

△原來計劃在一週內即可發刊，奈因稿件未能如期交到，加以臘紙太劣二十餘張完全不能使用，印不到五片就起大黑點，只好硬着頭皮冉求會員重謄一次，作揖磕頭，總算沒有碰釘子，可是出刊日期，無形中延遲了兩天。

△此次共出一百五十冊，每本一百二十頁、計七萬餘言，動員三十餘人開了六天夜車，工程不謂不大也。

△這棵新生幼苗，一切均甚柔弱、文的發育能否良好，能否為社會服務，尚需諸君的愛護，施肥與灌溉，請諸位會員培植這株幼苗使之能長大茂盛，開花，結果。

△我們不自量力的很下期打算在五月下旬出版，務期內容充實，以作我們寫作的小園地。惟稿件奇缺，請諸君踴躍賜稿來栽培這塊小園地。

△本期因出刊倉促，又加我們沒有經驗，編排計劃啦添空校對啦，全都很幼稚。其間錯誤，在所不免尚望諸會員時時加以指導。

△本刊蒙李榮庭，張書英，高士榮，葉于婉，吳九如，卜鐘元，車在田，盧鴻瑞 王景俊焦葆清，趙廷楨，劉成瑜。高東海，王毅，張大鈞，宋豁然諸同學於百忙中担負謄寫印刷工作更有許多的哥哥姐姐們替我們摺疊校對不便詳舉芳名謹此致謝。

△更蒙陳道興先生設計封面事務股諸位先生的幫忙代為裝釘對本刊增光不少亦在此處致謝

△最後為了增進我們的學術研究起見最近計劃每週請名人演講一次。今亦順便奉告諸位。

編者

图 93.4 《国立北京大学农业经济学会会刊》第二期编辑灯下

图书与学习

一、刊物简介

北京大学孑民图书室资料研究股主编，创刊时间不详（据现有资料推测，创刊年约在 1947 年），现存第二期，1948 年 3 月 15 日出版。此刊为油印本。

二、刊物内容

孑民图书室由北京大学学生自治会创办，出版油印小册《图书与学习》，主要介绍孑民图书室基本情况和各股工作情况，《孑民图书室在怎样成长着？》提到其成立 5 个多月以来，“已拥有四千余册书籍和四十多种中外杂志”，在文化先辈们的帮助下，“我们坚信蔡先生的教育精神是当前大学教育的最高理想，我们有使它高度发扬的必要”。[①] 在孑民图书室工作的同学成立了“文艺、社会科学、时事、生活四个学习小组，每人至少参加一组，经常在一起讨论问题”。在收到许广平捐赠的鲁迅全集纪念本后，制作目录，展开鲁迅研究。该期还向各界呼吁捐赠书籍，刊登许广平等人的来信，并对现有图书进行分类统计和新书摘录等。该刊作为学生自治会编辑的学生刊物，记载了孑民图书室的基本情况和图书统计，也提及当时文化界的捐赠和帮助等。

三、馆藏信息

54790/J 1947 no.2

---

① 北京大学孑民图书室资料研究股. 孑民图书室在怎样成长着［J］. 图书与学习，1948（2）.

第二期封面钤有“国立北京大学法学院法政经济纪录室”章，封底钤有“北京大学学生自治会孑民图书馆”章。

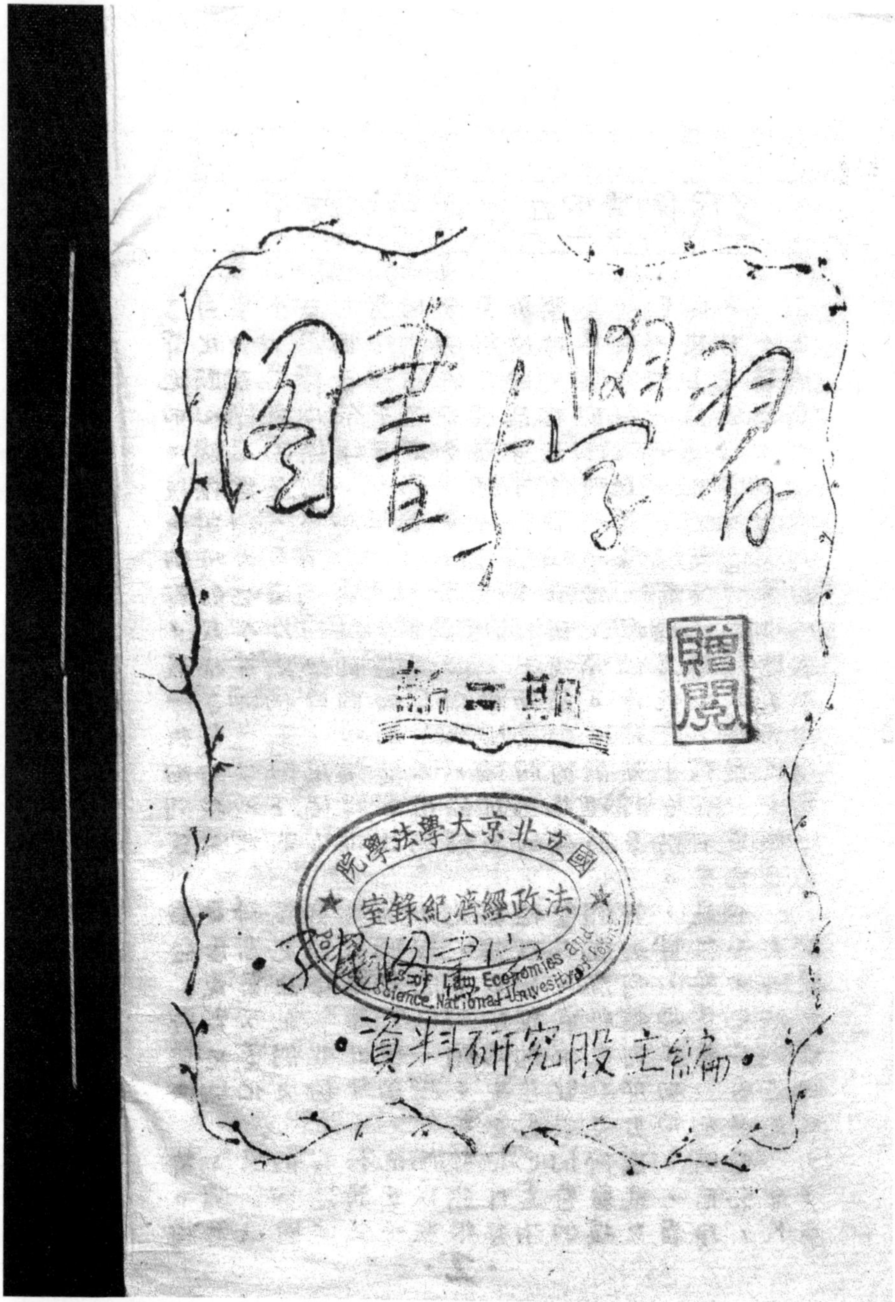

图 94.1 《图书与学习》第二期封面

孑民圖書室在怎樣成長着？

孑民圖書室開放至今已整々五个多月了，五个月來，在各位導師的懇切指導、文化界先輩及全校師長、同学的熱烈支援下不断地充實成長，到現在已擁有四千餘册書籍和四十多種中外雜誌，可謂奠定了堅固的基礎。

這五个月對於我們真是一个艱難的階段，誰都知道，在目前物價飛漲的時節，創辦一個圖書室不是一樣容易的事，它須要大批的基金和经費，但在今日，當同学們連吃飯都成問題的時候，誰都感到「心有餘而力不足」。在這樣惡劣的情况下，我們甚至無法籌措最低需要的经費。最初由師長和同学捐贈了一批書籍，可是這批書的数量有限，而且有許多還是数十年前的版物，不能滿足同学們的需求，在這樣難於克服的困苦環境下，我們之間遂有許多同学因氣餒而生出了悲观失望的情绪來。

但是，我們堅信蔡先生的教育精神是當前大学教育的最高理想，我們有使它高度發揚的必要；何况，在同学間普遍發生書荒，迫切地需要精神食糧的時候，事實絕不容許我們存着任何退缩的念頭。因此我們重又鼓起了勇氣向那在艱苦中支撑着中国文化的文化先輩們伸出了求援之手。

這時，導師們也極热忱地替我們寫了許多介紹信，使募書工作得以更廣泛地展開。不久，珍貴支援的消息很快地從四面八方傳

·2·

图 94.2 《图书与学习》第二期第 2 页

了過來，文化先輩們的來信給了我們極大的歡欣和鼓舞，有許多勉勵的語句甚至使我們感動得流淚。接着，四十多種的雜誌相繼地寄到，一包一包的新書也不斷地從郵局送來，先輩們的感召和支援，我們在興奮感激之餘，只有以加倍的努力，來表示我們衷心的謝意。

新書消息不斷地公佈，借書人數也在急劇地增多。在這時，許多同学又自動地把自己所喜愛的書籍捐了出來，書籍大量地增加，我們每週幾乎都收到兩百餘冊的新書。

接着，捐款運動在同学間热烈地展開，大部份同学都踴躍地捐贈，以灘经济膳团甚至把從啃丝糕中節省下来的錢捐给我們買書，大家都說：「丝糕雖然啃不飽，精神食糧都需要。」最使我們感奮的是孫楷第先生，他把同学送给他養病的捐款，也轉捐给我們充作購書之用。

寒假期間，為了便利同学閱覽，我們仍然繼續開放，同時為使愛好知識的中学同学得到讀書的机会，又設立了基本讀者，於是我們可以看到許多年輕的朋友從老遠的地方跑來借書。

由於書籍和借書人數的直線上升，工作的同学也不得不隨之增多，從最初的十餘人，而廿餘人，卅餘人，直至現在的五十餘人。同時，為了顧惜大家的学業起見，我們实行了精密的分工制，在全体工作同学的热情和堅毅下，各部門的工作得到了密切的配合，固然有時我們也不免会發生錯誤，但在錯誤發生之後，我們都肯虛心承收經驗，接受批

·3·

图 94.3 《图书与学习》第二期第 3 页

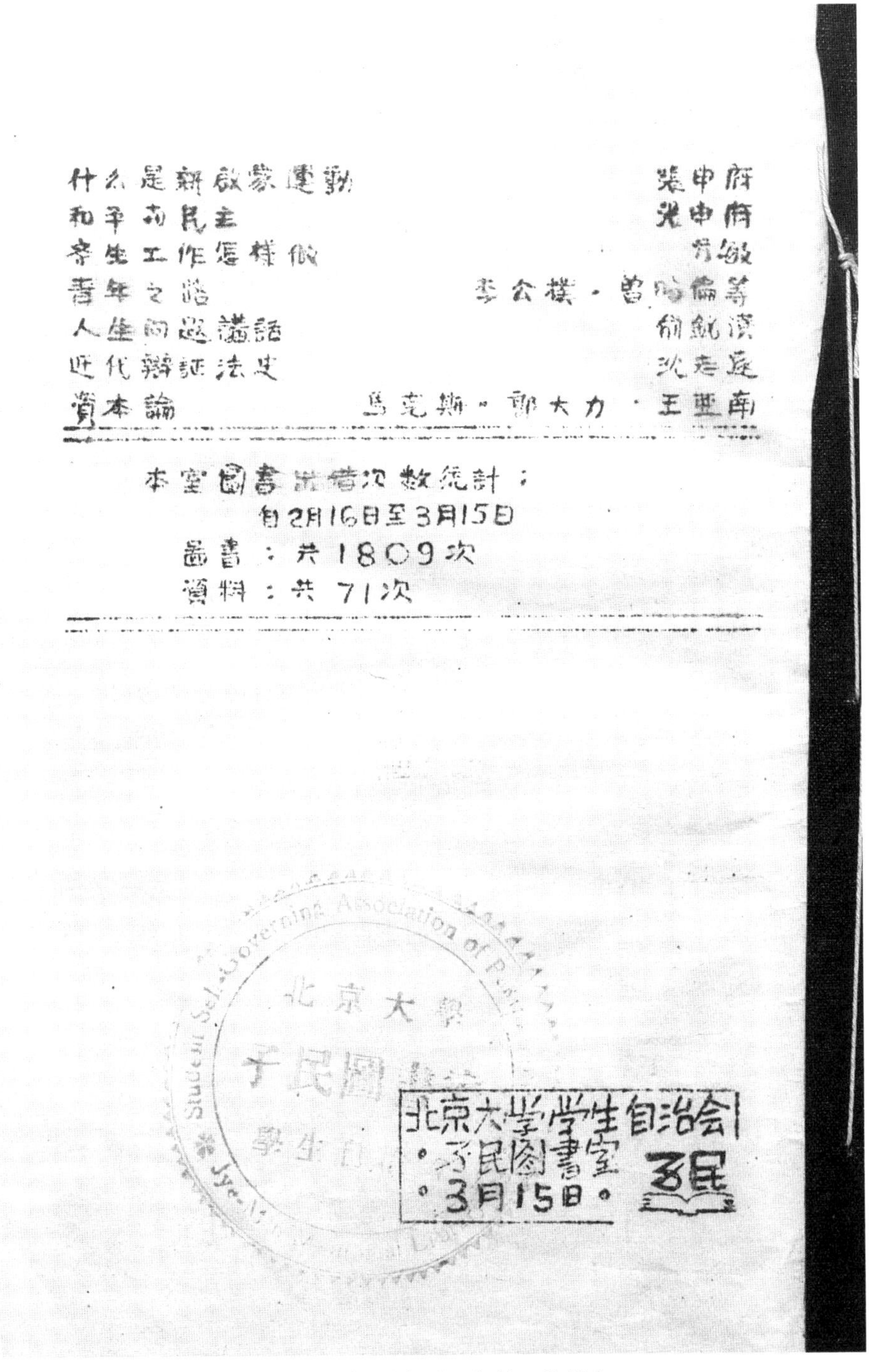
什么是新啟蒙運動 張申府
和平與民主 張申府
學生工作怎樣做 肖敏
青年之路 李公樸·曾昭掄等
人生問題講話 俞銘璜
近代辯証法史 沈志遠
資本論 馬克斯·郭大力·王亞南

本室圖書出借次数統計：
自2月16日至3月15日
圖書：共1809次
資料：共71次

图 94.4 《图书与学习》第二期封底

五四特刊

一、刊物简介

1947年创刊于北平，北京大学文艺社、新诗社联合编辑并发行。为学生刊物，纪念五四运动二十八周年。

二、刊物内容

该刊《编余》提到："我们将这小小的刊物放在大家面前，愿大家想一下，该怎样把五四的精神吸收到身上来，完成五四未了的作业"，"五四也是文艺节，当时的文艺工作者们，曾如何勇迈地攻打封建的堡垒呵！"[①] 该刊发表文章论述五四以来中国的社会思潮及文学运动，登载北大教授向达《一个划时代的日子》等纪念五四的文章，介绍北大名人蔡元培、李大钊、陈独秀等，刊登胡适、俞平伯、周炳琳、许德珩访谈录及朱自清的文章，还有散文、诗等文学作品，如登载了冯至的诗歌《那时》等。

三、馆藏信息

6121/J 1947

① 《五四特刊》编辑部．编余［J］．五四特刊，1947（1）．

一九四七年　五四特刊　第一版

五四特刊

北京大學
文藝社　新詩社
聯合編輯發行

一個劃時代的日子
——個人生活的片段回憶——
向達

訪問胡適

編餘

图 95.1 《五四特刊》封面

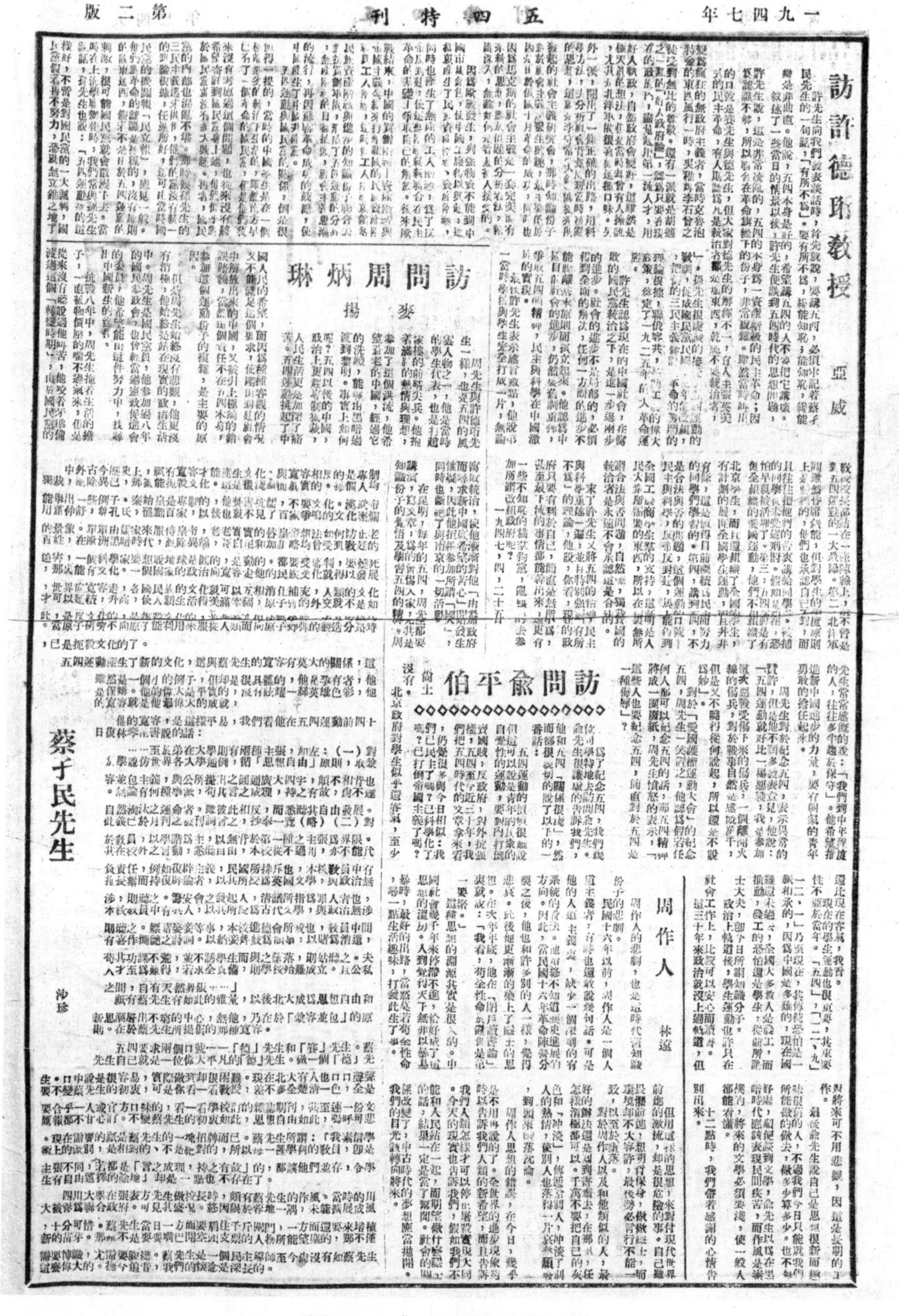

图 95.2 《五四特刊》第二版

北大工程

一、刊物简介

1948年3月1日创刊于北平，北京大学工学院自治会主编并发行，现仅存创刊号。学生刊物。

二、刊物内容

该刊《创刊辞》曰："《北大工程》为一纯学术性的定期刊物，它将是所有工程界朋友们共同研讨的园地，是沟通研究与学习的联锁。为了帮助广大学习中的青年共同进步，我们恳切的向所有从事研究工作的学者们呼吁，把你们研究的心得，通过《北大工程》，毫无吝啬的转达给那么多年青的后进者；我们也恳切的向所有正在学习中的朋友们招喊，把你们所遭遇的问题与需要知道的东西，通过《北大工程》毫无保留的提出讨论，从而获得解决，在集体研究与学习之中，以期有补于'工业建设'的用途。"① 创刊号发表了马大猷《厅堂之几何声学》、金涛《用分配固定端弯率法解算斜杆结构》、张泽熙《集中运输行车管理制之概论》、陈俊武所译《精馏理论板数计算法》、邬天柱《电影院之设计》五篇文章，这些学术论著运用表格等多种形式，进行专业的分析和论证。《北大工程》作为学生刊物，为工科的研究与交流提供了一个平台，也为我们了解当时北大该学科的建设和国内这一学科的发展情况等提供了一些线索。

①《北大工程》编辑部.创刊辞［J］.北大工程，1948（1）.

三、馆藏信息

13330/J 1948 Dec.

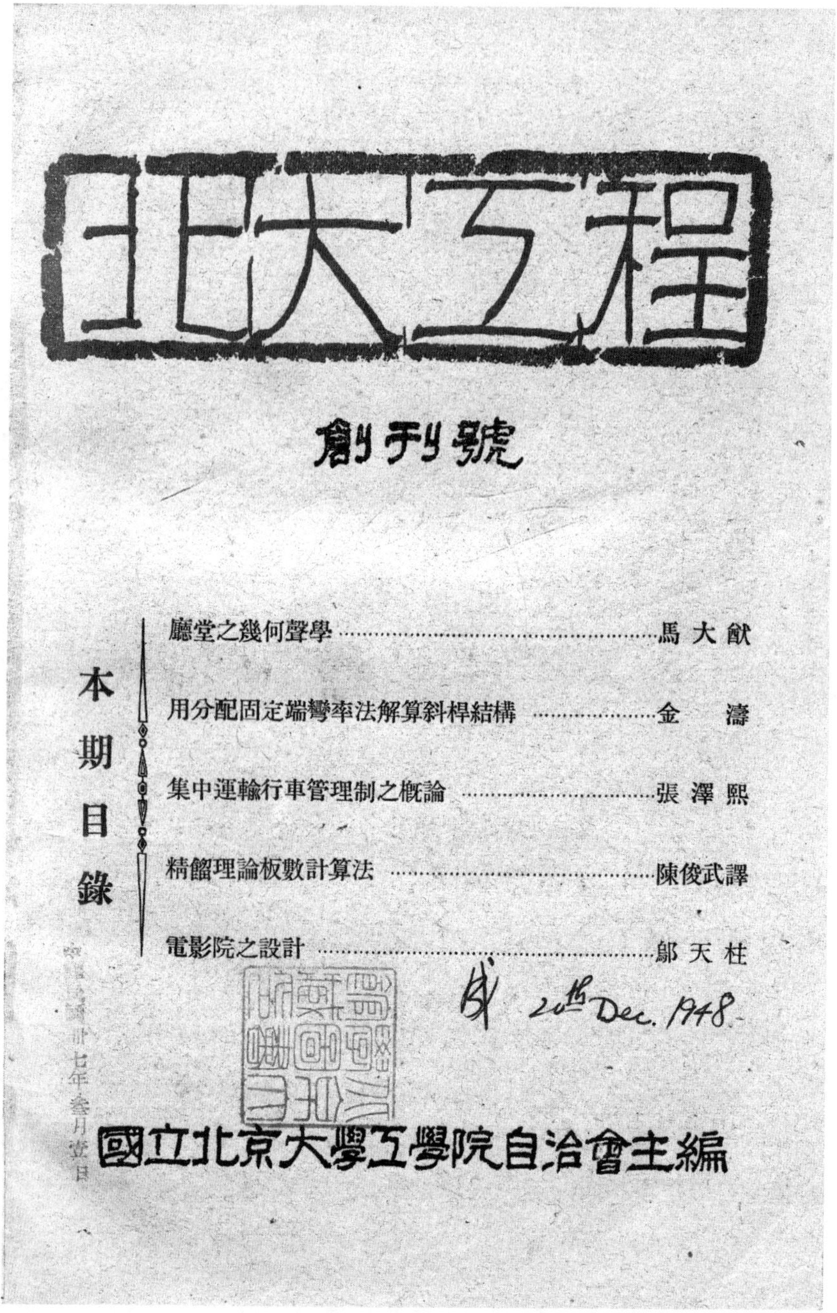
北大工程

創刊號

本期目錄

20th Dec. 1948

中華民國卅七年叁月壹日

國立北京大學工學院自治會主編

图 96.1 《北大工程》第一期封面

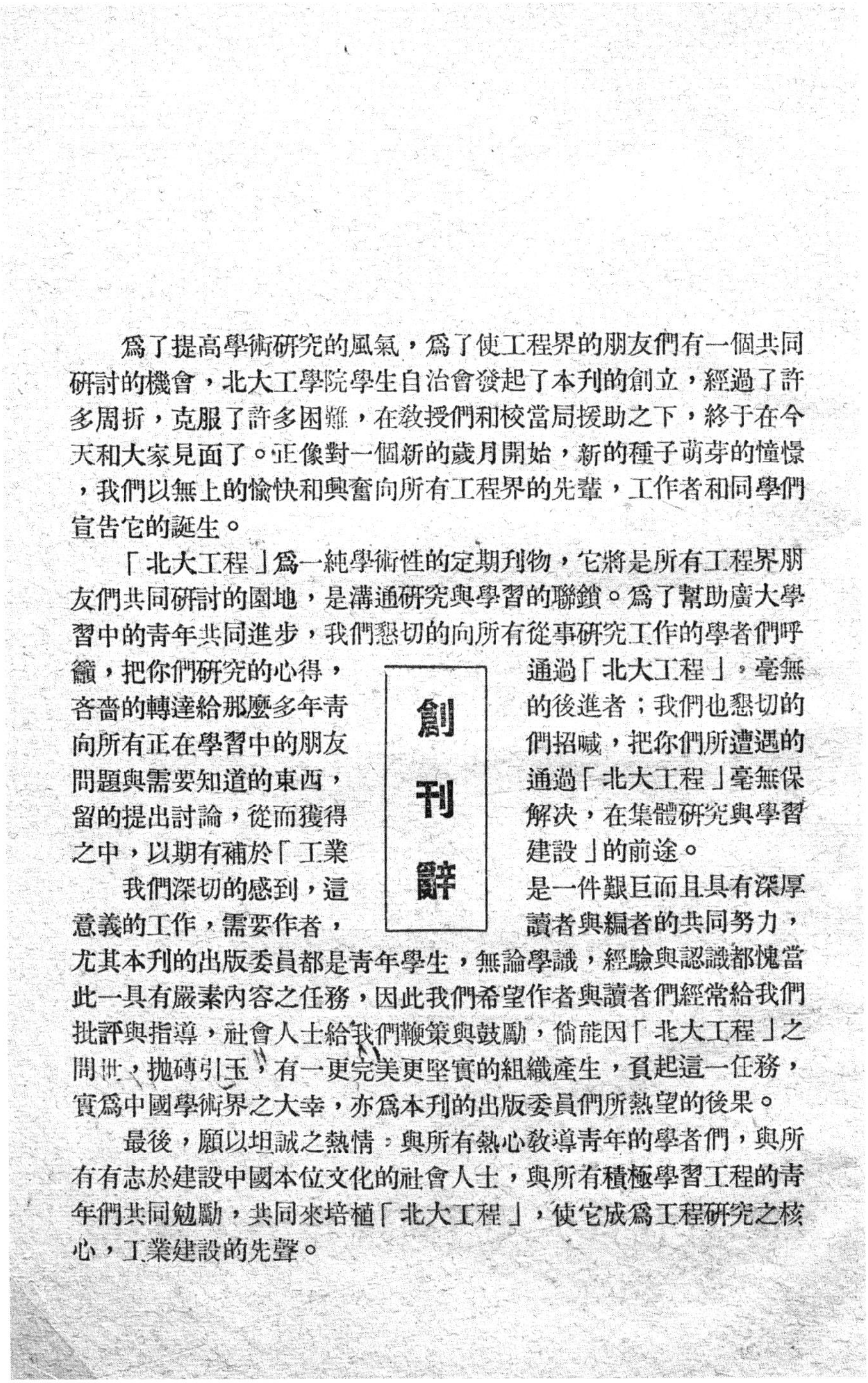

創刊辭

爲了提高學術研究的風氣，爲了使工程界的朋友們有一個共同研討的機會，北大工學院學生自治會發起了本刊的創立，經過了許多周折，克服了許多困難，在教授們和校當局援助之下，終于在今天和大家見面了。正像對一個新的歲月開始，新的種子萌芽的憧憬，我們以無上的愉快和興奮向所有工程界的先輩，工作者和同學們宣告它的誕生。

「北大工程」爲一純學術性的定期刊物，它將是所有工程界朋友們共同研討的園地，是溝通研究與學習的聯鎖。爲了幫助廣大學習中的青年共同進步，我們懇切的向所有從事研究工作的學者們呼籲，把你們研究的心得，通過「北大工程」，毫無吝嗇的轉達給那麼多年青的後進者；我們也懇切的向所有正在學習中的朋友們招喊，把你們所遭遇的問題與需要知道的東西，通過「北大工程」毫無保留的提出討論，從而獲得解決，在集體研究與學習之中，以期有補於「工業建設」的前途。

我們深切的感到，這是一件艱巨而且具有深厚意義的工作，需要作者，讀者與編者的共同努力，尤其本刊的出版委員都是青年學生，無論學識，經驗與認識都愧當此一具有嚴素內容之任務，因此我們希望作者與讀者們經常給我們批評與指導，社會人士給我們鞭策與鼓勵，倘能因「北大工程」之問世，拋磚引玉，有一更完美更堅實的組織產生，負起這一任務，實爲中國學術界之大幸，亦爲本刊的出版委員們所熱望的後果。

最後，願以坦誠之熱情，與所有熱心教導青年的學者們，與所有有志於建設中國本位文化的社會人士，與所有積極學習工程的青年們共同勉勵，共同來培植「北大工程」，使它成爲工程研究之核心，工業建設的先聲。

图 96.2 《北大工程》创刊辞

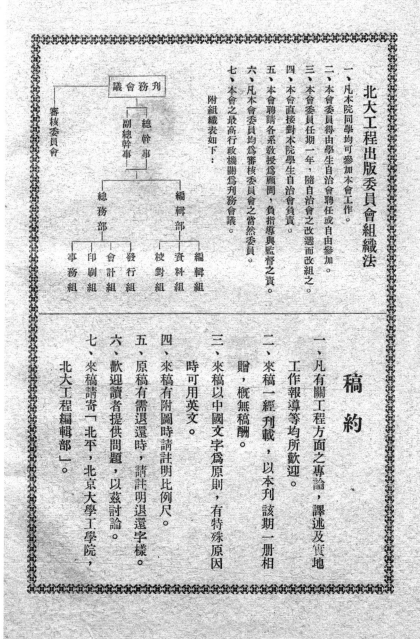

北大工程出版委員會組織法

一、凡本院同學均可參加本會工作。
二、本會委員得由學生自治會聘任或自由參加。
三、本會委員任期一年，隨自治會之改選而改組之。
四、本會直接對本院學生自治會負責。
五、本會聘請各系教授爲顧問，負指導與監督之責。
六、凡本會委員均爲審核委員會之當然委員。
七、本會之最高行政機關爲刊務會議。

附組織表如下：

稿約

一、凡有關工程方面之專論，譯述及實地工作報導等均所歡迎。
二、來稿一經刊載，以本刊該期一冊相贈，概無稿酬。
三、來稿以中國文字爲原則，有特殊原因時可用英文。
四、來稿有附圖時請註明比例尺。
五、原稿有需退還時，請註明退還字樣。
六、歡迎讀者提供問題，以茲討論。
七、來稿請寄「北平，北京大學工學院，北大工程編輯部」。

图 96.3 《北大工程》第一期封底

北大半月刊

一、刊物简介

1948 年 3 月 20 日创刊于北平，北京大学学生自治会编辑，北京大学北大半月刊社发行，半月刊。该刊文字较为激烈，出版十一期后被迫停刊。

二、刊物内容

《创刊的话》说：“虽然我们力量微弱，虽然环境给我们许多限制，我们却尽力在可能范围中做一点事，今天，便在种种的困难下，出版了这个微薄的刊物。藉这个小刊物，把我们的声音带出学校去。把我们的不平，把我们的渴望和要求，诉说给全国的人民。”① 该刊登载北大师生们关于学生运动和教育、政治、军事等相关问题的讨论，也刊登一些文学作品和通讯报道等。该刊第四期为“五四特大号”，纪念五四运动二十九周年，发表郭沫若、张奚若、张申府等人的纪念文章。第八期又设专栏“纪念闻一多先生死难二周年”，纪念遇难的闻一多、李公朴。《北大半月刊》是由学生们主编的刊物，立场坚定，言论激烈，体现了当时北大学生和全国学子对于国家前途命运的深切关注，刊物中记载了有关学生运动和社会现实的内容，还有五四运动和闻一多等人的纪念资料等。

三、馆藏信息

13320/J 1948 no.1-11

---

①《北大半月刊》编辑部 . 创刊的话［J］. 北大半月刊，1948（1）.

第一、三、六期封面钤有“北大新教育社”章，第二、四、五、八期钤有“国立北京大学沙滩合唱团”章，第七期钤有“国立北京大学学生自治会北大半月刊社”章，第九期钤有“国立北京大学法学院法政经济纪录室”章。

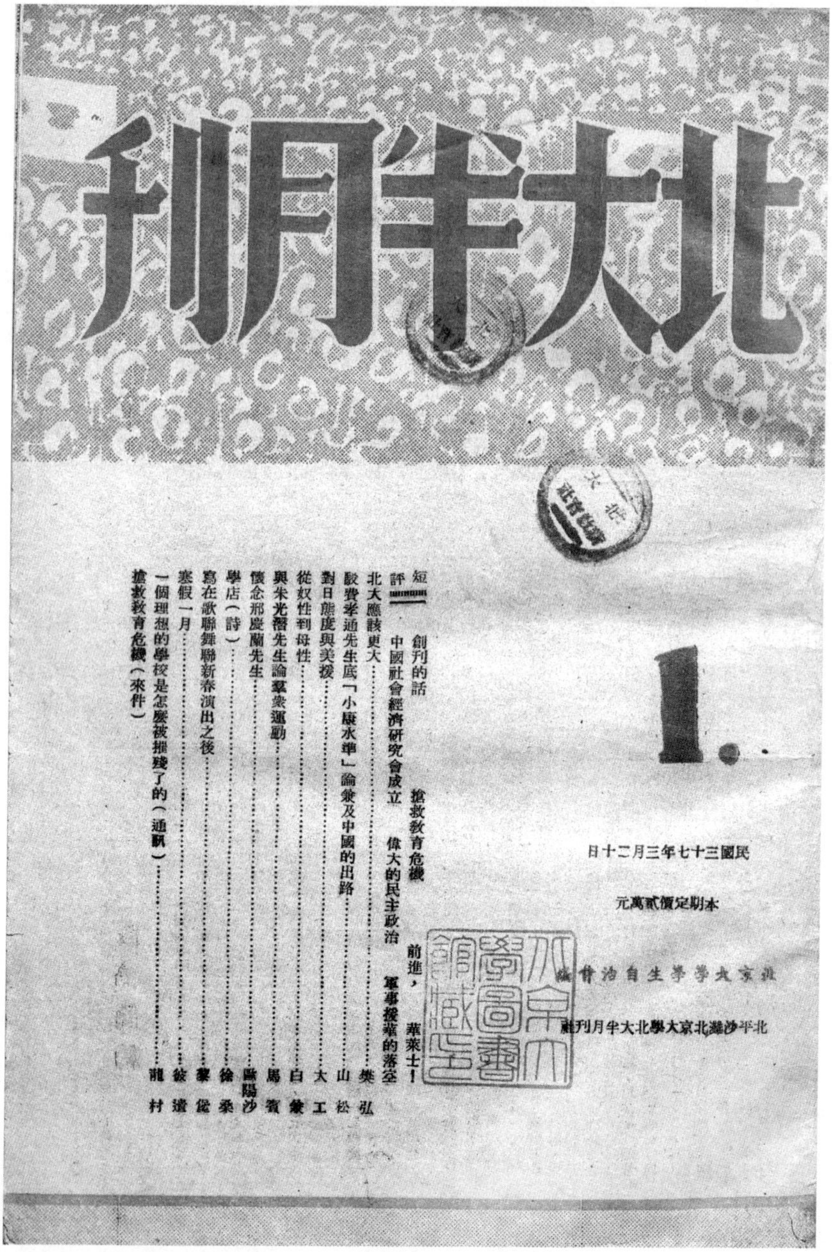

图 97.1 《北大半月刊》第一期封面

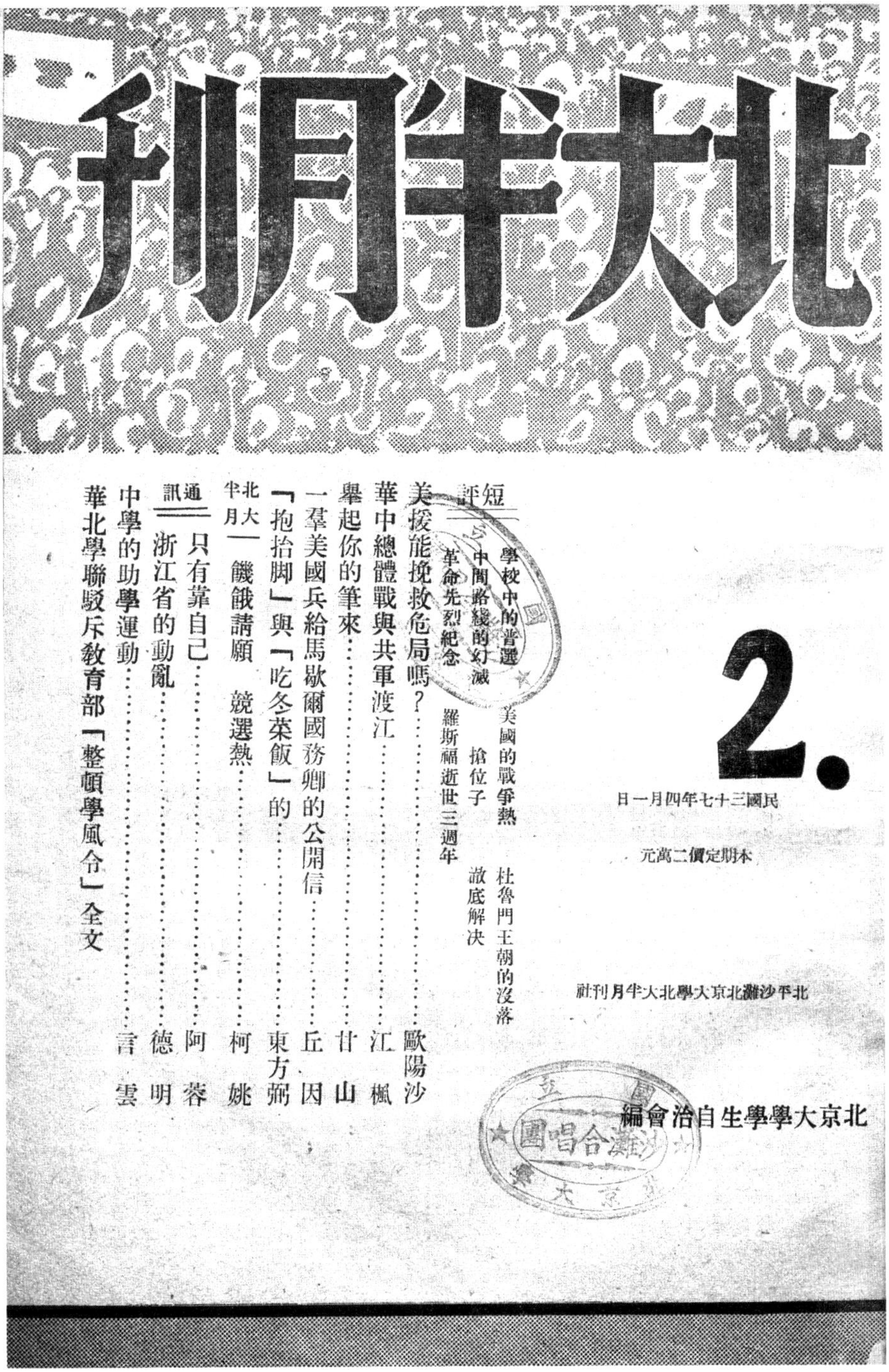
北大半月刊
2.
民國三十七年四月一日
本期定價二萬元
北平沙灘北京大學北大半月刊社
北京大學學生自治會編
短評
學校中的普選　美國的戰爭熱　杜魯門王朝的沒落
中間路綫的幻滅　搶位子　澈底解決
革命先烈紀念　羅斯福逝世三週年
美援能挽救危局嗎？……歐陽沙
華中總體戰與共軍渡江……江楓
舉起你的筆來……甘山
一羣美國兵給馬歇爾國務卿的公開信……丘因
「抬抬脚」與「吃冬菜飯」的……東方弼
北大半月——饑餓請願　競選熱……柯姚
通訊——只有靠自己……阿蓉
浙江省的動亂……德明
中學的助學運動……言雲
華北學聯駁斥教育部「整頓學風令」全文

图 97.2 《北大半月刊》第二期封面

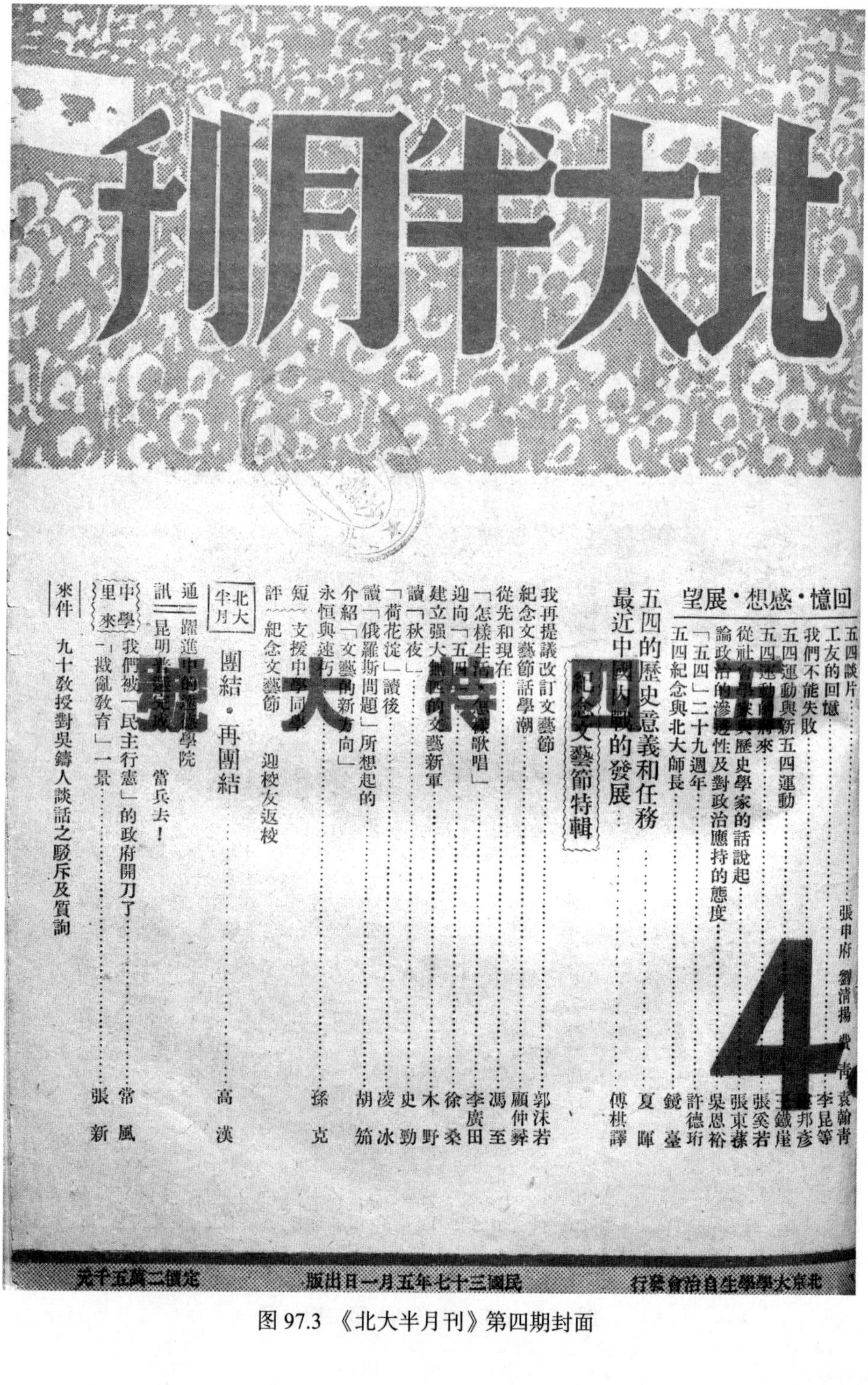

图 97.3 《北大半月刊》第四期封面

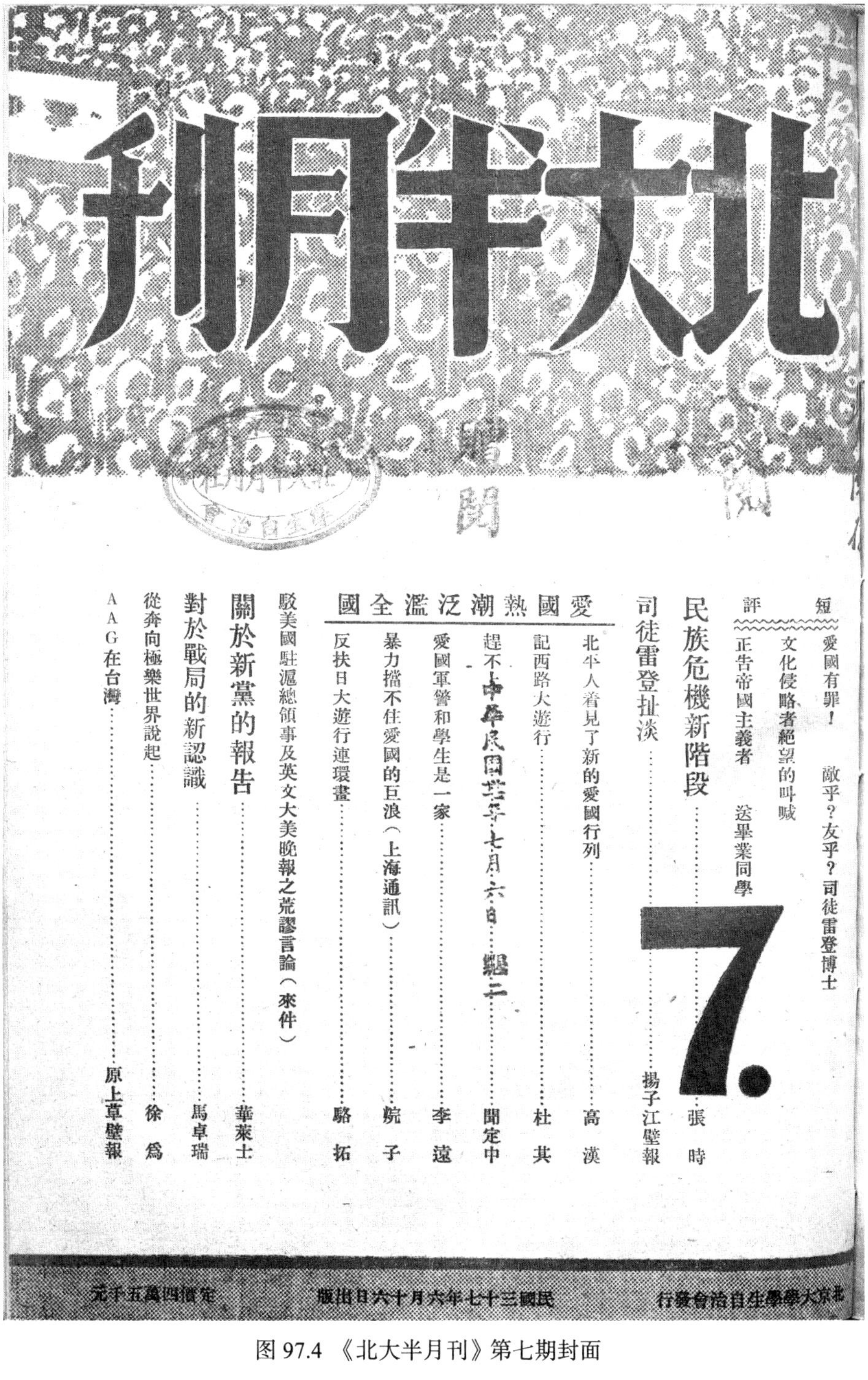

图 97.4 《北大半月刊》第七期封面

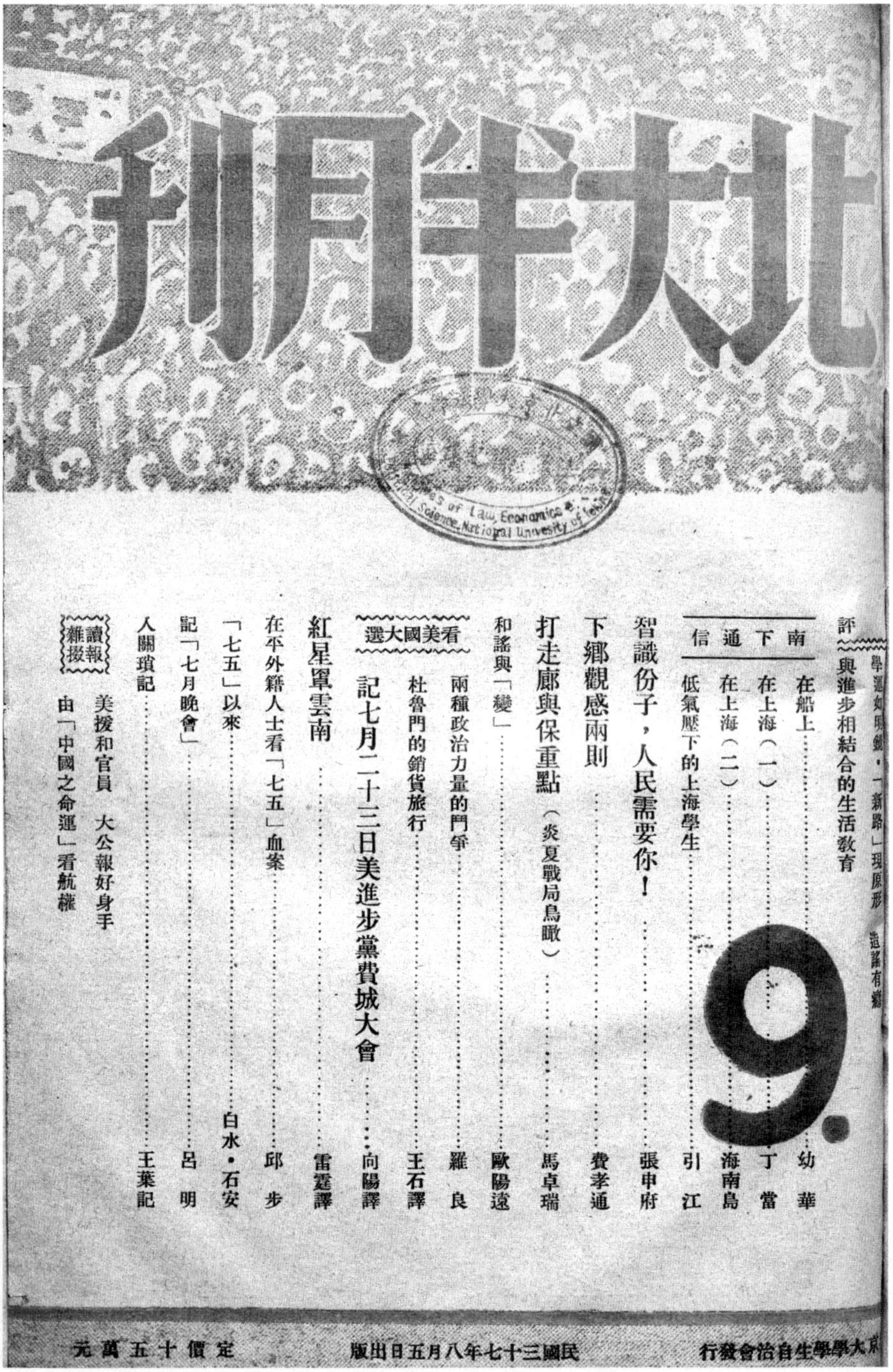

图 97.5 《北大半月刊》第九期封面

独立时论集

一、刊物简介

独立时论社编辑并发行，1948 年 4 月出版第一集，刊名由胡适题写。

二、刊物内容

时事论文集，收录文章范围在 1947 年 5 月至 10 月间，其《序》言:“在民国三十六年的春天，我们一些在北平教学的朋友们，觉得应该利用余暇，写写文章，对重要的时事问题，以独立的与公正的立场，发表一点意见。我们认为在目前我国情形之下，这是我们在教学以外应尽的一种社会职责。我们很希望我们的意见能够有助于国家政治、经济、社会、教育、文化及科学的进步。”①“独立时论社”是由张佛泉和崔书琴创办的民间通讯社，专门向全国各地报刊提供稿件。该集是将该社同仁发表在各种刊物上探讨时事问题的文章汇总到一起，按原发表时间的先后排序，主要撰稿人有胡适、陶孟和等。该集将 99 篇同仁文章集合到一起，以便读者了解当时国内政治、经济等各方面的有关讨论情形，并附有简短的《作者介绍》，作者多为北京各大学教授。

三、馆藏信息

58630/J 1948 no.1

① 独立时论社 . 序［J］. 独立时论集，1948（1）.

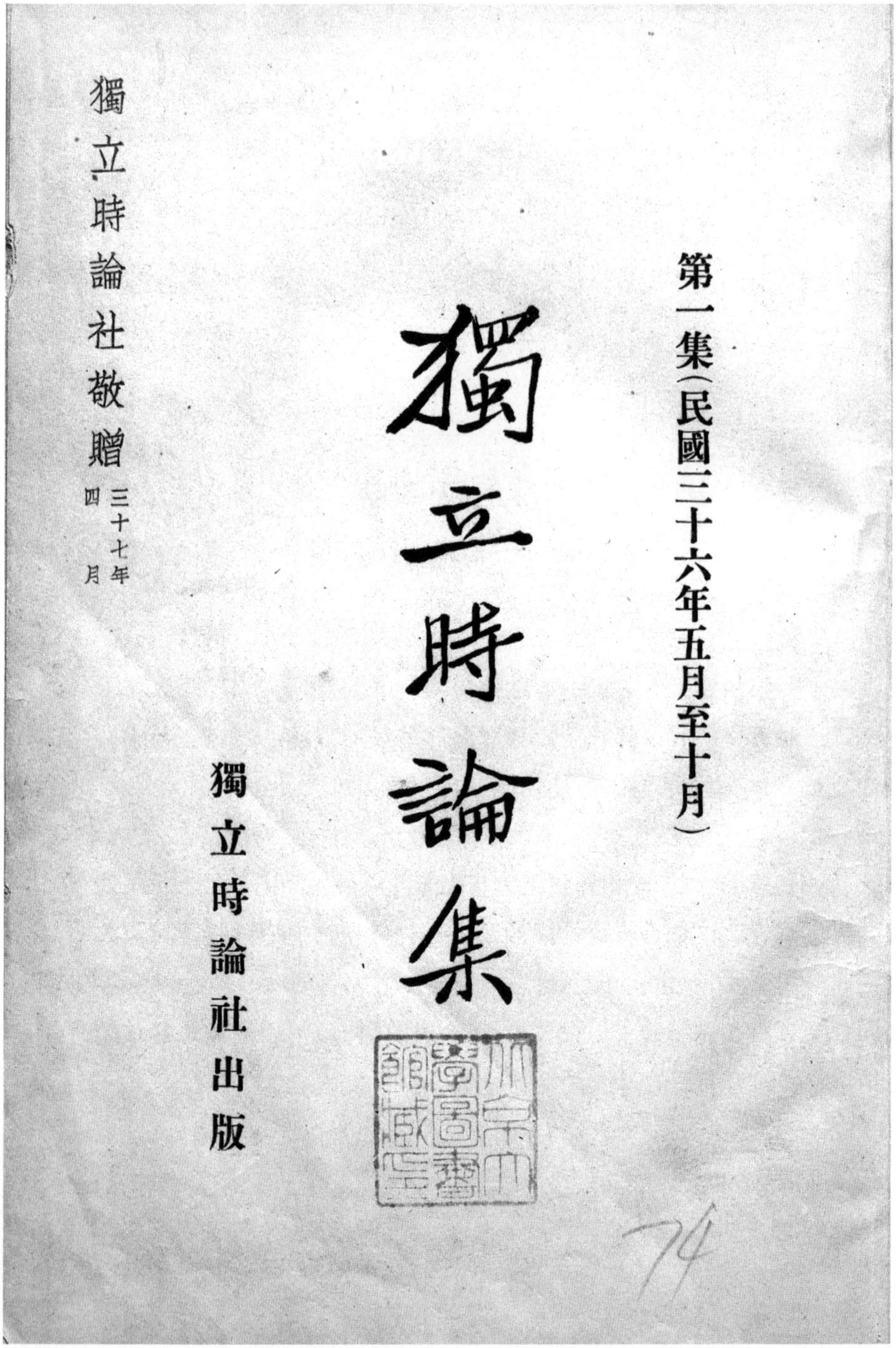

图 98.1 《独立时论集》第一集封面

序

在民國三十六年的春天，我們一些在北平教學的朋友們，覺得應該利用餘暇，寫寫文章，對重要的時事問題，以獨立的與公正的立場，發表一點意見。我們認爲在目前我國情形之下，這是我們在教學以外應盡的一種社會職責。我們很希望我們的意見能够有助於國家政治、經濟、社會、教育、文化及科學的進步。但是單獨出版刋物是我們的財力所不許的；專給一地的刋物撰文，讀者究竟是有限的；同時給各地許多刋物分別撰稿，我們的時間是不够的。因此我們決定仿照歐美專欄作家的辦法，將文稿寄發國內外各地報館同時發表，而文責仍由作者自負。實行以來，快一年了。有許多地方的讀者和本社同人都以未能讀到本社的全部文章爲憾，所以我們這次先將去年五月至十月間所發表的文章印成一集。

本集所載的文章，是以每篇原來發表的日期爲序。在後面我們還附了一個表，說明每位作者現任的職務。

最後我們願意藉此機會向國內外的讀者、合作報館、與撰稿人，表示最深的謝意。因爲有了這三方面的合作，本社的事業纔得以粗具基礎。

獨立時論社同人 三十七年三月

獨立時論 第一集 一

图 98.2 《独立时论集》序

目錄

图 98.3 《独立时论集》第一集目录（1）

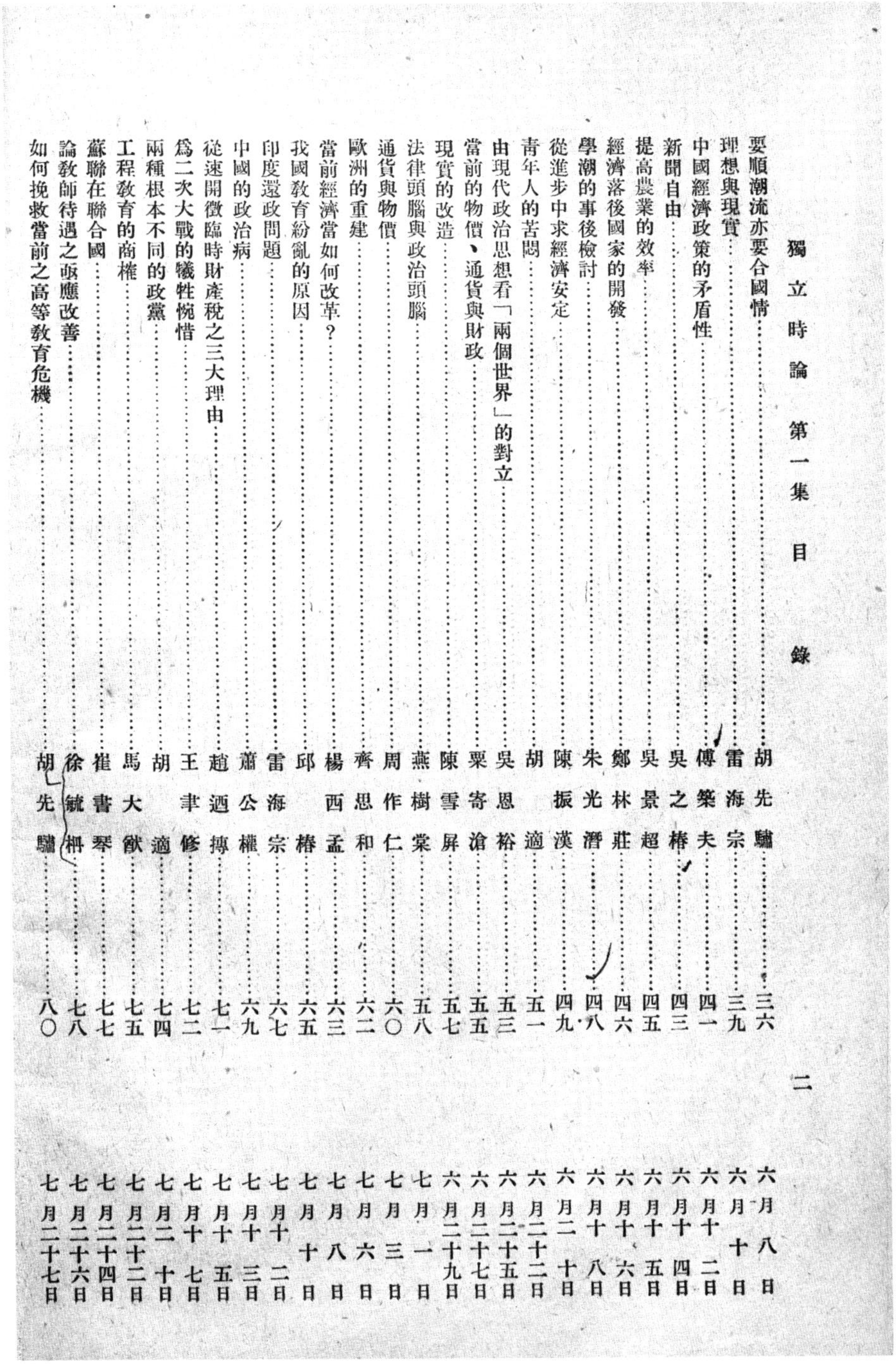

獨立時論第一集目錄 二

图 98.4 《独立时论集》第一集目录（2）

北大讲助通讯

一、刊物简介

1948 年 5 月 20 日创刊于北平，北京大学讲师讲员助教联合会编辑并发行，月刊，现知出版三期。刊名由俞平伯题写。

二、刊物内容

该刊《发刊辞》曰：“北大的发源地是沙滩，有人说沙滩上的建筑不会坚固，一团散砂是团结不起来的……讲助会需要团结得日更坚固，坚固的团结需要更紧密的联系，要传递消息，要交换意见，要集体学习，要追求真理。在这众口一致的呼声中，产生了这个通讯——这个紧密团结的基石。”① 该刊主要报道教师联合会的一些情况，争取维护教师的切身利益，也介绍了北大和其他高校的有关情况，并发表诗歌作品等。该刊是北京大学教师联合会主办刊物，为争取教员合理待遇、对北大和国家的建设等都贡献了力量，刊发的介绍北大等高校的相关情况等，也是较有价值的历史资料。

三、馆藏信息

13290/J 1948 no.1-3

第一至三期封面钤有“燕京大学图书馆”藏书章，并有“燕京大学图书馆”字样。

①《北大讲助通讯》编辑部 . 发刊辞［J］. 北大讲助通讯，1948（1）.

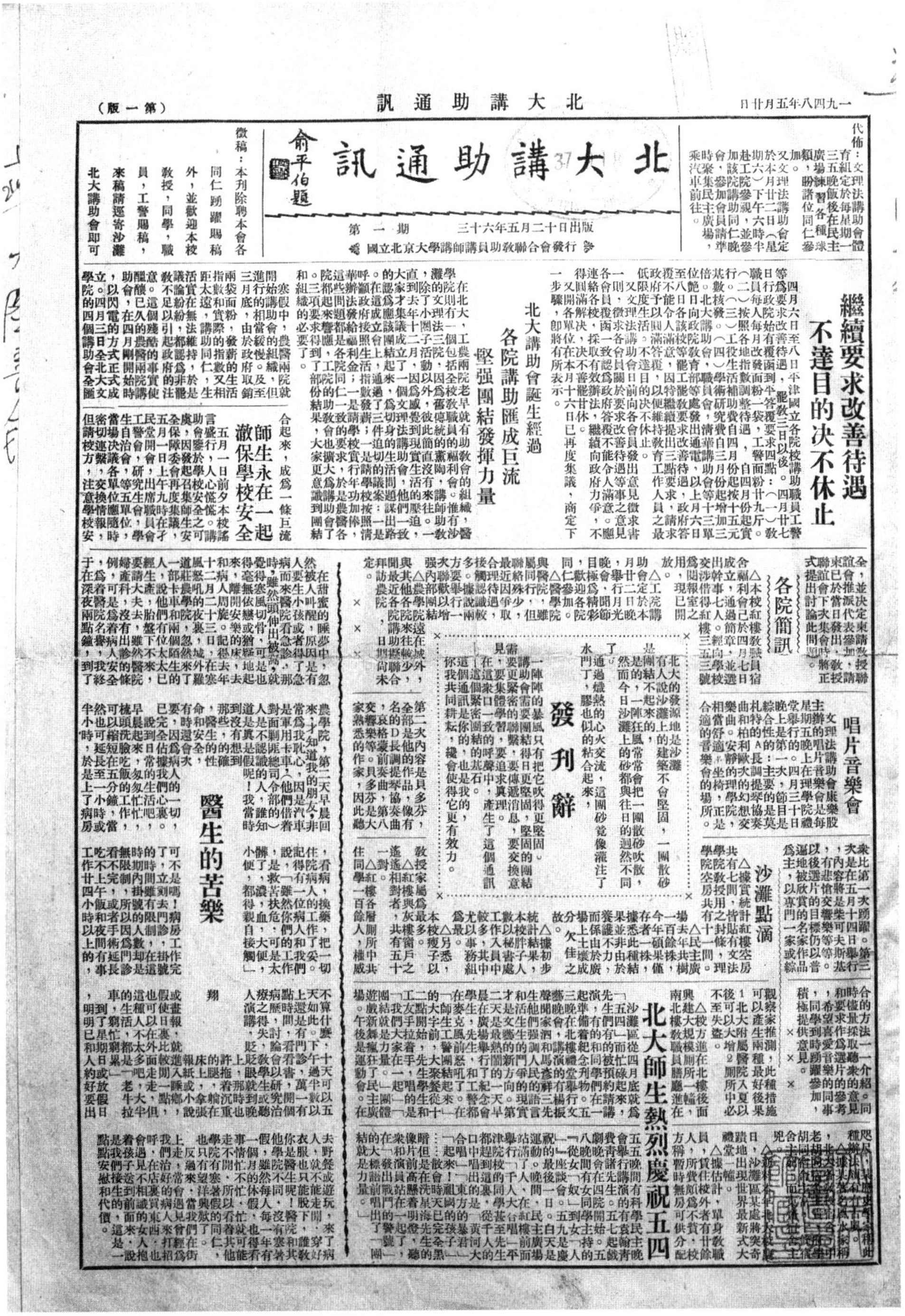

一九四八年五月廿日
北大講助通訊
（第一版）
北大講助通訊
俞平伯題
三十六年五月二十日出版
第一期
國立北京大學講師講員助教聯合會發行
繼續要求改善待遇
不達目的決不休止
北大講助會誕生經過
各院講助匯成巨流
堅强團結發揮力量
師生永在一起
徹保學校安全
發刊辭
醫生的苦樂
各院簡訊
唱片音樂會
沙灘點滴
北大師生熱烈慶祝五四

图 99.1 《北大讲助通讯》第一期封面

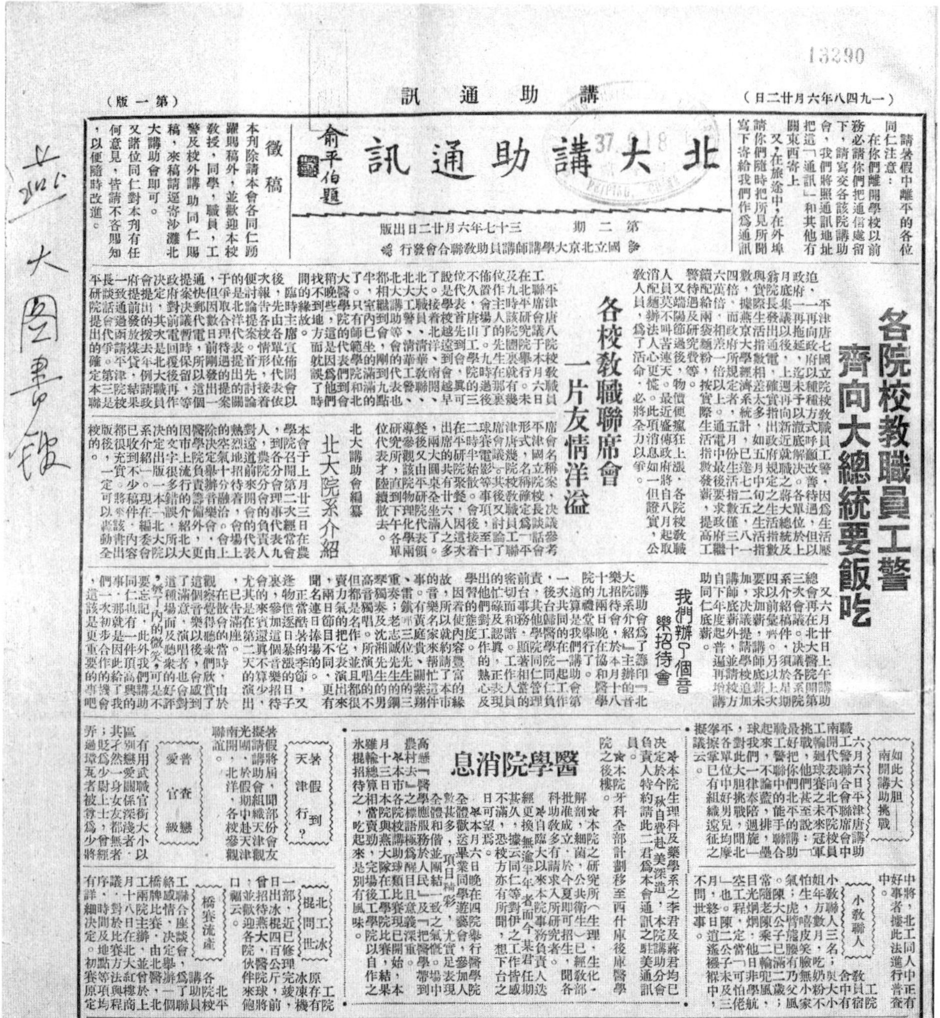
(版一第) 訊通助講 (日二十二月六年八四九一)

北大講助通訊

俞平伯題

第二期 三十七年六月二十二日出版

國立北京大學講師講員助教聯合會發行

徵稿

各院校教職員工警齊向大總統要飯吃

各校教職聯席會一片友情洋溢

北大院系介紹

我們辦了一個音樂招待會

醫學院消息

沙灘簡訊

醫院消息

海外拾零

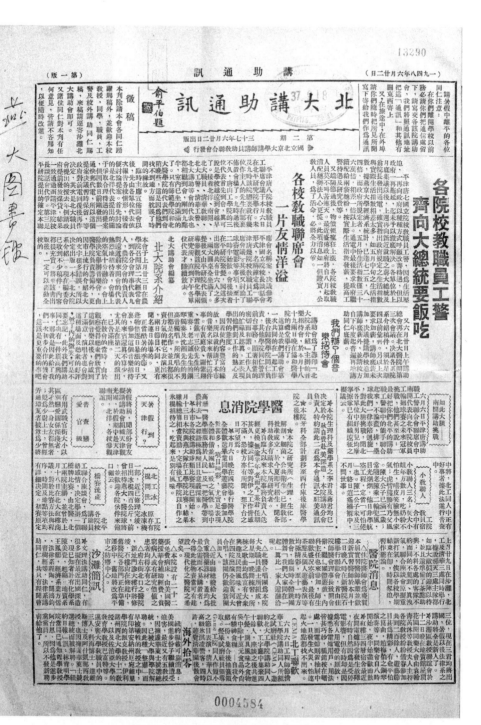

图 99.2 《北大讲助通讯》第二期封面

诗联丛刊

一、刊物简介

1948 年 6 月 11 日创刊于北平，北京大学、清华大学等九校新诗团体联合会主编并发行，现知出版三期。

二、刊物内容

该刊第二期上的《编后》说："我们认为当前诗创作的道路，根本的是脱离不了人民大众的要求，民主的要求……必须要每一个爱诗，爱生活，爱民主的朋友一起来参加工作，把诗当作一种战斗的武器。"[①] 该刊主要撰稿人有郭沫若、冯至等，发表具有战斗精神的新诗与散文等文艺作品。现存三期，每期都有独立刊名，第一期为"牢狱篇"，主要发表纪念闻一多的相关文章；第二期为"复仇的路"；第三期为"饥饿"。该刊在闻一多等的精神指引下，以新诗作为武器，要求民主进步，反抗饥饿，有助于了解当时的社会现状。

三、馆藏信息

50573/J 1948 no.1-3

①《诗联丛刊》编辑部 . 编后［J］. 诗联丛刊，1948（2）.

图 100.1 《诗联从刊》第一期封面

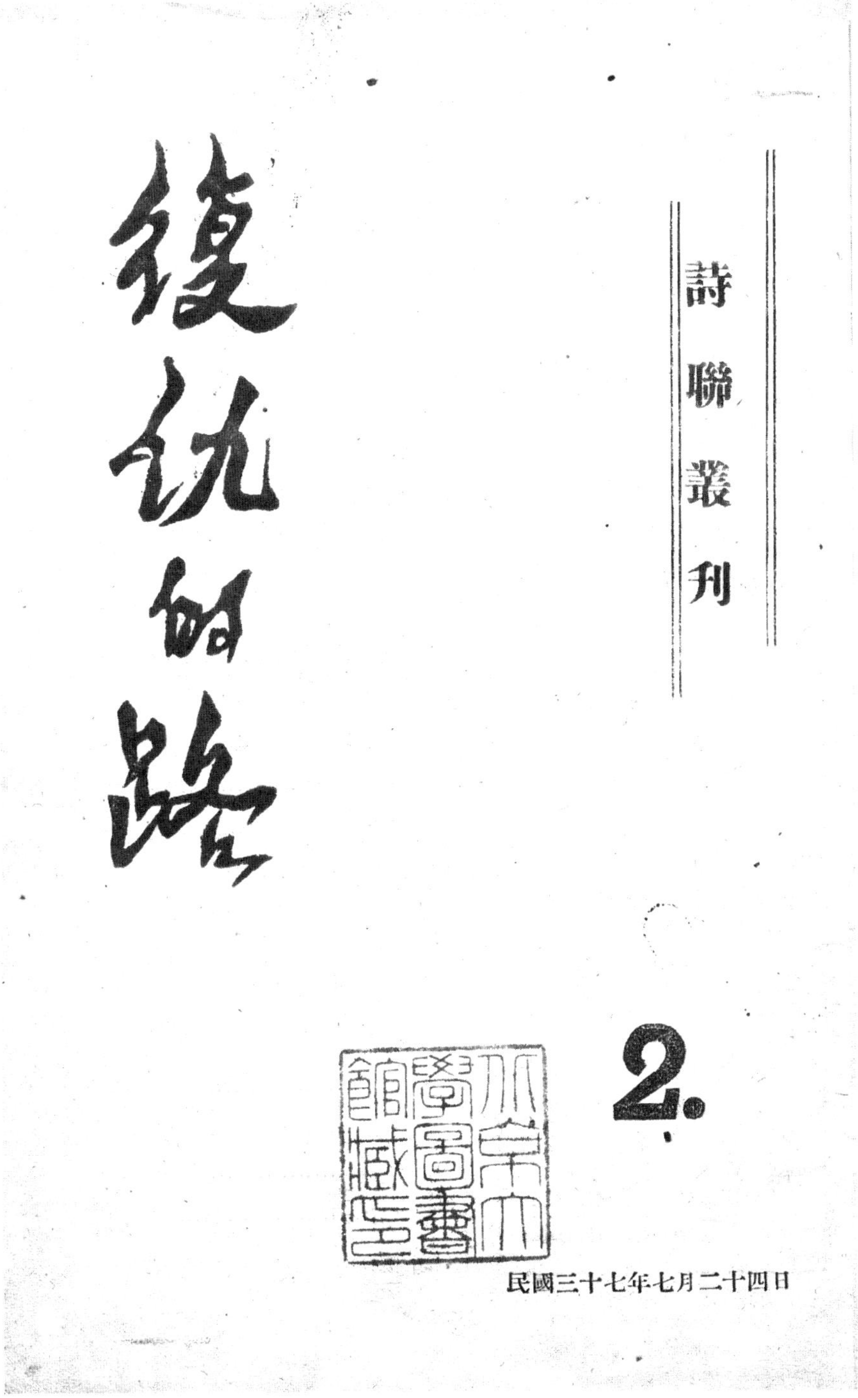

復仇的路
詩聯叢刊
2.
民國三十七年七月二十四日

图 100.2 《诗联丛刊》第二期封面

詩聯叢刊第一期

牢獄篇要目

出版者 北京大學 清華大學 燕京大學 中法大學 師範學院 朝陽大學 華北學院 南開大學 北洋大學 新詩團體聯合會

經售處 北大文化服務社 各校文化服務社 各大書店

目 錄

图 100.3 《诗联丛刊》第二期目录

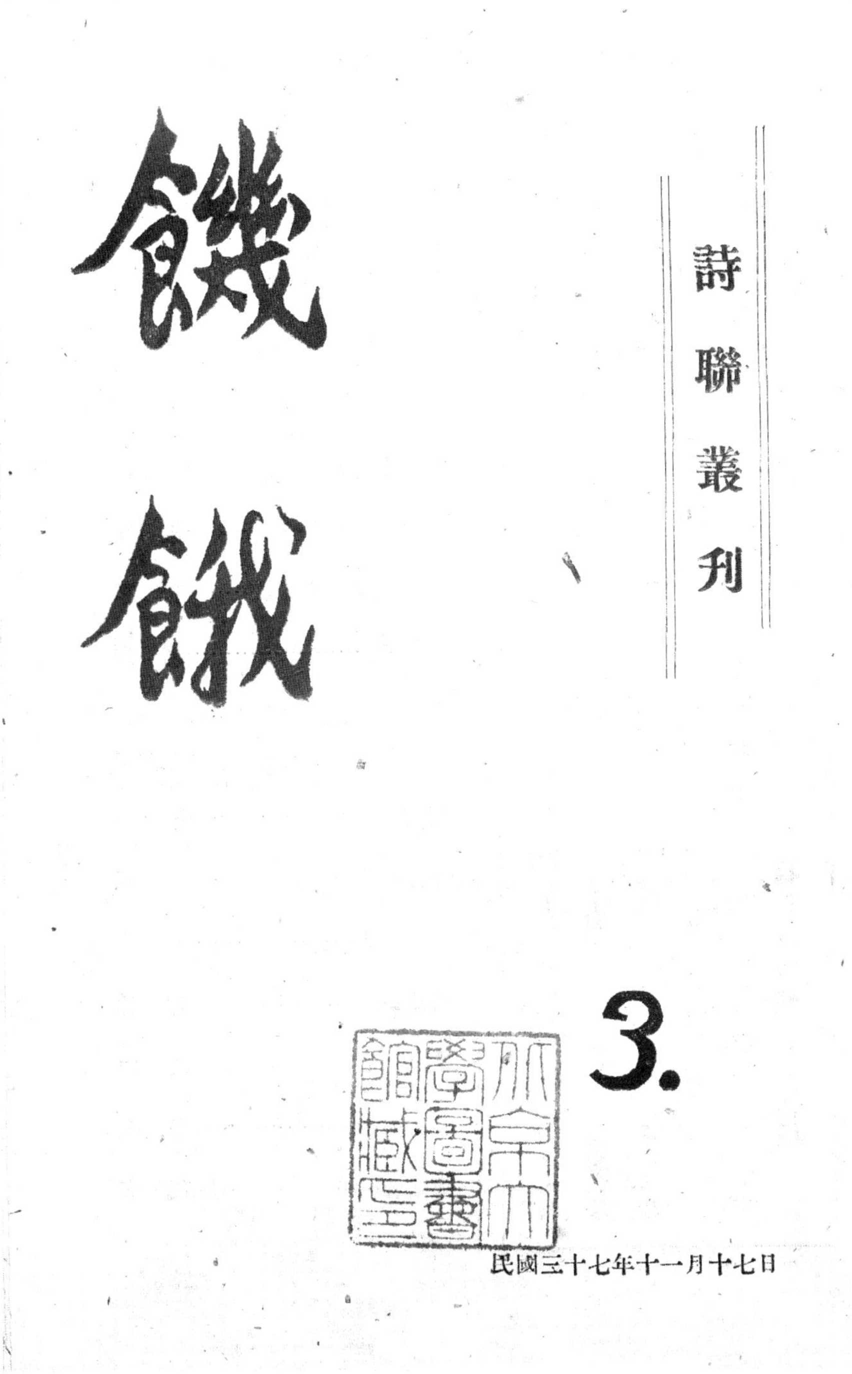

饑餓
詩聯叢刊
3.
民國三十七年十一月十七日

图 100.4 《诗联丛刊》第三期封面

诗号角

一、刊物简介

1948 年 8 月 1 日创刊于北平，诗号角社编辑并发行，月刊，停刊于 1949 年 11 月，共出版八期。

二、刊物内容

该刊第一期《前奏》说："我们热爱诗，因为我们相信诗是一种有力的战斗武器。但在广漠的北方，诗并未能尽量地发挥它强大的火力，民主运动在蓬勃的生长，人民的力量日益壮大，且已成为不可侮辱的力量，各个兵种都在发挥它最高的战斗力，为使每一个有战斗意志的写诗的朋友，都有机会参加作战，我们开辟了这个战场。"① 第四期《编后的话》又说："'诗'不是用教条或辞藻可以装饰，而是要作者出自内心的痛苦、快乐、憎恨、爱情……的情感，并且经过了生活的检验，尤其要和大家的情感相通，能够在最细微的生活经验中，找出最真实的感情；不要写和自己本身感情、生活远离了并且陌生的东西，就是勉强写出来也只是些无聊的喧嚣，并且显得虚伪。"② 该刊登载臧克家、牧青、冯至等著名诗人的作品，以新诗为号角，歌颂民主解放运动。第四期为"诗论专号"，刊登的《论绿原的道路》分析了绿原的代表性，"可作为每一个突破旧的枷梏向新的生长的智识分子的缩影，他们被人钦佩，因为他们是不断的在克服

①《诗号角》编辑部 . 前奏［J］. 诗号角，1948（1）.

②《诗号角》编辑部 . 编后的话［J］. 诗号角，1948（4）.

自己，在改造自己，因此他们走的路是正确而明晰的”。[①] 该刊还刊载了《把红旗插遍江南》《雾就要散了》《普罗米修士》等诗篇。该刊是北京大学学生创办的诗歌刊物，发表新诗、诗歌评论等，具有进步性和战斗性，体现了当时要求进步的知识分子们的文艺倾向和艺术风格，也反映了时代特征。

三、馆藏信息

50660/J 1948-1949 no.1-7

第五期封面钤有“北大孑民图书馆”章，第四、六期钤有“燕京大学图书馆”藏书章。

① 李瑛．论绿原的道路［J］．诗号角，1948（4）．

图 101.1 《诗号角》第一期封面

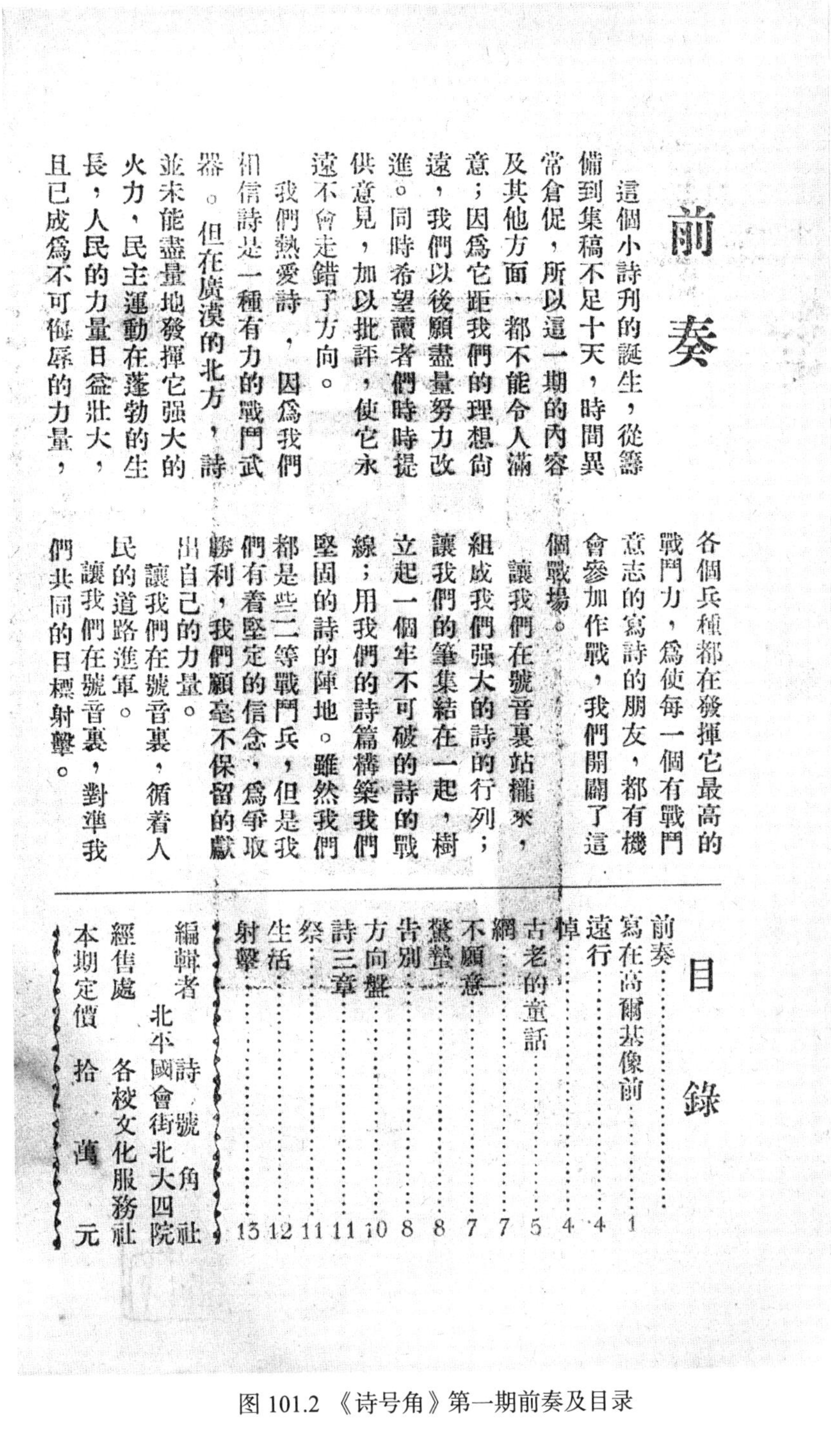

前奏

這個小詩刊的誕生，從籌備到集稿不足十天，時間異常倉促，所以這一期的內容及其他方面，都不能令人滿意；因爲它距我們的理想尙遠，我們以後願盡量努力改進。同時希望讀者們時時提供意見，加以批評，使它永遠不會走錯了方向。

我們熱愛詩，因爲我們相信詩是一種有力的戰鬥武器。但在廣漠的北方，詩並未能盡量地發揮它强大的火力，民主運動在蓬勃的生長，人民的力量日益壯大，且已成爲不可侮辱的力量，各個兵種都在發揮它最高的戰鬥力，爲使每一個有戰鬥意志的寫詩的朋友，都有機會參加作戰，我們開闢了這個戰場。

讓我們在號音裏站攏來，組成我們强大的詩的行列；讓我們的筆集結在一起，樹立起一個牢不可破的詩的戰線；用我們的詩篇構築我們堅固的詩的陣地。雖然我們都是些二等戰鬥兵，但是我們有着堅定的信念，爲爭取勝利，我們願毫不保留的獻出自己的力量。

讓我們在號音裏，循着人民的道路進軍。

讓我們在號音裏，對準我們共同的目標射擊。

目錄

編輯者 詩號角社 北平國會街北大四院
經售處 各校文化服務社
本期定價 拾萬元

图 101.2 《诗号角》第一期前奏及目录

图 101.3 《诗号角》第五期封面

图 101.4 《诗号角》第六期封面

医疗通讯

一、刊物简介

北京大学医学院医疗队编辑并发行，1948 年 8 月创刊于北平，现存创刊号。

二、刊物内容

《发刊词》说："这一期通讯上的几篇文章与统计数字……是说明我们从事或将从事医学工作者怎样走出围墙之外，怎样与人民结合在一起。这是一条艰苦的道路，假如说什仿院保健院是在艰辛的环境中诞生与生长的；那么，今天的北大医疗队也同样地是在奋斗中开拓自己的道路"，"我们以为新医学工作者应克服过去的御用性，而反过来为人民服务"，"我们希望藉着这个刊物记下我们的希望与一点努力；也记下了人民的希求与苦难。这是一条纽带，将把我们与人民连接在一起。我们看到了我们与人民命运的相通"。[①] 该刊发表《北大医疗队是怎样成立的》《寄语青年医卫工作者》《我所知道的"什仿院"》《访问东北慰问团》等文章，宣传北大医疗队的工作和医疗普及等。该刊发表有关北大医疗队基本情况和工作情况等的医疗文章，反映了该医疗队走出校门，服务社会的事实，为研究当时社会医疗状况和北大医疗工作者的奉献精神，提供了有价值的材料。

---

①《医疗通讯》编辑部 . 发刊词［J］. 医疗通讯，1948（1）.

三、馆藏信息

59627/J 1948 no.1

第一期封面钤有“国立北京大学医学院医疗队”章，并有“敬赠四院自治会阅览室”字样。

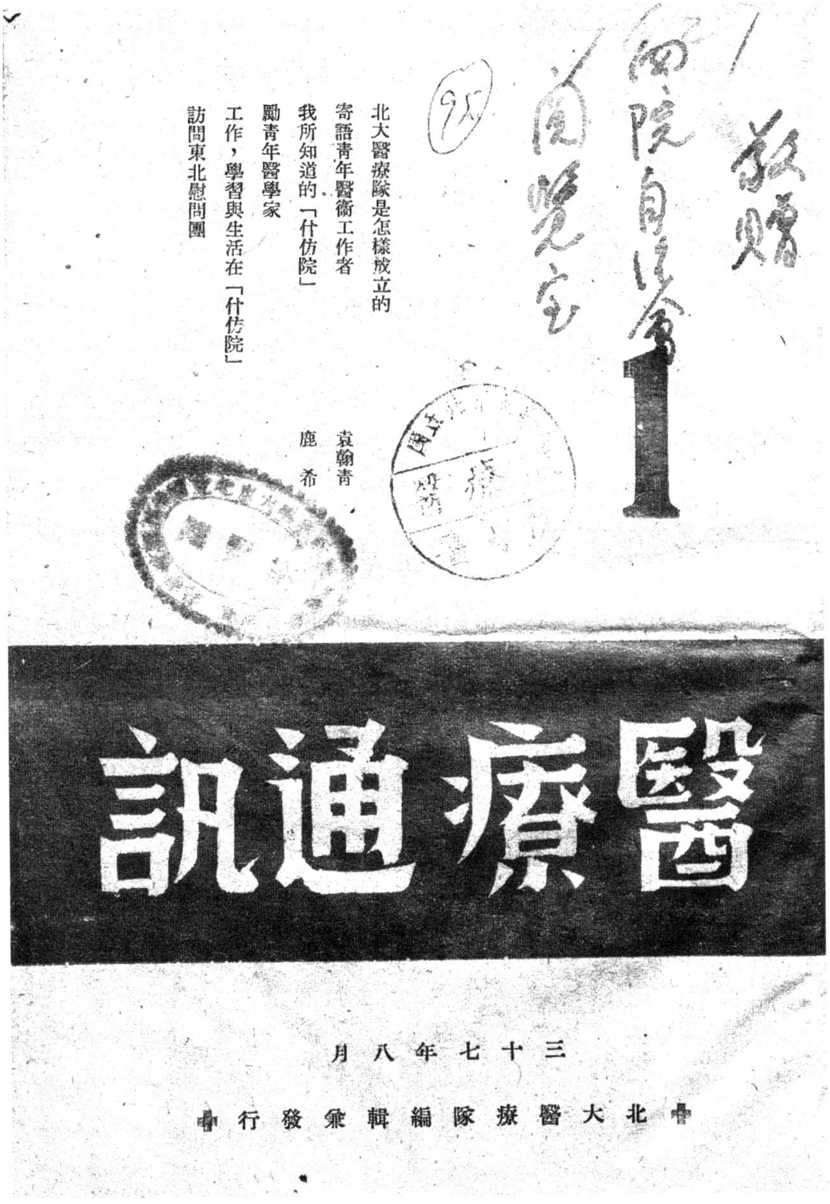

图 102.1 《医疗通讯》第一期封面

發刊詞

在舊社會裏，城市與農村隔離，而權勢駕凌一切之上。在這樣情形之下，科學與人民是無緣的，被視爲「賤民」者靠着自己一點可憐的知識，而往往又是無知地對自然戰鬥，其命運的悲慘誰也可想像的。然而，當人民開始覺醒時，有什麽樣的藩籬能夠阻擋他們的希望與要求奔騰的去路？

這一期通訊上的幾篇文章與統計數字，與其說是檢閱我們在這一年中的一點成績，不如說是說明我們從事或將從事醫學工作者怎樣走出圍牆之外，怎樣與人民結合在一起。這是一條艱苦的道路，假如說什仿院保健院是在艱辛的環境中誕生與生長的；那麽，今天的北大醫療隊也同樣地是在奮鬥中開拓自己的道路。

什麽是我們的道路？我們以爲新醫學工作者應克服過去的御用性，而反過來爲人民服務。傳統的秘方與營利的私圖所堆砌的圍墻必須剷平！前面是廣大的人民，走向人民便是我們今天所要認定的方向。科學本是屬於大衆，愚昧與無知原來就不是自然的結果。所以，醫學的普及也是急不容緩的任務。

我們希望藉着這個刊物記下我們的希望與一點努力；也記下了人民的希求與苦難。這是一條紐帶將把我們與人民連結在一起。我們看到了我們與人民命運的相通。

路是很長的，我們將一步一步走前去，自然現在只是一個開始。因此，迫切的需要各方面的援助，更盼望有更多的人與我們同走這一條道路。

图 102.2 《医疗通讯》发刊词

北大清华联合报

一、刊物简介

北大清华联合报编辑，北京大学、清华大学学生自治会发行，1948 年 10 月 1 日创刊于北平，至 1948 年 11 月 21 日第六期停刊，旬刊。该刊是在《清华旬刊》和《北大半月刊》停刊后，为接续两者而创办的。

二、刊物内容

该刊《停刊辞》说："联合报的历史只有六期，但为什么能够受到读者这种关切呢？原因只有一个：北大人和清华人忠实于生活，忠实于工作，忠实于学习的密切合作底结果。在目前这言路日狭的时候，多数人的说话，想说，要说而说不出来，即使说得出来，绝非无忌直言，必是曲折暗示，当然，收到的效果是微小的。但是，在这里，我们北大清华两校将近八千的师生工警的思想，言论和行动，通过各种不同的形式，一笔不苟地被记载了！不仅如此，更重要的是竭力做到深入社会上劳苦大众和一般市民的圈子"，"这样，联合报有它的任务：作为一个敢说，敢坦白真实说出自己心中所想说的刊物；有它的要求：要每一中国人能不受束缚表示他的意见"。[①]《北大清华联合报》设有"短评""北大十日""小园地"等栏目。"短评"主要是就国内形势和重大事件等发表意见，而"小园地"则主要刊登师生的文艺作品，"北大十日"等又涉及北大、清华的一些动态新闻。该刊是由进步学生主办的两校联合刊物，继承了《北大半月刊》

①《北大清华联合报》编辑部 . 停刊辞［J］. 北大清华联合报，1948（6）.

和《清华旬刊》的宝贵精神，是研究两校校史的难得材料，也是了解当时社会动态和北京高校教育情形的珍贵史料。

三、馆藏信息

13280/J 1948 no.1-6

第一期封面有“赠阅北大图书馆”字样，第二期封面钤有“国立北京大学沙滩合唱团”章，第四、五期封面钤有“北大清华联合报社编辑部”章。

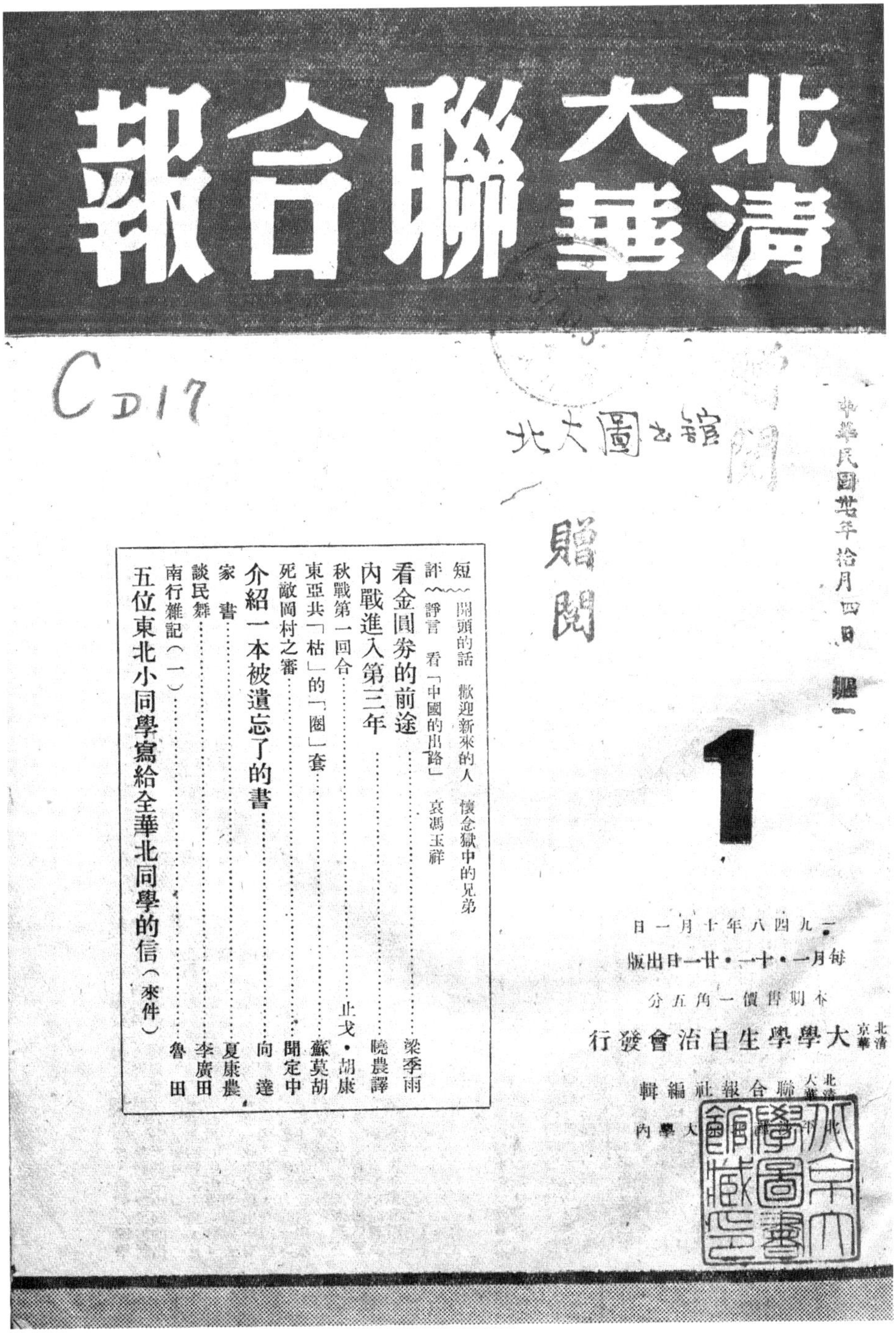

北大清華聯合報

1

一九四八年十月一日

每月一・十一・廿一日出版

本期售價一角五分

北京清華大學學生自治會發行

北大清華聯合報社編輯

北平[illegible]大學內

CD17 北大圖書館 贈閱 中華民國卅七年拾月四日 北京大學圖書館藏

图 103.1 《北大清华联合报》第一期封面

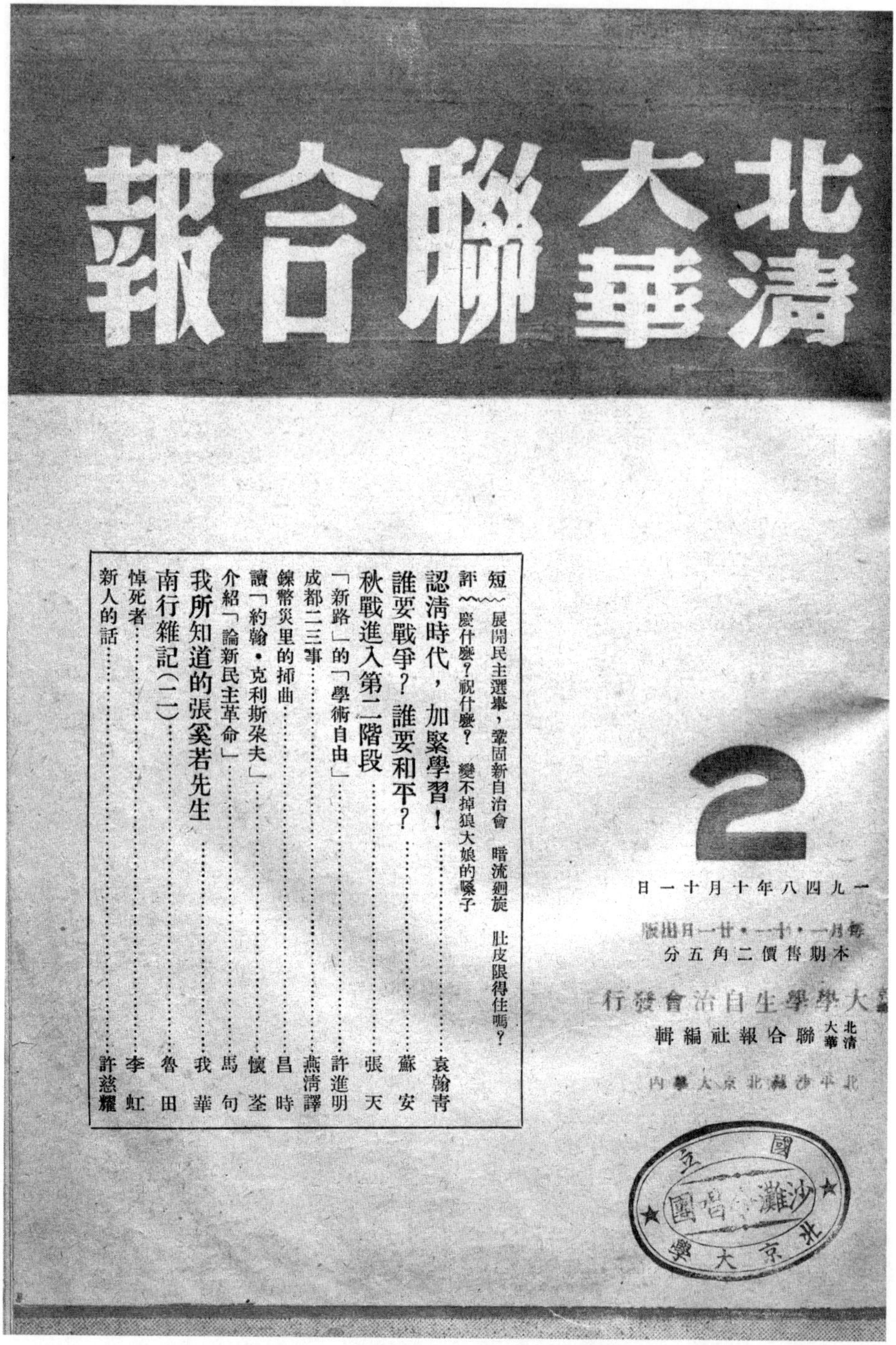

北大清華聯合報

短評：展開民主選舉，鞏固新自治會　暗流迴旋　肚皮限得住嗎？

慶什麼？祝什麼？　變不掉狼大娘的嗓子

2

一九四八年十月十一日

每月一・十一・廿一日出版

本期售價二角五分

京大學學生自治會發行

北大清華聯合報社編輯

北平沙灘北京大學內

國立北京大學 沙灘圖書館

图 103.2 《北大清华联合报》第二期封面

CD17

贈閱

北大清華聯合報

在飢餓的威脅中

包 樸

整天在「飢餓」的題目下寫文章，確乎是不太高雅的。這在吃飽了飯還有閑去作夢的先生們看來，大概是頗足惋惜的吧！然而這却是無可奈何的事情。尤其是限價限出「成績」來以後，這問題便不僅要談着，而且要喊着了！不論是教授或學生，在學問之先，必須吃飽了肚子。這儘管與「在上者」所提倡的「餓死事小論」頗有些不合之處，也實在顧不得許多了。

自從「金圓」問世以來，北平市完全變了樣。不論從什麼地方着眼，完全是一種愁眉苦臉的樣子。街上的商家，不是敞開門亮出一付精光的貨櫥，便是乾脆休息，關板兒。拿着「十足準備」的金圓券買不到東西，人們在爲一點吃的東西奔走，愁苦，嘆氣。數不清的人，在飢餓的威脅中。這正如一位同學寫到南方去的信上所給予的描寫：「北平籠罩着恐怖——生的恐怖！」

其實，這是不獨以北平爲然的，只是北平最劇烈，也最直接的給了我們威脅。不到一個月的功夫，十塊錢一袋的麵粉，便足足上跳了十倍。然而同學的公費，却因爲改成「金」圓，被永久的「凍結」了。六塊零九分的副食費，買油不够買油，買鹽不够買鹽，四十六斤麵粉經過了一翻折價，等眞的買時，却只能買到兩斤了。膳委們在苦費心機的計算着，奔走着，同學們在東拚西湊的籌款。每個人都在爲這問題苦惱，每個人的心上，都被這問題染了一層灰黃的暗影。

正如某理事所說：「吃飯問題，在目前已經成爲我們最重大的問題。」這問題的嚴重，由絲糕膳團的空前擁擠，便不難想像出來。儘管絲糕是怎樣的難以下嚥，大家還是拚命的想擠上一個席位。有的同學因爲膳委怕人數過多，不肯收，幾乎急得吵起架來。到處可以聽到同學們在喊着：「不入絲糕怎麼辦呢？下個月，恐連絲糕也吃不上了！」

「純公費階級的同學」本來節省些還可以維持的，現在却弄得手足失措一籌莫展了，理髮，寄信，洗衣服，那一樣不要錢？然而爲了吃飯，這一切全顧不得了。他們，已面臨了一重打不開的威脅。

自然，半公費和自費同學的苦惱，是更加深重的。好多同學都在訴苦，說要捲舖蓋回家了。當然，這決不是開玩笑的話，公費沒有，配麵發不下來，在南方賣幾担谷兌來的錢，還不够買一袋麵，有什麼用呢？

在吃飯問題得不到解決的時候，就是平常最能潛心在功課裏的同學，也很難有心情到課堂裏去了。爲了吃飯，人們在想着一切辦法，在賣着一切可賣的東西。三院和西齋的門口，橫七豎八的貼滿了出讓的條子。手錶，鋼筆不說，連轉眼要用的毛衣和大衣都拿出來了。在出讓的佈告上，他們在提醒着別人：「天冷啦，這是過多的必需品！」然而他們却忘記了自己。讀者們當然知道，這完全是飢餓威脅下的小小的悲劇。

人們的心境，正像古城的冬天一樣的肅殺而慘淡。飢餓，所投在人心上的暗影，無時無刻不在擴大，它不僅使同學們無法安心的讀書，而且使先生們無法安心的走上講台了。

許多教授的家裏，都在啃着窩窩頭。薪水被凍結着，向學校借錢又借不着，眼看着東西一天一天的漲，誰的心裏能不塡滿恐慌與憂慮呢？金圓券剛發行的時候，教授的最高薪是二百元，可是才僅僅過了一個月，這二百元已經貶值成二十元了。下個月呢？再下個月呢？沒有人能推斷下個月的情形，更沒有人知道將怎樣維持。

飢餓的暗流在潛伏的滾動着，迴蕩着，匯集着，但這暗流是會顯露出來，奔迸出來的。大一自費同學的喊聲剛剛過去，我們已經聽到教授們的飢餓的呼聲了。這威脅已經顯露，惡化到使人無法忍受的地步。「要飯吃」這聲音已經被喊出了，這聲音雖然不太高雅，但必然的，它將廣泛而粗壯的傳開去，得到響應。因爲，這是衆人的心聲。

北京清華大學學生自治會發行　一九四八年十一月一日　·本期定價三角·

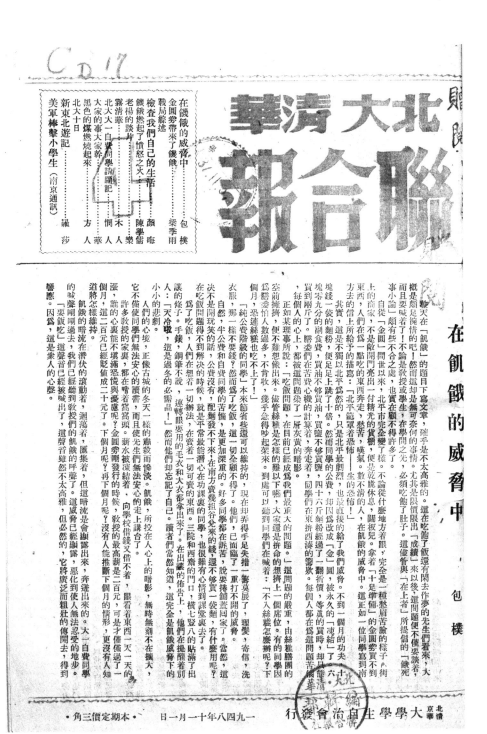

图 103.3 《北大清华联合报》第四期封面

北大清華聯合報

團結·安定
「經濟改革」與「經濟再改革」
看杜魯門當選
論秋季攻勢
爭溫飽運動綜合報告
教授·職員·工警·社會訪問記錄
一個中學教師的控訴
饑餓在北大研究院
饑風襲師大
「清華一家·共渡時艱」
新東北遊記
閒家驑：從一個故事說起
小園地·三篇工人的來稿

團結·安定

孫海生

東北撤守之後，華北局勢日趨緊張。許多有錢人都在紛紛作南下之計。在學校裏，由於北方局面的突然轉變，風傳已久的南遷問題，也居然被公開提出而且展開認眞的討論了。對於我們，這當然是極重要的問題，事實上，不論在教授或同學中間，也確已引起了普遍的注意。然而，我們將怎樣考慮這一問題呢？談論遷校我們應當指出怎樣的必需條件和準備呢？

歸納一部分同學的意見，我們覺得至少有兩個基本原則，在這裏應該特別的指出。這兩個原則就是：團結與安定。

「師生團結」的口號，我們已經喊過很久了，但是事實上，不論是同學之間或者師生之間，我們做得都非常不够。近來，我們時常聽見大家在强調團結的必要，北大賀訓導長在最近的談話裏，也特別提到過這件事情。我認爲這是非常重要的。不論遷校與否，在我們之前，將出現一個大的困難，大的變動，實爲不容置疑的事情。面對這一困難的局面，全體師生工警只有團結在一起，互相調協，互相扶持，共同設法和努力，才能在最困難、最混亂的時間，渡過危難，找到我們所追求的安定。「團結就是力量」是我們喊慣了的口頭禪，「同舟共濟」也是我們熟知的成語，這兩句話在今天益發顯出了現實的意義。正如一隻船面臨險難，每一個船員應當團結一心，各守崗位，掌舵的小心掌舵，扯帆的注意扯帆，打槳的努力打槳，大家決定方向，大家研究問題，大家解決困難。

除掉團結之外，第二個應當提到的原則，就是安定。遷校不遷校並不是首要的問題，問題的關鍵不在遷不遷校，而在如何獲得讀書的安定，如何找到一個較好的環境，使我們的教與學能够正常的繼續。

我們既不堅持在北平上課，也不一定要求播遷到南方。不論在那裏，我們只希望能有幾個最低的學習的條件，那就是：第一人權要有保障，其次生活要有保障，第三讀書要有保障。我們必須有命活，有飯吃，有衣穿，然後才能談到有書讀。讀書是學生唯一的天職，也是我們唯一的要求。

遷校，如果爲了安定，在同學當中是不會遭遇反對的，然而也只有在具備了上述條件時，它才能得到同學的擁護。混亂的北方，固然已使大家感受威脅，但南遷之後是否能達到我們追求的目的，在大家心目中也不能不被懸起一些疑問。我們已經看到許多値得警惕的事實，我們已經看到許多流亡到南方去的同學，生活陷于絕境，求學變成妄想，一切幻想，一切計劃，一切要求到頭來全被擊成粉碎。由報紙上我們不斷地看到流亡的同學們所遭受的苦難，河南大學學生在南京受到的是槍擊，虐待和暗殺，魯豫同學在皖南，浙西，上海遭遇的是飢餓與病困，東北同學在北平所遭受的屠戮與欺騙，漠視與迫害，更是一件有目共睹的事情。這一切無一不足爲我們的借鑑，而使我們憂慮。

對於當前的問題，許多人感到困惑。沒有人能够預料到一旦遷校後我們將陷入怎樣的境地。當然，留下來也是不可想像的，北平將經過怎樣的混亂，混亂將在何時終止，而安定之後，又將是怎樣的局面，這更不是我們可以預料的。

我們已面對一個難題，但這難題必須獲得解答。在無法避開的漩渦上，險灘上，狹隘的激流上，我們的船將如何平穩的渡過，而達到安全的港市，這應當是每個北大人的事情。「團結」和「安定」是我們必須把握的原則。在今天，在問題迫近之前，怎樣以理智審愼的態度，給以正確的分析和抉擇，不僅是每一個人的權利，而且是大家的責任。

北京清華大學學生自治會發行　一九四八年十一月十一日　·本期定價五角·

图 103.4 《北大清华联合报》第五期封面